**Kerstin Auer
Andreas Srenk**

Kanada - Westen

Im Internet:

www.iwanowski.de

Hier finden Sie aktuelle Infos zu allen Titeln, interessante Links – und vieles mehr!

Einfach anklicken!

Schreiben Sie uns, wenn sich etwas verändert hat. Wir sind bei der Aktualisierung unserer Bücher auf Ihre Mithilfe angewiesen:
info@iwanowski.de

Kanada-Westen

12. Auflage 2015

© Reisebuchverlag Iwanowski GmbH
Salm-Reifferscheidt-Allee 37 • 41540 Dormagen
Telefon 0 21 33/26 03 11 • Fax 0 21 33/26 03 33
info@iwanowski.de
www.iwanowski.de

Titelfoto: Hemispheres/laif
Alle anderen Abbildungen: siehe Bildnachweis Seite 497
Lektorat und Layout: Annette Pundsack, Köln
Redaktionelles Copyright, Konzeption und deren ständige Überarbeitung: Michael Iwanowski
Karten und Reisekarte: Astrid Fischer-Leitl, München
Titelgestaltung sowie Layout-Konzeption: Point of Media, www.pom-online.de

Alle Rechte vorbehalten. Alle Informationen und Hinweise erfolgen ohne Gewähr für die Richtigkeit im Sinne des Produkthaftungsrechts. Verlag und Autoren können daher keine Verantwortung und Haftung für inhaltliche oder sachliche Fehler übernehmen. Auf den Inhalt aller in diesem Buch erwähnten Internetseiten Dritter haben Autoren und Verlag keinen Einfluss. Eine Haftung dafür wird ebenso ausgeschlossen wie für den Inhalt der Internetseiten, die durch weiterführende Verknüpfungen (sog. „Links") damit verbunden sind.

Gesamtherstellung: Werbedruck GmbH Horst Schreckhase
Printed in Germany

ISBN: 978-3-86197-105-4

1. EINLEITUNG 12
Vorwort 13
Kanada im Überblick 14

2. DER WESTEN KANADAS: LAND UND LEUTE 16

Historischer Überblick 17
- Besiedlung des kanadischen Westens — 17
- Die Ureinwohner — 18
- Die Entdeckung Kanadas durch die Europäer — 20
- Staatsgründung und politische Emanzipation — 25
- Die Auswirkungen der Weltwirtschaftskrise — 30
- Der Weg der sog. „Third Option" und die Abgrenzung der internationalen Beziehungen gegenüber den Vereinigten Staaten — 31
- Kanada zu Beginn des 21. Jahrhunderts — 33
- Zeittafel — 34

Geografischer Überblick 39
- Die Appalachen — 39
- Die Großen Seen — 39
- Kanadischer Schild — 40
- Die Prärie — 40
- Die Rocky Mountains und die pazifische Küste — 41
- Der arktische Norden — 42
- Klimazonen — 43
- Die wichtigsten Nationalparks, die großen Flüsse — 44
- Die Tierwelt — 45
- Die Pflanzenwelt — 48

Ökonomischer Überblick 49
- Industrie — 49
- Handel — 50
- Bergbau — 51
- Landwirtschaft — 52
- Fischerei — 53
- Tourismus — 55

Gesellschaftlicher Überblick 56
- Kanada als eines der großen Einwanderungsländer — 56
- Die wichtigsten Bevölkerungsgruppen — 59
- Bildungswesen — 60
- Rechtssystem — 63
- Ein eigener „Western Lifestyle" — 64
- Konservative, liberale und ökologisch-linke Politik- und Lebensstile — 65

Kultureller Überblick 66
- Literatur — 66
- Kunst — 67
- Musik — 69
- Film und Theater — 71
- Sport — 74
- Architektur — 77

3. DER WESTEN KANADAS ALS REISEZIEL 80
Die Gelben Seiten:
Allgemeine Reisetipps von A–Z 81
Die Grünen Seiten:
Das kostet Sie das Reisen im Westen Kanadas 111

4. REISEN IM WESTEN KANADAS 116
Routenvorschläge 117

5. VANCOUVER UND VANCOUVER ISLAND 120
Vancouver – pazifische Traumstadt und Olympiastätte 121
    Geschichte 123
    Sehenswertes 125
    Redaktionstipps 125
    Chinatown 126 • Robson Square und Vancouver Art Gallery 126
    • Stanley Park 128 • Canada Place 130 • Weitere architektonische
    Highlights 131 • Yaletown 132 • Granville Island 132 • Vanier Park
    133 • In-Viertel Kitsilano 134 • Museum of Anthropology 135

Sehenswürdigkeiten in der Umgebung von Vancouver 143
    Capilano Suspension Bridge 143
    Grouse Mountain 144
    Weitere Ausflugsziele 145
    Von Vancouver nach Whistler 145
    Britannia Mine Museum 145 • Squamish 146 • Whistler 146

Vancouver Island 151
    Redaktionstipps 151
    Überblick 151
    Kurzer geschichtlicher Abriss 152
    Fahrt von Nanaimo nach Victoria 154
    Victoria 155
    Parliament Buildings 156 • Royal British Columbia Museum 157 •
    Helmcken House 159 • Fairmont Empress Hotel 160 • Royal
    London Wax Museum 160 • Altstadt 160 • Maritime Museum of
    British Columbia 161 • Chinatown 161 • Emily Carr House 161 •
    Art Gallery of Greater Victoria 162 • Craigdarroch Castle 162 •
    Fort Rodd Hill National Historic Site 163 • Hatley Park National
    Historic Site / Hatley Castle 163 • Butchart Gardens 163 •
    Victoria Butterfly Gardens 165
    Reise durch Vancouver Island 169
    Sooke 169 • West Coast Trail 170 • Nanaimo 172 • Parksville und
    Qualicum Beach 174 • Little Qualicum Falls Provincial Park und
    Cameron Lake 176 • Port Alberni 176 • Am Ufer des Sproat
    Lake und Kennedy Lake entlang 178 • Ucluelet 179 • Tofino 180
    • Cumberland, Courtenay und Comox 184 • Campbell River 186
    • Strathcona Provincial Park 188 • Fähre nach Kyuquot bzw.
    Yuquot 189 • Port McNeill 190 • Telegraph Cove 190 •
    Alert Bay 191 • Port Hardy 192

Inhalt 5

6. DIE BERÜHMTEN NATIONALPARKS DER ROCKIES — 194
   Redaktionstipps 195

Banff National Park — 196
   Die Stadt Banff — 198
   Whyte Museum of the Canadian Rockies 198 • Banff Park Museum 198 • Buffalo Nations Luxton Museum 198 • Banff Upper Hot Springs Pool 198 • Gondola am Sulphur Mountain 200
   Lake Minnewanka — 204
   Lake Louise — 205
   Fahrt zum Moraine Lake — 208
   Icefields Parkway — 209

Jasper National Park — 213
   Columbia Icefield — 213
   Sunwapta Waterfalls und Athabasca Falls — 214
   Mount Edith Cavell — 216
   Die Stadt Jasper — 216
   Mount Whistler 222 •
   Patricia Lake und Pyramid Lake 222
   Weitere Ausflüge in die Umgebung von Jasper — 223
   Maligne Canyon Trail 223 • Medicine Lake • 224
   Maligne Lake 224

Von Jasper zum Mount Robson Park — 225
   Berg Lake — 226

Kootenay National Park — 228
   Vermilion Pass — 229
   Marble Canyon — 230
   Paint Pots — 230
   Wanderung zum Helmet Fall — 231
   Kootenay Valley Viewpoint — 232
   Olive Lake — 232
   Radium City Hot Springs — 232

Yoho National Park — 234
   Spiral Tunnels — 235
   Takakkaw Falls — 236
   Field — 237
   Die Fossillagerstätte Burgess Shale — 238
   Emerald Lake — 238
   Hamilton Lake — 240
   Wapta Falls — 240

Zum Waterton Lakes National Park — 240
   Kimberley — 240
   Fort Steele — 243
   Elk Valley und Sparwood — 243
   Crowsnest Pass — 244
   Waterton Lakes National Park — 245
   Waterton Lakes 246 • Zum Cameron Lake 246 •
   Über den Red Rock Parkway zum Red Rock Canyon 247

Reiserouten

Vom Yoho National Park zum
Glacier & Mount Revelstoke National Park 251
- Golden 251
- Glacier National Park 252
- Mount Revelstoke National Park 254

Von Vancouver in die Nationalparks der Rocky Mountains 256
- Abbotsford 256
- Chilliwack 257
- Minter Gardens 258
- Harrison Hot Springs 258
- Hope 259
- Yale und Hell's Gate 260
- Kamloops 261
- Sushwap Lake Marine Provincial Park 263

Von Hope ins Okanagan Valley 264
- Kelowna 266
- Penticton 268

Auf dem Weg zum E.C. Manning Provincial Park 271

7. RUNDREISE DURCH ALBERTA VON CALGARY NACH EDMONTON 272

Überblick und Streckenvariante 273

Calgary 274
- Redaktionstipps 274
- **Sehenswürdigkeiten** 275
  Calgary Tower 275 • Glenbow Museum 276 • Lougheed House 276 • Chinatown 278 • Fort Calgary 278 • Calgary Zoo 279 • Canada Olympic Park 279 • Heritage Park Historical Village 280

Von Calgary nach Lethbridge 285
- Cowboy Trail 285
- Elbow Falls 285
- Turner Valley 286
- Bar U Ranch National Historic Site 287
- Chain Lakes Provincial Park 287
- Fort Macleod und Fort Museum 287
- Head-Smashed-In Buffalo Jump 288
- Lethbridge 289
  Fort Whoop-Up 289 • Helen Schuler Nature Centre 289 • Nikka Yuko Japanese Gardens 290 •
  Alternativroute zwischen Calgary und Longview 293

Von Lethbridge zu den Dinosauriern in Drumheller 293
- Medicine Hat 294
  Historic Walking Tour 295 • Saamis Tepee 295 • Medicine Hat Clay Industries 296 • Police Point Park 296
- **Zum Dinosaur Provincial Park** 297
- **Drumheller** 299
  Dinosaur Trail 300 • Hoodoo Trail 301

Von Drumheller zurück auf den Cowboy Trail	304
Cochrane	304

Cowboy Trail North und Yellowhead Highway bis Hinton — 305
- Rocky Mountain House — 306
- Weiterfahrt auf dem Yellowhead Highway — 307
- Hinton — 307

Der Bighorn Highway von Hinton nach Grande Prairie — 309
- Grande Cache — 311
- Grande Prairie — 312
  - Millennium Sundial 312 • Heritage Discovery Centre 312 • Grande Prairie Museum 313

Von Grande Prairie entlang der Northern Woods and Water Route und über den Grizzly Trail — 314
- Weiterfahrt nach Westlock — 315
- Westlock — 316
  - Westlock Pioneer Museum 317 • Canadian Tractor Museum 317

Von Westlock zum Strand am Sandy Lake und weiter nach Edmonton — 318
- St. Albert — 318

8. VON EDMONTON AUF DEM MACKENZIE HIGHWAY IN DIE NORTHWEST TERRITORIES BIS YELLOWKNIFE — 320

Überblick und Streckenvariante — 321

Edmonton — 321
- Redaktionstipps 322
- Sehenswürdigkeiten — 322
  - Alberta Aviation Museum 322 • Royal Alberta Museum 323 • Fort Edmonton Park 324 • John Janzen Nature Centre 325 • Muttart Conservatory 325 • Rutherford House Provincial Historic Site 325 • Elk Island National Park 326

Von Edmonton in die Peace River Region — 330
- Whitecourt — 331
- Fox Creek — 332
- Weiterfahrt über Valleyview — 333
- Peace River — 333
  - Peace River Museum 334 • River Front Park und Peace River Station 335 • Sagitawa Lookout 335

Auf dem Mackenzie Highway bis in die Northwest Territories — 337
- Abstecher in den Queen Elizabeth Provincial Park — 337
- Manning — 337
  - Battle River Pioneer Museum 338 • Old Hospital Gallery & Museum 338
- Weiterfahrt nach High Level — 339
- High Level — 339
- Ausflug nach Fort Vermilion — 341
- Von High Level nach Enterprise — 341

In den Northwest Territories von Enterprise zum Wood Buffalo National Park	342
Hay River	343
Hay River 343 • Vale Island 344	
Fort Smith	346
Northern Life Museum & National Exhibition Centre 347 • Fort Smith Mission HP 347 • Boardwalk & Slave River Lookout 348	
Wood Buffalo National Park	350
Fort Smith bis Yellowknife	352
Fort Providence	353
Yellowknife	355
Prince of Wales Northern Heritage Centre 355 • Legislative Assembly und Ceremonial Circle 356 • Historic Walking Tour 356 • Frame Lake Trail 357	

9. DURCH DEN NORDEN BRITISH COLUMBIAS UND DEN YUKON NACH ALASKA — 360

Überblick und Streckenvariante	361
Redaktionstipps 362	
Von Prince George über die Rocky Mountains ins Land der Dinosaurier	362
Chetwynd	363
Little Prairie Heritage Museum 364 • Holzskulpturen-Pfad 364	
Hudson's Hope	365
W.A.C. Bennett Dam 365 • Hudson's Hope Museum 366	
Tumbler Ridge	366
Einzigartige Wasserfälle 367 • Dinosaur Discovery Gallery 367	
Von Tumbler Ridge zum Alaska Highway und bis Fort Nelson	370
Dawson Creek	370
Northern Alberta Railways Park 370 • Alaska Highway House 371 • Walter Wright Pioneer Village 371	
Fort St. John	372
Fort St. John North Peace Museum 373 • Pioneer Pathway 373	
Von Fort St. John bis Fort Nelson	375
Fort Nelson	375
Von Fort Nelson bis in den Yukon – mit Abstecher zur Nahanni National Park Reserve	376
Stone Mountain Provincial Park	376
Muncho Lake Provincial Park	377
Salt Licks 378	
Ausflug zur Nahanni National Park Reserve	378
Von Muncho Lake bis Liard River	381
Nach Watson Lake	381
Watson Lake	382
Sign Post Forest 382 • Northern Lights Centre 382	
Watson Lake bis Whitehorse und auf dem Klondike Highway nach Alaska	384
Teslin	384
Teslin Tlingit Heritage Centre 385 • George Johnston Museum 385	

Inhalt

Weiterfahrt Richtung Whitehorse	386
Carmacks	387
Pelly Crossing	389
Weiterfahrt nach Dawson City	390
Dawson City	390

SS Keno 391 • Dawson Complex National Historic Site 391 • Jack London Museum 392 • Dredge No. 4 National Historic Site 392 • Diamond Tooth Gerties Gambling Hall 393

Von Dawson City auf dem Top of the World Highway nach Alaska	394

Tok 395

Kleine Alaska-Rundfahrt – Fairbanks, Denali National Park und Anchorage   396

Fairbanks	397

El Dorado Goldmine 398 • Pioneer Park 398 • Ice Museum 399 • Museum of the North 399 • Chena Hot Springs 400

Denali National Park	402
Strecke nach Anchorage	404
Anchorage	405

Anchorage Museum 407 • Alaska Native Heritage Center 407 • Alaska Zoo 407 • Portage Glacier 408

10. VON WHITEHORSE DURCH DEN NORDEN BRITISH COLUMBIAS UND NACH HAIDA GWAII BIS VANCOUVER   410

Überblick und Streckenvariante   411
Redaktionstipps 412

Whitehorse   412
Sehenswürdigkeiten	412

SS Klondike 412 • Yukon Transportation Museum 412 • Fish Ladder 413 • MacBride Museum of Yukon History 414

Von Watson Lake, Yukon auf dem Cassiar Highway bis Terrace, British Columbia   416

Dease Lake	416
Abstecher zum Telegraph Creek und Stikine River Provincial Park	417
Von Dease Lake nach Stewart	418
Stewart	419
Weiterfahrt nach Terrace	421

Abstecher zum Gitwangak Battle Hill 421 • Seven Sisters Protected Area 422

Terrace	422

George Little House 423 • Heritage Park Museum 423

Abstecher nach Kitimat	424

Kitimat Museum 425 • Giant Spruce Park 425 • Kitamaat Village 425

Von Terrace nach Prince Rupert und Haida Gwaii   426
Prince Rupert	427

Museum of Northern BC 428 • Firehall Museum 428 • Cow Bay & historische Innenstadt 428 • North Pacific Cannery NHS 429

Reiserouten

Haida Gwaii — 430
Tag 1 – Gwaii Haanas National Park Reserve — 432
Tag 2 und 3 – Graham Island — 433
Queen Charlotte 433 • Skidegate 434 • Tlell 435 • Port Clements 435 • Masset 436

Von Prince Rupert nach Prince George — 438
Smithers — 440
Abstecher in den Babine Mountains Provincial Park 440
Von Smithers nach Vanderhoof — 441
Vanderhoof — 442
Fort St. James — 443
Fort St. James National Historic Site 444 • Mount Dickinson Trail 446
Prince George — 446

Von Prince George über die Coast Mountains nach Vancouver — 447
Quesnel — 447
Quesnel & District Museum and Archives 447
Williams Lake — 449
Museum of the Cariboo Chilcotin 449 • Scout Island Nature Centre 449
Von Williams Lake nach Lillooet — 451
Lillooet — 452
Mile 0 Cairn 452 • Lillooet Museum 453 • Bridge of the 23 Camels 453 • Miyazaki House 454
Pemberton — 455
Spaziergänge in Pemberton und Umgebung 456

11. DURCH DEN SÜDEN BRITISH COLUMBIAS ZWISCHEN PRINCE GEORGE UND VANCOUVER — 458

Überblick und Streckenvariante — 459
Redaktionstipps 459

Prince George — 460
Sehenswürdigkeiten — 461
The Exploration Place 461 • Prince George Exhibition 461 • Two Rivers Art Gallery 461 • Railway & Forestry Museum 462 • Huble Homestead Historic Site 462
Ausflug zum Ancient Forest — 462

Von Prince George zum Wells Gray Provincial Park — 465
Barkerville — 465
Clearwater — 468

Wells Gray Provincial Park — 470
Aktivitäten im Wells Gray Provincial Park — 470

Von Clearwater bis Merritt – mit einen Abstecher zum Hell's Gate — 474
Quilchena — 474
Monck Provincial Park — 475
Nicola Ranch — 476

Inhalt

Merritt	477
Nicola Valley Archives & Museum 477 • Countrymusic, Murals und Stars 477 • Merritt Lookout 478	
Abstecher zum Hell's Gate	480
Von Merritt nach Vancouver	**480**
Kentucky Alleyne Provincial Park	481
Princeton	482
Princeton Museum 483	
E.C. Manning Provincial Park	485
Aktivitäten im E.C. Manning Provincial Park 487	
Vom E.C. Manning Provincial Park nach Hope	489
Hope	490
Hope Museum 491 • Christ Church NHS 491 • Thacker Regional Park 491 • Coquihalla Canyon Provincial Park 492	

12. ANHANG 494
Weiterführende Literatur	495
Bildnachweis	497
Kartenverzeichnis	499
Stichwortverzeichnis	500

Weiterführende Informationen zu folgenden Themen

Der anglo-französische Konflikt	21
Bären	47
Residential Schools	62
Halb Hollywood kommt aus Kanada	72
Terry Fox	76
Wo alles begann: Greenpeace kommt aus Kanada	142
Kanada als Gastgeber der Olympischen Spiele	148
Papier- und Ölkonzerne und das Abholzen der Küstenwälder	152
Wanderung über den West Coast Trail	170
Wale in Sicht	183
Süffige Entdeckungen: Weinanbau	265
Die Puckjäger: Nationalsport Eishockey	280
William A. Switzer Provincial Park	310
Polizistenmord in Mayerthorpe	331
Cat Train Roads	344
Die Mounties: Die legendäre Royal Canadian Mounted Police	346
Der Zauber des Nordens	359
Geocaching	368
Aurora Borealis	383
Der Goldrausch am Klondike	387
Middle of Nowhere	390
Briefe vom Weihnachtsmann	396
Der weiße Bär	423
Ein Indianer-Dorf der Gitxsan	439
Der Gentleman-Bandit Bill Miner	483
Übersetzung der Infotafel „Hope Slide"	489

I. EINLEITUNG

Vorwort

Kanada ist seit jeher für viele eine Art Sehnsuchtsland. Bilder von endloser Weite, unberührten Naturlandschaften, über denen Weißkopfseeadler lautlos ihre Kreise ziehen und Grizzlys geduldig auf die fette Lachsbeute am reißenden Fluss warten, von Seen, schneebedeckten Berggipfeln, von Prärien und Weizenfeldern bis zum Horizont prägen die Vorstellung genauso wie die Freundlichkeit und Hilfsbereitschaft der Bewohner des zweitgrößten Landes der Erde.

Dann naht der Tag, an dem der Wunsch Wirklichkeit geworden ist: Die erste Kanada-Reise steht bevor. Und eines können wir Ihnen versprechen: Wer vom „Kanada-Virus" infiziert ist, bleibt es meist ein Leben lang.

Der Ursprung des heutigen Staates liegt im Osten, das Herz schlägt für die meisten Touristen jedoch im Westen des Landes. Hier erkunden viele Reisende mit dem Wohnmobil oder dem Mietwagen die grandiose Natur, die lebendigen Städte und das kulturelle Erbe der Ureinwohner jenseits aller Klischees.

Der Westen, das ist der Yukon, sind die Northwest Territories, British Columbia und Alberta. Die Region macht bei einer Fläche von etwa 3,45 Millionen Quadratkilometern knapp ein Drittel der kanadischen Gesamtfläche aus und ist Heimat für rund 7,7 Millionen Menschen. Mit ein wenig Augenzwinkern könnte man beinahe sagen: Im Vergleich dazu gilt der Osten fast als dicht besiedelt. So umfasst die Provinz Ontario allein eine Fläche von rund einer Million Quadratkilometern und beherbergt fast 13 Millionen Einwohner.

Als relativ junge Nation, die in der jetzigen Form seit weniger als 150 Jahren existiert, leidet das Land mit dem Ahornblatt im Wappen noch immer unter dem Ruf, eine weite kulturelle Ödnis zu sein. Doch das Gegenteil der Fall.

Kanada ist ein klassisches Einwandererland. Die Immigranten aus aller Welt brachten von jeher ihre nationalen Traditionen mit und formten so eine spannende neue kanadische Kultur, die angereichert und ergänzt wurde durch die jahrtausendealte Kultur der Natives. Das alles spiegelt sich nicht nur in vielen Sehenswürdigkeiten, sondern auch in der kanadischen Lebensweise wider. Von Alberta bis zum Yukon bringen die Zeugen einer längst vergangenen Zeit die Geschichte der Ureinwohner zum Leben und erzählen auch von der Ankunft der ersten Pioniere, die sich durch die Prärie kämpften und schließlich im Westen niederließen.

Liebe Leser, gehen Sie mit uns auf Entdeckungsreise in eines der großartigsten Länder der Erde. Wir sind sicher, dass Sie einen unvergesslichen Urlaub in Kanada erleben und freuen uns, mit diesem Reiseführer Ihr Begleiter zu sein.

Gute Reise!

Kerstin Auer
Andreas Srenk

Kanada im Überblick

Fläche	9.984.670 km² (davon 755.109 km² Binnengewässer)
Bevölkerung	35.344.962 Einwohner (Jan. 2014), 3,4 Einw. pro km²
Bevölkerungswachstum	1,1 % pro Jahr
Sprachen	Amtssprachen sind Englisch und Französisch
Hauptstadt	Ottawa 883.391 Einw. (Ottawa-Gatineau 1.236.324 Einw.)
Städte	Toronto 5,6 Mio Einw., Montréal 3,8 Mio Einw., Vancouver 2,3 Mio Einw., Ottawa 1,38 Mio Einw. (jeweils Großraum), Québec 169.300 Einw., Halifax 359.900 Einw.
Staats- und Regierungsform	Konstitutionelle Monarchie im britischen Commonwealth mit Königin Elizabeth II. als Staatsoberhaupt; Bundesstaat, bestehend aus zehn Provinzen und drei Territorien, Sitz des Bundesparlaments in Ottawa/Ontario.
Flagge	in den Farben Rot und Weiß, mit einem roten Ahornblatt auf weißem Grund
Religion	47 % Katholiken, 29 % Protestanten, 10 % Anglikaner, 7 % Konfessionslose, 1 % Orthodoxe, 1 % Juden, 5 % andere Glaubensgemeinschaften
Ethnien	Anglokanadier 40 %, Frankokanadier 27 %, Deutsche 5 %, Italiener 3 %, Ukrainer 2 %, andere Europäer 10 %, Indianer und Inuits 2 %, Sonstige 11 %
Feiertage	Victoria Day am Montag vor dem 25. Mai, Canada Day am 1. Juli (Nationalfeiertag), Labour Day (Tag der Arbeit) am 1. Montag im September, Thanksgiving Day (Erntedankfest) am 2. Montag im Oktober
Außenhandel	Handelspartner: USA, Japan, Commonwealth, Deutschland, Mexiko, Frankreich
Bodenschätze	Kanada besitzt reiche und sehr ergiebige Roh- und Brennstoffvorkommen wie Uran- und Zinkerze, Nickel, Blei, Gold, Silber und Kupfer sowie Kohle, Erdöl und Erdgas.
Landwirtschaft	Die Landwirtschaft ist sehr leistungsfähig und besonders ertragreich in den Prärieprovinzen, wo 80 % der Landfläche landwirtschaftlich genutzt werden, Anbau von Weizen, Mais, Obst, Kartoffeln, Tabak
Arbeitslosigkeit	6,9 %
Inflation	1,5 %
Klima	Kanada liegt in den gemäßigten bis arktischen Breiten; im größten Teil des Landes herrscht typisches Kontinentalklima mit trockenen, heißen Sommern und langen, sehr kalten und schneereichen Wintern.

Kanada im Überblick

Kanada gliedert sich in **zehn Provinzen und drei Territorien** mit jeweils eigener Provinzhauptstadt. Dies sind von Osten nach Westen:
- Newfoundland & Labrador (NL) mit der Hauptstadt St. John's
- New Brunswick (NB) mit der Hauptstadt Fredericton
- Prince Edward Island (PE) mit der Hauptstadt Charlottetown
- Nova Scotia (NS) mit der Hauptstadt Halifax
- Québec (QC) mit der Hauptstadt Québec City
- Ontario (ON) mit der Hauptstadt Toronto
- Manitoba (MB) mit der Hauptstadt Winnipeg
- Saskatchewan (SK) mit der Hauptstadt Regina
- Alberta (AB) mit der Hauptstadt Edmonton
- British Columbia (BC) mit der Hauptstadt Victoria und die drei Territorien:
- Nunavut (NU) mit der Hauptstadt Iqualuit
- Northwest Territories (NT) mit der Hauptstadt Yellowknife
- Yukon Territory (YK) mit der Hauptstadt Whitehorse.

Die Hauptstadt Kanadas ist Ottawa.

Innerhalb Kanadas gibt es, wie die Faltkarte zeigt, sechs verschiedene Zeitzonen; für die Provinzen im Westen Kanadas gilt
- in British Columbia und Yukon die Pacific Standard Time (PST = MEZ -9 Stunden)
- in Alberta und den Northwest Territories die Mountain Standard Time (MST = MEZ -8 Stunden)

Verschiedene Zeitzonen

In den Gebieten Westkanadas gilt von Mitte März bis Anfang November die Sommerzeit (Winterzeit plus 2 Stunden).

2. DER WESTEN KANADAS: LAND UND LEUTE

Historischer Überblick
Besiedlung des kanadischen Westens

Ähnlich wie in den USA begann die Besiedlung durch Europäer auch in Kanada im Osten. Dort gab es die ersten Siedlungen, die ersten Stadtgründungen, die erste Urbarmachung des Landes. Und natürlich die ersten Kontakte zu den Vertretern der Indianer, die heute politisch korrekt *First Nations* genannt werden. Abenteuerlust, Entdeckerneugier und Handelsinteressen trieben bald die ersten Weißen gen Westen. Bevor die großen Pioniertrecks sich in Marsch setzten, gelangten die ersten Briten und Franzosen in den 1770er-Jahren an die Pazifikküste.

Besonders der lukrative Pelzhandel lockte die Männer aus dem Osten. Aber auch die Spanier aus dem Süden, Amerikaner von jenseits der Grenze und Russen, die über Alaska nach Kanada kamen, hatten Handelsinteressen. 1790 einigten sich die Parteien darauf, keine weiteren Handelsniederlassungen mehr zu gründen. Man respektierte einander und beutete die Pelztiervorkommen gemeinsam aus. Nach wenigen Jahrzehnten waren die Bestände jedoch erschöpft.

Zu Beginn des 19. Jh. wurden die Handelsgesellschaften wie die *Hudson's Bay Company* (HBC) und die *North West Company* immer mächtiger. Die beiden Gesellschaften fusionierten. Mangels staatlicher Kontrolle übernahm die neue mächtige *Hudson's Bay Company* von etwa 1820 an quasi staatliche Aufgaben, setzte Recht und Ordnung durch und gründete Forts. So wurde die spätere Provinzhauptstadt Victoria 1843 als befestigter Stützpunkt der HBC gegründet. Als der Pelzhandel im Laufe der Jahrzehnte nur noch rückläufige Erträge einbrachte, verlegte die HBC ihren Schwerpunkt auf den Handel mit all den Ausrüstungsgütern, die die Pioniere benötigten, die immer zahlreicher nach Westen strömten. Noch heute existiert die HBC, die 1670 gegründet wurde, in Kanada und gilt als eines der ältesten Unternehmen auf der Welt.

Mächtige Handelsgesellschaften

Während im Osten die politischen Dinge bereits relativ festgefügt waren, gab es im Westen immer wieder Grenzstreitigkeiten zwischen den englischen Kolonialherren und dem jungen amerikanischen Staat. Diese eskalierten 1812 im Britisch-Amerikanischen Krieg, bei dem es allerdings auch um Zwangsrekrutierungen amerikanischer Matrosen in die britische Marine ging, die die USA nicht länger hinnehmen wollten. Der Krieg, der Heiligabend 1814 mit dem Frieden zu Gent endete, bescherte den Kriegsparteien den *Status quo ante bellum*, da keine Seite entscheidende Durchbrüche auf den Schlachtfeldern erzielen konnte.

Doch führte der Krieg in seinen Nachwirkungen u. a. dazu, dass sich ein kanadisches Nationalbewusstsein herausbildete. Es gibt Historiker, die der Meinung sind, dass es gut war für das kanadische *Nation Building*, diesen Krieg zu führen. Französische und englische Siedler wurden gegenüber einem gemeinsamen Feind zusammengeschweißt und konnten so ein **Nationalgefühl** entwickeln. Wäre er nicht ausgebrochen, hätten sich immer mehr amerikanische Siedler auf kanadischem Boden niedergelassen und ein kanadisches Nationalgefühl verhindert. Die Gefahr wäre groß gewesen, dass Kanada letztlich ein Teil der USA geworden wäre.

Kanadisches Nationalbewusstsein

Auch nach dem Friedensvertrag von 1814 gab es regelmäßig wiederkehrende Grenzstreitigkeiten. Sie wurden endgültig im **Oregon Treaty** von 1846 beigelegt, der in Washington zwischen dem US-Außenminister James Buchanan und dem britischen Unterhändler Richard Pakenham unterzeichnet wurde. Der **49. Breitengrad** wurde zur offiziellen Grenze zwischen den USA und dem Britischen Königreich (und später Kanada). Vancouver Island bildet die Ausnahme, da die Insel südlich des 49. Breitengrads liegt.

Dominion of Canada

Als das **Dominion of Canada** 1867 gegründet wurde, schloss sich British Columbia 1871 als sechste Provinz an. Einer der Gründe war das Bestreben, unter den sicheren Schutzschirm der kanadischen Konföderation zu gehen, da man Angst hatte vor einer amerikanischen Annexion. Als „Dankeschön" verpflichtete sich die Konföderation, die Schulden British Columbias zu übernehmen und die transkontinentale Eisenbahn *Canadian Pacific Railway* bis nach Vancouver zu bauen. Diese wurde 1885 fertiggestellt. In der Folge boomte die Provinz, die Stadt Vancouver wurde zum großen Hafen ausgebaut, Bodenschätze konnten hier direkt verladen werden. Immer mehr Menschen zog es in die aufstrebende Provinz.

Die Ureinwohner

First Nations

In Kanada unterscheidet man drei Gruppen von sog. indigenen Bewohnern: Die Indianervölker der **First Nations**, die **Inuit** und die **Métis**. Das sind Nachfahren europäischer Einwanderer, die mit indianischen Frauen liiert waren. Die letzte Volkszählung ergab, dass rund 1,2 Millionen Kanadier einer indigenen Gruppe angehören. Die größte Gruppe machen die First Nations mit rund 700.000 Menschen aus, die Métis folgen mit knapp 400.000. Zu den Inuit zählen etwa 50.000 Menschen.

British Columbia ist Heimat für einen Großteil der First Nations in Kanada (s. auch S. 59). Von den landesweit 3.000 Reservaten liegen mehr als die Hälfte in British Columbia. Ein Drittel aller Stämme lebt hier. Des Weiteren wohnen relativ viele Angehörige der First Nations in Ontario, Manitoba, Alberta und Saskatchewan. Zu den größten Einzelstämmen zählen die Cree und die Mohawk. Die indianische Bevölkerung ist wesentlich jünger als der Durchschnitt der Kanadier, sodass langfristig ihr Bevölkerungsanteil von ca. 4 % wachsen dürfte. Obwohl es Tausende von Reservaten im Land gibt, lebt die Mehrzahl der Mitglieder der First Nations außerhalb dieser Zonen. Viele von ihnen zog es in die großen Metropolen.

Ein besonderes Ministerium kümmert sich um die Belange aller indigenen Völker, also auch der Métis und Inuit. Das **Department of Indian Affairs and Northern Development** ist für die politischen und wirtschaftlichen Beziehungen der Regierung zu den indigenen Völkern zuständig.

Über die Jahre wurden eine Reihe von wichtigen Verträgen mit den indigenen Völkern geschlossen, etwa das *James Bay and Northern Quebec Agreement* von 1975. 1988 sprach die Regierung unter Premierminister Brian Mulroney den Völkern der Métis und Dene 500 Millionen Dollar an Entschädigung zu und gestand ihnen Landrechte in den Northwest Territories zu. Besondere Beachtung fand der Vertrag, der 1999 zur Gründung von **Nunavut** führte. Das Territorium wurde von den Northwest Territories abgetrennt und bildet seitdem ein eigenständiges Gebiet. Nunavut ist zwar Teil des kanadischen Staates und als sog. Territorium im Gegensatz zu einer Provinz unmittelbar der kanadischen Bundesregierung zugeordnet. Die grundlegende Idee war es dennoch, den Inuit die Möglichkeit zu geben, ihr Gebiet relativ autonom zu verwalten. Es gibt jedoch auch weiterhin eine Reihe von Streitpunkten und Problemen zwischen der Bundesregierung in Ottawa und den autonomen Kräften in Nunavut. Ottawa finanziert rund 90 % des Haushalts (etwa 700 Millionen Dollar), der Rest kommt aus der Provinz. Die auf den beiden tragenden Säulen Bodenschätze und Fischfang beruht. Aber die Inuit kritisieren, dass es in dem riesigen Territorium, das über die längsten kanadischen Küstenlinien verfügt, immer noch keinen einzigen Hafen gibt.

Territorium Nunavut

In Zukunft soll als drittes Standbein der nachhaltige Tourismus ausgebaut werden. Wachsende Einnahmen versprechen sich die Inuit auch aus den Erlösen von Kunsthandwerk, das weltweit begehrt ist.

In dem Territorium Nunavut gelten vier offizielle Amtssprachen: Englisch und Französisch (wie in ganz Kanada) sowie Inuinaqtun und Inuktitut. Seit Ende 2008 ist der „Inuit Language Protection Act" in Kraft. Er regelt, dass alle Behördenangelegenheiten in den heimischen Sprachen möglich sind.

Bei allen Entwicklungsbemühungen bleiben fundamentale gesellschaftliche und kulturelle Probleme bestehen, die das Zusammenleben zwischen den indigenen Völkern und den Einwanderern aus aller Welt seit Jahrhunderten so kompliziert machen. Viele

Die Potlatch-Feiern der indianischen Ureinwohner waren lange Zeit verboten. Jetzt werden sie unter reger Teilnahme u. a. im Yukon wieder begangen

Die Inuit gehören zur Urbevölkerung Kanadas

der indigenen Völker beklagen, dass der weiße Mann ihre Lebensgrundlagen nachhaltig zerstört hat, dass Umsiedlungen und Zwangsassimilierung vielen Menschen dieses Kulturkreises den Boden unter den Füßen weggezogen haben. Die Folgen: Alkoholmissbrauch, hohe Arbeitslosigkeit und eine erhöhte Selbstmordrate. Inzwischen wird viel getan – seitens der Regierung und seitens der Vertreter indigener Völker –, um diese Missstände zu beseitigen.

Die Entdeckung Kanadas durch die Europäer

Galt lange Zeit die Schulweisheit, dass **Christoph Kolumbus** seit 1492 als der Entdecker Amerikas gilt, so ist inzwischen historisch gesichert, dass bereits im 10. Jh. skandinavische Wikinger in Nordamerika an Land gingen. Der erste, der wahrscheinlich als Entdecker Nordamerikas gelten kann, heißt **Bjarni Herjulfsson**. Er lebte in Norwegen, Island und Grönland und kam 985 auf der Fahrt nach Grönland vom Kurs ab. Dabei sichtete er bewaldete Hügel im Westen, ging aber nicht an Land. Rund zehn Jahre später landete das Schiff von **Leif Eriksson** auf **Vinland**, dem heutigen Newfoundland. Das lassen archäologische Funde vermuten, die bei L'Anse aux Meadows an der Nordspitze ausgegraben wurden. Leif Erikkson gilt als einer der Söhne des legendären Erik des Roten, der als erster eine Siedlung auf Grönland errichtete.

Vinland wurde von Historikern und Archäologen lange Zeit weiter südlich vermutet, da der Name „Weinland" auf wilde Trauben hindeutet, die dort wuchsen. Newfoundland musste nach Meinung dieser Experten die falsche Spur sein, da es dort zu unwirtlich war. Allerdings hat die Klimaforschung herausgefunden, dass es vor dem 12. Jh. auf Newfoundland deutlich wärmer war als heute.

Die Ausgrabungen von 1961 brachten elf Häuser und eine Schmiede ans Tageslicht. Allerdings bestand die Siedlung nur wenige Jahre. Die Quellenforschung hat ergeben, dass in alten Sagen davon die Rede ist, dass es regelmäßige Kämpfe mit den Eingeborenen gab, die die Wikinger als **Skraelinger** bezeichneten. Es ist nicht geklärt, ob es sich dabei um Inuit oder Indianer handelte. Um etwa 1020 zogen sich die Wikinger

Die Entdeckung Kanadas durch die Europäer

wieder vom kanadischen Festland zurück. Die UNESCO erklärte die Ausgrabungsstätte **L'Anse aux Meadows** 1978 zum Weltkulturerbe. Mehrere der Häuser sind restauriert bzw. nachgebaut und wurden zu einem Touristenmagneten.

Danach dauerte es recht lang, bis der nächste Europäer nachweislich im heutigen Kanada landete. Im Sommer 1497 landete **Giovanni Caboto** mit seinem Schiff an einer nicht näher bezeichneten Stelle an der Ostküste. Da er in englischen Diensten stand und die Reise von Bristol aus mit der Unterstützung von König Heinrich VII. gemacht hatte, sollte er alles Land für die englische Krone in Besitz nehmen. Damals war der Seefahrer und Entdecker irrtümlich der Meinung, in China gelandet zu sein. Caboto nahm in Nordamerika drei Indianer gefangen und brachte sie als Beweis seiner erfolgreichen Entdeckungsfahrt nach England. Das überzeugte. Ein Jahr später brach er mit einer Flottille von sechs Schiffen erneut nach Nordamerika auf, kehrte aber von der Reise nicht zurück.

Europäische Entdecker

Auch eine andere große Seefahrernation mischte nun in Nordamerika mit: Die Portugiesen schickten den Entdecker **João Fernandes Lavrador**. Nach ihm wurde wahrscheinlich die Labrador-Halbinsel benannt. Die Portugiesen, die im Vertrag von Tordesillas die Neue Welt zwischen ihrem Land und Spanien mit dem Segen des Papstes aufgeteilt hatten, sahen die Einmischung der Engländer bei ihren Entdeckungsfahrten mit großem Misstrauen und rüsteten drei Schiffe aus, um an der kanadischen Ostküste Flagge zu zeigen. Sie landeten 1501 entweder auf Labrador oder Newfoundland und nahmen Dutzende Indianer des örtlichen Stammes gefangen, um sie in Lissabon als Sklaven zu verkaufen.

Seit Anfang des 16. Jh. lockten die reichen Fischgründe Basken, Franzosen, Engländer und Portugiesen. Sie errichteten temporäre Lager auf kanadischem Gebiet, wo sie den Fisch trockneten und weiterverarbeiteten. Die Franzosen waren es schließlich, die als erste Europäer ins Landesinnere vorstießen: **Jacques Cartier** erkundete 1534/1535 Gebiete im heutigen Québec um den Sankt-Lorenz-Strom. Er nahm die Gebiete für die französische Krone in Besitz. Die erste permanente Siedlung in Neufrankreich wurde von Pierre Chauvin 1600 als Tadoussac an der Mündung des Saguenay-Fjords in den Sankt-Lorenz-Strom gegründet. Der Handelsposten wurde Zentrum des Walfangs. Noch heute verdient der Ort Geld mit den Walen – Touristen kommen in Scharen, um die großartigen Tiere zu beobachten.

Der anglo-französische Konflikt

info

Im frühen 17. Jh. entstanden die ersten englischen und französischen Siedlungen. Damals unterschied man noch nicht zwischen den USA und Kanada. Sowohl Neuengland als auch Neufrankreich blieben politisch und ökonomisch stark von ihren jeweiligen Mutterländern abhängig. Da in Nordamerika die politischen und wirtschaftlichen Strukturen noch nicht so festgelegt waren wie im alten Europa, war es unvermeidlich, dass Konflikte zwischen den beiden Großmächten unmittelbare Auswirkungen auf die Neue Welt haben würden. Der Einwanderungsdruck englischer Kolonisten erhöhte sich und brachte die Franzosen, obwohl sie über gut gesicherte Forts und Handelsposten verfügten, in die Defensive.

Als in Europa der **Siebenjährige Krieg** ausbrach (1756–1763), der auf der einen Seite England und Preußen vereinte, auf der anderen Seite Frankreich, Russland und Österreich zu Verbündeten machte, hatte dies gravierende Auswirkungen auf die Kolonien in aller Welt, vor allem in Nordamerika. Bereits zwei Jahre zuvor kam es zu Gefechten im **Ohio-Tal**, sodass mit Fug und Recht behauptet werden kann, dass der Siebenjährige Krieg in Nordamerika im Grunde genommen 1754 begann und den großen europäischen Krieg quasi vorwegnahm. Beide europäischen Großmächte verbündeten sich jeweils mit Indianerstämmen, die sie als Hilfstruppen zur Durchsetzung ihrer eigenen militärischen Ambitionen betrachteten.

Der Konflikt um das Ohio-Tal entstand, als englische Siedler aus Virginia und Pennsylvania sich dort niederließen, um Handel mit den ortsansässigen Indianern zu treiben. Diese britischen Interessen kollidierten mit denen der Franzosen, die Nordamerika jenseits der Appalachen als französisches Hoheitsgebiet beanspruchten. Das Ohio-Tal galt als strategisch wichtig, da es eine Verbindung wichtiger Schifffahrtsrouten zwischen Sankt-Lorenz-Strom, den Großen Seen und dem Mississippi bedeutete, wo überall Franzosen siedelten. Die Franzosen gingen in die Offensive, rüsteten eine Expedition aus, die die Gegend um das Ohio-Tal vermessen und zugleich die ortsansässigen Indianerstämme ermutigen sollte, Aktionen gegen die englischen Siedler zu planen. So wurde auch ein wichtiger Handelsposten der Engländer von mehreren Indianerstämmen, die mit den Franzosen verbündet waren, zerstört.

Weiteres Konfliktpotenzial barg die **Provinz Akadien**, die geografisch nie exakt definiert war, aber heute den kanadischen Provinzen Nova Scotia, New Brunswick, Prince Edward Island, Teilen der Provinz Québec sowie dem nördlichen Teil des US-Bundesstaats Maine entspricht. Dieses Gebiet war 1710 von englischen Truppen erobert und im Frieden von Utrecht (1713) Großbritannien zugesprochen worden. Die überwiegend französischstämmige katholische Bevölkerung genoss weitgehende Autonomie.

Französische Geistliche und Offiziere stachelten hinter den Kulissen die eigenen Landsleute und auch befreundete Indianerstämme gegen die englische Obrigkeit auf. 1751 errichteten die Franzosen das Fort Beauséjour auf von Großbritannien beanspruchtem Gebiet und forderten die akadischen Siedler auf, einen Treueeid auf den französischen König zu leisten. Das ließ sich England nicht bieten. 1754 antwortete der englische Gouverneur von Akadien mit einer Verfügung, die besagte, dass alle Akadier, die Waffen gegen die Engländer einsetzen würden, als Kriminelle behandelt würden.

Die Ausgangslage zu Beginn des Krieges sah die Engländer in der komfortableren Position. Die Übermacht bei den englischen Kolonisten war gewaltig: Rund zwei Millionen in Neuengland standen gerade Mal 60.000 französischstämmige Siedler gegenüber. Doch die Franzosen bewiesen – wie so oft – diplomatisches Geschick. Sie zogen viele Indianerstämme auf ihre Seite. Zudem profitierten sie von den bürokratischen Hemmnissen auf englischer Seite. Die verschiedenen englischen Kolonien und ihre Gouverneure bzw. Parlamente zogen oft nicht an einem Strang, behinderten sich gegenseitig. Es gab keine übergeordnete Koordinierungsinstanz, die das politisch-militärische Heft in die Hand genommen hätte. So unterließ man es, strategisch-wichtige Forts zu bauen, die Indianer mit Gastgeschenken für die englische Belange gewogen zu machen, und auch die Besoldung der Truppen funktionierte nicht immer reibungslos.

Nach diversen Scharmützeln im Jahr 1754, an denen auch ein junger Offizier namens George Washington beteiligt war, war eine kriegerische Auseinandersetzung der beiden Großmächte in Nordamerika unausweichlich geworden. 1755 wurde der englische Generalmajor Edward Braddock als Oberkommandierender nach Nordamerika geschickt. Daraufhin schickten die Franzosen wiederum militärische Verstärkung in Gestalt von mehreren Kriegsschiffen, die vom englischen Admiral Edward Boscawen aber auf dem Atlantik abgefangen werden konnten. Die englische Kriegstaktik sah eine Vierfach-Zangenbewegung vor. Teile der englischen Truppen griffen ein französisches Fort im heutigen Pennsylvania an, eine zweite Truppe griff das Fort Niagara an, die dritte ein Fort bei Crown Point, eine vierte Armee-Brigade sollte die Franzosen aus Akadien vertreiben.

In den folgenden Monaten wechselte sich das Kriegsglück bei den Kontrahenten ab: Mal waren die Engländer siegreich, mal die Franzosen. Besonders wichtig war eine Militäraktion der Engländer im Juni 1755, die sich gegen das französische Fort Beauséjour richtete. Nach zweiwöchiger Belagerung kapitulierten die Franzosen, die Engländer konnten die französischen Verteidigungslinien unterbrechen. Vor allem wurde die strategisch wichtige französische See-Festung Louisbourg in Nova Scotia vom Hinterland abgeschnitten.

Für die französischen Siedler in Akadien wurde es nun ungemütlich. Sie wurden aufgefordert, den Treueeid auf die englische Krone zu leisten, was sie jedoch verweigerten. Daraufhin begannen die Engländer Anfang September mit der Festnahme und Deportation der gesamten frankophonen Bevölkerung Akadiens. Im Oktober wurden 6.000 Franzosen – Männer, Frauen, Kinder – in die Neuengland-Kolonien deportiert.

Trotz all dieser kriegerischen Auseinandersetzungen erklärte Großbritannien erst am **18. Mai 1756**, nachdem die Franzosen das damals britische Menorca attackiert hatten, Frankreich den Krieg. Nach der offiziellen Kriegserklärung in Europa konnten die Franzosen zunächst militärische Einzelerfolge in Nordamerika erzielen. Im August 1756 eroberten sie Fort Oswego am Lake Ontario und ein Jahr später Fort William Henry am Lake George.

England spielte jedoch als Seemacht seine maritime Stärke aus und blockierte erfolgreich viele französische Häfen, um den Nachschub Richtung Nordamerika zu unterbinden. Im Sommer 1758 zahlte sich diese strategische Überlegenheit aus: Die Briten verstärkten ihre Truppen und griffen gleichzeitig Louisbourg und zwei weitere französische Forts an. Die starke Seefestung Louisburg, die von der Royal Navy belagert wurde, kapitulierte, die Briten kontrollierten fortan den Zugang zum Sankt-Lorenz-Strom. Ende 1758 gewannen die Briten auch die Kontrolle über den Lake Ontario, Ende November den Zugang zum Ohio-Tal. Im Juni 1759 drang eine starker Armee- und Marineverband in den Sankt-Lorenz-Strom ein und rückte auf die Stadt Québec vor.

Am 13. September kam es zur Entscheidungsschlacht auf der Abraham-Ebene, die die dreimonatige Belagerungszeit Québecs beendete und nur 30 Minuten dauerte. Die Briten konnten schließlich die **Eroberung Neufrankreichs** bis 1760 abschließen, nachdem mehrere französische Versuche fehlgeschlagen waren, Verstärkungen nach Montréal zu bringen. Schließlich kapitulierten die Franzosen Anfang September 1760. Zwar unternahm Frankreich 1762 einen letzten Versuch, Akadien zurückzugewinnen, bei dem eine kleine Invasionsstreitmacht aus Brest ausschiffte und der englischen Blockadeflotte entkam. Die Kräfte reichten jedoch nicht aus, um die britischen Truppen in Nordamerika zu besiegen.

Im **Frieden von Paris** gestanden die Franzosen am 10. Februar 1763 ihre Niederlage ein und gaben ihre Besitzungen in Nordamerika auf. Bis auf die Inselgruppe Saint-Pierre et Miquelon, die noch heute zu Frankreich gehört, dem Westteil der Karibikinsel Hispaniola (dem heutigen Haiti) und den Neuerwerbungen Guadeloupe und Martinique fielen alle Gebiete an England. Auch Spanien beteiligte sich an den Gebietsveränderungen und gab Florida an England ab, erhielt dafür im Gegenzug West-Louisiana, dessen Gebiet nicht dem heutigen US-Bundesstaat entsprach, sondern sich bis hinauf in den Norden zu den Rocky Mountains zog. Bis ins Jahr 1766 gab es immer wieder Scharmützel im ehemaligen Neufrankreich, die vor allem von Indianerstämmen ausgelöst wurden, die mit der englischen Herrschaft haderten.

In der **Königlichen Proklamation von 1763** bestimmte der britische König Georg III., wie die **Aufteilung Nordamerikas** zwischen den europäischen Siedlern und den Indianern vonstattengehen, wie Landrechte für neue Siedler verteilt und unter welchen Rahmenbedingungen der Handel strukturiert werden sollte.

Die Königliche Proklamation legte die Grenze zwischen den britischen Kolonien an der Ostküste und dem Siedlungsgebiet der Indianer westlich der Appalachen fest. Sie verbot Privatpersonen, Indianerland zu kaufen. Ausschließlich Bevollmächtigte der Britischen Krone durften Land der Indianer erwerben und diese Gebiete nur mit Zustimmung des Königs den Siedlern zuteilen. So blieb das **Monopol der Krone** gewahrt. Außerdem durften britische Siedler sich jenseits der Proklamationslinie nicht dauerhaft auf indianischem Gebiet niederlassen. Viele Kolonisten ignorierten die Vorschriften und ließen sich illegal westlich der Appalachen nieder. Etwa um das Jahr 1774 lebten schon 50.000 Europäer westlich der Appalachen. Die Proklamation trug wesentlich dazu bei, die Kolonialisten von der britischen Regierung zu entfremden, was letztlich im Amerikanischen Unabhängigkeitskrieg mündete.

Staatsgründung und politische Emanzipation

Durch die Königliche Proklamation von 1763 entstand aus Neufrankreich die britische **Provinz Québec**. Um Konflikte mit den französischen Siedlern zu vermeiden, verabschiedete das britische Parlament 1774 den **Québec Act**. Dieser garantierte u. a. die freie katholische Religionsausübung, das französische Zivilrecht und behinderte in den Augen der Siedler der 13 Kolonien, die später zur Keimzelle der amerikanischen Unabhängigkeit wurden, die Ausbreitung nach Westen, da Québec nicht in den heutigen Provinzgrenzen zu sehen war, sondern ein Gebiet bis nach Illinois, Indiana, Michigan, Ohio und Wisconsin umfasste. Im Québec Act wurden die Gebiete des amerikanischen Mittelwestens dazu gerechnet und teilweise als Indianergebiet geschützt. Der Québec Act wurde für die rebellischen Siedler der 13 Kolonien eines der sog. „Unerträglichen Gesetze" (**Intolerable Acts**), die 1776 zur **Unabhängigkeitserklärung der USA** wurden. Im Frieden von Paris 1783 wurden die 13 rebellischen Kolonien unabhängig und zu den Vereinigten Staaten von Amerika. Rund 50.000 Loyalisten flohen aus den neuen unabhängigen Gebieten in das heutige Kanada. Sie sorgten dafür, dass sich die Bevölkerungsverteilung zugunsten der Anglokanadier verschob. Die Anglokanadier siedelten überwiegend im heutigen Ontario und an den Großen Seen.

„Unerträgliche Gesetze"

Der Québec Act wurde 1791 durch den **Constitutional Act** abgelöst, der die **Provinzen Upper und Lower Canada** schuf, um den jeweiligen Siedlungskernen der Anglo- und Frankokanadier gerecht zu werden. Jede der beiden Provinzen erhielt eine eigene Verwaltung. Der Ottawa River bildete die geografische Grenze.

Der Britisch-Amerikanische Krieg von 1812–1814

Eine wichtige Voraussetzung für die Herausbildung eines kanadischen Nationalbewusstseins war der **Britisch-Amerikanische Krieg von 1812–1814**. Der amerikanische Präsident James Madison sprach die Kriegserklärung am 18. Juni 1812 aus und lieferte gleich eine Handvoll Begründungen für diesen Schritt: die Zwangsrekrutierungen amerikanischer Seeleute für die *Royal Navy*, da die Briten bei den Mannschaftsdienstgraden chronisch unterbesetzt waren und die britischen Offiziere viele der vorgezeigten amerikanischen Ausweise für Fälschungen hielten, die britische Seeleute angeblich hatten anfertigen lassen.

Kriegsbeginn

Des Weiteren gab es immer wieder Übergriffe auf die amerikanische Handelsmarine, deren Besatzungen und Ladungen kontrolliert wurden. US-Häfen wurden im Zuge der britischen Sanktionen gegen das napoleonische Frankreich blockiert. Und die Briten steckten angeblich hinter diversen Indianeraufständen, mit denen die USA zu kämpfen hatten. Nicht zu unterschätzen waren Bestrebungen der amerikanischen *Frontier States* im Landesinneren, die kanadischen Gebiete zu erobern. Dabei spielte die „Manifest Destiny" eine Rolle. Diese Doktrin des 19. Jh., die bei vielen Pionieren in den Präriestaaten eine Rolle spielte, besagte, dass die amerikanische Nation den quasi gottgegebenen Auftrag hätte, ihre demokratischen und freiheitlichen Ideale auf den gesamten nordamerikanischen Kontinent auszudehnen.

Die dichten Wälder an der Grenze nutzten die Briten zu ihrem Vorteil

Keine der beiden Kriegsparteien war wirklich für den Krieg gerüstet. Die USA verfügten über keine ernstzunehmende Navy, hatten dafür aber Bodentruppen von 35.000 Mann und weitere Milizverbände. Die Kriegsmarine der Briten war die gewaltigste der Erde, dafür standen nur etwas mehr als 5.000 Mann auf kanadischem Territorium, die aber hervorragend gedrillt waren. Hinzu kamen kampferprobte Milizen auf kanadischer Seite, die aus ehemals englischen Loyalisten bestanden, die über die kanadische Grenze emigriert waren, als die USA sich für unabhängig erklärten und aus französischen Einheiten, die zwar die englische Krone nicht liebten, aber die tolerante Gesetzgebung gegenüber den Frankokanadiern seitens der Anglokanadier schätzten. Zudem war ihnen die antikatholische Einstellung der Amerikaner zuwider.

Den Briten kamen noch geografische Gegebenheiten zu Hilfe. Die Grenze zu den USA war oft dicht bewaldet und von Seen geprägt, die eine natürliche Barriere bildeten.

Im Juli, Oktober und November waren drei Invasionsversuche der Amerikaner trotz drückender Überlegenheit zum Scheitern verurteilt. Die Streitkräfte versuchten von Detroit aus, am Ostende des Eriesees und am Niagara River Kanada anzugreifen, wurden jedoch jedes Mal von zahlenmäßig schwächeren Briten, die aber taktisch besser ausgebildet waren, zurückgeschlagen. Auch ein Vorstoß auf Montréal scheiterte.

Stattdessen erteilte die britische Armee den Amerikanern eine Lektion, überschritt die Grenze und marschierte mit 4.500 Soldaten am 24. August 1814 in der Hauptstadt Washington ein. Die Invasionsstreitkräfte zerstörten das Kapitol und beschädigten das Weiße Haus. US-Präsident James Madison musste mit seiner Regierung nach Virginia fliehen. Die wenige Tage dauernde Militäraktion hatte für die Briten eher symbolischen Charakter und sollte deutlich machen, dass man sich nicht mit einer Weltmacht anlegt. Kurz zuvor, im Mai 1814, hatten die Briten bereits die Daumenschrauben angezogen und die komplette Atlantikküste mit einer wirksamen Seeblockade belegt. Dies hatte eine ruinöse Wirkung auf die Wirtschaft der Vereinigten Staaten. Zudem führten die Briten immer wieder punktuell Landemanöver durch und griffen überall an der Atlantikküste Städte und Hafenanlagen an.

Die US Navy konnte dagegen einige Achtungserfolge gegen die Briten erzielen, denen durch ihre militärischen Engagements in Europa die Hände gebunden waren. Nach drei Jahren machte sich auf beiden Seiten jedoch die Kriegsmüdigkeit und die Erkenntnis breit, dass keiner militärisch auf Dauer siegen würde.

Staatsgründung und politische Emanzipation

Im August 1814 begannen im belgischen Gent die Friedensverhandlungen unter Vermittlung Russlands. Zunächst hatten vor allem die Briten überzogene Forderungen: Ein Indianerstaat sollte als Puffer zwischen Kanada und die USA gelegt werden, die Amerikaner sollten Gebietsabtretungen zustimmen, die Großen Seen sollten demilitarisiert werden.

Am Heiligen Abend **1814** wurde der **Friedensvertrag** unterzeichnet. Völkerrechtlich gesprochen stellte der Vertrag den *Status quo ante bellum* wieder her, d. h., der Zustand vor Ausbruch des Krieges wurde in internationalem Recht verankert. Strittige Grenzfragen sollten von einer Schiedskommission geregelt werden. Die den Amerikanern wichtigen Themen Zwangsrekrutierungen und Handelsblockaden erledigten sich mit dem Ende der Auseinandersetzungen gegen Napoleon quasi von selbst. Ein weiteres bemerkenswertes Ergebnis brachte der Friedensschluss: Die Zeit der Indianerbündnisse der europäischen Kolonialmächte war vorbei. Mehr als hundert Jahre hatten Engländer und Franzosen kaum eine Gelegenheit ausgelassen, um Bündnisse mit Indianerstämmen zu schmieden, sie gegen die jeweils andere Kolonialmacht aufzuwiegeln und mit einheimischen Hilfstruppen die eigenen militärischen Lücken zu schließen.

Friedensvertrag von 1814

Das Kriegsende wurde in beiden beteiligten Ländern unterschiedlich bewertet. Die Amerikaner betrachteten sich als Sieger, hatten sie doch die ein oder andere militärische Auseinandersetzung zu Land und zur See erfolgreich gemeistert. In der Folgezeit wuchs der amerikanische Patriotismus, wurde auch das Selbstbewusstsein der US-Militärs immer größer. Man darf vielleicht behaupten, dass im amerikanisch-britischen Krieg die Keimzelle der späteren Militärmacht USA gelegt wurde.

Die Briten zeigten sich militärisch geschockt von den Erfolgen der militärischen „Amateure". Insbesondere bei der stolzen Königlichen Marine saß der Stachel des Misserfolgs tief. Das hatte zur Folge, dass die Ausbildungskonzepte britischer Matrosen und Offiziere überarbeitet wurden.

Objektiv betrachtet hat keine der beiden Kriegsparteien ihre Ziele erreicht. Die USA konnten Kanada nicht erobern und ihrem Territorium einverleiben, die Briten die erhoffte Rückeroberung von Teilen ihrer ehemaligen Kolonie nicht erfolgreich zu Ende bringen. In Kanada wird der Krieg bis heute als erfolgreiche Abwehr des amerikanischen Expansionsdrangs bewertet, der zugleich das kanadische Nationalgefühl gestärkt, Franko- und Anglokanadier trotz aller Gegensätze gegenüber einer äußeren Bedrohung einander nähergebracht hat.

Dominion of Canada und Constitution Act

Im **Laufe des 19. Jh.** wurden die Vereinigten Staaten immer mächtiger. Das führte bei kanadischen und britischen Politikern dazu, sich über einen möglichen Angriff der Amerikaner Gedanken zu machen. Um das zu verhindern, bedurfte es eines starken Bundesstaats. Darüber berieten Delegierte der Provinzen Kanada, New Brunswick und Nova Scotia mit britischen Beamten in mehreren Konferenzen (u. a. in London) die Einzelheiten für das als **British North America Act** bekannte Gesetz. Dieses

British North America Act

trat am 1. Juli 1867 in Kraft und schuf das **Dominion of Canada**, den Bundesstaat. Es regelte die Grundzüge des kanadischen Föderalismus, schuf das parlamentarische Zweikammersystem mit Unterhaus und Senat, implementierte das Justizsystem, die Grundlagen der Steuergesetzgebung und legte die Zweisprachigkeit (Englisch, Französisch) fest. Künftig sollte die Bevölkerungszahl jeder Provinz die Grundlage für die Anzahl der Sitze im Parlament sein, während die Regionen mit jeweils 24 Sitzen im Senat berücksichtigt wurden.

Constitution Act

Das Gesetz vereinigte die Provinzen New Brunswick und Nova Scotia mit der Provinz Kanada, die aus Ontario und Québec bestand, zum Dominion of Canada. 1982 schließlich ging aus diesem Gesetz der **Constitution Act** hervor. Erster Premierminister wurde John Macdonald, der in Schottland geboren wurde und zuvor bereits Premierminister der Provinz Kanada gewesen war.

Eine wichtige strategische Weichenstellung für die Expansion des jungen Staates tätigte Macdonald zwei Jahre später: Er kaufte von der *Hudson's Bay Company* Rupert's Land und das sog. Nordwestliche Territorium, das zu den **Northwest Territories** vereinigt wurde. Die Métis, eine ethnische Gruppe meist französisch-sprachiger Bewohner, die zumeist einen europäischen Pelzhändler als Vater und eine Indianerin als Mutter hatten, lehnten eine Besiedlung Westkanadas unter den von London vorgegebenen Bedingungen ab und erhoben sich unter ihrem Anführer Louis Riel gemeinsam mit einigen Stämmen der Cree-Indianer in der **Red-River-Rebellion 1869**. Sie bildeten eine provisorische Regierung, um eine unabhängige Provinz ins Leben zu rufen, weil der Zuzug protestantischer Neusiedler den katholischen Métis ein Dorn im Auge war. Als es zum militärischen Zusammenstoß zwischen den Rebellen und der kanadischen Armee kam, flohen die Anführer – unter ihnen Louis Riel – in die USA.

1870 wurde im Gebiet des Aufstands die kanadische Provinz **Manitoba** ausgerufen. Die Neugründung fußte auf einem Interessenausgleich zwischen Katholiken und Protestanten, englisch- und französischsprachigen Siedlern, Métis, weißen Siedlern und Indianern.

In den folgenden Jahren schlossen sich weitere Gebiete dem kanadischen Staat an. Zunächst **British Columbia** 1871, zwei Jahre später **Prince Edward Island** an der Atlantikküste. In den Folgejahren erlebte Kanada einen bemerkenswerten wirtschaftlichen Aufschwung.

Wirtschaftsaufschwung und schrittweise Loslösung vom Mutterland Großbritannien

Vor allem der **Eisenbahnbau**, der den Osten des Landes mit den westlichen Provinzen verband, war einer der Motoren der Entwicklung. Die Prärieprovinzen sollten sich in den kommenden Jahrzehnten zur **Kornkammer Kanadas** entwickeln, die auch weite Teile der Welt mit Weizen versorgten. Durch die *Canadian Pacific Railway* wurde 1886 die transkontinentale **Eisenbahnverbindung vom Atlantik zum Pazifik** vollendet. Viele Wirtschaftszweige profitierten von der neuen Verkehrsstraße. Häfen und Schifffahrt, Zulieferindustrie und Agrarwirtschaft, aber auch der Bergbau.

Staatsgründung und politische Emanzipation

Louis Riel machte noch einmal auf sich aufmerksam, als er aus dem amerikanischen Exil zurückkehrte und 1885 noch einmal eine Rebellion startete.

Die Métis waren inzwischen weiter gen Westen gezogen, fühlten sich aber auch dort von den lokalen Behörden übervorteilt. Der Aufstand brach schnell zusammen, und Louis Riel wurde noch im selben Jahr angeklagt und hingerichtet.

Zum Wirtschaftsaufschwung, aber auch zu sozialen Verwerfungen führten Mitte des 19. Jh. die zunehmenden **Goldfunde** im Westen und Norden Kanadas. Dem Lockruf des Goldes folgten nicht nur Jack London, sondern viele seiner amerikanischen Landsleute. Zunächst am Fraser River, später am Klondike wurden die Nuggets gefunden. Immer mehr Amerikaner strömten nach Kanada, was die Behörden dort nervös machte. Man fürchtete eine schleichende Amerikanisierung und die Übernahme der dünn besiedelten Landesteile durch den Großen Bruder aus dem Süden. Die Ängste vor einer Annexion wurden auch durch den Kauf von Alaska 1867 durch die USA geschürt.

Gold Rush

Kanada verstärkte seine Polizeitruppen (die Vorläufer der späteren **Royal Canadian Mounted Police**), um kanadisches Recht und den Anspruch des Bundesstaats auf das Territorium durchzusetzen.

Kanadische Polizei

In der politischen Strategie gegenüber dem Mutterland Großbritannien verfolgte Kanada einerseits die zunehmende Emanzipation von Großbritannien bei gleichzeitiger loyaler Unterstützung britischer Ziele in der Weltpolitik. So stand man etwa im **Ersten Weltkrieg** an der Seite des Vereinigten Königreichs, auch wenn bei Teilen der Be-

Heute geben die Royal Canadien Mounties auch gerne freundlich Auskunft

Die Zeit der großen Goldfunde war im 20. Jh. vorbei

völkerung die Kriegsteilnahmen auf Ablehnung stießen (vor allem Mennoniten und Frankokanadier lehnten etwa die Einführung der allgemeinen Wehrpflicht 1917 ab). Während der Kriegsjahre war die kanadische Ökonomie eine **Kriegswirtschaft**. Am Ende des Ersten Weltkriegs bestand fast die Hälfte der Produktion aus Kriegsgütern.

Während die **politische Emanzipation der Frauen** voranschritt (was sich u. a. in der Gewährung des Frauenwahlrechts 1918 auf Bundesebene manifestierte), ließ die politische Emanzipation der First Nations auf sich warten. Sie mussten bis 1960 warten.

Das Ende des Ersten Weltkriegs brachte dem Land weitere außenpolitische Souveränität gegenüber dem Mutterland. Im Völkerbund und im Versailler Friedensvertrag trat Kanada als rechtlich eigenständiger Staat auf, was auch dadurch deutlich wurde, dass 1927 erstmals ein kanadischer Botschafter nach Washington entsandt wurde.

Die **globale Wirtschaftskrise** der 1920er-Jahre machte auch vor Kanada nicht halt. Die Getreidepreise brachen dramatisch ein und somit der Export und die Erlöse. Der nächste Schritt auf dem Weg zu einem unabhängigen Staat war 1931 das **Statut von Westminster**. Das Statut gewährte Kanada, Australien, Neuseeland, Irland und Südafrika die umfassende Unabhängigkeit in gesetzgeberischen Belangen. Ausgenommen waren Verfassungsänderungen, bei denen das britische Parlament sich weiterhin Kompetenzen vorbehielt. Diese erloschen erst 1982. Obwohl souveräner Staat, blieb die britische Königin weiterhin Staatsoberhaupt und Kanada somit Mitglied des Commonwealth of Nations.

Die Auswirkungen der Weltwirtschaftskrise

Weltwirtschaftskrise

Als Nachbar und enger Handelspartner der USA traf die Weltwirtschaftskrise das Land in den 1930er-Jahren besonders hart. Die Arbeitslosigkeit stieg bis auf 26 %. In der ersten Hälfte der 1930er-Jahre hieß der konservative Premierminister **Richard Bennett** (1930–1935) und versuchte, mit für einen Konservativen eher untypischen Mitteln, die Krise in den Griff zu bekommen. Er steigerte die staatlichen Konjunkturprogramme und errichtete hohe Zollhindernisse für ausländische Waren. Als er die Probleme dennoch nicht in den Griff bekam, errang die **Liberal Party** unter **William**

Lyon Mackenzie King erneut die Mehrheit bei den Wahlen und legte sofort u. a. ein Wohnungsbauprogramm auf. Erst Ende der 1930er-Jahre war die Wirtschaftskrise beendet. In den 1930er-Jahren liegen auch die **Wurzeln des kanadischen Sozialstaats** begründet, der bis heute Bestand hat und im Vergleich zu den USA in manchen sozialpolitischen Belangen eher europäischen Charakter hat.

Der Zweite Weltkrieg sah Kanada auf Seiten der Alliierten. Dennoch setzte der Premierminister Mackenzie King Nuancen. Er erklärte erst knapp zwei Wochen nach der britischen Kriegserklärung an Hitler-Deutschland dem Deutschen Reich den Krieg, um die Unabhängigkeit seines Landes zu betonen. Im Lauf des Krieges kämpften mehr als eine Million Kanadier in Europa, aber auch in Asien gegen die Achsenmächte. Da die kanadischen Streitkräfte eine Freiwilligen-Armee waren und sich immer weniger Kanadier zum Einsatz meldeten, beschloss die Regierung 1940 die **Einführung der allgemeinen Wehrpflicht**. Diese war – wie auch die Beteiligung Kanadas an auswärtigen Kriegen – zwischen Anglo- und Frankokanadiern umstritten. Im April 1942 fand eine Volksabstimmung über die Einführung der Wehrpflicht statt. Eine Mehrheit sprach sich dafür aus, jedoch wurden bis zum Ende des Krieges aufgrund von Verzögerungen nur wenige Tausend Kanadier tatsächlich eingezogen. Während des Krieges wurden bereits Tausende von deutschen und japanischen Kriegsgefangenen nach Kanada überführt, um in Internierungslagern untergebracht zu werden und auf den Feldern der Farmer und im Straßenbau zu arbeiten.

1949 trat als letzte Provinz **Newfoundland** dem kanadischen Staatenverbund bei. Die Abstimmung der Bevölkerung fiel denkbar knapp aus: 52 % votierten für den Anschluss, 48 % sprachen sich für die Unabhängigkeit aus.

Der Weg der sog. „Third Option" und die Abgrenzung der internationalen Beziehungen gegenüber den Vereinigten Staaten

Spätestens seit dem Ende des Zweiten Weltkriegs nahmen die Amerikaner immer deutlicher die Stellung der Briten als führender politischer und ökonomischer Partner ein. Während der britische Anteil am kanadischen Handel (Im- und Exporte) 1955 noch 12,9 % betrug, fiel er bis 1975 auf 4,4 %. Der Handel zwischen den USA und Kanada belief sich 1955 bereits auf 65,6 % des gesamten kanadischen Handels. Diese gewaltige Zahl konnte bis Mitte der 1970er-Jahre sogar noch einmal auf 66,7 % gesteigert werden. Diese ökonomische Dominanz eines Industriestaats über einen anderen gibt es nicht noch einmal in der Welt.

Zunehmender Einfluss der USA

Der zunehmende politische und militärische Antagonismus der USA und der Sowjetunion machte auch vor Kanada nicht Halt. Der **Kalte Krieg** fand weltweit statt – eben auch in den nördlichen Polregionen der Arktis und an der sowjetisch-amerikanischen Grenze in Alaska. So wurden in den 1950er-Jahren nach und nach mehrere Gürtel von Radarstationen aufgebaut, um die Vorwarnzeit bei einem atomaren Raketen- oder Bomberangriff zu erhöhen. Am 1. August 1957 kündigten die beiden nordamerikanischen Staaten an, ein gemeinsames Kommando einzurichten: das *North American Air Defense Command*, kurz NORAD. Formell besteht der Vertrag seit dem 12. Mai 1958 und wurde zwischen den Regierungen Eisenhower und Diefenbaker geschlossen. Nachdem Milliarden von Dollar in Radaranlagen, Bunker und Flugplätze investiert worden waren, wurde das nordamerikanische Verteidigungssystem über die Jahrzehnte den politisch-militärischen Realitäten etwa nach dem Ende des Kalten Krieges angepasst. Heute stehen weniger ein Atomschlag der Russen oder Chinesen, sondern die Luftraumkontrolle und Terrorabwehr im Vordergrund.

NORAD

Die **kanadische Außenpolitik** seit den 1960er- und 1970er-Jahren orientiert sich stark an Vermittlungs- und Friedensmissionen, etwa im Rahmen der UNO-Blauhelme. Bereits im Korea-Krieg und während der Suez-Krise vermittelten kanadische Diplomaten zwischen den Amerikanern und den übrigen Konfliktparteien. So erhielt der kanadische Außenminister Lester Pearson 1957 den Friedensnobelpreis. Insbesondere der frankokanadische Premierminister Pierre Trudeau, der innenpolitisch vehement für den Erhalt des Bundesstaats eintrat und den separatistischen Tendenzen „seiner" Frankokanadier in Québec eine Absage erteilte, hat während seiner Amtszeit (1968–1979) die politische, ökonomische und militärische Emanzipation von den USA versucht, was ihm in Teilen gelungen ist. Er versuchte, die Beziehungen zu Europa (insbesondere zu Frankreich und Deutschland) zu stärken, eine Entkrampfung gegenüber dem Ostblock zu erreichen und den Ländern der Dritten Welt ein ehrlicher Partner zu sein. Die USA erzürnte er nachhaltig durch seine Opposition zum Vietnam-Krieg und seine guten Beziehungen zum amerikanischen Erzfeind Kuba.

Der Begriff der **„Third Option"** wurde erstmals in einem Strategiepapier 1972 des kanadischen Außenministers Mitchell Sharp geprägt. Er besagte, dass Kanada in seinen Beziehungen zum Großen Bruder USA drei Möglichkeiten habe: 1. den Status Quo beizubehalten, 2. eine noch engere Verzahnung beider Länder in allen Bereichen anzustreben oder 3. sich etwas zu distanzieren, die kanadische Ökonomie unabhängiger zu machen und außenpolitisch einen eigenständigen Weg zu gehen. In den Folgejahren versuchte man durch verschiedene ökonomische, politische und kulturelle Strategien, dieses Ziel zu erreichen – mit mäßigem Erfolg. Die Bemühungen wurden spätestens mit dem Amtsantritt des glühenden Amerikafreunds Brian Mulroney eingestellt, der 1984–1993 konservativer kanadischer Premierminister war. Er forcierte die weitere ökonomische Integration Nordamerikas, die 1994 im **Nordamerikanischen Freihandelsabkommen NAFTA** mündete. Diese Wirtschaftszone, die aus dem amerikanisch-kanadischen Freihandelsabkommen von 1989 hervorging, umfasst neben den USA und Kanada auch Mexiko und bildet eine Freihandelszone in Nordamerika, die Handelshemmnisse abbaut, aber nach Meinung von Ökonomen besonders den Vereinigten Staaten nutzt.

Der Begriff der „Third Option"

Auch in jüngster Zeit gehen die Distanzbemühungen der kanadischen Regierungen gegenüber den USA weiter. 2003 übernahm der Liberale Paul Martin die Regierungsgeschäfte. Er weigerte sich, wie Deutschland und Frankreich, Truppen für den Irak-Krieg bereitzustellen. Allerdings nahmen die Kanadier am Afghanistan-Krieg teil und stellten mit knapp 3.000 Soldaten eines der größten Kontingente. Seit 2006 sind die Konservativen unter Prime Minister Stephen Harper an der Macht und verfolgen traditionell wieder einen engeren partnerschaftlichen Kurs gegenüber den USA.

Kanada ist reich an natürlichen Ressourcen

Kanada zu Beginn des 21. Jahrhunderts

Will man einen Ausblick auf die Entwicklung Kanadas in den kommenden Jahrzehnten wagen, sieht die Zukunft für das zweitgrößte Land der Erde zunächst rosig aus: Das Land wartet mit einer hohen Lebensqualität auf, ist reich an Ressourcen, politisch stabil und durch eine kluge Einwanderungspolitik beim Wirtschaftswachstum dynamisch. Viele heimische Politiker frohlocken, dass der Rohstoffhunger der Schwellenländer weiter wachsen wird und Kanada als eines der rohstoffreichsten Länder weltweit von steigender Nachfrage und steigenden Preisen überdurchschnittlich profitieren wird.

Bei näherer Betrachtung ist das Bild jedoch eingetrübt. Zum einen werden die Bodenschätze teilweise von globalen Minenkonzernen ausgebeutet, die ihren Sitz außerhalb von Kanada haben. Zum anderen krankt die heimische Wirtschaft seit jeher daran, zu wenige Hightech-Konzerne zu haben, die innovative Produkte auf den Markt bringen. Und die Unternehmen, die im Land sind, gehören meist Amerikanern und Japanern, die wiederum ihre Forschungslabore meist nicht in Kanada haben.

Das zweitgrößte Land der Erde könnte jedoch in vielen Bereichen ein „Role Model" werden: Wie man vernünftig mit Ressourcen umgeht, wie man die Natur schützt, wie man in einer multi-ethnischen Gesellschaft zum Wohle aller harmonisch und innovativ zusammenlebt, wie man die Reputation des diplomatischen Konflikt-Managements weiter ausbaut.

Umgang mit Ressourcen

Zeittafel

Ca. 9.000 bis 12.000 v. Chr. Erste Spuren menschlicher Besiedlung auf kanadischem Boden lassen sich in den drei Bluefish-Caves in der Nähe von Old Crow im Yukon-Territory nahe der Grenze zu Alaska nachweisen. Diese frühe Kultur breitet sich entlang der Küsten nach Süden und auch ins Landesinnere aus. Im Lauf der Jahrtausende folgen die Plano-Kulturen den Clovis-Kulturen, die als erste flächendeckende prähistorische Kulturen des amerikanischen Kontinents gelten. Erste technische Innovationen wie Pfeilspitzen kommen zum Einsatz, Kupfer und später Obsidian werden bearbeitet.

3.000 v. Chr. Pfeil und Bogen werden aus Asien in den Nordwesten Kanadas eingeführt und verbreiten sich langsam.

2.500 v. Chr. Erste Dorfstrukturen an der Westküste und in den Great Plains. In den folgenden Jahrhunderten kristallisieren sich die einzelnen Stämme der First Nations heraus wie etwa die Algonquin in Manitoba, die Tsimshian oder die Küsten-Salish an der Pazifikküste.

Ende des 10. Jh. n. Chr. Skandinavische Wikinger sind die ersten Europäer, die in Kanada Fuß fassen.

985 Der Isländer Bjarni Herjulfsson kommt auf der Fahrt nach Grönland vom Kurs ab und sichtet bewaldete Hügel, betritt das Land aber nicht.

995 Leif Eriksson landet dagegen auf Vinland, dem heutigen Newfoundland.

1497 Giovanni Caboto, Italiener in englischen Diensten, geht an der kanadischen Ostküste an Land und glaubt sich in China.

1534/1535 stößt der Franzose Jacques Cartier als erster Europäer ins Landesinnere vor und nimmt das Land für die französische Krone in Besitz. Auf einem Berg beim Indianerdorf Hochelaga, dem er den Namen Mont Royal (Montréal) gibt, errichtet er ein Kreuz für Franz I. Es kommt zu ersten Pelzhandelskontakten zwischen Indianern und Europäern.

Anfang 16. Jh. gründen europäische Fischer aus dem Baskenland, Frankreich, Portugal und England dauerhafte Siedlungen, in denen Fisch getrocknet wird, der anschließend nach Europa verschifft wird.

1608 Gründung der Stadt Québec durch den französischen Forschungsreisenden Samuel de Champlain, der Teile Kanadas kartografiert und 1627 erster Gouverneur von Neufrankreich wird.

Anfang 17. Jh. beginnt die französische Allianz mit dem indianischen Stamm der Huronen gegen die Irokesen, die sich ihrerseits bald mit den Engländern verbünden.

1609 Der englische Seefahrer Henry Hudson entdeckt auf der Suche nach der Nordwest-Passage die nach ihm benannte Hudson Bay.

1670 Gründung der *Hudson's Bay Company* durch Karl II. Erster Direktor der Gesellschaft, die sich vor allem mit Pelzhandel beschäftigt, wird Prinz Ruprecht von der Pfalz. Das Unternehmen existiert noch heute und ist das älteste eingetragene Unternehmen Kanadas.

17. Jh.	Das 17. Jh. sieht einen zunehmenden Antagonismus zwischen England und Frankreich. Immer wieder scheitern Versuche, bis zur Westgrenze des Landes vorzustoßen.
1690	Mehr als 10.000 Siedler aus Europa leben in Kanada.
1713	Im Utrechter Frieden werden den Engländern Nova Scotia (Akadien), das Hudson-Bay-Gebiet und Newfoundland zugesprochen. Frankreich erhält New Brunswick, Cape Breton und Prince Edward Island.
1756–1763	Der Siebenjährige Krieg der europäischen Großmächte wirkt sich bis in die Kolonien aus: Frankreich verliert die Herrschaft über die Provinz Québec.
1774	Der „Québec Act" sichert den Frankokanadiern eine religiöse und kulturelle Sonderstellung zu, vor allem manifestiert in dem Recht auf die Anwendung der französischen Sprache. Der Spanier Juan José Perez Hernandez erforscht als Erster per Schiff die Pazifikküste.
1776	James Cook kartografiert die Nordwestküste Amerikas.
1791	Mit dem „Canada Act" wird Québec in Oberkanada (Ontario) und Unterkanada (Französisch-Québec) aufgeteilt.
1793	Alexander Mackenzie erreicht als erster Europäer die Pazifikküste über den Landweg.
1812–1814	Grenzstreitigkeiten zwischen England und den USA führen zum Britisch-Amerikanischen Krieg.
1841	Ober- und Unterkanada werden erneut vereinigt – ein Versuch, die Frankokanadier zu assimilieren.
1846	Im sog. Oregon-Kompromiss einigen sich die USA und Großbritannien auf den 49. Breitengrad als gemeinsame Grenze.
1848	Nova Scotia erhält als erste Provinz die politische Autonomie.
1860er-Jahre	Diverse Goldfunde sorgen für einen gewaltigen Entwicklungsschub der Provinz. Binnen kurzer Zeit strömen Zehntausende von Pro-

Die besondere Atmosphäre einer blühenden Stadt während des Klondike Gold Rush lässt sich auch heute noch in Dawson City, Yukon erspüren

	spektoren nach British Columbia. Neue Straßen, Häuser und Zulieferbetriebe für die Goldsucher werden aus dem Boden gestampft.
1866	British Columbia und Vancouver Island fusionieren und bilden fortan eine Provinz.
1867	Der British North America Act konstituiert das Dominion of Canada. Ontario, Québec, Nova Scotia und New Brunswick werden zu einem Staat unter voller politischer Autonomie vereinigt.
1869	Die *Hudson's Bay Company* überlässt das von ihr kontrollierte Territorium Kanada. Dadurch gewinnt das Land enorm an Fläche.
1871	British Columbia tritt der Konföderation bei, zwei Jahre später Prince Edward Island.
1885	Die *Canadian Pacific Railway* wird fertiggestellt. Reisende können das Land jetzt vom Atlantik bis zum Pazifik auf Schienen durchqueren.
1896	Nach Goldfunden am Klondike im Yukon Territory erfasst ein Goldrausch Nordamerika.
1901	Der Ingenieur Guglielmo Marconi empfängt auf dem Signal Hill bei St. John's auf Newfoundland den ersten transatlantischen Funkspruch.
1903	Saskatchewan schließt sich dem Bund an, 1905 folgt Alberta.
1914–1918	Kanada nimmt an der Seite der Alliierten am Ersten Weltkrieg teil. Mehr als 60.000 kanadische Soldaten lassen ihr Leben.
1931	Durch das Statut von Westminster wird Kanada souveräner Staat im British Commonwealth of Nations.
Frühe 1930er-Jahre	Die Weltwirtschaftskrise beschert Kanada als engstem Handelspartner der USA eine Rekordarbeitslosigkeit von 27 %.

Der Trans-Canada Highway bildet seit 1962 die einzige durchgehende transkontinentale Straßenverbindung Kanadas

Zeittafel

1939–1945	Auch im Zweiten Weltkrieg kämpft Kanada auf Seiten der Alliierten gegen die Deutschen.
1949	Newfoundland tritt nach einer Volksabstimmung als letzte Provinz dem kanadischen Bund bei.
1959	Der Sankt-Lorenz-Seeweg, die Verbindung zwischen dem Atlantik und den Großen Seen, wird eröffnet.
1960	In der Bill of Rights erhalten die Ureinwohner – Indianer und Inuit – das Bundeswahlrecht.
1962	Der Trans-Canada Highway, die erste durchgehende Straßenverbindung, wird eröffnet.
1965	Die kanadische Flagge mit Ahornblatt wird erstmals gehisst.
1967	Weltausstellung Expo in Montréal.
1969	Der *Official Language Act* regelt die gesetzliche Anerkennung von Englisch und Französisch als offizielle gleichberechtigte Amtssprachen.
1970	Premierminister Pierre Trudeau von der Liberalen Partei verhängt das Kriegsrecht, nachdem Extremisten der Front de Libération du Québec Anschläge verübt und den Arbeitsminister der Provinz ermordet haben.
1976	Die XXI. Olympischen Sommerspiele werden in Montréal eröffnet.
1980	Ein von der *Parti Québécois* angestrengtes Referendum über den Austritt der Provinz aus dem kanadischen Bund wird von 60 % der Bevölkerung abgelehnt.
1982	Die letzten Vollmachten des britischen Parlaments erlöschen.
1988	Ottawa zahlt den indigenen Völkern der Métis und Dene 500 Millionen Dollar Entschädigung und gesteht ihnen Landrechte in den Northwest Territories zu.
1988	Olympische Winterspiele in Calgary.
1994	Das trilaterale Handelsabkommen NAFTA *(North American Free Trade Association)* zwischen den USA, Kanada und Mexiko tritt in Kraft. Damit entsteht zu jener Zeit der größte Wirtschaftsblock der Welt.
1999	Das neue autonome Inuit-Territorium Nunavut („unser Land") entsteht. Es umfasst die Osthälfte der Northwest Territories und ist extrem dünn besiedelt.
2003	Finanzminister Paul Martin von der Liberalen Partei wird Nachfolger seines Parteifreundes Jean Chretien als Premierminister. Außenpolitisch geht er auf Distanz zum großen Nachbarn USA: Er weigert sich, Truppen in den Irak-Krieg zu schicken.
2005	Kanada entwickelt sich aufgrund der günstigen Kosten immer stärker als Produktionsstandort für Hollywoodfilme. Vor allem Vancouver und Toronto sind bevorzugte Schauplätze.
2006	Die Konservativen unter Stephen Harper gehen als Sieger aus den vorgezogenen Parlamentswahlen hervor.
2008	Stephen Harper geht aus den Unterhauswahlen erneut als Sieger hervor.
2010	Im Februar werden die XXI. Olympischen Winterspiele in Vancouver eröffnet. Das Gastgeberland wird die sportlich erfolgreichste Nation.

2010	Kanada richtet in Huntsville (Ontario) den 36. G-8-Wirtschaftsgipfel aus, gefolgt vom G-20-Treffen der führenden Industrie- und Schwellenländer in Toronto.
2011	Bei den Parlamentswahlen am 2. Mai gewinnt erneut die Konservative Partei unter Stephen Harper und verfügt nun über eine knappe Mehrheit.
2012	Premierminister Harper ist auf Staatsbesuch in China, um über Wirtschaftskooperationen vor allem im Energiesektor zu verhandeln. Einer der Hintergründe: Die USA weigern sich, eine kanadische Pipeline mit kanadischem Öl über ihr Territorium zu genehmigen.
2013	Die kanadische Schriftstellerin Alice Munro erhält den Nobelpreis für Literatur.
2014	Die Liberale Partei gewinnt die wichtigen Provinzwahlen in Québec und erteilt den Unabhängigkeitsbestrebungen der abgewählten Regierung der separatistischen Parti Québécois eine Absage.

Kanada bietet eine überwältigende landschaftliche Vielfalt

Geografischer Überblick

Kanada ist mit einer Fläche von knapp zehn Millionen Quadratkilometern das nach Russland flächenmäßig zweitgrößte Land der Erde. 890.000 km² davon sind Wasserflächen. Das entspricht einem Anteil von 9 %. Kanadas Küstenlinie beträgt rund 200.000 km. Somit ist es das Land mit den längsten Küsten in der Welt. Die Landgrenze zum einzigen Nachbarstaat USA entlang des 49. Breitengrads und zu Alaska ist 8.900 km lang. Die größte Nord-Süd-Ausdehnung von Ellesmere Island zum Lake Erie beträgt etwas über 4.600 km; die größte Ost-West-Ausdehnung von Cape Spear auf Newfoundland zum Yukon knapp 5.200 km. Kanada ist von drei Ozeanen umgeben: Im Osten vom Atlantik, im Westen vom Pazifik und im Norden vom Nordpolarmeer. Das Land lässt sich in sechs geografische Landschaften unterteilen: Die Appalachen, die Großen Seen, den Kanadischen Schild, die Prärie, die Rocky Mountains und den subarktischen und arktischen Norden.

Zweitgrößtes Land der Welt

Die Appalachen

Die Appalachen sind ein bewaldetes Mittelgebirge von rund 2.400 km Länge, das sich vom kanadischen Québec über die amerikanische Grenze bis in die Südstaaten der USA hineinzieht. Mit 400 Millionen Jahren sind sie geologisch wesentlich älter als etwa die Rocky Mountains. Benannt ist die Gebirgskette nach dem indianischen Stamm der Apalachee, der im Bereich der amerikanischen Appalachen siedelte und heute als ausgerottet gilt. Für die europäischen Einwanderer waren die Appalachen die erste Hürde auf dem Weg in den Westen. Während die Appalachen in den USA Gipfelhöhen von mehr als 2.000 m erreichen (etwa Mount Mitchell in North Carolina mit 2.037 m), sind sie in Kanada meist nur halb so hoch (Mont Jacques Cartier in Québec mit 1.268 m, Mount Carleton in New Brunswick mit 817 m). Die Appalachen sind bekannt für ihre reichhaltige endemische Flora und Fauna. Rund 2.000 Tier- und Pflanzenarten gelten als einzigartig und sind teilweise vom Aussterben bedroht.

Bewaldetes Mittelgebirge

Die Gebirgskette gilt geologisch betrachtet als Teil eines interkontinentalen Gebirgszugs, der sich von den Grampian Mountains in Schottland über Norwegen und Grönland fortsetzt und nur durch das Aufbrechen des Nordatlantiks unterbrochen wurde.

Sehr bekannt ist der Fernwanderweg **Appalachian Trail**, der mit rund 3.500 km Länge einer der längsten Fernwanderwege der Welt ist. Dieser erstreckt sich ausschließlich auf der amerikanischen Seite des Gebirgszugs.

Die Großen Seen

Das Gebiet um die Großen Seen und das Tiefland des Sankt-Lorenz-Stroms verfügt über besonders fruchtbare Böden. Bevor die Region von den europäischen Einwanderern besiedelt und agrarisch genutzt wurde, war sie von ausgedehntem Mischwald bedeckt. Dieser wurde im Laufe der Jahrzehnte großflächig abgeholzt, um Raum für die Landwirtschaft zu schaffen. Das, was heute noch an Waldflächen da ist, unterliegt größtenteils strengen Schutzauflagen. Das Gebiet entlang des Sankt-Lorenz und der Großen Seen macht das Kernland der Besiedlung Kanadas aus. Zwar wächst seit vielen Jahren die Einwohnerzahl der westlichen Provinzen überdurchschnittlich, doch noch immer gelten Ontario und Québec, gelten die Städte in der Nähe der US-Grenze als die für kanadische Verhältnisse am dichtesten besiedelten Regionen.

Im Bereich der Großen Seen ist geologisch die sog. Niagara-Schichtstufe von Bedeutung. Das Relief dieser Gegend ist normalerweise flach und regelmäßig. Diese Schichtstufe, benannt nach den gleichnamigen Wasserfällen, die sich auch über diese Stufe ergießen, besteht an der Oberfläche aus hartem Dolomit, unter dem eine weiche Schieferschicht anschließt. Diese geologische Besonderheit wurde 1990 von der UNESCO zum Biosphärenreservat erklärt. Diese Linie verläuft im Osten von Rochester zum Niagara River, am Ontario-See entlang über die Niagara-Peninsula bis zur Georgian Bay und weiter am Ufer des Lake Huron bis zum Lake Michigan.

Kanadischer Schild

Geologischer Kern Nordamerikas

Der Kanadische Schild (auch Laurentischer Schild) gilt als geologischer Kern Nordamerikas, ist ein gewaltiger Felssockel und umfasst knapp die Hälfte der nordamerikanischen Fläche. Er erstreckt sich über das Yukon-Gebiet, die Northwest Territories, Teile von Québec, Labrador und das Gebiet um die Hudson Bay. Seine Gesteine sind teilweise mehrere Milliarden Jahre alt und zählen zu den ältesten der Erde. Während der letzten Kälteperiode Nordamerikas war der Schild fast vollständig von Inlandseis bedeckt.

Der Schild besteht aus erodiertem, leicht hügeligem Terrain. Zahllose Flüsse und Seen bilden ein gewaltiges Wasserreservoir. In Zeiten knapper Ressourcen nutzt das Land die Wasserkraft zunehmend als Energiequelle. Der Boden des Kanadischen Schilds eignet sich nicht für die Landwirtschaft. Vor allem Nadelhölzer wachsen hier. Die holzverarbeitende Industrie nutzt diese natürliche Ressource. Reiche Erzlagerstätten und weitere Bodenschätze machen den Schild wirtschaftlich so wertvoll.

Die Prärie

Überbleibsel großer Seen

Die Prärie (Great Plains) besteht aus fruchtbaren Sedimentböden – Überbleibsel großer Seen aus der letzten Eiszeit. Grund- und Endmoränen sowie Sanderflächen deuten auch auf die Gletscher der Eiszeit hin. Die Prärie gilt als grenzüberschreitende Großlandschaft, die sich weit in die USA hineinzieht. Auf kanadischer Seite umfasst sie Alberta, Teile von Saskatchewan, das südwestliche Manitoba, nach Norden hin die Region zwischen Rocky Mountains und dem Great Slave Lake sowie dem Great Bear Lake und den Northwest Territories. Während die Great Plains in früheren Zeiten ein weites Grasland waren, in dem die Bisons heimisch waren, werden heute weite Teile

Die Ogilvie Mountains, Gebirgszug in den Yukon Intermountain Ranges nördlich von Dawson

landwirtschaftlich genutzt. Vor allem Getreide machen das Gebiet zur Kornkammer Kanadas. Weiter im Norden findet man größere bewaldete Flächen. In den Prärieregionen werden auch Erdöl und Erdgas gefördert.

Die Rocky Mountains und die pazifische Küste

Die kanadischen Rocky Mountains sind Teil der kontinentalen Wasserscheide wie die Anden in Südamerika und gehören zu den von Alaska bis Feuerland reichenden Kordilleren. Westlich davon, zum Pazifik hin, liegt eine ausgedehnte Hochebene, die an der Küste von einer weiteren vorgelagerten Gebirgskette, den Coast Mountains, begrenzt wird, die sich nördlich bis zum Alaska Panhandle ziehen und im Süden bis zum Fraser River, dem längsten Fluss der Provinz British Columbia. Im Norden schließen sich die Mackenzie Mountains an.

Teil der kontinentalen Wasserscheide

Der **Mount Logan** ist der höchste Berg Kanadas und misst 5.959 m. Damit ist er nach dem Mount McKinley in Alaska (6.194 m) der zweithöchste Berg Nordamerikas. Die „Rockies" entstanden vor etwa 40 bis 70 Millionen Jahren und bilden eine sehr heterogene Ansammlung von Bergketten, die jeweils eine eigenständige geologische Entwicklung vollzogen haben.

Die **Coast Mountains** sind mit einem Alter von 85 Millionen Jahren ein junges Gebirge, das aus flachen Granithügeln entstand, die durch die Plattentektonik aufgefaltet wurden. Die dicht bewaldete Bergkette ist von zahlreichen Fjorden geprägt, rund 1.600 km lang und 200 km breit. Die höchste Erhebung ist der Mount Waddington, der die 4.000-m-Grenze knapp überspringt.

Die arktische Tundra

Die **Mackenzie Mountains** im Nordwesten Kanadas bilden die Grenze zwischen den Northwest Territories und dem Yukon Territory. Der höchste Berg, Keele Peak, ist mit knapp 3.000 m etwa so hoch wie die Zugspitze.

Der arktische Norden

Unter der kanadischen Arktis versteht man die Gebiete nördlich der Baumgrenze, also Nunavut, das nördliche Manitoba, das nördliche Québec, Teile von Yukon, Ontario, Labrador und den Northwest Territories. Dort findet sich die Vegetationsform der Tundra, die zwischen dem borealen Nadelwald und den arktischen Eisflächen liegt und überwiegend aus Moosen und Flechten besteht.

Hier trifft man auf die **Arktische Kordillere**, das nördlichste Gebirge der Welt. Über etwa 1.000 km erstreckt es sich an der nordöstlichen Küste Kanadas von Ellesmere Island über Baffin Island bis zur Nordspitze der Labrador Peninsula. Viele der Berge sind vergletschert. Höchste Erhebung ist der Barbeau Peak mit 2.616 m, der somit die höchste Erhebung der nordamerikanischen Ostküste ist.

Berühmte Gipfel — Zwei weitere weltberühmte Gipfel liegen in der Arktischen Kordillere: Der **Mount Thor** im Auyuittuq National Park auf Baffin Island und der **Mount Asgard**. Ersterer ist gerade mal 1.675 m hoch, hat aber mit 1.250 m die weltweit höchste senkrechte Steilwand. Mount Asgard (2.015 m) besteht aus zwei durch einen steinernen Sattel verbundenen Plateau-Gipfeln und diente im James-Bond-Film „Der Spion, der mich liebte" als spektakuläre Kulisse für einen halsbrecherischen Ski-Stunt, als Stuntman Rick Sylvester auf Skiern über die Kante hinweg raste und an einem Fallschirm zu

Karibus auf dem verschneiten Dempster Highway

Boden schwebte. Allein diese Szene verschlang damals 500.000 Dollar Produktionskosten und war der teuerste Stunt der Filmgeschichte.

Klimazonen

Ein kontinentales Land wie Kanada umfasst eine Reihe von Klimazonen: Sie reichen von arktischen und subarktischen Regionen bis zu gemäßigten Zonen. Die **arktischen Landesteile** im hohen Norden sind vom Polarklima geprägt, das mit dem hochalpinen Gebirgsklima vergleichbar ist. Hier herrschen lange kalte Winter vor, während die Sonne sich selten zeigt. Als arktisch gelten Gebiete laut Definition, deren mittlere Temperatur im wärmsten Monat 10 °C nicht übersteigt. Das Thermometer sinkt im Winter auf bis zu 60 °C unter null. Eisige Blizzardwinde erhöhen den Windchillfaktor. Das heißt, die gefühlte Temperatur ist noch tiefer als die tatsächliche.

Der Untergrund in den arktischen Regionen ist dauerhaft bis in große Tiefen gefroren. Man nennt das **Permafrost**. Kanada gehört neben Grönland, Russland, China und Alaska zu den Ländern, die einen hohen Anteil an Permafrostböden besitzen. Während in Grönland 99 % der Landmasse dazu gerechnet werden, sind es in Kanada immerhin gut 40 %. Nur die Oberfläche der Böden taut im Sommer für kurze Zeit auf. Die Schichten darunter sind immer gefroren. Die nur wenige Wochen kurzen Sommer sind kühl und nebelreich.

Permafrost

Der größte Teil Kanadas wird vom **borealen Klima** bestimmt. Lange kalte Winter und kurze heiße Sommer sind hier typisch (Klimatabellen zum Westen Kanadas s. „Allgemeine Tipps A–Z", S. 98).

Die **pazifische Westküste** hat ein maritimes Klima. Hohe Niederschläge, milde Winter und nicht zu heiße Sommer sind typisch. Die Niederschläge rühren von den feuchten Luftmassen, die vom Meer kommen und sich an den Küstengebirgen abregnen.

Trockenperioden

Die Provinzen der **Great Plains** leiden unter ausgedehnten Trockenperioden. Das hängt damit zusammen, dass sich die Wolken bereits an den Gebirgen abregnen und die dahinter liegende Prärie wenig abbekommt. Hier steigen die Sommertemperaturen manchmal auf mehr als 35 °C.

Die östlichen Provinzen **Ontario** und **Québec** haben schwüle Sommer, kalte Winter und milde Temperaturen im Frühjahr und Herbst. Die **Maritimes**, die Atlantikprovinzen, werden u. a. vom Golfstrom beeinflusst. So sind die Winter relativ mild und manchmal ohne Schnee.

Die wichtigsten Nationalparks, die großen Flüsse

In Kanada gibt es 44 Nationalparks, die von der Behörde **Parks Canada** verwaltet werden. Schon Ende des 19. Jh. wurden Landflächen in Nationalparks umgewandelt. Der älteste ist der **Banff National Park** in Alberta, der 1885 diesen besonderen Status erhielt, damals aber noch *Rocky Mountain National Park* hieß. Ein Jahr später folgte der Glacier National Park in British Columbia. Wenige Jahre alt ist der kleine Gulf Islands National Park in British Columbia (2003). Erst seit einem Jahr gehört der South Okanagan Similkameen National Park in British Columbia zum exklusiven Club.

Manche Parks sind riesig – der Wood Buffalo National Park an der Grenze von Alberta zu den Northwest Ter-

Banff National Park

ritories ist mit 44.000 km² größer als die Schweiz; andere wie der St. Lawrence Islands National Park in Ontario mit gerade mal 9 km² sind eher klein.

Während Nationalparks in verschiedenen Teilen der Erde unterschiedliche Funktionen erfüllen, sollen sie in Nordamerika Mensch und geschützte Natur zu einem gedeihlichen Miteinander bewegen. Parks Canada wurde 1911 gegründet und ist damit die älteste Nationalparkverwaltung der Welt. Die Behörde untersteht dem kanadischen Umweltministerium. Der Schutz von Fauna und Flora steht im Vordergrund, aber auch der Erholungswert für die Menschen ist wichtig. Immer wieder kommt es jedoch zu Konflikten, etwa wenn die natürliche Barriere zwischen Mensch und Tier überschritten wird und Probleme mit Bären gemeldet werden.

Eine Besonderheit stellen die sog. **Reserves** dar – Nationalparks, in denen Indianer und Inuit Jagd- und Fischereirechte genießen.

Neben den nationalen Schutzgebieten gibt es noch mehrere Hundert **Provincial Parks**, die von den jeweiligen Provinzen oder Territorien verwaltet werden.

Flüsse haben bei der Besiedlung und der wirtschaftlichen Entwicklung des Landes eine wichtige Rolle gespielt. Als bedeutendster Fluss gilt der 3.058 km lange **Sankt-Lorenz-Strom**. Er markiert die Verbindung zwischen dem Atlantik und den Großen Seen. Viele Güter werden über diesen Schifffahrtsweg transportiert, an dem einige der bedeutenden kanadischen Industriezentren liegen. Der zweitlängste Fluss ist der Mackenzie River (1.903 km) in den Northwest Territories. Des Weiteren sind der **Yukon River** (3.120 km, größtenteils in Alaska), der **Fraser River** (1.375 km) und der **Columbia River** (1.953 km, der größere Teil auf amerikanischem Gebiet) von Bedeutung.

Kanada ist außerdem ein seenreicher Staat. Geschätzte zwei Millionen **Süßwasserseen** befinden sich auf dem Territorium. Das entspricht rund 7,5 % der Landmasse. Die Großen Seen an der Grenze zu den USA (245.000 km²), der Great Bear Lake (31.000 km²) und der Great Slave Lake (ca. 27.000 km²) haben gigantische Ausmaße. Im Vergleich dazu nimmt sich der größte deutsche See, der Bodensee, mit etwas über 530 km² geradezu winzig aus.

Die Tierwelt

Kanada kann getrost als Paradies für viele Tiere angesehen werden. Das flächenmäßig zweitgrößte Land der Erde ist zugleich dünn besie-

Zutrauliches Großwild

Dickhornschafe leben in den Bergregionen

delt und bietet zahlreichen Wildtieren vor allem im hohen Norden ideale Lebensräume. Zwar legen viele Tiere auf ihren Wanderungen beträchtliche Entfernungen zurück, doch ist es sinnvoll, die Tiere ihren jeweils angestammten Biotopen zuzuordnen.

In der **Arktis** mit seinen Eiswüsten und vorgelagerten Inseln gibt es zahlenmäßig wenig Arten, da auch für die Tiere der Raum lebensfeindlich ist. Hier ist der **Eisbär** (Polar Bear) der uneingeschränkte König, der vor allem Robben jagt. Aber auch Polarwölfe, Polarfüchse und Polarhasen leben hier. Die arktischen Gewässer sind Heimat von **Walen** (s. S. 183), die sich von reichlich vorhandenem Plankton ernähren, während Seehunde und Walrosse auf die Jagd nach Fischen gehen. Aber auch viele Zugvögel verbringen einen Teil des Jahres im arktischen Norden, darunter Seeschwalben, Alke und Möwen.

Riesige Waldflächen

Südlich schließen sich die **Tundragebiete** an. Das ist die Heimat der Karibus und Moschusochsen, die meist in Herden umherziehen. Weiter südlich grenzen die Tundragebiete an riesige **Waldflächen**, in denen vor allem Braunbären, Wapitis, Elche, Wölfe, Kojoten und Luchse leben, aber auch Milliarden von Vögeln, darunter der imposante Weißkopfseeadler. Daneben viele Pelztiere wie Marder und Nerze. In den Bergregionen ist der imposante Puma (Mountain Lion oder Cougar) zu finden, aber auch Bergziegen und Dickhornschafe.

In den ausgedehnten **Prärieregionen** leben Bisons, aber auch die Gabelhornantilopen (**Pronghorn**), die jedoch im engeren Sinne nicht mit den Antilopen Afrikas und Asiens verwandt sind.

Auch wenn Kanada viel Raum für Tiere bietet (20 % der weltweiten Wildnisgebiete entfallen auf Kanada): Manche Tierarten sind bedroht und müssen besonders geschützt werden. Darum gibt es 44 Nationalparks und zahlreiche weitere Provincial Parks und Naturschutzgebiete. So besticht der 1983 von der UNESCO zum Weltnaturerbe erklärte Wood Buffalo National Park an der Grenze von Alberta und den Northwest Territories durch eine Reihe von seltenen Tierarten. Dazu zählen die **Waldbisons**, die in einer Gruppe von 6.000 Tieren leben – die weltweit größte freilebende Bisonherde. Und auch die weltweit letzten Nistplätze von **Schreikranichen**. Diese schlanken weißen Vögel gehören zu den seltensten der Erde. In den 1940er-Jahren gab es weniger als 20 Exemplare auf der Welt. Inzwischen hat man die Population auf knapp 400 im Nationalpark erhöhen können, was aber immer noch eine extrem kleine Population darstellt.

Schutzgebiete

Bären

Bären sind in weiten Teilen Kanadas verbreitet. Man unterscheidet drei Arten: Schwarzbären, Braunbären und Eisbären (Polar Bears). Die **Schwarzbären** sind die kleinsten. Sie sind wendig und gute Kletterer. **Braunbären**, zu denen als Untergruppe die Grizzlys und die Alaska-Kodiakbären zählen, sind massiger und wiegen bis zu 500 kg. Grizzlys leben überwiegend in einsamen Gegenden der Rockies und in Alaska, **Eisbären** ausschließlich in der Arktis und können bis zu 800 kg wiegen. Sie haben einen langen Hals und einen relativ kleinen flachen Kopf. Im Gegensatz zu den Braunbären fehlt ihnen die gewölbte Muskulatur im Nacken. Im Sommer ziehen die Polarbären relativ weit in den Süden der Hudson Bay und können dann beispielsweise nahe der Stadt Churchill in der Provinz Manitoba gesichtet werden. Dort versammeln sie sich jedes Jahr im Frühherbst, um darauf zu warten, dass die Bucht zufriert. Danach ziehen die Tiere in ihre Winterreviere, um Seehunde zu jagen. Aufgrund dieses weltweit einmaligen Schauspiels wird Churchill auch die Hauptstadt der Eisbären genannt.

Bären sind Allesfresser, ernähren sich vorwiegend von Pflanzen, Lachsen, Forellen, Kleingetier und sogar Aas. Sie besitzen keine natürlichen Feinde; nur der Mensch kann ihnen gefährlich werden. Aber auch sie können dem Menschen gefährlich werden, wenn der sich fahrlässig und unvorsichtig verhält.

Die brenzligen Situationen entstehen immer dann, wenn die Lebensräume dieser beiden Populationen einander nahekommen. Das kann bereits in abgelegenen Wohnsiedlungen geschehen, wo Bären vom Müll angelockt werden. Das passiert etwa auf Wanderungen in einsamen Bergregionen, in die der Mensch eindringt.

Begegnung mit Bären: Wenn man auf einer Wanderung einer Bärenmutter und ihren Jungen begegnet, ist höchste Gefahr im Verzug. Um ein Zusammentreffen zu vermeiden, sollte man Lärm produzieren, um den Bären rechtzeitig zu warnen. Ist es zu spät, sollte man weder panisch wegrennen noch auf einen Baum flüchten – Bären sind gewandte Kletterer. Stattdessen langsam den Rückzug antreten und den Bären im Auge behalten. Greift er an, gibt es keine eindeutige Strategie:

Finanzinstitut und der vor einigen Jahren in die Insolvenz gegangene Telekommunikations-Ausrüster *Nortel* ein Hightech-Unternehmen, dessen Patente so begehrt waren, dass Apple, Microsoft und Sony viele Milliarden Dollar bezahlt haben, um sich aus der Konkursmasse zu bedienen.

Handel

Der Außenhandel ist geprägt von der engen Verflechtung mit dem großen Nachbarn USA. Rund 75 % der kanadischen Exporte gehen in die USA, rund 60 % der Importe kommen vom amerikanischen Nachbarn. Die Handelsbilanz ist relativ ausgeglichen – es wird in etwa so viel exportiert wie importiert (Waren im Wert von jeweils rund 600 Milliarden Dollar). Andere große Handelspartner sind China, Mexiko, Japan und die EU.

Export von Bodenschätzen

Kanada exportiert vor allem Bodenschätze aller Art von Erdöl bis Uran, von Aluminium bis Nickel. Ein Teil des Strombedarfs der USA wird durch kanadische Exporte in diesem Sektor abgedeckt. Somit gehört das Land zu den Netto-Energieexporteuren der Welt. Daneben werden Fahrzeuge, elektrotechnische Komponenten, Telekommunikationsausrüstung, chemische Produkte, Holz- und Papier sowie Nahrungsmittel ausgeführt.

Für den bilateralen Handel mit den Vereinigten Staaten war das kanadisch-amerikanische Freihandelsabkommen von 1988 von entscheidender Bedeutung. So wurden die Zölle und andere Handelshemmnisse beseitigt. Dadurch erhöhte sich der Warenaustausch beträchtlich und die Auslandsinvestitionen amerikanischer Unternehmen in Kanada nahmen zu. Die Produktionskosten konnten gesenkt werden, was zu einem Wettbewerbsvorteil gegenüber Herstellern aus anderen Staaten führte. Die Notwendigkeit für Kanada, ein Handelsabkommen in Nordamerika anzustreben, stellte sich spätestens 1973 mit der Mitgliedschaft des ehemaligen Mutterlandes Großbritannien in der EU. In den Folgejahren verringerten sich die Importe des Vereinigten Königreichs aus Kanada drastisch.

Freihandelsabkommen

1994 wurde das bilaterale Abkommen zu einem trilateralen – Mexiko schloss sich der Freihandelszone an – aus dem kanadisch-amerikanischen Freihandelsabkommen wurde das **North American Free Trade Agreement**, kurz **NAFTA**. Die NAFTA umfasst einen zollfreien Wirtschaftsraum, in dem rund 465 Millionen Menschen leben (EU: 505 Millionen), die ein BIP von etwa 20 Billionen US-$ erwirtschaften (EU: rund 17 Billionen). Damit zählen NAFTA und EU zu den beiden größten Wirtschaftsblöcken. Einen fundamentalen Unterschied gibt es jedoch: Die EU ist eine Organisation mit supranationalen Institutionen, an die die Mitgliedsländer Befugnisse abgetreten haben. Das ist bei der NAFTA nicht der Fall.

Auch wenn es immer wieder Kritik an der NAFTA gab (u. a. Dominanzvorwürfe an die USA), so hat sich die Freihandelszone vor allem für Kanada ausgezahlt. Da das Land über keinen großen nationalen Binnenmarkt verfügt, kann es nun den erweiterten nordamerikanischen Binnenmarkt nutzen.

Bergbau

Kanada gehört neben Russland, den USA, Brasilien und Australien nicht nur flächenmäßig zu den größten Ländern der Erde, sondern auch in puncto Bodenschätzen zu den führenden Produzenten. Fast überall im Land wird Bergbau betrieben. Die Palette der geförderten Rohstoffe ist breit: Erdöl, Erdgas, Eisenerz, Kupfer, Nickel, Kohle, Uran, Gold, Silber, Diamanten, Zink, Blei, Molybdän, Titan, Platin und Seltene Erden gehören zu den Bodenschätzen, die über besonders reichhaltige Lagerstätten verfügen und bei denen Kanada zu den jeweils wichtigsten Produzenten auf der Welt zählt.

Große Palette an geförderten Rohstoffen

Die Erdöl- und Erdgasproduktion konzentriert sich auf die Provinz Alberta, die etwa drei Viertel der nationalen Förderung ausmacht. Daneben werden dort Kohle, Sand und Schotter abgebaut. Das benachbarte Saskatchewan fördert in großem Umfang Kali aus dem Boden. Die Provinz gehört weltweit zu den größten Produzenten. Manitobas Palette an wichtigen Erzen ist reichhaltig – Gold, Zink, Kupfer und Nickel finden sich in den Böden des platten Landes.

In der Küstenprovinz British Columbia wird ein Großteil der heimischen Steinkohle abgebaut. Zudem gibt es reichhaltige Molybdänvorkommen. Ontario ist ein Zentrum der Nickelförderung. Die Stadt Sudbury gilt vielen als Nickelhauptstadt der Welt. Auch in der Gold- und Kupferproduktion liegt Ontario auf dem ersten Rang innerhalb Kanadas.

Steinkohle aus BC

Québec verfügt ebenso über reichhaltige Bodenschätze. Darunter befinden sich erhebliche Eisenerzvorkommen. Des Weiteren kommen Asbest, Zink und Gold vor. Nova Scotia fördert Erdgas und Kohle, New Brunswick wiederum überwiegend Zink und zählt zu den großen Fördergebieten in der Welt. Daneben werden aus den Tiefen Blei

Einer der Güterzüge, die häufig Sulfat in den Hafen von Vancouver transportieren

Ökonomischer Überblick

Der Hafen von Vancouver ist ein wichtiger Umschlagplatz

und Silber geholt. Newfoundland trägt zu zwei Dritteln zur nationalen Eisenerzförderung bei.

Auch der hohe subarktische und arktische Norden (Northwest Territories, Yukon und Nunavut) haben einiges zu bieten: Gold, Silber, Zink und Blei werden großflächig abgebaut.

Kanada hat beizeiten begonnen, nicht nur die Lagerstätten auszubeuten, sondern auch die Bergbautechnologie weiterzuentwickeln. Das erhöht die Exportchancen auf dem Weltmarkt und führt zu einem Produktivitätsschub bei der eigenen Exploration.

Während noch vor wenigen Jahren Ländern mit großer Bergbautradition wie Kanada und Australien eine eher düstere Zukunft im Vergleich zu Industrienationen mit IT- und anderen Hightechindustrien prophezeit wurden, hat sich das Bild inzwischen komplett gewandelt: Durch den Energie- und Rohstoffhunger der großen Schwellenländer wie China und Indien mit ihrer Milliardenbevölkerung sind die Rohstoffpreise geradezu explodiert.

Strategische Rohstoffreserven

Bodenschätze werden in den Rang von Sicherheits- und Außenpolitik erhoben. Von strategischen Rohstoffreserven ist da die Rede, die man sichern muss, um die Zukunft des eigenen Landes nicht zu gefährden. Glücklich kann sich ein Land wie Kanada schätzen, das über eine enorme Palette dieser Rohstoffe verfügt. Und immer wieder entdecken Geologen der großen Bergbaukonzerne neue Lagerstätten.

Landwirtschaft

Landwirtschaft und Fischerei sind bedeutende Wirtschaftszweige, obwohl nur 8 % der Landfläche agrarisch genutzt werden. Das könnte ein Hinweis auf ertragreiche Böden oder auch auf einen hohen Mechanisierungsgrad der Betriebe sein. Vor allem aber muss man zunächst mal rechnen: Kanada ist mit knapp zehn Millionen Quadratkilometern nach Russland das zweitgrößte Land der Erde. 8 % bedeuten immerhin rund 800.000 km² landwirtschaftlich nutzbarer Fläche. Das entspricht knapp der kombinierten Größe von Deutschland und Frankreich. Nicht gerade wenig, um Agrarwirtschaft zu betreiben. Die drei Prärieprovinzen Manitoba, Saskatchewan und Alberta

Landwirtschaft

gelten als das Kernland der heimischen Landwirtschaft. Drei Viertel der Anbauflächen befinden sich hier. Typisch für die flachen Landstriche sind die riesigen Getreidefelder und die Silos, die überall in den Himmel ragen. Ähnlich wie in den USA sind auch die Betriebe in den kanadischen Prärie-Provinzen besonders groß (ca. 300 ha im Schnitt).

In Kanada gibt es die Institution des **Canadian Wheat Board**. Dieses Syndikat hat eine Art Monopolstellung gegenüber den Farmern, das deren Ernte komplett abkauft und die erzielten Marktpreise wieder an die Farmer abgibt. Dieses genossenschaftliche System ist in die Kritik geraten und soll abgeschafft werden. Viele Farmer möchten ihre Produkte selbst vertreiben. Die Abschaffung dieser Institution scheiterte bislang an parteipolitischen Auseinandersetzungen und an juristischen Fragen.

Genossenschaftliches System

Die landwirtschaftlichen Erzeugnisse lassen sich in mehrere Gruppen unterteilen: Getreide (hier vorwiegend Weizen, Hafer und Gerste), Fleischprodukte, lebendes Vieh, Ölsaaten (Leinsamen und Raps), Obst und Gemüse, Weinbau, Milchwirtschaft und Fischfang.

An der Ost- und Westküste sind die Höfe meist nur halb so groß und die Produktpalette reicht von Obst- und Gemüseanbau über Milchwirtschaft bis zum Weinbau. Große Obst- und Gemüseanbaugebiete gibt es in British Columbia (Okanagan Valley), in Québec (Eastern Townships), im Annapolis-Tal (Nova Scotia) und im Süden Ontarios.

Obst, Gemüse, Wein

In Nordamerika fließen – historisch bedingt – meist keine staatlichen Subventionen für die Farmer, wie man das aus Europa kennt. Der Agraretat der EU (mit vielen Subventionen) ist immer noch der größte Einzelposten im Brüsseler Haushalt. Deshalb dürfen die kanadischen Landwirte bestenfalls auf Importzölle hoffen, die einen gewissen Schutz vor ausländischen Erzeugnissen bieten, die subventioniert sind und auf den kanadischen Markt drängen.

Der Anteil der Erwerbstätigen in der Landwirtschaft geht immer weiter zurück. Zu Beginn des 20. Jh. arbeitete noch die Mehrzahl der Kanadier in der Landwirtschaft. In den späten 1930er-Jahren sank der Anteil auf ein Drittel. Heute liegt er nur noch bei 1 bis 2 %. Auch die erwirtschafteten Erlöse am BIP sinken kontinuierlich. Sie liegen bei unter 2 %.

Fischerei

Der Fischfang gehört wie die Pelztierjagd und Pelztierzucht zu den traditionsreichsten Wirtschaftszweigen des Landes, das mit 244.000 km Küstenlinie weltweit an erster Stelle steht. Immer noch sind etwa 130.000 Menschen in diesem Wirtschaftssektor tätig und erwirtschaften rund fünf Milliarden Dollar im Jahr. Die bedeutendsten Exportmärkte sind die USA, die EU, China und Japan. Der Exportanteil beträgt 80 %.

Schon die Wikinger warfen ihre Leinen im Mittelalter vor den Küsten Kanadas aus; in späteren Jahrhunderten kamen Spanier, Franzosen und Engländer hinzu. Vor allem die

Neufundlandbank (die Great Banks) hatte es ihnen angetan. Dort treffen der warme Golfstrom und der kalte Labradorstrom auf dem nordamerikanischen Kontinentalschelf aufeinander. Das hat zur Folge, dass verstärkt Nährstoffe in die oberen Wasserschichten gespült werden. Zahlreiche Fischarten werden so angelockt und machen die Great Banks zu einem der fischreichsten Gewässer des Planeten. Hummer, Kabeljau und Schellfisch gehen hier in die Netze. Heute gehört das Gebiet zur völkerrechtlich anerkannten 200-Seemeilen-Zone und somit zu Kanada.

Fischer trugen in früheren Jahrhunderten auch zur permanenten Besiedlung der Ostküste bei, gründeten sie doch wie die Pelzhändler Versorgungsposten und Stützpunkte, um die Waren weiterzuverarbeiten und zu verkaufen.

Fangquoten

Ebenso die Pazifikküste auf der anderen Seite Nordamerikas gilt als sehr fischreich. Insgesamt machen British Columbia, Nova Scotia und Newfoundland den Großteil des Fischereiaufkommens aus. Auch der Lachsfang ist bedeutend für den Export, ist aber am Pazifik vor ein einigen Jahren drastisch beschränkt worden. Das Fischereiministerium gibt strenge Fangquoten heraus, damit die pazifischen Lachsbestände sich langsam erholen. Fischer benötigen eine spezielle Lachs-Lizenz, um diese Fischart zu angeln. An der Atlantikküste hat man die Reißleine in den 1980er-Jahren zu spät gezogen mit verheerenden Folgen für die dortigen Kabeljaubestände und die Fischerei-Industrie, in der mehrere Zehntausend Menschen ihren Job verloren.

Noch Ende der 1970er-Jahre stammte weltweit jeder siebte gefangene Lachs aus British Columbia, 20 Jahre später war es nur noch 1 %. Die Gründe sind vielfältig: Bergbauaktivitäten, Holzeinschlag und die damit einhergehende Wasserverschmutzung haben dem Pazifik-Lachs zugesetzt. Auch die globale Erwärmung tut ein Übriges. Die Durchschnittstemperatur in den Flüssen steigt an, dadurch geht das Nahrungsangebot für die empfindlichen Fische zurück.

Sockeye-Lachse in British Columbia

Eine zunehmende Bedeutung gewinnt die Fischaufzucht mittels Aquakulturen. Überwiegend tummeln sich Lachse und Forellen in den Becken, die sich meist in British Columbia und Nova Scotia befinden. Doch auch da gibt es Probleme ausgerechnet mit Atlantik-Lachsen. Diese werden nämlich häufig in Fisch-Farmen im Pazifik großgezogen und entschlüpfen regelmäßig den Käfigen. In freier Wildbahn gedeihen sie prächtig und verdrängen den angestammten pazifischen Wildlachs.

Darum hat die Regierung das **Atlantic Salmon Watch Program** ins Leben gerufen. Die Fischer im Pazifik werden angehalten, jeden gefangenen Atlantik-Lachs zu melden. Somit kann der Verbreitungs- und Fortpflanzungsgrad beobachtet werden, der Aufschlüsse darüber gibt, wie weit sich die neu eingeführte Art bereits ausgebreitet hat.

Schutzprogramm

Tourismus

Kanada bietet als zweitgrößtes Flächenland der Erde zahlreiche attraktive Möglichkeiten für den touristischen Besucher, vor allem im Outdoor-Bereich. Wandern, Mountainbiking, Kajaking, Angeln, Whale Watching, Skifahren gehören zu den beliebtesten Freizeitbeschäftigungen. Daneben verfügen die großen Städte wie Toronto, Montréal, Vancouver über kulturelle und historische Highlights. Die touristische Infrastruktur ist gut entwickelt – die Straßen, die großen und kleinen Flughäfen, die Wasserwege erschließen große Teile des weiten Landes.

Knapp 16 Millionen internationale Touristen kommen im Durchschnitt in diesen Jahren nach Kanada und lassen zwölf Milliarden Dollar in den heimischen Kassen. Bei den internationalen Ankünften zählt man die US-Amerikaner meist gesondert, da diese genauso als Nordamerikaner wie die Kanadier gelten und nur über die benachbarte Grenze einreisen müssen. Etwa 12 Millionen Amerikaner tun das jedes Jahr – fast so viel wie die Gesamtzahl der internationalen Gäste. Die Tourismuswirtschaft setzt um die 30 Milliarden Dollar im Jahr um und beschäftigt knapp eine Dreiviertel Million Menschen.

Da die kanadische Besiedlung von Ost nach West erfolgte, wurden die ältesten Siedlungen auch in den östlichen Provinzen gegründet. Deshalb können heute Städte wie Québec und Montréal mit jahrhundertealten historischen Gebäuden, Stadtbefestigungen und Forts punkten, während die neueren Pionierstädte im „Wilden Westen" mit großzügiger breitflächiger Anlage daherkommen. British Columbia wartet mit einer grandiosen Pazifikküste auf, mit der „coolen" Millionen-Metropole Vancouver, die von vielen Besuchern als eine der schönsten und lebenswertesten Städte der Welt angesehen wird und mit einigen der besten Skigebiete Nordamerikas wie etwa dem Olympiaort Whistler.

Die benachbarte Provinz Alberta beheimatet einige der Natur-Highlights Kanadas: den Banff National Park, den Jasper National Park, den Dinosaur Provincial Park, den Waterton Lakes National Park und den Wood Buffalo National Park. Alle Parks haben den Status eines UNESCO-Weltnaturerbes. Unter diesen herausragenden Parks steht Banff an erster Stelle. Er ist der älteste Nationalpark Kanadas (gegründet 1885) und

Natur-Highlights

Ältester Nationalpark

der drittälteste der Welt. Der türkisblaue Bergsee Lake Louise gehört wohl zu den meistfotografierten Seen der Welt.

Saskatchewan ist besonders dünn besiedelt. Etwa eine Million Einwohner (so viele leben in Köln) verteilen sich auf die doppelte Fläche Deutschlands. Bekannt ist der Grasslands National Park an der Grenze zu Montana, in dem im 19. Jh. die ersten Dinosaurier-Fossilien in Kanada entdeckt wurden.

Manitoba, die östlichste der Prärie-Provinzen, ist ebenfalls dünn besiedelt und bietet ein touristisches Highlight, das einzigartig auf der Welt ist: Das 1000-Seelen-Dorf Churchill im Norden der Provinz liegt an der Hudson Bay und ist berühmter als die Hauptstadt Winnipeg. Churchill nennt sich „Eisbären-Hauptstadt der Welt" und profitiert von der Tatsache, dass zahlreiche Eisbären im Herbst aus dem Landesinneren zur Bay strömen, um auf das Zufrieren des Binnenmeeres zu warten, damit die Robbenjagd für die Raubtiere beginnen kann.

Der hohe subarktische und arktische Norden wiederum sind nur etwas für kernige Outdoor-Enthusiasten, die im Wohnmobil oder mit dem Kanu Natur und Einsamkeit pur erleben wollen.

Gesellschaftlicher Überblick

Kanada als eines der großen Einwanderungsländer

Die letzte Volkszählung in Kanada fand 2011 statt. Sie ergab, dass rund 33 Millionen Menschen in Kanada leben. Laut amtlicher Statistik sind es mittlerweile sogar rund 35 Millionen. Bis auf die Angehörigen der indigenen Völker sind alle Kanadier irgendwann einmal als Einwanderer ins Land gekommen. Zwei Jahre nach dem Dominion-Statut von 1867 wurde das erste Einwanderungsgesetz erlassen. Es sollte der Besiedlung der westlichen Territorien einen Schub geben und zugleich ein Gegengewicht zur Auswanderung in die USA schaffen.

Einwanderungspolitik

Ende des 19. Jh. verstärkten die Kanadier ihre **Bemühungen um europäische Immigranten**. Die Masseneinwanderung wurde zur gängigen Bevölkerungspolitik. Zunächst wurde das britische Mutterland ins Visier genommen. In Großbritannien stießen die Avancen bei der Bevölkerung jedoch nicht auf die erhoffte Gegenliebe. So richtete man die Bemühungen auf die mittel- und osteuropäischen Länder, wo zahlreiche Menschen den Aufrufen ins gelobte Land folgten. Russen, Deutsche, aber auch Italiener strömten nach Kanada, vor allem Bauern und Arbeiter. Heute sind etwa 10 % der Kanadier deutscher Abstammung. Die Einwanderungspolitik des 19. Jh. wurde ganz mit den damals vorherrschenden ideologischen Scheuklappen ausgeführt. Die großen nationalen Einwanderergruppen sollten ethnisch und kulturell zur britischen Siedlergemeinschaft passen. Diese ideologische Betrachtungsweise wurde bis nach dem Zweiten Weltkrieg aufrechterhalten.

Kanada als eines der großen Einwanderungsländer

Das Mosaic Festival in Regina, Saskatchewan, feiert die multikulturelle Gesellschaft Kanadas

Noch 1952 stand im Einwanderungsgesetz, dass die Regierung Immigranten nicht ins Land lassen muss, die aufgrund von ethnischen, kulturellen oder ideologischen Besonderheiten nicht ins sozio-kulturelle kanadische Milieu passen und sich nicht integrieren lassen. In den 1960er-Jahren kam verstärkt die berufliche Qualifikation bei der Einwanderung zum Tragen. Die schnell wachsende Wirtschaft brauchte qualifizierte Arbeitskräfte. 1962 wurde die von vielen als rassistische Komponente bezeichnete Auswahl nach ethnischer Herkunft abgeschafft, indem ein **Erlass die berufliche Qualifikation ohne Ansehen von Herkunft, Religion oder Hautfarbe** als einziges Kriterium für einen positiven Immigrationsbescheid festschrieb.

Fünf Jahre danach führte Kanada ein Punktesystem ein, das trotz einiger Änderungen bis heute Bestand hat. Danach fließen in die Beurteilung Kriterien wie Berufsausbildung (vielleicht sogar in einem Mangelberuf), Sprachkenntnisse, Bildungsgrad ein. Je höher die Punktzahl, desto größer die Chancen auf Einwanderung. Maximal 100 Punkte sind möglich, 67 muss ein Einwanderungswilliger mindestens erzielen. 1976 teilte das abgeänderte Einwanderungsgesetz die Antragsteller in vier Kategorien ein. Eine jährlich wechselnde Bedarfsplanung für die Einwanderung wurde in Zusammenarbeit von der Bundesregierung und den Provinzen aufgestellt.

Punktesystem

Die aktuelle gesetzliche Grundlage für die Einwanderung ist der **Immigration and Refugee Protection Act** von 2001. Personen können einen Antrag auf dauerhaften Aufenthalt stellen, wenn sie in folgende Kategorien passen: Wirtschaftskategorie (Arbeitnehmer in ausgesuchten qualifizierten Jobs und Geschäftsleute mit Eigenkapital), Familienangehörige und politisch Verfolgte und Schutzbedürftige. Darüber hinaus ge-

Zweisprachige Straßennamen und Drachenfiguren sind typisch für nordamerikanische Chinatowns

nießen Menschen aufgrund eines Ministererlasses dauerhaftes Bleiberecht. Gesonderte Bestimmungen existieren für temporäre Arbeitskräfte und Studenten.

Die **jährliche Zuwanderungszahl** liegt in etwa bei 200.000 Immigranten. Während in Deutschland die Diskussion seit den 1990er-Jahren geführt wird, ob wir ein Einwanderungsland seien, ist das in Kanada seit vielen Jahrzehnten gelebte Realität. So waren 2001 rund 18 % der Bevölkerung nicht im Land geboren und damit klassische Einwanderer. Schaut man sich die geografische Verteilung der Einwandererströme an, so ergibt sich, dass die meisten Einwanderer in Ontario, British Columbia und Québec lebten. Vor allem die Ballungsräume der drei größten Städte Toronto, Montréal und Vancouver waren für Immigranten attraktiv.

Asiatische Einwanderer

Seit den 1960er-Jahren haben sich die Herkunftsländer der Immigranten gegenüber früheren Jahrzehnten verändert: Während bis Anfang der 1960er-Jahre die überwältigende Anzahl der Einwanderer aus Europa kam (ca. 90 %), haben inzwischen die asiatischen Einwanderer die Europäer vom ersten Platz verdrängt. Vor allem aus China, Indien, Pakistan und Sri Lanka kamen die Menschen. Vor allem in den 1980er- und 1990er-Jahren kamen viele Hongkong-Chinesen nach Vancouver, als der Termin zur Übergabe der Kronkolonie von Großbritannien an China immer näher rückte. Heute hat Kanada innerhalb der G-8-Länder die höchste Wachstumsrate. Sie liegt bei mehr als 5 %.

Seit 1901 sind bei allen Volkszählungen Informationen über die ethnischen Zugehörigkeiten der Immigranten gesammelt worden. Jedoch sind die Zahlen nicht gehärtet, da es den Einwanderern selbst überlassen blieb, sich einer ethnischen Gruppe zugehörig zu fühlen.

Kanada ermutigt seine Einwanderer, auch möglichst bald die kanadische Staatsbürgerschaft zu beantragen. Deshalb hat das Land die höchste Einbürgerungsquote der Welt. Zwei Drittel der Einwanderer werden möglichst bald kanadische Staatsbürger. Sie müssen jedoch mindestens vier Jahre im Besitz einer unbefristeten Aufenthaltsgenehmigung sein. Außerdem müssen sie gute Sprachkenntnisse in den beiden Landessprachen Englisch und Französisch vorweisen sowie einen Multiple-Choice-Test zur Geschichte des Landes, zum Wahlsystem, Regierungssystem und zur Geografie bestehen. 1977 wurde die **doppelte Staatsbürgerschaft** eingeführt. Etwa 2 % der Bevölkerung besitzen eine solche.

Wie in jedem anderen Land der Erde existiert auch in Kanada das Problem der **illegalen Einwanderung**. Man schätzt, dass sich etwa 200.000 Menschen illegal im Land aufhalten. Diese Gruppe rekrutiert sich aus Asylbewerbern, deren Anträge abgelehnt worden sind, aus Studenten oder Touristen, deren Visa abgelaufen sind, und aus Arbeitskräften mit einer temporären Aufenthaltsgenehmigung. Es gibt immer wieder Initiativen seitens der Industrie, der Medien und Gewerkschaften, solche illegalen Verhältnisse in legale umzuwandeln, gerade in Berufen, die über zu wenige Fachkräfte verfügen. Das Wirtschaftswachstum werde so gehemmt, argumentieren die Befürworter. Die Gegner jedoch bemühen die klaren Regeln, die für eine legale Einwanderung gelten und verweisen auf den Grundsatz: Gleiches Recht für alle.

Die wichtigsten Bevölkerungsgruppen

Anglokanadier und Frankokanadier machen immer noch einen Großteil der Bevölkerung aus. Das hat historische Gründe, die in der Kolonialvergangenheit des Landes liegen. Engländer und Franzosen nahmen das Land für ihre Krone in Besitz und brachten Siedler aus der Heimat in die neuen Kolonien, um die Herrschaftsansprüche abzusichern (s. Historischer Überblick).

Sie trafen auf die indigenen Völker der Indianer und Inuit, die bereits seit Tausenden von Jahren dort lebten und selbst in mehreren Wellen seit etwa 12.000 v. Chr. über die Beringstraße aus Asien eingewandert waren. Es gibt auch Vermutungen, dass einige der Stämme aus Ozeanien ins Land gekommen sind.

Natives und Inuit

Zur kanadischen Bevölkerungsgruppe der Ureinwohner zählen etwa 4 % der rund 35 Millionen Kanadier: 700.000 Natives der **First Nations**, wie die indianischen Ureinwohner genannt werden, knapp 400.000 **Métis**, also Nachkommen von europäischen Männern und indianischen Frauen, und rund 50.000 **Inuit** im hohen Norden. Etwa ein Drittel von ihnen spricht neben Englisch oder Französisch mindestens eine der rund 50 indigenen Sprachen.

Indigene Völker

Der Begriff **Native**, vor allem aber der politisch besetzte Ausdruck **First Nations**, weist darauf hin, dass die Ureinwohner in den vergangenen Jahrzehnten massiv ihre Rechte gegenüber den Weißen, die erst viel später ins Land kamen, eingeklagt haben. Jedoch war es ein langer Kampf auf dem Weg zur Gleichberechtigung. So besitzen die Indianer erst seit 1960 das volle Wahlrecht.

Erfolge dieser Bestrebungen waren die **verfassungsmäßige Anerkennung ihrer Rechte** durch die Bundesregierung in Ottawa 1982 sowie die seitdem erfolgten Kompensationszahlungen und die Einräumung eines Autonomiestatus in ihren Reservaten. Damit verbindet sich ein erhebliches Mitspracherecht insbesondere bei der Ausbeutung von Bodenschätzen, bei der Gewährung von Jagd- und Fischereilizenzen sowie der Entwicklung touristischer Infrastruktur. Nichtsdestotrotz gibt es noch immer zahl-

Anerkennung der Rechte

Gesellschaftlicher Überblick

Maskenschnitzer in Whitehorse, Yukon

reiche ungeklärte Streitpunkte, etwa über Waldrodungen und den Abbau von Rohstoffen, zwischen der Regierung und den First Nations und Inuit.

Auch heute unterscheiden sich die Lebensbedingungen der Ureinwohner von denen der übrigen Bevölkerung fundamental: Die Bildungschancen und die Lebenserwartung sind deutlich geringer, Alkoholismus und Arbeitslosigkeit weit verbreitet.

1999 erhielten die Inuit im hohen Norden das autonome Gebiet **Nunavut** („unser Heimatland"), das von den Northwest Territories abgetrennt wurde und nun in wesentlichen Teilen selbstverwaltet wird. Hauptstadt ist das frühere Frobisher Bay, das heute Iqaluit heißt.

2008 entschuldigte sich Premierminister Stephen Harper bei den Ureinwohnern für die Zwangsassimilation, die vom 19. Jh. bis 1980 mithilfe eines Internatsschulsystems für Kinder der First Nations, Métis und Inuit staatlich sanktioniert wurde. Diese sog. **Residential Schools** (s. S. 62) sollten die kulturellen und sprachlichen Einflüsse der Eltern auf ihre Kinder möglichst verhindern und diese stattdessen für die westliche Sprache und Kultur empfänglich machen.

Obwohl die Ureinwohner immer noch in vielen Bereichen des täglichen Lebens benachteiligt sind, versuchen gerade die Jüngeren, die Herausforderungen der modernen westlichen Konsumgesellschaft in Kanada anzunehmen. Sie ziehen in die großen Städte im Süden, studieren, gründen Unternehmen und arbeiten erfolgreich als Künstler.

Bildungswesen

Im föderalistisch strukturierten Kanada gibt es kein einheitliches nationales Bildungssystem und folgerichtig auch kein nationales Bildungs- oder Kultusministerium. Bildungspolitik ist Sache der Provinzen und Territorien. Diese legen auch die Lehrpläne fest. Die Lernmittelfreiheit ist nur teilweise gegeben. Das bedeutet, die Schulen können in den jeweiligen Fächern aus einem bestimmten Lehrbuch-Angebot wählen. Das Schuleintrittsalter unterscheidet sich von Provinz zu Provinz. Mal liegt es bei fünf, mal bei sechs Jahren. Die Schulzeit beträgt einheitlich zwölf Jahre und ist gegliedert in **Ele-**

mentary School, Junior und Senior High School. Auch die Benennung der einzelnen Sekundarstufen ist verschieden. Mal heißt die gymnasiale Oberstufe Senior High, mal Senior Secondary.

Das gemeinsame Kriterium aller Schulen stellt das Prinzip der **Ganztags- und der Einheitsschule** dar. Schüler (besser: deren Eltern) können allerdings zwischen **staatlichen** und **privaten** (kostenpflichtigen) **Schulen** wählen. Besonders beliebt sind die Schulen, die Kurse aus einem sog. **Advanced-Placement-Programm** offerieren. Dieses Programm, das auch in den USA existiert, bietet Kurse auf College-Niveau an. Die Teilnehmer an solchen Programmen erhöhen ihre Chancen, nach der Schule auf ein gutes College zu gelangen.

Das Leistungsniveau kanadischer Schulen gilt als hoch. Das wirkt sich auch auf das Ranking Kanadas in den PISA-Studien aus: Das Land belegt immer einen der vorderen Ränge. So schneiden beispielsweise Schüler mit Migrationshintergrund in ihren schulischen Leistungen nicht schlechter ab als ihre einheimischen Klassenkameraden. Da man in Kanada großen Wert auf **Chancengleichheit** im Bildungssystem legt, gibt es nur in der Sekundarstufe II, der Senior High School, ein Abschlusszeugnis nach Noten (Creditpoints) und Prüfungen.

Gleiche Chancen für Bildung

Natürlich gibt es auch in Kanada Schulen mit besonders gutem Ruf. Andererseits existiert keine freie Schulwahl, da nur Schüler des jeweiligen Einzugsgebiets in der nächstgelegenen Schule aufgenommen werden. Wer will, kann einen Antrag stellen, um eine Schule zu besuchen, die außerhalb des eigenen Wohnbezirks liegt *(cross boundary application)*.

Etwa 2 % der Schulen im Land sind **Privatschulen**, die meist konfessionell geprägt sind. Rund 10 % der Schüler besuchen eine Privatschule. Die Kosten sind für die Eltern beträchtlich. Zwischen 1.000 und 1.500 Dollar im Monat müssen sie für das Schulgeld berappen, das Kost und Logis beinhaltet.

Wer nach dem Schulabschluss eine kanadische **Universität** besuchen will, muss Studiengebühren in unterschiedlicher Höhe entrichten. Gut 80 Universitäten hat das Land. Die älteste ist die Universität Laval in Québec, die als Jesuiten-Kolleg 1663 gegründet wurde und neben Harvard (1636) und Yale (1701) zu den ältesten Unis in Nordamerika zählt. Die ersten Hochschulen in Kanada waren fast alle kirchliche Gründungen. 1818 entstand mit der Dalhousie University in Halifax die zweitälteste Uni des Landes und die erste nicht kirchliche. Weitere renommierte Universitäten sind die University of Toronto, die McGill University und die Université de Montréal, die University of British Columbia in Vancouver, die McMaster University in Hamilton, die Queens University in Kingston. Einige der Hochschulen werden regelmäßig in diversen internationalen Rankings genannt, darunter die University of Toronto und McGill aus Montréal.

Hochschulen

Auch die indigenen Einwohner verfügen über eine eigene Hochschule. 2003 nahm in Regina, Saskatchewan, die bislang einzige **First Nations University of Canada** ihren Lehrbetrieb auf. Auch in den USA gibt es nichts Vergleichbares. Die Bemühungen um eine universitäre Ausbildung für die Angehörigen der First Nations reichen bis in die

1970er-Jahre zurück. Auch wenn die Lücke schon kleiner geworden ist: Noch immer hinkt der Anteil akademisch gebildeter Ureinwohner deutlich hinter dem der übrigen Kanadier her. Er ist nur etwa halb so hoch. Schon äußerlich unterscheidet sich die Hochschule von allen anderen. Ein Tipi aus Glas und Stahl bildet das Herz des Campus, um die architektonischen Traditionen der Ureinwohner zu betonen. Zwar fehlen große Studiengänge wie Medizin im Angebot, doch können immerhin Kunst, Sprachen, Wirtschaft, Pädagogik und Verwaltungsrecht belegt werden. Die Hochschule ist regional gegliedert und hat in Regina, Saskatoon und Prince Albert jeweils einen kleinen Campus.

Die Universitäten verleihen drei akademische Abschlüsse: Den **Bachelor**, den **Master** und den **Ph D** *(philosophiae doctor)*, den **Doktortitel**, der im angelsächsischen Raum hinter den Namen gesetzt wird und nicht davor.

Residential Schools

Ein besonderes Kapitel in der kanadischen Bildungsgeschichte stellen die **Residential Schools** dar. Das waren **internatsähnliche Einrichtungen**, die ausschließlich von Kindern kanadischer Ureinwohner besucht wurden und von der Mitte des 19. Jh. bis Anfang der 1980er-Jahre betrieben wurden. Das „pädagogische" Konzept dahinter: Die Kinder sollten **von ihren Eltern getrennt** werden, damit die kulturellen Einflüsse der Ureinwohner auf ihre Kinder abnehmen würden. Stattdessen sollten die „westlichen" Einflüsse des staatlichen Systems vermittelt werden. Englisch- und Französisch-Unterricht statt indigener Sprachen, lautete eine der Maximen.

Vor allem die Kirchen erhielten den Auftrag seitens des Staates, diese Schulen zu führen. Oft geografisch weit außerhalb der Reservate gelegen, hatten die Eltern in der Regel zehn Monate im Jahr keinen Kontakt zu ihren Kindern. Die Sterblichkeitsrate der Kinder in diesen Schulen war in den 1920er- und 1930er-Jahren extrem hoch, da gesunde Kinder mit an Tuberkulose erkrankten gemeinsam unterrichtet wurden. Dieser Skandal kam erst Jahre später ans Tageslicht.

Manche Eltern wussten von diesen unhaltbaren Zuständen, unternahmen aber nichts aus Angst vor Repressalien. Nur wer seine Kinder auf diesen Schulen ließ, erhielt eine Art staatliches Kindergeld. Der Ruf dieser Schulen war katastrophal, doch erst 1969 entzog der Staat den Kirchen die Leitung der Residential Schools. Erst in den 1990er-Jahren wurde das ganze Ausmaß des Skandals deutlich. Die Gerichte wurden eingeschaltet. Die begangenen Straftaten reichten von sexuellem Missbrauch bis zu medizinischen Versuchen.

Die letzte sog. Residential School wurde erst 1996 in Saskatchewan geschlossen. 1998 entschuldigte sich der zuständige Minister bei den ehemaligen Schülern, sogar Papst Benedikt empfing 2009 in Privataudienz eine Delegation der Ureinwohner im Vatikan und drückte sein Bedauern über die Missbrauchsfälle durch die Kirche aus.

1998 gründete die Regierung einen **Hilfsfonds für die Missbrauchsopfer** und stattete diesen mit fast 400 Millionen Dollar aus. 2005 schließlich kündigte die Regierung ein **Wiedergutmachungsprogramm** in Höhe von knapp zwei Milliarden Dollar an. Zehntausende Opfer sollten finanziell entschädigt werden und Therapie-Möglichkeiten erhalten. Premierminister Stephen Harper entschuldigte sich offiziell am 11. Juni 2008 und sagte: „Wir erkennen heute, dass die Politik der Assimilierung falsch war und dass sie großes Leid zugefügt hat."

Zurzeit wird auf Initiative der Ureinwohner das **Indian Residential School Museum of Canada** in Central Plains, Manitoba, aufgebaut, das die Erinnerung an dieses Verbrechen an den Schülern der indigenen Völker bewahren soll.

Rechtssystem

Das kanadische Rechtssystem beruht in seinen drei Säulen Strafrecht, Zivilrecht und Öffentliches Recht im Wesentlichen auf dem britischen **Common Law**. Die Provinz Québec als ehemalige französische Kolonie steht dagegen in der französischen Rechtstradition des **Code Civil**. Das Common Law ist ein Rechtssystem, das nicht auf Gesetzen, sondern auf richterlichen Urteilen fußt, die als richtungsweisend gelten. Dieses Fallrecht, das durch permanente richterliche Auslegung weitergebildet wird, unterscheidet sich fundamental von dem Zivilrecht kontinentaleuropäischer Prägung, das die bestehenden Gesetze als Quelle der richterlichen Entscheidungsfindung betrachtet.

Common Law und Code Civil

Die Gerichte der Provinzen sind nicht an die Urteile der Gerichte aus anderen Provinzen gebunden. Gleichwohl werden diese Urteile beachtet und oft auch bei der eigenen Urteilsbegründung herangezogen. Nur der **Supreme Court**, der Oberste Gerichtshof in Ottawa, hat durch seine Entscheidungen bindende Kraft für alle Gerichte in allen Provinzen. Gibt es keine Entscheidungen anderer kanadischer Gerichte, ist es nicht ungewöhnlich, auf ausländische Urteile aus Ländern mit angelsächsischem Rechtssystem zurückzugreifen.

Da die politische Entwicklung in Québec anders verlief als im übrigen Kanada, sind auch die Rechtstraditionen andere. Im Zivilrecht folgt man dem französisch-kontinentaleuropäischen System, während im Öffentlichen Recht das Common Law angewandt wird, nachdem Neufrankreich von den Briten 1760 erobert worden war. Im heutigen föderalen System Kanadas mit der starken Stellung der Provinzen wird juristisch in der Provinz Québec eine Mischform angewandt.

Die **Verfassung** ist das oberste Recht in Kanada. Sie ist dennoch juristisch anders zu bewerten als das deutsche Grundgesetz, da sie aus Gesetzen und aus Rechtstraditionen besteht, die nicht in Gesetzestexte eingeflossen sind. Die Verfassung bestimmt etwa das Regierungssystem, die Rechte des Bundes und der Provinzen, aber auch die Kanadische Charta der Rechte und Freiheiten.

Oberstes Recht

Der **Oberste Gerichtshof in Ottawa** ist das höchste Gericht und die letzte Instanz bei juristischen Entscheidungen. Vor dem Jahr 1949 konnten einige Fälle auch dem

Privy Council Großbritanniens vorgelegt werden. Der Rat war das höchste politisch-juristische Beratungsgremium der britischen Monarchie. Der juristische Instanzenweg verläuft in der Regel so: Von den Provinzgerichten geht es über die höheren Straf- und Berufungsgerichte der Provinzen zu den föderalen Berufungsgerichten. Einige wenige Fälle landen beim Obersten Gerichtshof, der aus neun Richterinnen und Richtern besteht. Diese werden auf Vorschlag des Premierministers und des Justizministers vom Generalgouverneur ernannt. Diese ernennen ebenso die Richter der höchsten Provinzgerichte. Um die Besetzung der Richterposten bei den nachgeordneten Kammern auf Provinzebene kümmern sich diese selbst.

Ein eigener „Western Lifestyle"

Wie im Nachbarland USA spricht man auch im kanadischen Westen von einer eigenen Mentalität und einem „Western Lifestyle", der so ganz anders daherkommt, als das, was an der Ostküste (vor)gelebt wird. Zunächst hat das etwas mit dem Gefühl zu tun, Underdog zu sein. Und das ist historisch bedingt. Die großen Städte im Osten, vor allem Toronto und Montréal, standen schon immer für europäische Kultur und Lebensart. Die, die in den Wilden Westen zogen, waren zwar keine Barbaren, aber zumindest standen sie kurz davor: unzivilisierte Naturburschen, die ein hartes und entbehrungsreiches Prärie- und Pionierleben dem verfeinerten europäischen Lebensstil vorzogen. Die sich lieber den „Wilden", sprich: Indianern und den unberechenbaren Naturgewalten auslieferten, als ins Museum zu gehen, ins Konzert oder an die Universität.

Die „Wilden" im Westen

Zudem siedelten sich viele der Neueinwanderer, die aus Europa und Asien ins Land strömten, direkt im Westen an. Dort trafen sie nicht auf die Vorurteile und die Ablehnung, die ihnen, den Neuen, oft im Osten entgegenschlug. Dort gab es unbegrenzte Möglichkeiten, sich zu entfalten, sein Glück zu machen. Sei es als Farmer, Goldsucher, Ölarbeiter oder hemdsärmeliger Geschäftsmann.

Und auch später, als die im Westen längst eigene Metropolen gegründet hatten, Vancouver, Edmonton und Calgary, mit Shopping Malls, glitzernden Hochhaustürmen und glänzenden Universitäten, blieb da in den Köpfen der Menschen irgendetwas von einer gewissen Andersartigkeit zurück. Die im feinen Osten rümpften die Nasen ob der Hillbilly-Typen im Westen. Die im Westen schimpften gern auf die Regierung, die ihr sauer verdientes Geld für merkwürdige Sozialprojekte zum Fenster hinauswarf.

So ist es – zumindest teilweise – noch bis zum heutigen Tag, auch wenn die Gegensätze oft mit einem kleinen Augenzwinkern vorgetragen werden. Und auch in der politischen Umsetzung gab es immer wieder Versuche, eine eigene Partei mit westkanadischer Weltanschauung zu etablieren. Immer wieder gab es im Lauf der Geschichte im Westen Separatismusbestrebungen, obwohl Europa automatisch mit dem Finger auf die Frankokanadier in Québec zeigte. Aber das wäre nur die halbe Wahrheit. So mischte die *Reform Party* in den 1980er- und 1990er-Jahren den Politikbetrieb auf – eine westkanadische Protestpartei mit konservativem und auch fremdenfeindlichem Anstrich. Dann gab es die *Western Canada Concept Party*, die dafür kämpfte, die Rohstoffe in Westkanada zu belassen und einen eigenen Staat zu gründen. Viele Aufregungen der 1980er- und 1990er-Jahre sind nun Geschichte. Aber manche politischen und wirtschaftlichen Merkwürdigkeiten, die inzwischen quasi institutionalisiert worden sind, haben sich gehalten. So zahlt die ölreiche Provinz Alberta bis heute keine Provinzsteuern in den gemeinsamen Bundestopf ein.

Konservative, liberale und ökologisch-linke Politik- und Lebensstile

Die **Liberal Party of Canada** wurde 1867 im Jahr der Konföderation gegründet und ist somit die älteste Partei des Landes. Sie vertritt eine (links)liberale Gesellschafts- und eine moderne Wirtschaftspolitik mit sozialer Abfederung. Die *Liberals* haben bei Weitem die meisten Premierminister gestellt und waren fast immer in der Regierungsverantwortung.

Waren zu Beginn der Konföderation die Konservativen politisch dominierend in dem noch jungen Staat, machte der große Vorsitzende **Wilfrid Laurier** die Liberalen zu einer modernen Partei und führte sie in den Wahlen 1896 zum Sieg. Laurier war der erste französischsprachige Premierminister, der die Liberalen für die konservativen Wählerschichten in Québec öffnete und die Farmer wegen der Unterstützung des freien Handels für sich gewann. Québec war jahrzehntelang eine Hochburg der Konservativen, doch die Hinrichtung von Louis Riel und die Unterdrückung der französischen Sprache in Manitoba sorgten für ein Umdenken. Laurier regierte das Land bis 1911 und stürzte u. a. über ein geplantes Freihandelsabkommen mit den USA, das auf erbitterten Widerstand der Unternehmer und Geschäftsleute stieß.

Der zweite große liberale Premierminister war **William Lyon Mackenzie King**, der das Land mit kurzen Unterbrechungen 22 Jahre regierte und durch die schwierigen Jahre des Zweiten Weltkriegs manövrierte. In dieser Zeit standen die Liberalen für eine zunehmende eigenständige Außenpolitik und eine moderne Sozialpolitik. So führte er das Mutterschaftsgeld ein und schuf die Altersrente.

Der dritte herausragende Premierminister der Liberalen war **Pierre Trudeau**. Er versuchte, die separatistische Provinz Québec, aus der er selbst stammte, dauerhaft im föderalen Bundesstaat zu verankern. So wurden die Liberalen zu Wegbereitern der offiziellen Zweisprachigkeit; außerdem förderten sie den Multikulturalismus, der es Einwanderern erlaubte, sich in die kanadische Gesellschaft zu integrieren, ohne ihre ethnischen Wurzeln aufzugeben. Diese progressive Politik sorgt bis heute dafür, dass der überwiegende Teil der Einwanderer liberal wählt. In der Amtszeit von Trudeau wurden zudem die Verfassung und die Charta der Rechte und Freiheiten verabschiedet. Außenpolitisch verfolgte er den Weg der „Third Option", einer unabhängigeren Politik gegenüber den Vereinigten Staaten (s. S. 31).

Weg der „Third Option"

Es mag überraschen, dass die **Conservative Party of Canada** eine junge politische Partei ist. Erst Ende 2003 wurde sie gegründet und entstand als Fusion aus der *Progressive Conservative Party* und der *Canadian Alliance*.

Kultureller Überblick
Literatur

Abenteuer

Historisch betrachtet ist die kanadische Literatur stark von englischen, irischen und französischen Einflüssen geprägt. Doch schon im 19. Jh. entwickelte sich ein eigener kanadischer Stil, der sich bei Literaten wie Alexander MacKenzie, Anna Jameson und David Thompson bemerkbar machte. Bei diesen dominierten die **abenteuerlichen Reiseberichte**. Kein Wunder, war MacKenzie doch Forscher und Entdecker (nach ihm wurde der Mackenzie River benannt) und Thompson machte sich einen Namen als Kartograf und Pelzhändler.

Durch die Konföderation von 1867 stellte sich erstmals die Frage nach einer national geprägten Kultur und Literatur. Ende des 19. Jh. waren eine Handvoll Schriftsteller maßgeblich: Charles Roberts, Bliss Carman, Archibald Lampman und Duncan Campbell Scott. Diese wichtigen Schriftsteller nannte man **Confederation Poets**. Dennoch kann man bis heute von zwei nebeneinander existierenden kanadischen Literaturen reden – der **englischsprachigen** und der **französischsprachigen Literatur**.

Emily Carr

Der Erste Weltkrieg lenkte das Augenmerk der Literaten wieder auf das Ausland. Zugleich rückten die Einwanderer und ihre jeweiligen Kulturen stärker in den Mittelpunkt. Eine weitere Entwicklung war bei den indigenen Völkern auszumachen: Einige aus ihren Kreisen begannen, sich literarisch auszudrücken. Ein wichtiges Bindeglied zwischen der weißen europäischen Gesellschaft und der Kultur der Indianer war die Malerin und Autorin **Emily Carr** aus British Columbia. Nach Studienaufenthalten in Europa kehrte sie 1905 nach Kanada zurück, um unter Indianern zu leben und sich von ihrer Kultur für ihr eigenes Werk inspirieren zu lassen. Lange Jahre stieß sie mit ihrer Lebenseinstellung auf wenig Gegenliebe in der europäisch geprägten Gesellschaft Kanadas. Doch Ende der 1930er-, Anfang der 1940er-Jahre änderte sich das Bild: Durch Publikationen wie den Erfahrungsbericht „Klee Wyck" (aus der Welt der Indianer) und vor allem durch ihre Arbeiten als Malerin erfuhr sie späte Anerkennung. Heute gibt es gar eine Emily Carr University of Art & Design in Vancouver.

Die Weltwirtschaftskrise in den 1930er-Jahren brachte eine zunehmende Auseinandersetzung der Autoren mit sozialen Verwerfungen mit sich. Der sich anschließende Zweite Weltkrieg ließ die Literaten über Not, Vertreibung, Tod und Krieg reflektieren. In den 1960er-Jahren rückte die kritische Auseinandersetzung mit dem großen Nachbarn USA in den Fokus. Der Vietnamkrieg, die politisch-ökonomische Macht und die zunehmende Dominanz der Vereinigten Staaten wurden kritisch hinterfragt.

Margaret Atwood hat 1972 in ihrem Essay „Survival. A Thematic Guide to Canadian Literature" herausgearbeitet, was kanadische Literatur von anderen nationalen Literaturen unterscheidet. Ihrer Meinung nach begreift sich jede Nation durch ein zentrales Symbol, das Aufschluss gibt über den Nationalcharakter. Während das Symbol in den USA die „Grenze" *(frontier)* ist, sieht sie als dominantes Symbol der kanadischen Literatur das **„Überleben"** (*survival*, sowohl psychologisch, als auch physisch und kulturell).

Seit den 1970er-Jahren wurde auch das Ausland verstärkt aufmerksam auf die literarischen Erzeugnisse aus Kanada. Autoren wie **Joy Fielding** („Ein mörderischer Sommer"), **Margaret Atwood** („Katzenauge"), **Michael Ondaatje** („Der englische Patient"), **Yann Martel** („Schiffbruch mit Tiger"), **Douglas Coupland** („Generation X") und **Alice Munro**, 2013 mit dem Literaturnobelpreis ausgezeichnet, wurden international bekannt.

Die **frankokanadische Literatur** entwickelte sich seit dem 18. Jh. und orientierte sich an den herrschenden Stilrichtungen der französischen Literatur, vom Klassizismus über die Romantik (Louis Honoré Fréchette) bis zum Symbolismus (Albert Lozeau). Die Schauplätze vieler Romane sind regionaler Natur. Die wachsenden Unabhängigkeitsbestrebungen der Provinz Québec spiegeln sich etwa in den Werken von Jacques Ferron wider. Zu den wichtigsten Lyrikern zählt Rina Lasnier.

Frankokanadische Literatur

Kunst

Die grandiose Landschaft und die Ureinwohner Kanadas inspirierten die europäischen Künstler zunächst. Realistische Abbildungen waren gefragt. Die Landschaften und die Bewohner sollten möglichst detailgenau abgebildet werden, da die englischen und französischen Königshöfe dies verlangten. So erklären sich die detailgenauen Zeichnungen des französischen Künstlers und Jesuiten **Louis Nicolas**, der im *Codex canadiensis* in den Jahren 1680 bis 1700 rund 180 Illustrationen von Pflanzen, Tieren, Indianern und ihren Werkzeugen, aber auch ihren Tätowierungen anfertigte. Oder auch die Porträts von Inuit und Indianern eines **John White** Mitte des 16. Jh.

Ende des 18. Jh. brachten Briten und aus den USA geflohene Loyalisten neue Impulse für die junge kanadische Kunstszene mit, die sich vor allem in den Städten wie Toronto bemerkbar machte. Einer der wichtigsten kanadischen Künstler des 19. Jh. war der in Irland geborene Maler **Paul Kane** (1810–1871), der für seine Gemälde berühmt wurde, die das Alltagsleben der Indianer festhalten. Zwei große Reisen führten ihn in den kanadischen Westen: Die erste 1845 von Toronto nach Sault Ste. Marie im nördlichen Ontario. Die zweite unternahm er 1846–1848. Sie führte ihn zu den Rocky Mountains, Vancouver, Victoria und schließlich nach Oregon. Die mehr als 120 Ölgemälde, die er nach seinen eigenen Zeichnungen und Notizen in den Jahren danach anfertigte, zählen heute zum kulturellen kanadischen

Kunst der First Nations im Whyte Museum in Banff

Kultureller Überblick

Kanadas fünftgrößtes Kunstmuseum: Vancouver Art Gallery

Nationalerbe. Paul Kane war übrigens der erste kanadische Künstler, der von seiner Malerei leben konnte. Einer seiner Mäzene, der Bürgermeister von Toronto, George William Allan, gab bei ihm 100 Ölgemälde in Auftrag und zahlte ihm die gigantische Summe von 20.000 Dollar. Außerdem bestellte das kanadische Parlament 1851 zwölf Gemälde und honorierte ihn mit 500 Britischen Pfund. 1859 veröffentlichte Kane ein Buch über seine abenteuerlichen Reisen in den kanadischen Westen. Es hatte den sperrigen Titel „Wanderings of an Artist among the Indians of North America from Canada to Vancouver's Island and Oregon through the Hudson's Bay Company's Territory and Back Again", wurde in London veröffentlicht und trotzdem ein Bestseller, der in mehrere Sprachen – darunter Deutsch – übersetzt wurde.

Kane gilt heute als einer der wichtigsten kanadischen Maler. Viele seiner Gemälde hängen in der National Gallery of Canada. Seine Gemälde erzielen heute hohe Auktionspreise. 2002 ersteigerte ein kanadischer Unternehmer ein Kane-Gemälde bei Sotheby's für mehr als fünf Millionen Dollar.

Group of Seven

Eine der wichtigsten Künstlergruppen war die **Group of Seven**. Die sieben kanadischen Landschaftsmaler Franklin Carmichael, Lawren Harris, A.Y. Jackson, Frank Johnston, Arthur Lismer, J.E.H. MacDonald und Frederick Varley trafen sich ab 1913 und organisierten 1920 erstmals eine Gruppenausstellung. Während sie Anfang des 20. Jh. noch als unbedeutende Landschaftsmaler kritisiert wurden, die die kanadische Weite in ihren Gemälden einfingen, was damals aber als künstlerisch wenig wertvoll erachtet wurde, wurde die Künstlervereinigung erst viel später für ihre Pionierleistung geschätzt. Die Vereinigung, zu der neben anderen auch Emily Carr in lockerer Verbindung stand, löste sich 1931 auf. Heute hängen die Werke in der Art Gallery of Toronto und der McMichael Canadian Art Collection in Kleinburg.

Über die Provinz Québec kamen nach dem Zweiten Weltkrieg kubistische Einflüsse nach Kanada. Dort entstand die künstlerische Gruppe der **Automatistes**, die mit surrealen Methoden – spontan und unter Ausschluss der Vernunft – malen. Konträr dazu standen die sog. **Plasticiens**, vor allem **Guido Molinari** aus Montréal, der durch seine kontrastreichen Geometrie-Farbfelder bekannt wurde.

Ähnliche Richtungsstreitigkeiten gab es in Toronto, wo sich **Harold Town** gegen den abstrakten Expressionismus wandte. Town war nicht nur als Maler und Grafiker, sondern auch als Buchautor tätig. Somit war er eine einflussreiche Figur in der kanadischen Kunstszene der 1950er- bis 1970er-Jahre. Seine Arbeiten erhielten internationale Aufmerksamkeit, vor allem in Europa und den USA.

In der Bildenden Kunst hat sich Kanada international auch einen Namen gemacht. Fotokünstler wie **Jeff Wall**, der aus Vancouver stammt, gehören heute zu den renommiertesten Künstlern in diesem Genre. Seine Fotografien werden nicht als Serie herausgebracht, sondern als Einzelwerke. Er lässt sich von Gemälden genauso inspirieren wie von Romanen. So ist seine Fotografie „Le Penseur" eine neue künstlerische Interpretation der gleichnamigen Skulptur des Jahrhundert-Bildhauers Auguste Rodin. Zu seinen Vorlieben gehört die scheinbar zufällig im Bild festgehaltene Alltagsszene, die in Wahrheit jedoch kunstvoll inszeniert ist. Manche seiner alltäglichen Szenarien bedürfen der aufwendigen, oft mehrtägigen, Vorbereitung durch ein ganzes Team von Mitarbeitern. Zahlreiche internationale Museen haben seine Werke ausgestellt, darunter das Museum of Modern Art in New York.

Musik

Wie in anderen Einwandererländern auch brachten die Siedler seit dem 17. Jh. ihre jeweils nationale Musiktradition mit in die neue Heimat. Lange orientierte man sich an den epochalen Musikstilen der alten Welt, ohne wirklich eigene Ressourcen zu besitzen, um etwa klassische Konzerte und Opernaufführungen im großen Stil veranstalten zu können. Im 19. Jh. wurden zunächst europäische Musiker und Sänger landesweit populär wie die schwedische Operndiva Jenny Lind, die bei ihrer Nordamerika-Tournee 1850 wahre Begeisterungsstürme beim Publikum auslöste.

Mitgebrachte Musiktraditionen

Im 19. Jh. gründeten sich zahlreiche **Chöre und philharmonische Gesellschaften**, darunter die *New Union Singing Society* in Halifax 1809 und die *Québec Harmonic Society* 1820. Wenn sich die Menschen im 19. Jh. zum Musizieren trafen, dann meist, um Balladen, Gassenhauer und patriotisches Liedgut anzustimmen. Das erste bedeutende landesweite Musikfestival fand 1903 statt. Daran beteiligten sich mehrere Tausend Sänger und Musiker im ganzen Land.

Nach dem Ersten Weltkrieg änderte sich das Musikgeschäft grundlegend. Wenige Jahre zuvor wurden durch die Erfindungen u. a. von Emil

Die Musiktraditionen der indigenen Völker sind lebendig

Kultureller Überblick

Livemusik beim Alsek Music Festival in Haines Junction, Yukon

Berliner und Thomas Edison die Grundlagen der modernen Schallplattenindustrie gelegt. Da patentrechtliche Grauzonen existierten, entstanden zahlreiche Plattenlabels in Europa und Nordamerika, die den Wettbewerb anheizten und die Musikindustrie grundlegend veränderten. Zwischen den beiden Weltkriegen entstanden in den drei großen Städten Toronto, Montréal und Vancouver Symphonieorchester, die heute zum Teil Weltgeltung haben, wie das 1935 gegründete Montreal Symphony Orchestra.

Musiktraditionen der indigenen Völker

Es ist Ethnologen wie **Marius Barbeau** zu verdanken, dass die **Musiktraditionen der indigenen Völker** erforscht und dokumentiert wurden. Er arbeitete von 1911 an als Ethnologe und Anthropologe beim *Geological Survey of Canada*, aus dem in den 1920er-Jahren das National Museum hervorging. In dieser Zeit begann er, indianisches Liedgut mit einem Phonographen aufzunehmen und in Notenform niederzuschreiben. Auf mehreren großen Forschungsreisen ins kanadische Hinterland sammelte er Hunderte von Liedern und Erzählungen der Indianer. Er inspirierte eine Reihe von jüngeren Forschern, die es ihm gleichtaten. Barbeau wurde zum führenden Vermittler indianischer Musik, die man im besten Wortsinn als **Folk Music** bezeichnen kann und erhielt zahlreiche Auszeichnungen, darunter den *Order of Canada*, die höchste Auszeichnung für Zivilpersonen.

Vor allem seit den 1960er-Jahren orientieren sich die bekanntesten Vertreter der kanadischen E- und U-Musik an westlichen Traditionen und Vorbildern. Viele von ihnen haben die **Pop- und Rockmusik** maßgeblich beeinflusst. Zu ihnen zählen u. a. Bryan Adams, Céline Dion, Michael Bublé, Nelly Furtado, Avril Lavigne, Shania Twain, Nickelback, Steppenwolf, Paul Anka, Neil Young. Auch Leonard Cohen und die Jazzgrößen Oscar Peterson, Maynard Ferguson, Diana Krall kommen aus dem Land des Ahorns. Und bekannte Folk Singer wie Gordon Lightfoot und Hank Snow.

Und in der klassischen Musik hat das Klavier-Genie **Glen Gould**, der einem breiten Publikum vor allem durch seine Bach'schen Goldberg-Variationen bekannt wurde, vielen Stücken von Bach, Beethoven und Schönberg durch eigenwillige Neuinterpretationen seinen Stempel aufgedrückt. Als einer der bedeutendsten zeitgenössischen Komponisten gilt **Claude Vivier**, ein Schüler von Karlheinz Stockhausen, der 1983 im Alter von nur 35 Jahren in Paris ermordet wurde und dessen Werke stark von seiner Homosexualität, seiner unbekannten Familienherkunft, seinen Asienaufenthalten und seinen religiösen Bekenntnissen geprägt ist.

Musiker wie Avril Lavigne haben sich vor einiger Zeit in der Initiative **Canadian Music Creators Coalition** zusammengeschlossen, um den Staat aufzufordern, mehr für die (Nachwuchs-)Förderung der heimischen Musik zu tun und sich um Probleme rund ums *Digital Rights Management* zu kümmern, also die Digitale Rechteverwaltung, bei der es um die Kontrolle von Musik und Filmen sowie um Verwertungsrechte im World Wide Web geht.

Förderung der kanadischen Musik

Der Staat hat schon einige Initiativen auf den Weg gebracht. So existiert, ähnlich wie in Frankreich, eine **Quote für kanadische Produktionen** in den Medien. Mindestens ein Drittel der Songs im Radio muss aus heimischer Produktion sein.

Film und Theater

Kanada ist heute eng mit der Produktionsmaschinerie Hollywoods verbunden. Zum einen arbeiten viele kanadische Filmschaffende in den USA (s. S. 72), zum anderen dienen kanadische Studios und Locations als „verlängerte Werkbank" der amerikanischen Filmindustrie. Dennoch haben sich Ende des 19. Jh. eigene kanadische Strukturen herausgebildet, auf die die Entwicklung im Land später aufbauen konnte.

Als erster Filmemacher in der kanadischen Geschichte gilt **James Freer** (1855–1933), ein Autodidakt, der Farmer in Manitoba war und Dokumentarfilme drehte. Sein erster Film von 1897 beschäftigte sich mit dem Leben in der Prärie. Im Jahr darauf wurde der Film vom Unternehmen *Canadian Pacific Railway* (CPR) in Großbritannien gezeigt, um Einwanderer zu gewinnen. Die Promotion-Tour war so erfolgreich, dass sie 1902 wiederholt wurde. Die Firma heuerte ein britisches Filmteam an, um eine Serie von 35 Filmen unter dem Namen „Living Canada" produzieren zu lassen, die das Leben in Kanada thematisierte, um Einwanderern eine Art Leitfaden für eine erfolgreiche Immigration an die Hand zu geben.

In der Zeit des Ersten Weltkriegs sorgte der auch in Kanada zunehmende Patriotismus für verstärkte staatliche Aktivitäten bei der Filmförderung. So eröffnete die Provinz Ontario 1917 das *Ontario Motion Picture Bureau*, um Unterrichtsfilme drehen zu lassen. Im Jahr darauf entstand das *Canadian Government Motion Picture Bureau*.

Der erste international erfolgreiche Film aus kanadischer Produktion war das Drama „Back to God's Country", das 1919 in Calgary gedreht wurde. Realisiert wurde es vom Produzenten Ernest Shipman, der zuvor in den USA gearbeitet hatte und in den

Einfluss Hollywoods

Folgejahren weitere erfolgreiche Filme produzierte. Während der 1920er-Jahre vergrößerte sich der **direkte Einfluss Hollywoods auf die kanadische Filmindustrie**. Kinos, Geldgeber für Produktionen und die Distribution von Filmen gelangten überwiegend in amerikanische Hände. Im Gegensatz zu europäischen nationalen Filmindustrien, die von ihren Regierungen vor ausländischen Übernahmen geschützt wurden, gab es in Kanada nichts Vergleichbares.

In den 1930er-Jahren kam die kanadische Filmindustrie immer stärker unter den Einfluss Hollywoods. Zwar gab es formal eine Reihe von kanadischen Filmproduktionsgesellschaften, etwa in Toronto, Montréal, Victoria und Calgary, doch kanadisch waren sie nur auf dem Papier. Die Amerikaner hatten das Sagen und bestimmten die Richtung, die oft inhaltlich wenig mit Kanada zu tun hatten.

Der Zweite Weltkrieg brachte tiefe Einschnitte für die kanadische Filmindustrie. 1939 wurde der *National Film Act* verabschiedet, der es gestattete, **Propagandafilme für Kriegszwecke** zu drehen. Die übergeordnete Behörde, der *National Film Board* (NFB) sollte zukünftig zentrale Anlaufstelle für die Herstellung, Verteilung und Ausstrahlung kanadischer Filme sein. 1940 begann der NFB mit der Distribution von „Canada Carries On", einer Reihe von Propaganda-Filmen, mit denen die Moral in Kriegszeiten an der Heimatfront gestärkt werden sollte. Der NFB schickte in den 1940er- und auch 1950er-Jahren reisende Filmvorführer durchs Land, die an entlegenen Orten, an denen keine Kinos existierten, Filme zeigten und mit den Zuschauern darüber diskutierten.

Halb Hollywood kommt aus Kanada

Kanadier und Belgier können einander die Hand reichen: Beide Nationen schätzen es gar nicht, wenn ihre berühmten Söhne und Töchter vom großen Nachbarn quasi adoptiert werden. Die Belgier ärgern sich jedes Mal, wenn alle Welt ihre berühmten Landsleute Jacques Brel, René Magritte und Georges Simenon für Franzosen hält. Und den Kanadiern geht es mit ihren Stars in Bezug auf die USA ganz ähnlich.

Man könnte nämlich sagen: Halb Hollywood kommt aus Kanada. Das liegt vor allem an der engen geografischen, kulturellen und sprachlichen Nähe der beiden Länder. Es war für Angehörige der englischen Sprachfamilie immer schon einfacher, ohne die gefürchtete *Language Barrier* in der Traumstadt Fuß zu fassen – das gilt für Engländer, Iren, Australier und eben vor allem für Kanadier.

Einige der allergrößten Stars erblickten nördlich des 49. Breitengrads das Licht der Welt. Dazu zählen „Blues Brother" Dan Aykroyd, Captain James T. Kirk alias William Shatner, Michael J. Fox, „Titanic"-Regisseur James Cameron, Jim Carrey, Mike Myers, John Candy, „Baywatch"-Blondine Pamela Anderson, Donald Sutherland und sein Sohn Kiefer (wobei der nun zufälligerweise in London geboren wurde, aber in Kanada aufwuchs), „die nackte Kanone" Leslie Nielsen und auch Teenie-Star Justin Bieber. Übrigens wurde auch die deutsche Schauspielerin Anke Engelke in Kanada (Montréal) geboren.

In den 1960er-Jahren monierten viele Filmstudenten, dass ihre beruflichen Perspektiven durch staatliche Unterstützung verbessert werden sollten. Das mündete 1967 in die Gründung der *Canadian Film Development Corporation*, die inzwischen **Telefilm Canada** heißt. Die **staatliche Förderung** hat der kanadischen Filmindustrie wichtige Impulse gegeben und mit dazu beigetragen, dass sich talentierte Regisseure entwickeln konnten. Zu den bekannten Namen gehören David Cronenberg („Naked Lunch"), Denys Arcand („Jesus von Montréal"), Atom Egoyan („Das süße Jenseits"). Aber auch Hollywood-Größen wie James Cameron („Titanic", „Avatar") und Norman Jewison („In der Hitze der Nacht") und Ivan Reitman („Ghostbusters") sind Kanadier.

Auch wichtige **Filmfestivals** wie das 1976 gegründete *Toronto International Film Festival*, das seit 1977 bestehende *Montréal World Film Festival* und der von der *Academy of Canadian Cinema & Television* 1979 ins Leben gerufene **Genie Award**, der kanadische Oscar, sind wichtige Bestandteile der kanadischen Filmindustrie. Ebenso der **Canada Walk of Fame** in Toronto, der wie das Vorbild des Hollywood Walk of Fame Schauspieler, Regisseure und Musiker mit Namen und Stern auf einer rosafarbenen Bodenplatte aus Terrazzo verewigt. Im Gegensatz zum amerikanischen Vorbild werden auf dem kanadischen Walk of Fame ebenfalls Models, Sportler und Schriftsteller verewigt.

Das alljährliche Shakespeare Festival „Bard on the Beach" in Vancouver ist eine Institution

Auch das kanadische **Theater** hat eine Reihe von bedeutenden Autoren und Regisseuren hervorgebracht. Zu den bekanntesten zählt der Theaterregisseur **Robert Lepage** aus Québec City. Er gilt als Multitalent, ist Regisseur, Schauspieler, Drehbuchautor und Theaterleiter. Seine bekanntesten Stücke, die international mit Preisen überhäuft wurden, sind „Die andere Seite des Mondes" und „Tectonic Plates".

Ebenso **Michel Tremblay** aus Montréal, der beißende Gesellschaftskritik mit dem Stück „Les Belles Sœurs" an den Lebensbedingungen der armen Leute im Québec des 20. Jh. übte, ist international renommiert. Seine Stücke werden auch auf deutschen Bühnen inszeniert.

Sport

Sport wird in Kanada großgeschrieben und ist sehr vielfältig. Kanada war bislang drei Mal Gastgeber der Olympischen Spiele (s. S. 148): 1976 in Montréal (Sommerspiele) 1988 in Calgary und 2010 in Vancouver (beide Male Winterspiele).

Bis 1994 gab es eine offiziell anerkannte sog. Nationalsportart, das **Lacrosse**. Im selben Jahr kam Eishockey hinzu, das diesen staatlichen „Ehrentitel" erhielt. Lacrosse ist eine Ballsportart mit indianischen Wurzeln, bei der zwei Mannschaften mit je zehn Spielern (bei den Frauen zwölf Spielerinnen) versuchen, mit einem Netzschläger den Ball ins gegnerische Tor zu befördern. Lacrosse war kurze Zeit olympisch (1904 in St. Louis und 1908 in London), verlor dann aber sportpolitisch international an Bedeutung. Heute wird es überwiegend im angelsächsischen Raum gespielt, wobei Kanadier und US-Amerikaner die dominierenden Teams haben.

Beliebter Freizeit- und Nationalsport Eishockey

Eishockey entstand in der Mitte des 19. Jh. in Kanada, als britische Soldaten das alte schottische *Shinty*, eine Vorläufersportart des Hockeys, vom Rasen aufs Eis verlegten. Das war die moderne Geburtsstunde des Eishockey. Verbrieft ist, dass das erste offizielle Eishockeyspiel am 3. März 1875 zwischen Studenten und Professoren der Montréaler McGill University im Victoria Scating Rink ausgetragen wurde. Gleichwohl machen Sporthistoriker weltweit viele Einflüsse auf das Eishockeyspiel geltend: Schottland, Niederlande, Dänemark, aber auch die Indianer haben im Lauf der Jahrhunderte dem Eishockey ähnliche Spiele entwickelt. Schnell war Nordamerika das Maß aller Dinge im Eishockey, aber auch skandinavische und osteuropäische Teams gehörten zu den weltweit besten. Während des Kalten Krieges wurden die Spiele der Kanadier und Amerikaner gegen die Sowjetunion politisch instrumentalisiert und entwickelten sich als Kampf der politischen Systeme. Nach dem Zusammenbruch der UdSSR wechselten viele der russischen Spitzenspieler in die Profiliga **National Hockey League** (**NHL**).

Sieben der 30 Teams der NHL kommen aus Kanada: Die *Montreal Canadiens*, *Ottawa Senators*, *Toronto Maple Leafs*, *Winnipeg Jets*, *Calgary Flames*, *Edmonton Oilers* und *Van-*

couver Canucks. Der Sieger am Ende einer harten Profisaison gewinnt im Best-of-Seven-Modus den **Stanley Cup**. Zwar sind nur sieben der 30 Teams der NHL aus Kanada (die anderen sind aus den USA), doch ist der Anteil kanadischer Profis sehr viel höher, da viele von ihnen bei den amerikanischen Mannschaften unter Vertrag stehen. Der Dachverband für das kanadische Eishockey heißt **Hockey Canada**. Er ist für die kanadischen Nationalmannschaften der Männer und Frauen und für den Spielbetrieb der nationalen Hockeyligen – gerade auch im Jugendbereich – zuständig. Die Nationalmannschaften der Männer und Frauen gehören ebenfalls zu den erfolgreichsten überhaupt: Die Herren gewannen neun Goldmedaillen bei Olympia, dazu 24 Weltmeisterschaften, die Frauen neun WM-Titel und vier Goldmedaillen.

Kanadische Profis in der NHL

Die anderen „großen" Sportarten in Nordamerika – Baseball, Football, Basketball – sind in Kanada ebenfalls sehr populär, auch wenn kanadische Teams nicht die sportlich-wichtige Rolle spielen wie ihre amerikanischen Pendants. In der US-Profiliga **Major League Baseball** spielten in der Geschichte nur zwei kanadische Mannschaften: Die *Montréal Expos* 1969–2004 (bevor sie als Team nach Washington verkauft wurden und nun unter ihrem neuen Namen *Washington Nationals* spielen) und aktuell die *Toronto Blue Jays*.

Basketball ist ebenso populär wie beim Großen Bruder. Zwar spielen nur die *Toronto Raptors* in der **NBA**, dafür dürfen die Kanadier aber stolz auf ihren Landsmann James Naismith sein. Der Arzt und Pädagoge aus einem kleinen Ort in Ontario gilt als der Erfinder des Korbspiels. 1891 wurde Naismith vom Direktor des YMCA (dt. CVJM) in Springfield (Massachussetts) beauftragt, ein neues Hallenspiel für die Wintersaison zu erfinden, da man mit Indoor-Football keine guten Erfahrungen gemacht hatte. Die Legende sagt, Naismith habe binnen weniger Stunden 13 Regeln erdacht, die die Grundlage des Basketballs wurden. Seit 1968 befindet sich darum in Springfield die Basketball Hall of Fame.

Canadian Football wird in einer eigenen Profiliga ausgetragen. Es gibt kein kanadisches Profiteam in der amerikanischen **NFL**. Das Football-Spiel in Kanada unterscheidet sich in einigen entscheidenden Regeln vom amerikanischen: So ist das Spielfeld größer, die Zahl der Spieler ist höher.

Fußball, also **Soccer**, hat in Kanada eine lange Tradition durch die zahlreichen Einwanderer aus Europa, konnte sich aber bis heute nicht in der Gunst der Zuschauer durchsetzen. Der *Toronto FC*, *Montreal Impact* sowie *Vancouver Whitecaps* spielen in der amerikanischen Major League Soccer (MLS). Ähnlich wie in den USA ist die Frauenmannschaft erfolgreicher als das Herrenteam.

Golf ist ebenso populär wie in den USA. Der *Royal Montreal Golf Club* von 1873 ist der älteste in Nordamerika. Die *Royal Canadian Golf Assocoation*, die die Clubmitglieder des Landes vertritt, hat immerhin 300.000 Mitglieder, die landesweit in mehr als 1.600 Clubs organisiert sind.

Der **Motorsport** genießt traditionell große Popularität im Lande. Seit 1967 ist Montréal ein Austragungsort in der Formel 1 beim Großen Preis von Kanada. Der Kurs ist nach Gilles Villeneuve benannt, dem tödlich verunglückten Vater des ehemaligen Formel-1-Weltmeisters Jacques Villeneuve.

Kultureller Überblick

Neben Eishockey sind viele **Wintersportarten** in diesem schneereichen Land populär. Ob Curling, Skifahren, Snowboarden oder Eisschnelllauf, ob Eiskunstlauf oder in jüngster Zeit das Bobfahren, Kanada gehört neben den USA, Deutschland und Norwegen zu den Wintersport-Großmächten bei Olympischen Spielen und landet in der Medaillenwertung zumeist ganz weit vorne.

Zu den bekanntesten Sportlern aus Kanada zählen Steve Nash (Basketball), Toller Cranston (Eiskunstlauf), Jacques Villeneuve (Motorsport), Wayne Gretzky, Gordie Howe und Mario Lémieux (Eishockey).

Terry Fox

Selten hat vermutlich jemand ein so kurzes Leben gelebt und in der kanadischen Geschichte eine solch enorme (Nach-)Wirkung erzielt: Der 1958 in Winnipeg geborene **Terrance Stanley Fox** war ein hoffnungsvoller Nachwuchs-Leichtathlet, der zum kämpferischen Aktivisten gegen den Krebs wurde. Terry Fox wuchs in der Nähe von Vancouver auf. Bei einer sportärztlichen Routineuntersuchung wurde bei dem jungen Mann im Alter von 18 Jahren Knochenkrebs diagnostiziert. Im Zuge der Behandlung musste ein Teil seines rechten Beines amputiert werden. Seine Leidensgeschichte, aber vor allem die anderer Krebspatienten – insbesondere die der Kinder –, denen er im Krankenhaus begegnete, nahm er zum Anlass, einmal quer durch Kanada zu laufen, um auf das Schicksal all der Kranken aufmerksam zu machen und Spendengelder einzusammeln.

Im April 1980 startete er seinen **„Marathon der Hoffnung"**, indem er täglich eine Strecke von 42 Kilometern lief. Am 12. April 1980 fiel der Startschuss in St. John's auf Newfoundland. Anfänglich von der Öffentlichkeit kaum beachtet, nahm das Interesse an seiner sportlichen und karitativen Mission mit jedem zurückgelegten Kilometer zu. Das war Terry Fox' langer Lauf zum kanadischen Nationalhelden. Am 1. September 1980, nach 5.373 gelaufenen Kilometern, war Terry Fox so krank und geschwächt, dass er seinen Lauf abbrechen musste. Zu diesem Zeitpunkt befand er sich in der Nähe der Stadt Thunder Bay am Lake Superior.

Am 28. Juni 1981 erlag Terry Fox seiner schweren Krankheit im Alter von knapp 23 Jahren. Die ganze Nation verfolgte die letzten Lebensmonate mit großer emotionaler Anteilnahme, die dann (vor allem nach seinem Tod) in zahlreichen Ehrungen mündete.

Der junge Mann wurde noch zu Lebzeiten mit dem höchsten kanadischen Orden, **Order of Canada**, ausgezeichnet und 1980 zum Kanadier des Jahres gewählt. Posthum erschien sein Konterfei auf Briefmarken, Schulen erhielten seinen Namen, ein Berg in den Rockies wurde nach ihm benannt, Münzen geprägt, Stiftungen gegründet, Denkmäler aufgestellt (u. a. vor dem Parlament in Ottawa). 2005 brachte Adidas anlässlich des 25. Jahrestags des heroischen Laufes eine Neuauflage seiner Laufschuhe heraus.

Architektur

Im 19. Jh. war die kanadische Architektur noch wesentlich von britischen, französischen und italienischen Einflüssen bestimmt. Ein monumentales Beispiel hierfür ist das Parliament Building in Ottawa, das **Thomas Fuller** 1859 entworfen hat. Fuller, 1823 in England geboren und 1857 nach Kanada ausgewandert, wurde bald eine Art Chefarchitekt des kanadischen Dominion. Unter seiner Leitung wurden rund 140 Bundesgebäude überall im Land gebaut. Seine architektonische Handschrift ist also landesweit erkennbar.

In den 1870er-Jahren dominierte bei den öffentlichen Gebäuden der **Second-Empire-Stil**. Damit bezeichnete man den französischen Architektur- und Städtebaustil in der Zeit von Kaiser Napoleon III. Dessen Regierungszeit, das Zweite Kaiserreich nach dem Empire Napoleons I., fällt architektonisch in die Epoche des Historismus, bei dem man auf alte Stilrichtungen zurückgriff. Diese Architekturelemente finden sich in Bahnhöfen, Postämtern, Hotels, Gerichtsgebäuden, Gefängnissen und Rathäusern wieder. Ein anschauliches Beispiel ist das Hôtel de Ville (Rathaus) in Montréal.

Französischer Architektur- und Städtebaustil

Ein anderer einflussreicher Architekt jener Tage war **William Tutin Thomas**. Er entwarf öffentliche Gebäude und zahlreiche Kirchenbauten, etwa die St. Andrews Presbyterian Church in Ottawa (1872–1874), die St. George's Church in Montréal (1869–1870) und die Trinity Church in St. John (1879-80). Außerdem baute er Industriegebäude in vielen großen Städten. Da war es nur ein logischer Schritt, dass er für die Privathäuser so mancher Industrie-Magnaten verantwortlich zeichnete, darunter das Haus von Lord Mount Stephen und das Shaughnessy House (1874–1875) in Montréal, in dem sich heute das Museum *Canadian Centre for Architecture* befindet.

In der letzten Dekade des 19. Jh. machte sich der amerikanische Einfluss auf die kanadische Architektur bemerkbar: Bürohochhäuser, Department Stores, Apartment-Häuser und kathedralenhafte Verwaltungs- und Gerichtsgebäude im **amerikanischen Stil** entstanden überall. Die letzten Jahre des ausgehenden 19. Jh. sahen eine Professionalisierung in der Ausbildung und Organisation der Architekten. 1889 wurde die *Ontario Association of Architects* gegründet; vergleichbare regionale Strukturen auf Provinzebene entwickelten sich in Québec und British Columbia. 1896 bot die McGill University in Montréal den ersten Architektur-Studiengang an.

Château Lake Louise

Kultureller Überblick

1916 brannte durch ein Unglück ein großer Teil des **Parlamentsgebäudes in Ottawa** nieder. Das Land befand sich mitten im Ersten Weltkrieg, die Ressourcen waren knapp. Das Gebäude wurde nach Plänen der Architekten John Pearson und Omer Marchand sofort im alten Stil wiederaufgebaut. Dennoch war es ein anderes Gebäude, als es 1927 übergeben wurde. Äußerlich so wie vor dem Brand, war es innen modern konstruiert. Dies wurde in den folgenden Jahren zum Trend in Kanada.

Château-Stil

In den 1920er-Jahren wurden Luxus-Hotelneubauten im **Château-Stil** populär. Bekannte Beispiele sind das Château Lake Louise, das Banff Springs Hotel und das Hotel Vancouver.

Privat liebten die Reichen und Schönen **elegante Interpretationen vergangener Architektur-Stile**. Ob in Montréal (in Vierteln wie Westmount) oder Vancouver (Shaughnessy Heights), Tudor-Giebel, spanische Rundbögen oder italienische Terrassen, von denen englische Gärten abgingen, gehörten zum gängigen Architektur-Repertoire der Wohlhabenden. In der Mittelklasse wurde der **amerikanische Bungalow** zum Renner.

Ende der 1920er-Jahre schwappte die **Art-déco-Welle** aus Europa nach Nordamerika. Das Aldred Building in Montréal, das Marine Building in Vancouver und die Börse in Toronto sind Beispiele dafür.

Das **Industrie-Produktdesign** beeinflusste in den 1930er- und 1940er-Jahren die Architektur. Die weichen geschwungenen Formen etwa aus dem Automobilbau fanden sich in Neuinterpretationen etwa bei Kinopalästen wieder.

In den 1950er- und 1960er-Jahren wurden **zukunftsweisende Bürohochhäuser** wie etwa der Place Ville-Marie in Montréal errichtet. Der multifunktionelle Komplex, konzipiert von I.M. Pei, sollte eine Vision vom Leben und Arbeiten der Zukunft geben.

Stilprägend: Weltausstellung 1967

Zukunftsweisende Architektur konnte wenige Jahre später, bei der **Weltausstellung 1967** in Montréal, besichtigt werden. „Der Mensch und seine Welt" lautete das Motto dieser Expo. Sie hatte einen enormen Einfluss auf die Entwicklung der Architektur, auf die Städteplanung und das Design von Bauwerken. Das lag vor allem an der Gestaltungsfreiheit der teilnehmenden Länder für ihre Pavillons. Einige der Bauwerke stehen noch heute und werden genutzt.

Das **Wohnprojekt Habitat 67** des israelisch-kanadischen Architekten Mosche Safdie, der u. a. in Harvard lehrt, ist ein Komplex am Hafen, der aus 354 Sichtbeton-Quadern besteht, die stufenförmig zu Pyramiden aufgestellt sind. Von Weitem ähnelt das Ensemble auf zwölf Stockwerken aufeinandergestapelten Containern oder auch einem riesigen Wabensystem. Die Wohnungen variieren in der Größe zwischen etwa 50 und 150 Quadratmetern und erstrecken sich teilweise über mehrere Etagen. Die Idee der Anlage war es, durch den konsequenten Einsatz des Baukastenprinzips ein modernes und dabei kostengünstiges Verfahren zu realisieren. Habitat 67 ist den Architekturstilen des Strukturalismus und des Brutalismus zuzurechnen. Das zweite wegweisende Gebäude war der amerikanische Pavillon **Biosphère** nach den Entwürfen des US-Architekten Richard Buckminster Fuller, der weltweit berühmt für seine geodätischen

Kuppeln wurde. Er schuf für die Expo eine Stahlstruktur aus Fertigbauteilen, die mit Waben aus Acryl verkleidet wurde. Sie wog 600 Tonnen und hatte einen Durchmesser von 76,2 m. Die Außenhaut der Kugel wurde 1976 durch ein Feuer zerstört. 1990 kaufte das kanadische Umweltministerium das Gebäude und eröffnete 1995 ein interaktives Museum, das sich mit den Ökosystemen der Großen Seen und des Sankt-Lorenz-Stroms beschäftigt. Die Kuppel gehört heute zu den sog. Architekturikonen. Damit bezeichnet man Gebäude wie das Sydney Opera House oder das Guggenheim Museum in New York, die stilbildend geworden sind.

In der Nach-Expo-Ära beschäftigten sich Kanadas Architekten verstärkt mit dem **Atrium-Bau**, der etwa in Hotels und Einkaufszentren wie dem Eaton Centre in Toronto, dem Complexe Desjardins und dem Sinclair Centre in Vancouver Berücksichtigung fand. Das Sinclair Centre steht zugleich für einen weiteren Trend seit den 1970er- und 1980er-Jahren: Die verstärkte Hinwendung der Architekten zur **Erhaltung historischer Gebäude**, die nach der Renovierung oft mit neuen Gebäudeteilen baulich verknüpft wurden.

Erhaltung historischer Bauten

Aktuell ergibt sich kein einheitliches Bild der kanadischen Architektur. **Postmodernismus**, also eine Architektur der Erinnerung, die tradierte Elemente nicht überwinden will (wie der Modernismus), sondern als Ansammlung von Möglichkeiten, derer man sich bedient, ist eine der wichtigen Strömungen. Gleichzeitig existieren aber auch modernistische Ansätze. Und bei denen, die Architektur planen und ausführen, ist eine zunehmende Konzentration in großen nationalen und internationalen Architektur-Netzwerken erkennbar.

Canada Place in Vancouver

3. DER WESTEN KANADAS ALS REISEZIEL

Allgemeine Reisetipps von A–Z

> **Hinweis**
>
> In den **Allgemeinen Reisetipps von A–Z** finden Sie – alphabetisch geordnet – reisepraktische Hinweise für die Vorbereitung Ihrer Reise und für Ihren Aufenthalt im Westen Kanadas. Auf den darauf folgenden **Grünen Seiten** (ab S. 111) werden Preisbeispiele für Ihre Kanada-Reise gegeben. Im anschließenden **Reiseteil** (ab S. 116) erhalten Sie dann bei den Städten und Ortschaften detailliert Auskunft über die Reiserouten, Sehenswürdigkeiten mit Öffnungszeiten, Unterkünfte, Campingmöglichkeiten, Restaurants etc.
>
> Alle Angaben über Preise, Telefonnummern, Internetseiten, Öffnungszeiten etc. waren aktuell zum Zeitpunkt der Drucklegung, können sich allerdings im Laufe der Zeit ändern. Sollten sich einige Details geändert haben, freuen wir uns über Ihre Anregungen und Korrekturen: info@iwanowski.de.

Abkürzungen	82	**M**aße und Gewichte	99
Alkohol	82	Medien	99
Angeln	83	Mietwagen	100
An- und Einreise	84		
Auskunft	84	**N**ationalparks	101
Autofahren	85	Notruf	103
Behinderte	87	**Ö**ffnungszeiten	103
		Outdoor-Aktivitäten	103
Camping	88		
		Post	105
Diplomatische Vertretungen	89		
		Rauchen	105
Einkaufen	90		
Elektrizität	91	**S**icherheit	105
Essen und Trinken	91		
		Telefonieren	106
Fahrrad fahren	92	Trinkgeld	107
Feiertage	93		
Flüge	93	**U**mgangsregeln	107
		Unterkunft	107
Geld / Zahlungsmittel	94		
Gesundheit	95	**V**erkehrsmittel	108
Golf	96		
		Zeitzonen	110
Kartenmaterial	97	Zoll	110
Kleidung	97		
Klima	97		
Krankenversicherung	99		

Abkürzungen

Neben geläufigen Abkürzungen beispielsweise für Tage, Monate und Öffnungszeiten sind im Folgenden einige häufig gebrauchte Abkürzungen genannt, die den in Kanada und Deutschland allgemein üblichen entsprechen und im Buch verwendet werden.

DZ	Doppelzimmer	Pl.	Place
EZ	Einzelzimmer	PM	Prime Minister
HS	Hauptsaison	Rd.	Road
NS	Nebensaison	Rte.	Route
D	Deutschland	RV	Recreational Vehicle (Wohnmobil)
Ö	Österreich	S	South
CH	Schweiz	SP	State Park
MEZ	Mitteleuropäische Zeit	Sq.	Square
		SR	State Road
a.m.	ante meridiem (vormittags)	St.	Street
Ave.	Avenue	VC	Visitor Center
Bldg.	Building	W	West
Blvd.	Boulevard		
CAN	Canada	/	bei Adressangaben Hinweis auf eine Straßenecke
CVB	Convention & Visitors Bureau		
Dr.	Drive	–	Hinweis auf die Straßen, zwischen denen ein Punkt liegt
E	East		
Frwy.	Freeway		
Hwy.	Highway	**Staatenabkürzungen**	
I	Interstate (Autobahn)	AB	Alberta
mi	mile (Meile), 1,6 km	BC	British Columbia
mph	miles per hour	MB	Manitoba
Mt.	Mount	NB	New Brunswick
Mtn.	Mountain	NL	Newfoundland & Labrador
N	North	NS	Nova Scotia
NF	National Forest	NT	Northwest Territories
NHS	National Historic Site	NU	Nunavut
NM	National Monument	ON	Ontario
NP	National Park	PE	Prince Edward Island
NRA	National Recreation Area	QC	Québec
p.m.	post meridiem (nachmittags)	SK	Saskatchewan
Pkwy.	Parkway	YK	Yukon

Alkohol

Alkohol wird in der Regel in speziellen Liquor Stores an Personen abgegeben, die mindestens 21 Jahre alt sind. Trinken darf man ihn ab 19 Jahren in British Columbia und ab 18 Jahren in Alberta und Manitoba. In Supermärkten gibt es nur alkoholfreies oder *Light Beer*. Eine Ausnahme stellt die mehrheitlich französischsprachige Provinz Québec dar. Hier kann man Alkohol auch außerhalb der Liquor Stores kaufen, darf diesen aber auch nicht in der Öffentlichkeit konsumieren, auf dem Campingplatz vor dem eigenen Zelt allerdings schon. Das zählt zum Privatbereich.

Restaurants dürfen Alkohol nur ausschenken, wenn sie „fully licensed" sind, d. h. eine besondere Genehmigung zum Ausschank besitzen.

Angeln

Kanada gilt als wahres Anglerparadies. Zahllose Gewässer laden zum Fischen ein. Lachse, Forellen, Hechte, White Sucker, Zander, Barsche, Äschen und Seesaiblinge sind nur einige der Arten, die man hier aus dem Wasser holen kann. Wer in Kanada fischen möchte, muss vor Ort eine **Angellizenz** *(Fishing licence)* kaufen, die man in Angelgeschäften, Lodges oder bei der Touristeninformation erhält und die ab $ 20–30 zu haben ist. Der Preis ist jedoch variabel – er hängt u. a. von der Art des Gewässers, der Art der Fische und der Laufzeit der Lizenz ab. Die Lizenz ist mit dem deutschen Angelschein vergleichbar. Eine Prüfung muss man jedoch nicht ablegen. Ratsam ist, sich vor Ort nach Schonzeiten für bestimmte Fischarten zu erkundigen.

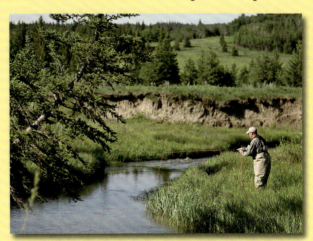
Fly Fishing in unberührter Natur

Wildes Angeln ist nicht erlaubt. Wer glaubt, dies angesichts der fast menschenleeren Weite des Landes und Tausenden von Seen trotzdem riskieren zu wollen, darf sich nicht wundern, wenn überraschend ein Fischereiaufseher auftaucht und die Lizenz überprüft. Die Behörden sind mit Autos, Booten und sogar Helikoptern im Einsatz.

Gute Angelgründe gibt es etwa in British Columbia am Fraser River, am Skeena River und auf Haida Gwaii (Queen Charlotte Islands).

Infos über Angeln, Lizenzen etc. unter:
www.adfg.alaska.gov
www.fishingincanada.com
www.dfo-mpo.gc.ca (ein breiterer thematischer Ansatz findet sich auf der Regierungswebsite von Fisheries and Oceans Canada)

An- und Einreise

ⓘ s. auch „Flüge"

Für die Einreise nach Kanada benötigt man einen noch mindestens sechs Monate gültigen Reisepass. Ein Visum ist nicht erforderlich für EU-Bürger und Schweizer Staatsbürger. Der Pass wird bei Einreise abgestempelt. Bei der Einreise muss ein Rückflug- oder Weiterreiseticket vorgelegt werden. Seit den Terroranschlägen vom 11. September 2001 in den USA sind auch in Kanada die Einreisekontrollen schrittweise verschärft worden. Längere Befragungen nach dem Zweck der Reise und dem genauen Aufenthaltsort in Kanada sind üblich. Stichprobenartig werden die Finger von Passagieren mit einer (gesundheitlich unbedenklichen) chemischen Flüssigkeit eingesprüht, um mögliche Spuren von Sprengstoff zu entdecken. Einreisebeschränkungen oder gar Verbote gibt es für Personen mit ansteckenden Krankheiten und mit krimineller Vergangenheit.

Wer seinen privat oder geschäftlich bedingten Aufenthalt über die sechs Monate hinaus verlängern will, muss spätestens drei Wochen vor Ablauf der Frist eine Verlängerung beim **Case Processing Centre** in Alberta beantragen (www.cic.gc.ca).

Wer **über die USA** einreist (aktuelle Infos unter www.usembassy.de), muss sich den noch rigideren Kontrollen der Amerikaner (u. a. Fingerabdrücke, Gepäckstücke werden fast immer durchsucht und notfalls aufgebrochen, wenn sie verschlossen sind) unterziehen und das Ganze dann ein zweites Mal in Kanada durchlaufen.

Wer **nonstop** fliegen will, kann von Europa aus Direktflüge mit den Zielen Toronto, Montréal, Vancouver, Calgary, Edmonton und Halifax buchen. Die Liste der Fluggesellschaften, die Kanada von Europa aus anfliegen, ist lang. Dazu zählen Lufthansa, Swiss, Air Canada, Air France/KLM, British Airways, aber auch Chartergesellschaften und Ferienflieger wie Air Transat, die von Frankfurt/M. und München nach Toronto, Calgary und Vancouver fliegen.

Bei den Linienfluggesellschaften kann es sinnvoll sein, Zubringerflüge zu den jeweiligen Drehkreuzen zu buchen und im Vergleich zu Abflügen aus Deutschland günstigere Flugtickets zu bekommen.

Die höchsten Preise für ein Kanada-Ticket werden in der Hochsaison von Mitte Juni bis Ende August fällig. Davor und danach wird es günstiger. Wer den Aufenthalt lange im Voraus planen kann, spart bares Geld.

Auskunft

ⓘ s. auch „Diplomatische Vertretungen"

▶ **Kanadisches Fremdenverkehrsamt Deutschland**
(Canadian Tourism Commission, CTC),
Suite 1400, Four Bentall Centre, 1055 Dunsmuir Street,
P.O. Box 49230, Vancouver, BC V7X 1L2,
☎ 604-638-8300, http://en-corporate.canada.travel/

▶ **Büro Deutschland: TravelMarketing Romberg TMR GmbH**,
Schwarzbachstr. 32, D-40822 Mettmann bei Düsseldorf, ☏ 02104-9524110, 02104-286672,
canada@travelmarketing.de, www.travelmarketing.de

▶ **Kanadische Botschaften** in Deutschland, Österreich und der Schweiz
(s. unter Diplomatische Vertretungen)

▶ **Fremdenverkehrsämter der kanadischen Provinzen**
Alberta Tourism
Edmonton, Alberta, www.travelalberta.com (auch deutschsprachige Seiten)

British Columbia
www.hellobc.com (auch deutschsprachige Seiten)

Travel Manitoba
7th floor, 155 Carlton Street, Winnipeg,
☏ 204-927-7838 und 1-800-665-0040, www.travelmanitoba.com

Northwest Territories
P.O. Box 610, Yellowknife, NT X1A 2L9, ☏ 867-873-5007, www.spectacularnwt.com

Nunavut
☏ 1-866-686 2888, info@NunavutTourism.com,
www.nunavuttourism.com, www.explorenunavut.com

Saskatchewan
Tourism Saskatchewan, 189-1621 Albert Street, Regina, SK S4P 2S5,
☏ 1-877-237-2273, www.sasktourism.com

Yukon
P.O. Box 2703, Whitehorse, YT Y1A 2C6, ☏ 1-800-661-0494, www.travelyukon.de

Alaska
Alaska Travel Industry Association, 2600 Cordova Street, Ste. 201,
Anchorage, AK 99503, www.travelalaska.com

Autofahren

ⓘ *s. auch „Mietwagen"*

▶ **Kanadisches Straßennetz**
Die kanadischen Straßen haben jeweils eine Nummer – die Orientierung fällt also leicht. Die Zusätze East, West, North, South geben zusätzlich die Himmelsrichtung bei der Straßenführung an. Aufpassen muss man bei der Überquerung der Provinz- oder Territoriumsgrenze. Da wechselt die Nummer häufig. Über manche Strecken haben die Straßen zwei Nummern, wenn sie eine andere Straße kreuzen oder mehr oder weniger parallel ein Stück gemeinsamen Weges zurücklegen.

Die längste geteerte Straße der Welt ist der rund 8.000 km lange Trans-Canada Highway (1), der in Newfoundland beginnt und in Victoria auf Vancouver Island endet.

Ein **Highway** entspricht im klassischen Sinn nicht einer deutschen Autobahn, sondern einer Überlandstraße, die im Süden allgemein gut ausgebaut, im hohen Norden oft nicht mal asphaltiert ist.

Autobahnen im europäischen Sinn gibt es vereinzelt in städtischen Ballungsräumen, etwa eine der meistbefahrenen Straßen der Welt (Highway 401), die die Hauptachse zwischen Ontario und Québec bildet, der am dichtesten bevölkerten Region Kanadas. Diese Autobahn ist etwa in Toronto auf 14 Spuren ausgebaut. Die Ausfahrten, **Exits,** an den Highways sind jeweils durchnummeriert und haben keine Ortsangaben. Wenn einem jemand den Weg weist, wird meist die Exit-Nummer genannt. Dann muss man nur noch zählen und abbiegen.

Orientierung – Straßennummern

Die meisten nordamerikanischen Städte haben ein einfaches und gut zu verstehendes **Straßenbeschilderungssystem**. Von einer zentralen Verbindungsachse in der City verlaufen mehr oder weniger parallele Straßen in Nord-Süd- und Ost-West-Richtung.

Die Straßen heißen in der einen Richtung **Street**, in der anderen **Avenue** – numerisch aufsteigend, also 1st Avenue, 2nd Avenue etc. Die **Hausnummer** gibt einen Hinweis auf den Standort der Adresse an den oft kilometerlangen Streets und Avenues: Die Hausnummer 1283 besagt z. B., dass das Gebäude sich zwischen der 12. und 13. Straße (bzw. 12. und 13. Avenue) befindet, weil in diesem Block die Hausnummern 1201 bis 1299 liegen.

Führerschein

Kanada hat mit Deutschland eine Vereinbarung zur Anerkennung des deutschen Führerscheins getroffen. Bis zu drei Monate (in BC sechs Monate) wird bei einem Aufenthalt der deutsche „Lappen" anerkannt. Mietwagenfirmen verlangen allerdings häufig zusätzlich einen internationalen Führerschein. Daher ist es empfehlenswert, sich vor Reiseantritt einen internationalen Führerschein zu besorgen.

Besondere Verkehrsregeln und Tipps

- In Kanada herrscht wie in Deutschland **Rechtsverkehr**. Grundsätzlich herrschen in Kanada ähnliche Verkehrsregeln wie in Deutschland. Einige Unterschiede gibt es aber dennoch:
- Überholverbot: Die **gelben Schulbusse** dürfen von anderen Fahrzeugen nicht überholt werden, wenn Kinder ein- und aussteigen. Erst wenn das rote Stoppschild des Busses nicht mehr blinkt, darf man weiterfahren. Die Missachtung dieser Verkehrsregel gilt als schwerwiegender Verstoß.
- Die **Alkoholgrenze** liegt in Kanada und Alaska bei 0,5 Promille. Nicht mehr original verpackte Alkoholika müssen im Kofferraum transportiert werden.
- Die zulässige **Höchstgeschwindigkeit** auf kanadischen Autobahnen liegt meist bei 110 km/h (in manchen Provinzen bei 100 km/h); auf Bundesstraßen sind 80 km/h erlaubt, in Ortschaften 50 km/h.
- Bei einer **Polizeikontrolle** sollte man immer im Auto sitzen bleiben und die Hände auf das Lenkrad legen. Bloß nicht hektisch nach unten beugen und die Zulassungspapiere suchen, da dies als möglicher Griff zur Waffe missverstanden werden kann.
- Innerstädtische **Parkverbotszonen** sind meist mit gelb markierten Linien gekennzeich-

net bzw. mit dem Schild „No parking any time". Der Hinweis „Tow Away Zone" (Abschleppzone) besagt, dass hier ohne Vorwarnung der Wagen einkassiert wird.
- An Ampeln springt das Licht **direkt von Rot auf Grün**.
- An roten Ampeln ist **Rechtsabbiegen** nach kurzem Stopp bei Rot erlaubt.
- **Strafzettel** unbedingt bezahlen – die verjähren nicht. Und bei erneuter Einreise nach Kanada kann die Einreise verweigert werden.

▶ **Automobilclubs**
Das kanadische Pendant zum ADAC ist die **CAA** (Canadian Automobile Association, www.caa.ca); auf Provinzebene gibt es in British Columbia die **BCAA** (www.bcaa.com, Notfallruf ☏ 1-800-222 43 57), in Alberta die **Alberta Motor Association** (www.ama.ab.ca, Roadside Assistance ☏ 1-800-222 43 57).

Der CAA versorgt ADAC-Mitglieder und anderer europäischer Automobilclubs mit kostenlosem Kartenmaterial und weiteren Infos. In allen größeren Städten unterhält der CAA Büros.

ADAC-Notrufstation in Kanada/USA: ☏ 1-888-222-1373 (deutschsprachig)

▶ **Verhalten bei einer Panne**
Zunächst den Autovermieter kontaktieren, um das Vorgehen zu besprechen. Falls der Wagen in die Werkstatt muss, sollte der Autovermieter eine entsprechende E-Mail oder ein Fax an die zuständige Werkstatt schicken. Viele lokale Autovermietungen haben einen 24-Stunden-Pannenhilfe-Service. Schon bei der Wagenübernahme danach erkundigen. Bei größeren technischen Problemen wird in der Regel immer ein Ersatzwagen von der Verleihfirma bereitgestellt (s. auch unter „Mietwagen").

▶ **Tanken**
Benzinarten: In Kanada fährt man bleifrei *(unleaded)*. Der Kraftstoff wird nach der Höhe der Oktanzahl unterschieden: Es gibt die Sorten **Regular** (ungefähr 87 Oktan), **Mid Grade** (89), **Premium** (91) und **Diesel**.

Tankstellendichte: Die nationale Kette heißt *Petro Canada*. Als Faustregel gilt: Im Süden gibt es ein sehr dichtes Tankstellennetz im Gegensatz zum Norden. Deshalb sollte man im einsamen Norden bei jeder sich bietenden Gelegenheit volltanken.

Behinderte

Körperlich und geistig Behinderte („handicapped") genießen in der kanadischen und amerikanischen Öffentlichkeit eine hohe Wertschätzung. Behindertengerechte Hotelzimmer, Toiletten, abgesenkte Bordsteinkanten, Aufzüge, Ampelanlagen, Parkplätze, Telefonzellen sind nahezu überall im Land selbstverständlich. In vielen Provincial Parks und National Parks gibt es behindertengerechte Rollstuhlrampen und Wege, damit die Behinderten annähernd gleiche Erholungsmöglichkeiten haben.

Es gibt **Wohnmobil- und Autovermieter**, die behindertengerechte Fahrzeuge im Angebot haben. Hertz und Avis stellen behindertengerechte Fahrzeuge zur Verfügung, etwa mit Handschaltung.

- **VIA Rail** nimmt Rollstühle mit und erteilt Auskünfte für Behinderte, u. a. gibt es ein Service-Telefon für Hörgeschädigte, ☎ 1-800-268-9503, www.viarail.com, zudem eine Inforubrik unter dem Menüpunkt „Special Needs".
- **www.access-able.com** (Tipps für Reisende mit Behinderungen)
- **Spinal Cord Injury Canada**, ☎ 613-723-1913, www.sci-can.ca. Selbsthilfe-Organisation mit Beratungsbüros auf Bundes- und Provinzebene, wo man u. a. Informationen zu Themen wie Mobilität und Unterkunft erhält.
- **www.accesstotravel.gc.ca** (hier findet man viele nützliche Tipps und Adressen rund um behindertengerechtes Reisen in Kanada)
- **www.pwd-online.ca** (zahlreiche Tipps und Infos für Behinderte in Kanada)

Camping

Großzügig bemessene **Campgrounds** für Wohnmobile und Zelte finden sich überall in Kanada und Alaska. Vor allem in **National Parks** (www.pc.gc.ca, www.pccamping.ca) und **Provincial Parks** (z. B. www.travelalberta.com, www.britishcolumbia.com, www.touryukon.com, www.explorenwt.com, www.sasktourism.com, www.nunavuttourism.com, www.travelmanitoba.com) fühlen sich Besucher aus Europa oft wie im Camping-Paradies. Kanada ist ein Land mit sehr viel Platz – und das gilt auch für Campgrounds. Wer in Deutschland Stellplätze von wenigen Quadratmetern gewohnt ist, wird begeistert sein, was dem Camper in Kanada und Alaska geboten wird: eine vergleichsweise sehr große Fläche, meist mit Feuerstelle, Feuerholz und Grillrost.

Selbst während der Hauptreisezeit sind die Campgrounds selten ausgebucht. Dennoch empfiehlt sich bei beliebten Parks wie Banff und Jasper eine rechtzeitige Ankunft. Nicht alle staat-

Camping am Yukon River

lichen Plätze verfügen über sanitäre Einrichtungen. Dafür sind die Stellplätze auch vergleichsweise günstig. Oft liegt der Pauschalpreis bei $ 10 oder $ 12.

Private Campingplätze sind immer deutlich teurer, bieten dafür aber auch mehr Komfort, etwa sanitäre Anlagen, Waschmaschinen, Restaurants, Coffee Shops, Aufenthaltsräume mit TV, WLAN und öffentliche PC.

Wer jedoch abseits der großen Campingplätze Natur pur erleben will, ist gut auf einem „**Wilderness Campground**" aufgehoben, der ohne jeglichen Komfort daherkommt. Um dort zu übernachten, benötigt man ein **Permit**, eine Erlaubnis, die etwa in den Ranger-Stationen der National oder Provincial Parks oder bei der Touristeninformation erhältlich ist.

Tipp
Das amerikanische Unternehmen **KOA** (Kampgrounds of America) betreibt Hunderte von Campingplätzen in Nordamerika, darunter ca. 50 in Kanada (www.koa.com), die an den touristischen Highlights liegen. Besonders zahlreich ist die Kette im kanadischen Westen vertreten. Eine gute Website für private Plätze ist auch www.campcanada.com.

Hinweis
Bei Ankunft ist es sinnvoll, sich beim Tourist Office oder der zuständigen Rangerstation nach der Bären-Situation am Campground zu erkundigen. Sind gerade Tiere in der Nähe, sollte man Nahrungsmittel, Kosmetika und Waschmittel über Nacht nicht draußen belassen.

Diplomatische Vertretungen

▶ **Kanadische Vertretungen im Ausland**
Kanadische Botschaft in Deutschland, Leipziger Platz 17, 10117 Berlin,
☏ 030-20312-0, www.canadainternational.gc.ca/germany-allemagne

Kanadische Botschaft in Österreich, Laurenzerberg 2 (3. Stock), 1010 Wien,
☏ 0043-1-531-38-3000, vienn@international.gc.ca,
www.canadainternational.gc.ca/austria-autriche

Kanadische Botschaft in der Schweiz, Kirchenfeldstr. 88, 3005 Bern,
☏ 0041-31-3573-200, bern-cs@international.gc.ca, www.suisse.gc.ca,

▶ **Deutsche Vertretungen in Kanada**
Deutsche Botschaft in Kanada (German Embassy Ottawa), 1 Waverley Street, Ottawa, ON K2P 0T8, ☏ 613-232-1101, www.kanada.diplo.de

Deutsches Generalkonsulat in Toronto (German Consulate General Toronto)
2 Bloor Street East, 25th floor, Toronto, ON M4W 1A8,
☏ 416-925-2813, www.kanada.diplo.de

Deutsches Generalkonsulat in Vancouver (Consulate General of the Federal Republic of Germany), World Trade Centre, Suite 704, 999 Canada Place, Vancouver, BC V6C 3E1,
☏ 604-684-8377, www.kanada.diplo.de

Deutsches Generalkonsulat in Montréal
(Consulat général d'Allemagne à Montréal),
1250, boulevard René-Lévesque West, Suite 4315, Montréal, QC H3B 4W8,
☎ 514-931-2277, www.kanada.diplo.de

Honorarkonsulat in Calgary, Alberta, Hubertus Liebrecht,
Suite 1900, 633-6 th Avenue S.W., Calgary, AB T2P 2Y5, ☎ 403-265-6266

▶ **Österreichische Vertretungen in Kanada**
Österreichische Botschaft in Kanada (Embassy of Austria), 445 Wilbrod Street, Ottawa, ON K1N 6M7, ☎ 613-789-1444, ottawa-ob@bmeia.gv.at, www.austro.org

Österreichisches Generalkonsulat in Toronto, 30 St. Clair Avenue West, Suite 607, Toronto, ON M4V 3A1, ☎ 416-967-4867, consulate.toronto@advantageaustria.org

Österreichisches Generalkonsulat in Montréal, 1010, rue Sherbrooke ouest, Suite 1604, Montréal, QC H3A 2R7, ☎ 514-849-3708, consulat.montreal@advantageaustria.org

Österreichisches Generalkonsulat in Vancouver, 1160-595 Howe Street, Vancouver, BC V6C 2T5, ☎ 604-687-3338, austrianconsulatebc@gmail.com

Österreichisches Generalkonsulat in Halifax, 100-1718 Argyle Street, Suite 410, Halifax, NS B3J 3N6, ☎ 902-429-8200, austrianconsulatehalifax@sonco.ca

Österreichisches Honorarkonsulat in Calgary, Demiantschuk Milley Burke & Hoffinger, Barristers and Solicitors, # 1200, 1015-4th Street S.W., Calgary, AB T2R 1J4, ☎ 403-283-6526, oe.consulate@legalsolutions.ca

▶ **Vertretungen der Schweiz in Kanada**
Schweizer Botschaft in Kanada (Embassy of Switzerland), 5 Marlborough Avenue, Ottawa, ON, K1N 8E6, ☎ 613-235-1837, www.eda.admin.ch

Generalkonsulat der Schweiz in Montréal, 1572, avenue Dr. Penfield, Montreal, QC, H3G 1C4, ☎ 514-932-7181, mon.vertretung@eda.admin.ch.

Generalkonsulat der Schweiz in Vancouver, World Trade Center, 790–999 Canada Place, Vancouver, BC V6C 3E1, ☎ 604-684-2231

Honorarkonsulat der Schweiz in Toronto, 193 Riverview Street, Oakville, ON L6L 5S3, ☎ 905-845-1259, toronto@honrep.ch

Einkaufen

Kanada und die USA gelten als wahre Shopping-Paradiese, was Service, Öffnungszeiten und Angebote betrifft. In Kanada und Alaska gibt es keine gesetzlich geregelten Öffnungszeiten. Supermärkte haben meist täglich (Mo–Sa) bis 22 Uhr geöffnet, an Sonntagen oft bis 16 oder 18 Uhr, in Metropolregionen manchmal gar rund um die Uhr.

Wein- und Spirituosenregale wird der Käufer jedoch vergeblich suchen. **Alkohol** wird ausschließlich in lizenzierten **Liquor Stores** verkauft, die meist deutlich früher als Supermärkte schließen (20 Uhr). Die Abgabe ist nur an Personen gestattet, die mindestens 19 Jahre alt sind. In Québec werden Wein und Bier wie in Europa in Supermärkten verkauft.

Das Konzept der **Shopping Malls**, wo Einkaufen und Freizeitaktivitäten Hand in Hand gehen, ist in den vergangenen Jahren auch in Deutschland, Österreich und der Schweiz populär geworden. Ursprünglich stammt die Idee der Shopping Mall aus Nordamerika, wo es kaum eine Kleinstadt ohne Mall gibt. Bis vor wenigen Jahren durfte sich die kanadische Edmonton mit der West Edmonton Mall noch der größten Shopping Mall der Welt rühmen. Inzwischen haben asiatische und arabische Einkaufspaläste (etwa in Dubai) Edmonton vom Thron gestoßen. In Vancouver gibt es (nach dem Vorbild Montréals) ein Netz aus **unterirdischen Einkaufspassagen**.

In Kanada werden Waren ohne **Mehrwertsteuer** ausgewiesen. Das liegt daran, dass es zwei Arten von Mehrwertsteuer gibt: die **Goods and Services Tax** (GST) des Bundes und die **Provincial Sales Tax** (PST), die je nach Provinz unterschiedlich hoch ist. Jedoch gibt es immer wieder Ausnahmen wie in Ontario, wo seit 2010 GST und PST zu einer neuen Steuer zusammengefasst sind, der **Harmonized Sales Tax** (HST).

Wer ein bisschen sucht, findet immer wieder Rabatt-Aktionen, z. B. in Form von Gutscheinen, bei denen man im Supermarkt und im Einzelhandel einiges sparen kann.

Elektrizität

Zwei Dinge sind anders als in Deutschland, Österreich und der Schweiz. Die Stecker und die Stromspannung. Die mitgebrachten elektrischen Geräte (Föhn, Rasierapparat etc.) sollten einen sog. Spannungsumschalter besitzen, da in Nordamerika das Netz mit **110 Volt / 60 Hertz** statt der 220 Volt in den deutschsprachigen Ländern läuft. Den zweipoligen Amerikastecker gibt es für wenig Geld (meist unter 1 €) in Elektromärkten.

Essen und Trinken

Das kulinarische Angebot in Kanada ist genauso vielfältig wie das in Europa. Die Hotels warten meist mit üppigen Frühstücksbuffets auf, wobei das Brot – genau wie in den USA – den meisten Nordeuropäern nicht wirklich schmeckt: „luftiges" Weizenmehl-Sandwich, das weder richtig gesund ist noch satt macht. Beliebt sind Eier mit Speck *(bacon and eggs)*, aber auch Pfannkuchen *(pancakes)* mit kanadischem Ahornsirup *(maple sirup)* und *French Toast* (Arme Ritter). Das Mittagessen *(lunch)* genießt in Kanada einen nicht so hohen Stellenwert wie das Abendessen *(dinner)*. Lunch besteht meist aus einem Salat oder Sandwich, während beim Abendessen durchaus der Lachs, das saftige Steak oder gar Hummer (in Kanada früher oft ein Arme-Leute-Essen) aufgetischt werden.

Regionales Obst und Gemüse ist den Jahreszeiten unterworfen. Die Globalisierung bringt es mit sich: Die städtischen Supermärkte halten ganzjährig auch exotisches Obst und Gemüse vor. Die Tiefkühlkost ist weit verbreitet. Die Fleisch- (vor allem die Steak-)Qualität ist deut-

Deftiges Western Breakfast in den Rockies

lich besser als bei uns, Fisch und Seafood sind gerade in British Columbia reichhaltig und bezahlbar. **Health Food** ist enorm populär geworden in den vergangenen Jahren, Bio-Supermärkte sind in den großen Städten keine Seltenheit.

Die amerikanische **Fast-Food-Kultur** ist ansonsten beim nördlichen Nachbarn ebenso flächendeckend verbreitet.

Der kanadische **Kaffee** schmeckt nicht so gut wie der europäische. Eine schöne Sitte beim Kaffeetrinken ist jedoch der **refill**, also das kostenlose Nachschenken, nachdem man für den ersten Kaffee bezahlt hat. Das heimische **Bier** dagegen ist besser als sein Ruf. Vor allem die sog. **Micro-Breweries**, die kleinen lokalen Brauhäuser, sind empfehlenswert.

Ein Geheimtipp sind die kanadischen **Weine** aus der Niagara-Region in Ontario und aus dem Okanagan Valley im südlichen British Columbia. Aber auch **kulinarische Spezialitäten** aus Kanada wie Bisonfleisch, Elch-Burger oder leckere Süßspeisen wie *Pumpkin Pie* (Kürbiskuchen) oder die an der Westküste beliebte *Nanaimo Bar* aus British Colombia (Schoko-Brownies mit Vanille und dunkler Schokolade) und der *Beaver Tail* (Biberschwanz), der aus Teig, Vanille, Äpfeln, Keksen und Schokolade zubereitet wird, sind typisch kanadisch.

Wer mit dem Campmobil unterwegs ist, deckt sich naturgemäß in den Supermärkten mit Nahrungsmitteln und Getränken ein. Je weiter man nach Norden kommt, desto teurer werden die Lebensmittel.

Fahrrad fahren

Fahrrad fahren (vor allem Mountainbiking) ist in den vergangenen Jahren immer beliebter geworden. In den Nationalparks gibt es gut ausgebaute Strecken und Mietstationen für Fahrräder. Vor allem British Columbia und Alberta bieten steile Abfahrten mit Single und Double Tracks (schmale und breitere Pfade), Jumps oder Touren („Rails to Trails") auf stillgelegten Bahntrassen, die zu Wander- und Fahrradwegen ausgebaut wurden.

Der bei Fertigstellung aller Teilstrecken insgesamt rund 22.000 km lange **Trans Canada Trail**, der den Atlantik im Osten mit dem Pazifik im Westen verbindet, gilt als längstes zusammenhängendes Wegenetz der Erde, das von Wanderern, Radfahrern, Pferdesportlern, Skilangläufern und Snowmobil-Enthusiasten genutzt wird (Infos: www.tctrail.ca).

Feiertage

An Feiertagen bleiben öffentliche Gebäude, Behörden, Banken und Postämter geschlossen. Die Geschäfte haben häufig eingeschränkte Öffnungszeiten. Da einige wichtige Feiertage auf einen Montag fallen, nutzen viele Kanadier das lange Wochenende für Kurzurlaube. Daher ist an langen Feiertagswochenenden mit einem erhöhten Verkehrsaufkommen auf Straßen, Bahnhöfen und Flughäfen zu rechnen. Hotels sind oft ausgebucht, Freizeit- und Natur- und Nationalparks häufig überfüllt.

Allgemeine Feiertage

Einige wichtige Feiertage in Kanada sind:

Neujahrstag (New Years Day) am 1. Januar
Karfreitag (Good Friday)
Ostermontag (Easter Monday)
Victoria Day (vorletzter Montag im Mai, Geburtstag von Queen Victoria)
Canada Day (Kanadischer Nationalfeiertag am 1. Juli)
Tag der Arbeit (Labour Day, erster Montag im September)
Erntedankfest (Thanksgiving, zweiter Montag im Oktober; in den USA dagegen wird Thanksgiving am letzten Donnerstag im November gefeiert)
Remembrance Day (11. November, vergleichbar dem Volkstrauertag)
Christmas Day und **Boxing Day** (1. und 2. Weihnachtsfeiertag)

Flüge

ⓘ *s. auch „An- und Einreise"*

Kanada ist das flächenmäßig nach Russland zweitgrößte Land der Erde. Fliegen gehört hier für die meisten Menschen zum Alltag, um die riesigen Entfernungen in einer einigermaßen akzeptablen Zeit zu schaffen. Hinzu kommt, dass viele Gegenden im hohen Norden nicht mit dem Auto oder der Eisenbahn erreichbar sind, da Straßen und Schienen fehlen. Um dem Leser die Entfernungen deutlich zu machen nur zwei Entfernungsbeispiele: Wer von Küste zu Küste fliegt, ist fünf Stunden unterwegs. Wer etwa von Vancouver, Toronto oder Montréal Richtung North West Territories oder Nunavut unterwegs ist, sitzt manchmal sechs oder acht Stunden im Flieger. Annähernd dieselbe Zeit benötigt ein Passagier, um etwa von Frankfurt/M. nach New York zu reisen.

Der wichtigste kanadische Flughafen ist der **Toronto Pearson International Airport**, von dem aus alle größeren kanadischen Städte mit Anschlussflügen erreicht werden. Wer aber direkt nach Westkanada fliegen will, bucht Flüge nach **Vancouver** oder **Calgary**. Daneben werden **Edmonton** und **Winnipeg** vereinzelt international angeflogen und haben eine Bedeutung als innerkanadische Drehkreuze *(domestic hubs)*.

Die einzige nationale Fluglinie ist **Air Canada** (www.aircanada.com).

Der nationale **Carrier**, der zur Star Alliance gehört, hat ein dichtes Flugnetz, gilt als sichere, aber nicht besonders serviceorientierte Airline.

Innerhalb Kanadas operieren Dutzende von **regionalen** oder **nationalen Airlines**. Die bekanntesten sind Westjet (www.westjet.com), First Air (www.firstair.ca), Air North (www.flyairnorth.com), Canjet (www.canjet.com), Bearskin Airlines (www.bearskinairlines.com), Porter Airlines (www.flyporter.com), Air Inuit (www.airinuit.com), Calm Air (www.calmair.com), Central Mountain Air (https://flycma.com), Perimeter (www.perimeter.ca), Air Labrador (www.airlabrador.com), Air Creebec (www.aircreebec.ca), Pascan Aviation (www.pascan.com). Oft mit Propeller- und Turboprop-Maschinen unterwegs, verbinden diese kleineren Airlines selbst entlegene Siedlungen mit den größeren Städten im Land.

Wer aus den deutschsprachigen Ländern nach Kanada fliegt, sollte bereits vorher mehrere **Flug-Coupons** für weitere Inlandsflüge *(domestic flights)* mit dem Transatlantikflug dazu buchen. Das ist preiswerter, als die Inlandsflüge vor Ort zu kaufen.

Geld / Zahlungsmittel

Wechselkurs (Stand August 2014)
1 kanadischer Dollar (CAD) = 0,68 € | 1 € = 1,47 CAD
1 kanadischer Dollar (CAD) = 0,83 CHF | 1 CHF = 1,21 CAD

Zahlungsmittel ist der **kanadische Dollar** (CAD) der an den Kurs des US-$ gekoppelt ist und in Banknoten von 5, 10, 20, 50, 100 und 1.000 in Umlauf ist. 1 Dollar entspricht 100 Cent. Als Münzen gibt es 1 Cent, 5 Cent (Nickel), 10 Cent (Dime), 25 Cent (Quarter), 1 und 2 Dollar.

Wie in den USA sind **Kreditkarten** viel stärker im Alltag verbreitet als in Deutschland. Ob an der Tankstelle, im Supermarkt, Restaurant oder Hotel, das „Plastikgeld" kommt überall zum Einsatz. Bei der Mietwagenreservierung oder bei der Vorausbuchung eines Hotelzimmers oder eines Flugs geht ohne die Karte gar nichts. Am weitesten verbreitet sind Visa und Mastercard, es folgen American Express, Diners Club und JCB (Japan Credit Bureau). EC-Karten werden inzwischen häufiger akzeptiert, nachdem die USA jahrzehntelang ein weißer Fleck auf der Landkarte der EC-Kartenbenutzer war. Inzwischen kann man an vielen ATM-

Kartensperrung

In Deutschland gibt es eine **einheitliche Sperrnummer** ☎ **0049-116116** und vom Ausland zusätzlich ☎ **0049 (30) 4050-4050**. Sie gilt mit wenigen Ausnahmen für alle Arten von Karten (auch Maestro/EC-Karten) und Banken sowie Mobilfunkkarten. Details unter **www.sperr-notruf.de**.

Für Karten von bisher nicht angeschlossenen Kreditinstituten und für **österreichische** und **Schweizer Karten** sind die gültigen Notrufnummern dem mit der Karte erhaltenen Merkblatt zu entnehmen oder bei der jeweiligen Bank vor der Reise zu erfragen und zu notieren.

Automaten *(Automated Teller Maschines)* Geld abheben. Voraussetzung: Die EC-Karte muss das „Maestro-Zeichen" tragen.

Es ist ratsam, immer einige **25-Cent-Münzen** in der Tasche zu haben. Diese Quarter benutzt man zum Telefonieren, für Getränkeautomaten, im öffentlichen Nahverkehr oder im Waschsalon. 1- und 2-Dollar-Münzen kann man gut für Trinkgelder bereithalten. Bei **Banknoten** achte man darauf, möglichst die Stückelung in 5, 10 und 20 Dollar dabei zu haben. Manche Geschäfte akzeptieren keine 50- oder 100-Dollar-Noten.

Traveller's Checks werden überall akzeptiert. Das Wechselgeld wird immer bar ausgezahlt, ohne dass Gebühren berechnet werden. In der Praxis hat sich die Stückelung in 50- und 100-Dollar bewährt. Höhere Nennwerte werden nur von den Banken umgetauscht.

Die einzige ausländische Währung, die in Kanada akzeptiert wird, ist der **US-$**, der jedoch mit Kursabschlägen belegt wird. Europäische Währungen (vor allem Euro, britisches Pfund und Schweizer Franken) werden in den meisten Banken, Wechselstuben und großen Hotels umgetauscht.

Gesundheit

ⓘ *s. auch „Krankenversicherung"*

Wer in Kanada oder Alaska krank wird und ärztliche Hilfe benötigt, sollte eine **Auslandskrankenversicherung** abgeschlossen haben, da die Kosten in Nordamerika schnell immens hoch werden können. Aus medizinischer Sicht sei gesagt: das Gesundheitssystem gehört zu den besten der Welt. Kanada hat ein **staatliches Gesundheitssystem** (Medicare). Arzttermine sind sehr schwer zu bekommen. Im akuten Notfall sucht man entweder eine sog. „**Walk-in-clinic**" oder die Notaufnahme des Krankenhauses auf.

Das **Leitungswasser** ist trinkbar, jedoch durch gewisse chemische Zusätze im Geschmack beeinträchtigt.

Impfungen sind nicht vorgeschrieben, jedoch wird empfohlen, sich gegen Hepatitis B, Polio, Diphtherie und gegebenenfalls Tollwut impfen zu lassen.

Seit einigen Jahren breitet sich in Nordamerika das **West-Nil-Virus** aus. In Kanada beginnt die Infektionszeit dieser fiebrigen Erkrankung, die durch nachtaktive Stechmücken übertragen wird, im Mai/Juni. Vereinzelt kommen Todesfälle vor. Erkrankungen wurden überwiegend in den Westprovinzen Alberta, Manitoba und Saskatchewan registriert. Ältere Menschen und solche mit Immunschwäche sollten sich konsequent vor Mückenstichen schützen.

Auf kanadisches Rezept kann man **Medikamente** in Drugstores bekommen. Deutsche Medikamente für chronische Erkrankungen können eingeführt werden. Zwar ist die Versorgung mit Medikamenten genauso flächendeckend und gut wie in deutschsprachigen Ländern, jedoch sollte eine **Notfall-Apotheke** ins Gepäck gehören. Diese sollte Aspirin, ein Medikament gegen Durchfall, ein Schmerzmittel, etwas Verbandszeug, Desinfektionsmittel u. Ä. enthalten.

Golf

In Kanada ist der Golfsport ähnlich populär wie im Nachbarland USA. Wegen ihrer oft spektakulären Lage und erstklassiger Greens sind die Plätze in der Provinz British Columbia international renommiert und vielfach ausgezeichnet. In folgenden Regionen konzentrieren sich viele der Plätze: Kootenay Rockies, Thompson Okanagan, Metropolregion Vancouver, Vancouver Island und in der Gegend um Whistler. Im Juli und August ist Golf-Hochsaison in Kanada. Da spielen viele Einheimische und Besucher. Am besten die Abschlagszeiten schon von Deutschland aus reservieren. Es empfiehlt sich, vorher nach der Kleiderordnung zu fragen, denn auf vielen Plätzen gilt ein Dresscode.

Die Gegend um das **Okanagan Valley** wartet mit mehr als 50 Plätzen auf. Beim Golfen kann man oft den Blick auf schneebedeckte Gipfel, Seen, die Obstplantagen und Weinberge des fruchtbaren Tals genießen. Hier befindet sich auch der preisgekrönte Tobiano, der vor wenigen Jahren als bester neuer Golfplatz in Kanada ausgezeichnet wurde. Die Dichte an bespielbaren Plätzen ermöglicht es den Spielern, viele verschiedene Golf Courts auszuprobieren. Nicht umsonst gilt die Stadt Kelowna als eine der Golfhauptstädte in Kanada.

Empfehlenswert ist beispielsweise: **Gallagher's Canyon Golf & Country Club** in Kelowna, 4320 Gallagher's Drive West, Kelowna BC V1W 3Z9,
☎ 250-861-4240 und 1-800-446-5322, www.golfbc.com, 18-Loch-Platz.

Die **Kootenay Rockies** am Rande der Nationalparks Banff und Jasper bieten eine spektakuläre Landschaft aus schneebedeckten Bergen, kristallklaren Seen, lachsreichen Flüssen, Wasserfällen und riesigen unberührten Wäldern. Neben Golfern und Outdoor-Sportlern gehören Angler zu den zahlreichen Besuchern. Kleine Hotels, Lodges und Ranches bieten authentische Übernachtungsmöglichkeiten.

Kanada ist ein wahres Paradies für Golfer

Eine der empfehlenswerten Anlagen ist der **Greywolf Golf Course**, 1860 Greywolf Drive, Panorama Mountain Village, BC V0A 1T0, ☏ 250-341-4100, www.greywolfgolf.com. Der 18-Loch-Platz ist kein privater Club, sondern eine öffentliche Golfanlage.

Der **Großraum Vancouver** wartet mit zahlreichen Golfplätzen auf, darunter **Surreys Northview Golf & Country Club**, 6857 168 Street, Surrey BC V3S 3T6, ☏ 604-574-0324, www.northviewgolf.com. Hier wurden bereits mehrmals große kanadische Turniere gespielt. Der Platz liegt etwa eine halbe Autostunde von Vancouver entfernt.

In und um **Whistler** gibt es vier Plätze, darunter so bekannte wie den **Nicklaus North Golf Course**, P.O. Box 580, 8080 Nicklaus North Blvd., Whistler BC V0N 1B0, ☏ 604-938-9898, www.nicklaus.com. Der Platz ist benannt nach dem ehemaligen Weltklassespieler Jack Nicklaus, der für die Platzarchitektur zuständig war.

Auch in der Nachbarprovinz **Alberta** steht Golf neben Ski fahren und Eishockey ganz weit vorn in der Skala der beliebtesten Sportarten. Über rund 290 Plätze verfügt die Provinz, darunter einige der besten des Landes.

Kartenmaterial

Die Touristeninformation vor Ort hält eine ganze Palette an Land- und Straßenkarten parat. Bei der Reisevorbereitung kann man bereits zu Hause entsprechendes Material über die Buchhandlungen bestellen oder sich vom kanadischen Fremdenverkehrsamt oder den einzelnen Provinzen und Städten zuschicken lassen.

Kleidung

In der warmen Jahreszeit sollten neben leichter sommerlicher Kleidung immer auch ein Pullover, eine Jacke und Regenzeug im Gepäck sein. Wer Hiking-Touren in die Berge unternimmt, sollte warme Wollsachen und wetterfeste Outdoorkleidung einpacken. Für die Übergangszeiten im Frühling, wenn Tauwetter angesagt ist, sind Gummistiefel hilfreich. Bei extremen Abenteuertouren durch die kanadische Wildnis ist das Gespräch über Spezialkleidung mit einem Outdoor-Ausrüster im Vorfeld nützlich.

Klima

Kanada ist als zweitgrößter Flächenstaat der Erde ein Land mit kontinentalen Ausmaßen. Entsprechend unterschiedlich sind die Wetterverhältnisse. Die Hauptreisezeit beschränkt sich auf die beiden Sommermonate Juli und August. Selbst im Juni bleibt es in den Bergregionen der „Rockies" empfindlich kühl. Manche Seen sind noch zugefroren, Schneefelder keine Seltenheit. Im **Hochsommer** schnellen die Temperaturen in Städten wie Montréal und Toronto auf mehr als 30 °C hoch, während Vancouver ein etwas kühleres maritimes Klima aufweist.

Der Herbst entwickelt sich zunehmend zur zweiten Hauptreisezeit wegen der wunderschönen Laubfärbung des **Indian Summer**. Im Winter wird es fast überall in Kanada sehr kalt. Wenn die **Blizzards**, die heftigen Schneestürme aus dem Norden, über die großen Städte hinwegfegen, sinken die Temperaturen im Januar manchmal auf minus 30 °C. Durch den Windchill-Effekt liegt die gefühlte Temperatur noch darunter. Im hohen Norden wurden bereits Rekordtemperaturen von minus 60 °C gemessen.

Klima Edmonton, Alberta

	J	F	M	A	M	J	J	A	S	O	N	D
Maximale Temperaturen (°C)	-9	-6	0	10	17	20	23	22	27	11	0	-6
Minimale Temperaturen (°C)	-20	-16	-10	-3	5	9	12	10	5	0	-8	-15
Sonnenstunden/Tag	3	4	6	8	9	10	10	9	5	6	4	3
Regentage im Monat	6	5	5	4	7	10	11	9	7	4	4	6

Klima Yellowknife, Northwest Territories

	J	F	M	A	M	J	J	A	S	O	N	D
Maximale Temperaturen (°C)	-24	-20	-13	-1	10	18	21	18	10	1	-11	-20
Minimale Temperaturen (°C)	-32	-30	-25	-12	0	8	12	10	1	-4	-21	-28
Sonnenstunden/Tag	1	2	6	8	11	13	12	9	5	2	2	1
Regentage im Monat	4	4	4	3	5	6	7	6	7	6	6

Klima Whitehorse, Yukon

	J	F	M	A	M	J	J	A	S	O	N	D
Maximale Temperaturen (°C)	-14	-8	-2	6	13	18	20	18	12	3	-7	-12
Minimale Temperaturen (°C)	-23	-18	-13	-6	0	5	8	6	2	-3	-14	-19
Sonnenstunden/Tag	2	4	5	8	9	9	8	8	5	4	2	1
Regentage im Monat	6	4	3	3	5	6	8	8	8	6	6	6

Klima Vancouver, British Columbia

	J	F	M	A	M	J	J	A	S	O	N	D
Maximale Temperaturen (°C)	6	8	11	14	18	22	23	23	19	14	10	7
Minimale Temperaturen (°C)	1	0	3	5	8	11	12	11	10	7	4	2
Sonnenstunden/Tag	2	3	4	6	7	7	10	8	6	4	2	1
Regentage im Monat	15	14	14	11	9	7	5	5	8	12	17	17
Wassertemperatur Strait of Georgia	9	8	8	9	11	13	14	15	13	12	11	8

Krankenversicherung

ⓘ *s. auch „Gesundheit"*

Die ärztliche Versorgung ist flächendeckend sehr gut. Für Kanada-Besucher empfiehlt sich dringend der Abschluss einer **Auslandskrankenversicherung** mit Rücktransportmöglichkeit, da die Behandlungskosten – wie in den USA – enorm hoch sind. Bei chronischen Erkrankungen und regelmäßiger Medikamenteneinnahme empfiehlt es sich, ein englischsprachiges Attest für Notfälle dabei zu haben. Im Unterschied zu Deutschland werden rezeptpflichtige Medikamente *(prescription drugs)* in Supermärkten und Drugstores verkauft.

Maße und Gewichte

Im Gegensatz zu den USA (Alaska) gilt in Kanada seit Mitte der 1970er-Jahre das metrische System. Alle Entfernungsangaben auf den Verkehrsschildern sind in Kilometern und nicht in Meilen angegeben. Die Temperatur wird in Grad Celsius (°C) und nicht wie in den USA in Fahrenheit angegeben. Und bei den Gewichten heißt es Kilogramm, bei den Flüssigkeiten Liter statt Gallon oder Pint. Jedoch rechnen viele Kanadier immer noch in den angelsächsischen Maß- und Gewichtseinheiten, ähnlich den Deutschen, die oft noch Euro-Preisangaben in D-Mark umrechnen.

> **Hinweis**
> Aufgepasst: Es kann vorkommen, dass insbesondere auf dem Alaska Highway noch alte Entfernungsschilder in Meilen aufgestellt sind.

Medien

Der landesweite staatliche Sender **CBC** (Canadian Broadcasting Corporation) mit guten Unterhaltungsprogrammen und Nachrichtensendungen (vor allem das Newsformat „The National" am Abend) gehört noch zu den niveauvolleren Programmen genau wie **Radio Ca-**

nada. Daneben speist der große Bruder USA viele seiner Abspielkanäle ins kanadische Kabelnetz. Wer CNN gucken will, darf sich nicht wundern, dass er statt CNN International (was es auch in Europa gibt), die CNN-Ausgabe USA bekommt – mit oft innenpolitischen Themen und gänzlich anderen Sendeformaten.

Einige der wichtigen **Zeitungen** in Westkanada sind: „Calgary Herald", „The Globe and Mail" (landesweit), „Edmonton Sun", „Vancouver Sun" und „Winnipeg Free Press".

Deutsche Zeitungen und Magazine kann man nur in den großen Städten wie Toronto und Montréal an ausgewählten Kiosken *(Newsstands)* in der City oder am Airport kaufen. Meist sind sie nicht mehr druckfrisch. Es ist also sinnvoller, sein Notebook mitzunehmen und die aktuellen Onlineausgaben deutscher Blätter zu lesen.

Mietwagen

Wer ein Auto mieten will, muss einige Voraussetzungen erfüllen: Man muss einen nationalen bzw. internationalen Führerschein besitzen, mindestens 21 Jahre alt sein und für die Bezahlung und die Kaution eine Kreditkarte vorlegen können.

Viele bekannte **Mietwagenfirmen** (u. a. Alamo, Avis, Budget, Hertz) haben ein flächendeckendes Netz von Abholstationen in Kanada und Alaska.

Am besten bucht man den Wagen bereits von Deutschland aus über **Online-Portale** (z. B. www.adac.de/autovermietung oder www.billiger-mietwagen.de), die oft mit lokalen oder regionalen Anbietern zusammenarbeiten. Die Autos werden angeboten in den **Kategorien** Economy (Kleinwagen), Compact (untere Mittelklasse), Intermediate (obere Mittelklasse), Full Size (Oberklasse), Luxury (Luxusklasse), Station Waggon (Kombiwagen) und Van (Kleinbus).

Daneben lohnt es sich, über **Camper** oder gar luxuriöse **Motorhomes** (also quasi „Häuser auf Rädern") nachzudenken. Der Vorteil: Man spart Übernachtungskosten und kann auch entlegene Gebiete anfahren.

Allerdings ist der Nachteil bei Motorhomes, dass die Fahrzeuge echte Schluckspechte mit enormem Benzindurst sind. Kleiner Trost: Benzin ist erheblich billiger als in Europa. Eine gute Website, um sich aktuell über Benzinpreise in Nordamerika zu informieren: www.gasbuddy.com.

> **Wichtig**
> Es existieren zwei **Mietsysteme**. Niedrige Tagesrate bei begrenzten Kilometern und höhere Tagesrate bei unbegrenzten Kilometern.

Die Wagen sind alle haftpflicht- und vollkaskoversichert, mit einer geringen Selbstbeteiligung, die man aber auch noch gegen einen kleinen Aufpreis beseitigen kann.

Während man Mietwagen meist am Flughafen entgegennehmen kann, sieht das bei Wohnmobilen anders aus. Die bekommt man meist erst am Tag nach der Ankunft. Man wird in der Regel von einem Repräsentanten der Firma im Hotel abgeholt und kostenlos zur RV-Station gebracht. Dort erfolgt die Einweisung in die Technik des manchmal 9 m langen Fahrzeugs, oft von deutschsprachigem Personal, was das Ganze erleichtert.

In der Regel sind **Kilometer-Kontingente** nicht Bestandteil des Mietpreises. Daher sollten bereits bei der Buchung in Deutschland, Österreich und der Schweiz feste Kontingente dazu gebucht werden. Diese Kontingente werden in Kanada nicht angeboten. Ein unbegrenztes Meilen-Kontingent empfiehlt sich bei großen Strecken. Wer ein sog. All-Inclusive-Angebot bucht, hat diese unbegrenzten Meilen ohnehin im Paket. Bei der Übernahme des Fahrzeugs wird eine **Kaution** fällig, die der Kreditkarte belastet wird.

Unterwegs auf dem Highway

Einwegmieten sind möglich, doch müssen Rückführungsgebühren bezahlt werden, die zzgl. Steuern und Gebühren fällig werden.

Sie müssen immer beachten, dass neben der reinen Fahrzeugmiete beträchtliche **Nebenkosten** wie Benzin, Campground-Gebühr, die Energie für den Generator, Propangas, WC-Chemikalien und Ähnliches zu begleichen sind. Auch darauf werden lokale Steuern von 5–20 % je nach Provinz erhoben.

> **Tipp**
> **America Unlimited**, Leonhardtstr. 10, 30175 Hannover, ☎ (0511) 3744-4750, www.americaunlimited.de. Kleiner Nordamerika-Spezialist, der individuelle Mietwagen- und Camperrundreisen anbietet.

Nationalparks

Kanada hat 44 **National Parks**. Diese Zahl wächst kontinuierlich. Hinzu kommen acht **National Park Reserves**, vier **National Marine Conservation Areas**, ein **National Landmark** und 167 **National Historic Sites**. Sie alle werden von der Regierungsbehörde Parks Canada (s. u.) verwaltet, die dem Umweltschutzministerium untersteht.

Parks Canada National Office,
25-7-N Eddy Street, Gatineau, Quebec, Canada, K1A 0M5,
☎ 613-860-1251 und 1-888-773-8888, www.pc.gc.ca

Wer einen Park besuchen und / oder in ihm campen will, benötigt ein Eintrittsticket, **Permit**, das auch als **Jahresticket (National Pass)** gekauft werden kann. Damit kann man in einem Jahr „seinen" Lieblings-Nationalpark besuchen, so oft man will (zwischen $ 29 und 39 je nach Park). Wer als Kleingruppe (etwa als Familie) anreist, bekommt Ermäßigungen, dasselbe gilt für Senioren und Kinder. Darüber hinaus gibt es einen **Jahrespass (Parks Canada Discovery Pass**, $ 67,70), der neben den National Parks auch noch viele National Historic Sites einschließt. Rein rechnerisch lohnt sich der Kauf eines Jahrespasses bereits ab einer Verweildauer von einer Woche in einem oder mehreren der National Parks.

Die jeweils aktuellen Ticketpreise sind der Website www.pc.gc.ca zu entnehmen.

Der älteste National Park ist Banff, der bereits 1885 gegründet wurde. Einer der jüngsten ist der Gulf Islands National Park in British Columbia, der diesen Status 2003 erhielt. Daneben gibt es mehrere hundert **Provincial Parks**, die in Größe und Ausstattung den National Parks oft nicht nachstehen, jedoch nicht die hohe Schutzwürdigkeit genießen. National Parks sollen den Naturschutz mit der Erholungsmöglichkeit der Besucher vereinbaren. Einige der Nationalparks sind weltberühmt: Dazu zählen vor allem die Schutzgebiete in Westkanada: Banff, Jasper, Glacier, Kootenay, Gulf Islands und Yoho.

Die National Parks in Westkanada und den nördlichen Territorien heißen:

British Columbia
Glacier National Park
Gulf Islands National Park
Gwaii Haanas National Park
Kootenay National Park
Mount Revelstoke National Park
Pacific Rim National Park
Yoho National Park

Alberta
Banff National Park
Elk Island National Park
Jasper National Park
Waterton Lakes National Park
Wood Buffalo National Park (z.T. NWT)

Saskatchewan
Grasslands National Park
Prince Albert National Park

Manitoba
Riding Mountain National Park
Wapusk National Park

Northwest Territories
Aulavik National Park
Nahanni National Park
Tuktut Nogait National Park
Wood Buffalo National Park (z.T. Alberta)

Yukon
Iwavik (Ivvavik) National Park
Kluane National Park
Vuntut National Park

Nunavut
Auyuittuq National Park
Quttinirpaaq National Park
Sirmilik National Park
Ukkusiksalik National Park

Alaska
Denali National Park
Gates of the Arctic National Park
Glacier Bay National Park
Katmai National Park
Kenai Fjords National Park
Kobuk Valley National Park
Lake Clark National Park
Wrangell-St. Elias National Park

Notruf

Die Notfallrufnummer lautet ☎ **911**.

Man kann auch die 0 (Operator) wählen und sich direkt mit der Polizei, Feuerwehr oder dem Notarzt verbinden lassen. Notrufe aus Telefonzellen sind kostenlos.

Bei Autopannen und Unfällen hilft die Canadian Automobile Association **CAA** unter der Notrufnummer ☎ 800-CAA-HELP.

ADAC-Notrufstation in Kanada/USA: ☎ 1-888-222-1373 (deutschsprachig)

Öffnungszeiten

Postämter: im Allgemeinen Mo–Fr 9–17 Uhr, größere Postfilialen auch Sa vormittags.
Banken: an Werktagen in der Regel zwischen 9 und 15 Uhr.
Geschäfte: Es gibt keine staatlich festgelegten Öffnungszeiten. Je nach Größe der Stadt sind viele Geschäfte, auch am Wochenende, bis in den späten Abend hinein geöffnet, einige sogar 24 Stunden am Tag.

Outdoor-Aktivitäten

Die Palette an sportlicher Betätigung im Freien ist äußerst vielfältig. Von Biking und Hiking über Mountain Climbing und Paragliding bis zu River Rafting und Sea-Kayaking. Die örtlichen Visitor Centre geben Auskunft über das jeweils lokale Angebot.

▸ Bergwandern und Bergsteigen

Bergwandern und Bergsteigen sind besonders reizvoll in den Rocky Mountains. Da die Rockies ein Hochgebirge mit Gipfeln bis an die 4.000 m sind, werden sämtliche Schwierigkeitsgrade angeboten, von einfachen Routen bis zu Profistrecken, die viel Erfahrung und gute Kondition benötigen. Kartenmaterial, aber z. T. auch die benötigte Ausrüstung wird von den Anbietern zur Verfügung gestellt. Daneben bietet Parks Canada (www.pc.gc.ca) für nahezu alle Hiking Trails Informationen an.

Direkt am Banff National Park bietet Yamnuska Mountain Adventures Bergwandertouren, Skiabfahrten, Eisklettern und vieles mehr, dazu Erste-Hilfe-Kurse bei Unfällen im Gelände oder bei Lawinen-Abgang.
Yamnuska Mountain Adventures, 200-50 Lincoln Park, Canmore, Alberta, Canada, T1W 3E9, ☎ 403-678-4450, www.yamnuska.com.
The Great Canadian Adventure Company, 6714-101 Avenue, Edmonton, Alberta, Canada, T6A 0H7, ☎ 780-414-1676, www.adventures.com.

▸ River Rafting

Wo hohe Berge sind, sind wilde Flüsse nicht weit. Die Rockies sind ein El Dorado für River Rafting. Flüsse wie der Kicking Horse (Schwierigkeitsgrad vier) gelten als anspruchsvoll und teilweise schwer befahrbar. Die sog. Rafts (also Fahrten), die oft durch Stromschnellen füh-

Kajak fahren in atemberaubender Landschaft, hier auf dem Kathleen Lake, Yukon

ren, werden in der Regel für 4–12 Personen im Schlauchboot angeboten, wobei immer ein Guide mit im Boot sitzt. Die Ausrüstung, (Helme, Paddel, Boot, Neoprenanzug, Schwimmweste) stellt der Veranstalter.

Weltweit werden Flüsse (Ähnliches gibt es beim Bergsteigen) in einer Schwierigkeitsskala eingeteilt. Es gibt sechs Stufen (von leicht bis Grenze der Befahrbarkeit). Die meisten Flüsse in den Rockies liegen auf dieser Skala bei zwei bis vier, also mäßig schwierig bis zu sehr schwierig.

Alpine Rafting, 101 Golden Donald Upper Rd., Golden, BC V0A 1H0, ☎ 250-344-6778 und 1-888-599-5299, www.alpinerafting.com.

Fraser River Raft Expeditions, 30950 Trans-Canada Hwy., Yale, BC V0K 2S0, ☎ 604-863-2336 und 1-800-363-7238, www.fraserraft.com.

▶ Kanu/Kajak fahren

Mit Kanu und Kajak kann man auf Flüssen, Seen und dem Meer paddeln. Fast überall an den diversen Gewässern gibt es mindestens einen Bootsverleih, der oft sämtliche Wassersportarten im Angebot hat. Einige Veranstalter vor allem in British Columbia bieten mehrtägige Bootstouren (all inclusive) an – etwa auf Vancouver Island, Haida Gwaii oder den Gulf Islands.

Northern Soul Wilderness Adventures, P.O. Box 23, Lorette, Manitoba, R0A 0Y0, ☎ 204-878-3570, www.northernsoul.ca.

Wildheart Adventure Tours, 1560 Brebber Rd., Nanaimo, BC V9X 1P4, ☎ 250-722-3683 und 1-877-722-3683, www.kayakbc.com.

Whale Watching

Die Walbeobachtung hat sich in den vergangenen Jahren zu einer der beliebtesten Outdoor-Aktivitäten weltweit entwickelt. Whale Watching ist in vielen Ländern möglich. Doch gelten die pazifischen Gewässer vor der kanadischen Westküste als besonders geeignet, da hier eine der großen Wanderrouten der Meeressäuger auf dem Weg von Mittelamerika nach Alaska vorbeiführt. Viele Whale-Watching-Anbieter werben mit Slogans wie der „95%-Chance" auf sichtbare Wale – und das ist meist nicht mal übertrieben.

Entweder fährt man mit komfortablen größeren Schiffen aufs Meer (inklusive Snacks, Getränke und WC) oder mit kleinen wendigen Zodiacs, Schlauchbooten, um noch näher an die Tiere heranzukommen (s. auch S. 183).

Post

Postämter *(post offices)* findet man selbst in abgelegenen kleinen Siedlungen. In Kanada gibt es keine gesetzlich geregelten Öffnungszeiten. Als Faustregel für die Postfilialen gilt jedoch: Mo–Fr 9–17 Uhr, größere Postämter haben auch Sa vormittags geöffnet.

Wer einen Brief oder eine Postkarte (bis zu 20 g) nach Deutschland, Österreich und in die Schweiz schickt, bezahlt zzt. $ 2,50. Innerhalb Kanadas (bis zu 30 g) kostet es 85 Cent. Ein Brief oder eine Postkarte ist per Luftpost (Air Mail) etwa eine Woche lang nach Europa unterwegs. Pakete brauchen von Kanada ca. 4–6 Wochen.

Rauchen

Nordamerika kann man getrost als Paradies für Nichtraucher bezeichnen. Das Rauchen in der Öffentlichkeit unterliegt strikten Verboten und Einschränkungen, die in Kanada je nach Provinz unterschiedlich sein können. Generell gilt ein **Rauchverbot** an Flughäfen, Bahnhöfen, in öffentlichen Gebäuden, aber auch in vielen Restaurants. Manche Restaurants verfügen über abgetrennte Raucherbereiche. Hotelketten halten spezielle Raucherzimmer bereit.

Sicherheit

ⓘ *s. auch „Geld" und „Notruf"*

Kanada und Alaska gelten als sehr sichere Reiseländer. Natürlich müssen in Millionenstädten wie Vancouver, Edmonton und Calgary dieselben Vorsichtsmaßnahmen gelten wie in vergleichbaren Städten in Europa. Also sollte man Wertsachen, Schecks, Pass und Flugticket im Hotelsafe verwahren, Problemstadtteile an der Rezeption erfragen und möglichst meiden. Auf dem Land kommen Kriminalitätsdelikte äußerst selten vor. Empfehlenswert ist es, von allen wichtigen Dokumenten Kopien anzufertigen, damit im Schadensfall schneller Ersatzpapiere ausgestellt werden können.

Zu **Kartensperrung** bei Kartenverlust s. unter „Geld".

Telefonieren

Kanada und die USA besitzen ein einheitliches Nummernsystem. Die Städte- und Länder-Vorwahl besteht aus drei Ziffern. 001 ist der Ländercode sowohl für die USA als auch für Kanada. Danach folgen sieben Ziffern (*area code* und Teilnehmernummer). Die Ortsvorwahl (*area code*) für die kanadische Hauptstadt Ottawa ist 613, Toronto hat die 416, Montréal die 514 und Vancouver die 604. Bei Ferngesprächen innerhalb Kanadas wird die 1 vorangestellt.

Der **Operator** (Vermittlung) meldet sich unter „0". **Gebührenfreie Telefonnummern** (Toll free) beginnen meist mit den Vorwahlen 1-888 oder 1-800.

Die **Vorwahlen** von Kanada/USA nach **Deutschland** lautet ☏ 01149, nach **Österreich** ☏ 01143 und in die **Schweiz** ☏ 01141.
Vorwahl von Europa nach **Kanada**: ☏ 001.

Telefonapparate, die schwarz-silbernen „pay-phones", gibt es in allen Einkaufsmalls, Supermärkten, Hotels, Restaurants und auf den Straßen. Für Ortsgespräche („local calls") muss man 25 Cent einwerfen, dann wählt man die (einschließlich der Vorwahl) 10-stellige Rufnummer. Anleitungen für Ferngespräche („long-distance calls") finden sich auf den Telefonapparaten oder in Hotels auf beigefügten Informationsblättern.

Wer in Kanada telefonieren und Geld sparen möchte, hat folgende Möglichkeiten:
Calling Card: Mit einer solchen Karte nimmt man über eine kostenlose 0180- oder 1-800-Nummer oder eine lokale Festnetznummer (die preisgünstig ist) Verbindung zum Anbieter einer solchen Karte auf, gibt seine PIN-Nummer durch und wird mit dem Anrufer (etwa in Europa) verbunden. So vermeidet man teure Festnetzverbindungen (etwa aus dem Hotel). Die Calling Card gibt es daneben in der Version der **Prepaid Calling Card**, bei denen man zuvor ein bestimmtes Telefon-Kontingent erworben hat. Diese beiden Karten funktionieren auch in Telefonzellen.

Wer das entsprechende Equipment dabei hat, kann selbstverständlich von unterwegs auch **VoIP-Telefonate** (Voice over Internet Protocol) machen (etwa skypen).

Ein gesondertes Problem stellt das **mobile Telefonieren** mit **cellular** bzw. **cell phone** in Kanada und Alaska dar. Grundsätzlich existieren außerhalb der Ballungsräume Funklöcher, wo man kein Netz bekommt. Außerdem arbeiten die GSM-Netze in Nordamerika in anderen Frequenzbereichen, nämlich 850 und 1900 Mhz (bei uns 900 und 1800). Sie benötigen ein Triband- oder Quadband-Gerät, das sowohl in Europa als auch in Nordamerika funktioniert. Erkundigen Sie sich bei Ihrem Provider.

Wenn man länger oder regelmäßig in Kanada zu tun hat, lohnt der Kauf einer **örtlichen Prepaid-Karte**. Allerdings: In Kanada werden Gebühren für eingehende Gespräche fällig. Der Grund: Mobilfunknetze haben in Kanada keine eigene Vorwahl. Das Handy bekommt eine normale Festnetznummer. Da die Nummern vom Festnetz ins Mobilfunknetz weitergeleitet werden müssen, trägt der Angerufene die Kosten.

Auch mit normalen Calling Cards kann man seine Kosten nicht minimieren, wenn man ein Handy benutzt. Die Zugangsnummern (etwa 1-800) sind zwar im Festnetz kostenlos; wählt man eine solche gebührenfreie Nummer vom Mobiltelefon an, werden die Kosten für ein Inlandstelefonat fällig.

Trinkgeld

In Nordamerika rangieren Beschäftigte im Hotel- und Gaststättengewerbe auf der Lohnskala relativ weit unten, verdienen oft nicht mal den Mindestlohn. Und da Trinkgelder *(tips)* nicht Bestandteil der Rechnung sind, sind 15–20 % des Rechnungsbetrags als Trinkgeld normal. Dementsprechend sollte man auch bei Taxifahrern verfahren. Gepäckträger im Hotel sollten $ 1–2 bekommen, Zimmermädchen $ 3–5 bei einem mehrtägigen Aufenthalt.

Umgangsregeln

Wie überall auf der Welt gilt auch in Kanada und Alaska: Wie du mir, so ich dir. Wenn Sie offen und freundlich auf die Einheimischen zugehen, werden Sie in der Regel mit offenen Armen empfangen. Nordamerikaner gelten als kontaktfreudiger als die meisten Europäer. Jedoch sind die Kontakte meist oberflächlicher Natur. Intensiver sind die Umgangsformen oft in der Provinz. Wenn Sie sich als Tourist aus Deutschland, Österreich oder der Schweiz zu erkennen geben, der ein Problem hat, wird Ihnen häufig unbürokratisch geholfen. In dünn besiedelten Regionen gelten auch heute noch die Regeln der „Nachbarschaftshilfe" aus den Pionierzeiten. Es ist nicht ungewöhnlich, dass Sie bei einer Autopanne kostenlos abgeschleppt und anschließend privat zum Abendessen eingeladen werden.

In **Restaurants** ist es üblich, am Eingang zu warten, bis der Kellner dem Gast einen Platz zuweist.

Wenn Sie in eine **Polizeikontrolle** geraten, ist es sinnvoll, sich als Tourist erkennen zu geben. Das schützt nicht immer vor einem Bußgeld, kann aber die Situation mit den Ordnungshütern durchaus entspannen.

Unterkunft

Die Palette an Übernachtungsmöglichkeiten ist groß. Sie reicht vom (fast nicht bezahlbaren) Luxushotel über komfortable Häuser der gehobenen Mittelklasse bis zu einfachen Herbergen. Beliebt sind in Nordamerika generell **Motels**, und sogar die gute alte britische Tradition des **Bed & Breakfast** erfreut sich zunehmender Nachfrage.

Daneben existieren Jugendherbergen, **Youth Hostels**, und **YMCA / YWCA** (das Pendant zu den deutschen CVJM). Es lohnt sich, sich vor Reiseantritt in Deutschland einen internationalen Jugendherbergsausweis zu besorgen.

Adressen und Infos über **Jugendherbergen/Hostels** in Kanada:
Hostelling International – Canada, 301-20 James St., Ottawa, ON K2P 0T6,
☏ 613-237-7884, 🖨 613-237-7868, www.hihostels.ca
CVJM-Reisen, Im Druseltal 8, 34131 Kassel, ☏ 0561-30870, www.cvjm.de

Klassifizierung der Unterkünfte

Die Hotels sind zur besseren Orientierung in mehrere Kategorien eingeteilt. Die Preise gelten für ein Doppelzimmer pro Nacht.

$	unter $ 50
$$	$ 50–100
$$$	$ 100–150
$$$$	$ 150–250
$$$$$	über $ 250

Über die Fremdenverkehrsämter der Provinzen (s. S. 85) erhält man aktuelle **Übernachtungsverzeichnisse** und Informationen über **Campgrounds** (hier auch die Infos von Parcs Canada beachten, www.pc.gc.ca)

Infos Übernachtungen im Internet

www.bbcanada.com (Bed & Breakfast in Canada)
www.accomodationscanada.com (Hotels, Inns, Lodges, Resorts)
www.betterbedandbreakfasts.com (B&B und Inns)
www.hihostels.ca (Jugendherbergsverzeichnis)
www.hotelguides.com (Hotelbroker mit aktuell günstigen Übernachtungsmöglichkeiten in Kanada und USA)
www.ymca.ca (Young Men's Christian Association)
http://ywcacanada.ca (Young Women's Christian Association)

Verkehrsmittel

ⓘ *s. auch „Autofahren" und „Flüge"*

Kanada ist aufgrund seiner geografischen Größe für die Verkehrsmittel Flugzeug, Bahn und Auto prädestiniert.

▶ Flugzeug
Selbst kleinere Städte verfügen zumeist über einen Verkehrsflughafen, der zwar oftmals nur eine Zubringerfunktion für den nächstgelegenen Großflughafen (Hub) ausfüllt, jedoch mehrmals am Tag Linienflüge anbietet (s. auch „Flüge").

▶ Überlandbusse
Das Wegenetz ist zwar nicht so dicht wie das in Europa, jedoch existieren große Ost-West- und Nord-Süd-Highway-Tangenten, allen voran der Trans-Canada Highway (s. „Autofahren"). Auf diesen verkehrt die Gesellschaft **Greyhound** (www.greyhound.ca), die über das größte flächendeckende **Busnetz** in Nordamerika verfügt und selbst kleinere Orte anfährt.

Die Firma ist zwar die bekannteste im Segment der Überlandbusse, beileibe jedoch nicht der einzige Anbieter. Es gibt z. B. noch **Coach Canada** (www.coachcanada.com) und **Brewster** (verkehrt regional in Westkanada, www.brewster.ca). Greyhound bietet einen Nordamerika-

Der Flughafen für Wasserflugzeuge im Hafen von Vancouver

Pass an, mit dem man zwischen 7 und 60 Tagen auf dem Streckennetz unterwegs sein kann (zwischen $ 280 und 550).

▸ Fähren
Neben den Atlantikprovinzen im Osten Kanadas verfügt nur noch British Columbia über ein dichtes Netz an Fähr-Routen: **BC Ferries** (www.bcferries.com) als führende Fährgesellschaft betreibt 25 Routen und läuft fast 50 Häfen an. Dazu zählen Vancouver Island, Haida Gwaii (Queen Charlotte Islands), Gulf Islands, Sechelt Peninsula. Die meisten Fähren sind Passagier- und Autofähren zugleich.

▸ Eisenbahn
In Kanada kooperieren im Personenverkehr unter der Bezeichnung **VIA Rail** (www.viarail.ca) die beiden großen nationalen Eisenbahngesellschaften **Canadian National** und **Canadian Pacific**. Einige wenige Hauptstrecken sind viel befahren, etwa die transkontinentalen Strecken von Küste zu Küste. Einige Regionen Kanadas sind praktisch eisenbahnfrei wie die Provinzen Newfoundland, Prince Edward Island und die Northern Territories, andere besitzen ein vergleichsweise dichtes Netz (vor allem Québec und Ontario).

In den Zügen mit mehrtägigen **Überlandfahrten** geht es durchaus komfortabel zu: Schlaf-, und Liegewagen, ein Mehrklassen-Abteil-System, Speisewagen sind Standard. Zahlreiche Specials sorgen dafür, dass die wenigsten Passagiere den Normalpreis *(full fare)* zahlen müssen. **Hin- und Rückfahrten** kommen günstiger als One-Way-Trips, Frühbucherrabatte gibt es ebenso wie Vergünstigungen für Kinder, Studenten und Senioren.

Allgemeine Reisetipps von A–Z

Die Eisenbahnstrecken führen durch Wälder und über Berge

Lohnend ist der **Canrailpass** von VIA Rail, mit dem man in 21 Tagen auf sieben Streckenabschnitten unterwegs sein kann (NS ab $ 567, HS ab $ 1.008, Studenten, Senioren, Kinder ab $ 507 NS und $ 907 in der HS).

Neben der transkontinentalen Strecke mit dem legendären „Canadian", die von Toronto über Winnipeg und Saskatoon nach Jasper und Vancouver führt, sind weitere **Scenic Routes** beliebt. Der „Hudson Bay" verbindet Winnipeg mit Churchill, wo die Eisbären bei ihren Wanderungen an der Hudson Bay beobachtet werden können. Daneben die Skeena-Route von Jasper nach Prince Rupert oder die Fahrt von Victoria nach Courtenay auf Vancouver Island. Und die Rocky-Mountain-Tour von Vancouver nach Calgary mit dem Luxuszug **Rocky Mountaineer** (www.rockymountaineer.de).

Einen guten Überblick über das Zugangebot in Kanada (inklusive Charter-Touren, Museumsbahnen und Ähnlichem) gibt die Website **www.canadabyrail.ca**.

Zeitzonen

Kanada ist ein Land von kontinentalen Ausmaßen. Es gibt sechs Zeitzonen, davon zwei im Westen – die Pacific Time (MEZ minus neun Stunden) und die Mountain Time (MEZ minus acht Stunden).

Zoll

Für **Nahrungsmittel** bestehen in Kanada strenge Einfuhrbeschränkungen. Vor allem Obst und Gemüse sowie frische Fleischprodukte dürfen nicht eingeführt werden.

Alkohol: 1,1 Liter Spirituosen, 1,5 Liter Wein und 8 Liter Bier dürfen zollfrei ins Land gebracht werden. Die Person muss volljährig sein, wobei die Volljährigkeit bei 19 Jahren liegt (Ausnahme: Québec, Prince Edward Island, Manitoba und Alberta, jeweils 18 Jahre). **Tabak**: 50 Zigarren, 200 Zigaretten oder 200 Gramm Pfeifentabak können ab einem Alter von 16 Jahren zollfrei eingeführt werden.

Zahlungsmittel ab einem Gegenwert von 10.000 kanadischen Dollar müssen deklariert werden.

Das kostet Sie das Reisen im Westen Kanadas

• Stand August 2014 •

Die „Grünen Seiten" des Reiseführers sollen Hilfestellung zur realistischen Einschätzung der Kosten einer Reise in den Westen Kanadas geben. Durch die erheblichen saisonalen und auch regionalen Schwankungen können die Angaben hier jedoch nur als Orientierungshilfe gelten. Grundsätzlich gilt: Je weiter man in den spärlich besiedelten Norden kommt, desto teurer wird es.

Preisangaben in diesem Reiseführer und auch vor Ort in Restaurants und Geschäften sind grundsätzlich keine Endpreise. Je nach Provinz oder Territorium werden noch 12–15 % Steuern erhoben. Grundnahrungsmittel in den Supermärkten wie Brot, Milch und Obst/Gemüse sind von der Steuer befreit; auf sämtliche Speisen in Restaurants, auf Hotelzimmer, Campingplätze sowie Waren, die in Geschäften verkauft werden, werden die Steuern jedoch erhoben.

Aktueller Wechselkurs:
1 kanadischer Dollar (CAD) = 0,68 €   1 € = 1,47 CAD
1 kanadischer Dollar (CAD) = 0,83 CHF   1 CHF = 1,21 CAD

Beförderungskosten

▶ Flüge
siehe „Allgemeine Tipps A–Z" unter „Flüge"

Die größten Flughäfen im Westen Kanadas sind Vancouver, Calgary und Edmonton, beide werden täglich von verschiedenen Fluggesellschaften wie z. B. Air Canada, Lufthansa und KLM angeflogen. In der Sommersaison gibt es außerdem günstige Charterflüge mit der Condor oder Air Transat.

Tritt man seine Reise von kleineren Zentren aus an, wie etwa Prince George oder Whitehorse, muss man in Vancouver einen Stopp einlegen.

Preisbeispiele
Hin- und Rückflug Frankfurt/München nach Vancouver/Calgary/Edmonton: ca. 650–1.000 €
Hin- und Rückflug Frankfurt/München nach Whitehorse: ca. 800–1.200 €
Gabelflug Frankfurt/München nach Calgary und zurück ab Vancouver: ca. 850–1.100 €

Ermäßigung für Kinder ca. 30 %, je nach Fluggesellschaft. Normalerweise können Kinder unter zwei Jahren ohne eigenen Sitzplatz mit 90 % Ermäßigung mitreisen, dies ist jedoch bei einem Flug dieser Länge nicht zu empfehlen!

In den Flugpreisen sind die teilweise erheblichen Abflugsteuern, Zollgebühren, Sicherheitsgebühren etc. nicht enthalten. Diese können nochmals zwischen 300 und 400 € betragen.

Inlandsflüge

Fluggesellschaften für Flüge im Westen Kanadas sind Westjet und Air Canada. Beide fliegen auch kleinere Flughäfen wie Yellowknife, Prince George und Kamloops an. Preise unterscheiden sich erheblich, je nach Saison und Reiseziel. Grundsätzlich gilt – je früher gebucht wird, desto besser sind die Preise. Ist das Kontingent der günstigen Flüge erschöpft, kann es wesentlich teurer werden.

Preisbeispiele
Hin- und Rückflug Vancouver nach Yellowknife ca. $ 350–700
Hin- und Rückflug Vancouver nach Edmonton ca. $ 220–450

(In diesen Preisen sind die Flughafensteuern und Gebühren bereits enthalten)

▶ Mietwagen
siehe „Allgemeine Tipps A–Z" unter „Mietwagen"

Es empfiehlt sich den Mietwagen bereits **vor Reiseantritt zusammen mit dem Flug** zu buchen, da dies wesentlich günstiger ist.

Je nach Wagenklasse bzw. Größe kostet ein Mietwagen zwischen 220 und 350 € pro Woche und ist oft noch etwas günstiger, wenn er zusammen mit dem Flug gebucht wird. Um unangenehme Überraschungen vor Ort zu vermeiden, sollte man **folgende Punkte bereits bei Buchung klären**:

- Beispielmodell – wie viele Passagiere und Gepäckstücke können komfortabel untergebracht werden?
- Sind unbegrenzte Kilometer inklusive?
- Muss der Wagen vor Rückgabe vollgetankt werden? Bei einigen Anbietern ist eine Tankfüllung inklusive, d. h. der Wagen wird mit vollem Tank abgeholt und leer wieder zurückgegeben.
- Sind alle notwendigen Versicherungen enthalten? Vollkasko ist die beste Wahl – man wird bei Ankunft in Kanada trotzdem fast immer gefragt, ob man zusätzliche Versicherungen abschließen möchte. Es gibt in Kanada eine spezielle Zusatzversicherung, falls man in einen Unfall mit einem nicht versicherten Wagen verwickelt wird. Dies sollte jedoch ebenfalls mit dem Versicherungspaket, das man vor Abflug bucht, enthalten sein.
- Falls der Mietwagen nicht am Abholort zurückgegeben wird, können Rückführungskosten in teilweise beträchtlicher Höhe (bis zu 500 €) berechnet werden. Falls also z. B. der Wagen in Vancouver abgeholt und in Calgary zurückgegeben wird, sollten die Rückführungsgebühren im Wagenpreis enthalten oder zumindest transparent sein.

▶ Wohnmobil
Kanada mit einem **RV** *(Recreational Vehicle)* bzw. **Motorhome** zu erkunden, ist äußerst empfehlenswert, jedoch nicht unbedingt die günstigste Art, Urlaub zu machen. Im Vergleich zu Mietwagen und Hotel kann es sogar teurer sein – die Flexibilität und der Sinn von Abenteuer sind jedoch nur schwer mit einem Preis zu versehen.

Um das richtige Wohnmobil auszuwählen und alle eventuell entstehenden Kosten zu verstehen, empfiehlt es sich, die **Buchung bereits vor Abreise** zu erledigen – vor allem auch weil die Nachfrage nach RVs in Kanada so hoch ist, dass bei Buchung vor Ort vielleicht kein passendes Wohnmobil mehr zur Verfügung steht. Ein Wohnmobil für vier Personen mit voller Ausstattung kann man für 700–1.100 € pro Woche mieten, in diesem Preis sind jedoch einige Leistungen nicht enthalten. Kilometerpauschalen werden zusätzlich verrechnet (für unbegrenzte Kilometer bezahlt man z. B. etwa 45 € pro Tag). Es gibt außerdem noch verschiedene Gebühren und einen Northern-Service-Zuschlag (500 € pro Reise), der verrechnet wird, wenn man in den Yukon oder die Northwest Territories fährt. Für all diese Zusatzleistungen werden vor Ort ebenfalls noch 12–15 % Steuern verrechnet.

Um die Kosten und somit das Reisebudget realistisch einschätzen zu können, sollte man nochmals 50 % auf den wöchentlichen Mietpreis aufschlagen.

▶ **Bus**
siehe „Allgemeine Tipps A–Z" unter „Verkehrsmittel"

Greyhound hat im Westen Kanadas ein sehr gut ausgebautes Streckennetz mit zahlreichen Haltestellen. Es gelten jedoch Gepäckbeschränkungen und die Busse sind oft voll belegt. Es ist also nicht unbedingt eine unkomplizierte Art zu Reisen und wohl weniger für Familien mit Kindern geeignet.

Bis Anfang 2014 gab es den sog. Discovery Pass, der uneingeschränktes Reisen auf allen Greyhound-Strecken ermöglichte. Da es immer wieder Probleme mit überbuchten Bussen gab, wurde der Discovery Pass abgeschafft – seit 2014 sind nur noch Einzelfahrtkarten mit Sitzplatzreservierung erhältlich. Wer übers Internet vor Anreise bucht, bekommt einen (kleinen) Rabatt. In vielen Bussen wird außerdem nun auch WLAN angeboten (www.greyhound.ca).

▶ **Eisenbahn**
siehe „Allgemeine Tipps A–Z" unter „Verkehrsmittel"

Das Streckennetz der kanadischen Eisenbahn (VIA RAIL, www.viarail.ca) ist im Westen bei Weitem nicht so gut ausgebaut wie im Osten Kanadas. Via Rail bietet zwar den sog. **Canrailpass** an, der sich im Westen jedoch nicht als lohnend erweist. Während im Osten zahlreiche Städte durch Bahnstrecken verbunden sind, findet der Bahnverkehr im Westen hauptsächlich zwischen Vancouver und Edmonton statt, mit Abstechern nach Prince George und Prince Rupert.

Der Preis in der Hauptsaison beträgt $ 1.008, wobei diese Fahrkarte an sieben Tagen innerhalb eines 21-tägigen Zeitraums gilt. Gegen Aufpreis gibt es mehr reservierte Sitzplätze ($ 1.159).

Weitere Informationen über Fahrten mit der Bahn gibt es auf der Internetseite des Canada Reise Dienst **CRD International** (www.crd.de).

Aufenthaltskosten

▶ **Übernachtung**
siehe „Allgemeine Tipps A–Z" unter „Unterkunft"

Angebot und Nachfrage, Lage und Saison bestimmen die Preise der Unterkünfte, diese sind deshalb schwer anzugeben. Generell sind die Unterkünfte in größeren Zentren wie Vancouver und Calgary teurer und auch in den nördlichen Teilen des Westens werden teilweise sehr hohe Preise berechnet.

Grundsätzlich gelten **Preisangaben bei Unterkünften pro Zimmer**, nicht pro Person, wobei die normale Belegung zwei Erwachsene und eventuelle Kinder sind.

Gehobene Hotels, die vollen Service wie Zimmerservice, Pool etc. bieten, liegen am oberen Ende des Preisspektrums. Für ein Hotel der **Mittelklasse** muss man mit etwa $ 150 pro Übernachtung im Doppelzimmer rechnen. Preiswertere **Motels**, die auch oft direkt am Highway zu finden sind, kann man mit etwa $ 90–110 veranschlagen. Man kann durchaus auch kleinere **Motels** oder sogar **Bed&Breakfast-Häuser** für ca. $ 60 pro Nacht finden, diese Unterkünfte sind meist sehr schlicht und etwas abgelegen, dienen jedoch auch ihrem Zweck.

Campingplätze kosten in der Regel weniger als $ 40, selbst mit Wasser- und Stromversorgung um die $ 20, wenn keine Anschlüsse für RV vorhanden sind.

Es empfiehlt sich zwar, Unterkünfte und auch Campingplätze im Voraus zu buchen, vor allem in nördlichen Gebieten, dies sollte man jedoch direkt mit dem jeweiligen Hotel/Motel **online** tun. Stornierungen und Änderungen sind in der Regel bis kurz vor Reiseantritt möglich.

▶ **Verpflegung**
Lebensmittelpreise sind im Westen Kanadas – mit Ausnahme von Fleischprodukten – höher als in Deutschland. Vor allem Milchprodukte sind wesentlich teurer, eine Gallone (3,8 l) Milch kostet z. B. in den südlichen Teilen um $ 5, in den nördlichen Gebieten um $ 9. Je nach geografischer Lage sind auch frisches Obst und Gemüse nicht immer in großer Vielfalt erhältlich und ziemlich teuer, da die Transportwege oft lang und umständlich sind.

Fast-Food-Ketten wie McDonalds, Wendy's oder Dairy Queen sind preiswert, jedoch nicht besonders nachhaltig. Restaurants der **unteren und mittleren Preiskategorie** liegen etwa im deutschen Durchschnitt (Steuern werden immer zusätzlich berechnet und das Trinkgeld sollte etwa 15% von der Gesamtsumme betragen). Für eine Mahlzeit in einem **gehobenen Restaurant** sollte man $ 40–50 pro Person veranschlagen.

▶ **Benzin**
Bleifreies Normalbenzin kostet zwischen $ 1,28 und 1,95.

▶ **Eintritt**
Wer viel sehen will, muss leider auch viele Eintrittsgelder bezahlen. Reist man als Familie, sollte man immer nach einem Familientarif fragen, oft haben die Kinder auch freien Eintritt. In den Nationalparks muss man immer mit Eintrittsgeld rechnen, während in vielen der Provinzparks die Nutzung des Tages- bzw. des Picknickbereichs kostenlos ist.

Das kostet Sie das Reisen im Westen Kanadas

Viele kleinere **Museen** haben auch keine festgelegten Preise, eher „admission by donation" (Spende in der Höhe, die angemessen scheint).

Preisbeispiele
Barkerville Westernstadt in British Columbia: Eintritt Kinder bis 5 Jahre frei, 6–12 Jahre $ 4,75, 13–18 Jahre $ 9,50, Erwachsene $ 14,50;
Hells Gate Airtram im Fraser Canyon, British Columbia: Eintritt/Seilbahnfahrt Kinder bis 5 Jahre kostenlos, 6–18 Jahre $ 15, Erwachsene $ 21;
Alberta Aviation Museum, Edmonton: Eintritt Kinder bis 5 Jahre frei, 6–12 Jahre $ 6, Jugendliche $ 7, Erwachsene $ 10, Familien $ 25;
Dinosaur Provincial Park, Alberta: außerhalb der Saison Eintritt frei; Eintritt Kinder bis 7 Jahre frei, 7–17 Jahre $ 2, Senioren/Erwachsene $ 2,50/$ 3, Familien $ 8;
Fish Ladder in Whitehorse, Yukon: Eintritt frei, $ 3 Spende erbeten.

Gesamtkostenplanung

Diese Kostenplanung umfasst durchschnittlich anfallende Reisekosten für zwei Erwachsene für einen dreiwöchigen Aufenthalt zum einen mit dem Wohnmobil, zum anderen mit Mietwagen und Übernachtung und soll nur als grober Anhaltspunkt dienen. Nicht berücksichtigt sind zusätzliche Versicherungen und Reisekrankenversicherungen sowie Trinkgelder und Einkäufe.

Reise mit Mietwagen/Übernachtung im Hotel

Flugtickets (2)	2.000 €
Mietwagen, Standard	850 €
Benzin	600 €
Übernachtungen	3.000 €
Verpflegung (Durchschnittl. Wert Fast Food/Restaurantbesuch)	1.700 €
Eintritt	500 €
Gesamt:	**8.650 € für zwei Personen**

Reise mit Wohnmobil

Flugtickets (2)	2.000 €
Wohnmobil	4.000 €
Benzin	1.100 €
Campingplätze	500 €
Verpflegung (Durchschnittl. Wert Selbstverpflegung/Restaurantbesuch)	1.200 €
Eintritt	550 €
Gesamt:	**9.350 € für zwei Personen**

Mitreisende Kinder übernachten in den meisten Fällen kostenlos im Hotelzimmer der Eltern. Für Flug, Verpflegung und Eintrittsgelder muss pro Kind zusätzlich mit etwa 1.500 € gerechnet werden.

4. REISEN IM WESTEN KANADAS

Routenvorschläge

Kapitel 5: Stadtbesichtigung Vancouver und Rundreise Vancouver Island

Kapitel 6: Reise zu den berühmten Nationalparks der Rockies

Kapitel 7: Alberta-Rundreise mit Calgary, Dinosaur Park und Cowboy Trail über Grande Prairie nach Edmonton
Routenverlauf: Calgary – Dinosaur Provincial Park/Drumheller – Cowboy Trail und Yellowhead Highway nach Grande Prairie – Northern Woods and Water Route und Grizzly Trail – Edmonton

Routenvorschlag
1.–4. Tag: Calgary
5. Tag: Calgary – Cowboy Trail (ca. 120 km mit Abstechern)
6. Tag: Cowboy Trail – Lethbridge (250 km)
7. Tag: Lethbridge – Medicine Hat (170 km)
8. Tag: Medicine Hat – Dinosaur Provincial Park (160 km)
9. Tag: Drumheller – Hoodoo Trail (175 km bis Drumheller, ca. 50 km komplett Hoodoo Trail)
10. Tag: Drumheller – Dinosaur Trail (Trail ca. 50 km)
11. Tag: Drumheller – zurück auf den Cowboy Trail bei Cochrane (155 km)
12. Tag: Cochrane – Rocky Mountain House (160 km)
13. Tag: Rocky Mountain House – Cowboy Trail bis Evansburg und auf dem Yellowhead Highway weiter bis nach Hinton (335 km)
14. Tag: Hinton – Big Horn Highway nach Grande Cache (150 km)
15. Tag: Grande Cache – Big Horn Highway nach Grande Prairie (190 km)
16. Tag: Grande Prairie – Valleyview – High Prairie (200 km)
17. Tag: High Prairie – Swan Hills – Grizzly Trail nach Westlock (280 km)
18. Tag: Westlock – Seenlandschaft außerhalb Edmontons – St. Albert (100 km)
19.–21. Tag: Edmonton

Kapitel 8: Von Edmonton auf dem Mackenzie Highway nach Yellowknife
Routenverlauf: Edmonton – High Level – Wood Buffalo National Park – Fort Smith – Yellowknife

Routenvorschlag
1.–4. Tag: Edmonton
5. Tag: Edmonton – Mayerthorpe – Whitecourt – Fox Creek (265 km)
6. Tag: Fox Creek – Valleyview – Peace River (230 km)
7. Tag: Peace River und Umgebung
8. Tag: Peace River – Manning (100 km)
9. Tag: Manning – High Level (200 km)
10. Tag: High Level – Enterprise (280 km)
11. Tag: Enterprise – Hay River (40 km)
12. Tag: Hay River – Fort Smith (260 km)

13. Tag: Fort Smith
14.–15. Tag: Wood Buffalo National Park
16. Tag: Fort Smith – Enterprise (300 km)
17. Tag: Enterprise – Fort Providence (130 km)
18. Tag: Fort Providence – Yellowknife (330 km)
19.–21. Tag: Yellowknife

Kapitel 9: Prince George über Dawson Creek, Fort St. John und Fort Nelson nach Alaska – mit Abstecher Nahanni National Park Reserve – Fairbanks, Denali National Park bis Anchorage

Routenverlauf: Prince George – Dawson Creek/Alaska Highway – Nahanni National Park Reserve – Muncho Lake Provincial Park – Whitehorse – Fairbanks – Denali National Park – Anchorage

Routenvorschlag
1.–2. Tag: Prince George
3. Tag: Prince George – Chetwynd (300 km)
4. Tag: Chetwynd – Hudson's Hope – Tumbler Ridge (225 km)
5. Tag: Tumbler Ridge
6. Tag: Tumbler Ridge – Dawson Creek (120 km)
7. Tag: Dawson Creek – Fort St. John (75 km)
8. Tag: Fort St. John – Fort Nelson (380 km)
9. Tag: Fort Nelson – Muncho Lake (240 km)
10. Tag: Muncho Lake
11. Tag: Nahanni National Park Reserve
12. Tag: Muncho Lake – Liard River (65 km)
13. Tag: Liard River – Watson Lake (210 km)
14. Tag: Watson Lake – Teslin (260 km)
15. Tag: Teslin – Johnsons Crossing – Whitehorse (170 km)
16.–17. Tag: Whitehorse
18. Tag: Whitehorse – Pelly Crossing (285 km)
19. Tag: Pelly Crossing – Dawson City (250 km)
20. Tag: Dawson City
21. Tag: Dawson City – Top of the World Highway – Grenzübergang – Tok (300 km)
22. Tag: Tok – Fairbanks (320 km)
23. Tag: Fairbanks
24. Tag: Fairbanks – Denali National Park (200 km)
25. Tag: Denali National Park
26. Tag: Denali National Park – Anchorage (380 km)
27.–28. Tag: Anchorage

Kapitel 10: Whitehorse bis Prince Rupert auf dem Cassiar und Yellowhead Highway, Haida Gwaii, über Prince George und Williams Lake, Lilloet nach Vancouver

Routenverlauf: Whitehorse – Prince Rupert – Haida Gwaii (Queen Charlotte Islands) – Prince George – Williams Lake – Lilloet – Vancouver

Routenvorschlag
1.–2. Tag: Whitehorse
3. Tag: Whitehorse – Watson Lake (440 km)
4. Tag: Watson Lake – Dease Lake (270 km)
5. Tag: Dease Lake – Stewart (390 km)
6. Tag: Stewart – Terrace (310 km)
7. Tag: Terrace – Kitimat – Terrace (120 km)
8. Tag: Terrace – Prince Rupert (140 km)
9. Tag: Prince Rupert
10. Tag: Fähre nach Haida Gwaii
11.–13. Tag: Haida Gwaii
14. Tag: Fähre nach Prince Rupert
15. Tag: Prince Rupert – Smithers (350 km)
16. Tag: Smithers – Vanderhoof (270 km)
17. Tag: Vanderhoof – Fort St. James – Prince George (220 km)
18. Tag: Prince George
19. Tag: Prince George – Williams Lake (240 km)
20. Tag: Williams Lake – Lillooet (270 km)
21. Tag: Lillooet – Pemberton (100 km)
22. Tag: Pemberton – Whistler (35 km)
23. Tag: Whistler
24. Tag: Whistler – Vancouver (130 km)
25.–28. Tag: Vancouver

Kapitel 11: Prince George mit Abstecher nach Barkerville, Wells Gray Provincial Park, Barriere, Kamloops über Merritt nach Vancouver
Routenverlauf: Prince George – Barkerville – Wells Gray – Kamloops – Monck Park – Merritt – Kentucky/Alleyne Provincial Park – Princeton – Vancouver

Routenvorschlag
1.–2. Tag: Prince George
3. Tag: Prince George – Barkerville (190 km)
4. Tag: Barkerville – Williams Lake (200 km)
5. Tag: Williams Lake – Clearwater (220 km)
6.–8. Tag: Wells Gray Provincial Park
9. Tag: Clearwater – Kamloops (125 km)
10. Tag: Kamloops
11. Tag: Kamloops – Nicola Lake – Merritt (120 km)
12. Tag: Abstecher nach Hell's Gate (310 km komplett)
13. Tag: Merritt – Kentucky Lake (40 km)
14. Tag: Kentucky Lake – Princeton (60 km)
15. Tag: Princeton – E.C. Manning Provincial Park (70 km)
16.–17. Tag: E.C. Manning Provincial Park
18. Tag: E.C. Manning Provincial Park – Hope (70 km)
19. Tag: Hope – Vancouver (150 km)
20.–21. Tag: Vancouver

5. VANCOUVER UND VANCOUVER ISLAND

Vancouver – pazifische Traumstadt und Olympiastätte

Vancouver wird in regelmäßigen Abständen zu den schönsten und lebenswertesten Orten der Welt gewählt. Kanadas **drittgrößte Stadt** nach Toronto und Montréal ist in den engen Grenzen der eigentlichen Stadtregion mit den 23 *Neighbourhoods*, den Stadtteilen, bei nur gut 620.000 Einwohnern nicht mal eine Millionen-Metropole. Dennoch ist der Großraum mit rund 2,3 Millionen Einwohnern der drittgrößte des Landes nach Toronto und Montréal und zugleich der größte in den westlichen Provinzen. Das entspannte Lebensgefühl der ethnischen Vielvölker-Agglomeration rührt zu einem Gutteil von der exponierten und spektakulären Lage zwischen den Coast Mountains und der Strait of Georgia, einer 30 km breiten Wasserstraße, die das Festland von Vancouver Island trennt.

Entspanntes Lebensgefühl

Um es gleich vorweg zu sagen: Die Stadt ist trotz ihrer Vorzüge keine Insel der Seligen: Auch Vancouver hat seine Schattenseiten, seine sozialen Brennpunkte, seine Kriminalität. Wie jede andere Großstadt. Ab und an entlädt sich eine aggressive Stimmung wie bei der Niederlage des örtlichen Eishockey-Clubs *Vancouver Canucks*, der im Mai 2011 zum ersten Mal seit vielen Jahren wieder im Endspiel des legendären nordamerikanischen *Stanley Cups* stand und das entscheidende siebte Spiel mit 0:4 gegen die *Boston Bruins* vor heimischem Publikum verlor. Straßenschlachten mit der Polizei waren die Folge, angezündete Autos, demolierte Geschäfte, Plünderungen, Verletzte auf beiden Seiten. Dennoch:

Die Bewohner sind ganz überwiegend stolz auf „ihr" Vancouver. Wo kann man schon, fragen sie (und wissen die Antwort natürlich längst), morgens Ski fahren, nachmittags segeln und abends ein tolles Rockkonzert mit einer weltberühmten Band genießen oder in einem angesagten Seafood-Restaurant neben einem Hollywoodstar sitzen, der im „kanadischen Kalifornien" gerade einen Film dreht?

Vielfältiges Angebot

Die wahre Schönheit wird erst aus der Vogelperspektive deutlich, wenn man etwa mit dem Wasserflugzeug über Vancouver einschwebt: Strände, Fjorde, Berge und vorgelagerte Inseln gehen eine reizvolle Symbiose ein mit den glitzernden Hochhäusern, dem rege frequentierten Hafen und den grünen Flecken der Erholungsgebiete der Stadt. Kurz vor der Landung am Canada Place ein letzter Blick zum Stanley Park, dem größten Citypark Kanadas, mit seiner 8 km langen Promenade, auf der sich an schönen Tagen Jogger, Biker und Spaziergänger drängen.

Die enge Verzahnung von urbanem Leben und Naturverbundenheit ist überall mit Händen zu greifen: Der öffentliche Personennahverkehr mit Bus, Hochbahn (SkyTrain) und Fähren, die vielen Fahrradfahrer, schadstoffarme Autos und systematische Mülltrennung zeugen von **umweltbewusstem Verhalten** der *Vancouverites*, wie die Bewohner genannt werden. Da passt es ins Bild, dass hier in den 1970er-Jahren die Umweltschutzorganisation Greenpeace (s. S. 142) ihren Ursprung hatte. So manchem Bewohner ist es inzwischen peinlich, wenn er von ausländischen Touristen auf die Kündigung des Kyoto-Protokolls durch die kanadische Regierung im Dezember 2011 angesprochen wird.

Urbanes Leben und Naturverbundenheit

Vancouver – pazifische Traumstadt und Olympiastätte

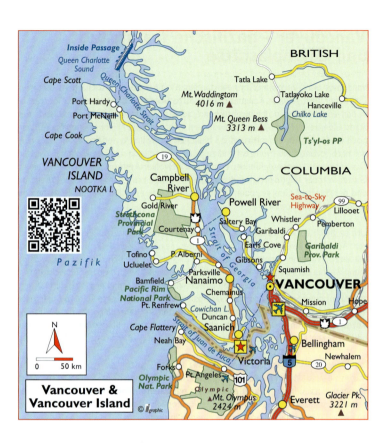

Entwicklungsschub seit Expo 1986

Vancouver hat sich vor allem seit den 1980er-Jahren enorm weiterentwickelt. Zum einen bedeutete die Weltausstellung 1986, die mit rund 20 Millionen Besuchern ein Publikumsmagnet war, einen architektonischen Schub. Das Ausstellungsgelände am Nordufer des False Creek wurde an den Hongkonger Milliardär und Immobilientycoon Li Ka-shing verkauft. Innerhalb weniger Jahre erschuf er in der Gegend am Rande der City ein angesagtes Wohn- und Arbeitsviertel, welches noch dadurch gewann, dass die benachbarte Peninsula Granville Island bereits zehn Jahre zuvor zu einem beliebten Einkaufs- und Kulturviertel umgewandelt worden war.

Zum anderen setzte in den 1980er- und 1990er-Jahren die **zweite große Einwanderungswelle** vor allem aus Hongkong ein, die in unmittelbarem Zusammenhang mit der Übergabe der britischen Kronkolonie an die Volksrepublik China stand. Da viele chinesische Einwanderer gut betucht waren, zogen die Miet- und Immobilienpreise in der Folgezeit stark an. Das führt seit einigen Jahren zu sozialen Verwerfungen wie einer verstärkten Obdachlosigkeit, die man seitens der Stadtverwaltung durch staatliche Programme in den Griff bekommen will.

Die zahlreichen Chinesen leben zu einem Gutteil in der **zweitgrößten Chinatown** in Nordamerika (nach San Francisco). Auch andere ethnische Gruppen konzentrieren sich in bestimmten Vierteln: Neben der Chinatown gibt es Koreatown, Punjabi Market (indische Bewohner), Greektown und das unvermeidliche Little Italy. Die Assimilierung der diversen Völker gelingt erstaunlich gut. In der Stadt liegt die Zahl der Eheschließungen zwischen den ethnischen Gruppen mehr als doppelt so hoch wie in anderen kanadischen und amerikanischen Städten.

Ethnische Gruppen

Unter mangelndem Selbstbewusstsein leiden die Bewohner Vancouvers jedenfalls nicht: Die Lage der Stadt ist außergewöhnlich, die Lebensqualität zählt international zu einer der höchsten, die ökonomische Situation mit einem der größten Häfen Nordamerikas, mit dem Sitz mehrerer Bergbaukonzerne, Medien- und Filmindustrie (Stichwort: Hollywood North) bietet in der globalisierten Welt von Morgen hervorragende Entwicklungsmöglichkeiten.

Geschichte

Wie überall in Nordamerika gibt es auch in Vancouver eine voreuropäische Geschichte. Die Ureinwohner (First Nations) siedelten in der Gegend bereits vor rund 5.000 Jahren. Manche Archäologen datieren die Siedlungsspuren gar bis zu 9.000 Jahre zurück. Die verschiedenen Stämme, die an der Küste des heutigen British Columbia siedelten, gehörten zu den **Küsten-Salish**, die auch die Nordwestküste der USA bewohnten.

Ureinwohner

Der erste Europäer, der die kanadische Westküste entlang segelte, war der spanische Entdecker und Offizier **José Maria Narváez**. Bereits ein Jahr später folgte ihm der englische Kapitän **George Vancouver**, nach dem die Stadt und auch die vorgelagerte Insel Vancouver Island benannt ist. Vancouver, zu dessen Förderern in der Royal Navy der berühmte James Cook zählte, erforschte die gesamte pazifische Westküste Nordamerikas. Der dritte Europäer, der einen maßgeblichen Einfluss auf die Entwicklung an der Westküste hatte, war der Pelzhändler **Simon Fraser**, der 1808 als erster Europäer die kanadische Pazifikküste auf dem Landweg erreichte. Fraser, der für die *North West Company* arbeitete, erkundete u. a. den nach ihm benannten Fraser River. Des Weiteren war er Namenspate für einen See in British Columbia und die bekannte Simon Fraser University in Vancouver.

Der Fraser-Canyon-Goldrausch von 1858 war der eigentliche Auslöser der Gründung der Kolonie British Columbia, aus der 1886 offiziell Vancouver hervorging. Zehntausende von Glücksrittern – meist aus Kalifornien – strömten nach Norden, um reich zu werden. Die Lage auf dem Festland machte die Regierungsvertreter der britischen Kronkolonie Vancouver Island nervös, die seit 1849 mit der Hauptstadt Victoria existierte. Man befürchtete das Schlimmste, und das hieß: Massen von amerikanischen Goldsuchern hatten sich auf einem rechtlich ungesicherten Territorium breitgemacht, das praktisch nicht unter der Kontrolle der britischen Administration stand und de facto dem Privatkonzern *Hudson's Bay Company* gehörte. Um einer schleichenden Amerikanisierung entgegenzutreten, proklamierte Großbritannien am 2. August 1858

Gold Rush

Denkmal des Gassy Jack in Vancouvers Gastown

die Kolonie British Columbia auf dem Festland. 1866 wurden die beiden Kolonien Vancouver Island und British Columbia zu den *United Colonies of Vancouver Island and British Columbia* fusioniert und traten 1871 der Kanadischen Föderation bei.

Vancouver selbst wurde am **6. April 1886 offiziell gegründet**. Doch bereits wenige Monate später zerstörte ein verheerender Großbrand einen Großteil der Stadt, die jedoch mit vereinten Kräften schnell wiederaufgebaut wurde. Der wirtschaftliche Aufschwung kam dann mit Macht durch die Eisenbahn. Im Mai 1887 fuhr der erste Zug in der Waterfront Station ein. Die Stadt verzwanzigfachte ihre Bevölkerungszahl innerhalb von knapp 15 Jahren. Um die Wende zum 20. Jh. lebten 100.000 Menschen in Vancouver. Die Forstwirtschaft entwickelte sich stürmisch, die Eröffnung des Panamakanals 1914 brachte dem noch kleinen jungen Hafen einen enormen Wachstumsschub, der transkontinentale Handel per Eisenbahn wurde immer bedeutender.

Dann folgten die einschneidenden Jahre der Weltwirtschaftskrise zu Anfang der 1930er-Jahre, die auch in Vancouver zur großen Depression führten. Die Stadt erholte sich spätestens mit Beginn des Zweiten Weltkriegs, als in den Werften Kriegsschiffe gebaut wurden und die Zulieferindustrie für die benachbarten Boeing-Werke lukrative Aufträge an Land zog. Nachdem der japanische Angriff auf Pearl Harbour Ende 1941 die amerikanisch-kanadische Pazifikregion erschüttert hatte, wurde nicht nur in den USA, sondern auch in Kanada die japanischstämmige Bevölkerung als Bedrohung wahrgenommen und teilweise enteignet und interniert. Erst im Jahr 1988 entschuldigte sich die Bundesregierung offiziell und leistete Entschädigungszahlungen.

Wirtschaftsboom

In den 1950er-Jahren setzte ein lang anhaltender Wirtschaftsboom ein, der den Ausbau der Infrastruktur verlangte. Straßen, Brücken, Universitäten und technische Hochschulen wurden errichtet, Eisenbahn und Flughafen ausgebaut.

Zwei internationale Großereignisse waren für die Entwicklung und den Bekanntheitsgrad der Pazifik-Perle von entscheidender Bedeutung: Die **Weltausstellung 1986** und die **Olympischen Winterspiele 2010**. Mit der Expo setzte ein Bauboom ein. 1983 wurde das BC Place Stadium eröffnet, das größte überdachte Stadion in Kanada. Seit 1986 verbindet der Sky Train, eine Hochbahn, die City mit den Vororten. Canada Place, Plaza of Nations und Science World sind weitere markante architektonische Ausrufezeichen, die für die Expo entstanden. Auch für die Winterspiele wurden eine Reihe von neuen Gebäuden gebaut, u. a. Wettkampfstätten und Hotels.

Hinweis
Überblickskarte Großraum Vancouver in der hinteren Umschlagklappe.

Sehenswertes

Gastown (1)

Der kleine historische Stadtteil am Harbour Centre mit seinen schön restaurierten viktorianischen Backsteinhäusern wird die Wiege Vancouvers genannt. Hier eröffnete **John Deighton** 1867 die erste Kneipe, hier steht das Wahrzeichen der Stadt, die berühmte Dampfuhr. Deighton, ein Dampfschifffahrtskapitän, eröffnete den **Globe Saloon**, der von Sägewerksarbeitern kostenlos gebaut wurde. Im Gegenzug durften sie bei ihren Kneipenbesuchen umsonst Whisky trinken. John Deighton war ein geschwätziger Kerl, der mit jedem einen Plausch hielt und dem Klatsch und Tratsch ausgiebig und mit Leidenschaft frönte. Darum nannten die Bewohner ihn *Gassy Jack* (geschwätziger Jack). So entstand der Name Gastown für das Viertel rund um seinen Saloon. In der Nähe seines Wohnhauses steht heute sein Denkmal.

Gastown erhielt 1886 die Stadtrechte, nachdem ein großes Sägewerk und ein Seehafen gebaut worden waren und der Flecken sich zu einem kleinen Handelszentrum entwickelte. Der Name hat – wie immer noch viele Besucher irrtümlich glauben – nichts mit den Straßengaslaternen zu tun, die die kopfsteingepflasterten Gassen schmücken. Oft wird im Zusammenhang mit Vancouver von der Altstadt gesprochen, wenn Gastown gemeint ist. Das bedeutet im nordamerikanischen Westen aber meist nur, dass die Gebäude aus dem späten 19. Jh. stammen.

Die Dampfuhr, **Steam Clock (2)**, steht an der Ecke Water Street und Cambie Street. Mit ihren vier schönen Ziffernblättern auf den vier Seiten war sie die erste ihrer Art auf der Welt. Sie wird mit Dampfkraft betrieben und besitzt ein mechanisches Pendel. Alle viereinhalb Minuten ertönt ein Pfeifton, alle Viertelstunde der berühmte Westminsterschlag, den man von der Londoner Big-Ben-Glocke kennt. Der Wasserdampf, mit dem die Uhr bewegt wird, stammt aus der Fernheizung des Stadtteils.

Dampfuhr

Bemerkenswert ist auch das **Dominion Building (3)** *(207 West Hastings Street)*. Mit seinen 14 Etagen und 53 m Höhe war das im Second-Empire-Stil gebaute Haus von 1908 bis 1910 das höchste Gebäude im British Empire. Es steht unter Denkmalschutz.

Redaktionstipps

▶ Im **Stanley Park** die grüne Lunge der Stadt besuchen und danach die Vielfalt der Meeresfauna im Vancouver **Aquarium** bestaunen (S. 128).
▶ Den Gipfeln so nah: **Cliffwalk** und **Treetops Adventures** geben neue Einblicke und neue Ausblicke (S. 144).
▶ Wenn man in die Vorstellungswelt der First Nations eintauchen will, ist man im **Museum of Anthropology** gut aufgehoben (S. 135).
▶ Eine eigene kleine Welt der Kunst, Kultur und Lebensart in ehemaliger Industrie-Architektur – das ist **Granville Island** (S. 132).
▶ Ein Hauch von Pionierzeit weht durch das historische Viertel von **Gastown** in einer ansonsten sehr modernen Metropole (S. 125).

Besucher-magnet

Gastown ist einer der Besuchermagneten von Vancouver. Hier reihen sich Restaurants, Cafés, Kneipen, Boutiquen, Galerien und Souvenirläden aneinander, schlendern Besucher aus aller Herren Länder gemeinsam mit den Einheimischen unter dem grünen Blätterdach der Laubbäume. 2009 erfuhr Gastown eine besondere Auszeichnung: Das Viertel wurde in den Rang einer *National Historic Site* von Kanada erhoben und gehört somit zum nationalen Kulturerbe des Landes.

Chinatown (4)

Die Anfänge der Chinatown (Pender Street, zwischen Gore Avenue und Carrall Street) liegen in den 1890er-Jahren, als die ersten etwa 1.000 Einwanderer sich dort niederließen. Sichtbares Symbol der Chinatown ist das große bunte Tor in der Pender Street. Obwohl rund 100.000 Einwohner chinesischer Abstammung sind, leben längst nicht alle in Chinatown – auch das ein Zeichen der gelungenen Assimilation. Seit sich immer mehr Chinesen in Richmond angesiedelt haben (hier gibt es zwei Nachtmärkte mit mehreren ausgezeichneten Garküchen), hat die „alte" Chinatown allerdings viel von ihrem einstigen Charme verloren.

Sehenswert ist jedoch noch immer der **Dr. Sun Yat-Sen Classical Chinese Garden (5)**. Der Park wurde pünktlich zur Expo 1986 eröffnet und von chinesischen Landschaftsarchitekten auch der Volksrepublik wesentlich gestaltet. Die Grünanlage ist zu Ehren von Sun Yat-Sen benannt, dem Gründer des modernen China, der einige Jahre in Vancouver im Exil lebte.
Dr. Sun Yat-Sen Classical Chinese Garden, *578 Carrall Street, www.vancouverchinesegarden.com, Mai–Mitte Juni, Sept. 10–18, Mitte Juni–Aug. 9.30–19, Okt.–April 10–16.30 Uhr, Eintritt Kinder unter 5 Jahren frei, Studenten $ 10, Senioren $ 11, Erwachsene $ 14, Familien $ 28.*

Das **Chinese Cultural Centre** informiert umfassend über die Geschichte der chinesischen Einwanderer nach Kanada. Neben einem Museum steht eine Bibliothek für den Kulturaustausch zur Verfügung. Durch Chinatown werden Führungen angeboten.
Chinese Cultural Centre, *555 Columbia Street, www.cccvan.com/museum_en.html, Di–So 11–17 Uhr, Eintritt Kinder unter 6 Jahren frei, Senioren/Studenten $ 2, Erwachsene $ 3.*

Chinesisches Neujahrsfest

Die chinesische Bevölkerung ist ein wichtiger kultureller Impulsgeber in der Stadt. So wird das chinesische Neujahrsfest, das immer im Januar oder Februar stattfindet, mit einer großen Parade gefeiert, und jedes Jahr im Juni findet auf dem False Creek das traditionelle Drachenbootrennen statt.

Robson Square und Vancouver Art Gallery (6)

In bester Citylage befindet sich der Robson Square zwischen Nelson und Georgia Street. Hier steht das **Court House** mit dem Berufungsgericht und dem höchsten Gericht der Provinz British Columbia, dem Supreme Court. Gleich nebenan erhebt sich das klassizistische Gebäude der **Vancouver Art Gallery**, das bis 1983 mehrere Gerichte beherbergte.

Sehenswertes in Vancouver

🔴 Sehenswürdigkeiten

1. Gastown
2. Steam Clock
3. Dominion Building
4. Chinatown
5. Dr. Sun Yat-Sen Classical Chinese Garden
6. Vancouver Art Gallery
7. Stanley Park
8. Vancouver Aquarium
9. Totempfähle am Brockton Point
10. Canada Place
11. Vancouver Convention & Exhibition Centre
12. Harbour Centre Tower
13. Marine Building
14. Fairmont Hotel Vancouver
15. Living Shangri-La
16. Yaletown
17. Granville Island
18. Emily Carr University of Art and Design
19. Arts Club Theatre Company
20. Carousel Theatre
21. Granville Island Brewing Company
22. Granville Island Public Market
23. Vanier Park
24. Vancouver Museum & HR McMillan Space Centre
25. Vancouver Maritime Museum
26. Museum of Anthropology

🟡 Unterkunft

1. HI Vancouver Central
2. Days Inn
3. Skwachàys Lodge
4. Granville Island Hotel
5. Blue Horizon Hotel
6. Auberge Vancouver Hotel
7. Century Plaza Hotel & Spa
8. The St. Regis
9. Fairmont Pacific Rim

🟠 Essen und Trinken

1. Hon's Wun-Tun House
2. Guu
3. Stepho's Souvlaki Greek Taverna
4. Rodney's Oyster House
5. Teahouse
6. Bishop's
7. CinCin Ristorante
8. Blue Water Café & Raw Bar
9. Le Crocodile

Die Art Gallery besteht seit 1931, damals noch in einem anderen Gebäude in der Nähe (1145 Georgia Street) untergebracht, und wurde vom Architekten Arthur Erickson umgebaut. Sie ist die größte in Westkanada und die fünftgrößte im Land. Rund 10.000 Kunstwerke, darunter bedeutende europäische Maler wie Chagall und kanadische moderne Klassiker wie Emily Carr, lagern in den Kellern des Museums. Aus Platzmangel können gerade mal 3 % des Bestands ausgestellt werden. Da die Sammlungen aus allen Nähten platzen, ist ein Erweiterungsbau geplant. Außerdem ist das Museum berühmt für seine fotografische Kunst. Diese Sammlung, die u. a. legendäre Werke von Henri Cartier-Bresson und André Kertesz sowie den beiden weltbekannten deutschen Fotokünstlern Andreas Gursky und Thomas Struth enthält, zählt zu den bedeutendsten in Nordamerika.

Vancouver Art Gallery, 750 Hornby Street, ☎ 604-662-4719, www.vanartgallery.bc.ca, tgl. 10–17, Di bis 21 Uhr, Eintritt Kinder unter 5 Jahren frei, 5–12 Jahre $ 6, Senioren/Studenten $ 15, Erwachsene $ 20, Familien $ 50, im Winter Ermäßigungen.

Stanley Park (7)

Einer der besten Ausblicke auf die Stadt bietet sich vom Stanley Park, der auf einer Halbinsel zwischen Burrard Inlet und English Bay liegt. Mit etwas über 400 ha ist er der größte Stadtpark Kanadas und einer der größten in Nordamerika. Benannt ist er nach Frederick Arthur Stanley, dem britischen Kolonialminister und späteren Generalgouverneur von Kanada (1888–1893). Seine Statue findet sich im Park. Stanley ist auch Namensgeber des berühmten *Stanley Cups* im Eishockey und des Stadtparks im englischen Liverpool. Dort war der Politiker nach seiner Rückkehr aus Kanada Oberbürgermeister.

Blick auf die City und den Stanley Park im Hintergrund

Der Park, der 1988 zur *National Historic Site* erklärt wurde, wird von einer knapp 9 km langen Uferpromenade, **Seawall**, eingefasst. Auf diesem Rundweg tummeln sich an schönen Wochenenden Zehntausende von Erholungssuchenden: Biker, Jogger, Skater, Spaziergänger, Hundesitter und weitere Frischluft-Fans genießen den Ausblick auf ihre Stadt. Nicht umsonst nennen manche den Park „Spielwiese für das ganze Jahr".

Die grüne Lunge ist großenteils bewaldet. Mächtige Hemlocktannen, Zedernbäume und Douglasien, Riesenlebensbäume und Sitka-Fichten bilden den natürlich gewachsenen Baumbestand. Das bedeutet, der Park ist nicht das Resultat gestalterischer Landschaftsgärtnerei. Heute sollen noch 150.000 Bäume auf dem Gelände stehen. Einst waren es mehr als eine halbe Million. Jedoch haben mehrere verheerende Stürme und Unwetter die Bestände reduziert.

Natürlicher Baumbestand

Vor der Nordwestküste der Halbinsel, auf welcher der Stanley Park liegt, ragt der **Siwash Rock** 18 m in die Höhe. Siwash bedeutet in einer heute fast ausgestorbenen indianischen Sprache so viel wie „Angehöriger der Ureinwohner". Der Monolith ist vulkanischen Ursprungs und entstand vor 32 Millionen Jahren durch Erosion.

Im Stanley Park gibt es weitere Sehenswürdigkeiten, die dazu beitragen, jährlich rund acht Millionen Besucher anzulocken. Ziemlich genau in der Mitte des Parks liegt der **Beaver Lake**, ein Anziehungspunkt für Ornithologen, da er Heimat für viele Wasservogelarten ist. Der See verwandelt sich jedoch zunehmend in einen Sumpf, da die zahlreichen Seerosen dem Wasser Sauerstoff entziehen und so den Abbau organischen Materials verlangsamen.

Das **Vancouver Aquarium (8)** gilt als Hauptattraktion des Stanley Parks. Unter den weltweit gut 200 öffentlich zugänglichen Aquarien ist es eines der größten und zieht seit seiner Eröffnung im Sommer 1956 die Besuchermassen an. Auf 9.000 m² leben mehr als 50.000 Tiere aus aller Welt, darunter Wale, Haie, Delfine, Schlangen, Krokodile, Seelöwen, Frösche, Vögel und seltene Fische. In verschiedenen Pavillons sind unterschiedliche Lebenswelten nachgebildet, etwa der Regenwald am Amazonas, der arktische Norden und der pazifische Nordwesten. Das Vancouver Aquarium hat sich daneben einen respektablen Ruf als Forschungsstätte im Bereich der Meeresbiologie erworben und unterhält Programme zur Erhaltung seltener mariner Tierarten.
Vancouver Aquarium, *845 Avison Way, Downtown,* ☎ *604-659-3474, www.van aqua.org, Mo–Fr 10–17, Sa/So, Fei 9.30–18 Uhr, Eintritt Kinder unter 4 Jahren frei, 4–12 Jahre $ 20, Senioren/Studenten/Jugendliche (13–18 Jahre) $ 25, Erwachsene $ 34, im Winter Ermäßigungen, Bus 19 von West Pender Street.*

Sehenswertes Aquarium

Eine besonders bei Kindern beliebte Attraktion ist der mehrere Kilometer lange Rundkurs der **Schmalspur-Parkeisenbahn**, die am Beaver Lake vorbeizuckelt. Sie ist eine Nachbildung des legendären ersten Zuges, der 1887 auf der transkontinentalen Strecke erstmals in Vancouver einfuhr.

Denkmäler erzählen immer eine Geschichte. Steht eine Person auf dem Podest, hat sie meist eine Beziehung zum Ort des Geschehens. So verhält es sich auch mit den diversen Statuen im Stanley Park. Mit einer Ausnahme: Der schottische Nationaldichter Robert Burns steht dort und hat nichts mit Vancouver zu tun. Das Gerücht geht,

Einer der Totempfähle im Stanley Park

dass Schottland die Figur „übrig" hatte, weil es in Schottland bereits unzählige Burns-Statuen gibt. Und so ist diese auf verschlungenen Pfaden im Stanley Park gelandet.

Wer aber ganz sicher etwas mit dem Stanley Park zu tun hat, sind die Angehörigen der First Nations. Die Halbinsel war schon vor rund 3.000 Jahren von Indianern bewohnt – sie lebten dort noch im ausgehenden 19. Jh. Sichtbarer Ausdruck sind die **Totempfähle am Brockton Point (9)**, die neben dem Aquarium zu den meistbesuchten Orten in Vancouver zählen. Heute sind neun Pfähle zu besichtigen, einige von ihnen Repliken alter und historisch wertvoller Stücke, die inzwischen in verschiedene Museen zur Erhaltung verbracht worden sind. Einige der Pfähle sind jedoch auch Originale, aber jüngeren Datums. So hat der First-Nations-Künstler Robert Yelton vom Stamm der Squamish hat 2009 einen Totempfahl im Gedenken an seine Mutter Rose geschnitzt, die eine der letzten Bewohnerinnen auf dem Gelände des Stanley Parks war.

Tipp
Den Stanley Park kann auch mit dem **Stanley Park Shuttle** erkunden (Mai–Sept. zwischen 11 und 18.30 Uhr, Haltepunkt: Miniature Railway Station). Der Shuttle, der 15 Sehenswürdigkeiten ansteuert, fährt alle 20–30 Min. Eine komplette Parkrunde dauert ca. 45 Min. Unterwegs kann man im Hop-on-Hop-off-Verfahren jederzeit die Tour unterbrechen. Der Preis: Kinder $ 5, Erwachsene $ 10, Familien $ 25.

Canada Place (10)

Dieses markante Gebäude liegt auf der Cityseite am Burrard Inlet, einem Fjord, der die Stadt Vancouver von den benachbarten und weithin sichtbaren North Shore Mountains und dem Nobelvorort West Vancouver trennt. Dieser gilt, bezogen auf die Immobilienpreise, als teuerste Gemeinde in ganz Kanada.

Zeltartige Spitzen

Die auffälligen zeltartigen Spitzen des **Canada Place**, die Schiffssegel symbolisieren, leuchten je nach Tageszeit in unterschiedlichem Licht. Das Gebäude wurde vom deutsch-kanadischen Architekten Eberhard Zeidler entworfen, der u. a. für den Mediapark in Köln und das Eaton Centre in Toronto verantwortlich zeichnet. Canada Place beherbergte den kanadischen Pavillon auf der Expo 1986 und wurde damals von Prince Charles und dem kanadischen Prime Minister Brian Mulroney eingeweiht.

Heute befinden sich darin das **Vancouver Convention & Exhibition Centre (11)**, also das Messe- und Kongresszentrum, ein Luxushotel und viele Jahre das weltweit erste IMAX-3-D-Kino, das allerdings vor Kurzem geschlossen wurde. Außerdem ist es Anlegestelle für Kreuzfahrtschiffe, die meist Richtung Alaska in See stechen.

Am Canada Place wird momentan der kleine Wasserflugzeug-Airport ausgebaut. Zurzeit heben dort Harbour Air und Westcoast Air mit ihren kleinen wie Insekten brummenden Beaver- und Twin-Otter-Maschinen z. B. Richtung Vancouver Island, zu den vorgelagerten Gulf Islands und nach Whistler ab.

Weitere architektonische Highlights

Einige weitere wichtige Gebäude in der Stadtarchitektur sollen erwähnt werden. Ein Lookout (Aussichtsplattform) in 130 m Höhe befindet sich auf dem Dach des **Harbour Centre Tower (12)** in der Innenstadt. Auf den Bürokomplex hat man ein futuristisch anmutendes Aussichtsdeck mit 360-Grad-Rundumsicht gesattelt. Mit einem Außen-Aufzug fährt man in schwindelnden Höhen hinauf. Das Ticket auf die Aussichtsplattform kann mehrmals genutzt werden. Bei Nacht wird das Ganze angestrahlt und sieht aus wie ein Flughafen-Tower. Für das Drehrestaurant **Top of Vancouver** hoch im Turm benötigt man zwar kein Ticket, doch die Preise für die Feinschmeckerküche sind natürlich gehoben (☏ *604-669-2220, www.topofvancouver.com*).
Harbour Centre Tower, *555 West Hastings Street, www.vancouverlookout.com, April–Anfang Mai 9–21.30, Mai–Sept. 8.30–22.30, Okt.–März 9–21 Uhr, Eintritt Kinder unter 6 Jahren frei, 6–12 Jahre $ 7,75, Studenten/Jugendliche (13–18 Jahre) $ 10,75, Senioren $ 12,75, Erwachsene $ 15,75, Familien $ 40.*

Rundumsicht

Nur wenige Gehminuten vom Harbor Centre entfernt steht die **Waterfront Station** *(601 West Cordova Street)*, ein im neoklassizistischen Stil erbauter Bahnhof, der heute wichtiger Verkehrsknotenpunkt ist.

Das **Marine Building (13)** *(355 Burrard Street)* entstand 1930 im Art-déco-Stil und orientiert sich architektonisch am Empire State Building in New York. Das Gebäude ist 98 m hoch und war bis 1939 das höchste Bauwerk der Stadt. Deshalb hatte man ursprünglich ein Aussichtsdeck eröffnet, das sich aber nicht rechnete, da der Eintrittspreis von 25 Cent für viele Menschen in der Wirtschaftsdepression der frühen 1930er-Jahre nicht bezahlbar war.

Empire State Building als Vorbild

Sehenswert ist die Eingangshalle. Die Wände sind mit zwölf verschiedenen heimischen Baumsorten getäfelt, Wandmalereien mit Motiven aus dem Tierreich und der Seefahrt schmücken die Innenräume, der Marmorboden und die zwölf Tierkreiszeichen des Horoskops tun ein Übriges, um Filmregisseure zu begeistern. So wurden hier Teile von großen Hollywood-Produktionen wie „Timecop", „Smallville" und „Blade" gedreht.

Das **Fairmont Hotel Vancouver (14)** *(West Georgia / Ecke Burrard Street)* ist ein Luxushotel der Fairmont-Gruppe und ist 111 m hoch. Damit war es bis 1972 das höchste Gebäude der Stadt. Das Art-déco-Gebäude mit dem grünen Patina-Dach wurde 1939 fertiggestellt. Auch dieses Haus wurde in verschiedenen TV-Serien verewigt.

Das **Living Shangri-La (15)** *(1120 West Georgia Street)* ist zurzeit mit 201 Metern, die sich auf 62 Stockwerke verteilen, das höchste Gebäude der Stadt.

Yaletown (16)

Angesagter Stadtteil

Im angesagten Stadtteil Yaletown gibt es eine Vielzahl von Szene- und Designer-Läden, hippe Clubs und beeindruckende, moderne Glasbauten. Früher ein heruntergekommenes Industrieviertel, hat sich Yaletown zum beliebten Touristenmagnaten gemausert – nicht nur wegen der Marina und dem Roundhouse, einem Kunst- und Kulturzentrum., Im Februar findet das Illuminate-Yaletown-Festival statt, ganz Vancouver feiert eine Woche lang mit.

Nicht weit von Yaletown entfernt, befindet sich das **BC Place Stadium** mit der **BC Sports Hall of Fame**. Hier tragen sowohl die *BC Lions* (Football) als auch die *Vancouver Whitcaps* (Soccer) ihre Spiele aus.

Gegenüber, über den False Creek, beeindruckt die **Science World** (Telus World of Science) mit ihrer futuristischen Kuppel. Im Museum werden wechselnde interaktive Ausstellungen gezeigt (Infos unter www.scienceworld.ca).

Granville Island (17)

Granville Island ist eine Halbinsel am Meeresarm False Creek. Sie entstand Anfang des 20. Jh. durch Landgewinnung und war lange Zeit ein Industrieareal. Nach dem Zweiten Weltkrieg lagen viele Fabrikanlagen brach und werden seit den 1970er-Jahren neu genutzt. Kunst, Kultur, Shopping und Entertainment haben auf Granville Island Einzug

Die Granville Bridge verbindet Granville Island mit Downtown Vancouver

gehalten und dafür gesorgt, dass die Peninsula zu den beliebtesten Touristen-Spots der Stadt gehört.

Zu den sehenswerten Orten zählen die **Marina** mit den schnittigen Jachten und Motorbooten der wohlhabenden Städter; die renommierte **Emily Carr University of Art and Design (18)**, die nach der bekannten Künstlerin benannt ist; die Theater **Arts Club Theatre Company (19)** und das **Carousel Theatre (20)**. Während das Carousel Theatre *(www.carouseltheatre.ca)* ein Kinder- und Jugendtheater ist, gilt der Arts Club als respektable Bühne (aktuelles Programm unter *www.artsclub.com*), auf der schon Künstler wie der kanadische Hollywoodstar Michael J. Fox und der im Großraum Vancouver geborene Sänger Michael Bublé ihre Auftritte hatten.

Theater

Des Weiteren bietet die **Granville Island Brewing Company (21)** Führungen und Kostproben des kanadischen Biers an. Der Großteil des 1984 in Granville Island gegründeten Unternehmens ist mittlerweile nach Kelowna, Ocanagan Valley, umgezogen. **Granville Island Brewing Company**, *1441 Cartwright Street, ☏ 604-687-BREW (2739), info@gib.ca, http://gib.ca, Führungen mit Beer Tasting in der Regel um 12, 13.30, 15, 16.30 und 17.30 Uhr, $ 9,75.*
Zentrale Anlaufstelle für die meisten Besucher ist aber der **Granville Island Public Market (22)**, ein Lebensmittelmarkt (Obst, Gemüse, Meeresfrüchte etc.) in einer großen Halle, in der sich auch Verkaufsstände von Kunsthandwerkern befinden *(tgl. 9–19 Uhr)*.

Wenn das Wetter schön ist, verwandeln sich die Plätze auf der Halbinsel in Open-Air-Showbühnen: Mehr als hundert Straßenkünstler, vom Musiker bis zum Pflastermaler und Zauberer, sind bei der Verwaltung registriert und haben die Erlaubnis, dem Publikum zu zeigen, was sie können.

Vanier Park (23)

Ein kurzer Spaziergang nur, und man erreicht den kleinen **Vanier Park** an der Burrard Bridge, die parallel zur Granville Bridge verläuft. Von der anderen Seite der Bucht ist der Park auch mit der Fähre zu erreichen, die am Vancouver Aquatic Centre ablegt. Im Park befindet sich das **Vancouver Museum & HR McMillan Space Centre (24)**. Das 1968 errichtete Gebäude mit der extravaganten weißen Kuppel besteht aus einem Planetarium, einem Observatorium und einem Museum für Astronomie. Das Dach erinnert an die Kopfbedeckung der Haida-Indianer. Im Vancouver Museum gibt es vier permanente Ausstellungen, die sich mit der Geschichte der Stadt beschäftigen: Boom, Bust and War; You Say You Want A Revolution; Gateway To The Pacific und The Gallery. Daneben wird eine wechselnde aktuelle Ausstellung gezeigt.
Vancouver Museum & HR McMillan Space Centre, *1100 Chestnut Street, ☏ 604-738-7827, www.spacecentre.ca, Mo–Fr 10–15, Sa 10–17, So 12–17 Uhr, Eintritt Kinder unter 5 Jahren frei, 5–11 Jahre $ 13, Senioren/Studenten/Jugendliche 12–18 Jahre $ 15, Erwachsene $ 18, Familien $ 56.*

Planetarium und Museum

Der Vanier Park am Rand des In-Stadtteils Kitsilano beherbergt nicht nur diverse Museen wie das MacMillan Space Centre, Vancouver Museum und Maritime Museum,

Digital Orca: Kunstwerk von Douglas Coupland, Schriftsteller und Künstler aus Vancouver, 2010 am Hafen

sondern ist zugleich Schauplatz mehrerer Kulturevents wie des Shakespeare-Festivals „Bard on the Beach", das über mehrere Monate im Sommer veranstaltet wird.

Das **Vancouver Maritime Museum (25)** befindet sich nicht weit vom Vancouver Museum & HR McMillan Space Centre im Vanier Park. Das dreieckige schöne Gebäude, das rund 100.000 Besucher im Jahr zählt, wurde um das auf dem Trockendock liegende Schiff „St. Roch" der *Royal Canadian Mounted Police* (RCMP) herum gebaut. Dieser ehemalige Schoner ist sozusagen das Herzstück der Ausstellung. Ein lehrreiches Video gibt Auskunft über all die Pionierleistungen, die mit diesem Schiff verbunden sind: So überquerte der aus Norwegen nach Kanada eingewanderte Henry Larsen mit seiner Crew 1940–1942 erstmals die Nordwestpassage in westöstlicher Richtung – die zweite Durchquerung dieser nördlichen Schiffsroute überhaupt, nachdem der legendäre Norweger Roald Amundsen der Erste auf dieser Route war. Die weitere Sammlung dieses Schifffahrtsmuseums umfasst Seekarten, Schiffsmodelle, Fotos und maritime Artefakte aller Art.

Vancouver Maritime Museum, *1905 Ogden Avenue,* ☎ *604-257-8300, www.vancouvermaritimemuseum.com, Mitte Mai–Mitte Sept. Mo–Sa 10–17, Do bis 20, So 12–17 Uhr, sonst Mo geschl., Eintritt: Kinder bis 5 Jahre frei, 6–18 Jahre/Studenten/Senioren $ 8,50, Erwachsene $ 11, Familien $ 30.*

In-Viertel Kitsilano

Einstiges Hippie-Viertel

Kitsilano, oder **Kits**, wie die Bewohner sagen, war in den 1960er-Jahren das Zentrum der Hippie-Bewegung in Westkanada. Die Gegend vom Kitsilano Beach und Jericho Beach über die Point Grey Road bis nach Süden zur 16th Avenue West wurde zur Experimentierbühne alternativer Lebensformen. Die Immobilienpreise waren günstig, das Leben bezahlbar. Doch viele der Alt-Hippies saßen in den 1980er- und 1990er Jahren in gut dotierten Jobs und kauften kurzerhand Häuser in ihrem „alten" Stadtteil. Wie überall auf der Welt setzte ein Gentrifizierungs-Prozess ein – die Mieten stiegen, die Häuser- und Grundstückspreise auch, schicke Restaurants und Cafés machten sich breit. Die angestammte Klientel musste den Rückzug antreten. Ob man diese Entwicklung nun mag oder nicht – es ist jedenfalls ein Erlebnis, dort herumzustreifen, in kleinen Shops und Boutiquen zu stöbern und abseits des Mainstreams einzukaufen.

Museum of Anthropology (26)

Westlich von Kitsilano lohnt ein Besuch des **Museum of Anthropology** an der University of British Columbia (UBC). Das Museum, das 1976 in seiner heutigen Form eröffnet wurde, befindet sich in einem ungewöhnlichen Glasbetonbau, für den der kanadische Architekt Arthur Erickson verantwortlich zeichnet. Das Museum ist eine der großen Touristenattraktionen der Stadt und beherbergt eine umfangreiche Sammlung von Kunst- und Gebrauchsgegenständen der Indianerstämme des pazifischen Nordwestens, darunter seltene Totempfähle, und weltberühmte Skulpturen wie „The Raven and the First Men" des kanadischen Künstlers Bill Reid, die auch auf der 20-Dollar-Banknote abgebildet ist.

„The Raven and the First Men"

Zentrale Anlaufstelle ist die **Great Hall** mit den Glaswänden, in der die wertvollen Totempfähle hoch aufragen. Durch die Glaskonstruktion der Halle und die umgebende Naturlandschaft hat man den Eindruck, die Totempfähle stünden in ihrer angestammten Umgebung.

Totempfähle werden zumeist aus den Stämmen des Riesenlebensbaums hergestellt. Anschließend werden sie bemalt und mit Schnitzereien versehen – Menschen, Tiere, und auch übersinnliche Kreaturen. Sie stellen eine Art hölzernes Familienwappen dar und sind Ausdruck des Prestiges und der Bedeutung einer Familie oder eines Clans. Totempfähle werden von unten nach oben „gelesen". Nicht immer erschließt sich die gesamte Bedeutung der Symbole, weil in der Regel nur der Künstler und sein Auftraggeber um die Geheimnisse der Inschriften und Schnitzereien wissen.

„Lesen" der Totempfähle

Die Museumssammlungen umfassen aber auch Artefakte aus anderen Ländern, vor allem der Südsee, Europa, Asien und Afrika. Die Objekte der First-Nations-Völker der Haida (Haida Gwaii, Prince Charlotte Islands, Gitxsan und Nisga'a vom Skeena River in Nord British Columbia) nehmen einen breiten Raum ein und sind besonders für diejenigen interessant, die Westkanada auf einer großen Rundreise kennenlernen wollen. Da nur ein Teil der gesamten Kollektion permanent gezeigt werden kann, werden regelmäßig Erweiterungsbauten hinzugefügt, zuletzt 2008. Draußen auf dem Vorplatz stehen zwei Haida-Häuser und zehn Totempfähle.

Museum of Anthropology, *UBC, 6393 North West Marine Drive, www.moa.ubc.ca, 604-822-5087, Mai–Okt. tgl. 10–17, Di 10–21 Uhr, Nov.–April Mo geschl., Eintritt Kinder unter 6 Jahren frei, Senioren/Studenten $ 14,50, Erwachsene $ 16,75, Di 17–21 Uhr $ 9, Familien $ 44,75.*

Reisepraktische Informationen Vancouver

i Information

Tourism Vancouver Visitor Centre, *Plaza Level, 200 Burrard Street, Vancouver, BC Canada, V6C 3L6,* 604-683-2000, *www.tourismvancouver.com, tgl. 8.30–18 Uhr.*
Tourism British Columbia Visitor Information Centre, *am Vancouver International Airport, in der Ankunftshalle,* 604-207-0953. *Hier kann man ein Hotelzimmer reservieren, Fahrkarten kaufen sowie Informationsmaterial und Karten über die Sehenswürdigkeiten der Stadt und der Provinz erwerben.*

Notfall

Notruf: ☎ 911
Vancouver General Hospital, Jim Pattison Pavilion, 899 W 12th Avenue, ☎ 604-875-4111.
St Paul's Hospital: 1081 Burrard Street, Downtown, ☎ 604-682-2344.

Hinweis

Generalkonsulate s. Allgemeine Tipps A–Z, S. 89.

Unterkunft

Hotels in Vancouver bieten – wie in jeder westlichen Millionen-Metropole – für jeden Geldbeutel und Geschmack etwas. Vom Luxushotel bis zum Hostel ist die Bandbreite an Unterkunftsmöglichkeiten groß.

HI Vancouver Central $–$$ (1), 1025 Granville Street, V6Z 1L4, Vancouver, ☎ 604-685-5335 und 1-877-203-4461, www.hihostels.ca/vancouvercentral. Jugendherberge, ca. 1 km vom Granville Skytrain entfernt. Frühstücksbuffet, jedes Zimmer mit kostenlosem WLAN. Allerdings Gemeinschaftsbad.

Days Inn $$ (2), 2075 Kingsway, V5N 2T2, Vancouver, ☎ 604-876-5531, 1-800-546-4792, www.daysinnvancouvermetro.com. Etwas außerhalb der City, neue und saubere Anlage im Motel-Stil mit 66 Zimmern, schön in kleine Grünanlage eingepasst. Frühstück im Preis inbegriffen, kostenloses WLAN.

Skwachàys Lodge $$$–$$$$ (3), 31 West Pender Street, V6B 1R3, Vancouver, ☎ 604-687-3589, http://skwachays.com. Im Mai 2014 eröffnete Kanadas erstes Boutique-Hotel, das von Künstlern der First Nations designt und eingerichtet wurde. Jedes Zimmer ist mit Einrichtungsgegenständen und Materialien dekoriert, die auf das traditionelle Leben der kanadischen Ureinwohner Bezug nehmen.

Blue Horizon Hotel $$$–$$$$ (5), 1225 Robson Street, V6E 1C3, Vancouver, ☎ 604-688-1411, www.bluehorizonhotel.com. Zentrale Lage, 214 Zimmer, meist mit Balkon, alles, was man braucht.

Granville Island Hotel $$$$ (4), 1253 Johnston Street, V6H 3R9, Vancouver, ☎ 604-683-7373, www.granvilleislandhotel.com. Die Sehenswürdigkeiten des In-Viertels nur einen Steinwurf entfernt. Schöner Blick auf die Marina, Fitnesscenter, Restaurant Dockside, kostenloses WLAN, im Sommer Fahrradverleih.

Century Plaza Hotel & Spa $$$$ (7), 1015 Burrard Street, V6Z 1Y5, Vancouver, ☎ 604-687-0575, www.century-plaza.com. Ein komfortables Suite-Hotel mit 240 Zimmern und eigener Küche. Wer seinen Kochkünsten nicht vertraut, kann auf das hoteleigene Restaurant zurückgreifen. Witzig: Ein Comedy Club ist dem Hotel angeschlossen.

Auberge Vancouver Hotel $$$$–$$$$$ (6), 837 West Hastings Street, V6C 1B6, Vancouver, ☎ 604-678-8899, www.aubergevancouver.com. In den historischen Stadtbezirk Gastown sind es gerade mal 12 Minuten, auch Canada Place und die Pacific Center Mall liegen nur einen Steinwurf entfernt. Komfortabel ausgestattet, großes Fitnesscenter, mehrere Restaurants und Bars.

The St. Regis $$$$–$$$$$ (8), 602 Dunsmuir Street, Gastown, V6B 1Y6, Vancouver, ☎ 604-681-1135, www.stregishotel.com. Ein Boutique-Hotel im historischen Gastown-Distrikt, stilvolle Architektur, schöne Zimmer, ein Mix aus klassisch und modern.

Fairmont Pacific Rim $$$$$ (9), 1038 Canada Place Way, V6C 0B9, Vancouver, ☎ 604-695-5300, www.fairmont.de/pacificrim. Mit allem ausgestattet, was der luxusverwöhnte Mensch so braucht (oder auch nicht): Flatscreen-TV, iPod-Docking Station im Zimmer,

Pool auf der Dachterrasse, riesiges Fitnessstudio und vieles mehr. Liegt verkehrsgünstig wenige Meter vom Canada Place entfernt.

Shangri-La Vancouver $$$$$, 1128 West Georgia Street, V6E 0A8, Vancouver, ☎ 604-689-1120, www.shangri-la.com/vancouver. Luxushotel in der 1.–15. Etage des höchsten Gebäudes der Stadt **Living Shangri-La (15)** mit 62 Stockwerken. Moderner asiatischer Stil. Mit Spa und Feinschmeckerrestaurant. Nur wenige Gehminuten bis zur Vancouver Art Gallery und zum Einkaufsviertel Robson Street. Schöner Blick auf die Stadt.

Essen und Trinken

Vancouver hat in den vergangenen Jahren kulinarisch einen großen Sprung nach vorn gemacht. Konnte die Qualität der Restaurants bis in die 1990er-Jahre nicht immer Schritt halten mit der ökonomischen und bevölkerungspolitischen Entwicklung der Stadt, so hat sich das geändert. Eine noch junge Kochphilosophie hat sich herausgebildet, die man am besten mit dem Begriff „West Coast Cuisine" beschreibt. Frische (Seafood-) Produkte des pazifischen Raums, gepaart mit den Esstraditionen der (überwiegend asiatischen) Einwanderer ergeben eine reizvolle Cross-Over-Küche. Manche verwenden auch den Begriff „Fusion- oder Pacific-Rim-Cuisine".

Tipp

Aktuelle Trends kann man im „**Eat Magazine**" nachlesen oder im Internet unter **www.urbanspoon.com**.

Hon's Wun-Tun House (1), Chinatown, 268 Keefer Street, ☎ 604-688-8303, www.hons.ca. Kantonesische Küche mit ausgezeichnetem Preis-Leistungs-Verhältnis. Hier essen auch viele Chinesen. Das sagt alles. Der Besitzer hat noch einen zweiten Laden in der 1339 Robson Street.

Guu (2), 838 Thurlow Street, ☎ 604-685-8817. Guu-Kneipen sind extrem populär in Kanada; das Konzept stammt aus Japan und ist „herüber geschwappt". In Japan heißt eine Kneipe „Izakaya" (wörtlich: „Sake-Laden zum Sitzen"). In Kanada nennen sie sich Guu-Kneipen. Sie servieren japanische Tapas und Bier bzw. Sake. Es geht laut zu, nichts für zartbesaitete Gemüter. Aber originell.

Stepho's Souvlaki Greek Taverna (3), 1124 Davie Street, ☎ 604-683-2555. Große Portionen für den kleinen Geldbeutel; aufmerksamer und prompter Service.

Rodney's Oyster House (4), Gastown, 52 Powell Street, ☎ 604-685-2005, www.rohvan.com. Maritime Gastfreundschaft, exzellentes frisches Seafood. Weitere Lokalität im angesagten Stadtteil Yaletown (1228 Hamilton Street).

Teahouse (5), 7501 Stanley Park Drive, ☎ 604-669-3281. Relaxte Atmosphäre im Stanley Park direkt am Wasser; tolle Ausblicke auf die English Bay. Die Karte bietet keine außergewöhnlichen Kreationen, punktet aber mit Frische und gut zubereiteten Gerichten.

Bishop's (6), 2183 W 4th Avenue, ☎ 604-738-2025, www.bishopsonline.com. Im Trend-Viertel Kitsilano eine Institution. West Coast Food vom Feinsten; regionale Küche der gehobenen Art, vom Lachs bis zum Fraser Valley Beef Tenderloin, sehr gute Desserts.

CinCin Ristorante (7), 1154 Robson Street, ☎ 604-688-7338, www.cincin.net. Elegantes und romantisches Ambiente. Für viele der beste Italiener der Stadt.

Blue Water Café & Raw Bar (8), 1095 Hamilton Street, ☎ 604-688-8078, www.bluewatercafe.net. D I E Adresse für frisches Seafood. Immer voll, ohne Reservierung, auch während der Woche, geht gar nichts. Schick-rustikal mit einer Architekturmischung aus Zedernholz und Ziegeln.

Reisepraktische Informationen Vancouver

Le Crocodile (9), 909 Burrard Street, ☎ 604-669-4298, www.lecrocodilerestaurant.com. Sieht aus wie ein besseres Bistro, gehört aber zu den besten französischen Restaurants der Stadt. Ausgezeichnetes Preis-Leistungs-Verhältnis.

Nachtleben

Die angesagten Nightlife-Spots sind gerade **Granville**, **Gastown** und **Yaletown**. In die Clubs und Discos kommt man meist nur rein, wenn man $ 5–10 Eintritt bezahlt. Die Drinks sind meist ordentlich teuer.

Barcelona Ultra Lounge, 1180 Granville Street, ☎ 604-249-5151, www.barcelona nights.ca. Das Clubkonzept orientiert sich an den Boutique-Style-Clubs von Miami und New York: eng, intim, das Publikum nah beim DJ. Lange Warteschlangen am Wochenende.

Fortune Sound Club, 147 E Pender Street, ☎ 604-569-1758, www.fortunesound club.com. Mitten in Chinatown gelegen, mehrfach preisgekrönt, DJs legen auf, angesagte Bands spielen, der Music-Mix reicht von Soul bis Hip-Hop.

Bar None, Yaletown, 1222 Hamilton Street, ☎ 604-689-7000. Sehen und gesehen werden lautet das Motto. Die Schönen und die Reichen schlürfen hier ihre Cocktails.

Einkaufen

Inuit Gallery, 206 Cambie Street, ☎ 604-688-7323, www.inuit.com. Modernes und traditionelles Kunsthandwerk.

Hill's Native Art, 165 Water Street, ☎ 604-685-4249, www.hills.ca. Indianische Kunst der Indianer der Nordwestküste auf drei Etagen.

Crafthouse Gallery, Granville Island, 1386 Cartwright Street, ☎ 604-687-6511, www.craftcouncilbc.ca. Schmuck, Töpferwaren und mehr. Hier findet man immer eine Kleinigkeit.

Monte Clark Gallery, 525 Great Northern Way, ☎ 604-730-5000, www.monteclark gallery.com. Spezialisiert auf Drucke, Fotografien und Avantgarde-Malerei.

Mode: Die **Robson Street** ist Top-Einkaufs- und zugleich Flaniermeile im Herzen der Stadt (vom Stanley Park bis zum BC Place Stadium). Zwischen Burrard Street und Jervis Street sind die bekannten Modeketten angesiedelt, zahlreiche Designer-Shops, Secondhand- und Souvenirläden finden sich entlang des Einkaufsparadieses.

Bei schlechtem Wetter bieten die Einkaufszentren **Pacific Centre Mall** (701 W. Georgia Street), **The Bay** (674 Granville Street) sowie **Royal Centre** Einkaufsspaß pur.

Designer-Kleidung findet man in Boutiquen um die **West Hastings Street** zwischen Burrard und Richards Street. Auch in **Kitsilano** (4th Avenue West of Burrard) wird man fündig, daneben in **Gastown** (sog. Retro Clothing).

Pharsyde, 860 Granville Street, ☎ 604-683-5620. Hippe Modelabels sowie Schuhe für Männer und Frauen.

Motherland, 3647 Main Street, ☎ 604-568-7530; und ganz neu: Motherland, 466 West Cordova, Ecke Water Street, ☎ 604-681-0780). Lokale Modedesigner im Angebot.

Smoking Lily, 3634 Main Street, ☎ 604-873-5459, www.smokinglily.com. Freizeit- und Business-Mode mit dem kanadischen Touch. Die Natur in Westkanada spiegelt sich in diversen Facetten in den Outfits.

Obsessions, 595 Howe Street, ☎ 604-633-0091, www.obsessionsonline.com. Ausgefallene Geschenkideen aller Art.

Atmosphere (früher: Coast Mountain Sports), 1625 Chestnut Street, ☎ 604-731-6181, www.atmosphere.ca. Sport- und Outdoor-Ausstatter. Derselbe Anbieter wie der „Klassiker" in Vancouver; es gibt nur einen neuen Namen und ein noch breiteres Angebot.

Black Bond Books & Book Warehouse, 632 West Broadway und 4118 Main Street, ☎ 604-872-5711. Große Auswahl an Büchern und Zeitschriften.
Little Sister's Book and Art Emporium, 1238 Davie Street, ☎ 604-669-1753, www.littlesisters.ca. Buchladen für Schwule und Lesben. Liegt im West End, dem Gay-Viertel der Stadt.
Wanderlust, 1929 W 4th Street, ☎ 604-739-2182, www.wanderlustore.com. Wie der Name schon sagt: Reiseliteratur, Wanderkarten, aber auch Reisegepäck und Accessoires. Wer sich erst vor Ort mit der Spezialliteratur eindecken will, ist hier genau richtig.

Markt

Granville Island Public Market, Lebensmittelmarkt mit riesigem Angebot, auf Granville Island, tgl. 9–19 Uhr.

Feste und Festivals

Das Shakespeare-Festival **Bard on the Beach** mit mehreren Shakespeare-Stücken und Events wird von Ende Mai bis September in zwei Theater-Zelten im Vanier Park ausgetragen. Programm und Tickets: ☎ 604-739-0559, 1-877-739-0559, www.bardonthebeach.org.
Im März findet das **International Wine Festival** statt (www.playhousewinefest.com). Dutzende Veranstaltungen rund ums Thema nationale und internationale Weine.
Dragon Boat Festival (www.dragonboatbc.ca). Im Juni finden drei Tage lang Rennen auf dem False Creek statt, daneben wird das Festival von allerlei kulturellen Veranstaltungen eingerahmt.
International Jazz Festival (www.coastaljazz.ca). Eines der großen Jazzfestivals weltweit im Juni. Die Zahlen sind beeindruckend: 10 Tage, 40 Bühnen und 400 Konzerte, verteilt über die Stadt.
Vancouver International Film Festival (www.viff.org). Zwei Wochen lang im Oktober werden Filme aus aller Welt gezeigt und prämiert. Die meisten Filme laufen im Vancouver International Film Centre. Es zählt zu den bedeutenden internationalen Festivals. Asiatische Produktionen und Dokumentarfilme gehören zu den Schwerpunkten.

Aktivitäten und Touren

Vancouver Trolley Company, ☎ 1-888-451 55 81, www.vancouvertrolley.com. Diese Sightseeing-Busse funktionieren im Hop-On-Hop-Off-Verfahren. Man kann jederzeit unterwegs an den Haltestellen aus- oder zusteigen (Preis $ 40). Die Busse fahren die wichtigsten Sehenswürdigkeiten der Stadt ab.
Grey Line West Coast Sightseeing, ☎ 604-451-1600, www.vancouversightseeing.com. Das Unternehmen bietet Stadtrundfahrten in Vancouver, aber auch Touren nach Vancouver Island, Whistler etc. an.
Lotus Land Tours, 1251 Cardero Street, ☎ 604-684-4922, www.lotuslandtours.com. Angeboten werden verschiedene Tagestouren, von Whale Watching bis River Rafting. Lassen Sie sich inspirieren!
Bites-on Salmon Charters, 450 Denman Street, ☎ 604-688-2483, 1-877-688-2483, www.bites-on.com. Angelausflüge als Halb- oder Ganztagestour auf Sportbooten zu den besten Lachsgründen der Region.
Harbour Cruises, 501 Denman Street, ☎ 604-688-7246, www.boatcruises.com. Ob bei der Hafenrundfahrt, beim Luncheon Cruise oder Dinner Cruise – hier fühlt man sich in guten Händen (Hafenrundfahrt Erwachsene $ 30).

Fahrradfahren
Bush Pilot Biking, 5907 MacGregor Road, Peachland, BC, ☏ 250-826-4766, www.bushpilotbiking.com. Wer Vancouver und Umgebung per Fahrrad erkunden möchte, kann hier das passende Equipment mieten. Ebenso sind geführte mehrtägige Touren bei Bush Pilot Biking im Angebot.

Bayshore Bicycle Rentals, 745 Denman Street, ☏ 604-688-2453, www.bayshorebikerentals.ca. Fahrräder und Rollerblades sind im Angebot. Warum nicht die Sea Wall Promenade im Stanley Park auf Rollerblades ausprobieren? Dort wird man nicht alleine sein! Bikes ab $ 30/Tag, Rollerblades ab $ 28/Tag.

Cycle BC Rentals & Tours, 73 E, 6th Ave, ☏ 604-709 56 63, www.cyclebc.ca. Dieser Anbieter bietet nicht nur Fahrräder aller Art, sondern auch E-Bikes, Scooter und mehr.

Golf
In und um Vancouver gibt es eine Reihe von Golf Courses.
Morgan Creek, Surrey, ☏ 604-531-4653, www.morgancreekgolf.com. Auch Nicht-Clubmitglieder können eine Runde spielen auf dem Kurs, den Arnold Palmer konzipiert hat.

Verkehrsmittel: Flughafen
Vancouver International Airport, Sea Island, ☏ 604-207-7077, www.yvr.ca. 15 km südlich des Zentrums gelegen.

Air Canada, ☏ 604-688-5515 und 1-888-247-2262, www.aircanada.ca.
WestJet, ☏ 604-606-5525 und 1-800-538-5696, www.westjet.com.
Pacific Coastal, ☏ 604-273-8666 und 1-800-663-2872,, www.pacific-coastal.com.

Transfer vom Flughafen in die Innenstadt
... mit dem Sky Train: Seit den Olympischen Winterspielen 2010 ist diese neue Fahrstrecke, die **Canada Line** (16 Stationen, www.translink.ca), in Betrieb und verbindet in einer knappen halben Stunde den Airport mit der City ($ 5). Die Hinweistafeln in der Ankunftshalle weisen den Weg zum Sky Train.

Tipp
Sinnvoll ist es, einen **Day Pass** für $ 9,75 zu kaufen (am Airport z. B. am TVM, Ticket Vending Maschine), da man einen Tag beliebig oft mit den Bussen, dem Sky Train und dem SeaBus fahren kann.

... mit dem Taxi
Fahrzeit vom Flughafen in die Innenstadt 25 Min., Preis ca. $ 32.
Limousinen: Preis ca. $ 45–50.
Aerocar Service, ☏ 604-298-1000, www.aerocar.ca.
Excel Limousine, 7176 Nanaimo Street, ☏ 604-433-3550, www.excellimousine.ca.

... mit dem Bus
Pacific Coach, ☏ 1-800-661-1725, www.pacificcoach.com, fahren vom Airport nach Whistler und Victoria.
Whistler Direct Shuttle, ☏ 604-299-6101, www.whistlerdirectshuttle.com, verkehren zwischen Downtown Vancouver und Whistler; Roundtrip $ 98.
Greyhound, ☏ 1-800-661-8747, www.greyhound.ca.

... mit dem Mietwagen

Pacific Car Rentals, ☏ 604-689-4506, www.pacificcarrentals.com, Preise aktuell erfragen; neben diesem lokalen Anbieter finden sich die großen internationalen Anbieter in der Ankunftshalle, etwa **Budget, National, Hertz, Alamo, Avis, Europcar, Thrifty**.

Camper/Wohnmobile/Motorhomes
Fraserway RV Rentals, ☏ 604-527-1102 und 1-800-661-2441, www.fraserway.com. Große Auswahl an sogenannten Recreational Vehicles (Wohn- oder Reisemobile). Anbieter in ganz Kanada vertreten.
Westcoast Mountain Campers, ☏ 604-279-0550 und 1-888-878-3200, www.wcmcampers.com. Regionaler Anbieter in West-Kanada.

Nahverkehr

Die Verkehrsgesellschaft in Vancouver heißt **TransLink** (www.translink.ca). Sie betreibt und verbindet fahrplanmäßig verschiedene Elemente des Öffentlichen-Personen-Nahverkehrs (ÖPNV), also Busse, Bahnen (Sky Train, West Coast Express) und Fähren (SeaBus).

Zentraler Verkehrsknotenpunkt ist das neoklassizistische Gebäude der **Waterfront Station** (601 West Cordova Street). Hier laufen drei Linien des **Sky Train** (Canada Line zum Airport, Expo Line Richtung Burnaby und Surrey, Millenium Line nach Burnaby und New Westminster), die **SeaBus-Fähre** nach North Vancouver sowie der **West Coast Express** (Nahverkehrszug) Richtung Port Moody und Mission zusammen.

Außerdem fahren weitere **City-Buslinien** und regionale Busse die Waterfront Station an. Der SkyTrain ist eine fahrerlose Hochbahn, die zur Expo 1986 in Betrieb genommen wurde und heute 48 Stationen auf einer Länge von rund 70 kmn anfährt.

Fahrscheine gelten für das gesamte Verbundsystem, das in drei Tarifzonen ($ 2,75, $ 4 und $ 5,50 am Wochenende und tgl. nach 18.30 Uhr gelten $ 2,75 für alle drei Zonen) aufgeteilt ist. Im Gebiet der günstigsten Tarifzone 1 befinden sich die meisten der Sehenswürdigkeiten. Einzeltickets sind 90 Minuten gültig. Wer als Besucher die Stadt erkunden will, sollte allerdings ein **Tagesticket** kaufen (DayPass $ 9,75 für alle Zonen).

Fahrscheinautomaten stehen an den einzelnen Stationen.
Bustickets sollten mit dem exakt abgezählten Betrag bezahlt werden, da es kein Wechselgeld beim Fahrer gibt.

Transfer von der Innenstadt in den Großraum Vancouver und zu weiteren Zielen in BC (etwa Vancouver Island)

Fähre

BC Ferries, ☏ 1-888-223 3779, www.bcferries.com.
Der „Platzhirsch" unter den Fährgesellschaften bietet 25 Routen, u. a. von Vancouver nach Vancouver Island, zur Sunshine Coast, zu den Gulf Islands, befährt die Inside Passage zwischen Prince Rupert und Port Hardy, die Discovery Coast Passage zwischen Port Hardy und Bella Coola und von Port Hardy nach Skidegate auf Haida Gwaii (Prince Charlotte Islands).

Knapp 30 km südlich von Vancouver in **Tsawwassen** verkehren die BC Ferries von und nach Victoria und den südlichen Gulf Islands. Busse und Sky Train bringen die Passagiere nach Downtown Vancouver.

Die **Fähren von Nanaimo** (V. I.) laufen über Horseshoe Bay, etwa 15 km nördlich, am Hwy 99.

Wasserflugzeug

Flüge u. a. nach Vancouver Island **ab Canada Place**, Kosten: ca. $ 150. Anbieter: **Harbour Air**, ☏ 604-274-1277, www.harbourair.com. **Westcoast Air**, ☏ 604-606-6800, www.westcoastair.com.

Bus/Sky Train

Stadtrundfahrten, s. unter Aktivitäten und Touren.
Sky Train / SeaBus: Sky Train, Busse und Fähren sind ein integriertes Verkehrssystem und mit den Fahrplänen aufeinander abgestimmt.

Fernbahnhof

Der Fernbahnhof **Pacific Central Station** befindet sich an der 1150 Station Street und ist ein Kopfbahnhof. Hier enden die Strecken der VIA Rail von Toronto (dreimal pro Woche) und der Amtrak-Zug aus Seattle. Auch der Luxuszug Rocky Mountaineer startet von hier aus seine Touren Richtung Rocky Mountains. Die Greyhound-Busse fahren ebenfalls von hier ab.

Wo alles begann: Greenpeace kommt aus Kanada

Die wohl bekannteste internationale Umweltschutzorganisation wurde Anfang der 1970er-Jahre in Vancouver gegründet. Kanadische und amerikanische Atomwaffengegner wollten damals Atomwaffentests der Amerikaner in Alaska verhindern. Ein Benefizkonzert mit James Taylor und Joni Mitchell sollte den finanziellen Grundstock erbringen, um ein Schiff zu kaufen, mit dem man ins Testgebiet schippern wollte. Diese Protestaktion erhielt den Namen **Greenpeace**, und auch der Fischkutter, mit dem man nach Alaska wollte, wurde auf diesen Namen getauft. Die amerikanische Küstenwache fing das Schiff allerdings ab und verhinderte den Protest vor Ort.

Zwar war die Aktion nicht erfolgreich, wurde aber zur Keimzelle von Greenpeace. In den folgenden Jahren trat **David McTaggart** auf die Bühne. Der kanadische Geschäftsmann hatte seine Firma verkauft und lebte fortan in Neuseeland und der Südsee. Er engagierte sich gegen die französischen Atomtests auf dem Südsee-Atoll Mururoa und stellte den Umweltschützern seine Jacht zur Verfügung. Das Boot wurde von der französischen Marine aufgebracht, die Mannschaft verprügelt. Das bestärkte McTaggart nur noch mehr in seinem Engagement. Die Kampagne zeigte Wirkung, die Franzosen verzichteten fortan auf oberirdische Atomtests, wenngleich sie diese nun unterirdisch fortführten. Der lange Atem von Greenpeace und die weltweiten Proteste sollten endlich Mitte der 1990er-Jahre zur Aufgabe auch dieser unterirdischen Tests führen.

McTaggart gilt zwar nicht als Urvater der Greenpeace-Gründung, wohl aber als derjenige, der die Organisation weltweit aufstellte: Er gründete 1979 **Greenpeace International** und war zwölf Jahre lang der Präsident. 2001 verstarb er in Italien.

Greenpeace ist heute in rund 40 Staaten tätig und beschäftigt als sog. Nichtregierungsorganisation (NGO) mehr als 1.200 Mitarbeiter. Rund drei Millionen Mitglieder fördern die weltweiten Greenpeace-Aktivitäten. Die Organisation ist eine stark auf Aktionen ausgerichtete Kampagnenbewegung, die durch meist spektakuläre Unternehmungen globale Aufmerksamkeit erregt: Mittlerweile ist das Themenspektrum weit gefächert. Die wichtigsten Bereiche sind der Kampf gegen die Atomkraft, der Einsatz gegen den Walfang und die Herausforderungen der Klimaerwärmung. Daneben stehen die Gentechnik, die Überfischung und die Rodung von Wäldern weit oben auf der Prioritätenliste.

Der Hauptsitz von Greenpeace International ist in Amsterdam, das deutsche Headquarter befindet sich in Hamburg. Die knapp 600.000 deutschen Mitglieder machen die deutsche Sektion zur finanzstärksten innerhalb der internationalen Organisation.

Sehenswürdigkeiten in der Umgebung von Vancouver

Ein Halbtagesausflug über den Fjord Burrard Inlet nach North Vancouver und West Vancouver führt über eine von mehreren Brücken: Die Second Narrows Bridge, eine reine Eisenbahnbrücke, die Ironworkers Memorial Second Narrows Crossing und die **Lions Gate Bridge**, auch First Narrows Bridge genannt. Diese Hängebrücke ist besonders schön anzusehen, knapp 2 km lang, und fußt auf mächtigen 111 m hohen Pylonen.

Capilano Suspension Bridge

Auf der gegenüberliegenden Seite fährt man noch etwa 1,5 km bis zur **Capilano Suspension Bridge**. Die frei schwebende Hängeseilbrücke wurde 1889 fertiggestellt

Die Lions Gate Bridge in Vancouver

Nur für Schwindelfreie

und überspannt den Capilano River in einer Höhe von etwa 70 m. Der erste Besitzer des Landes und der Brücke war der schottische Ingenieur George Grant Mackay. In der Folgezeit wechselten die Besitzer des Geländes einander ab. Jeder verewigte sich mit irgendeinem Detail: Der eine baute ein Teehaus, der andere stellte Totempfähle auf. Einen gewaltigen Schub bei den Besucherzahlen erhielt der Ort, nachdem die heutige Besitzerin Nancy Stibbard 1983 die Anlage erworben hatte. Sie investierte kräftig in den Ausbau. 2004 wurden die **Treetops Adventures** eröffnet – sieben Hängebrücken, die in bis zu 30 m Höhe zwischen alten Douglasfichten auf der Westseite des Canyons aufgespannt sind und den Besuchern eine völlig neue Sichtweise auf den Naturraum bieten.

Seit Sommer 2011 ist eine weitere Attraktion hinzugekommen: **Cliffwalk**, eine schwindelerregende Tour über schmale Stege, die an manchen Stellen einen Glasboden haben und teilweise in einem Halbkreis angelegt sind. Das Gefühl, frei schwebend über dem Canyon und dem rauschenden Fluss zu laufen, ist nichts für Leute mit Höhenangst.

Capilano Suspension Bridge, *3735 Capilano Road, North Vancouver, BC V7R 4J1,* ☏ *604-985-7474 und 1-877-985-7474, www.capbridge.com, tgl. 8.30–20 Uhr (Sommer), 9 Uhr bis Einbruch der Dunkelheit (Winter). Eintritt (alle Attraktionen) Kinder unter 6 Jahren frei, 6–12 Jahre $ 12, Jugendliche $ 22,95, Studenten $ 29,95, Senioren $ 33,95, Erwachsene $ 35,95.*

Grouse Mountain

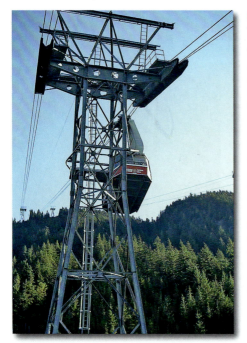

Wer nun einmal in der Nähe ist, kann noch den kurzen Weg nach **Grouse Mountain** fahren. Die Gegend um den Berg ist eine Ausflugsdestination für die Menschen der Millionen-Metropole Vancouver. Im Sommer kommen die Wanderer, Mountainbiker und Paraglider, im Winter die Ski-Enthusiasten und Snowboarder, die die 26 Abfahrten mehr oder weniger gekonnt meistern. Einige der Hänge sind für Nacht-Abfahrten geeignet.

In einer geschlossenen Gondel (**Skyride Gondola**) geht es in wenigen Minuten auf 1.200 m hinauf *(tgl. 9–22 Uhr alle 15 Min)*. Von dort oben eröffnet sich ein faszinierender Blick auf die Stadt, den Hafen und die Bergmassive. 2010

Hoch hinaus geht es mit der Skyride Gondola

wurde ein Windrad in Betrieb genommen, das einen Großteil der Energie der gesamten Ausflugsdestination produzieren soll. Tipp: An der Spitze der Windturbine – ganz nah an den Rotorblättern – haben die Ingenieure ein Aussichtsdeck gebaut, das man mit einem Fahrstuhl erreichen kann.

Grouse Mountain, *am Ende der Capilano Road, 6400 Nancy Greene Way, North Vancouver BCV7R 4K9, ☏ 604-980-9311, www.grousemountain.com, Eintritt (Skyride Gondola und weitere Attraktionen) Kinder unter 5 Jahren frei, 5–12 Jahre $ 13,95, Jugendliche (13–18 Jahre) $ 23,95, Senioren $ 35,95, Senioren $ 37,95, Erwachsene $ 41,95.*

Weitere Ausflugsziele

Etwa 7 km westlich liegt der **Cypress Provincial Park** an der Strait of Georgia, der seit den 1920er-Jahren ein beliebtes Naherholungsgebiet für die Großstädter aus Vancouver ist. Die **Cypress Mountain Ski Area** *(http://cypressmountain.com)* bietet zahlreiche Abfahrten unterschiedlicher Schwierigkeitsgrade, ist aber im Winter nicht so überlaufen wie Grouse Mountain.

Skigebiet

1 km südwestlich am Trans Canada Highway geht die Fähre von Horseshoe Bay nach **Bowen Island**. Die Fähre legt einmal pro Stunde ab und benötigt für die Überfahrt kaum eine halbe Stunde. Auf dem Eiland leben rund 3.500 Menschen, viele von ihnen Künstler und Kreative.

Information
Visitor Information Centre, *Bowen Island, 432 Cardena Road, ☏ 604-947-2634, www.biac.ca, Mitte Mai–Anfang Sept.*

Von Vancouver nach Whistler

Whistler liegt rund 115 km nördlich von Vancouver. Wenn man in West Vancouver und an der Lions Bay auf dem Highway 99 nach Norden fährt, geht es zunächst am Wasser entlang. Links erstreckt sich die Küstenlinie des Howe Sound, der fast 50 km tief ins Landesinnere einschneidet. Wer aufs Wasser schaut, sieht eine grandiose Fjordlandschaft, die scharfzackigen Berge jenseits des Wassers sowie kleine und weniger kleine grüne Inseln.

Fjordlandschaft

Britannia Mine Museum

Kurz vor Squamish lohnt ein Stopp am Britannia Mine Museum. Das Museum wurde 1971 gegründet, um die Erinnerung an die Minentradition in British Columbia aufrechtzuerhalten. In dem Bergwerk wurde von 1888 an Kupfererz gefördert. In den folgenden Jahrzehnten entwickelte sich die Mine zu einer der größten Kupferabbaustätten der Welt. Sie wurde 1974 geschlossen, als die Produktionskosten und der Verfall der Rohstoffpreise eine unheilige Allianz eingingen. Heute können sich Besucher einen

Im Minenzug Eindruck verschaffen von der harten und entbehrungsreichen Arbeit unter Tage. Mit einem gelb gestrichenen Minenzug rumpelt man durch einen authentischen Tunnel, den Bauhelm fest auf dem Kopf, und lauscht den Erläuterungen zu den Werkzeugen und Maschinen, die die Arbeiter zur Kupfererzgewinnung benötigten. Wie in den meisten nordamerikanischen Museen legen die Betreiber großen Wert auf interaktive Besucherbeteiligung und Familienfreundlichkeit. So kann man – auch wenn es sich um eine ehemalige Kupfermine handelt – mit der Pfanne hantieren und sein Glück als Hobbysucher erproben.

Britannia Mine Museum, *Britannia Beach, ☏ 604-896-2233, www.bcmm.ca, tgl. 9– 17.30 Uhr, Tourbeginn alle halbe Stunde 10–15.30, Sa/So 10–16 Uhr, Eintritt Kinder unter 6 Jahren frei, 6–12 Jahre $ 17, Senioren/Studenten $ 21, Erwachsene $ 25, Familien $ 92.*

Squamish

Ungefähr auf halbem Weg nach Whistler liegt Squamish. Die Kleinstadt verdankt ihren Namen dem Indianerstamm, der in diesem Bereich in einem Reservat lebt. Südlich der Stadt befindet sich der **Stawamus Chief Provincial Park** am Highway 99. Man hält direkt auf die unübersehbare Steilwand von Stawamus Chief zu, in der sich kleine bunte Pünktchen wie in Zeitlupe langsam bewegen: Freeclimber, die den 700-m-Monolith aus Granit auf unzähligen Kletterrouten aller Schwierigkeitsgrade bezwingen wollen. Die Stadt setzt verstärkt auf Tourismus und die Tatsache, dass zunehmend „Vancouverites" vor den hohen Immobilienpreisen fliehen und sich in Squamish niederlassen. Die einstmals vorherrschende Forstwirtschaft spielt heute immer noch eine Rolle.

Wasserfälle Direkt südlich schließt sich der **Shannon Falls Provincial Park** an. Die Hauptattraktion sind die gleichnamigen Wasserfälle, die sich in mehreren Kaskaden insgesamt 335 m hinabstürzen. Damit gehören sie zu den höchsten Wasserfällen in British Columbia.

Whistler

Olympische Winterspiele Whistler, etwa 50 km von Squamish, hat durch die **Olympischen Winterspiele 2010** und die **Paralympics** weltweite Beachtung erfahren. Zwar firmierten die Spiele unter der Marke „Olympische Winterspiele in Vancouver", doch für viele Fans und Sportler schlug das eigentliche Herz in Whistler. Hier fanden die alpinen und nordischen Ski-Wettbewerbe statt, aber auch die Wettbewerbe im Biathlon, Rodeln, Skeleton und Bob. Die Spiele hatten zwei olympische Dörfer, eins in Vancouver und das andere in Whistler. Vor allem aber wurde die Medaillen-Zeremonie auf der Celebration Plaza in Whistler abgehalten – besonders hohe weltweite TV-Einschaltquoten und beste Tourismuswerbung waren dadurch garantiert.

☞ Tipp
Wer noch einmal eintauchen möchte in die Geschichte der **Winterolympiade 2010***, kann die verschiedenen Wettkampfstätten, das Olympische Dorf und andere Attraktionen besichtigen. Infos bei der Touristeninformation von Whistler (s. u.).*

Skiparadies Whistler

Es gab jedoch auch jede Menge kritischer Stimmen, die sich etwa an der schlechten Ökobilanz störten (der Hwy. 99 wurde ausgebaut, ein Bergrücken weggesprengt, für diverse Abfahrtspisten wurden 100.000 Bäume gefällt), am Umgang mit den First Nations (sie monierten, dass die Spiele größtenteils ohne ihre Zustimmung in ihren Stammesgebieten stattfanden), an den hohen Ticketpreisen, die dazu führten, dass so mancher Zuschauerplatz unbesetzt blieb. Und nicht zuletzt sorgte eine Reihe von Sportler-Unfällen (so starb ein georgischer Rodler in der Bobbahn) für Kritik an den Organisatoren.

Die Region Whistler-Blackcomb mit den beiden Hausbergen **Whistler Mountain** (eine Gondel führt zum 2.182 m hohen Gipfel hinauf) und **Blackcomb Peak** (2.440 m, Auffahrt mit der Seilbahn möglich) wurden erst in den frühen 1960er-Jahren für den Wintersport entdeckt. Ursprünglich war das Whistler-Tal ein indianischer Handelsweg der Squamish und Lil'wat. Die ersten Briten, die sich im 19. Jh. hier niederließen, nannten den Berg *London Mountain*. Später wurde er nach dem Pfeifton der Murmeltiere in Whistler Mountain umbenannt.

Whistler mit seinen 10.000 Einwohnern präsentiert sich nicht erst seit den Olympischen Winterspielen 2010 als dynamisch-sportive Event-Location. Das blitzsaubere Ski-Resort verströmt nicht ganz den Charme eines europäischen Traditionswintersportorts, aber vor allem Kanadier, Amerikaner und zunehmend Japaner stört das überhaupt nicht. Im Gegenteil: Whistler ist inzwischen für die Wintersportbegeisterten aus Fernost das beliebteste Schneeziel weltweit.

Wintersportziel

Zwar geht es im Sommer etwas beschaulicher zu, doch werden sportliche Aktivitäten das ganze Jahr über saisonunabhängig angeboten. Die Palette der Möglichkeiten ist beeindruckend. Wer ein Wochenende nach Whistler fährt, hat die Qual der Wahl. Im

Sommer-
aktivitäten

Sommer sind Mountainbiking, Hiking, Golf, River Rafting, Klettern, Angeln, Kanu, Kajak, Reiten, Quad-Touren in der Angebotspalette. Im Winter locken Ski alpin, Langlauf, Snowboarding, Heli-Skiing, aber auch Wellness-Packages. Dieses breite Angebot, die schöne Umgebung, das schmucke und fußgängerfreundliche Städtchen mit sehr guter Infrastruktur, schönen Restaurants und Hotels, zieht im Jahr rund zwei Millionen Besucher aus aller Welt an.

Über die Geschichte und Entwicklung des weltberühmten Resorts können Besucher im **Heimatmuseum** Interessantes erfahren.
The Whistler Museum, *4333 Main Street, ☏ 604-932-2019, www.whistlermuseum.org, tgl. 11–17 Uhr, Eintritt Kinder unter 7 Jahren frei, 7–18 Jahre $ 4, Senioren/Studenten $ 6, Erwachsene $ 7,50, Familien $ 20.*

Auch das **Squamish Lil'wat Cultural Centre** lohnt einen Besuch. Das architektonisch ansprechende Gebäude aus Stahl, Glas und Holz in Form eines indianischen Longhouses vermittelt die Geschichte und Kultur der lokalen Indianerstämme.
Squamish Lil'wat Cultural Centre, *4584 Blackcomb Way, ☏ 604-964-0990, www.slcc.ca, tgl. 9.30–17 Uhr, Eintritt Kinder unter 6 Jahren frei, 6–12 Jahre $ 8, Senioren/Studenten $ 13,50, Erwachsene $ 18, Familien $ 49, Mo Eintritt auf Spendenbasis.*

Kanada als Gastgeber der Olympischen Spiele

Kanada war bislang dreimal Gastgeber bei Olympischen Spielen: **1976** (17. Juli bis 1. August) bei den **XXI. Sommerspielen in Montréal**, **1988** (13. Februar bis 28. Februar) bei den **XV. Winterspielen in Calgary** und **2010** (12. Februar bis 28. Februar) bei den **XXI. Winterspielen in Vancouver**.

Zwar waren die Spiele in **Montréal 1976** die ersten des Landes und die bislang einzigen (großen) Sommerspiele, doch gilt das internationale Sport-Großereignis von 1976 zugleich als das problematischste aller kanadischen Olympiaden.

Sportlich, politisch und ökonomisch waren die Spiele für das Land ein großer Misserfolg. Zum ersten Mal in der Geschichte der Sommerspiele blieben die Gastgeber ohne Goldmedaillengewinn. Durch Streiks und eine Wirtschaftsrezession wurden einige der Spielstätten, darunter das Olympiastadion, nicht rechtzeitig fertig. Es wurde gar erwogen, Kanada die Spiele zu entziehen und kurzfristig noch einmal in München stattfinden zu lassen.

Viele afrikanische Staaten boykottierten diese Olympiade, weil eines der Teilnehmerländer, Neuseeland, zuvor ein Rugbyspiel in Südafrika bestritten hatte – damals ein Verstoß gegen die internationale Anti-Apartheidpolitik.

Die kanadische Bundesregierung wollte keinerlei Steuergelder für ein befürchtetes Defizit bei den Kosten zur Verfügung stellen, daher mussten die Stadt und die Provinz Québec die Finanzierung allein stemmen. Die düsteren wirtschaftlichen Prophezeiungen wurden Wirklichkeit – kein anderer olympischer Austragungsort litt dermaßen lange unter der finanziellen Bürde. Rund 30 Jahre lang zahlte die Stadt die Milliardenkosten ab.

Die **Winterspiele 1988 in Calgary** waren die letzten, bei denen zwei deutsche Mannschaften (BRD und DDR) in den Wettbewerben gegeneinander antraten, wobei die DDR mit neun Goldmedaillen die Westdeutschen mit zwei Goldenen klar besiegte. Eine Rekordzahl von 57 Nationen nahm teil.

Erstmals gingen die Winterspiele über 16 Tage, was vor allem den TV-Sendern entgegenkam. Außerdem wurde eine Reihe von neuen Wettbewerben olympisch, u. a. der Super-G und die alpine Kombination. Diese Winterspiele galten außerdem als großer Publikumserfolg – die Zuschauerauslastung bei den Wettkämpfen lag bei knapp 80 %. Bei diesen Spielen blieben nicht nur manche sportliche Erfolge lange im Gedächtnis, etwa die beiden Goldmedaillen des Italieners Alberto Tomba im Ski Alpin und die Goldmedaille von Eiskunstlauf-Star Katarina Witt (damals noch für die DDR), sondern auch die sportlichen Versuche der Kult-Wintersportler „Eddie the Eagle" im Skispringen und der jamaikanischen Bobfahrer, die durch den Hollywoodfilm „Cool Runnings" weltberühmt wurden.

Die Spiele **2010 in Vancouver (und Whistler)** sahen bereits 82 teilnehmende Nationen. Die Stadt in British Columbia hatte sich in Kanada zuvor gegen Calgary, das eine zweite Olympiade anstrebte, und Québec durchgesetzt. Aber diese Winterspiele standen in mancher Hinsicht unter keinem guten Stern. Die Spiele waren von den Veranstaltern als die ökologischsten deklariert worden, konnten diesem hohen Anspruch jedoch nicht gerecht werden. Die Umweltbilanz fiel insgesamt negativ aus. 100.000 Bäume mussten dem Bau der Sportanlagen weichen, ganze Bergrücken wurden weggesprengt, um neue Straßen zu bauen und bestehende zu erweitern.

Weitere massive Kritik kam von den Völkern der First Nations. Sie warfen der Regierung und dem IOC vor, sich auf ihre Kosten zu bereichern, ihre Territorien, auf denen teilweise die Spiele ausgetragen wurden, zu verschandeln und die ökologischen Lebensräume zu bedrohen.

Sportlich betrachtet war diese Olympiade für die Gastgeber die erfolgreichste. In der Nationenwertung belegte man noch vor Deutschland und den USA den ersten Platz. Die Sportler selbst kritisierten die Organisatoren wegen akuter Sicherheitsbedenken bei einigen der ausgetragenen Wettkämpfe. Bei der Frauen-Abfahrt wurde die Strecke nach einigen spektakulären Stürzen entschärft, auch die Bobbahn wurde baulich etwas verändert, nachdem der georgische Rodler Nodar Kumaritaschwili tödlich verunglückt war.

Viele Zuschauer kritisierten die hohen Eintrittspreise, sodass viele Tickets unverkauft blieben. Und auch das Wetter spielte oft nicht mit. El Nino machte den Veranstaltern einen Strich durch die Rechnung. Mangels Schnees mussten große Mengen der weißen Pracht von weit entfernten Gebieten herangekarrt werden. Auch Kunstschnee kam zum Einsatz.

Reisepraktische Informationen Whistler

Information
Tourism Whistler, 4230 Gateway Drive, Whistler BC V0N 1B4, ☎ 604-935-3357 und 1-800-944-7853, www.whistler.com.

Unterkunft
Lake Placid Lodge $$$, 2050 Lake Placid Road, Whistler BC V0N 1B4, ☎ 604-932-6999, www.whistlerblackcomb.com. Rustikal-gemütlich ist diese Lodge mit ihrem Kamin in der Lobby, der im knackig-kalten Winter wohlige Wärme verspricht.

Fairmont Château Whistler $$$$$, 4599 Château Boulevard, Whistler BC V0N 1B4, ☎ 604-938-8000, www.fairmont.de/whistler/. Eingebettet in dichten Nadelwald am Fuß des Blackcomb Peak liegt das schlossähnliche Grandhotel malerisch in Whistler. Aller erdenklicher Luxus ist im exorbitanten Übernachtungspreis inbegriffen.

Four Seasons Resort Whistler $$$$$, 4591 Blackcomb Way, Whistler BC V0N 1B4, ☎ 604-935-3400, www.fourseasons.com/whistler. Im Châlet-Stil gebautes Komforthotel der Luxusklasse mit 273 Zimmern.

Essen und Trinken
Black's Pub & Restaurant, 4270 Mountain Square, ☎ 604-932-6408, www.blackspub.com. Rustikal mit großen Fenstern, damit man während des Essens die tolle Landschaft genießen kann. Restaurant und Pub auf mehreren Etagen.

Araxi, 4222 Village Square, ☎ 604-932-4540, www.araxi.com. Canadian Mountain Cuisine wird offeriert: Die regionalen Erzeuger aus dem nahen Pemberton Valley garantieren für gleichbleibend hohe Qualität. Das frische Seafood aus dem Pazifik landet ohne Zeitverlust auf dem Teller.

Einkaufen
Mehr als 200 Geschäfte aller Art warten in dem populären Wintersportort auf Kundschaft.

Roots, 4154 Village Green, ☎ 604-938-0058. Überall in Kanada vertreten. Seit 40 Jahren Sportklamotten, T-Shirts, Schuhe, Ledertaschen und mehr.

Eddie Bauer, 4295 Blackcomb Way, 116, ☎ 604-938-3268, www.eddiebauer.com. Outdoorkleidung in großer Auswahl.

The Rocky Mountain Chocolate Factory, 4293 Mountain Square, 217, ☎ 604-932-4100, www.rockychoc.com. Ein Paradies für alle „Süßmäuler". Schokolade und andere Sweets in rauen Mengen.

Auf zum Snowboarden

Vancouver Island
Überblick

Es gibt verschiedene Möglichkeiten, von Vancouver nach Vancouver Island zu gelangen: Die populärste Route ist die Fährverbindung von Horseshoe Bay in West Vancouver nach Nanaimo. Dann führt eine andere Route von Tsawwassen nach Nanaimo. Daneben existiert ca. 30 km südlich von Vancouver eine Fährverbindung von Tsawwassen nach Swartz Bay. Zudem ist British Columbias größte Insel per Flugzeug von Vancouver aus erreichbar – sowohl vom Vancouver International Airport als auch per Wasserflugzeug vom Hafen aus (Zielort ist Victoria). Es gibt weitere Verbindungen auf die Insel, etwa die Fähre von Powell River nach Comox oder Verbindungen aus den USA, auf die hier nicht näher eingegangen wird (Details s. Reisepraktische Informationen Victoria, S. 168).

Redaktionstipps

▶ Tee trinken kann man überall. Im **Fairmont Empress Hotel** wird die englische **Teatime** geradezu zelebriert (S. 166).
▶ Auf dem **West Coast Trail** wandern – auch wenn man sich nicht die ganze Strecke zutraut (S. 170).
▶ Das **Royal British Columbia Museum** besuchen: Hier wird die Entwicklung Westkanadas in vielen Aspekten fokussiert – beinahe ein Pflichttermin für alle Besucher Victorias (S. 157).
▶ Einen Tagesausflug mit dem Schiff auf dem **Alberni Inlet** machen (S. 176).
▶ Mit dem Schlauchboot auf einer **Whale-Watching-Tour vor Tofino** in See stechen (S. 183).

Vancouver Island ist mit einer Fläche von 31.285 km² unwesentlich größer als Belgien. Die Insel ist 450 km lang und rund 100 km breit. Auf der Insel lebt etwa eine Dreiviertel Million Menschen, die meisten im Großraum der Hauptstadt Victoria.

Die höchsten Berge erreichen um die 2.000 m; die höchste Erhebung mit 2.195 m heißt Golden Hinde und liegt im Strathcona Provincial Park. Der längs durch die Insel verlaufende Gebirgszug der **Vancouver Island Ranges** teilt die Insel in zwei mikroklimatische Zonen: die regenreiche und von heftigen Stürmen heimgesuchte Pazifikseite sowie die gemäßigtere, ruhigere Osthälfte, die durch den Regenschatten deutlich geringere Niederschläge aufweist. Das Klima ist milder als auf dem Festland mit nicht so tiefen Temperaturen und wenig Schnee.

War die Insel bis vor einigen Jahrzehnten noch durch dichten **gemäßigten Küstenregenwald** geprägt, sind diese großen zusammenhängenden Waldgebiete deutlich geschrumpft, da die Holzindustrie ihren Einschlag verstärkt hat. Dagegen wenden sich sowohl die Angehörigen der First Nations als auch Mitglieder diverser Umweltschutzorganisationen (s. u.).

Gefährdung des Küstenregenwalds

Flora und Fauna haben sich in Teilen anders entwickelt als auf dem Festland. Die Riesen-Lebensbäume, Douglasien und Sitka-Fichten erreichen andere Ausmaße als auf dem Festland: Manche von ihnen ragen beinahe 100 m in die Höhe. Bären, Wölfe, Pumas, Kojoten und Bergziegen streifen in großer Zahl durch das einsame Hinterland. Das Vancouver-Murmeltier, das vom Aussterben bedroht ist, bewohnt ausschließlich die Insel. Die Flüsse der Insel gelten als besonders fischreich. Das hängt u. a. mit der Meeresströmung zusammen, die besonders reich an Phytoplankton ist. Vancouver Island ist zudem eine Vogelparadies und ein besonders guter Ort für Whale Watching.

Endemische Flora und Fauna

Papier- und Ölkonzerne und das Abholzen der Küstenwälder

Das Abholzen von Wäldern ist nicht nur ein Problem tropischer Urwaldgebiete am Amazonas oder in Afrika und Südostasien. Auch auf der Nordhalbkugel, in Russland, aber vor allem in Kanada, werden Hunderte von Quadratkilometern abgeholzt, um aus Sand Öl zu fördern oder Rohstoffe für die Papierindustrie zu gewinnen. Doch Umweltschützer weisen darauf hin, dass gerade der gemäßigte Regenwald das artenreichste Ökosystem der gemäßigten Klimazone ist, und dass die Zerstörung dieser Gebiete negative Folgen für das Weltklima haben wird.

Das Abholzen riesiger Waldflächen fördert die Erderwärmung. Was das für verheerende ökologische Folgen haben kann, konnten die Kanadier 2007 erstmals vor ihrer eigenen Haustür beobachten. Die Nordwestpassage blieb über mehrere Wochen eisfrei. Zudem verlieren bedrohte Tierarten zunehmend ihre Lebensräume, der Erosion und der Verschlammung der Lachsflüsse wird durch den Kahlschlag Vorschub geleistet.

Erste ermutigende Schritte wurden jedoch von Umweltschützern, die eine Allianz mit den First-Nations-Völkern eingegangen sind, erreicht. So konnte ein verbindliches Abkommen mit der Regierung getroffen werden, den *Great Bear Rainforest* in British Columbia in Teilen unter Schutz zu stellen. Am 7. Februar 2006 trat die Vereinbarung zwischen der Provinzregierung, einigen Völkern der First Nations, der Industrie sowie Umweltschützern in Kraft. Nun sind 1,8 Millionen Hektar, rund ein Drittel der gesamten Fläche von 64.000 Quadratkilometern, geschützt.

Doch das sind nur die ersten Schritte auf dem Weg zu mehr Schutzgebieten und einem besseren Miteinander von Ökologie und Ökonomie.

Kurzer geschichtlicher Abriss

Besiedlung nach der Eiszeit

Ausgrabungen deuten darauf hin, dass Stämme der First Nations bereits nach der letzten Eiszeit die Insel besiedelten. Die ersten Europäer, die Vancouver Island erreichten, waren 1774 die Spanier. Der britische Seefahrer und Entdecker James Cook ankerte 1778 an der Westküste und reklamierte das Land für die britische Krone.

Dass der spanische Einfluss – falls er je eine größere Bedeutung hatte – zunehmend schwand, lässt sich auch an der offiziellen Bezeichnung der Insel festmachen: Hieß sie im ausgehenden 18. Jh. noch *Isla de Quadra y Vancouver*, so war im 19. Jh. nur noch von Vancouver Island die Rede. George Vancouver war ein britischer Marineoffizier und Entdecker, der die pazifische Küste Nordamerikas bis hinauf nach Alaska erforscht hatte. Im 19. Jh. verstärkte die *Hudson's Bay Company* ihre wirtschaftlichen Aktivitäten auf der Insel. Die Gesellschaft verlegte ihr regionales Hauptquartier vom Staatsgebiet der USA an den Ort, an dem heute Victoria liegt. 1846 legte der sog. **Oregon-Kompromiss** die Staatsgrenze zwischen den USA und Kanada auf den 49. Breitengrad fest. Die *Hudson's Bay Company* befürchtete aus diesem Grund wirtschaftliche Nachteile in Kanada, wenn sie ihr regionales Hauptquartier auf US-Boden belassen würde.

Überblick

1849 wurde die **Kronkolonie Vancouver Island** gegründet, die bis 1866 existierte und dann mit der auf dem Festland gelegenen Kolonie British Columbia fusionierte.

Während des **Fraser-Goldrauschs** 1858 strömten Tausende von Glücksrittern vornehmlich aus Kalifornien über das Nadelöhr Victoria Richtung British Columbia. In Victoria rüsteten sich die Prospektoren mit all den Waren aus, die sie draußen im Feld benötigten. Diese massive amerikanische Präsenz verstärkte den politischen Druck, die Kolonien in Westkanada zu vereinigen, da man Angst vor einem zu großen Einfluss der USA hatte.

Die zweite Hälfte des 19. Jh. brachte Vancouver Island einen industriellen Schub: Der Eisenbahnbau der *Esquimalt & Nanaimo Railway*, Kohlefunde im Osten und weitere

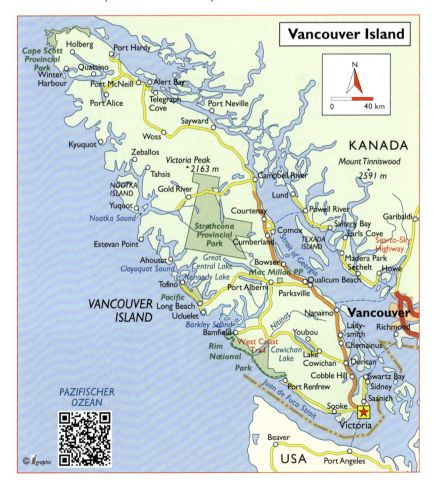

*Gruben-
unglück*

Goldräusche in British Columbia, die an Bedeutung zunehmende Holz- und Papierindustrie trieben die Einwohnerzahl von British Columbia und Vancouver Island in die Höhe. Die ökonomische Entwicklung brachte immer wieder Rückschläge. Das verheerende **Grubenunglück von Nanaimo 1887** tötete 150 Kumpel, darunter etwa ein Drittel chinesische Bergleute. Bereits im 19. Jh. waren asiatische Einwanderer nach Vancouver Island geströmt, von denen viele in der aufblühenden Industrie schufteten. Auch in den Folgejahren starben bei kleineren Zwischenfällen immer wieder Bergleute, die in einem der längsten Streiks der kanadischen Geschichte zwischen 1912 und 1914 gegen die laxen Sicherheitsvorschriften protestierten.

Im 20. Jh. verlor insbesondere die Stadt Victoria endgültig den Kampf um den Titel der führenden Wirtschaftsmetropole an Vancouver. Victoria als Hauptstadt der Provinz British Columbia entwickelte sich zu einer Verwaltungsmetropole, während Vancouver zum ökonomischen Kraftzentrum der Westküste avanciert ist. Seit den 1970er-Jahren lebt die Insel zunehmend vom Tourismus.

Fahrt von Nanaimo nach Victoria

Die Überfahrt von Horseshoe Bay nach **Nanaimo** dauert 90 Minuten. Nanaimo hat etwa 80.000 Einwohner und ist somit die zweitgrößte Stadt der Insel. Die Fahrt geht über den Highway 1 an der zerklüfteten Südostküste entlang über Ladysmith, dem Geburtsort von Hollywoodstar Pamela Anderson, ins 110 km entfernte Victoria. Vorgelagert sind einige besuchenswerte Inseln wie **Gabriola** und vor allem **Galiano Island**, ein Geheimtipp für Wanderungen an den schönen Stränden und Sea Kayaking.

Fort Rodd mit dem Fisgard Lighthouse westlich von Victoria

Das Eiland, das nach einem spanischen Seefahrer benannt ist, der vor mehr als zwei Jahrhunderten durch die *Strait of Georgia* segelte, ist 19 km lang und nur etwa 1 km breit.

Einen kurzen Stopp sollte man in **Chemainus** einlegen. Die jüngere Geschichte des Städtchens zeigt, wie von den Bewohnern aus der Not eine Tugend gemacht worden ist. Mehr als ein Jahrhundert lang setzte man in Chemainus auf die Holzwirtschaft. Ein Sägewerk nach dem anderen entstand. Doch in der Krise zahlt sich die Konzentration auf einen Wirtschaftszweig meist nicht aus. Nach und nach mussten die Betriebe schließen – der letzte in den 1980er-Jahren. Die Menschen wanderten ab, Geschäfte schlossen, der Ort drohte zu einer Geisterstadt zu werden.

Doch dann hatten einige der verbliebenen Einwohner die rettende Idee: Sie restaurierten ihre Häuser und luden Künstler ein, die Fassaden mit großen Wandmalereien zu verzieren. So entstand eine riesige Open-Air-Galerie mit Motiven aus dem dörflichen Leben. Immer mehr Touristen wollten das sehen. Cafés, Restaurants und Boutiquen eröffneten. Heute florieren die Geschäfte in Chemainus wieder.

Wandmalereien

Kurz vor der Ortschaft Duncan bietet sich ein Abstecher zum **Cowichan Lake** an, zu dem man rechts in den Hwy. 18 einbiegt. Der lang gestreckte und schmale See (max. 4 km breit) ist zugleich die Quelle des Cowichan River und bietet gute Voraussetzungen für jede Menge Outdoor-Aktivitäten wie Angeln, Kayaking und Wasserski. Zurück in **Duncan** kann man einen der zahlreichen Totempfähle bewundern, die auf den starken Anteil der First Nations an der Bevölkerung hinweisen. Darum nennt sich die Stadt auch werbewirksam „City of Totems".

Zur Provinzhauptstadt Victoria ist es von Duncan noch gut eine Stunde Fahrt.

Victoria

Die Stadt ist die Hauptstadt der kanadischen Provinz British Columbia. Sie liegt am südlichen Ende von Vancouver Island nur wenige Kilometer von der kanadisch-amerikanischen Grenze entfernt. Die Gründung geht auf die Errichtung des Pelzhandelspostens Fort Victoria der *Hudson's Bay Company* 1843 zurück. Namensgeberin war die britische Königin Victoria. Doch bereits seit 4.000 Jahren siedelten Angehörige der Küsten-Salish in dem Gebiet. Das belegen zahlreiche Begräbnisstätten. Und noch heute machen die Angehörigen der First Nations einen Gutteil der Bevölkerung auf Vancouver Island aus.

Provinzhauptstadt

Nachdem die Kronkolonie Vancouver Island 1849 etabliert worden war, wurde die Siedlung erweitert und zur Hauptstadt erhoben. Die private *Hudson's Bay Company* übernahm die Insel und verpflichtete sich, für den Ausbau der Besiedlung zu sorgen. Dies geschah auch dadurch, dass die *Hudson's Bay Company* die wirtschaftliche Entwicklung auf ein breiteres Fundament stellte. So wurden Betriebe wie eine Sägemühle und landwirtschaftliche Farmen angesiedelt. Dieser erste Hof, die Craigflower Farm, ist noch heute zu besichtigen und steht unter Denkmalschutz.

Glücksritter sorgen für Aufschwung

Durch Goldfunde auf dem Festland (Canyon-Fraser-Goldrausch 1858) profitierte auch Victoria enorm: Tausende von Glücksrittern, vornehmlich aus Kalifornien, strömten nach Norden zu den Goldfeldern. Ihr Weg führte sie über das Nadelöhr Victoria, wo sie sich mit Proviant und Ausrüstung eindeckten. Die Stadt wuchs explosionsartig: Von 300 Bewohnern auf mehr als 5.000 in wenigen Monaten.

1868 wurde Victoria schließlich Hauptstadt der **Vereinigten Kolonien von Vancouver Island und British Columbia**, nachdem die Kronkolonie Vancouver Island mit der Kronkolonie British Columbia zusammengelegt worden war. Zunächst wurde noch kontrovers in der Administration diskutiert, ob es sinnvoll wäre, der Kanadischen Konföderation beizutreten. Männern wie dem Geschäftsmann und Politiker John Sebastian Helmcken ist es zu verdanken, dass British Columbia ein Teil Kanadas wurde. Voraussetzung war jedoch, dass British Columbia an das kanadische Eisenbahnnetz angeschlossen würde.

In den folgenden Jahrzehnten bis zum Beginn des 20. Jh. entwickelte sich Vancouver Island stetig. Weitere Goldfunde (sowohl auf dem Festland als auch auf der Insel), die Kohleindustrie, der Eisenbahnbau, die Papier- und Holzindustrie, aus der sich die Möbel- und Bauindustrie entwickelte, sorgten für einen anhaltenden Bevölkerungszuzug. Um die Jahrhundertwende hatte Victoria bereits mehr als 20.000 Einwohner. Der viktorianische Architekturstil gibt einen deutlichen Hinweis auf die starke Prägung durch britische Einwanderer. Rund um das eigentliche Stadtgebiet von Victoria bildete sich ein Speckgürtel von Vororten, die heute zum *Capital Regional District* zusammengewachsen sind.

Einwanderung durch den Bergbau

Eine zweite große Einwanderungswelle schwappte aus Asien herüber. Vor allem Chinesen, die im Bergbau arbeiteten, ließen sich im Großraum Victoria nieder. So kam es, dass um 1880 herum Victoria die größte Chinatown in Kanada hatte. Die Insellage verlangte eine dauerhaft bessere Anbindung an die Provinz. 1903 verband die *Victoria Terminal Railway & Ferry Company* die Stadt Sidney mit der neuen Boomtown Vancouver. 1914 wurde ein Militärflugplatz auf Vancouver Island gebaut, aus dem sich 1959 der Flughafen Victoria International entwickelte. Heute ist er nach Vancouver der zweitgrößte der Provinz. Flüge gehen u. a. nach Vancouver, Toronto, Seattle und San Francisco.

Seit dem Zweiten Weltkrieg boomen die Tourismuswirtschaft, der Bildungs- und Verwaltungssektor der Provinzhauptstadt. So entwickelte sich aus dem Victoria College 1963 die University of Victoria, an der heute etwa 20.000 Studenten immatrikuliert sind. Obwohl im Großraum Victoria mittlerweile 330.000 Menschen leben, sind es in den eigentlichen Stadtgrenzen gerade mal 80.000. Die bekannteste Persönlichkeit aus Victoria dürfte wohl der Pop-Weltstar Nelly Furtado sein.

Parliament Buildings (1)

Was für Québec City in puncto französische Tradition gilt, trifft gleichermaßen auf Victoria zu, wenn es um das britische Erbe geht. Die Architektur, die Gärten und schmalen Gassen bringen dem Besucher bald ein Déjà-vu-Erlebnis. Viele der Sehens-

Die Parliament Buildings im Stil des Neobarock

würdigkeiten gruppieren sich um den Inner Harbour. Zu den imposantesten Gebäuden zählen die 1898 fertiggestellten Parliament Buildings im neobarocken Stil. Hier tagt die gesetzgebende Versammlung von British Columbia. Den Gebäudeentwurf steuerte der damals 25-jährige englische Architekt Francis Rattenbury bei, der erst kurz zuvor nach Kanada eingewandert war.

Gesetzgebende Versammlung

Vor dem Hauptgebäude stehen mehrere **Statuen**: Queen Victoria als Namenspatronin für die Stadt und ein namenloser Soldat, der an die Toten aus der Provinz British Columbia erinnert, die in den Weltkriegen gefallen sind. Der Haupteingang wird flankiert von zwei weiteren Statuen: Sir James Douglas, dem Gouverneur der Kronkolonie Vancouver Island und später zusätzlich der Kolonie British Columbia. Und Sir Mathew Baillie Begbie, der lange Jahre als Oberster Richter diente. Auf dem Kupferdach thront die vergoldete Bronzestatue von George Vancouver. Drinnen kann man auf einer geführten Tour das Parlament und weitere Räumlichkeiten besichtigen.

Parliament Buildings, *501 Belleville Street. Die kostenlosen Rundgänge starten tgl. alle 20 Min. zwischen 9 und 17 Uhr in den Sommermonaten, während der Nebensaison nur Mo–Fr.*

Royal British Columbia Museum (2)

In derselben Straße wie die Parliament Buildings – nur durch die quer laufende Government Street getrennt – steht eines der bedeutendsten Museen in Kanada. Das 1886 gegründete **Royal British Columbia Museum** erreicht man über einen weit geschwungenen Treppenaufgang. Vor dem Gebäude steht ein 27 m hoher Glockenturm, der **Netherlands Centennial Carillon**, ein Geschenk der holländischen Gemeinde in British Columbia zum hundertjährigen Geburtstag der kanadischen Staats-

Bedeutendes Museum

Vancouver Island

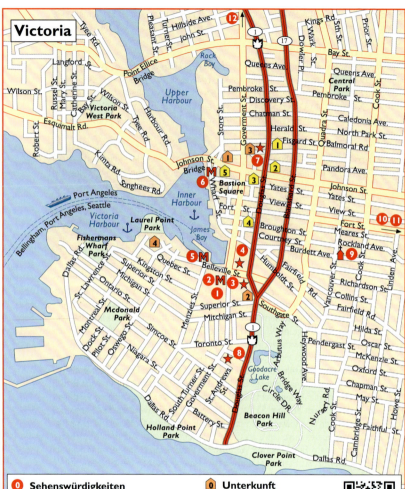

Victoria

🔴 Sehenswürdigkeiten
1. Parliament Buildings
2. Royal British Columbia Museum
3. Helmcken House
4. Fairmont Empress Hotel
5. Royal London Wax Museum
6. Maritime Museum of British Columbia
7. Chinatown
8. Emily Carr House
9. Christ Church Cathedral
10. Art Gallery of Greater Victoria
11. Craigdarroch Castle
12. Hatley Park NHS / Hatley Castle

🟠 Unterkunft
1. Hi-Victoria
2. Helm's Inn
3. Swans Suite Hotel
4. Admiral Inn

🟡 Essen und Trinken
1. Noodle Box
2. John's Place
3. Old Vic Fish & Chips
4. Pagliacci's
5. The Guild

0   500 m

gründung 1967. Der markante Turm mit seinen 62 Glocken erinnert an die bedeutende Rolle, die kanadische Truppen bei der Befreiung der Niederlande von den Nazis gespielt haben.

Das Museum selbst lagert mehr als sieben Millionen Exponate, von denen allerdings nur ein kleiner Teil ausgestellt wird. Die Ausstellungsstücke sind in drei Bereichen strukturiert. Die First Peoples Gallery, die Modern History Gallery und die Natural History Gallery. Ein IMAX-Kino ist an das Museum angeschlossen. Das Museum hegt Ausbau- und Erweiterungspläne, um in Zukunft mindestens 50 % mehr Ausstellungsfläche zu schaffen.

7 Millionen Exponate

Die **Natural History Gallery** nimmt den Besucher mit auf eine spannende interaktive Zeitreise in die geologische Entwicklung und die Evolutionsgeschichte British Columbias in den vergangenen 80 Millionen Jahren. Dabei kann man urzeitlichen Tieren wie dem Woll-Mammut aus der Eiszeit begegnen, sich auf eine abenteuerliche U-Boot-Fahrt wie zu Kapitän Nemos Zeiten begeben und die kanadische Unterwasserwelt in all ihrer Vielfalt entdecken. Auch auf Phänomene wie den Klimawandel geht die Ausstellung ein.

Die **Modern History Gallery** stellt das Leben in Westkanada in den vergangenen 200 Jahren nach. Die Besucher können wichtige Etappen der Geschichte Revue passieren lassen, in die Gerüche, Geräusche und die Nachbauten von damals eintauchen: den Pelzhandel, die Replika der „Discovery" von Captain George Vancouver, das typische Stadtbild um die Jahrhundertwende, das Landleben auf einer Farm, eine Telegrafenstation, einen Medizin- und Kräuterladen in Chinatown und vieles mehr.

Die **First Peoples Gallery** wartet mit vielerlei Artefakten der Indianerstämme von British Columbia auf: Rituelle Totenmasken, Langhäuser, Kanus, Totempfähle erzählen die Geschichte der First-Nations-Völker. Die Besiedlung Nordamerikas und die ersten Zusammentreffen mit Europäern werden geschildert. Viele der Exponate sind von First-Nations-Künstlern hergestellt worden, darunter so bekannte wie Bill Reid, dessen berühmte Skulptur „Raven and the first Men" im Museum of Anthropology in Vancouver zu bewundern ist.

Geschichte der First Nations

Royal British Columbia Museum, *675 Belville Street, ☏ 250-356-7226 und 1-888-447-7977, www.royalbcmuseum.bc.ca, Museum tgl. 10–17, Juni–Sept. Fr/Sa bis 22 Uhr, IMAX tgl. 10–20 Uhr, Eintritt (inkl. Helmcken House, s. u.) Kinder unter 6 Jahren frei, 6–18 Jahre/Studenten/Senioren $ 17,95, Erwachsene $ 23,95, Familien $ 69,95; IMAX Einzelvorstellung $ 11,95, Kombiticket $ 33,85.*

Helmcken House (3)

Einen Abstecher ins benachbarte Helmcken House sollte man nicht verpassen. Dieses Haus ist das älteste von europäischen Siedlern erhaltene Gebäude, in dem sich heute ein Museum befindet. Das Haus ist nach John Sebastian Helmcken benannt, der als Arzt und Politiker eine entscheidende Rolle beim Beitritt British Columbias zur Kanadischen Föderation spielte. Er lebte hier von 1852 bis zu seinem Tod 1920. Helmcken heiratete 1852 Cecilia Douglas, eine der Töchter des Gouverneurs James Douglas, mit der er insgesamt sieben Kinder hatte. Das Haus wurde im Laufe der Zeit mehrfach erweitert und präsentiert sich heute dem Besucher, wie es beim Tod des Besitzers 1920 zurückgelassen wurde. Selbst das Originalinventar ist noch erhalten, darunter die medizinisch-chirurgischen Geräte, die einen heutigen Besucher dankbar an die moderne medizinische Entwicklung denken lässt.

Helmcken House, *10 Elliot Street, Mitte Mai–Anfang Sept. tgl. 12–16 Uhr, im Museumseintritt zum Royal British Columbia Museum enthalten.*

Fairmont Empress Hotel (4)

Ein weiteres augenfälliges Gebäude neben dem Parlament ist das am Inner Harbour gelegene Fairmont Empress Hotel. Das schlossartige Gebäude im edwardianischen Stil führt seit 1980 den Titel einer *National Historic Site* und wurde 1904–1908 als Eisenbahnhotel der *Canadian Pacific Railway* nach Plänen des Architekten Francis Rattenbury errichtet. Rattenbury erhielt den Auftrag, weil er durch die Arbeit an den benachbarten Parliament Buildings zu einem der bekanntesten Baumeister in Kanada avanciert war. Die Lobby ist vor allem am Nachmittag, wenn der traditionelle englische *Afternoon Tea* serviert wird, mit Gästen und Schaulustigen gut gefüllt.

Tea Time

Fairmont Empress Hotel, *721 Government Street, ☏ 250-384-8111, www.fairmont.com/empress-victoria/, s. S. 166.*

> **Tipp**
> *Um die Ecke im kleinen* **Thunderbird Park** *an der Ecke Belleville/Douglas Street ragen eine Reihe von Totempfählen in die Höhe. Ein schönes Fotomotiv, das mit etwas Glück noch um indianische Künstler bereichert wird, die gerade einen neuen Totempfahl bearbeiten.*

Royal London Wax Museum (5)

Wenige Schritte von den Parliament Buildings entfernt befindet sich am Ferry Terminal das Royal London Wax Museum. In einem ehemaligen Terminal für Dampfschiffe stehen rund 300 lebensgroße Persönlichkeiten aus Wachs, wie man das von *Madame Tussauds* in London kennt. Die unvermeidliche *Royal Family* gehört genauso zu den Ausgestellten wie Mutter Teresa, Albert Einstein, der kanadische Nationalheld Terry Fox, berühmte Arktisforscher und Hollywoodstars.

Prominente in Wachs

Royal London Wax Museum, *470 Belville Street, ☏ 250-388-4461, www.waxmuseum.bc.ca.* **Achtung**: *Das Museum ist zzt. geschl. und soll umziehen. Bitte die aktuellen Infos auf der Website beachten.*

Altstadt

Historisch interessant ist ein kleiner Abstecher in die zentral gelegene Altstadt, die sich, grob gesagt, zwischen Wharf Street und Government Street erstreckt. Hier schlug im 19. Jh. das pulsierende Herz der Stadt: Goldsucher, Seeleute und Arbeiter der *Hudson's Bay Company* sorgten für geschäftiges Treiben, die Ladenbesitzer, die sich vor allem hier ansiedelten, freuten sich über rege Kundschaft.

Am besten schlendert man über den **Bastion Square**, der mit seinen alten Gaslampen und Pflastersteinen an die Zeit der Pioniertage erinnert. Hier gründete James Douglas 1843 die Keimzelle der Stadt, Fort Victoria. Heute locken Restaurants, Cafés und Boutiquen die Kunden an.

Maritime Museum of British Columbia (6)

Am Bastion Square liegt auch das Maritime Museum of British Columbia, eine weitere *National Historic Site*. Das weite Feld der Seefahrt wird dem Besucher auf drei Etagen in dem ehemaligen Gerichtsgebäude präsentiert. Das Spektrum reicht von der Erkundung der nordamerikanischen Pazifikküste, der Werftindustrie, der kommerziellen Schifffahrt bis zu den Auswirkungen auf die maritime Wirtschaft durch die Aktivitäten der *Hudson's Bay Company*, der *B.C. Ferries* und der kanadischen Marine. Zu den Exponaten zählen Fotos, Uniformen, Seekarten, Logbücher, Modellschiffe, ein berühmter Einbaum mit Takelage, die „Tilikum", mit der zwei Abenteurer, John Voss und Norman Luxton, am 20. Mai 1901 von der kanadischen Pazifikküste bis nach London segelten, wo sie im September 1904 eintrafen.

Schifffahrt

Maritime Museum of British Columbia, *28 Bastion Square, Victoria, BC V8W 1H9, ℡ 250-385-4222, http://mmbc.bc.ca, tgl. 10–17, Juni–Sept. Fr/Sa bis 21 Uhr, Eintritt Kinder bis 12 Jahre frei, Studenten/Senioren $ 10, Erwachsene $ 12, Familien $ 30.*

> **Tipp**
> Wer eine besonders schöne Aussicht auf den Inner Harbour genießen will, geht ein paar Minuten Richtung Centennial Park zum **Laurel Point**.

Chinatown (7)

Sehenswert ist die Chinatown an der Fisgard Street, die 1858 als zweitälteste ihrer Art in Nordamerika entstand (noch älter ist die Chinatown in San Francisco). Beeindruckend ist das **Gate of Harmonious Interest**, ein typisch chinesisches Tor, neben dem ein prächtiger steinerner Löwe aufragt. Das Tor ist das Geschenk der chinesischen Partnerstadt Suzhou. Die schmale **Fan Tan Alley** galt als die verbotene Zone, in der der Opiumhandel blühte. Die zahlreichen kleinen exotischen Geschäfte sind eine Fundgrube für ungewöhnliche Geschenkideen. Die Gasse, welche die Fisgard Avenue mit der Pandora Avenue verbindet, gilt als schmalste Kanadas und ist weniger als einen Meter breit.

Zweitälteste Chinatown

Emily Carr House (8)

Das Emily Carr House, südlich der Parliament Buildings gelegen, ist das Geburtshaus der Malerin und Schriftstellerin, heute im Rang einer *National Historic Site*. Emily Carr (1871–1945) war das achte von neun Kindern und die erste der Familie, die nach dem Beitritt von British Columbia zur Kanadischen Konföderation als Kanadierin geboren wurde. Ihre Kunst ist stark von der Kultur der First Nations beeinflusst. Sie malte urwüchsige Landschaften, dokumentierte in ihren Werken das Leben der First Nations, malte Totempfähle und schrieb autobiografische Bücher. Nach Lehr- und Wanderjah-

Emily Carr House, Geburtshaus der Autorin und Malerin

ren, die sie nach San Francisco und Großbritannien führten, ließ sie sich in Vancouver nieder, unternahm jedoch immer wieder Reisen, um sich für ihre Kunst inspirieren zu lassen. So etwa nach Paris, wo sie die Arbeiten von Picasso und den Impressionisten kennenlernte, oder in die Wildnis, um längere Zeit mit den Indianern zu leben. Ihre Arbeit trug in den 1930er-Jahren langsam auch in Kanada Früchte: Einige große Ausstellungen etwa in Toronto brachten ihr Anerkennung beim Publikum und den Künstler-Kollegen. So stand sie der berühmten Malergruppe „Group of Seven" nahe, ohne jedoch jemals formal aufgenommen zu werden. In den letzten Jahren ihres Lebens wohnte sie wieder in ihrer Geburtsstadt Victoria, wo sie auf dem Ross Bay Cemetery ihre letzte Ruhestätte fand.

Emily Carr House, 207 Government Street, Victoria BC V8V 2K8, ☎ 250-383-5843, www.emilycarr.com, Mai–Sept. Di–Sa 11–16 Uhr, Eintritt Kinder bis 5 Jahre frei, 6–18 Jahre $ 4,50, Senioren/Studenten $ 5,75, Erwachsene $ 6,75, Familien $ 17.

Am Pioneer Square an der Rockland Avenue liegt die **Christ Church Cathedral (9)**, 1896 im neogotischen Stil erbaut und Bischofssitz. Sie gehört zu den größten Kirchen in Kanada.

Art Gallery of Greater Victoria (10)

Japanische Kunst

Geht man vier Blocks weiter nach Osten und biegt links in die Moss Street ein, kommt man zur Art Gallery of Greater Victoria. Sie verfügt über eine bedeutende Sammlung japanischer Kunst, zeitgenössische westliche Artefakte und Werke von Emily Carr, darunter „B. C. Forest", „Above the Gravel Pit" und „Dancing Tree". Zur Art Gallery gehört ein sehenswerter Japanischer Garten mit einem Shinto-Schrein, der einzige seiner Art in Kanada.

Art Gallery of Greater Victoria, 1040 Moss Street, Victoria, BC V8V 4P1, ☎ 250-384-4171, http://aggv.ca, Juni–Aug. Mo–Sa 10–17, Do 10–21, So 12–17 Uhr, sonst Mo geschl., Eintritt Kinder bis 5 Jahre frei, 6–17 Jahre $ 2,50, Studenten/Senioren $ 11, Erwachsene $ 13, Familien $ 28.

Craigdarroch Castle (11)

Nur wenige hundert Meter sind es bis zum Craigdarroch Castle. Über die Rockland Avenue geht es weiter gen Osten, dann biegt man links in die Joan Crescent ein und

steht unvermittelt einem Schloss in einem großen Park gegenüber, das man so auch in den schottischen Highlands finden könnte. Der tatsächlich aus Schottland stammende Industrielle Robert Dunsmuir gab es in Auftrag, erlebte die Fertigstellung jedoch nicht mehr, da er kurz zuvor im April 1889 starb. Im Familienbesitz der Dunsmuir blieb der Herrschaftssitz nur bis 1908, dann diente der Bau als Militärhospital, College, Sitz der Schulbehörde und bis 1979 als Musikkonservatorium. Seither kann man die prächtige viktorianische Innenausstattung mit edlen Holzvertäfelungen, Fensterglasmalereien und Kunstgegenständen als Besucher, auch im Rahmen einer Führung, anschauen. Die 39 Zimmer verteilen sich auf 1.900 m² Wohnfläche.
Craigdarroch Castle, *1050 Joan Crescent, Victoria, BC V8S 3L5, ☏ 250-592-5323, www.thecastle.ca, Mitte Juni–Anfang Sept. tgl. 9–19, Sept.–Mitte Juni tgl. 10–16.30 Uhr, Eintritt Kinder bis 5 Jahre frei, 6–12 Jahre $ 5, Studenten $ 8,95, Senioren $ 12,95, Erwachsene $ 13,95.*

Fort Rodd Hill National Historic Site

Fort Rodd Hill National Historic Site liegt westlich von Victoria an der Esquimalt Lagoon. Hierbei handelt es sich um ein typisches Küstenfort aus dem 19. Jh. Auf dem Gelände steht außerdem das **Fisgard Lighthouse**, der erste Leuchtturm an der kanadischen Westküste. Die britische Navy nutzte in den 1840er- und 1850er-Jahren des 19. Jh. den geschützten Hafen zunächst, um Proviant aufzunehmen. Später wurde er zu einer Verteidigungsanlage ausgebaut und die kanadische Marine übernahm das Kommando.

Pittoresker Leuchtturm

Fort Rodd Hill National Historic Site, *603 Fort Rodd Hill Road, Victoria, BC V9C 2W8, ☏ 250-478-5849, www.fortroddhill.com, Feb.–Okt. 10–17.30, Nov.–Feb. 9–16.30 Uhr, Eintritt Kinder $ 1,90, Erwachsene $ 3,90, Senioren $ 3,40, Familien $ 9,80.*

Hatley Park National Historic Site/Hatley Castle (12)

Der Park mit dem 1908 erbauten **Hatley Castle** wartet mit alten Baumbeständen auf. Das Gebäude, ein englisch-geprägter Landsitz von schlossähnlichen Ausmaßen, beherbergt ein Museum und die Royal Roads University. Die Anlage ist direkt an der Esquimalt Lagoon gelegen und diente bereits häufiger als Filmkulisse.
Hatley Park, *2005 Sooke Road, ☏ 250-391-2600, www.hatleycastle.com, April–Sept., Eintritt Kinder unter 6 Jahren frei, 6–17 Jahre $ 6,50, Senioren $ 8,50, Erwachsene $ 9,50.*

Butchart Gardens

Der Landschaftsgarten Butchart Gardens liegt auf der Saanich Peninsula, die wie ein ausgestreckter Finger nach Norden zeigt. Auf der Halbinsel liegt der **Victoria International Airport**, am nördlichen Ende die Ortschaft **Swartz Bay**, von der die Fähren nach Tsawwassen abgehen. Der Hwy. 17 führt in südlicher Richtung direkt nach Downtown Victoria. Wenn man aus Victoria kommt, verlässt man den Hwy. 17 an der Ausfahrt (Exit) 18. Die Keating Cross Road führt in die Benvenuto Avenue. Der Weg ist ausgeschildert. Kommt man direkt von der Fähre in Swartz Bay, fährt man auf

Landschaftsgarten

Beliebter Landschaftsgarten: die Butchart Gardens

dem Hwy. 17 nach Süden, biegt rechts in die McTavish Road ab, dann links auf die West Saanich Road und fährt durch Brentwood Bay bis zur Benvenuto Avenue.

In **Brentwood Bay** wartet einer der Sightseeing-Höhepunkte im Großraum Victoria – die **Butchart Gardens**. Dieser wunderbare Landschaftsgarten wurde 1904 von Robert Butchart und seiner Frau Jennifer angelegt und von Generation zu Generation kontinuierlich erweitert. Auch heute noch ist die Anlage, die inzwischen zur *National Historic Site* erhoben wurde, noch immer in Familienbesitz. Rund eine Million Besucher erfreuen sich jedes Jahr an der farbenreichen Blumenpracht: Es gibt einen Italienischen Garten, einen Versunkenen Garten (die „Keimzelle"), einen Rosengarten, einen Japanischen Garten, Teiche und Springbrunnen. Rund um die Gärten werden im Sommer wie im Winter weitere Attraktionen angeboten: Jazz- und Klassikkonzerte, im Sommer Feuerwerke, im Winter eine Eislaufbahn. Restaurants und Andenkenläden runden das Angebot ab.

Beliebtes Ausflugsziel

Butchart Gardens, *800 Benvenuto Drive, Brentwood Bay, BC V8M 1J8, ☏ 250-652-4422, www.butchartgardens.com, April–Mitte Juni, 16.–30. Sept. 9–17, Mitte Juni–Aug. 9–22, März, Okt. 9–16, Jan./Feb., Nov. 9–15.30, 1.–15. Sept., Dez.–6. Jan. 9–21 Uhr, Eintritt Kinder $ 8,55–15,40, Erwachsene $ 17,05–30,80, je nach Saison.*

Tipp
Da die Besuchermassen sich besonders im Frühling, Sommer und Frühherbst auf dem Gelände der Butchart Gardens drängen, sollte man möglichst früh (oder möglichst spät) das Eintrittsticket lösen, bevor die Touristenbusse auf dem Parkplatz eintreffen (oder bereits abgefahren sind). Für den Besuch sollte man etwa zwei Stunden einplanen.

Victoria Butterfly Gardens

Nur fünf Minuten entfernt gibt es eine zweite Besucherattraktion, die Victoria Butterfly Gardens. Der tropische Garten mit seiner gleichbleibend hohen Temperatur und Luftfeuchtigkeit, seinen exotischen Schmetterlingen (3.000 sollen es sein), Orchideen, fleischfressenden Pflanzen, den Koi-Karpfen und bunten Vögeln ist ein fragiles Ökosystem, das auf kleine Störungen empfindlich reagiert. Hier lernt man, wie das kurze Leben eines Schmetterlings verläuft, vom Ei über die Raupe und Verpuppung bis zum prächtigen Falter.

Exotische Falter

Victoria Butterfly Gardens, 1461 Benvenuto Avenue, Brentwood Bay, BC, Box 190, V8M 1R3, ☏ 250-652-3822, www.butterflygardens.com, tgl. 10–17, im Sommer 10–19 Uhr, Eintritt Kinder 5–12 Jahre $ 5, Studenten/Senioren $ 10, Erwachsene $ 16.

Reisepraktische Informationen Victoria

Information

Victoria Visitor Centre, 812 Wharf Street, ☏ 250-953-2033 und 1-800-663-3883, www.tourismvictoria.com, tgl. 8.30–17 Uhr. Hier kann man Karten und weiteres Infomaterial (u. a. Explore Victoria) bekommen, Hotelzimmer buchen, Restaurantplätze reservieren, Touren organisieren. Sinnvoll ist es, ein Tagesticket für Busse zu kaufen (Day Pass $ 8).

Notfall
Notruf: ☏ 911
Victoria General Hospital, 1 Hospital Way, ☏ 250-727-4212
Zahnärztliche Versorgung: Cresta Dental Centre, 3170 Tillicum Road, Saanich, ☏ 250-384-7711.

Unterkunft
Victoria verfügt über eine große Auswahl an Unterkünften. Es gibt Hunderte von Bed & Breakfasts, Motels, Boutique-Hotels, preiswerte Herbergen, teure Designhotels – für jeden Geschmack und Geldbeutel ist etwas Passendes dabei. Auffallend ist, dass im Innenstadtbereich die üblichen bekannten Kettenhotels wie Marriott, Hyatt etc. fehlen.

Hi-Victoria (1) $–$$, 516 Yates Street, Victoria, BC V8W 1K8, ☏ 250-385-4511, www.hihostels.ca/victoria. Preiswert und sauber liegt das 108-Betten-Hostel nicht weit vom Inner Harbour entfernt. Gemeinschaftsunterkünfte kosten ab $ 25, Einzel- und Doppelzimmer ab $ 63. Das, was der junge Backpacker so braucht, ist vorhanden: eine kleine Bibliothek, kostenloser Internetzugang, ein Schwarzes Brett mit vielen Infos und Angeboten anderer Reisender, Aufenthaltsräume, Küche, wo man schnell ins Gespräch mit anderen Gästen kommt.

Helm's Inn (2) $$, 600 Douglas Street, Victoria, BC V8V 2P8, ☏ 250-385-5767, www.helmsinn.com, Zimmer ab $ 85. Liegt in der Nähe des Beacon Hill Park und nicht weit vom Royal British Columbia Museum. Gutes Preis-Leistungs-Verhältnis, geräumige Zimmer, zuvorkommendes Personal.

Swans Suite Hotel (3) $$$, 506 Pandora Avenue, Victoria, BC V8W 1N6, ☏ 250-361-3310, www.swanshotel.com. Zentral gelegen, kleine komplett ausgestattete Ferienwohnungen mit Niveau (Wohnung ab $ 189 pro Nacht). Viel Holz und warme Töne.

Admiral Inn (4) $$$, 257 Belville Street, Victoria, BC V8V 1X1, ☏ 250-388-6267, www.admiral.bc.ca, DZ ab $ 120 inkl. Frühstück. Das Hotel befindet sich am Rande der

Downtown – alle Sehenswürdigkeiten kann man bequem zu Fuß erreichen. Große Zimmer, viele mit Balkon. Kostenloser WLAN-Zugang, Hafenblick, kostenloser Fahrradverleih.
Fairmont Empress $$$$$, 721 Government Street, Victoria, BC V8W 1W5, ☎ 250-384-8111, www.fairmont.com, DZ ab ca. $ 350. Das legendäre Haus (s. S. 160) bietet die Eleganz eines Grandhotels des 19. Jh. Beste Lage in der Stadt. Allerdings sind manche Zimmer und Bäder etwas zu klein geraten.

Essen und Trinken

Natürlich kann Victoria kulinarisch Vancouver nicht das Wasser reichen. Das hätte vermutlich auch kaum jemand erwartet. Gleichwohl hat sich in den vergangenen Jahren einiges getan. Junge ambitionierte Köche haben die frischen und vielfältigen regionalen Produkte entdeckt, die die Insel und das Meer hergeben. Das Gastronomie-Angebot ist vielseitiger geworden und hat ein besseres Niveau als früher.

Noodle Box (1), 626 Fisgard Street, ☎ 250-360-1312. Essen wie in einer südostasiatischen Straßenküche. Mittlerweile gibt es mehrere Filialen in der Stadt. Diese am Rande der Chinatown ist vielleicht am authentischsten.

John's Place (2), 723 Pandora Avenue, ☎ 250-389-0711. Hier gehen seit ewigen Zeiten die Einheimischen essen. Etwas abseits vom Touristentrubel empfängt den Gast ein urgemütliches und typisches Diner – mit all den guten Burgern, Salaten und Steaks.

Old Vic Fish & Chips (3), 1316 Broad Street, ☎ 250-383-4536. Eines der traditionsreichen Fischrestaurants der Stadt. Seit den 1930er-Jahren geöffnet. Frische, schmackhafte und ordentliche Portionen.

Pagliacci's (4), 1011 Broad Street, ☎ 250-386-1662. Bekanntes und beliebtes italienisches Restaurant, familiäre Atmosphäre.

The Guild (5), 1250 Wharf Street, ☎ 250-385-3474. Nach einem Inhaberwechsel heißt das Ex-Chandler's nun The Guild. Mit neuem Konzept: gehobene Regionalküche mit zahlreichen neu zu entdeckenden Biersorten aus der Region.

Afternoon Tea im Fairmont Empress, 721 Government Street, ☎ 250-389-2727 (s. S. 160). Ja, es ist teuer (ca. $ 60 pro Person), und ja, es ist eigentlich überflüssig, aber es ist ein urbritisches Ritual – und einmal sollte man nicht über den Preis nachdenken, einfach genießen und ein bisschen in der Vergangenheit schwelgen. Im Sommer muss man allerdings mehrere Tage im Voraus reservieren, da auch ungefähr eine Million andere Besucher auf diese Idee gekommen sind. Wer ein Plätzchen ergattert hat, darf sich auf edlen Tee in noch edlerem Porzellan, Sterling-Silberkännchen und himmlische Scones freuen.

Nachtleben

Spinnakers Brewpub, 308 Catherine Street, ☎ 250-386-2739. Das britisch geprägte Victoria hat eine englische Pub-Tradition. Dieser hier am Hafen ist zum einen Restaurant, zum anderen Bar und Microbrewerie.

Clive's Classic Lounge, 740 Burdett Avenue, ☎ 250-382-4221. Berühmt für seine perfekt gemixten Cocktails; zählt durch seine zahlreichen Auszeichnungen inzwischen zu den besten Bars in Kanada.

Upstairs Cabaret, 15 Bastion Square, ☎ 250-385-5483. Nightclub mit Livemusik.

Einkaufen

Rund um die Government Street, Bastion Square und Trounce Alley gibt es besonders viele Geschäfte, die für Besucher von Interesse sind. Indianisches Kunsthandwerk, britische Importwaren, Geschenkartikel und Fashion dominieren hier. In Chinatown wird es exotisch, in

der Fort Street teuer: Hier konzentrieren sich Antiquitätenläden, Möbel- und Porzellangeschäfte.
James Bay Trading Company, 1102 Government Street, ☏ 250-388-5477. Indianisches Kunsthandwerk.
Hill's Native Art, 1008 Government Street, ☏ 250-385-3911. Kunsthandwerk und Souvenirs der First Nations.
Capitol Iron, 1900 Store Street, ☏ 250-385-9703. Traditionsreicher Kaufmannsladen mit buchstäblich allem, was man braucht und nicht braucht.
Chapters Indigo, 1212 Douglas Street, ☏ 250-380-9009. Größter Buchladen am Platz. Riesenauswahl an Literatur über Kanada.
Adventure Clothing, 1015 Broad Street, ☏ 250-384-3337. Outdoor-Kleidung mit Stil. Hier kann man sich einkleiden, falls die Rockies noch vor einem liegen.
The Leather Ranch, 302 Victoria Eaton Centre, ☏ 250-384-4217. Hochwertige Lederwaren.
Roger's Chocolates, 913 Government Street, ☏ 250-881-8771. Wer gerade eine Diät macht, sollte diesen Laden mit seinen großen Holzregalen nicht betreten. Man nimmt vom Anschauen bereits zu.

Feste und Festivals

Victoria Day Parade, Montag vor dem 25. Mai. Der Geburtstag von Queen Victoria wird zwar überall in Kanada gefeiert, doch in der Stadt Victoria ist der Feiertag etwas Besonderes.
Luxton Pro Rodeo, am dritten Mai-Wochenende auf den Luxton Rodeo Grounds in Langford. Einziges Rodeo in Vancouver Island mit allem, was das Cowboyherz höherschlagen lässt.
Swiftsure International Yacht Race, letztes Mai-Wochenende, Inner Harbour. Alles, was schwimmen kann, ist auf dem Wasser. Die Rennen werden in verschiedenen Bootsklassen ausgetragen und ziehen Zehntausende von Besuchern an.
Victoria Dragon Boat Festival, Wochenende Mitte August. Spektakuläres Rennen mit rund 100 Drachenbooten. Eine Reminiszenz an die zahlreichen asiatischen Zuwanderer.

Verkehrsmittel und Anreise
Flughafen

Victoria International Airport (www.victoriaairport.com) ist der internationale Flughafen auf Vancouver Island und der zweitgrößte in der Provinz British Columbia nach Vancouver.

Air Canada, ☏ 604-688-5515 und 1-888-247-2262, www.aircanada.ca.
WestJet, ☏ 604-606-5525 und 1-800-538-5696, www.westjet.com.
Pacific Coastal, ☏ 604-273-8666 und 1-800-663-2872, www.pacificcoastal.com.

In der Ankunftshalle bieten die **Mietwagenfirmen Avis**, **Budget**, **Hertz** und **National** ihre Dienste an. Zudem gibt es einen Informationsschalter und Möglichkeiten zum Geldwechseln.

Ein **Bus-Shuttle** verbindet alle 30 Minuten den Victoria International Airport mit der Innenstadt und den großen Hotels.
Tickets: $ 24 one way, ab zwei Personen je $ 22, Kinder $ 15.
AKAL Airport Shuttle, ☏ 250-386-2525, www.victoriaairporter.com.

Wasserflugzeuge

*Es gibt auch Linienflug-Verbindungen mit **Wasserflugzeugen** zwischen Victoria und Vancouver. Die Seaplanes landen allerdings auf dem **Inner Harbour** in Downtown Victoria.*

Harbour Air, ☎ 604-274-1277 und 1-800-665-0212, www.harbour-air.com.
Westcoast Air, ☎ 604-606-6888 und 1-800-347-2222, www.westcoastair.com.

Fähre

Es gibt Verbindungen nach Vancouver und in die USA.

BC Ferries, ☎ 250-386-3431 und 1-888-223-3779, www.bcferries.com.

Von Swartz Bay (ca. 30 km nördlich von Victoria) setzen Fähren nach Horseshoe Bay (nördlich von Vancouver) und nach Tsawwassen über (in der Nähe des Vancouver International Airport). Die Fahrzeit auf den Routen beträgt etwa 1,5 Stunden.

Während der Sommermonate fahren die Fähren stündlich zwischen 7 und 22 Uhr. In den Wintermonaten legen sie meist nur alle zwei Stunden ab. Die Fährgesellschaft bietet in begrenztem Umfang die Möglichkeit, Reservierungen für die Fahrzeuge zu vorzunehmen. Jedoch sollte man sich überlegen, ob man sich vorzeitig auf eine bestimmte Fährverbindung festlegen will (und kann).

Tickets: *Tsawwassen – Swartz Bay und Horseshoe Bay – Swartz Bay: $ 16,25, Kinder $ 8,15, Fahrzeuge $ 53,25 (besonders große Motorhomes müssen – je nach Fahrzeuglänge – mehr bezahlen).*

*Von Vancouver Island gibt es mehrere **Fährverbindungen in die USA**.*

Victoria Clipper *(☎ 1-800-888-2535, www.clippervacations.com) bietet die Verbindung Seattle – Victoria (Inner Harbour) an. Achtung: keine Autofähre.*
Washington State Ferries *verkehren auf der Strecke Anacortes – Sidney (☎ 206-464-6400, www.wsdot.wa.gov/ferries). Sidney liegt rund 30 km nördlich von Victoria.*

*Von **Port Angeles nach Victoria** hat man zwei Optionen.*
MV Coho, ☎ 250-386-2202, www.cohoferry.com.
Victoria Express, ☎ 250-361-9144, www.victoriaexpress.com, *nur Passagiere.*

Bus

Von Vancouver (Pacific Central Station) gibt es eine Busverbindung nach Downtown Victoria, die etwa 3,5 Stunden dauert. Die Busse nutzen die Fährverbindung Tsawwassen – Swartz Bay.

Pacific Coach Lines, ☎ 604-662-7575, 1-800-661-1725, www.pacificcoach.com.

Taxi

Victoria Taxi, ☎ 250-383-7111.
Bluebird Cabs, ☎ 250-382-2222.

Fahrradfahren

Oak Bay Bicycles, *1990 Oak Bay Avenue, ☎ 250-598-4111, vermieten Drahtesel pro Stunde oder pro Tag.*

Reise durch Vancouver Island

Beim Verlassen der Metropolitan Area von Victoria, fährt man auf dem Highway 1 nach Norden. Zunächst folgt man der Alternativroute des Highway 14 nach Westen, die immer wieder sehenswerte Ausblicke auf die Küstenlinie liefert. Die Strecke führt an der Südwestküste über Sooke nach Port Renfrew (102 km von Victoria entfernt) bis an den südlichen Rand des West Coast Trail. Die Straße verläuft teilweise kurvenreich, von dichtem Nadelwald flankiert.

Sooke

Sooke ist ein Provinzstädtchen, das wegen der flächenmäßigen Ausdehnung größer wirkt als es ist. Wer in Sooke kurz verweilen möchte, kann sich im **Visitor Centre** über den Ort informieren. Dort befindet sich auch das **Sooke Regiol Museum**, das die Regionalgeschichte in all ihren Facetten erzählt – vom Zusammentreffen mit den Indianern vom Stamm der T'Sou-ke bis hin zur Besiedlung durch europäische Einwanderer.
Sooke Region Museum, 2070 Phillips Road, Ecke Sooke Road, ☎ 250-642-6351, www.sookeregionmuseum.com, tgl. 9–17 Uhr.

> ### Wandertipp
> Eine kleine Wanderung, die sich lohnt: Der Hafen wird durch eine schmale Sandbank, **Whiffen Spit**, geschützt, die sich gut 1 km wie ein Keil vor die Hafeneinfahrt legt. Der Sooke Road folgt man bis zum Ende, bleibt auf der Verlängerung (West Coast Road) und biegt links in die Whiffen Spit Road ein. In einer knappen halben Stunde ist das Ende erreicht. Hier eröffnet sich ein schöner Rundumblick auf Stadt, Hafen und den East Sooke Regional Park, der einige schöne Wanderrouten bereithält. Mit etwas Glück kann man Seelöwen sehen.

Schöne Wanderung

Reisepraktische Informationen Sooke

Information
Visitor Centre, 2070 Phillips Road, Ecke Sooke Road, ☎ 250-642-6351, www.sookeregionmuseum.com tgl. 9–17 Uhr.

Unterkunft
Sooke Harbour House $$$$$, 1528 Whiffen Spit Road, ☎ 250-642-3421, www.soukeharbourhouse.com. Das exklusive Landhotel (DZ ab $ 400) ist in ganz Kanada bekannt

Essen und Trinken
17 Mile House Pub, 5126 Sooke Road, ☎ 250-642-5942, www.17milehouse.com. Das traditionsreiche Restaurant/Pub bietet eine herzhaft-gute Küche zu annehmbaren Preisen. Tgl. 11–23 Uhr, am Wochenende bis Mitternacht.

West Coast Trail

Der kleine Ort **Port Renfrew** hat touristisch nicht viel zu bieten, außer, dass auf der anderen Seite der kleinen Bucht der südliche Teil des West Coast Trail beginnt.

Der **West Coast Trail** wird von Hiking-Experten in die besten Wanderwege weltweit eingereiht. Der Pfad wurde 1907 offiziell eingerichtet, obwohl er bereits seit Jahrhunderten von den First Nations als Handelsroute genutzt wurde. Die Kanadier brauchten ihn, um der Besatzung havarierter Schiffe an der wilden Westküste der Insel leichter zu Hilfe eilen zu können, zumal die Küste äußerst dünn besiedelt ist.

Seit 1973 ist der 75 km lange Trail Teil des **Pacific Rim National Park**. Der erste maritime kanadische Nationalpark besteht aus drei geografischen Abschnitten: dem fast 20 km langen **Long Beach** mit seinen Tausenden von Treibholz-Stämmen, den Broken Group Islands, rund 100 kleineren Inseln, und dem **West Coast Trail**. Aufgrund der Abgeschiedenheit der Landschaft sind zahlreiche Tierarten heimisch, darunter Schwarzbären, Wölfe und Pumas. An der Küste ziehen Grauwale und Orkas entlang, Robben und Seelöwen kommen häufig vor.

Wanderung über den West Coast Trail

Wer den Trail in Angriff nehmen möchte, sollte einige (lebenswichtige) Ratschläge befolgen. Es ist wichtig, seine körperliche Verfassung und Kondition realistisch einzuschätzen. Denn man muss nicht nur über Stock und Stein, vorbei an Felsklippen, Wasserfällen und Geröllabgängen, sondern sich auch über Leitern, schmale Brücken, Schluchten ohne Brücken hangeln, über schmale Baumstämme balancieren, die quer über einen Fluss gelegt sind, über glitschige Holzstege laufen oder gar einen Fluss mithilfe einer Seilzuggondel überqueren.

Oft können Hiker zwischen einer **Beach-Route** und einer **Land-Route** wählen. Bei der Beach-Route muss man den Tidenhub bei Ebbe und Flut sowie die Wasserkanäle, die vom Meer ins Inland führen, beachten.

Es ist kein Beinbruch, wenn man von einer **mehrtägigen Wanderung** absieht. Wer es dennoch wagt, sollte niemals allein aufbrechen. Der Trail ist eine körperliche und mentale Herausforderung – die Wetterbedingungen können mitunter extrem sein und sich schnell ändern. Von Regen über Sturm bis zu Nebelbänken ist alles möglich. Das Gelände ist oft schlammig, umgestürzte Bäume erschweren das Vorwärtskommen. Zudem kann es zu einer unerwarteten Begegnung mit potenziell gefährlichen Tieren wie Bären, Pumas und Wölfen kommen.

Unterwegs gibt es keine Versorgungsstationen, Restaurants oder Ähnliches. Allerdings gibt es eine Reihe von **Campgrounds** – Anlaufstellen der Wanderer, wo man sich trifft, ein kleines Schwätzchen hält und Tipps von den Hikern erhält, die aus der Gegenrichtung kommen. Alles, was an Proviant und Ausrüstung benötigt wird, muss mitgeführt werden, obwohl an mehreren Stellen Snacks und Nahrungsmittel zu sehr hohen Preisen angeboten werden: an den Fährstationen und bei einer Französin, die eine Art Verkaufszeltlager unter dem Namen *Chez Monique* betreibt. Das befindet sich in etwa auf der Hälfte der Strecke in der Nähe des **Carmanah Lighthouse**.

Ausstattung: Keinesfalls fehlen sollten folgende nützliche Dinge: gutes Schuhwerk, wetterfeste Outdoor-Kleidung, ein Erste-Hilfe-Set, Insektenschutz, Kommunikationsmittel wie Mobiltelefon, wetterfestes Kartenmaterial, Taschenlampen, relativ wenig Funktionskleidung zum Wechseln (Transportgewicht im Auge behalten), ausreichend Wasser und Lebensmittel, Schlafsack, Zelt, Seile und ähnliche Dinge, über die man sich im Einzelnen auch bei Outdoor-Ausrüstern informieren kann.

Hinterlassen Sie immer Nachricht (etwa bei Ranger-Stationen), wann Sie losgehen und wann Sie ankommen wollen.

Wenn Sie die gesamte Distanz von Port Renfrew nach Bamfield (dort ist ein Posten der kanadischen Küstenwache stationiert) zurücklegen, planen Sie ungefähr eine Woche ein. Der West Coast Trail kann **von Nord nach Süd oder in umgekehrter Richtung** begangen werden. Der südliche Teil ist der technisch anspruchsvollere Trail. Zweimal müssen Gewässer überquert werden, der Gordon River und die Nitinat-Verengung an der Stelle, wo der Nitinat Lake auf den Ozean trifft. Dort gibt es eine kleine **Fähre** (in der Saison tgl. 9–17 Uhr, Ticket $ 15).

Der **Zugang zum Trail** ist in mehrfacher Hinsicht beschränkt: Von Oktober bis April ist der Trail geschlossen. Während der Saison (Mai bis September) existiert ein Quotensystem, das ein bisschen kompliziert ist. Nur 52 Leute erhalten pro Tag die Erlaubnis, auf dem Trail zu wandern (26 von Nord nach Süd, 26 von Süd nach Nord). 42 der 52 Plätze können vorab gegen eine Gebühr von $ 25 reserviert werden (maximal drei Monate, bevor man starten will, ☏ 250-387-1642 und 1-800-435-5622). Mit der akzeptierten Reservierung erhält man eine wasserfeste Geländekarte. Die zehn verbleibenden Plätze pro Tag werden nach dem System „Wer zuerst kommt, mahlt zuerst" vergeben (auch hier wieder fünf Plätze in den beiden Himmelsrichtungen). Im Sommer, während der Hauptsaison, kann es zu Wartezeiten von zwei, drei Tagen kommen.

Wer es geschafft hat, muss sich entweder in **Port Renfrew** oder in **Bamfield** im sog. **Registration Office** anmelden, die **Permit-Gebühr** von $ 130 zahlen sowie das Geld für die beiden Fährtickets. Dann fehlt nur noch der Orientierungskurs (1,5 Std.) für den Trail und man hat's geschafft

> **Information**
> Weitere Details und aktuelle Informationen zum **West Coast Trail** findet man unter www.pc.gc.ca/pn-np/bc/pacificrim/activ/activ6a.aspx.

Vancouver Island

> **Hinweis**
> Von Victoria aus kann man alternativ wieder über den Highway 1 die oben bereits beschriebene Route Richtung Nanaimo nehmen und über Parksville und Port Alberni weiter nach Ucluelet und Tofino fahren (die Strecke ist 317 km lang).

Reisepraktische Informationen Port Renfrew

Unterkunft
Trailhead Resort $–$$$$$, 17268 Parkinson Road, ☏ 250-647-5468, www.trailhead-resort.com, DZ ab $ 45 in der einfachen Kategorie, $ 125 in der Standard-Kategorie, ab $ 250 in der Luxus-Kategorie). Das familiär geführte Hotel bietet vor allem gute Angelgründe für Sportangler und liegt in der Nähe des West Coast Trail.
Wild Coast Cottages $$$, 6574 Baird Road, ☏ 250-882-3444. Cottage inklusive Küche für Selbstversorger ab $ 140. Moderne Architektur, dennoch rustikal-gemütlich mit guter Ausstattung und großer Terrasse.

Camping
Port Renfrew Recreational Retreat, Highway 14/Parkinson Road, ☏ 250-647-0058.

Nanaimo

Nanaimo (indianisch für „Treffpunkt") hat gut 80.000 Einwohner und ist somit die Nummer zwei nach Victoria. Auch diese Stadt hat eine berühmte Tochter. Die weltberühmte Jazzpianistin Diana Krall wurde hier geboren. Nanaimo geht zurück auf einen Handelsposten, der Anfang des 19. Jh. von der *Hudson's Bay Company* errichtet wurde. Mitte des 19. Jh. wurde Steinkohle entdeckt – die Voraussetzung für die zügige Entwicklung. Später kam die *Esquimalt and Nanaimo Railway* dazu, die das schwarze Gold abtransportierte.

Inzwischen ist die Kohleförderung Geschichte, die man allerdings museal im Nanaimo Museum aufgearbeitet hat. Die Holzindustrie und der Tourismus (Nanaimo ist ein bedeutender Fährhafen) sind heute wichtige Wirtschaftszweige.

Nachbau einer Kohlemine

Das **Nanaimo Museum** im Zentrum stellt die Lokalgeschichte dar und überrascht u. a. mit der Replika einer Kohlemine. Daneben wird die Erinnerung an die First Nations wachgehalten, die Holzindustrie wird genauso gewürdigt wie die berühmten und weniger berühmten Söhne und Töchter der Stadt.
Nanaimo Museum, 100 Museum Way, ☏ 250-753-1821, www.nanaimomuseum.ca, tgl. 10–17 Uhr, in der Nebensaison So geschl., Eintritt $ 2.

The Bastion ist das Wahrzeichen der Stadt. Der achteckige Turm mit der Fahne der *Hudson's Bay Company* auf dem Dach wurde 1855 fertiggestellt und sollte die Kohlemine schützen. Heute ist darin ein kleines Museum untergebracht.
The Bastion, 98 Front Street, ☏ 250-753-1821, Juni–Aug. tgl. 10–16 Uhr, Eintritt frei.

Vancouver Islands West Coast

Newcastle Island Marine Provincial Park

Nur durch einen schmalen Kanal von der City getrennt, liegt die kleine Insel, auf der sich der Newcastle Island Marine Provincial Park befindet. Ein Stück Wildnis direkt vor der Haustür, mit Wanderwegen, Fahrradrouten und mehreren Campgrounds. Mit der **Nanaimo Harbour Ferry** dauert die Fahrt nur wenige Minuten. Nicht weit vom Fähranleger erhebt sich der „historische" Pavillon aus den 1930er-Jahren, den man für Veranstaltungen anmieten kann.

Newcastle Island

Ein 7,5 km Rundweg führt um die Insel. Sehenswert sind der kleine Mallard Lake, die Kanaka Bay auf der rückwärtigen Seite des Eilands sowie mehrere kleine Strände. **Nanaimo Harbour Ferry**, *Mai–Anfang Sept. 9–22, Sept.–Mitte Okt. 10–17 Uhr, Erwachsene $ 9, Kinder $ 5, Fahrradmitnahme $ 1, keine Fahrzeuge.*

Reisepraktische Informationen Nanaimo

Information
Visitor Centre, *2450 Northfield Road,* ☎ *250-751-1556, www.tourismnanaimo.com, im Sommer tgl. 9–18, sonst Mo–Sa 9–17, So 10–15 Uhr.*

Unterkunft
Nanaimo Hostel $, *65 Nicol Street,* ☎ *250-753-1188, www.nanaimohostel.com, Zimmer ab $ 20.* Zentral gelegenes Hostel, hübsch anzuschauen. Mit Duschen, Waschmaschinen und TV-Raum; Parken kostenlos.

Buccaneer Inn $$–$$$$, 1577 Stewart Avenue, ☏ 250-753-1246, www.buccaneerinn.com, DZ ab $ 79, Komfortzimmer bis $ 189. Großzügig bemessene Zimmer, freundliches Personal und kostenloses Internet.

Essen und Trinken
Lighthouse Bistro & Lighthouse Pub, 50 Anchor Way, ☏ 250-754-3212. Direkt am Wasser mit schöner Terrasse, gutes Seafood. Tgl. 11–23 Uhr.
Bocca Cafe, 427 Fitzwilliam Street, ☏ 250-753-1797. Bei Einheimischen populär, frisch zubereitete Sandwiches und Muffins, tgl. 8–18 Uhr.

Einkaufen
McLean's Specialty Foods, 426 Fitzwilliam Street, ☏ 250-754-0100, www.mcleansfoods.com. Feinkostladen mit vielen kanadischen Spezialitäten.

Verkehrsmittel: Fähre
BC Ferries, ☏ 250-386 34 31, www.bcferries.com. Verkehrt auf zwei Routen nach Vancouver. Einmal vom Nanaimo Duke Point (20 Min. Autofahrt südlich der City) nach Tsawwassen. Am Nordende der Stewart Avenue liegt der Departure-Bay-Terminal. Von hier aus starten die Schiffe nach Horseshoe Bay.

Wasserflugzeuge
Vom Wasserflugzeughafen in Nanaimo starten Seaplanes Richtung Vancouver. **Harbour Air** (☏ 250-714-0900) und **Westcoast Air** (☏ 250-606-6888) mehrmals tgl.

Bus
Greyhound, Departure Bay Ferry Terminal, ☏ 1-800-661-8747. Die Busse fahren tgl. Ziele auf Vancouver Island an, z. B. Tofino, Port Alberni und Victoria.
Nanaimo Regional Transit, ☏ 250-390-4531. Die Nahverkehrsbusse verkehren im Großraum Nanaimo.

Mietwagen
Die bekannten Firmen wie **Avis** (☏ 250-716-8898), **Budget** (☏ 250-754-7368) und **Hertz** (☏ 250-245-8818) sind vor Ort vertreten.

Parksville und Qualicum Beach

Von Nanaimo sind es etwa 33 km auf dem Highway 19 nach Norden bis zur Abzweigung des Highways Richtung Port Alberni. Wenn es der Zeitplan erübrigt, ist zuvor noch ein kurzer Abstecher nach **Parksville** möglich. Die 11.000-Einwohner-Gemeinde verfügt über zahlreiche Restaurants, Bars und Boutiquen. Der sich anschließende Ort, **Qualicum Beach**, ist bekannt für seinen langen Strand, seine hübsche Architektur und seine Golfplätze.

Zwischen Parksville und Qualicum Beach liegen die **Milner Gardens & Woodland**, ein historisches Landhaus mit Park und altem Baumbestand direkt am Meer. Sehenswert sind die 500 Arten von Rhododendron. Im Haus selbst wird nachmittags zwischen 13 und 16 Uhr zur *Tea Time* im Salon geladen.

Milner Gardens & Woodland, 2179 Island Highway West, ☎ 250-752-6153, www2. viu.ca/milnergardens/, im Sommer tgl. 10–17 Uhr, in der Nebensaison Fr/Sa geschl., Eintritt Kinder bis 12 Jahre frei, Eintritt je nach Saison: Studenten $ 6,50 ($ NS 3,15), Erwachsene $ 11 ($ NS 5,25).

Reisepraktische Informationen Parksville und Qualicum Beach

Parksville

Information
Parksville Visitor Centre, Highway 19a, Exit 46, ☎ 250-248-3613, www.visitparksvillequalicumbeach.com.

Unterkunft
Ocean Trails Resort $$$, 1135 Resort Drive, ☎ 250-248-3636, www.ocean-trails.com, Zimmer ab $ 109 in der Nebensaison und $ 149 in der Hauptsaison. Schöne und familienfreundliche Anlage nahe des Rathtrevor Beach.

Essen und Trinken
Pacific Prime Steak & Chop, 181 Beachside Drive, ☎ 250-947-2109, www.beachclubbc.com. Im Restaurant gibt's Frühstück, Mittag und Abendessen; spezialisiert auf Steaks und Seafood. Tgl. 7.30–22 Uhr.

Qualicum Beach

Information
Visitor Centre, Highway 19, Exit 60, ☎ 250-248-6300, www.visitparksvillequalicumbeach.com, Juli/Aug. tgl. 8–20, sonst 9–17 Uhr.

Unterkunft
Qualicum Beach Inn $$–$$$, 2690 Island Highway West, ☎ 250-752-6914, www.qualicumbeachinncom. Unter neuer Leitung wurde das ehemalige Old Dutch Inn renoviert. Die modernen Zimmer laden zum Verweilen ein. Vor allem die Strandlage ist schwer zu toppen.
Free Spirit Spheres $$$, 420 Horne Lake Road, ☎ 250-757-9445, www.freespiritspheres.com, Zimmer ab $ 155. Das Wohnerlebnis der besonderen Art: Baumhäuser in Form von hölzernen Kugeln sind in den alten Regenwald eingehängt und bewegen sich sanft im Wind, wenn die Baumkronen sich wiegen.

Essen und Trinken
Westhill, 1015 McLean Road, ☎ 250-752-7148, www.westhillestates.com. Spezialisiert auf chinesische und malaysische Küche, hat einen sehr guten Ruf in British Columbia. Nur Fr–So 11–20.30 Uhr geöffnet.

Golf
Pheasant Glen Golf Resort, 1025 Qualicum Road, ☎ 250-752-8786, www.pheasantglen.com. 72-Loch-Platz mit schönem Ausblick auf die Berggipfel und all den Annehmlichkeiten eines schicken Clubs (Restaurant, Shops). Greenfee 18-Loch $ 30, 9-Loch $ 20.

Essen und Trinken

Norwoods Restaurant, 1714 Peninsula Road, ☏ 250-726-7001, www.norwoods.ca. Der „Catch of the Day" wechselt täglich, je nachdem, was die Fischer in den Hafen bringen. Die Weine sind auch kanadisch, es gibt gute Tropfen aus dem Okanagan Valley; tgl. 18–23 Uhr.

Ukee Dogs Eatery, 1576 Imperial Lane, ☏ 250-726-2103. In diesem bunten Bistro, einer ehemaligen Werkstatt, gibt es tolle Hotdogs, leckere Backwaren und guten Kaffee.

Segeln

Wild Pacific Sailing Adventures, Whiskey Dock, ☏ 250-266-0035, www.wildpacificsailing.com. Tagestrips zu den Broken Group Islands ab $ 180 pro Person.

Whale Watching

Beachcomber Whale & Bear Ocean Tours, ☏ 250-726-3444, http://wildedgewhales.com. Von der Walbeobachtung bis zum Bären-Spotting ist alles drin, was die wilde kanadische Natur zu bieten hat. Touren ab $ 90 pro Person.

Kajaktouren

Majestic Ocean Kayaking, ☏ 250-726-2868, www.oceankayaking.com. Touren zu den Broken Group Islands, zum Barkley Sound und zum Clayoquot Sound. Preis ab $ 67, mehrtägige Touren kosten bis zu $ 2.230 (8 Tage).

Einkaufen

Crow's Nest, 250 Main Street, ☏ 250-726-4214. Im ältesten Gebäude am Ort gibt's Bücher und andere Mitbringsel.

Tofino

Wenn man an der Abzweigung des Highway 4 diesen nach Norden fährt (Pacific Rim Highway), erreicht man nach 33 km Tofino. Der Flecken, der nach einem spanischen Expeditionsteilnehmer von 1792 benannt wurde, liegt am Ende einer schmalen Peninsula und grenzt südlich an den Nationalpark. Die anderen drei Seiten umspült der Pazifik. Tofino ist in etwa so groß (oder klein) wie Ucluelet, hat ähnliche Sehenswürdigkeiten zu bieten, kommt jedoch quirliger und mit deutlich mehr Besuchern daher. In den drei Sommermonaten platzt der kleine Fischerort aus allen Nähten.

Biosphären-reservat

Der **Clayoquot Sound** liegt im Einzugsbereich. Die Bucht ist UNESCO-Biosphärenreservat mit vielen vom Aussterben bedrohten Tieren und Pflanzen und daher einer der Anziehungspunkte für Öko-Touristen. Die Bucht wurde international berühmt wegen der Auseinandersetzungen um den Erhalt alten Baumbestands des Küstenregenwalds. Genau diese Auseinandersetzungen sorgten dafür, dass die Umweltschutzorganisation Greenpeace ins Leben gerufen wurde.

Im Frühjahr ziehen bis zu 20.000 Grauwale, aber auch Orkas und Buckelwale, auf ihrem Weg von Mexiko zu den nahrungsreichen Gebieten des hohen Nordens an Tofino vorbei. Viele Wale bleiben daher in den Sommermonaten in der Gegend um Tofino.

Auch Heerscharen von Surfern bevölkern die Strände und freuen sich über die hohen Wellen vor der rauen Westküste. Daneben zieht die Gegend weitere Outdoor-Fans wie Kajakfahrer und Wanderer an. Doch trotz der zahlreichen Touristen in den zwei Sommermonaten bleibt das Fischernest beschaulich und erhält sich seinen ursprünglichen Charme. Die meiste Zeit des Jahres geht es eher ruhig zu.

Surfer und Outdoor-Fans

Im Ort selbst lohnt ein Besuch der **Botanical Gardens**. Hier wird die lokale Flora gezeigt, wie sie etwa im benachbarten Nationalpark gedeiht.
Botanical Gardens, 1084 Pacific Rim Highway, ☏ 250-725-1220, tgl. 9–18 Uhr, Eintritt Kinder frei, Studenten $ 6, Erwachsene $ 10.

Reisepraktische Informationen Tofino

Information
Tofino Visitor Centre, 1426 Pacific Rim Highway, ☏ 250-725-3414, www.tourismtofino.com, tgl. 10–16, im Sommer bis 18 Uhr.

Unterkunft
Whalers on the Point Guesthouse $–$$, 81 West Street, ☏ 250-725-3443, www.tofinohostel.com, Mehrbettzimmer $ 35 (mit Jugendherbergsausweis $ 32), DZ $ 85 (für Jugendherbergsmitglieder, sonst $ 93). In der Nebensaison Mehrbettzimmer ab $ 25, DZ ab $ 55. Schicke Architektur direkt am Wasser; Küche, Waschmaschinen, Internetzugang, Fahrradverleih.
Ecolodge at Botanical Gardens $$, 1084 Pacific Rim Highway, ☏ 250-725-1220, www.tbgf.org, DZ ab $ 79. Spektakuläre Ausblicke, die man auch erwartet, wenn man in einem Botanischen Garten übernachtet. Inmitten der üppigen Flora ein Erlebnis der ganz besonderen Art.
Weigh West Marine Adventure Resort $$–$$$$$, 634 Campbell Street, ☏ 250-725-3277, www.weighwest.com, DZ je nach Kategorie $ 79–275.
Wickaninnish Inn $$$$$, 500 Osprey Lane am Chesterman Beach, ☏ 250-725-3100, www.wickinn.com, DZ ab $ 340. Top-Lage, Top-Ausstattung, Top-Preise – das Hauptgebäude liegt auf einem Felsvorsprung, die luxuriösen Zimmer bzw. Villen haben Meerblick und Gäste können den Privatstrand nutzen. Das Haus wird immer wieder zu den schönsten Resorts weltweit gezählt.

Camping
Crystal Cove Beach Resort RV Park, 1165 Cedarwood Place, ☏ 250-725-4213, www.crystalcove.ca. Schön im Wald und doch direkt am Meer gelegen; morgens gibt's Gratis-Kaffee und Insider-Tipps des Personals. 2 Personen plus Fahrzeug für $ 60 (Mitte Juni–Sept.), Nebensaison $ 50.

Essen und Trinken
The Schooner, 331 Campbell Street, ☏ 250-725-3444, www.schoonerrestaurant.ca. Ein Traditionshaus seit mehr als 50 Jahren, spezialisiert auf Steaks und Seafood. Hauptgerichte ab ca. $ 20; tgl. 9–15 und 17–22 Uhr.
Sobo, 311 Neill Street, ☏ 250-725-2341, www.sobo.ca. Sobo steht für „Sophisticated Bohemian" – was immer damit gemeint ist, das Essen ist sehr gut. Mit frischen lokalen Pro-

dukten werden internationale Gerichte neu interpretiert und es wird der Pacific Rim Cuisine gehuldigt. Hauptgerichte ab ca. $ 25, tgl. 11–21.30 Uhr.
Common Loaf Bake Shop, 180 First Street, ☏ 250-725-3915. Für den schnellen Hunger zwischendurch. Hier kann man sich gute hausgemachte Sandwiches, Muffins und mehr schmecken lassen.

Kajaktouren
Black Bear Kayak, 638 Campbell Street, ☏ 1-250-725-3277, wwwblackbearkayak.com. Angeboten werden Tagestouren von 2,5–8 Stunden Dauer, mehrtägige Touren mit Camping-Übernachtung; ab $ 59.

Whale Watching
Jamie's Whaling Station, 606 Campbell Street, ☏ 250-725-3919, www.jamies.com. Wer es bequem liebt, sticht mit einem komfortablen Boot in See (mit Getränken, Snacks und WC an Bord); wer etwas abenteuerlicher veranlagt ist, krabbelt in ein Schlauchboot und fährt mit diesen Zodiacs recht nah an die großen Meeressäuger heran. Touren ab $ 89.

Angeln
Chinook Charters, 331 Main Street, ☏ 250-726-5221, www.chinookcharters.com. Halbtages-Angelausflüge für zwei bis drei Personen ab $ 600. Ob Lachs, Heilbutt oder Krabbenfang, je nach Jahreszeit ändert sich das Programm.

Fahrradfahren
TOF Cycles, 660 Sharp Road, ☏ 250-725-2453, $ 25 pro Tag.

Golf
Long Beach Golf Course, 1850 Pacific Rim Highway, ☏ 250-725-3332, www.longbeachgolfcourse.com. Idyllisch gelegen; Golf und Minigolf auf einer Anlage vereint. Greenfee $ 25,80 für 9 Löcher, $ 36 für 18 Löcher.

Festival
Pacific Rim Whale Festival, gemeinsam mit Ucluelet, www.pacificrimwhalefestival.org. Das bekannte Festival findet immer Ende März statt und feiert den Vorbeizug der Grauwale nach Norden. Das abwechslungsreiche Programm reicht von indianischen Gesangs- und Tanzvorführungen über Konzerte und Theateraufführungen bis zu Ökoseminaren vor Ort im Pacific Rim National Park.

Flüge
Orca Airways, Vancouver, ☏ 604-270-6722, www.flyorcaair.com. Ganzjährig tgl. Flugverbindungen zwischen Tofino und Vancouver; Flugzeit 1 Std., Preis ca. $ 220.

Bus
Tofino Bus, 346 Campbell Street, ☏ 1-866-986-3466. Verbindet Tofino mit Ucluelet, Port Alberni und Victoria.

Wale in Sicht

Da Kanada über Tausende Kilometer Küstenlinie verfügt, verwundert es kaum, dass Walbeobachtung, **Whale Watching**, zu einer veritablen Einnahmequelle im Tourismus geworden ist. Walbeobachtung gibt es in den Atlantikprovinzen, etwa in der Roseway-Bucht in Nova Scotia, Newfoundland und Québec, vor allem aber auch an der Pazifikküste British Columbias. Die beste Zeit, die riesigen Meeressäuger hautnah von einem Boot aus zu beobachten, sind die Monate Mai bis Oktober. Dann herrscht zuweilen Hochbetrieb an den Futterplätzen der Küstengewässer rund um Vancouver Island oder Prince Rupert im Norden der Provinz.

British Columbia liegt, salopp gesprochen, an einer Art „Wal-Highway", der sich von Mexiko bis hinauf nach Alaska zieht. Tausende von Grauwalen, Orkas, Buckel- und Schwertwalen tummeln sich auf dem Weg nach Alaska oder zurück nach Mexiko, wo sie den Nachwuchs gebären, in den Buchten der zerklüfteten Küstengewässer.

Während manche Besucher lieber auf dem Aussichtsdeck eines größeren Ausflugsbootes mit dem Feldstecher und dem Teleobjektiv in der Hand verweilen, zieht es die Abenteuerlustigen in die Motorschlauchboote, die sog. **Zodiacs**, um näher an die Tiere heranzufahren. Nicht nur die gewaltigen Schwanzflossen, die aus dem Wasser ragen, sind fast greifbar, sondern mithilfe von Unterwassermikrofonen kann man die lauten Brummgeräusche in den Tiefen des Meeres einfangen. Oft sind Meeresbiologen an Bord, die interessante Vorträge über die Lebensweise und auch die Bedrohungen, denen diese Arten ausgesetzt sind, halten. Einige Veranstalter bieten inzwischen **Touren mit Segelbooten** an – da werden die Tiere nicht durch Bootsmotoren gestört. Und für die besonders Mutigen gibt's auch die Kajak-Variante.

Whale Watching hautnah

Auf Vancouver Island (in Ucluelet und Tofino) wird jährlich im März das **Pacific Rim Whale Festival** veranstaltet, um die Rückkehr der Wale zu feiern.

Den Schutz der bedrohten Tierart haben sich viele Organisationen auf die Fahnen geschrieben, von WWF bis Greenpeace. Für den Schutz der Wale ist die Internationale Walfangkommission (IWC) zuständig, die die Walbestände weltweit überwacht. Auch wenn Kanada und andere Länder das internationale Fangverbot beachten, das 1982 beschlossen wurde, gibt es immer noch Staaten wie Japan, Norwegen und Island, die kommerziellen Walfang betreiben. Ein guter Weg ist sicher das Einrichten von Wal-Schutzzonen, die es bereits auch vor der kanadischen Küste gibt.

Cumberland, Courtenay und Comox

Zurück an die Ostküste geht es bis zur bekannten Abzweigung (Hwy. 4 und 19) und dann über den Highway 19 gut 70 km nach Norden. Bald ist die kleine Bucht mit den Ortschaften **Cumberland**, **Courtenay** und **Comox** erreicht.

Fährhafen

Comox besitzt einen kleinen Fährhafen, den **Little River Terminal**, mit der Verbindung nach Powell River aufs kanadische Festland (s. u.).

Für Flugzeug-Freunde ist das **Comox Airforce Museum** ein lohnender Stopp. Das Museum ist Teil des Airforce-Komplexes und stellt u. a. eine Reihe von historischen Originalflugzeugen aus, darunter die viermotorige „Canadair Argus", ein Flugzeug zur Bekämpfung von U-Booten, das in den 1960er- und 1970er-Jahren zum Einsatz kam. Daneben eine „DeHavilland Vampire", die noch im Zweiten Weltkrieg operierte und überwiegend aus Holz gefertigt wurde.

Chathman Island

Comox Airforce Museum, Little River Road/Ryan Road, ☏ 250-339-8162, www.comoxairforcemuseum.ca, tgl. 10–16 Uhr, Eintritt frei.

Reisepraktische Informationen Comox und Courtenay

Information
Comox Valley Visitor Centre, 2040 Cliffe Avenue, Courtenay, ☏ 250-334-3234, www.comoxvalleychamber.com, im Sommer tgl. 9–18, Nebensaison Mo-Fr 9–17 Uhr.
Vancouver Island Visitor Centre, 3607 Small Road, Cumberland, ☏ 1-855-400-2882, www.discovercomoxvalley.com.

Unterkunft
Kingfisher Oceanside Resort & Spa $$$–$$$$, 4330 Island Highway South, ☏ 250-338-1323, www.kingfisherspa.com, DZ ab $ 100 in der Nebensaison, ab $ 130 im Sommer. Nur ein paar Meter vom Pazifik entfernt mit sehr gutem Service und modernen geräumigen Zimmern; gut ausgestatteter Spa- und Wellnessbereich inklusive Fitnessstudio.

Camping
Puntledge RV Campground, Courtenay, Nim Nim Interpretitive Centre, 4624 Condensory Road, ☏ 250-334-3773, www.puntledgerv.com, $ 28 am Tag. Der Campingplatz befindet sich auf dem Gebiet der Comox First Nations. Das dortige Informationszentrum beschäftigt sich mit der Geschichte dieses Stammes.

Essen und Trinken
Zen Zero, 407 B 5th Street, Courtenay, ☏ 250-338-0571. Veganes Restaurant mit leckerem, gesundem Essen; große Auswahl an Smoothies. Mo–Fr 9–17, Sa 10–16 Uhr.
Martine's Bistro, 1754 Beaufort Avenue, ☏ 250-339-1199, www.martinesbistro.com. Feine westkanadische Küche mit mediterranen Elementen; tgl. ab 17 Uhr, Hauptgang ab $ 22.

Flüge
Flughafen: www.comoxairport.com
Pacific Coastal Airlines, ☏ 1-800-663-2872, www.pacific-coastal.com. Flugverbindungen zwischen Comox und Vancouver.
Central Mountain Air, ☏ 1-888-865-8585, www.flycma.ca. Verbindungen nach Vancouver.
Westcoast Air, ☏ 1-800-347-2222, www.westcoastair.com. Bedient mit Wasserflugzeugen den Wasserflugzeughafen in Downtown Vancouver mit der Comox Bay Marina.

Fähre
BC Ferries, ☏ 250-386-3431, www.bcferries.com. Die Fähre verkehrt zwischen Comox, Little River Terminal, und Powell River (viermal tgl. um 6.30, 10.10, 15.15 und 19.15 Uhr, Fahrzeit gut 1,5 Std., Erwachsene $ 14,90, Kinder die Hälfte, Fahrzeuge $ 46,70.

Bus
Greyhound, 2663 Kilpatrick Avenue, ☏ 250-334-2475. Viermal tgl. werden die Strecken Victoria, Port Hardy und Campbell River bedient.

Campbell River

Der Highway 19 schlängelt sich noch einmal 70 km weiter nach Norden bis Campbell River. Die 30.000-Einwohner-Stadt an der Mündung des gleichnamigen Flusses gilt als **Tor zum Strathcona Provincial Park** und dem wilden menschenleeren Nordteil von Vancouver Island.

Anlandung von George Vancouver

Der hinlänglich bekannte und allgegenwärtige George Vancouver erreichte 1792 mit seinen Schiffen „Discovery" und „Chatham" als erster Europäer die Gegend und traf, wie fast überall in Kanada zu jener Zeit, auf lokale Indianerstämme – in diesem Fall auf die Küsten-Salish. Im ausgehenden 19. und frühen 20. Jh. entwickelte sich die kleine Stadt stetig: Die Papier- und Holzindustrie, der Bergbau (Kohle, Kupfer, Zink) und die Fischerei wurden die bedeutendsten Wirtschaftszweige. Zudem etablierte sich Campbell River als regionales Versorgungszentrum für den Norden von Vancouver Island.

Heute wächst der Tourismussektor besonders kräftig. Sportangler kommen, weil sie sich vom Marketing-Spruch „Lachshauptstadt von Vancouver Island" (der manchmal auch großzügig auf die Provinz, das Land und den Globus ausgedehnt wird) locken lassen. Besucher auf Inselrundreise legen einen Stopp ein, wenn sie auf dem Weg in den Strathcona Provincial Park, nach Telegraph Cove hinauf wollen oder einen Abstecher auf eine der kleinen Discovery Islands planen.

Auf dem **Discovery Pier** *(655 Island Highway)*, einem knapp 200 m langen hölzernen Steg, der teilweise überdacht ist, kann man promenieren und die Atmosphäre am Hafen und am Wasser genießen, sich auf einer Bank ausruhen oder Infotafeln studieren.

Maritime Heritage Centre

Meer und Mensch

Das Maritime Heritage Centre präsentiert das Leben dieser Stadt am Meer und die Wechselbeziehungen zwischen Mensch und Natur. Die Sammlungen umfassen maritime technische Geräte und Memorabilien, eine Ausstellung zum historischen Fischkutter „BCP 45", der 1927 in einer kanadischen Werft vom Stapel lief und spätestens als Motiv auf dem kanadischen 5-Dollar-Schein in den 1970er- und 1980er-Jahren jedem Kanadier im wahrsten Wortsinn greifbar war. 1996 schließlich wurde das Schiff außer Dienst gestellt und kam zunächst ins Maritime Museum in Vancouver. Seit 2002 liegt es am jetzigen Ort. Das Heritage Centre versteht sich nicht als reines Museum, sondern als Veranstaltungsort, an dem es Tagungen und Seminare gibt, aber auch kulturelle Veranstaltungen aller Art.
Maritime Heritage Centre, *621 Island Hwy., ☏ 250-286-3161, www.maritimeheritagecentre.ca, Mo–Fr 10–16 Uhr, $ 5.*

Museum at Campbell River

Von der Stadtgeschichte bis zum Kunsthandwerk der First Nations reicht die Bandbreite der musealen Kollektion. Außerdem gibt es eine sehenswerte Doku zur größten nichtnuklearen Explosion, die es je gegeben hat. Dabei wurde 1958 ein riesiger Unterwasserfelsen, der Ripple Rock, der zu so manchem Schiffsunglück geführt hatte, in den nahe gelegenen Seymour Narrows gesprengt.
Museum at Campbell River, *470 Island Highway, ☏ 250-287-3103, www.crmuseum.ca, im Sommer tgl. 10–17, im Winter Di–So 12–17, Eintritt $ 8.*

Die **Campbell River Art Gallery** wechselt die Ausstellungen monatlich. Gezeigt wird zeitgenössische Kunst aus Westkanada.
Campbell River Art Gallery, 1235 Shopper's Row, ☏ 250-287-2261, www.crartgallery.ca, Mai–Sept. Mo–Fr 10–17, Okt.–April Di–Sa 12–17 Uhr, Eintritt frei.

Quinsam River Hatchery
Die Lachsaufzucht Quinsam River Hatchery liegt etwa 5 km nordwestlich der Stadt. Auf dem Highway 28 fährt man Richtung Gold River und biegt links in die Quinsam Road ein. Dann den Schildern folgen. Hier werden die Lachsarten Chinook, Coho, Cutthroat, Pink und Steelhead aufgezogen. Eine Broschüre informiert über alles Wissenswerte beim Rundgang.
Quinsam River Hatchery, 4217 Argonaut Road, ☏ 250-287-9564, tgl. 8–16 Uhr.

Lachsaufzucht

Reisepraktische Informationen Campbell River

Information
Campbell River Visitor Centre, 1235 Shopper's Row, ☏ 250-830-0411, www.visitorcentre.ca, Mo–Sa 9–17 Uhr.

Unterkunft
Haig-Brown-House $$–$$$, 2250 Campbell River Road, ☏ 250-286-6646, www.haig-brown.bc.ca, DZ ab $ 100. Drei Zimmer in einem historischen Wohnhaus des Schriftsteller Roderick Haig-Brown und seiner Frau. Das Haus ist Inmitten eines verwunschenen großen Gartens gelegen.
Best Western Austrian Chalet $$–$$$, 462 South Island Highway, ☏ 250-923-4231, www.bwcampbellriver.com, DZ ab $ 109. Zentral gelegen und im hübschen Chalet-Stil gebaut, mit Hallenbad, Sauna und Whirlpool.

Camping
Campbell River Fishing Village & RV Park, 260 South Island Highway, ☏ 250-287-3630. Ganzjährig geöffnet, $ 2 für den Zeltplatz, $ 25 für das Campmobil, $ 129 Mietcamper zum Übernachten für zwei Personen. Nur 2 km vom Ortszentrum entfernt und mit allem Komfort ausgestattet.

Essen und Trinken
Harbour Grill, 1334 Island Highway, ☏ 250-287-4143, www.harbourgrill.com. Gilt als erstes Haus am Platz. Keine kreativ-ungewöhnliche Speisekarte, aber die Standards bei Seafood und Steaks sind von sehr guter Qualität. Hauptgericht ab $ 25, Mo–Sa ab 17.30 Uhr.

Flughafen
Campbell River Airport, ca. 20 km südlich der Stadt. Die Fluggesellschaft Pacific Coastal, ☏ 1-800-663-2872, www.pacific-coastal.com, fliegt von/nach Vancouver.

Bus
Campbell River Transit System, Tyee Plaza, Shoppers Row, ☏ 250-287-7433. Lokalbusse, Ticket $ 2. **Greyhound**, 509 13th Avenue, ☏ 250-287-7151. Der Ort liegt an der Strecke Victoria–Port Hardy und wird viermal am Tag bedient.

Strathcona Provincial Park

Im geografischen Zentrum von Vancouver Island befindet sich der größte und älteste Park der Insel: der knapp 2.500 km² große Strathcona Provincial Park von 1911. Der Park bietet Lebensraum und Rückzugsmöglichkeit für zahlreiche, mitunter seltene Tiere: etwa den Vancouver Island Wolf (Canis lupus crassodon), dessen Fellfarbe von Schwarz-Grau bis Weiß reicht und der vom Aussterben bedroht ist. Oder das Vancouver-Murmeltier, ebenfalls endemisch und sehr selten. Daneben Wapitis, die einzige Elchherde der Insel, Schwarzbären und Berglöwen. Die Zahl der Vogelarten ist beträchtlich, darunter Felsengebirgshühner, der Kanada-Kleiber und das Weißschwanz-Schneehuhn, die kleinste Schneehuhn-Art und selten anzutreffen.

Die bekannteste Sehenswürdigkeit sind die **Della Falls**. Zu den höchsten Gipfeln zählen der Golden Hinde (2.198 m) und der Elkhorn Mountain (2.166 m), deren Schneekappe nie schmilzt. Die Della Falls im Süden des Parks gehören mit 440 m zu den höchsten Wasserfällen Kanadas und sind schwer zugänglich. Einer der Zugänge führt per Boot über den Great Central Lake bei Port Alberni und dann weiter zu Fuß in einem 8-Stunden-Marsch. Der Park ist nicht wirklich gut erschlossen. Nur zwei Regionen, das sog. **Forbidden Plateau** und die Gegend um den **Buttle Lake**, das mit 28 km² größte Wasserreservoir

Glatt geschliffene Baumriesen

des Parks, sind touristisch erschlossen. Aber genau das schätzen viele Besucher: Das Gefühl, in einem unwegsamen, einsamen und unerschlossenen Gelände zu wandern, sorgt für das gewisse Pionier-Feeling. Hier gibt es keine Stadt im Nationalpark wie in den gut erschlossenen Rocky Mountains National Parks. Gut ausgebaute Straßen, Hotels, Restaurants, Eisenbahnlinien, Flughäfen – Fehlanzeige.

Campgrounds unterschiedlicher Ausstattung finden sich u. a. um den Buttle Lake und den Ralph River (s. u.). Zahlreiche **Wanderwege** unterschiedlicher Schwierigkeitsgrade stehen für den Anfänger wie den Profi-Hiker zur Verfügung.

Der **Della Falls Trail** führt über 16 km vom Great Central Lake zu den berühmten Wasserfällen. Er wurde vom Trapper Joe Drinkwater angelegt, der die Wasserfälle nach seiner Frau benannte. Der Weg hat einen mittleren Schwierigkeitsgrad und beginnt am

Ostufer des Sees. Dort befindet sich auch ein Campground. Die erste Hälfte der Strecke führt über flaches Gelände und folgt einem alten holzwirtschaftlichen Pfad. Der Margaret Creek wird über eine Holzbrücke überquert. Danach geht es 4 km leicht bergauf durch alten Baumbestand von Douglasien und Hemlocktannen. Dann überquert man auf einer weiteren Brücke den Drinkwater Creek mit seiner malerischen Schlucht, um anschließend die letzten Kilometer einer besonders anstrengenden und steileren Etappe zu bewältigen. Etwa 1 km unterhalb der Fälle gibt es einen weiteren Campground, von dem aus man die Wasserfälle gut sehen kann, die sich in drei Kaskaden 440 m nach unten stürzen.

Wanderung zu den Della Falls

Reisepraktische Informationen Strathcona Provincial Park

Information
Strathcona Provincial Park, ☏ 250-474-1336, www.env.gov.bc.ca/bcparks/explore/parkpgs/strath/. Während der Saison, April–Okt., sind die Parkeingänge 7–23 Uhr geöffnet.

Camping
Buttle Lake Campground, Highway 28, ☏ 1-800-689-9025, Buchung über www.discovercamping.ca. April–Okt. geöffnet. Der relativ einfach ausgestattete Campground ($ 16), der etwa eine Fahrstunde von Campbell River entfernt liegt, verfügt über Wasser, Feuerholz und Waschmöglichkeiten im Freien.

Ralph River Campground, Highway 28, ☏ 1-800-689-9025. April–Sept. geöffnet, Campingplatz mit einfacher Ausstattung ($ 16); ca. 90 Minuten Autofahrt von Campbell River entfernt.

Fähre nach Kyuquot bzw. Yuquot

Wenn man den Park wieder verlässt, kann man entweder dem Highway 28, der in diesem Abschnitt Gold River Highway heißt, weiter westlich nach **Gold River** und bis zum **Nootka Sound** folgen und dort eine Fähre nehmen *(www.mvuchuck.com, ☏ 250-283-2515)* nach **Kyuquot** (Do/Fr ab 7 Uhr von Gold River, Ankunft 17 Uhr, mit einer Übernachtung vor Ort, zurück um 8 Uhr am anderen Tag, Ankunft in Gold River um 17 Uhr, Ticket inkl. Übernachtung: Kinder unter 6 Jahren frei, Kinder 6–12 Jahre $ 195, Erwachsene $ 385); oder **Yuquot/Friendly Cove** (nur Juni–Sept., Tagestour Mi und Sa, Abfahrt 10 Uhr, Rückkehr 17.30 Uhr, Ticket: Kinder unter 6 Jahren frei, Kinder 6–12 Jahre $ 40, Senioren $ 75, Erwachsene $ 80).

Eine weitere Tour: **Rundfahrt im Nootka Sound** (Di um 9 Uhr ab Gold River, Rückfahrt um 18 Uhr, Ticket: Kinder unter 6 Jahren frei, Kinder 6–12 Jahre $ 35, Senioren $ 65, Erwachsene $ 70).

Das Schiff, die „**MV Uchuck III**", ist ein ehemaliger Minenräumer, der heute die abgelegenen Außenposten an der Nordwestküste mit Gütern aller Art versorgt. Es ist aufschlussreich, was alles transportiert wird: Lebensmittel, Möbel, technische Ersatzteile und vieles mehr.

Wale und Seelöwen Auf der Fahrt sehen die Passagiere häufig Grauwale, Orkas, Minkwale, Seelöwen und Fischadler. An der Küste ziehen die feinen Strände wie an einer Perlenschnur aufgereiht vorbei.

Hinweis
An manchen Tagen ist der **Seegang** ordentlich. Wer leicht seekrank wird, sollte unbedingt Medikamente dabei haben.

Port McNeill

Wer an der Ostküste von Campbell River weiter nach Norden über den Highway 19 fährt, erreicht nach etwa 200 km Port McNeill. Die Strecke ist gut ausgebaut, sie führt am Nimpkish Lake vorbei. Unterwegs sieht man immer wieder große Holzeinschlagsflächen, die an Wunden erinnern, die der Mensch der ansonsten unberührten Natur zugefügt hat.

Die Wurzeln der Kleinstadt liegen in der Holzindustrie, in der ein Gutteil der Bevölkerung arbeitet. Ansonsten ist die Stadt regionales Versorgungszentrum und hat Fährverbindungen auf die vorgelagerten Inseln Cormorant Island (Alert Bay) und Malcolm Island.

Reisepraktische Informationen Port McNeill

Information
Port McNeill Chamber of Commerce, 1594 Beach Drive, ☎ 250-956-3131, www.portmcneill.net.

Unterkunft
Black Bear Resort Hotel $$, 1812 Campbell Way, ☎ 250-956-4900, www.port-mcneill-accommodation.com, DZ ab $ 125. Das Motel mit bescheidenem Spa-Bereich bietet ordentliche Zimmer und ein gutes Frühstück.

Essen und Trinken
Northern Lights Restaurant, 1817 Campbell Way, ☎ 250-956-3263. Hervorragende Westcoast-Küche mit französischem Einschlag. Hauptgericht ab ca. $ 20, Mo–Sa 7–21.30 Uhr.

Telegraph Cove

Nur 8 km östlich von Port McNeill liegt das winzige Dorf Telegraph Cove, in dem übers Jahr nur eine Handvoll Menschen dauerhaft lebt. Dennoch ist die Mini-Ansiedlung sehr bekannt, da die bunt angemalten Holzhäuser aufgrund des großen Tidenhubs (gut 5 m Gezeitenunterschied) auf Pfählen stehen. Zum anderen liegt das Dorf an der **Johnstone Strait**, einem 110 km langen Meereskanal, in dem sich während der Sommermonate zahlreiche Orkas tummeln. Also sind die obligatorischen Whale-

Watching-Touren nicht weit und die kleine Ansiedlung schwillt im Sommer zur Stadt, wenn die Touristen in Scharen einfallen.

Reisepraktische Informationen Telegraph Cove

Unterkunft
Telegraph Cove Resorts $$$–$$$$$, ☏ 250-928-3131, www.telegraph coveresort.com, Cottages und Campground in einem. Preise: ab $ 30 auf dem Campground, $ 95–300 in den Cottages. Malerische Anlage in einem malerischen Ort.

Camping
Telegraph Cove Marina & RV Park, 1642 Telegraph Cove Road, ☏ 250-928-3163, www.telegraphcove.ca. Gute Ausstattung, ganzjährig geöffnet, Preis: ab $ 35.

Essen und Trinken
The Killer Whale Café, Boardwalk, ☏ 250-928-3131, www.telegraphcove resort.com. Von Kleinigkeiten bis zur Seafood-Platte reicht das Angebot. Mai–Okt. geöffnet.

Alert Bay

Alert Bay heißt der 600 Einwohner zählende Ort auf **Cormorant Island**, den man von Port McNeill aus mit der Fähre erreicht. Die Hälfte der Bewohner gehört zu den First Nations, die meisten von ihnen zum Volk der Kwakwaka'wakw. Am Nordende der kleinen Insel vor dem mit Symbolen bemalten **Indian Bighouse** steht ein Totempfahl, der mit knapp 55 m der höchste der Welt sein soll.

Indian Bighouse

Auch Seelöwen kann man beobachten

„Feste des Schenkens"

Der Ort stellt eine Art kulturelles Gedächtnis der Indianer der Westküste dar. Denn die kanadische Regierung verbot von 1884 bis in die 1950er-Jahre den Indianern, ihre Potlatch-Feste („Feste des Schenkens") zu feiern. Erst in den 1960er-Jahren, als es ihnen erlaubt war, besannen sich die Indianer auf die Sammlung und Rückführung der Masken, Schilde, Speere etc. All diese künstlerisch und kulturell wertvollen Objekte wurden im **U'mista Cultural Centre** zusammengetragen.
U'mista Cultural Centre, 1 Front Street, ☎ 250-974-5403, im Sommer tgl. 9–17 Uhr, in der Nebensaison Mo/So geschl., Kinder $ 1, Jugendliche/Senioren $ 7, Erwachsene $ 8.

Die **Nimpkish Burial Grounds**, die Ruhestätte der First Nations, sind weithin sichtbar mit Totempfählen geschmückt.

Reisepraktische Informationen Alert Bay

Information
Alert Bay Visitor Centre, 116 Fir Street, ☎ 250-974-5024, www.alertbay.ca.

Unterkunft
Bayside Inn $–$$, 81 Fir Street, ☎ 250-974-5858, $ DZ 49,95. 80 Zimmer, gutes Preis-Leistungs-Verhältnis, freundliches Personal.
Janet's Guesthouse $$, 667 Fir Street, ☎ 250-974-5947, www.alertbayvacationrental.com, DZ im Bed & Breakfast $ 65–95. Drei Zimmer in stilvollem Holzhaus mit Veranda.
Alert Bay Lodge $$$, 549 Fir Street, ☎ 250-974-2410, www.alertbaylodge.com, DZ ab $ 137. Vier gemütliche Zimmer, von denen man auf die Johnstone Strait blickt.

Camping
Alert Bay Campground, 101 Alder Road, ☎ 250-974-5024. Liegt direkt am Ecological Park, Zelt $ 14, Camper $ 24.

Whale Watching
Seasmoke Whale Watching, ☎ 250-974-5225, www.seasmokewhalewatching.com. Die 4- bis 5-stündige Tour startet am Municipal Dock. Kinder (bis 12 Jahre) $ 90, Erwachsene $ 100.

Port Hardy

Inside Passage

43 km nordwestlich von Port McNeill endet Highway 19 in Port Hardy (etwa 4.000 Einwohner). Viele Besucher, die so weit hinauf in den Norden von Vancouver Island fahren, tun dies aus einem Grund: Von Port Hardy startet die Fähre nach Prince Rupert (**Inside Passage**).

Einige wenige Besucher nutzen Port Hardy auch, um sich noch einmal mit dem Nötigsten zu versorgen, um in den abgelegenen und nur über schlechte Pisten erreichbaren **Cape Scott Provincial Park** im Nordwesten der Insel etwa 60 km über Forstwege zu holpern. Der Park gilt als touristisch wenig erschlossen und verfügt nur über einige einfach ausgestattete Campgrounds.

Die Gegend gilt als sehr niederschlagsreich. Bis zu 5.000 mm Regen pro Jahr prasseln auf die gerade mal 8.000 Besucher hinab, die sich im Laufe eines Jahres hierher wagen. Um den Tourismus anzukurbeln, wurde in Anlehnung an den bekannten West Coast Trail der **North Coast Trail** ins Leben gerufen, der als wilder und schwieriger zu meistern gilt. Der Park hat eher flache Berge, die kaum 300 oder 400 m erreichen. Urwaldbestände aus Hemlocktannen, Kiefern und Riesenlebensbäumen bieten zahlreichen Tierarten, darunter Pumas, Wölfen, Schwarzbären, Wapitis und Maultierhirschen, Rückzugsgebiete.

North Coast Trail

Reisepraktische Informationen Port Hardy

Information
Port Hardy Visitor Centre, 7250 Market Street, ☏ 250-949-7622, www.ph-chamber.bc.ca, im Sommer Mo–Fr 8–18, Sa/So 9–17, sonst Mo–Fr 8–17 Uhr.

Unterkunft
Quarterdeck Inn $$$, 6555 Hardy Bay Road, ☏ 250-902-0455, www.quarterdeckresort.net, DZ ab $ 145. Modern ausgestattete Zimmer, teilweise mit Hafenblick.

Bear Cove Cottages $$$$, 6715 Bear Cove Highway, ☏ 250-949-7939, www.bearcovecottages.ca, DZ/Cottage ab $ 149 in der Hauptsaison, ca. $ 109 in der Nebensaison. Acht Cottages mit schönen Ausblicken hoch über dem Pazifik; in der Nähe des Fährterminals. Da die wenigen Cottages begehrt sind, rechtzeitig reservieren!

Essen und Trinken
Market Street Café, 7030 Market Street, ☏ 250-949-8110. Hier kann man frühstücken. Zu Mittag gibt es Kleinigkeiten wie Suppen, Sandwiches und Salate.

Flughafen
Port Hardy Airport, 12 km südlich der Stadt.
Pacific Coastal, ☏ 604-273-8666, www.pacific-coastal.com, verbindet Port Hardy mit Vancouver.

Tipp
Versuchen Sie im Flugzeug, auf der **rechten Seite** zu sitzen. Da haben Sie spektakuläre Ausblicke auf die Coast Mountains.

Fähre
BC Ferries, ☏ 250-386-3431, www.bcferries.com. Fähren nach Prince Rupert. Das Fährterminal liegt in Bear Cove, 10 km außerhalb der City auf der östlichen Seite der Bucht.

Bus
Greyhound, 7210 Market Street, verbindet Port Hardy mit Victoria. Der Trip kostet $ 145, die Fahrzeit beträgt 8–9 Std.

6. DIE BERÜHMTEN NATIONALPARKS DER ROCKIES

Die berühmten Nationalparks der Rockies

Redaktionstipps

▶ Mit der Gondel auf den **Sulphur Mountain** fahren und den weiten Blick über die Gipfel der Rockies genießen (S. 200).
▶ Den türkisfarbenen **Lake Louise** umwandern und von allen Seiten fotografieren, obwohl man weiß, dass er ohnehin einer der meistfotografierten Seen der Welt ist (S. 205).
▶ Die Fahrt über den **Icefields Parkway** bringt einem die Gletscherwelt sehr nahe (S. 209).
▶ Im **Okanagan Valley** auf (Wein-)Entdeckungstour gehen (S. 264).
▶ Nach einer schweißtreibenden Wanderung in den Thermalquellen in **Radium Hot Springs** entspannen (S. 232).

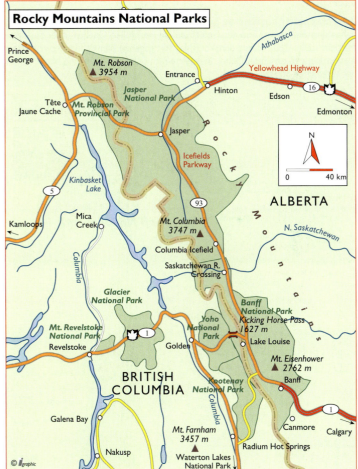

Banff National Park

Banff, Ausgangsort zur Erkundung

Der **Banff National Park** ist der älteste Nationalpark Kanadas mit einer Fläche von rund 6.600 km². Der gleichnamige Hauptort **Banff** ist ein guter Ausgangspunkt, um den Nationalpark zu erkunden. Banff wurde im 19. Jh. durch seine Mineralquellen bekannt. Dabei spielten zwei Bahnarbeiter eines Trupps der *Canadian Pacific Railway* eine Rolle, der in der Nähe die Gleise über den Kicking-Horse-Pass verlegte. Sie kamen 1883 auf die Idee, die heißen medizinisch-wertvollen Mineralquellen ihren Kollegen, die sich bei dem extremen Wetter häufig mit Erkältungskrankheiten plagten, gegen Bezahlung zur Verfügung zu stellen. Wie das bei Geschäftspartnern manchmal so ist, gerieten die beiden über die Aufteilung des Geschäfts in Streit. Die juristischen Auseinandersetzungen fanden sogar Gehör im fernen Ottawa.

Zwei Jahre später beendete die Regierung den Disput, in dem sie die beiden Streithähne finanziell abfand und das Gebiet um die wertvollen Quellen unter staatliche Aufsicht stellte. 1887 wurde dem Vorschlag stattgegeben, hier den landesweit ersten Nationalpark zu errichten. Dabei orientierte man sich am Yellowstone National Park der Vereinigten Staaten.

Banff National Park

Die Entwicklung von Banff mit seinen Naturschönheiten ist eng mit der Gründung des **Fairmont Springs Hotels (1)** verknüpft. Die Luxusherberge, die inzwischen zu den Fairmont Hotels gehört, ließ 1888 der damalige Präsident der *Canadian Pacific Railway*, Cornelius Van Horne, bauen. Das Haus im Château-Stil, das wie ein schottisches Schloss daherkommt, gilt als die Keimzelle des Tourismus. Berühmt wurde der weitsichtige Satz Van Hornes: „Wenn wir die großartige Landschaft und die Heilquellen schon nicht exportieren können, müssen wir die Touristen eben importieren." Und so geschah es. Zunächst kamen nur ein paar Betuchte, um zu kuren und die Wehwehchen zu bekämpfen. Dann die Naturliebhaber und Bergsteiger, für die man ab 1899 einen besonderen Service bereithielt: Schweizer Bergführer, die mit ihrer einfachen Ausrüstung (Bergstöcke, Hanfseile) und ihren Holzski die erstaunlichsten Dinge am Berg vollbrachten.

Luxusherberge im Naturparadies

Heute zählen die Nationalparks Banff, Jasper, Yoho, Kootenay und Waterton Lakes National Park, die alle nah beieinander liegen, zu den größten Besucherattraktionen in Kanada. Allein Banff wird von jährlich mehr als fünf Millionen Touristen besucht (Kritiker sagen auch: heimgesucht), die sich zudem überwiegend in den wenigen Sommermonaten im Park drängen. Das Verkehrsaufkommen ist hoch – und es besteht ein ständiger Konflikt zwischen dem Erholungsbedürfnis der vielen Menschen und den Erfordernissen des Tierschutzes. Das führt manchmal zu kurios anmutenden baulichen Besonderheiten: Es gibt zahlreiche Tiertunnel unter den stark befahrenen Straßen und Tierbrücken über die Straßen. Außerdem verhindern kilometerlange hohe Zäune mögliche Kollisionen zwischen Tier und Auto.

aufgehoben. Während man in knapp 1.600 m Höhe relaxed, geht der Blick ins Tal und auf den Mount Rundle (2.948 m).
Banff Upper Hot Springs, *Mountain Avenue, Banff,* ☎ *403-762-1515, www.hotsprings. ca, tgl. 9–23, Mitte Mai–Mitte Okt. tgl. 9–23, Nov.–Mai 10–22, Sa/So bis 23 Uhr, 20–31. Okt. geschl., Eintritt 3–17 Jahre/Senioren $ 6,30, Erwachsene $ 7,30, Familien $ 22,50.*

Sulphur Mountain Gondola (6)

Seilbahnfahrt

Der Sulphur Mountain ist mit einer Höhe von knapp 2.500 m zwar kein Bergriese im Banff National Park. Ein Erlebnis ist jedoch eine Gondelfahrt zum Gipfel, von wo sich ein schöner Rundumblick auf das Tal des Bow River, die angrenzenden Berge (etwa Mount Rundle und die Sundance Range) und die Ortschaft Banff ergibt. Die bequeme und nur acht Minuten dauernde Seilbahnfahrt in einer geschlossenen Vier-Personen-Gondel kann man aber auch gegen den Wanderweg eintauschen, der gut 5 km lang ist (eine Strecke) und bei dem 742 Höhenmeter überwunden werden. Je nach körperlicher Fitness kann man den Weg in zwei bis fünf Stunden schaffen.

Hinweis
Im Winter kann es auf dem Weg zu Lawinenabgängen kommen.

Oben angekommen, kann man von der Bergstation über den **Banff Skywalk**, in den Treppen integriert sind und an dem zahlreiche Infotafeln die Sehenswürdigkeiten der Umgebung erklären, in wenigen Minuten zum Sanson Peak laufen, wo man ein kleines ehemaliges Wetterbeobachtungshäuschen erreicht. Zudem erhält man Informationen über die **Sulphur Mountain Cosmic Ray Station**, die 1956 errichtet wurde, um als Forschungsstation die kosmische Strahlung zu messen. Heute ist die historische Anlage eine *National Historic Site*

Gondola am Sulphur Mountain, *über die Banff Avenue in südlicher Richtung über die Brücke am Spray River, dann sofort links und dann rechts zur Mountain Avenue.*
Gondelfahrt *Betriebszeiten: Jan.–Mitte April 10–18, Mitte April–Aug. 8–21, Sept.–Mitte Okt. 8–19, Mitte Okt.–Dez. 10–17 Uhr, Hin- und Rückfahrt Kinder 6–15 Jahre $ 17,95, Erwachsene $ 35,95.*

In traumhafter Lage mit traumhaftem Luxus: Fairmont Banff Springs Hotel

Reisepraktische Informationen Banff und Banff National Park

Information
The Banff Information Centre, inkl. Parks Canada Office und Lake Louise Tourism Bureau, 224 Banff Avenue, ☏ 403-762-8421, www.bannflakelouise.com, Juni–Sept. tgl. 8–20, Okt.–Mai tgl. 9–17 Uhr. Reichlich Infos und Kartenmaterial für alle Sehenswürdigkeiten und Aktivitäten.

Notfall
Notruf: ☏ 911
Polizei: ☏ 403-762-2228
Ambulanz/Feuerwehr: ☏ 403-760-7222
Mineral Springs Hospital, 305 Lynx Street, ☏ 403-762-2222

Unterkunft
Rocky Mountain B&B $$–$$$ (1), 223 Otter Street, ☏ 403-762-4811, www.rockymtnbb.com, DZ ab ca. $ 79 (in der HS $ 110), inkl. Frühstück. Zehn Gästezimmer in einem historischen Haus von 1918. Stilvoll und trotzdem bezahlbar.

Bumpers Inn $$–$$$ (2), 250 Marmot Crescent, ☏ 403-762-3386, www.bumpersinn.com, DZ ca. $ 65–145. Das Hotel liegt ein paar Minuten vom Zentrum entfernt in einer ruhigen Seitenstraße. Der Shuttlebus hält vor der Haustür.

BanffY Mountain Lodge $$$ (3), 102 Spray Avenue, ☏ 403-762-3560, www.ymountainlodge.com, DZ ab $ 99 inkl. Frühstück. Zentrale Lage am Bow River. Wenige Gehminuten zum Ortszentrum in Banff.

Banff Ptarmigan Inn $$$–$$$$ (4), 337 Banff Avenue, ☏ 403-762-2207, www.banffptarmiganinn.com, DZ ab $ 140. Zentral gelegen, charmant und übersichtlich, sehr gutes Frühstück.

Brewster's Mountain Lodge $$$$ (5), 208 Caribou Street, ☏ 403-762-2900, www.brewstermountainlodge.com, DZ ab ca. $ 155 inkl. Frühstück. Zentral gelegenes Haus im Alpin-Stil; viel Holz und Glas, angenehme Atmosphäre. Freier Internetzugang.

Rimrock Resort Hotel $$$$–$$$$$ (6), 300 Mountain Avenue, ☏ 403-762-3356, www.rimrockresort.com, DZ ab $ 220. Modern-luxuriöses Resorthotel mit schönem Ausblick auf die umliegenden Gipfel.

Fairmont Banff Springs Hotel $$$$$ (7), 405 Spray Avenue, ☏ 403-762-2211, www.fairmont.com/banffsprings, DZ ab ca. $ 300. Eines der traditionsreichen Luxushotels in den kanadischen Rockies mit allen Annehmlichkeiten. Schöne Lage am Rande der Stadt Banff.

Camping
In der Umgebung von Banff gibt es fünf Campgrounds. **Zentrale Reservierungen** kann man über folgende Website machen: www.pccamping.ca oder telefonisch über ☏ 1-877-737-3783. Eine Reservierungsgebühr von $ 11 wird fällig.

Two Jack Lakeside, 12 km nordöstlich von Banff Townsite in der Lake Minnewanka Road, 74 schöne Plätze am See, Duschen vorhanden.

Tunnel Mountain I und II, Tunnel Mountain Road, $ 28 pro Nacht, Extras wie Feuerholz müssen zusätzlich bezahlt werden. Zwei zusammengehörige Großcampingplätze mit bis zu 1.000 Stellplätzen; ersterer ist nur im Sommer geöffnet, letzterer ganzjährig. Nur in Notfällen zu empfehlen, da laut und hässlich.

Essen und Trinken

Nourish Vegetarian Bistro (1), 215 Banff Avenue, Sundance Mall, 2. Stock, ☎ 403-760-3933, www.nourishbistro.com. Lecker nicht nur für Vegetarier. Hauptgericht ab $ 12.

Sushi House (2), 304 Caribou Street, ☎ 403-762-4353. Sushi ab ca. $ 5, preiswert und frisch. Wer an der Bar sitzt, kann den Köchen bei der Arbeit zuschauen und die in einem Miniaturzug vorbeifahrenden Sushi auswählen.

Evelyn's Coffee Bar (3), 201 Banff Avenue, ☎ 403-762-0352, www.evelynscoffeebar.com. Vom Karottenkuchen bis zum Thunfischsandwich reicht das Angebot für den kleinen Hunger zwischendurch; tgl. 7–23 Uhr.

Coyotes (4), 206 Caribou Street, ☎ 403-762-3963, www.coyotesbanff.com, Hauptgericht ab ca. $ 18, tgl. 7.30–22 Uhr. Amerikanische Südstaaten-Küche, hot and spicy.

Melissa's (5), 218 Lynx Street, ☎ 403-762-5511, www.melissasmissteak.com. Gilt als eine der besten Steak-Adressen in Banff, daneben gibt es auch Seafood- und Pastagerichte; tgl. 7–22 Uhr, Hauptgericht ab ca. $ 22.

Grizzly House (6), 207 Banff Avenue, ☎ 403-762-4055, www.banffgrizzlyhouse.com. Hauptgerichte ab ca. $ 28, tgl. 11.30 Uhr bis Mitternacht. Ein bisschen wie im Wilden Westen mit viel Holzdesign und ausgestopften Grizzlys; ungewöhnliche Fleischsorten von Büffel über Klapperschlange bis Krokodil. Keine Angst – es gibt auch „normale" Steaks.

Saltlik Steakhouse (7), 221 Bear Street, ☎ 403-762-2467, www.saltlik.com, Hauptgerichte ab ca. $ 22, tgl. 12–24 Uhr. Berühmt für seine Alberta-Steaks, gute Weinkarte, relaxte Atmosphäre.

Einkaufen

Viewpoint, 201 Banff Avenue, ☎ 403-762-0405, www.theviewpoint.ca. Wer Literatur, Karten, Fotos und Poster über die Rockies kaufen möchte, ist hier genau richtig; tgl. 9–18 Uhr.

Mountain Magic Equipment, 216 Banff Ave., ☎ 403-762-2591, www.mountainmagic.com. Ein Paradies für Outdoor-Fans. Von der Wander- bis zur Skiausrüstung ist alles zu haben. Mo–Sa 8–21, So 8–18 Uhr.

Buffalo Nations Luxton Museum Giftshop, 1 Birch Avenue, ☎ 403-762-2388, www.buffalonationsmuseum.ca. Tgl. 9–17 Uhr, u. a. Kunsthandwerk der First Nations.

Pika Village, 221 Banff Avenue, ☎ 403-760-2622, tgl. 9–19 Uhr. Kanadische Souvenirs, von Holzschnitzereien bis Maple Sirup.

Nachtleben

Aurora Night Club, 110 Banff Avenue, ☎ 403-760-5300, www.aurorabanff.com. Schicker Club mit Dancefloor, Bars und Lounge, Di–So 20–4 Uhr.

St. James's Gate Olde Irish Pub, 207 Wolfe Street, ☎ 403-762-9355, www.stjamesgatebanff.com, 9–23 Uhr. Typisch irisches Pub – laut und lärmend, Livemusik, 30 Sorten Bier vom Fass, große Whisky-Auswahl, ordentliches Pub-Essen.

Touren

Brewster, 100 Gopher Street, ☎ 403-760-6934, www.sightseeingtourscanada.com. Tour Operator, der Ausflüge in die gesamten kanadischen Rockies im Programm hat.

Kajak-/Kanufahren

Blue Canoe, Wolf Street, Bow River Canoe Docks, ☎ 403-760-5465, www.banffcanoeing.com, Touren im Kanu oder Kajak ab $ 39.

Bergsteigen/Wandern

Yamnuska Mountain Adventures, 50 Lincoln Park, Canmore, ☎ 403-678-4164, www.yamnuska.com. Wandern, Eisklettern, Bergsteigen, Verhaltensmaßregeln bei Lawinenabgang – das Angebot ist breit aufgestellt. Preis: ab $ 199.

Angeln

Banff Fishing Unlimited, Tel. 403-762-4936, www.banff-fishing.com, Halbtagestour ab $ 129. Angelausflüge zu den nahe gelegenen Seen wie Lake Minnewanka.

Park Ranger Mike und sein Vorbild, ein Schweizer Bergführer, der in einer Skulptur verewigt worden ist

River Rafting

Canadian Rockies Rafting, 701 Bow Valley Trail, Canmore, ☎ 403-678-6535, www.rafting.ca. Angeboten werden Wildwassertouren auf dem Bow River, Kananaskis River und Kicking Horse River an; ab $ 79.

Reiten

Holiday on Horseback, 132 Banff Avenue, ☎ 403-762-4551, www.horseback.com, Halbtagestour $ 164. Verschiedene Schwierigkeitsgrade im Gelände.

Fahrrad-/Skifahren

Trail Sports, 2003 Olympic Way, Canmore Nordic Centre, ☎ 403-678-6764, www.trailsports.ab.ca. Kurz gesagt: Im Sommer verleiht man Fahrräder, im Winter Ski, auch Kurse und geführte Touren im Angebot. Mountainbike-Leihgebühr $ 65 pro Tag, $ 15 pro Stunde.

Feste und Festivals

Winter Festival – Ende Januar zehn Tage Sport und Wettbewerbe, die den Winter in den Mittelpunkt stellen, z. B. das Mountain Madness Relay Race, das u. a. aus Ski-Abfahrt, Langlauf und Eislauf besteht. Die Teilnehmer betonen jedoch den Fun-Faktor (der ein oder andere erscheint kostümiert) und nicht so sehr den Wettbewerb.

Rocky Mountain Wine & Food Festival – findet Ende Mai im Fairmont Banff Springs Hotel statt.

Summer Arts Festival – Mai–August: von Jazz über Tanz und Kunstausstellungen bis Literatur; zentraler Aufführungsort ist der kleine Central Park in der City.

Dragon Boat Festival – Mehrere Hundert Teilnehmer messen sich im August im Drachenbootrennen auf dem Lake Minnewanka.

Banff Mountain Film & Book Festival – im Oktober/November werden u. a. im Banff Centre die weltweit besten Alpin-Filme über die Dramen am Berg gezeigt.

✈ Airport Shuttle

Airport Shuttle Express, www.airportshuttleexpress.com, verbindet stündlich Banff mit dem Calgary International Airport; Preis: einfache Fahrt $ 53, Hin- und Rückfahrt $ 106.

🚌 Bus

Banff Transit, ☎ 403-462-1200, Ticket $ 2. Auf zwei Linien verkehren Busse zwischen dem Fairmont Springs Hotel und Downtown (Banff Avenue); die andere Linie verbindet das Luxton Museum mit den Campgrounds an der Tunnel Mountain Road via Banff Avenue.

Greyhound, ☎ 1-800-661-8747, www.greyhound.ca. Greyhound-Busse verbinden Banff mehrmals am Tag mit Jasper, Lake Louise, Kamloops, Canmore, Calgary und Vancouver.

Zug

The Rocky Mountaineer, ☎ 1-877-460-3200, www.rockymountaineer.com, Preis: ca. $ 890. Der Rocky Mountaineer verbindet auf einer spektakulären mehrtägigen Zugreise im Panoramawagen mit Speisewagen Vancouver mit Jasper, Banff und Calgary. Unterwegs mehrere Hotelstopps etwa in Kamloops. An der Strecke sieht man häufig Bären und Großwild. Gute Fotomöglichkeiten.

🚕 Taxi

Banff Taxi, ☎ 403-762-0000, www.bannftransportation.com

🚗 Mietwagen

Avis, 317 Banff Avenue, ☎ 403-762-3222, www.avis.ca
Budget, 202 Bear Street, ☎ 403-762-4565, www.budget.com
Hertz, 127 Spray Avenue, ☎ 403-762-2027, www.hertz.ca

Lake Minnewanka

Die Fahrt zum Lake Minnewanka dauert nicht lange: Nur etwa 5 km vom Städtchen Banff liegt das Gewässer in nordöstlicher Richtung. Dazu fährt man über die Banff Avenue in nördlicher Richtung und überquert den Trans-Canada Highway. Der Lake Minnewanka ist dann ausgeschildert.

Der See ist 28 km lang und 140 m tief und der größte in den Nationalparks der kanadischen Rockies. Er wird im Wesentlichen durch den Cascade River gespeist, daneben aber auch durch weitere kleinere Flüsse, die von den Bergen Mount Peechee und Mount Girouard hinabfließen.

Die Umgebung des Gewässers eignet sich gut zum Wandern und Rad fahren, an den Ufern befinden sich eine Reihe von Campgrounds. Der Lake Minnewanka wurde im frühen 20. Jh. zum Stausee mit Staumauer ausgebaut, um hydroelektrische Energie zu erzeugen. Brückenpfeiler, ja sogar ein vollständiges Dorf sowie die ursprüngliche Staumauer, die man durch eine verbesserte ersetzt hatte, wurden überflutet. Das macht den See zu einem populären Tauchrevier.

Reisepraktische Informationen Icefields Parkway

Unterkunft
Simpson's Num-Ti-Jah-Lodge $$$$–$$$$$, ☏ 403-522-2167, 403-522-2425, www.sntj.ca, DZ ab ca. $ 240. Klassische Lodge aus den 1920er-Jahren, viel Charme und Geschichte; tolle Lage am See.

Camping
Mosquito Creek Campground, am Mount Hector, 24 km nördlich von Lake Louise am Icefields Parkway (Hwy. 93). 32 Plätze, einfache Ausstattung, WC ja, Dusche nein, Kochmöglichkeit, Feuerholz.

Essen und Trinken
Elkhorn Dining Room, in der Num-Ti-Jah-Lodge (s. o.). Hier kann man nicht nur stilvoll wohnen, sondern auch stilvoll essen.
The Crossing (Saskatchewan Crossing). Restaurant und Cafétéria, jedoch nicht wirklich zufriedenstellend.

Jasper National Park
Columbia Icefield

Mit dem **Columbia Icefield** erreichen Sie einen der Höhepunkte des Icefields Parkway und die Grenze zum Jasper National Park. Der **Jasper National Park** ist mit einer Fläche von 10.878 km² der größte der Nationalparks in den kanadischen Rocky Mountains. Er ist damit fast doppelt so groß wie sein südlicher Nachbar, der Banff National Park. Der oben beschriebene Icefields Parkway stellt die direkte Verbindung zwischen beiden Nationalparks her.

Das Columbia Icefield ist eine der größten zusammenhängenden Eismassen südlich des Polarkreises. Die Fläche beträgt zurzeit etwa 325 km² bei einer Eisdicke von bis zu 400 m. Da die Gletscherschmelze auch hier deutlich zu erkennen ist, wird die von Eis bedeckte Fläche von Jahr zu Jahr kleiner. Im Eisfeld „entspringen" acht Gletscher, darunter der Athabasca-, der Saskatchewan- und der Columbia-Gletscher. Das riesige Eisgebiet ist zugleich Ursprung für mehrere Flüsse, z. B. den North Saskatchewan River und den Athabasca River. Das Columbia Icefield liegt auf einer dreifachen transkontinentalen Wasserscheide. Die Flüsse, die hier entspringen, münden in den nördlichen Arktischen Ozean, die östliche Hudson Bay (und somit den Atlantik) und den Pazifischen Ozean.

Eine der größten zusammenhängenden Eismassen

Der **Athabasca Glacier**, etwa 6 km lang und 1 km breit, ist der meistbesuchte des Columbia Icefield, da er unmittelbar am Parkway liegt. Auf ihm werden Touren mit dreiachsigen Spezialfahrzeugen in den kanadischen Nationalfarben Rot und Weiß durchgeführt, die mit mächtigen Reifen ausgestattet sind. Ganze Busladungen von Touristen kutschieren für knapp anderthalb Stunden auf dem Gletscher herum *(Tickets kos-*

ten $ 49,95, Kinder zahlen $ 24,95, www.columbiaicefield.com). In den Hauptbesuchszeiten im Sommer herrscht auf und am Gletscher ganz schön viel Rummel. Nicht jedermanns Geschmack, wenn einem die Einsamkeit der Natur als Ideal vorschwebt.

Direkt am Icefields Parkway steht das **Columbia Icefield Centre** (s. u.), in dem sich die Besucher über das Gletscher-System informieren können.

Spektakulärer Skywalk

Eine neue spektakuläre Attraktion wurde im Mai 2014 eröffnet: Der **Glacier Skywalk**. Nach einer 5-minütigen Busfahrt vom Columbia Icefield Centre gelangt man zur halbkreisförmigen, gläsernen Aussichtsplattform, die sich 280 m über dem Sunwapta Valley erhebt. Es erfordert ein klein wenig Überwindung, die Füße auf den gläsernen Boden zu stellen und unter sich die Bäume, Felsen und Wasserfälle im Miniaturformat zu bestaunen. Aber auch der Geradeaus-Blick hat es in sich: Gipfel und Gletscher der „Rockies" sind zum Greifen nah.

Glacier Skywalk, http://glacierskywalk.ca, www.brewster.ca, Eintritt Erwachsene $ 24,95, Kinder $ 12,50, Mai tgl. 10–17, Juni–Anfang Sept. tgl. 9–18, Sept./Okt. tgl. 10–16 Uhr.

ℹ Information
Columbia Icefield Centre, 100 Gopher Street, Banff, ☏ 877-423-7433, www.columbiaicefield.com, in den Sommermonaten 9–18 Uhr.

⚠ Camping
Wilcox Creek & Columbia Icefield Campgrounds, direkt am Columbia Icefield Centre, Juni–Sept. (Wilcox), Mai–Okt. (Columbia Icefield), 46 bzw. 33 Plätze ($ 13).

In Sichtweite des Columbia Icefield erheben sich elf der 22 höchsten Gipfel der kanadischen Rockies, darunter der **Mount Columbia** (3.747 m), der zweithöchste Berg der kanadischen Rockies, zugleich der höchste Berg Albertas, der North Twin Peak (3.684 m) und der Snow Dome (3.456 m).

Sunwapta Waterfalls und Athabasca Falls

Wildes Wasser

Wer möchte, kann noch einen kurzen Stopp an den **Sunwapta Waterfalls** einlegen, deren Wasser vom Athabasca-Gletscher stammt. Der Name ist indianischen Ursprungs und bedeutet so viel wie „wildes Wasser". Er besteht aus den Upper Falls und den Lower Falls, ist mit gerade mal 18 m nicht besonders hoch, aber eingerahmt von Nadelwald ein schönes Fotomotiv. Ein 2 km langer Wanderweg führt zu den Lower Falls.

Wesentlich beeindruckender sind die **Athabasca Falls**, die zwar mit ihrer Fallhöhe von 24 m auch nicht gerade zu den großen Wasserfällen zählen. Die Geschwindigkeit und Wassermenge, die sich hinunterstürzt, ist jedoch größer. Einen perfekten und sicheren Blick genießt man von der Brücke auf die tosenden Wassermassen. Somit ist dieses Naturschauspiel beeindruckender als das der Sunwapta Waterfalls. Der Athabasca River ist aufgrund zahlreicher Stromschnellen ein bevorzugtes Revier für River Rafting.

Reisepraktische Informationen Sunwapta Falls

Unterkunft
Sunwapta Falls Resort $$$$, am Hwy. 93, ☎ 780-852-4852, www.sunwapta.com, DZ ab ca. $ 199. Schöne Anlage mit geräumigen und komfortablen Zimmern inmitten grandioser Natur.

Camping
Honeymoon Lake Campground, Hwy. 93, 53 km südlich von Jasper, 35 Plätze in schöner Lage, einige Plätze direkt am See, einfach ausgestattet ($ 18).

Einkaufen
Sunwapta Falls Trading Post, Icefields Parkway, ☎ 780-852-4852, www.sunwapta.com, 53 km südlich von Jasper Townsite. Souvenirs, Schmuck und indianisches Kunsthandwerk.

Mount Edith Cavell

Ein interessanter Abstecher kurz vor der Ortschaft Jasper ist der Abzweig 93A vom Highway 93 zum **Mount Edith Cavell** (3.363 m). Die schmale, kurvenreiche Straße ist mittlerweile neu asphaltiert und in gutem Zustand, sodass auch Motorhomes die rund 15 km bis zur Steilwand des Mount Edith Cavell gut befahren können. Die Straße ist nur von Juni bis Mitte Oktober geöffnet. Wer die Straße befährt, hat eine gute Chance, Tiere zu beobachten. Da, wo die Straße endet, beginnt der Fußweg zum **Glacier Trail**. Er führt bergan über einen Hügel zum See dem Angel Glacier, der so heißt, weil seine Gestalt der eines Engels mit ausgebreiteten Flügeln entspricht. Wie lange diese geologische Form noch beibehalten werden kann, ist fraglich. Der flächenmäßig kleine Gletscher (1 km²) wird vielleicht bald verschwunden sein.

Erinnerung an Edith Cavell

Ein **Denkmal** erinnert an die Namensgeberin des Berges, dessen beeindruckende steile Nordwand eine Herausforderung für jeden Alpinisten darstellt. Edith Cavell war eine britische Krankenschwester, die im Ersten Weltkrieg von deutschen Soldaten in Belgien erschossen wurde, weil sie einer Untergrundorganisation angehörte, die belgischen und französischen Kriegsgefangenen zur Flucht verhalf. Noch heute wird Edith Cavell in Großbritannien als Heldin und Märtyrerin verehrt, auch wenn in jüngster Zeit Mutmaßungen über ihre Spionagetätigkeit geäußert wurden.

Die Stadt Jasper

An der Stelle der Ortschaft Jasper befand sich Anfang des 19. Jh. ein Pelzhandelsposten der *Hudson's Bay Company*. Erwähnenswert ist, dass Jasper erst 1914, also sieben Jahre nach Gründung des Nationalparks, offiziell gegründet wurde. Die Park-Hauptstadt liegt auf einer Höhe von 1.062 m. Aus südlicher Richtung gelangt man über den **Icefields Parkway** (Highway 93), während der **Yellowhead Highway** den Ort von West nach Ost quert. Jasper hat 5.236 Einwohner.

Der erste Weiße, der die Gegend erkundete, war der Landvermesser David Thompson, der 1810 im Auftrag der *North West Company* das Athabasca-Tal erforschte. Die *North West Company* errichtete drei Jahre später ein Nachschublager am Brule Lake, das kurz darauf als *Jasper House* bekannt wurde. Jasper Hawes hieß ein Angestellter der Company. In den folgenden Jahren vergrößerte sich die Einwohnerzahl, vor allem, als in den nahen Caribou Mountains Gold entdeckt wurde. Als der Pelzhandel gegen Ende des 19. Jh. rückläufig war, wurde Jasper House 1884 aufgegeben. 1907 wurde der **Jasper Forrest Park** von der Regierung eingerichtet. Diverse Infrastruktur-Projekte beschleunigten den Aufstieg von Jasper. So wurde die Bahnstrecke der *Grand Trunk Pacific Railway* 1911 bis zur Fitzhugh Station (Jasper Station) verlängert. 1928 folgte die Verbindungsstraße von Edmonton nach Jasper. Heute ist Jasper das Zentrum des Fremdenverkehrs im Nationalpark mit vielen Übernachtungsmöglichkeiten, netten Restaurants und Cafés. Von hier aus starten viele Besucher ihre Touren und Besichtigungen. In Jasper geht es ruhiger zu als in Banff und Lake Louise. Jasper hat wie die anderen Nationalparks der Rockies eine Sommer- und Wintersaison. Die Sportmöglichkeiten sind zu jeder Jahreszeit breit gefächert.

Fremdenverkehrszentrum

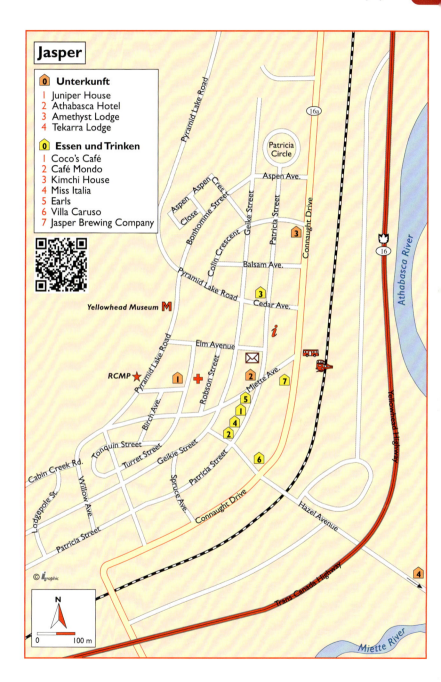

Reisepraktische Informationen Jasper und Jasper National Park

Information
Jasper National Park Information Centre, 500 Connaught Drive, ☏ 780-852-6176, www.jasper.travel, April–Mai, Okt. tgl. 9–17, Juni–Aug. tgl. 9–21, Sept. 9–18, Nov.–März 9–16 Uhr.

Notfall

Notruf: ☏ 911
Polizei, 700 Phillips Avenue, ☏ 423-942-3805
Seton General Hospital, 518 Robson Street, ☏ 780-852-3344

Unterkunft
Juniper House $$ (1), 713 Maligne Avenue, ☏ 780-852-8123, www.visit-jasper.com/juniperhouse.html, DZ ab $ 75 in der Nebensaison, ab $ 85 im Sommer. Schönes kleines Landhäuschen mit zwei Gästezimmern und kleinem Garten.
Athabasca Hotel $$ (2), 510 Patricia Street, ☏ 780-852-3386, www.athabascahotel.com, DZ ab $ 89 (Bad wird mit dem Zimmernachbarn geteilt), ab $ 119 mit Privatbad. Traditionsreiches Haus – seit den 1920er-Jahren ein Hotel, etwas altmodische Zimmer.
Miette Hot Springs Resort $$$, Range Road 275A, Miette Hot Springs, abseits vom Hwy. 16 zwischen Jasper und Hinton Alberta (bei den Pocahontas Cabins abbiegen und ca. 17 km durch Fiddle Valley fahren), ☏ 780-866-3750, www.mhresort.com, DZ ab $ 120. Schöne rustikale Anlage, deren Ursprünge auf die späten 1930er-Jahre zurückgehen, wenige Gehminuten zu den heißen Quellen.
Amethyst Lodge $$$$ (3), 200 Connaught Drive, ☏ 780-852-3394, www.mpljasper.com, DZ ab $ 220. 97 Zimmer, wenige Gehminuten vom Bahnhof Jasper entfernt. Das Hotel besticht durch seine geräumigen Zimmer.
Tekarra Lodge $$$$ (4), ☏ 780-852-3058, www.tekarralodge.com, DZ ab $ 149. 52 Zimmer, 2 km südöstlich von Jasper in der Nähe des Hwy. 93A schön unter Bäumen gelegen in der Nähe des Zusammenflusses der Flüsse Athabasca und Miette.

Camping
Insgesamt stehen im Jasper National Park zehn Campgrounds mit knapp 1.800 Plätzen zur Verfügung. Während der Sommermonate wird es eng. Dann empfiehlt sich entweder frühes Erscheinen oder eine **Reservierung** (www.pccamping.ca), die aber nicht für alle Stellplätze gilt.
Whistlers Campground, ca. 3,5 km südlich der Stadt, Mai–Anfang Okt. geöffnet, 781 Plätze, technisch gut ausgestattet, $ 32.
Wapiti, 5,5 km südlich der Stadt, ganzjährig geöffnet, 362 Plätze, sehr gut ausgestattet, für Zelte und RV, $ 27–32.
Pocahontas Campground, 1 km östlich von Hwy. 16, Nähe Miette Road, ☏ 1-877-737-3783, geöffnet Mai–Okt., 140 Plätze, ab $ 17.
Snaring River, 16 km östlich von Jasper Townsite am Hwy. 16N, ☏ 780-852-6176, geöffnet Ende Mai–Sept., 66 Plätze, $ 14.
Wabasso, 17 km südlich von Jasper Townsite am Hwy. 93A, ☏ 1-877-737-3783, geöffnet Mitte Juni–Anfang Sept., 238 Plätze, einfache Ausstattung, ab $ 17.
Jonas Creek, 77 km südlich von Jasper Townsite am Hwy. 93, ☏ 780-852-6176, geöffnet Mai–Okt., 25 Plätze, einfache Ausstattung, $ 12.

Essen und Trinken

Coco's Café (1), 608B Patricia Street, ☏ 780-852-4550, www.cocoscafe.ca. Relaxte Stimmung, teilweise Health Food, gute Produktqualität. Gerichte ab $ 6–8, im Sommer tgl. 6–20, im Winter bis 16 Uhr.
Café Mondo (2), 616 Patricia Street, ☏ 780-852-9676. Sandwiches, Suppen, Salate und mehr zu günstigen Preisen, tgl. 7–20 Uhr.
Kimchi House (3), 407 Patricia Street, ☏ 780-852-5022, www.kimchihousejasper.com. Authentisches koreanisches Essen von Kimchi bis Bibimbap. Hauptgericht ab $ 15, tgl. 11–22 Uhr.
Miss Italia (4), 610 Patricia Street, ☏ 780-852-4002. Italienisches Restaurant mit ordentlicher Küche, familiär geführt. Hauptgericht ab $ 18, Mai–Okt. 8–23, Nov.–April 11–23 Uhr.
Earls (5), 600 Patricia Street, ☏ 780-852-2393, www.earls.ca. Gute Pizza und asiatische Küche im 2. Stock mit großen Panoramafenstern und Blick auf die Berge. Hauptgericht ab $ 14–30, 11.30 Uhr bis Mitternacht.
The Pines, Coast Pyramid Lake Resort, Pyramid Lake Road, ca. 6 km außerhalb der Ortschaft Richtung Norden zum Pyramid Lake, ☏ 780-852-4900, www.pyramidlakeresort.com. Küche mit kanadisch-französischem Einschlag, viel Pinienholz und Glas bei der Einrichtung. Hauptgericht $ 22–40, April–Okt. 7–22 Uhr.
Villa Caruso (6), 640 Connaught Drive, ☏ 780-852-3920, www.villacaruso.com. Steaks und Wildspezialitäten in bester Qualität. Hauptgericht $ 25–40, Mai–Okt. 11.30–23.30, Nov.–April 15–23 Uhr (am Wochenende ab 12 Uhr).

Nachtleben

Horseshoe Club, 614 Patricia Street, 2. Stock, ☏ 780-852-6262, www.horseshoeclub.ca. Tanzen, Livemusik (Blues und Alternative) und coole Drinks. Di–So 20–4 Uhr.
Jasper Brewing Company (7), 624 Connaught Drive, ☏ 780-852-4111, www.jasperbrewingco.ca. Selbst gebrautes Bier und gutes Pub-Essen, tgl. 11.30–1 Uhr.

Wandern

Overlander Trekking & Tours, 616 Patricia Street, ☏ 780-852-3370, www.overlandertrekking.com, z. B. Tagestour zum Valley of the Five Lakes für $ 69.

Kanufahren

Wandering Waters Canoe Tours, 620 Connaught Drive, ☏ 780-852-3151. Tagestouren oder mehrtägige Ausflüge auf dem North Saskatchewan River; Tagestour ab $ 90.

River Rafting

Rocky Mountain River Guides, 626 Connaught Drive, ☏ 866-952-3777, www.jasperrafting.com. Die Flüsse sind international je nach Schwierigkeitsgrad klassifi-

Rafting, auf dem Athabasca River

ziert. Athabasca und Sunwapta Rivers sind geeignet für Anfänger mit Vorkenntnissen. Zwei-Stunden-Trip ab $ 69.

Angeln
On-Line Sport & Tackle, 600 Patricia Street, ☏ 780-852-3630. Bekannte Seen wie der Maligne Lake stehen genauso auf dem Programm wie unbekanntere Gewässer. Halbtagestouren ab ca. $ 65.

Mountainbiking
Freewheel Cycle, 618 Patricia Street, ☏ 780-852-3898, www.freewheeljasper.com. Leihgebühr für Mountainbikes $ 15 pro Stunde, ca. $ 30–40 am Tag. Auch Ski und Snowboards im Angebot.

Reiten
Skyline Trail Rides, 502 Patricia Street, ☏ 780-852-4215, www.skylinetrail.com. $ 43 pro Stunde, auch mehrtägige Touren mit Übernachtung im Angebot.

Bärenbeobachtung
Sun Dog Tours, 4141 Connaught Drive, ☏ 780-852-4056, www.sundogtours.com. Die Wildlife Discovery Tour dauert ca. 3,5 Stunden und kostet $ 65.

Schlittenhunde/Snowmobile
Cold Fire Creek, Hwy. 16, Valemount, ☏ 780-968-6808, www.dogsleddinginjasper.com. Hundeschlittentour im Winter ab $ 125.

Golf
Jasper Park Lodge Golf Club, Old Lodge Road, ☏ 780-852-6090, www.fairmont.com/jasper. Greenfee $ 120–180 je nach Saison; 18-Loch-Platz, auf dem auch schon mal Elche oder Kojoten vorbeischauen.

Helikopter-Rundflüge
High Country Heli Tours, ☏ 780-852-0125, www.hcheli.com. Der 30-Minuten-Flug „Peaks & Passes" kostet $ 265 pro Person.

Einkaufen
Everest Outdoor Stores, 414 Connaught Drive, ☏ 780-852-5902, tgl. 9–21 Uhr. Outdoor-Kleidung, Kartenmaterial und Sportgeräte.
Our Native Land, 601 Patricia Street, ☏ 780-852-5592, www.ournativeland.com, tgl. 10–23 Uhr. Indianisches Kunsthandwerk und Schmuck.
Bearfoot in the Park, 606 Connaught Dr., ☏ 780-852-2221, tgl. 9–20 Uhr. Hier bekommt

Quirliges Leben in Jasper

man Souvenirs wie T-Shirts, Postkarten, Hüte und Spielzeug.
Mounted Police Gift Shop, 610 Patricia Street, ☏ 780-852-2182, www.mountieshop.com, tgl. 10–18 Uhr. Wer schon immer ein Faible für die RCMP hatte, kann diese Liebe jetzt durch Jacken, T-Shirts oder Hüte zu Markte tragen.

Feste und Festivals

Jasper Festival of Music and Wine – Konzerte und Weinverkostungen Mitte April.
Heritage Folk Festival – Anfang August, zahlreiche Konzerte in Jasper und Umgebung.
Jasper Welcomes Winter – Anfang Dezember, Winterfestival von Eislaufen bis Nikolaus-Parade.

Bus

Jasper Shuttle, verbindet Mai–Okt. Jasper Town mit Maligne Lake (Preis $ 20).
Greyhound, ☏ 1-800-661-8747, www.greyhound.ca. Verbindet Jasper mit Edmonton, Vancouver, Prince George, Kamloops.
Sun Dog Tours, ☏ 1-888-786-3641, www.sundogtours.com. Verbindet Jasper mit Banff und fährt nach Calgary.

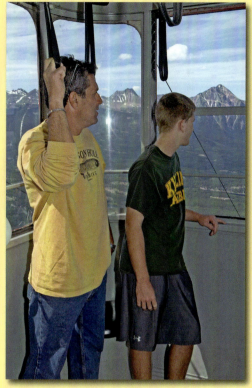

Tolle Aussichten aus der Jasper SkyTram

Zug

VIA Rail, ☏ 1-888-842 72 45, www.viarail.ca. Fährt dreimal pro Woche nach Edmonton und Vancouver sowie einmal nach Prince Rupert.
The Rocky Mountaineer, ☏ 1-877-460 32 00, www.rockymountaineer.com, zur Fahrt mit dem Luxus-Panorama-Zug, s. S. 204.

Taxi

Jasper Taxi, Tel. 780-852-3600
Mountain Express Taxi & Limousine, Tel. 780-852-4555

Mietwagen

Avis, 414 Connaught Drive, ☏ 780-852-3970
Budget, 638 Connaught Drive, ☏ 780-852-3222
Hertz, 607 Connaught Drive, ☏ 780-852-3888
National, 607 Connaught Drive, 780-852-1117

Ausblick vom Mount Whistler

Mount Whistler

Mit der Jasper SkyTram hoch hinaus

Die **Seilbahn auf den Mount Whistler** (2.285 m) erreicht man über die Whistlers Mountain Road, die östlich vom Highway 93 abzweigt und zur Talstation führt. Von der Talstation, die auf 1.304 m liegt, geht es mit geschlossenen Großraum-Gondeln, in denen 30 Passagiere Platz finden, zur Bergstation (2.277 m). Auf der knapp zehnminütigen Fahrt gibt der Seilbahnführer einen kurzen präzisen Überblick über den Berg und seine Umgebung. Die Seilbahn wurde in den 1960er-Jahren mit deutscher Technologie gebaut.

Jasper SkyTram, *6 km südlich des Ortes, Box 1198, ☏ 780-852-3093, www.jaspersky tram.com, Ende April–Mitte Mai, Sept.–Mitte Okt. 10–17, Mitte Mai–Juni 9.30–18.30, Juli/Aug. 9–20 Uhr, Ticket Erwachsene $ 35, 6–15 Jahre $ 17.50, Kinder unter 6 Jahren frei.*

Oben geht der Blick bei gutem Wetter weit über das ausladende Tal hinweg, in dem Jasper liegt. In der Ferne taucht im Norden der massive Gipfel des **Mount Robson** auf, dem mit 3.964 m höchsten Berg der kanadischen Rockies. Südlich schaut man bis zum Columbia Icefield. Weit unten schlängelt sich der Athabasca River durchs Tal. Der Mount Whistler verdankt seinen Namen den Erdhörnchen, deren schrilles Warnpfeifen bei Gefahr gelegentlich zu hören ist. Oben auf dem Berg bietet ein **Panoramarestaurant** einen schönen Rundumblick auf die alpine Szenerie.

Patricia Lake und Pyramid Lake

Von Jasper aus kann man einen Halbtagesausflug zu den beiden Seen **Patricia Lake** und **Pyramid Lake** machen. Dazu fährt man etwa 8 km über die Straße nördlich von Jasper. Die beiden Seen ermöglichen viele Outdoor-Aktivitäten wie Angeln, Segeln,

Kanu fahren und Windsurfing. Wer im Winter kommt, kann eislaufen und die Langlaufloipen befahren. Auf der Rückseite des Pyramid Lake ragt der schneebedeckte Pyramid Mountain auf und spiegelt sich sehenswert klar im Wasser.

Der See spielte in einer skurrilen Episode während des Zweiten Weltkriegs eine besondere Rolle. Die Briten verfolgten 1943 den Plan, einen Flugzeugträger aus Eis in der Mitte des Atlantik zu stationieren, um die alliierten Nachschub-Geleitzüge von Nordamerika nach Europa besser gegen deutsche U-Boote zu schützen. Die Reichweite der alliierten Flugzeuge war damals zu gering, um einen Schutz zu gewährleisten. Deshalb hätten bis zu 150 Bomber Platz gefunden.

Das Projekt, das dem britischen Premierminister Winston Churchill angetragen wurde, hörte auf den seltsamen Namen „Habbakuk". Der Träger aus Eis sollte 1.200 m lang und 180 m breit sein und aus Eisblöcken bestehen. Damit dieser nicht zu schnell schmelzen konnte, wurde der Verbundwerkstoff Pykrete eingesetzt. Dieser besteht aus vier Fünftel Wassereis und einem Fünftel Sägemehl. Zudem sollten Kältemaschinen im Schiff das vorzeitige Schmelzen verhindern.

Das Projekt „Habbakuk"

1943 wurden am Lake Louise und am Patricia Lake Experimente von britischen Soldaten durchgeführt. So entstand ein kleiner Prototyp des Eisflugzeugträgers mit den Abmessungen 18 mal 9 m und einer Wasserverdrängung von rund 1.000 Tonnen. Auch bei diesem Prototyp wurde eine Kältemaschine eingesetzt. Da die zu erwartenden Kosten für das Projekt ins Astronomische abzugleiten drohten, wurde es 1944 schließlich eingestellt. Die Aufbauten sollen kurzerhand im Patricia Lake versenkt worden sein.

Weitere Ausflüge in die Umgebung von Jasper

Maligne Canyon Trail

Etwa 12 km südöstlich von Jasper ist der **Maligne Canyon** zu erreichen. Dazu folgt man von Jasper aus dem Highway 16 Richtung Edmonton und biegt nach kurzer Zeit auf die Maligne Road ab und stellt den Wagen am Parkplatz ab. Die Wandertour auf dem **Maligne Canyon Trail** zur Fifth Bridge ist ein ca. 4 km langer Rundweg, für den man anderthalb Stunden braucht. Der Pfad schlängelt sich nach unten und kreuzt sechs Mal den Canyon. Unter einem tobt der Fluss durch die enge und 50 m tiefe

Eisklettern auf dem Maligne Canyon Trail

Schlucht. Diese entstand während der letzten Eiszeit, als der Fluss aus seinem ursprünglichen Bett verdrängt wurde und sich den Weg durch den leicht löslichen Kalkstein suchte. Sogar in den Wintermonaten kann man die dann allerdings geführte Tour buchen und staunend die in bizarrer Schönheit erstarrten Wasserfälle bewundern.

Medicine Lake

Unterirdischer Flusslauf

Südlich des Canyons gelangt man zum **Medicine Lake**, der Teil des **Maligne River** ist. Der See liegt auf einer Höhe von 1.436 m ist 7 km lang und hat einen unterirdischen Abfluss, der 17 km lang ist. Damit zählt das Wassersystem zu den größten unterirdischen Flüssen der Erde. Wie groß es ist, haben Forscher 1970 mittels eines biologisch abbaubaren Farbzusatzes herausgefunden. Die gefärbten Flüssigkeiten tauchten in zahlreichen Gewässern der Umgebung auf. Der See weist jahreszeitlich bedingt höchst unterschiedliche Pegelstände auf. Im Sommer läuft er mit dem Schmelzwasser der Gletscher voll, im Herbst dagegen versickert das Wasser langsam, aber stetig. Die indianischen Ureinwohner konnten sich dieses Phänomen nicht erklären und bemühten darum die Götter. Es müsse, so ging der Aberglaube, ein mächtiger Medizinmann am Werk sein. So entstand der Name Medicine Lake.

Der See ist fischreich und Heimat mehrerer Forellenarten. Auch die Umgebung des Gewässers zieht zahlreiche Landtiere an, darunter Grizzlys, Schwarzbären, Wölfe, Karibus und Bergziegen. Weißkopfseeadler und Fischadler schweben majestätisch über allem.

Maligne Lake

Größter Gletschersee der Rockies in Kanada

Etwa 50 km südlich von Jasper liegt der **Maligne Lake** auf einer Höhe von 1.670 m. Er ist 20 km² groß, hat eine Uferlänge von 45 km und ist 100 m tief. Das Gewässer ist in ein wundervolles Bergpanorama eingebettet und gilt als größter von Gletscherwasser gespeister See der kanadischen Rockies. Wie es sich für einen hoch in den Bergen liegenden Gletschersee gehört, ist das Wasser ganzjährig sehr kalt. Es erwärmt sich nie über 4 °C. Der Name mag ein wenig merkwürdig klingen, denn das Wort „maligne" heißt in etwa „böse". Angesichts der pittoresken Szenerie kaum glaubhaft. Des Rätsels Lösung: Die Indianer nannten einen Fluss, der in den Athabasca River einmündete so, weil an der Stelle des Zusammenflusses gefährliche Strömungen häufig die Boote kentern ließen. Den See kannte man damals noch nicht, aber auch er wurde als „bösartig" charakterisiert. Es ist nicht ganz gesichert, wer als erster Weißer diesen See entdeckte. Die Namen Henry McLeod im Jahr 1875 und Mary Schaffer 1908 werden erwähnt.

Am Nordende des Maligne Lake kann man am **Besucherzentrum** parken. Die anderthalbstündige Fahrt mit dem flachen **Ausflugsboot** zum Inselchen **Spirit Island** sollte man sich nicht entgehen lassen. Die Tour startet an der Maligne Lodge und ist nicht ganz billig *(Kinder $ 32, Erwachsene $ 64)* – doch es lohnt sich. Vom Boot aus entfaltet sich die ganze Schönheit des Traumsees und der ihn umgebenden Gipfel. Die Dreitausender der Queen Elizabeth Ranges und der Maligne Range umschließen dicht

Idylle auf dem Maligne Lake mit Bergpanorama

den See und geben den Blick auf schneebedeckte Gipfel, üppigen dunkelgrünen Nadelwald und steile Felswände frei. Nicht umsonst gehört dieser Anblick zu den meistfotografierten der kanadischen Nationalparks.

Die Insel, die streng genommen eine Halbinsel ist, ist nur wenige Quadratmeter groß und darf aus ökologischen Gründen nicht betreten werden. Eine Handvoll gerade gewachsener Nadelbäume, die wie auf einem riesigen Kerzenständer aufgereiht sind, machen den eigentlichen Reiz des Fotomotivs aus. Was für andere Naturschauspiele gilt, gilt auch hier: Der Reiz entfaltet sich erst aus einer gewissen Entfernung. Während der Fahrt sollte man aber auch auf die Uferregion achten. Vor allem am frühen Abend ist die Chance groß, Wildtiere zu erspähen.

Bootsausflug zum Spirit Island

Seit 2011 ist das historische **Maligne Lake Chalet** von 1927, das sich auf einer kleinen Anhöhe auf der Südseite des Sees befindet, restauriert. Es kann für private Feierlichkeiten angemietet werden.

Von Jasper zum Mount Robson Park

Von der Stadt Jasper geht es über den Trans-Canada Highway (Hwy. 16) Richtung Westen. Die Strecke führt am Fraser River entlang, der in der Nähe des Mount Robson entspringt und nach 1.375 km südlich von Vancouver in den Pazifik mündet. Der Fluss ist somit etwas länger als der Rhein. Der Fraser River teilt sich an manchen Stellen in

Von Jasper zum Mount Robson Park

mehrere kleine Seitenarme auf, die von sumpfigem Gelände umgeben sind. Der Nadelwald steht hier tief und dunkel, immer wieder gesprenkelt von kleinen Laubbaumkolonien.

Provinzgrenze zwischen Alberta und BC

Die Grenze vom Jasper National Park zum Mount Robson Provincial Park bildet der **Yellowhead Pass** auf einer Höhe von 1.146 m, der zugleich die Provinzgrenze zwischen Alberta und British Columbia bedeutet. Der Pass steigt nur langsam auf diese mittlere Höhe an. Ein Grund, warum er beim Bau von Straßen (Yellowhead Highway) und Eisenbahn (Canadian National Railway) beliebt war.

Hinweis
Zeitumstellung beachten beim Passieren der Grenze – in British Columbia muss die Uhr eine Stunde zurückgestellt werden.

Der Pass ist nach dem Métis-Trapper Pierre Hastination aus dem Stamm der Irokesen benannt, der als Pelzhändler für die *Hudson's Bay Company* arbeitete und aufgrund seines hellen Schopfes von den französischsprachigen Voyageurs „Tête Jaune" (Yellow Head) gerufen wurde. Vom Pass aus hat man bei gutem Wetter einen prächtigen Blick auf den Eissattel des Mount Robson. Oft ist er jedoch wolkenverhangen und zeigt wenig von seiner majestätischen Größe.

Der **Mount Robson Provincial Park**, dessen **East Gate** man nach knapp 30 km Fahrt aus Jasper erreicht, ist nach dem Berg benannt, der mit 3.954 m die höchste Erhebung in den kanadischen Rockies bedeutet. Er gilt unter Bergsteigern als technisch anspruchsvoll und wurde erst im Jahr 1913 erstmals bestiegen. Das Schutzgebiet gehört mit den benachbarten berühmten Nationalparks wie u. a. Jasper zum UNESCO-Weltnaturerbe.

Menschenleere Wildnis

Der Park hat eine Fläche von 2.248 km² und kann wie seine berühmteren Parknachbarn auch mit allen typischen Sehenswürdigkeiten aufwarten: verschneite Gipfel, Gletscherzungen, die bis ins Tal hinabreichen, wilde Täler, einsame Bergseen, bunte Blumenwiesen, dunkle Nadelwälder und eine reiche Flora und Fauna. In der menschenleeren Wildnis leben Elche, Wapitis, Schwarzbären, Grizzlys, Karibus, Maultierhirsche, Schneeziegen und Dickhornschafe. Die Parkranger und die Ornithologen haben mehr als 180 Vogelarten dokumentiert, darunter Adler, Waldkäuze, Kiefernhäher, Tannenhühner und zahlreiche Zugvögel.

Berg Lake

Der Berg Lake lohnt einen Besuch. Den 22 km langen Trail vom Besucherzentrum des Provincial Parks kann man direkt ab dem Hwy. 16 angehen. Zunächst geht es am Robson River entlang durch dichten Nadelwald. Nach gut 5 km ist der kleine **Kinney Lake** erreicht, an dessen Nord- und Südufer es jeweils einen Campground gibt. Diesen ersten Teil des Pfades dürfen auch noch Mountainbiker benutzen. Noch weitere 5 km, und das Valley of a Thousand Falls ist geschafft. Man betritt es über eine schmale Hängebrücke am Whitehorn Hill.

Der **Whitehorn Campground** bietet sich für eine kleine Rast an, um etwas zu essen und zu trinken. Das ist auch sinnvoll, denn nun beginnt der schwerste Teil des Trails. Auf 3 km geht es steil nach oben, die Bäume stehen nicht mehr so dicht und geben ab und an den Blick auf die schöne Landschaft frei. Verschiedene Wasserfälle sind nun zu bestaunen, die exzellente Fotomotive abgeben: die **White Falls**, dann die **Falls of the Pool** und die **Emperor Falls**. Die verbleibenden Kilometer bis zum Ziel sind technisch relativ einfach zu bewältigen. Dabei kann man jetzt verstärkt die Landschaft genießen und sich von der Felswand des Berggiganten und den Gletschern vor sich genauso faszinieren lassen wie vom Blick zurück auf weitere Gipfel und das Flusstal mit seinen Wasserfällen.

Der **Gletschersee Berg Lake** liegt auf 1.628 m Höhe am Hang des Mount Robson. Er wird von drei Gletschern gespeist: dem **Berg Glacier**, **Mist Glacier** und **Robson Glacier**. Die Szenerie ist spektakulär: Vorn schimmert der türkisfarbene See, dahinter ragt steil die fast 2.300 m hohe Nordwestwand des Mount Robson empor. Direkt darunter kalben Gletscher ins Wasser. Wenn man Glück hat, wird man Zeuge des tonnenschweren Eisabgangs des Berg Glaciers. Laut krachend donnern die mächtigen Eisblöcke ins Wasser und dokumentieren, dass das gesamte Berg-Gletscher-Massiv permanent in Bewegung ist, auch wenn das Auge erst durch diese spektakulären Eisabgänge darauf aufmerksam wird.

Spektakuläre Szenerie

Am See gibt es mehrere Campgrounds (u. a. Marmot und Berg Lake). Hier laufen auch weitere Trails zusammen, etwa die Hargreaves Lake Route und die Toboggan Falls Route, die zu dem gleichnamigen Wasserfall etwa 3 km entfernt führt.

Reisepraktische Informationen Mount Robson Provincial Park

Information
BC Visitor Information Centre, *Mount Robson Viewpoint, westliche Parkzufahrt, ☏ 1-800-435-5622, www.env.gov.bc.ca, Mai–Mitte Juni und Sept. 8–17, Mitte Juni–Anfang Sept. 8–19, Okt. 9–16 Uhr.*

Camping
Robson Meadows, *130 Plätze, Mai–Sept., in der Nähe des Visitor Centres, mittlere Ausstattung.*
Einige Stellplätze auf dem **Robson Meadows Campground** und am **Berg Lake Trail** können im Voraus reserviert werden: **Discover Camping Reservation Service** ☏ *1-519-826-6850, 1-800-689-9025, www.discovercamping.ca. Sonst gilt die „first-come, first-served-Basis".*

Hinweis

Verlässt man den Mount Robson Provincial Park über den Osteingang, trifft der Hwy. 16 auf den Hwy. 5 bei der Ortschaft **Tête Jaune Cache**. Nach Süden führt der Weg zum **Wells Gray Provincial Park** (Beschreibung s. S. 470).

Marble Canyon

Eine schöne und relativ kurze Wanderung von kaum 2 km bietet sich am **Marble Canyon** an. Vom Parkplatz aus geht der Pfad hinunter zum rauschenden Wasser des Tokumm Creek. In Jahrtausenden hat er den Marble Canyon geformt, der aus Kalkfelsen und Dolomitgestein besteht. Die weiße Farbe des Gesteins erinnert an Marmor – daher der Name. Die beiden Gesteinstypen sind geochemisch verwandt. Kalkstein ist weicher, Dolomit härter, dafür aber spröder. Der Pfad überquert mehrmals das Wasser über sieben Brücken, die immer wieder faszinierende Einblicke in die an vielen Stellen nur noch 3 m schmale und 40 m tiefe Schlucht bieten. Mit ein wenig Fantasie stellt man sich vor, dass die Klamm wie ein gewaltiger von Riesen geformter Münzschlitz daliegt.

Weiße Gesteinsfarbe

Der Canyon ist einem permanenten Veränderungsprozess unterworfen. Das liegt einerseits an der Wasserkraft, die in diesem engen Canyon besonders groß ist und die weicheren Gesteinsschichten durch lose mitgeführte Steine an vielen Stellen auskerbt. Andererseits tut der strenge Frost im Winter sein Übriges. Gefriert es in den Ritzen und Spalten, dehnen sich diese bei der Schneeschmelze aus und vergrößern sie.

Hinweis
*Bei aller Naturschönheit sollte man die gegebenen **Vorsichtsmaßregeln** nicht aus den Augen verlieren: Verlassen Sie nie den Trail, um ein noch besseres Foto machen zu wollen. Hier sind schon Menschen zu Tode gekommen und in die Schlucht abgestürzt. Am Ende der 60 m langen Schlucht rauscht das Wasser 21 m in die Tiefe.*

Paint Pots

Nur wenige Kilometer südlich des Marble Canyon trifft man auf ein Naturschauspiel, das in der Geschichte und Mythologie der indianischen Ureinwohner eine große Bedeutung hatte. Bei den **Paint Pots**, den Farbtöpfen, handelt es sich um mehrere rundliche Erdvertiefungen, wo sich der Lehmboden mit dem zutage tretenden eisenhaltigen Wasser vermischt. Diese Paint Pots, zu denen von der Straße ein kleiner Weg führt, wurden in früheren Zeiten von verschiedenen Indianerstämmen aus der Region aufgesucht, um aus dem Erdbrei Farbe zu gewinnen, die für unterschiedliche Zwecke genutzt wurde: als Kriegsbemalung, Färbemittel für Kleidungsstücke, Felsmalerei und Verzierung der Tipis.

Die Paint Pots – ein heiliger Ort

Um diesen Werkstoff aus dem Rohmaterial zu gewinnen, gingen die Indianer folgendermaßen vor: Zunächst wurde die Erdmasse gereinigt, dann unter Hinzufügung von Wasser geknetet und in etwa walnussgroße Bälle geformt. Danach wurden die Bälle flach gerollt wie ein Pfannkuchen und im Feuer gebacken. Nachdem es abgekühlt war, wurde das so entstandene rötliche Pulver mit Fischöl oder Tierfett vermischt. Noch heute gelten die Paint Pots den Angehörigen der First Nations als heiliger Ort. Deshalb sollten Besucher darauf achten, auf dem Weg zu bleiben und sich keine „Warenprobe" als Souvenir mitzunehmen.

Wanderung zum Helmet Fall

Von den Paint Pots führen diverse mittlere bis größere Wanderstrecken in die Umgebung: u. a. zum **Helmet Fall** (Helmet Creek Trail). Diese längere Tour plant man am besten mit einer Übernachtung auf dem Helmet Backcountry Campground. Zunächst wandert man auf dem **Ochre Creek Trail**. Bei Kilometer 6.2 biegt man links auf den Helmet Creek Trail, passiert den Helmet/Ochre Junction Campground und bleibt auf dem **Helmet Creek Trail**. Dieser endet an der Kreuzung mit dem Goodsir Pass Trail und dem Rockwall Pass Trail. Links geht es dann zum Helmet Falls Campground.

Verschiedene Wanderstrecken

Das Ziel der Wanderung ist einer der höchsten Wasserfälle der Rocky Mountains. Am **Helmet Mountain**, der tatsächlich die Form einer Kopfbedeckung hat, ergießt sich das Wasser des Helmet Creek, der sich aus dem Washmawwapta Icefield speist, mehr als 300 m in die Tiefe. Schaut man auf die Fälle, erkennt man zwei Wasserströme: Rechts den Hauptfall und links einen kleineren Nebenfall.

Wenn man den Highway 93 weiter in Richtung Süden fährt und die Paint Pots hinter sich lässt, erreicht man nach ca. 20 km auf der linken Seite die **Kootenay Park Lodge**. Hier befindet sich eines der beiden **Visitor Centre** des Nationalparks. Für den Hunger zwischendurch lädt das kleine Restaurant zur Einkehr ein. Wer die Gegend etwas intensiver erkunden möchte, kann sich eines der rustikal-gemütlichen kleinen Häuschen mit ansprechendem Komfort mieten *(cabins)* und ein paar Tage verweilen.

Unterkunft
Kootenay Park Lodge $$$–$$$$, *Vermilion Crossing*, ☏ 250-762-9196, www.kootenaypark lodge.com, DZ ab $ 105 (bis

Enge Schlucht im Kootenay National Park

Dunkler Nadelwald und weiße Gipfel

$ 195), geöffnet Mai–Sept. Kleine und recht komfortable Châlets mit Dusche/WC, einige Häuschen renoviert, andere nicht.

Kootenay Valley Viewpoint

Der nächste Lookout Richtung Süden ist nach knapp 50 km Autofahrt erreicht. Er heißt Kootenay Valley Viewpoint. Vor dem Betrachter breitet sich das weite Tal des Kootenay River aus und gibt den Blick frei auf die Stanford Range und Mitchell Range. Der höchste Berg, den man sehen kann, ist der Deltaform Mountain (3.424 m), der zugleich der höchste Berg des Kootenay National Park ist.

Olive Lake

3 km weiter liegt der kleine Olive Lake. Die grünliche Wasserfärbung verlieh dem See seinen Namen. Ein 500 m kurzer Lehrpfad mit Infotafeln erläutert die Besonderheiten des Sees und seiner Umgebung. Der Pfad führt zu zwei Aussichtspunkten mit Sitzgelegenheiten, zu denen man entweder rechts oder links am See abbiegt. Von den Lookouts hat man einen schönen Blick auf den Olive Lake, aus dem ununterbrochen kleine Luftblasen an die Oberfläche steigen.

Radium City Hot Springs

Heiße Quellen

Kurz vor Radium City Hot Springs zwängt sich der Highway kilometerlang durch den Sinclair Canyon. Steile helle Kalksteinwände ragen empor. Der Ort Radium Hot Springs hat etwa 1.000 Einwohner und ist bekannt für seine heißen Quellen, die größten des Landes. 1841 erreichte George Simpson, der Gouverneur der *Hudson's Bay Company*, die Gesundheitsquelle als erster weißer Besucher. Er nahm ein Bad in einem ersten, provisorisch ausgehobenen Pool, der so klein war, das gerade einmal eine Person darin Platz fand.

1890 kaufte ein geschäftstüchtiger Engländer namens Roland Stuart die Quelle für gerade einmal $ 160 und blieb der Eigentümer bis 1922. Er investierte in ein Betonbecken, ein Badehaus und einen Laden. Im selben Jahr wurde die Quelle verstaatlicht und in den Kootenay National Park eingegliedert. In den folgenden Jahren wurde die

Anlage vergrößert. Die Investitionen hielten über die Jahrzehnte an – inzwischen gibt es Heißwasser- und Kaltwasserbecken, Restauration und weitere Spa- und Wellnessangebote.

Das klare Wasser, das eine Temperatur zwischen 37 und 40 °C hat, besteht aus fünf Mineralstoffen: Sulphat, Kalzium, Magnesium, Kohlensäure, Natron und Silizium. Wellness und Spa mit Aussicht könnte man das Entspannungsbad auch nennen. Wenn Sie in einem der Pools relaxen, können Sie sich an der alpinen Aussicht erfreuen und die Felsenwände fast mit den Händen greifen. Zudem hat eine wissenschaftliche Untersuchung ergeben, dass das Wasser ganz schwach radioaktiv ist, jedoch keinerlei Gefahr für den menschlichen Körper darstellt.

Wellness mit Aussicht

Radium Hot Springs, *Mai–Okt. tgl. 9–23, sonst tgl. 12–21 bzw. 22 Uhr (an Wochenenden), www.hotsprings.ca, Kinder 3–17 Jahre/Senioren $ 5,40, Erwachsene $ 6,30, Familien $ 19,10.*

Reisepraktische Informatinen Radium City Hot Springs

Information
Visitor Centre Radium Hot Springs, *7556 Main Street East, ☎ 250-347-9505, www.radiumhotsprings.com, Mai/Juni tgl. 9–17, Juli/Aug. bis 19, Sept.–Anfang Okt. bis 16 Uhr. Eines der beiden Besucherzentren des Kootenay National Park.*

Unterkunft
Rocky Mountain Springs Lodge $$, *5067 Madsen Road, ☎ 250-280-9643, www.milliondollarview.ca, DZ ab $ 119 (NS) und $ 129 (HS). Über der Kleinstadt gelegen, tolle Ausblicke vom Balkon.*
Chalet Europe $$$, *5063 Madsen Road, ☎ 250-347-9305, www.chaleteurope.com, DZ ab $ 129. 17 Zimmer mit Küche. Ruhige Lage, herrliche Aussicht vom Balkon.*
Prestige Radium Hot Springs $$$$, *7493 Main Street, ☎ 250-347-2300, www.prestigehotelsandresorts.com, DZ ab $ 189. Neues Haus mit dem besten Preis-Leistungs-Verhältnis, große Zimmer; u. a. mit Pool, Spa und Fitness.*

Camping
Redstreak, *ca. 2 km in den Bergen über Radium Hot Springs gelegen. 242 Plätze, Juni–Okt. geöffnet, sehr gute Ausstattung, $ 27,40–38,20.*
McLeod Meadows, *27 km nördlich von Radium Hot Springs am Kootenay River. 98 Plätze, mittlere Ausstattung, Toiletten, Ende Mai–Anfang Sept. geöffnet, $ 15–21,50.*
Marble Canyon, *7 km südlich der Grenze zwischen Banff und Kootenay, 61 Plätze, mittlere Ausstattung, Toiletten, geöffnet Ende Juni–Anfang Sept., $ 21,50.*

Essen und Trinken
Old Salzburg, *4943 Highway 93, ☎ 250-347-6553. Österreichisch-deutsche Küche, von Schnitzel bis Jägerbraten und Steaks, Hauptgericht ab ca. $ 15, Mai–Okt. tgl. 11–22, sonst 17–22 Uhr.*
Horsethief Creek Pub & Eatery, *7538 Main Street, ☎ 250-347-6400, www.horsethiefpub.ca. Burger, Pasta, Suppen und Salate auf anständigem Niveau. Hauptgericht ab ca. $ 12, tgl. 11–22 Uhr.*

Yoho National Park

Der Yoho National Park ist mit 1.313 km² der kleinste der vier benachbarten Parks in den kanadischen Rocky Mountains und damit nur unwesentlich kleiner als der Kootenay National Park. Wie Kootenay liegt auch Yoho in British Columbia. Er grenzt im Osten an Banff, im Süden an den Kootenay National Park. Bereits 1886 wurde der Park gemeinsam mit dem westlich gelegenen Glacier National Park zum Mount Stephen Dominion Reserve zusammengefasst. 1901 schließlich wurde der Park in Yoho umbenannt. „Yoho" ist ein Wort in der indianischen Sprache der Cree und drückt Bewunderung oder Erstaunen aus, was angesichts der zahlreichen schneebedeckten

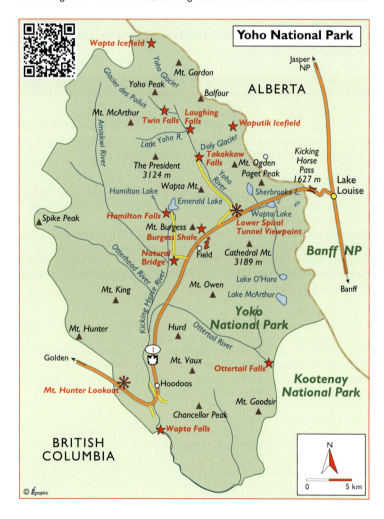

Dreitausender (darunter der Mount Goodsir, die mit 3.567 m höchste Erhebung), der eisigen Gletscher, kristallklaren Seen, der großen schweigsamen Wälder mit den zahlreichen Wildtierarten, der Wasserfälle und der sehenswerten Hochgebirgstäler nicht verwundert.

Die Erschließung der kanadischen Rockies wurde zu Beginn des 20. Jh. wesentlich von den kanadischen Eisenbahngesellschaften vorangetrieben. Sie sorgten für die nötige touristische Infrastruktur: Schienentrassen, Lodges, Hotels und mehr. 1962 folgte der Trans-Canada Highway, der sich in der Streckenführung teilweise an den Bahnlinien orientierte wie etwa beim Anstieg zum Kicking Horse Pass.

Spiral Falls

Wenn man den Yoho National Park – von Lake Louise kommend – im Osten erreicht, führt rechts eine ca. 13 km lange Stichstraße ins Yoho Valley und zu den sehr sehenswerten Takakkaw Falls. Zu Beginn der Straße blickt man von einem Outlook auf eine ingenieurtechnische Meisterleistung an der Bahnstrecke: die **Spiral Falls**, eine doppelte Gleisschleife von 1 km

Yoho National Park – Sandbänke bilden sich, wenn sich die Fließgeschwindigkeit des Wassers verlangsamt

Länge, die in den Cathedral Mountain hineingetrieben wurde. Sie weist eine Kurvenkrümmung von 288 Grad auf. Zu sehen sind der **Upper** und der **Lower Spiral Tunnel**, die 1909 mit einer unglaublichen Manpower in die Felsen getrieben wurden. Tausend Arbeiter und Wagenladungen voller Dynamit waren nötig, um das starke Gefälle von 4,5 %, das bis dahin immer wieder zu Zugunfällen geführt hatte, zu halbieren.

Wenn man am Aussichtspunkt steht und über dem dichten Nadelwald zum Berghang hochblickt, fehlt zum perfekten Schnappschuss nur noch der obligatorische kilometerlange Güterzug mit den vier oder fünf vor gehängten Dieselloks. Der Riesenzug ist oft so lang, dass die vorderen Waggons den Tunnel unten wieder verlassen, während die letzten oben erst einfahren. Oder Sie sehen den Luxus-Panoramazug *Rocky Mountaineer*, der von Vancouver in mehreren Tagen die weite Strecke bis Banff und Jasper zurücklegt und der an den auffälligen Glaskuppeln zu erkennen ist, unter denen die gut betuchte Klientel sitzt und fotografiert.

Blick auf die langen Züge

Der wilde Kicking Horse River

Takakkaw Falls

Wenn man die Stichstraße zu den Takakkaw Falls weiter hinauffährt, ist das **Yoho Valley** erreicht. Der **Yoho River** mündet in den **Kicking Horse River**, der sich in südwestlicher Richtung durch den Nationalpark schlängelt und im Südwesten bei den Wapta Falls den Park verlässt. Auffallend ist die unterschiedliche Wasserfärbung der beiden Flüsse: Der Yoho River, der sich aus dem Schmelzwasser des gewaltigen Waputik Icefield mit seinen zahlreichen Gletschern speist, hat eine milchige Wasserfarbe, während der Kicking Horse River kristallklar in seinem Bett fließt. Er ist bereits durch mehrere Seen geflossen und hat sein Wasser quasi „gereinigt".

Zweithöchste Wasserfälle Kanadas

Nach ungefähr 13 km Fahrt endet die schmale Stichstraße, die aufgrund des starken Schneefalls nur während der Sommermonate bis in den Oktober hinein offen ist, an den **Takakkaw Falls**, den zweithöchsten Wasserfällen Kanadas. „Takakkaw" ist ein Lehnwort aus der Cree-Sprache und bedeutet so viel wie „das ist großartig". Vom Parkplatz aus ist es nur ein kurzer Weg bis zu den Fällen. Das rauschende Schmelzwasser des Daly Glacier, der Teil des Waputik Icefield ist, schießt mit voller Kraft über den glatt polierten Kalkstein 254 m in die Tiefe. Da das Wasser weiter oben noch einmal 60 m nach unten fließt, beträgt nach anderen Berechnungen die Fallhöhe gar mehr als 300 m. Die beeindruckende Wasserpracht der Fälle hängt jedoch stark vom Monat ab, da gegen Ende des Sommers die Wassermenge, die hinab fällt, deutlich geringer ist als die im Frühjahr und Frühsommer.

An den Fällen beginnt der 22 km lange **Iceline Trail**, der einen hohen Schwierigkeitsgrad aufweist und nur etwas für den geübten Bergwanderer ist. Zunächst geht es steil nach oben, solange die Baumgrenze nicht erreicht ist. Immer wieder geben die Bäume den Blick auf den Wasserfall frei. Dann überwindet man die Vegetationsgrenze und blickt auf die Gletscher, an denen man über den Weg entlangwandert – daher der Name Iceline Trail.

Iceline Trail

Field

Der Hauptort im Nationalpark heißt **Field** – ein kleiner Flecken mit wenigen hundert Bewohnern, der ursprünglich mal eine Eisenbahnersiedlung war. Er liegt nah an Lake Louise. Auf dem Trans-Canada Highway geht es rund 25 km Richtung Westen. In Field ist auch das **Besucherzentrum** des Parks (s. u.). Berühmt ist der Park vor allem wegen der „Burgess Shale" (s. u.), einer Fossillagerstätte am Mount Field, die zum Weltkulturerbe zählt und die kurz vor dem Ortseingang zu erreichen ist.

Reisepraktische Informationen Field und Yoho National Park

Information
Visitor Centre Yoho National Park, nahe der Ortschaft Field am Trans-Canada Highway, ☏ 250-343-6783, www.field.ca, Mai 9–17, Juni–Sept. tgl. 8.30–19, Sept.–Mitte Okt. 9–17 Uhr, Mitte Okt.–April geschl. Dort können Reservierungen für das sog. Backcountry getätigt werden, also Vorbestellungen für kleine Campgrounds „im Busch" ($ 12).

Unterkunft in Field
Kicking Horse Lodge $$$, Kicking Horse Avenue/Stephen Avenue, ☏ 250-343-6303, www.trufflepigs.com, DZ ab $ 109. Schöne kleine Lodge mit 14 Zimmern und nettem Restaurant in alpiner Landschaft.
Canadian Rockies Inn $$$–$$$$, 308 Stephen Avenue, ☏ 250-343-6046, www.canadianrockiesinn.com. Vier Suiten ab $ 125 (Hauptsaison $ 185); die Wildnis beginnt gleich hinter dem Haus.
Mount Burgess Guesthouse $$$, Kicking Horse Avenue/Ecke E. 1st Street, ☏ 250-343-6480, www.mtburgessguesthouse.ca. Zwei Suiten ab je $ 160 mit Küche, Bad und TV.

Essen und Trinken
Truffle Pigs Bistro, in der Kicking Horse Lodge (s. o.). Gute regionale Westcoast-Küche und kanadische Weine, tgl. 11–15.30, 17–21 Uhr, Hauptgericht ab ca. $ 20.

River Rafting
Alpine Rafting, ☏ 1-888-599-5299, www.alpinerafting.com, Rafting-Fahrten auf dem wilden Kicking Horse River; Kicking Horse Classic-Tagestour ab $ 109.

Bus
Greyhound, www.greyhound.ca. Dreimal am Tag Verbindungen nach Vancouver, Calgary, Banff, Lake Louise, Golden, Kamloops und Revelstoke ab Visitor Centre.

Die Fossillagerstätte Burgess Shale

Der amerikanische Paläontologe Charles Walcott vom berühmten Washingtoner Smithsonian Institute entdeckte im Sommer 1909 Fossilien an den Berghängen des Wapta Mountain und des Mount Field, ohne zunächst zu ahnen, welch großartige Lagerstätte er entdeckt hatte: den **Burgess-Schiefer**, ein Fundort von Schwarzschiefersedimenten des Mittleren Kambriums. Die fossilreichen Ablagerungen des Burgess-Schiefers, die mehr als 500 Millionen Jahre alt sind, gehören zur Stephen-Formation, kalkigen Tonsteinen. Das, was als Fossilien von Prescott und anderen freigelegt wurden, waren einstmals lebendige Tiere. Sie lebten entlang des kontinentalen Schelfs, das von einem Riff begrenzt war. Von den Schlammmassen, die vom Riff hinabflossen, wurden viele Tiere in das einst vorhandene Meer gespült und auf dem Grund des Ozeans begraben.

500 Millionen Jahre alter Burgess-Schiefer

1910 kehrte der Forscher an den Fundort zurück, um systematische Ausgrabungen im fossilen Gestein durchzuführen. Das Gebiet erwies sich als dermaßen ergiebig, dass Walcott bis Anfang der 1920er-Jahre mehr als 65.000 versteinerte Tierexemplare zusammentrug, die heute im Smithsonian lagern. Rund 130 verschiedene Meerestiere wurden bislang identifiziert. Er ordnete sie gewissenhaft nach dem damaligen Stand der Forschung, jedoch blieb die wissenschaftliche Resonanz unter den Kollegen dürftig. Die Sammlung wurde eher als eine Art Kuriositätenkabinett angesehen.

Erst in den 1960er-Jahren wurden die Fundstücke erneut untersucht und der Wert der Lagerstätte von der Forschung anerkannt. Die Untersuchungen brachten zutage, dass die Tierarten des Mittleren Kambrium an dieser Stelle wesentlich differenzierter waren, als Walcott dies in den 1920er-Jahren vermutet hatte. Einige der Funde weisen auf Tierarten, die heute noch existieren; andere jedoch sind Fossilien mit merkwürdigen Eigenschaften wie etwa fünf Augen und deuten darauf hin, dass der ursprüngliche evolutionäre Bauplan des Lebens weiter gefasst war, als wir es heute vermuten.

Fossilien mit fünf Augen

Auch heute noch wird der Burgess-Schiefer wissenschaftlich untersucht, denn er gilt unter Paläontologen als wahre Schatzkammer. Der Burgess-Schiefer ist eine sog. Konservatlagerstätte – eine Fundstätte, bei der die Fossilien besonders gut und vollständig erhalten sind und manchmal noch Reste von erhaltungsfähigen Organen (Weichteilerhaltung) aufweisen.

Emerald Lake

Kurz hinter der Ortschaft Field zweigt rechts der Weg zum 9 km entfernten Emerald Lake ab. Auf dem Weg dorthin kann man gleich links in eine kleine Stichstraße einbiegen, die nach gut 1 km zur Natural Bridge führt. Unter der natürlichen Felsbrücke rauscht der wilde Kicking Horse River hindurch.

Der **Emerald Lake** wurde 1882 vom Bergführer Tom Wilson entdeckt, als er einige entlaufene Pferde suchte. Der Name des Gewässers stammt von seiner smaragdgrünen Färbung, die durch das sedimenthaltige Wasser des Gletschers aus der President Range entsteht. Dabei reflektieren die winzigen Partikel die grünen Wellen im Farbspektrum. Es lohnt, ein paar Minuten innezuhalten und das Panorama dieses weiteren Postkartensees der Rockies zu genießen.

Smaragdgrüne Färbung

Um den See führt ein **Wanderweg**. Beim Betrachten der Ufervegetation ist zu erkennen, welche Seeseite mehr vom Niederschlag verwöhnt ist. Die Westseite liegt im Regenschatten der hier dominierenden Westwinde und weist nur einen aufgelockerten Baum- und Buschbewuchs aus Wacholder und Kiefern auf. An der regenreichen Ostseite hat sich ein artenreicher Nadelwald aus Koniferen mit dichtem Unterholz gebildet.

An manchen Stellen sind Lawinenschneisen im Wald zu erkennen. Gegenüber der **Emerald Lake Lodge** (s. u.) am Nordufer, die ein rustikal-komfortables Hotel mit exquisitem Restaurant direkt am Ufer ist, erhebt sich der Michael Peak (2.996 m). Wandert man zur Westseite, hat man einen schönen Ausblick auf den Mount Burgess (2.583 m).

Reisepraktische Informationen Emerald Lake

Unterkunft
Emerald Lake Lodge $$$$–$$$$$, *1 Emerald Lake Drive*, ☏ *250-343-6321, www.crmr.com. Rustikal-stilvolle Lodge am smaragdgrünen See: perfektes Wild-West-Setting wie aus dem Hollywood-Drehbuch. Cabins ab $ 380 in der Hauptsaison, $ 170 in der Nebensaison.*

Camping
Kicking Horse, *3 km östlich von Field. 92 Plätze, Duschen, WC, $ 27,40. Der Campground, der wegen eines Lawinenabgangs 2011 lange geschlossen war, ist wiedereröffnet.*
Takakkaw Falls Campground, *17 km östlich von Field an der Takakkaw Falls Road, in der Nähe des Parkplatzes gelegen. 35 Plätze, einfache Ausstattung, Toiletten, Feuerholz, $ 17,60.*
Monarch Campground, *3 km östlich von Field an der Yoho Valley Road, 46 Plätze, Toiletten und Waschräume, $ 17,60, Mai–Okt. geöffnet.*
Hoodoo Creek, *22 km westlich von Field, 30 Plätze, mit Toiletten, $ 15,70, Juni–Sept. geöffnet.*

Essen und Trinken
Cilantro on the Lake, *gehört zur Emerald Lake Lodge (s. o.). Moderne kalifornisch inspirierte Küche mit First-Nations-Elementen, gute Fisch- und Wildgerichte. Hoher, heller Raum mit viel Holz und Glas.*

Einkaufen/Aktivitäten
Emerald Sports & Gifts, *neben der Lodge,* ☏ *250-343-6000. Verleih von Sportgeräten und Ausrüstung sowie von Angelequipment. Daneben stehen auch Souvenirs zum Verkauf.*

Hamilton Lake

Wanderung durch dichten Nadelwald

Ein aussichtsreicher Trail (etwas weniger als 1 km) zu den **Hamilton Falls** beginnt am Parkplatz des Emerald Lake. Ein etwa 1 m breiter, leicht ansteigender Pfad führt durch dichten Nadelwald und dichtes Unterholz zu beiden Seiten. Weiter geht es entlang des Hamilton Creek bis zu einer Aussichtsstelle, die einen guten Blick auf die Fälle eröffnet. Im Sommer führt der Wasserfall deutlich mehr Wasser mit sich im September und Oktober.

Wer nun weiter zum **Hamilton Lake** wandern möchte, sollte eine gute Kondition mitbringen, denn der Trip bedeutet einen 10–12 km langen Fußmarsch. Der Pfad verläuft von nun an recht steil nach oben, und man kommt sich ein bisschen wie eine Bergziege beim Klettern vor. Nach einiger Zeit gelangt man in ein subalpines Waldgebiet, das aus Engelmann-Fichten und Felsengebirgstannen besteht. Nach etwa 4 km Marsch blickt man auf den Emerald Lake, der weit unten geheimnisvoll schimmert. Nun wird der Aufstieg etwas weniger mühsam, man kommt in offeneres Gelände und blickt ins Kicking Horse Valley mit der mächtigen President Range im Hintergrund. Danach folgt wieder ein steiler Abschnitt, bis man den See erreicht. Der See ist weder besonders groß, noch besonders grün. Ganz im Gegenteil: Es kann passieren, dass er selbst im Juni noch dick zugefroren ist. Aber der eigentliche Reiz dieses Trails besteht darin, dass er nicht überlaufen ist, schöne Ausblicke in die einsame und grandiose Landschaft verspricht und noch immer einen Insider-Tipp darstellt. Man könnte auch sagen: Der Weg ist das Ziel.

Der Weg ist das Ziel

Wapta Falls

Wenn man den Ort Field passiert hat und den Yoho National Park in südwestlicher Richtung verlässt, erreicht man über eine kleine Stichstraße, die vom Highway 1 abzweigt, einen Parkplatz, von dem verschiedene Hiking Trails abgehen. Einer davon ist der etwa 2,5 km lange Weg zu den Wapta Falls, die Teil des Kicking Horse River sind. Die Fälle sind nur etwa 30 m hoch, dafür aber gut 150 m breit, sodass die Wassermassen, die hinabstürzen, erheblich sind.

Zum Waterton Lakes National Park

Kimberley

Wenn man vom Yoho National Park oder dem Kootenay National Park Richtung Süden fährt, um zum Waterton Lakes National Park zu kommen, verlässt man den Highway 95 A und fährt rechts in den Kimberley Highway Richtung Kimberley und weiter südlich nach Cranbrook.

Kimberley

Das Städtchen **Kimberley** mit seinen rund 7.000 Einwohnern liegt auf 1.120 m Höhe am Rande der Rocky Mountains und am Südende des Columbia Valley, das der Columbia River mit seinen großen Feuchtgebieten formt. Diese sind ein wahres Vogelparadies. Fast 300 Arten sollen hier heimisch sein, darunter Kanada-Gänse, Kormorane, Ibis, Weißkopfseeadler, Fischadler und Pelikane.

Vogelparadies

Als Namensgeber fungierte im Jahr 1896 die südafrikanische Kimberley Mine, die darauf hinweist, dass auch das kanadische Kimberley eine Minentradition hat. Fast 100 Jahre war die **Sullivan Mine** die weltgrößte Blei- und Zinkmine, bis sie 2001 geschlossen wurde.

Eine Besucherattraktion stellt die **Underground Mining Railway** dar, die von der *Sullivan Mine and Railway Historical Society* betrieben wird. Die rote Lok mit ihren vier Waggons zuckelt gemächlich von der Innenstadt durch das pittoreske Mark Creek Valley zum Kimberley Alpine Resort. Auf der einstündigen Tour hält die Bahn in einem Tunnel, in dem sich ein **Besucherzentrum** befindet. Hier erfährt man Wissenswertes über das harte Leben eines Bergarbeiters unter Tage. Ein ehemaliger Bergmann demonstriert den Gebrauch verschiedener Werkzeuge, die beim Erzabbau eingesetzt wurden. Der Zug stoppt dann noch einmal am ehemaligen Kraftwerk der Mine, dem **Sullivan Mine Powerhouse**, wo eine geführte Tour die Bedeutung und Funktionsweise des Kraftwerks erklärt. Schließlich ist der Halt am **Kimberley Alpine Resort** erreicht, von wo es nach kurzem Aufenthalt wieder zurück in die City geht.

Sightseeing-Bähnchen

Underground Mining Railway, *Gerry Sorensen Way, ☎ 250-427-0022, www.kimberleysundergroundminingrailway.ca, Start der Mining Tour 300 m westlich des Platzl: im Juni Sa/So, Ende Juni–Anfang Sept. tgl. 11, 13 und 15 Uhr, Kinder 4–12 Jahre $ 8, 13–18 Jahre $ 15, Erwachsene $ 20.*

Hochsaison ist hier natürlich der Winter. Das Skiresort liegt in der Purcell Range und verfügt über 70 Abfahrten unterschiedlichster Schwierigkeitsgrade und diverse Skilifte. Doch auch im Sommer kommen Aktivurlauber durchaus auf ihre Kosten. Von Mountainbiking bis Quadfahren reicht die Palette der Freizeitvergnügungen. Eine weitere Attraktion in der Stadt sind die **Marysville Falls** im gleichnamigen Vorort. Der 30-Meter-Wasserfall kann am kleinen Eco Park über einen hölzernen Fußweg erreicht werden.

Kimberley verfügt über eine ansehnliche **Innenstadt**, die im Stil eines österreichischen Alpendorfs gehalten ist. So heißt der zentrale Punkt ganz unkanadisch auch „**Platzl**". Holzhäuser mit **bayerischer Lüftlmalerei**, al-

Kimberley mit österreichischem Ambiente

Alpenländisches Flair penländische Blasmusik überall und deutsches Essen auf den Speisekarten – da kommt bei vielen deutschstämmigen Kanadiern und Amerikanern so etwas wie Heimatgefühl auf – und man muss nicht mal die weite Reise nach Europa antreten. Dort steht auch – in etwas gewöhnungsbedürftigem Design – die größte freistehende Kuckucksuhr Nordamerikas. Wenn man unten einen Quarter (25 Cent) einwirft, gehen über der großen Uhr die Balkonfenster auf und ein mechanischer alpenländischer „Hans" in zünftiger Tracht erscheint jodelnd und mit ausgebreiteten Armen. Wem's gefällt.

Reisepraktische Informationen Kimberley

Information
Tourism Kimberley, ☏ 778-481-1891, www.tourismkimberley.com, oder **Kimberley Chamber of Commerce**, 270 Kimberley Ave, ☏ 250-427-3666, Juli–Anfang Sept. tgl. 10–18, sonst Mo–Sa 10–17 Uhr.

Unterkunft
Trickle Creek Lodge $$$$, 500 Stemwinder Drive, ☏ 250-427-5175, www.tricklecreeklodge.com. 80 Suiten mit Küche, ab $ 140. Im Kimberley Alpine Resort nahe am Trickle Creek Golf Course, komfortabel und im alpinen Stil gebaut.

Essen und Trinken
Gasthaus am Platzl, 240 Spokane Street, ☏ 250-427-4851. Serviert wird eine bayerisch-österreichisch angehauchte Küche. Es gibt aber auch Alternativen auf der Speisekarte.
Cupple Cakes, 816 5th Ave., ☏ 250-427-77 14, www.cupplecakes.com. Von Cup Cakes bis Cookies gibt's hier viele süße Leckereien.

Flughafen
Canadian Rockies International Airport, www.flycanadianrockies.com, ☏ 250-426-7913.
Der Flughafen liegt etwa 15 km von Cranbrook und 20 km von Kimberley entfernt am Highway 95A.

Airlines
Air Canada Express, ☏ 1-888-247-2262, www.aircanada.com. Fliegt mehrmals tgl. nach Vancouver und Calgary.
Integra Air, ☏ 1-877-213-8359, www.integraair.com. Fliegt tgl. nach Edmonton, Cranbrook und Lethbridge.
Pacific Coastal Airlines, ☏ 800-663 28 72, www.pacific-coastal.com. Fliegt mehrmals tgl. nach Vancouver.

Bus
Greyhound, ☏ 1-800-661-8747, www.greyhound.ca, tgl. Verbindungen nach Calgary und Vancouver.

Taxi
L & K Taxi Kimberley Alpine Shuttle, ☏ 250-427-4442.

Fort Steele

Über die Provinzhauptstadt **Cranbrook** geht es zum Waterton Lakes National Park. Über den Highway 95 geht es in nordöstlicher Richtung zunächst nach **Fort Steele**. Das Städtchen, das 1864 während des Goldrauschs gegründet wurde, ist seit 1969 eine Museumsstadt, eine *Heritage Town*. Inzwischen gehört der Ort zu den meistbesuchten Touristenattraktionen der Provinz British Columbia. Mitarbeiter des Freilichtmuseums demonstrieren die Arbeit verschiedener Zünfte: von der Arbeit des Hufschmieds über die Herstellung von Eiskrem, von der Lederbearbeitung und dem Goldwaschen in der eisernen Pfanne bis hin zu Kutschenfahrten wird das Leben im 19. Jh. für ein paar Stunden wieder lebendig. Juni–Sept. fährt ein historischer Zug, der von einer Dampflokomotive gezogen wird, auf einer 4 km langen Demonstrationsstrecke.

Museumsstadt im Goldrausch

Fort Steele Heritage Town, 9851 Hwy. 93/95, Fort Steele, BC, V0B 1N0, ☎ 250-417-6000, www.fortsteele.ca, Mai/Juni, Sept. tgl. 10–16, Juli–Anfang Sept. tgl. 10–17, Okt.–April 10–16 Uhr, Eintritt Kinder bis 5 Jahre frei, 6–16 Jahre $ 5, Erwachsene $ 12 (im Winter auf Spendenbasis).

Reisepraktische Informationen Cranbrook/Fort Steele

Information
Visitor Centre, 2279 Cranbrook Street North, Cranbrook, ☎ 250-426-5914, www.cranbrookchamber.com, tgl. 10–17 Uhr.

Unterkunft
Sheep Heaven Farm $$, 314 Maygard Road, Fort Steele, BC, V0B 1N0, ☎ 250-489-4762, www.sheepheaven.com, DZ $ 65–95. Ruhige Schaffarm mit zwei Zimmern, gemütlich und authentisch.

Elk Valley und Sparwood

Auf dem weiteren Weg zum Waterton Lakes National Park fahren Sie von Fort Steele über den Highway 3 nach Südosten und bei Elko Richtung Norden ins **Elk Valley**. Dieses Tal hat eine lange Tradition im Kohlebergbau. Die Qualität der Kohle ist hochwertig, sodass die weltweite Nachfrage bei der Stahlerzeugung groß ist. Sowohl der Rohstoff als auch der Abraum werden in den großen Minen dieser Welt mit gigantischen Spezialtrucks bewegt.

Einer dieser Riesen steht als Touristenattraktion direkt am Highway 3 in **Sparwood**. Das fahrende Monstrum heißt *Terex-Titan* und wurde 1973 in Kanada als Unikat gebaut. Die technischen Daten sind beeindruckend: 3.300 PS, eine Fahrzeughöhe von knapp 7 m, ein Ladegewicht von 320 Tonnen. Der Lkw-Gigant galt bis 1998 als größter seiner Art in der Welt. Das beliebteste Fotomotiv ist natürlich der Vergleich von Mensch und Maschine: Selbst stattliche Männer werden ganz klein, wenn sie sich vor den mehr als 3 m hohen Reifen ablichten lassen.

Terex-Titan

Waterton Lakes

Die bekanntesten Seen sind die drei miteinander verbundenen **Waterton Lakes**: Upper, Middle und Lower Waterton Lakes. Das nördlichste der drei Gewässer, der **Lower Waterton Lake**, ist durch eine schmale Fahrrinne, die Dardanelles, mit dem **Middle Waterton Lake** verbunden. Der wiederum ist durch den Bosporus (sic!), an dessen Ufer das bekannte Prince of Wales Hotel steht, mit dem **Upper Waterton Lake** verbunden. Dieser schmale See (selten mehr als 1 km breit) ist mit 152 m einer der tiefsten Seen in Kanada und ein binationales Gewässer, da er ziemlich genau auf der Mitte die Grenze zwischen Kanada und den USA verläuft.

Waterton – Hauptort des Parks

Ein guter Ausgangspunkt, um die Waterton Lakes zu erkunden, ist **Waterton**, der Hauptort des Parks. Während der Sommermonate (bis Anfang September) verkehrt ein Ausflugsschiff von Waterton zur Rangerstation **Goat Hunt** auf der amerikanischen Seite des Sees. Das Boot mit Platz für bis zu 200 Passagiere fährt nach kurzem Aufenthalt wieder zurück. Wer will, kann den Weg zurück über den **Waterton Lakeshore Trail** wandern. Dafür sollte man einen knappen halben Tag einplanen (4–5 Stunden). Nur ein Stein markiert die internationale Grenze am Trail. Wer jedoch in die USA will, um dort weiter zu wandern, muss die Customs-and-Immigration-Prozedur mit allem, was dazu gehört, über sich ergehen lassen.

Zum Cameron Lake

Kurz vor der Einfahrt nach Waterton führt eine Stichstraße, der 16 km lange **Akamina Parkway**, durch den Cameron Creek zum Cameron Lake. Auf dem Weg dort-

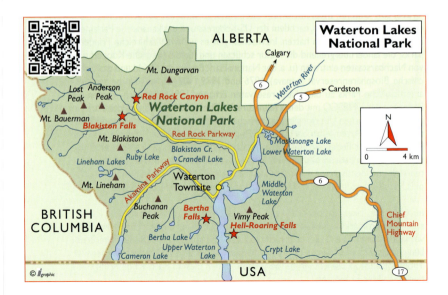

Herrliche Ausritte im Waterton Lakes National Park, im Hintergrund thront das Prince of Wales Hotel

hin passiert man eine **Ölpumpe**. Mit dem Bohrer, das Originalwerkzeug von 1902, wurde tatsächlich erstmals in Westkanada Öl gefördert (heute *National Historic Site*). Das schwarze Gold lagerte in nur 311 m Tiefe. Die erste Ölförderanlage in Westkanada (und die zweite im gesamten Land) holte pro Tag etwa 300 Barrel nach oben. Rasch folgten weitere Fördertürme im Park, obwohl dieser 1895 zum Nationalpark erhoben worden war. Fehlende Umweltgesetze und die Tatsache, dass Alberta zu jener Zeit noch keinen Provinzstatus hatte (es war Teil des North West Territory), machten es der Ölindustrie leicht. Doch die Natur wurde zum unfreiwilligen Helfer früher Umweltschützer: Die Quellen waren nicht ergiebig genug und versiegten rasch. Andere große Lagerstätten im kanadischen Westen wurden entdeckt – und die Ölförderung im Waterton Lakes National Park verkümmerte zu einer historischen Fußnote.

Schwarzes Gold

Die Straße endet am **Cameron Lake**, der auf 1.646 m liegt. Hier kann man im Sommer Kanus ausleihen oder am Seeufer entlangwandern. Der See liegt auf der Wanderroute von Grizzlys – also Fernglas und Fotokamera bereithalten!

Über den Red Rock Parkway zum Red Rock Canyon

Die schmale Straße windet sich über 15 km durch das hügelige **Blakiston Valley**. Unterwegs gibt es immer wieder Haltepunkte mit schöner Aussicht auf Gipfel, bunte Wiesen und aufs Tal. Besonders beeindruckend ist der Ausblick auf den Mount Blakiston, dem mit knapp 3.000 m höchsten Gipfel des Nationalparks. Der **Red Rock Canyon**, an dem man parken kann, hat seinen Namen von der rötlichen Färbung der

Felsen, die besonders hervorsticht, da die sie umgebende grüne Moosschicht die Farbakzente verstärkt. Das Gestein ist hier besonders eisenhaltig. Dies ist deutlich zu sehen, wenn man über den kurzen Rundweg geht, von dem aus der Blick auf das schäumende Wasser fällt, das sich 23 m weiter unten gurgelnd seinen Weg bahnt.

Spaziergang zum Wasserfall

Wer noch nicht zu müde ist, kann den 1 km kurzen Weg zu den **Blakiston Falls** laufen. Der Pfad schlängelt sich durch den Wald. Immer wieder sollte man innehalten und auf die Geräusche und Bewegungen um einen herum achten. Zu beobachten sind mit großer Sicherheit Eichhörnchen sowie allerlei Sing- und Greifvögel. Der Pfad endet an einem kleinen Canyon und führt zu mehreren Aussichtsplattformen mit schönen Ausblicken auf den Wasserfall.

Die wichtigste Verbindungsstraße zum benachbarten Glacier National Park in den USA ist der **Chief Mountain Highway**. Der Highway beginnt im tief liegenden Grasland der Prärie und klettert die Berge hinauf. Oben eröffnet sich ein schöner Panoramablick auf das Waterton Valley und die Front Range, die erste Berglinie, der Rocky Mountains.

Reisepraktische Informationen Waterton Lakes National Park

Information
Parks Canada Visitor Information Centre, Entrance Road, ☎ 403-859-2224, www.mywaterton.ca, www.pc.gc.ca, tgl. Juli/Aug. 8–19, Mai/Juni, Sept./Okt. 9–17 Uhr. Im Winter Infos im **Parks Administration Office**, 215 Mount View Road, ☎ 403-859-5133, tgl. Mo–Fr 8–16 Uhr.

Grenzübergang zu den USA: Im östlichen Parkteil bei Chief Mountain (Juni–Aug. tgl. 7–22, Mai/Sept. tgl. 9–18 Uhr. Der Hwy. 6 heißt auf der anderen Seite der Grenze Hwy. 17.

Notfall
Notruf: ☎ 911
Polizei: ☎ 403-859-2244
Krankenhaus: Pincher Creek, ☎ 403-627-3333
Ambulanz: ☎ 403-859-2636

Unterkunft
Aspen Village Inn $$$, 111 Windflower Avenue, Waterton Park, ☎ 403-859-2255, www.aspenvillageinn.com, DZ ab $ 99 NS und $ 145 HS. Familienfreundlich und im klassischen Motel-Stil, aber architektonisch schöner.
Bayshore Inn Resort & Spa $$$–$$$$, 111 Waterton Avenue, Waterton, ☎ 403-859-2211, www.bayshoreinn.com, DZ ab $ 129–189 NS, $ 199–269 HS. An einer kleinen Landzunge direkt am Waterton Lake gelegen, Zimmer mit Balkon, Restaurant, Bar, Spa und Shops.
Prince of Wales Hotel $$$$–$$$$$, ☎ 403-236-3400, www.nationalparkcentralreservations.com, DZ (Mountainside $ 199 NS, Lakeside $ 224 NS, Mountainside $ 224 HS, Lakeside $ 264 HS. Ein absolutes Postkartenmotiv und National Historic Site. 1927 aus Holz gebaut und auf einer kleinen grünen Anhöhe thronend. Unbedingt ein Zimmer mit See-

blick nehmen, auch wenn's den Geldbeutel schmerzt.

⚠ Camping

Townsite Campground, Waterton Town. 230 Plätze, gut ausgestattet mit WC, Duschen, Strom, viel Platz für RV, geöffnet Mai–Okt. Keine besonders schöne Lage, $ 32 pro Tag, Reservierung möglich unter ☏ 1-877-737-3783.
Crandell Mountain Campground, 8 km westlich an der Red Rock Canyon Road, 2 km vom Crandell Lake entfernt. 129 Plätze,

Eine National Historic Site: das Prince of Wales Hotel

mittlere Ausstattung, keine Reservierung möglich ($ 21); als besonderes „Schmankerl" gelten die fünf indianischen Tipis, die man für $ 55 pro Tag mieten kann.
Waterton Springs Campground, 3 km nordöstlich des Parkeingangs am Hwy. 6, 190 Plätze, gute Ausstattung, WC, Dusche, Internetcafé, ☏ 403-859-2247, Mai–Sept. geöffnet, $ 30.

🍴 Essen und Trinken

Bel Lago, 110 Waterton Avenue, ☏ 403-859-2213, www.bellagoristorante.com. Hauptgericht ab ca. $ 14, Di–So 12–22 Uhr. Die Einheimischen schwören drauf …
Royal Stewart Dinig Room, Prince of Wales Hotel (s. o.), ☏ 403-859-2231. Europäische und kanadische Küche, umfangreiche Weinkarte. Hauptgericht ab ca. $ 24.
Lamp Post Dining Room, tgl. 7.30–22 Uhr, ☏ 403-859-2334, in der Kilmorey Lodge (www.kilmoreylodge.com). Gute regionale Küche mit lokalem Fisch und Wild. Hauptgericht $ 18–42.
Waterton Bagel & Coffee, 309 Windflower Avenue, ☏ 403-859-2264. Bagels, Kaffee, Kuchen und mehr, sehr gute Qualität.

🎁 Einkaufen

Gust Gallery Fine Arts, 112 A Waterton Avenue, ☏ 403-859-2535, www.gustgallery.com. Lokale Künstler stellen aus und verkaufen.
Akamina Gifts, 108 Waterton Avenue, ☏ 403-859-2361, www.akaminagifts.com, tgl. 10–18 Uhr. Souvenirs und Kunsthandwerk.
Caribou Clothes, 114 Waterton Avenue, ☏ 403-859-2346, www.caribouclothes.com, Mai–Sept. tgl. 10–22 Uhr. Handschuhe, Hüte und Schuhe aus Leder und Schaffell; Mitbringsel mit Lokalcharakter.

🛶 Wassersport

Kimball River Sports, Cardston, ☏ 1-800-936-6474. Vielerlei Aktivitäten rund ums Wasser sind bei Kimball River Sports im Angebot: River Rafting, Kanu-, Kajak- und Angeltouren.

Der Waterton Lakes National Park ist ein Paradies für zahlreiche Outdoor-Aktivitäten wie Radfahren, Reiten oder Wandern

Reiten
Mountain Meadows Trail Rides, Mountain View auf dem Weg nach Cardston, ☏ 403-653-2413, www.mountainmeadowtrailrides.com. Tagestouren oder mehrtägige Ausflüge per Pferd, Halbtagestour ab $ 89.

Mountainbiking
Pat's Cycle Rental, 224 Mout View Road, ☏ 403-859-2266. Pat scheint so ziemlich alles zu haben – bei ihm gibt's nicht nur Bikes, sondern auch Benzin, Angelausrüstungen und kubanische Zigarren. Leihgebühr für ein Mountainbike $ 34 pro Tag, $ 8 pro Stunde, tgl. geöffnet.

Golf
Waterton Lakes Golf Course, Mt. View Road, ☏ 403-859-2114, www.golfwaterton.com. 18-Loch-Platz, der einer der traditionsreichsten in Kanada ist. Golfstunde $ 45.

Festival
Waterton Wild Flower Festival – Mitte Juni: Eine Reminiszenz an die artenreiche Flora des Waterton National Park; 30 seltene Pflanzenarten wachsen ausschließlich hier. Neun Tage lang gibt es Vorträge, Ausstellungen und botanische Wanderungen. Programm unter www.watertonwildflowers.com.

Bus
Greyhound, 1018 Waterton Avenue, Pincher Creek, ☏ 403-627-2716, www.greyhound.ca. Etwa 50 km nördlich des Parks am Hwy. 6; tgl. Verbindungen nach Vancouver und Calgary.

Vom Yoho National Park zum Glacier & Mount Revelstoke National Park

Golden

Wenn man den Yoho National Park Richtung Westen über den Trans-Canada Highway verlässt, ist nach etwa 30 km die Kleinstadt Golden erreicht. Die Stadt liegt etwa auf halber Strecke zwischen Yoho und dem Glacier National Park. Manche nennen sie auch das Tor zu den Nationalparks, da sich um Golden herum fünf von ihnen befinden: im Westen der Glacier und der Mount Revelstoke National Park, östlich Yoho und Banff, nördlich Jasper und südöstlich Kootenay.

Tor zu den Nationalparks

Golden hat ungefähr 4.000 Einwohner und gilt als regionales Versorgungszentrum und Verkehrsknotenpunkt. Hier treffen der Trans-Canada Highway und der Endpunkt des Highway 95 aufeinander. Dieser bildet die Verbindung in die East Kootenay Region, nach Cranbrook und in die USA. Auch die *Canadian Pacific Railway* hat die Stadt Golden in ihrem Streckennetz. Golden liegt im Columbia Valley am Zusammenfluss des Columbia und des Kicking Horse River. In der Umgebung des Flusssystems breiten sich Sümpfe und Schwemmland aus. Die Ufer sind meist schilfbestanden und sehen naturbelassen aus. Einer der wichtigsten Wirtschaftszweige ist die Holzindustrie – zunehmend investieren die Stadtväter auch in den Tourismus.

Das Städtchen liegt fotogen am Rande der Rockies, wartet aber selbst mit kaum einer touristischen Sehenswürdigkeit auf, sieht man von einer ansehnlichen Holzbrücke ab, die frei über den Kicking Horse River gespannt ist und ein schönes Fotomotiv abgibt. In Sichtweite glänzen die schneebedeckten Gipfel, darunter der Hausberg Mount 7, der südlich von Golden aufragt und ein Hotspot für Outdoor-Aktivisten ist. Mountainbiker und Paraglider treten in Scharen auf, bereits in der Stadt sieht man viele Autos mit aufgesetzten Bikes, mit Kanus und Kajaks auf dem Dach. Auch River Rafting am Kicking Horse River ist populär.

Reisepraktische Informationen Golden

Information
Visitor Information Centre, *500 10th Avenue,* ☏ *250-344-7125, www.tourismgolden.com, tgl. geöffnet.*

Notfall
Notruf: ☏ *911,* **Polizei**: ☏ *250-344-2221*
Golden & District General Hospital, *835 9th Avenue South,* ☏ *250-344-5271*

Unterkunft
Kicking Horse River Lodge $$–$$$$, *801-9th Street North,* ☏ *250-439-1112, www.khrl.com, DZ ab $ 46–250. Wunderschön gelegen am Zusammenfluss von Kicking Horse River und Columbia River mit Ausblick auf die Skigebiete.*

Camping
Whispering Spruce Campground, 1430 Golden View Road, 2 km von der Innenstadt entfernt, ☏ 250-344-6680, www.whisperingsprucecampground.com. Zeltplatz $ 25, RV $ 35, Reservierung möglich, sehr gute Ausstattung, 130 Plätze.

Essen und Trinken
Cedar House, 735 Hefti Road, ☏ 250-344-4679. Hervorragende Pacific-Rim-Cuisine, Hauptgericht ab ca. $ 28, Mi–So ab 17 Uhr.

Rafting
Wet 'n' Wild, 1509 Lafontaine Road, ☏ 250-344-6546, www.wetnwild.bc.ca. Touren vor allem auf dem Kicking Horse River, Halbtagstour $ 69–89.

Mountainbiking
Selkirk Source for Sports, 504 9th Avenue, ☏ 250-344-2966, Fahrradverleih und gute Tipps über Strecken, $ 30 pro Tag.

Heli-Skiing
Purcell Helicopter Skiing, 438 Lafontaine Road, ☏ 250-344-5410, www.purcellheliskiing.com. Drei Fahrten für $ 749.

Bus
Greyhound, www.greyhound.ca. Viermal am Tag nach Calgary und Vancouver, einmal tgl. nach Cranbrook.

Glacier National Park

Der Glacier National Park (GNP) ist über den Trans-Canada Highway zu erreichen. Zunächst geht es von Golden Richtung Norden, dann macht die Straße einen Knick nach Westen. Von Norden kommend betritt man den Park. Das Naturschutzgebiet ist mit 1.349 km² eher klein und hat in etwa die Größe des Yoho National Parks. Große Teile der Parkfläche liegen mit 2.000 Höhenmetern jenseits der Baumgrenze. Rund ein Zehntel des Glacier National Park ist ganzjährig von Eis und Schnee bedeckt. 400 Gletscher sollen im Park beheimatet sein. Die Bergketten gehören zu den Selkirk Mountains und den Purcell Mountains, die wiederum Teile der großen transnationalen Kette der Columbia Mountains sind, die bis in den Norden der USA reicht. Der höchste Berg im Park ist der 3.390-m-Klotz Mount Dawson.

400 Gletscher im Park

GNP gehört zu den schneereichsten Flecken der Erde – sagenhafte 17 m Neuschnee fallen pro Jahr vom Himmel herab. Vor allem am zentralen **Rogers Pass**, über den der Trans-Canada Highway führt und der steile Felswände aufweist, besteht häufig Lawinengefahr. Jedes Jahr ist die kanadische Armee hier im Einsatz und löst kontrollierte Sprengungen aus. Die Passhöhe beträgt etwas über 1.300 m. Die Zugverbindung nach Westen unterquert den Pass durch den Connaught-Tunnel und den Mount-Macdonald-Tunnel. Der Connaught-Tunnel ist der ältere von beiden und stammt aus dem Jahr 1916. Er wurde in den 1980er-Jahren durch den Mount-Macdonald-Tunnel er-

Glacier National Park

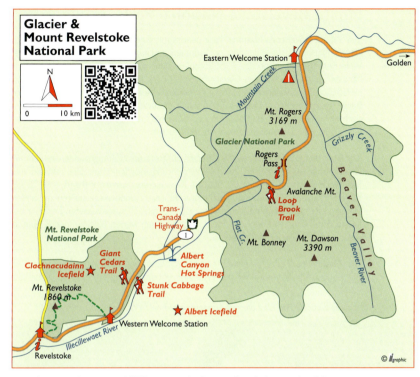

gänzt. Mit einer Länge von 14,7 km ist er der längste Eisenbahntunnel auf dem amerikanischen Kontinent. Für den Zugverkehr gilt in der Regel, dass die westwärts fahrenden Züge den Mount-Macdonald-Tunnel nutzen, während die ostwärts fahrenden Eisenbahnen durch den 8,1 km langen Connaught-Tunnel müssen.

Reisepraktische Informationen Glacier National Park

Information

Rogers Pass Discovery Centre, am Rogers Pass, www.pc.gc.ca. Mitte Mai–Mitte Juni tgl. 9–17, Mitte Juni–Anfang Sept. 8–19, Sept.–Mitte Okt. 9–17, Mitte Nov.–April 7–16 Uhr (Di–Fr mittags geschl.). Museum am Rogers Pass. Auskünfte zu Unterkünften etc. über Revelstoke Chamber of Commerce ☏ 250-837-5345.

Camping

Loop Brook, 5 km westlich des Gipfels, Juni–Okt. geöffnet, 20 Plätze, mittlere Ausstattung, WC, Waschräume, Feuerholz, Trinkwasser, $ 21,50.
Mount Sir Donald, 1 km westlich von Loop Brook, einfach, Juli/Aug., 15 Plätze, $ 15,70.
Illecillewaet, 3 km westlich vom Rogers Pass, Ende Juni–Okt., 60 Plätze, mittlere Ausstattung, WC, Waschräume, Feuerholz, Trinkwasser, $ 21,50.

Mount Revelstoke National Park

Der Mount Revelstoke National Park gehört mit einer Größe von 260 km² zu den kleinen Nationalparks in den Rocky Mountains und liegt östlich der Stadt Revelstoke. Viele Besucher negieren den Park komplett oder sehen ihn als Auftakt oder „Anhängsel" zum benachbarten Glacier National Park (je nachdem, aus welcher Himmelsrichtung man ankommt). Streng genommen besteht das Schutzgebiet aus dem Berg Mount Revelstoke (1.860 m) und seiner unmittelbaren Umgebung. Er ist touristisch wenig erschlossen und ohnehin aus Witterungsbedingungen nur in den Monaten Juli, August und September touristisch zu besuchen.

Der Park bietet bis auf sehr wenige einfach ausgestattete Campgrounds, die nicht für Campmobile ausgelegt sind, keine Übernachtungsmöglichkeiten. Die zentrale Verkehrsverbindung im Park ist die **Mount Revelstoke Summit Road**, eine 26 km lange Stichstraße, die zum Berggipfel führt. Mehrere Wanderwege starten am Gipfelplateau, etwa zum **Miller Lake**, an dem sich ein einfach ausgestatteter Zeltplatz befindet. Vom höchsten Punkt des Parks hat man einen weiten Blick auf den Columbia River und den Glacier National Park.

Gemäßigter Regenwald im Binnenland

Der Nationalpark gilt als weltweit einziger mit einem **gemäßigten Regenwald** im Binnenland. Alle Regenwälder der Erde sind entweder tropisch oder als gemäßigte

Im Mount Revelstoke National Park sind die vom Aussterben bedrohten Waldkaribus beheimatet

Regenwälder in den Küstenregionen beheimatet, wo die Niederschläge, die einen solchen Wald erst zum Regenwald machen, hoch sind. In der Region um den Revelstoke National Park findet sich eine klimatische Besonderheit: Die wasserreiche Ebene an den Columbia Mountains trifft auf stetige Westwinde, die die Feuchtigkeit aufnehmen und als sog. Stauregen am Mount Revelstoke abregnen lassen.

Die Zusammensetzung der Tierarten entspricht denen der umliegenden Nationalparks – mit einer Ausnahme: Die vom Aussterben bedrohten **Waldkaribus** sind mit einer kleinen Population im Park vertreten.

Population Waldkaribus

Reisepraktische Informationen Revelstoke

Information
Visitor Information Centre, 301 Victoria Road West, ☏ 250-837-5345, www.revelstokechamber.com, www.seerevelstoke.com, Mo–Fr 8.30–16.30, Sa/So 10–18 Uhr; Mai–Sept. auch in der Grizzly Plaza, 110 Mackenzie Avenue.

Notfall
Notruf: ☏ 911
Feuerwehr: ☏ 250-837-2884
Queen Victoria Hospital, 1200 Newlands Road, ☏ 250-837-2131

Unterkunft
Regent Inn $$$, 112 First Street East, ☏ 250-837-2107, www.regenthotel.ca, DZ ab $ 139. Große Zimmer, schöne Lage mit Blick auf die Berge.
Minto Manor B&B $$$, 815 MacKenzie Avenue, ☏ 250-837-9337, www.mintomanor.com, DZ ab $ 129. Drei Gästezimmer in einem Haus im edwardianischen Architekturstil von 1905.
Glacier House Resort $$$, 1870 Glacier Lane, ☏ 250-837-9594, www.glacierhouse.com, DZ ab $ 138, Cabins (einzeln stehende komfortable Holzhäuschen) $ ab 150. Das Glacier House Resort ist 6 km nördlich von Revelstoke gelegen, mit schönem Blick auf den Begbie Glacier.

Essen und Trinken
Benoit's Wine Bar, 107 2nd Street East, ☏ 250-837-6606, www.benoitswinebar.com. Natürlich bietet die Wine Bar eine ausführliche Weinkarte. Daneben kann man Käse und Wurstspezialitäten bestellen. Die Küche ist mediterran, kleine Gerichte gibt es ab ca. $ 10.
Woolsey Creek Bistro, 604 2nd Street West, ☏ 250-837-5500, www.woolseycreekbistro.ca. Organisch-biologische Küche mit französischem Einschlag und dem Augenmerk auf Regionalität. Hauptgericht ab $ 22, tgl. 7–22 Uhr.

Aktivitäten
Alpine Adventures, 120 MacKenzie Avenue, ☏ 1-877-837-7141, www.revelstokealpine.ca, Halbtagestouren, etwa Bergsteigen, ab $ 70.
Free Spirit Sports & Leisure, 203 West 1st Street, ☏ 250-837-9453. Hier kann man Snowboards, Ski und Schneeschuhe leihen.

Von Vancouver in die Nationalparks der Rocky Mountains

1.000 km Strecke

Die Strecke von Vancouver bis in die Nationalparks der Rocky Mountains beträgt etwa 1.000 km. Man braucht eine geraume Zeit, um die Metropolitan Area zu verlassen und um wieder in der Natur zu sein. Der Trans-Canada Highway führt zunächst nach Süden auf die amerikanische Grenze zu.

Abbotsford

Nach etwa 70 km erreicht man die Stadt Abbotsford. Die Großstadt mit knapp 140.000 Einwohnern ist ähnlich Vancouver sehr von asiatischen Einwanderern geprägt. Jeder sechste Bewohner stammt von dort (ab).

Weltweit ist Abbotsford den Flugzeug-Enthusiasten ein Begriff. Seit nunmehr 50 Jahren (1962–2012) findet dort am zweiten August-Wochenende eine der größten **Flugschauen** Nordamerikas statt (Eintritt $ 25).

Reisepraktische Informationen Abbotsford

Information
Tourism Abbotsford Visitor Centre, 34561 Delair Road, ☏ 604-859-1721, www.tourismabbotsford.ca, Mai–Sept. tgl. 9–17, sonst Mo–Sa 9–17 Uhr.

Unterkunft
Best Western Bakerview $$, 1821 Sumas Way, ☏ 604-859-1341, www.bestwesternabbotsford.com, DZ ab $ 90. Ein Best Western Hotel mit klassischem Standard in zentraler Lage.

Essen und Trinken
Mitch Miller's, 33758 Essendine Avenue, ☏ 604-853-2425. Kanadische West Coast Cuisine in der „historischen" Downtown. Geöffnet Di–So 8–22 Uhr, Hauptgerichte ca. $ 15–25.

Flughafen
Abbotsford International Airport, 30440 Liberator Avenue, ☏ 604-855-1001, www.abbotsfordairport.ca. Flüge von und nach Vancouver, Calgary, Nanaimo, Victoria, Puerto Vallarta.

Airlines
Westjet, ☏ 1-888-937-8538, www.westjet.com
Orca Airways, ☏ 1-888-359-6722, www.flyorcaair.com
Island Express, ☏ 604-856-6260, www.islandexpressair.com
Canjet, ☏ 1-800-809-7777, www.canjet.com

Chilliwack

Von Abbotsford nach Chilliwack sind es 30 km. **Chilliwack** ist ein indianischer Name und bedeutet „ruhiges Gewässer". Die 70.000-Einwohner-Stadt wird von zwei Flüssen begrenzt: dem großen Fraser River im Norden und dem kleinen, aber malerischen Vedder River im Süden. Das Mikroklima der Gegend begünstigt den Obst- und Gemüseanbau, die reizvolle Umgebung wiederum den Tourismus. Die Bergkette der Cascade Mountains ist nah, verschiedene Seen und Provincial Parks liegen in der Nähe. Von Chilliwack lassen sich einige (Halb-)Tagesausflüge unternehmen: Wenige Kilometer südlich der Stadt, jenseits des Vedder River, liegt der **Cultus Lake Park** mit dem gleichnamigen See. Das Gewässer ist im Sommer recht warm, Baden ist also möglich. Einige schöne Strandabschnitte, Wassersportmöglichkeiten, Campen, Golfen und mehr machen das Areal um den See zu einer beliebten Besucherattraktion.

Lohnend ist noch ein kleiner Abstecher zu den **Bridal Falls** östlich von Rosedale am Trans-Canada Highway. Ein kurzer Fußweg führt durch einen Wald zu den 120 m hohen Fällen am Fuß des pyramidenförmigen 2.104 m hohen Mount Cheam. Mit etwas Fantasie sieht der Wasserfall aus wie ein gewaltiges gebauschtes Brautkleid, das über die Felsen nach unten fließt. Wer eine Wanderung einplant, kann den Gipfel des Berges besteigen. Zunächst geht es von der Südseite des Berges an der Chilliwack Lake Road mäßig steil nach oben, über zunächst breite Zugangswege der Forstarbeiter. Danach wird der Weg enger – der Pfad schlängelt sich über knapp 4 km Richtung Gipfel. Von oben bietet sich ein weiter Blick auf das **Fraser Valley** Richtung Norden und Westen und auf die North Cascade Mountains nach Süden hin.

Wasserfälle wie ein Brautkleid

Reisepraktische Informationen Chilliwack/Fraser Valley

Information
Chilliwack Visitor Information Centre, 44150 Luckakuckway, ☎ 604-858-8121, www.tourismchilliwack.com, tgl. 10–17 Uhr.

Unterkunft
The Fraser River's Edge B&B $$$, 43037 Old Orchard Road, Chilliwack, ☎ 604-703-1968, www.fraserriversedge.com, DZ ca. $ 99–159. Schöner Blick auf den Fraser River, die Berge und das berühmte „Valley". Die angebotenen Aktivitäten im Haus reichen von Angeltouren bis Hiking und Biking.

Bus
Greyhound, www.greyhound.ca. Die Chilliwack Greyhound Station befindet sich im Intercity Bus Depot am Luckakuck Way.
Lokale Busse: Von der Greyhound Station verkehrt ein Transferbus zum städtischen Busbahnhof. Von dort fahren Busse nach Harrison Hot Springs. Infos unter ☎ 604-795-3838 und www.transitbc.com.

Taxi
Chilliwack Taxi, ☎ 1-604-795-9111.

Minter Gardens

Die schönen Minter Gardens suchen nach einem neuen Betreiber

Für Freunde der angelsächsischen Gartenbaukunst war der Besuch von Minter Gardens ein Muss. Brian Minter und seine Familie hatten in jahrelanger und mühevoller Arbeit ihr eigenes Gartenparadies auf 10 ha Fläche geschaffen. Seit 1980 staunten die Besucher aus aller Welt über die unglaubliche Farbenpracht der Blumen, Bäume, Sträucher, Teiche und Wasserspiele. 2013 nun war nach mehr als 30 Jahren Schluss, die Besucherzahlen waren kontinuierlich zurückgegangen, und die riesige Fläche steht zum Verkauf. Wer das Areal kaufen möchte, muss 6,5 Millionen Dollar auf den Tisch legen.

Minter Gardens, *52892 Bunker Rd., Chilliwack. Die Familie betreibt noch einen Blumenhandel, den Country Garden Store, 10015 Young Road North, Chilliwack, BC V2P 4V4,* ☎ *604-792-3799, www.mintergardens.com.*

Harrison Hot Springs

Auf dem Highway 9 (Agassiz Rosedale Highway), der beim gleichnamigen Ort links vom Highway 1 abbiegt, überquert man den Fraser River, der an dieser Stelle breit ist und Sandbänke und kleine Inseln ausgebildet hat.

Die Hot Springs liegen am **Harrison Lake**. Der See hat eine Länge von 60 km und eine Breite von 9 km, verengt sich nach Norden und wird hier und da von Strandabschnitten gesäumt. Zwei größere Inseln, Long Island und Echo Island, liegen im See.

Thermalort

Der Thermalort **Harrison Hot Springs**, im Volksmund nur Harrison genannt, ist ein größeres Dorf von vielleicht knapp 2.000 Einwohnern am Südzipfel des Gewässers. Hauptattraktion sind die beiden Thermalquellen, die zu den mineralhaltigsten der Erde zählen. Die eine trägt den Namen **Potash** und ist 40 °C warm. Die andere heißt **Sulphur** und hat eine Betriebstemperatur von 65 °C. Bereits die Angehörigen der First Nations kannten und nutzten diese Quellen.

Einen überregionalen Bekanntheitsgrad hat der alljährlich im September ausgetragene Wettbewerb im **Sandburgenbauen**, der viele „Künstler" und neugierige Zuschauer anzieht.

Sandburgen

Am östlichen Ufer, etwa 6 km von Harrison Hot Springs, beginnt der **Sasquatch Provincial Park**. Die Indianer benannten ihn nach einem Fabelwesen, halb Mensch, halb Affe, der in den dichten Wäldern angeblich sein Unwesen trieb. Im Park liegen mehrere kleinere Seen, die durchaus einen Besuch lohnen: Vor allem der **Deer Lake** und der **Hicks Lake** seien hier empfohlen: In den Morgen- und Abendstunden, wenn Nebelschwaden über die Wasseroberfläche treiben und aus dem schemenhaft erkennbaren Uferdickicht eine Vielzahl an Tierlauten herüber dringt, wird die Fantasie angeregt und man kann sich gut in die Gefühlswelt der Pioniere hineinversetzen, die im 18. und 19. Jh. diese großartige Gegend erforschten.

Reisepraktische Informationen Harrison Hot Springs

Information
Visitor Information Centre, 499 Hot Springs Road, ☏ 604-796-5581, www.tourismharrison.com, tgl. 9–17 Uhr.

Unterkunft
Harrison Hot Springs Resort & Spa $$$$, 100 Esplanade, ☏ 866-638-5075, www.harrisonresort.com, DZ ab $ 149. Am Ufer des Harrison Lake gelegen, komfortable Zimmer und viele sportliche Angebote, im Besonderen natürlich der Spa- und Wellnessbereich mit fünf Mineralwasserbecken.

Essen und Trinken
The Copper Room, im Harrison Hot Springs Resort & Spa (s. o.), ☏ 604-796-2244. Fraser Valley Cuisine wird aufgetischt, d. h. regionale westkanadische Küche, u. a. mit Wild und Fisch, tgl. geöffnet, Hauptgericht ab $ 25. Dresscode: keine Turnschuhe, T-Shirts oder Shorts.

Hope

Die Kleinstadt Hope mit ihren 6.000 Einwohnern ist **Ausgangspunkt für drei Alternativrouten**: Richtung Norden kann man dem **Trans-Canada Highway** (Highway 1) weiter über Yale, Boston Bar, Lytton nach Kamloops folgen. Die zweite Route, der **Highway 5**, führt zunächst nach Norden, um dann scharf nach Osten zum Okanagan Valley und in die Stadt Kelowna abzubiegen. Die dritte Strecke führt über den **Highway 3** nach Süden zum E.C. Manning Provincial Park an der amerikanischen Grenze.

Hinweis
Beschreibung der Stadt **Hope** und dazugehörige Reisepraktische Informationen s. S. 490.

Yale und Hell's Gate

Fußgängerbrücke über den Fraser River am Hell's Gate

Der Trans-Canada Highway am Fraser Canyon entlang gilt als besonders sehenswert. Auf gut 80 km hat sich der Fluss im Laufe der Zeit durch das massive Gebirge der Cascade und Coast Mountains gefräst und eine lang gezogene, teilweise tiefe Schlucht ausgeformt, die von der Straße aus immer wieder faszinierende Einblicke freigibt. Besonders spektakulär gestaltet sich die Szenerie in **Yale** und in Hell's Gate. Yale ist heute ein schön gelegenes Dorf mit gerade mal 300 Einwohnern, von denen viele den First Nations angehören. Doch zu Zeiten des Goldrauschs war Yale eine der größten Städte auf dem amerikanischen Kontinent mit einem großen Versorgungshafen und Linienschiffsverkehr auf dem Fraser River.

Am **Hell's Gate** rauscht der Fraser River durch eine nur etwas über 30 m schmale und 180 m tiefe Schlucht, die man das „Höllentor" nennt. Besonders spektakulär schäumen die gewaltigen und schnell fließenden Wassermassen im Frühjahr nach der Schneeschmelze. Wer sich das ganze Höllenspektakel lieber aus der Luft ansehen und dabei Fotos aus ungewöhnlicher Perspektive schießen möchte, sollte eine Fahrt mit der Seilbahn, der **Hell's Gate Airtram**, machen, die seit 1971 in Betrieb ist. Die 340-m-Tour startet mit einer der beiden geschlossenen Gondeln in der Nähe des Parkplatzes am Highway 1. Die Betreiber machen Werbung damit, dass man in der einzigen Gondel der Erde fährt, wo der Ausgangspunkt der Reise höher liegt als der Endpunkt. Außerdem gibt es am Höllentor eine Fußgängerhängebrücke.

Mit der Seilbahn über die Schlucht

Hell's Gate Airtram, 43111 Trans-Canada Highway, Boston Bar, BC, ☏ 604-867-9277, www.hellsgateairtram.com, Ende April–Anfang Okt. tgl. 10–17 Uhr, Eintritt/Seilbahnfahrt für Kinder bis 5 Jahre kostenlos, 6–18 Jahre $ 15, Erwachsene $ 21.

45 km weiter nördlich liegt der Ort **Lytton** am Zusammenfluss von Fraser River und Thompson River. Er gilt in Fachkreisen als Mekka des River Rafting und nennt sich deshalb ganz unbescheiden „Rafting Capital of Canada".

Über Ashcroft und Cache Creek, einem Verkehrsknotenpunkt, an dem der Highway 97 vom Trans-Canada Highway abzweigt, geht es weiter ostwärts nach Kamloops. Auf dem Weg dorthin führt die Straße am Südufer des lang gestreckten Kamloops Lake entlang.

Kamloops

Kamloops (in der Sprache der Shuswap für „Treffen der Gewässer") ist eine ansehnliche Provinzstadt von rund 80.000 Einwohnern. Sie gilt als Verkehrsknotenpunkt. Die beiden Eisenbahnlinien *Canadian Pacific* und *Canadian National* führen von hier aus in verschiedene Richtungen: Die *Canadian Pacific* folgt dem South Thompson River über den Kicking Horse Pass nach Calgary. Die Trasse der *Canadian National* folgt dem North Thompson River über Jasper nach Edmonton. Zudem laufen auch zwei wichtige Verkehrsstraßen in Kamloops zusammen – der Trans-Canada Highway und der Highway 5 (Coquihalla Highway). Highway 5 ist eine Verkürzung des Trans-Canada Highway. Im Winter ist er jedoch häufiger aufgrund extremer Wetterlagen gesperrt.

„Treffen der Gewässer"

Bevor mit David Stuart 1811 der erste Europäer Kamloops erreichte, war die Gegend bereits seit über 2.000 Jahren Siedlungsgebiet diverser Indianerstämme, darunter der Shuswap und der Cree. David Stuart etablierte 1812 einen Außenposten der Pelzhandelsfirma *Pacific Fur*, dem im selben Jahr ein Konkurrenzposten der *North West Company* folgte. Im Jahr darauf fusionierten beide. 1821 übernahm die *Hudson's Bay Company* die Geschäfte, die Siedlung wurde in Fort Thompson umbenannt, später dann in Fort Kamloops.

Drei Entwicklungen sorgten für den Wirtschaftsaufschwung der wachsenden Stadt: Zunächst die diversen Goldräusche, die im 19. Jh. die Region heimsuchten, der Streckenbau der *Canadian Pacific Railway* in den 1880er-Jahren sowie der Ausbau der Holz- und Papierindustrie. Hatte die Siedlung bei der offiziellen Stadtgründung 1893 gerade mal 500 Einwohner, sind es heute mehr als 80.000.

Kamloops ist Haltestation des Panorama-Luxuszugs **Rocky Mountaineer** auf dem Weg von Vancouver in die Nationalparks Banff und Jasper.

Auch wenn es nicht wirklich viel zu sehen gibt und die meisten Touristen die Stadt eher als Versorgungsstation und Verkehrsknotenpunkt nutzen, so bringt das alljährliche Powwow im August, das **Kamloopa Powwow**, Kamloops doch überregionale Aufmerksamkeit. Dann kommen Vertreter zahlreicher First Nations aus Kanada und den USA zusammen, um an einem Wochenende gemeinsam zu singen, zu tanzen und die indianische Kultur zu feiern.

Bekanntes Powwow

Reisepraktische Informationen Kamloops

Information
Kamloops Visitor Centre, *1290 West Trans-Canada Highway*, ☏ *250-374-3377, www.tourismkamloops.com, Jan.–Mitte Mai Mo–Fr 9–17, Mitte Mai–Aug. tgl. 9–18, Ende Aug.–Mitte Okt. Mo–Fr 9–17, Sa 10–16, Mitte Okt.–Dez. Mo–Fr 9–17 Uhr.*

Notfall
Notruf: ☏ *911*
Royal Inland Hospital, *311 Columbia Street*, ☏ *250-374-5111*

Die Provinzstadt Kamloops

Unterkunft

Sun Peaks Lodge $$, 3180 Creek Side Way, ☏ 250-578-7878, www.sunpeaks lodge.com, DZ ab $ 99. Im Skigebiet Sun Peaks auf halber Strecke zwischen Kamloops und Sushwaps Lake gelegen, frisch renoviert, gutes Preis-Leistungs-Verhältnis.

Plaza Heritage Hotel $$$, 405 Victoria Street, ☏ 250-377-8075, www.theplaza hotel.ca, DZ ab $ 128. Das traditionsreiche Haus in Kamloops wurde umgebaut und frisch renoviert. Die 67 komfortablen Zimmer erstrahlen in warmen Farben. Mit Restaurant im Haus.

Essen und Trinken

Brownstone, 118 Victoria Street, ☏ 250-851-9939, www.brownstone-restaurant.com. Exzellente internationale Küche mit regionalem Einschlag in historischem Gebäude mit hübschem Patio. Hauptgericht ab $ 23, tgl. 17–22, Mo–Fr zusätzlich 11–14 Uhr.

Nachtleben

The Blue Grotto, 319 Victoria Street, ☏ 250-372-9901, www.thebluegrotto.ca. Livemusik Do–So, von Rock bis Blues, sehr gemischtes Publikum. 20–1 Uhr.

Geologische Exkursionen

Earthfoot, ☏ 250-554-2401, www.earthfoot.org. Ein Spezialist für Fossilien bietet nach eigenen Angaben als einziger in British Columbia solche geologischen Exkursionen ins Gelände an.

Golf

Kamloops Golf & Country Club, 16-2960 Tranquille Road, ☏ 250-376-8020, www.kamloopsgolfclub.com, Green Fee ab $ 30 (9 Loch); der älteste und traditionsreichste Club in und um Kamloops.

Mountainbiking
Full Boar Bike Store, 310 Victoria Street, ☏ 250-314-1888, www.fullboarbikes.com, Halbtagestour ab $ 45.

Angeln
Desert North Adventures, 1397 Columbia Street, ☏ 250-314-1467, www.desertnorthadventures.com. Bieten neben Angeltouren (ab $ 275) auch Cross-Country-Motorradausflüge an.

Ski
Sehr gute Wintersportmöglichkeiten am **Sun Peaks Ski Resort**.

Flughafen
Kamloops Airport, 101-3035 Airport Road, www.kamloopsairport.com, ☏ 250-376-3613. Der Flughafen bedient tgl. Routen nach Vancouver, Calgary und Prince George.

Airlines
Air Canada Express, www.aircanada.com; **Central Mountain Air**, www.flycma.com; **WestJet**, www.westjet.com

Bus
Greyhound, www.greyhound.ca. Siebenmal am Tag verkehren Busse zwischen Vancouver und Kamloops, viermal tgl. geht's nach Calgary.

Sushwap Lake Marine Provincial Park

Von Kamloops geht es über den **Shuswap Lake** nach **Revelstoke** (s. S. 254). Das Gebiet um den See ist gemeinhin als „**The Shuswap**" bekannt. Unzählige Flüsse münden in den See oder fließen aus ihm ab, darunter der South Thompson River, der Little River, der Adams River und der Eagle River. Der See selbst besteht aus vier Armen, die auf der Landkarte mit ein wenig Fantasie an ein leicht verschnörkeltes „H" erinnern: dem Seymour-Arm im Norden, dem Salmon-Arm im Südwesten, dem Anstey-Arm im Nordosten und dem Hauptsee. Zum Einzugsgebiet kann man auch noch den nordwestlich gelegenen Adams Lake zählen, den Little Shuswap Lake, den Mara Lake und den White Lake. Durch die merkwürdige Gestalt des Sees verfügt er über eine unglaublich lange Küstenlinie: Sie liegt bei mehr als 1.100 km.

See mit 1.100 km Küstenlinie

Am See kann man an vielen Stellen Boote mieten, vom Kajak bis zum Haus- und Ruderboot. Im Sommer während der Ferienzeit wird die Gegend um den See ziemlich voll, wobei sich die Besucherströme aufgrund der langen Küstenlinie schnell verlaufen. Zum Hauptort hat sich **Salmon Arm** am Trans-Canada Highway entwickelt. Nicht besonders schön, dafür aber laut und geschäftig.

Von Salmon Arm kann man in einer guten halben Stunde nach **Enderby** fahren und das nördliche Okanagan Valley erreichen. Südlich von Salmon Arm fährt man auf den Highway 97A, der vom Mara Lake herunterkommt.

Kelowna

Der Highway 97 C führt direkt südlich von **Kelowna** an das Westufer des Okanagan Lake. Kelowna ist mit knapp 100.000 Einwohnern die größte Gemeinde des Okanagan Valley und besitzt einen wichtigen Regionalflughafen, der reichlich Touristen aus Nordamerika bringt. Vom Westufer des Okanagan Lake geht es über eine neue Brücke ins Zentrum der Stadt, die 1859 aus einer Missionsstation hervorging. Die alte Brücke wurde dem zunehmenden Touristenverkehr nicht mehr Herr.

Waldbrandgefahr

Ein nicht zu unterschätzendes Problem stellen im gesamten Okanagan Valley die häufig auftretenden **Waldbrände** dar, die immer wieder die Weingüter beschädigen und ganze Ortschaften bedrohen können. Ein Feuer mit katastrophalen Ausmaßen war der riesige Waldbrand im Okanagan Mountain Provincial Park im August 2003. Das Monsterfeuer wurde durch einen harmlosen Blitzeinschlag ausgelöst und durch warme Winde weiter angefacht. Es bedrohte schnell die Vororte von Kelowna. 27.000 Bewohner mussten evakuiert werden, mehrere Tausend Feuerwehrleute und sogar die kanadische Armee waren mit schwerem Gerät und Löschflugzeugen im Einsatz. Auf dem Höhepunkt der Brandkatastrophe stand eine Fläche von 250 km² in Flammen.

Aufgrund des günstigen Klimas und der Lage hat sich der Tourismus als wichtige Einnahmequelle entwickelt. Es gibt eine **Sommer- und eine Wintersaison**. Im Sommer reicht die Palette der möglichen Freizeitaktivitäten von Wandern, Bergsteigen und Mountainbiking bis hin zum Wassersport und Golfen, im Herbst veranstalten viele Wineries Führungen und Verkostungen, im Winter sind Abfahrts- und Skilanglauf in den Wintersportgebieten Silver Star (nördlich von Kelowna und Vernon im Silver Star Provincial Park) und Big White (südlich von Kelowna am Big White Mountain) beliebt.

Da Kelowna etwa an der Ufermitte des lang gestreckten Okanagan Lake liegt, kann man entweder nach Norden (Highway 97 / 97 A) über die Kleinstadt Vernon Richtung Shuswap Lake und weiter nach Osten (Revelstoke, Glacier National Park) oder in den südlichen Teil des Valley fahren.

Reisepraktische Informationen Kelowna

Information
Tourism Kelowna Visitor Centre, *544 Harvey Avenue, Hwy. 97,* ☏ *250-861-1515, www.tourismkelowna.com, Mo–Fr 9–17, Sa 10–15 Uhr. Ein zweites Visitor Centre ist in der Ankunftshalle des Airports.*

Unterkunft
Kelowna SameSun International Hostel $–$$, *245 Harvey Avenue,* ☏ *250-763-9814, www.samesun.com, Mehrbettzimmer ab $ 28, DZ ab $ 79. Neues und cool eingerichtetes Hostel, das besser ist als manches Hotel, zentrale Lage.*
Lake Okanagan Resort $$$$, *2751 Westside Road,* ☏ *250-769-3511, www.lakeokanagan.com, DZ ab $ 160. Schön gelegen in den Hügeln auf der Westseite des Sees.*
Urban Villa $$$$, *2735 Richter Street,* ☏ *250-300-8975, www.urbanvilla.ca, DZ ab $ 160, Villa ab $ 900. Ein kleines Boutique-Hotel mit edlem Innendesign.*

Delta Grand Okanagan Lakefront Resort $$$$$, 1310 Water Street, ☏ 250-763-4500, www.deltahotels.com, DZ ab $ 240. Luxushotel mit 390 Zimmern in bester Lage am See mit allen Annehmlichkeiten von Spa bis Bar.

Essen und Trinken
RauDZ Regional Table, 1560 Water Street, ☏ 250-868-8805, www.raudz.com. Contemporary Canadian Cuisine mit regionalen Produkten, zubereitet von Chef Rod Butters, einem der Spitzenköche in Westkanada. Hauptgericht ab $ 16. Der Hingucker (neben dem Essen) ist der lange Holztisch, an dem gemeinsam gegessen wird. Tgl. 17–22 Uhr.
Bouchons Bistro, 1180 Sunset Drive, ☏ 250-763-6595, www.bouchonsbistro.com. Französisches Bistro mit guter Küche. Hauptgericht ab $ 22, tgl. 17–22 Uhr.
The Rotten Grape, 231 Bernard Avenue, ☏ 205-717-8466, www.rottengrape.com. Weinbar und Restaurnat, gute lokale Weine aus dem Okanagan Valley. Hauptgericht ab $ 16, tgl. 17–23 Uhr.
Waterfront Restaurant & Wine Bar, 1180 Sunset Drive, ☏ 250-979-1222, www.waterfrontrestaurant.ca. Große Weinauswahl, kleine Speisekarte. Hauptgericht ab ca. $ 20, Mo–So 17–23 Uhr.

Einkaufen
Orchard Park Shopping Centre, 2271 Harvey Avenue, ☏ 250-762-2838. Größte Shopping Mall im Okanagan Valley, 170 Geschäfte von Mode bis Sport und Kunsthandwerk.
Ten Thousand Villages, #8 1470 Harvey Avenue, ☏ 250-861-4010. Fairtrade Shop mit Produkten wie Schmuck, Kunsthandwerk und Kaffee aus vielen Entwicklungsländern.
Discover Wines & Gifts, 2080 C Springfield Road. Weine aus dem Okanagan Valley.

Parasailing
Kelowna Parasail Adventures, 1310 Water Street, ☏ 250-868-4838. Parasailing, ein Flug kostet $ 68.

Wassersport
Dockside Marine Centre, 770 Finns Road, ☏ 250-765-3995, www.docksidemarine.com. Bootsverleih, je nach Typ und Ausstattung $ 99–369 für zwei Stunden.

Ski/Snowboard
Das **Big White Ski Resort** ist eines der bekanntesten Skigebiete in Nordamerika mit vielen Abfahrten unterschiedlicher Schwierigkeitsgrade. Infos: www.bigwhite.com.

Mountainbiking
Myra Canyon Bike Rentals, Myra Station Parking, ☏ 250-878-8763, www.myracanyonrental.com, tgl. 9–18 Uhr. Bikes ab $ 69 pro Tag, es gibt auch geführte Touren.

Golf
Unter **www.golfkelowna.com** sind rund zwei Dutzend Golfplätze aufgelistet.

Festivals
Okanagan Wine Festivals – viermal im Jahr, im Frühling, Sommer, Herbst und Winter für jeweils eine Woche stehen vielerlei Aktivitäten und Veranstaltungen rund um den

Rebensaft an,, u. a. Besuch von Weingütern und Wine Tastings. Termine und Infos unter www.thewinefestivals.com.

✈ Flughafen

Der **Kelowna International Airport**, ☏ 250-765-5125, liegt nördlich der Innenstadt und ist die Nummer zehn in Kanada, was die Zahl der Passagiere angeht. Flugverbindungen existieren nach Vancouver, Victoria, Edmonton, Calgary, Toronto und Seattle (USA).

Airlines
Air Canada, ☏ 1-888-247-2262, örtliche Fluginfos unter: ☏ 250-765-8777
WestJet, ☏ 1-800-538-5696; **Horizon Air**, ☏ 1-800-547-9308
Central Mountain Air, ☏ 1-888-865-8585

🚌 Bus

Kelowna Regional Transit System, ☏ 250-860-8121, www.busonline.ca
Greyhound, 2366 Leckie Road, ☏ 250-860-3835, www.greyhound.ca

🚖 Taxi

Kelowna Cabs, ☏ 250-762-2222, www.kelownacabs.ca

🚗 Mietwagen

Budget, ☏ 1-888-368-7368, www.bcbudget.com

Penticton

Am Südzipfel des Okanagan Lake, etwa 60 km von Kelowna entfernt, liegt die 30.000-Einwohner-Stadt Penticton, das zweite Touristenzentrum am See. Der Name der Stadt bedeutet in der Sprache der Okanagan etwa „Ort, an dem man für immer bleibt". Der irische Einwanderer Thomas Ellis war der erste Europäer, der sich hier 1865 als Viehzüchter niederließ und das Land erwarb. Als er es 30 Jahre später verkaufte, wurde das Gebiet zur Keimzelle der späteren Stadt.

Mediterran   Die Landschaft, in die sich Penticton einfügt, mutet überraschend mediterran an. Lockerer Baumbestand, vereinzelte Büsche, sanfte Hügel, die weiß leuchtende Stadt, Strände an den Seen, Weingüter, violette Lavendelfelder, ein warmer Wind unter tief-

Kettle Valley Railroad Trail

Nachdem die **Kettle Valley Railroad** nach und nach vom Markt verschwand (die letzten Streckenabschnitte wurden 1989 stillgelegt), entstand auf den ehemaligen Trassen das **Kettle Valley Railroad Trail Network**. Heute sind 160 km für Wanderer und Radfahrer in der Umgebung des Okanagan Valley freigegeben. Die Steigungen der Etappen gehen selten über 2 % hinaus, stillgelegte Tunnel und Hangabschnitte mit grandioser Aussicht bieten ganz neue Perspektiven. Darüber hinaus sind weitere 400 km außerhalb des Valley begeh- und befahrbar.

Weinanbau bei Penticton am Lake Skaha

blauem Himmel sind gute Voraussetzungen, um die Seele baumeln zu lassen. Das semiaride Klima des Valley gehört zu einem Trockengürtel, der sich von Mexiko über Arizona, Washington und Montana bis nach Südkanada hineinzieht.

Im Sommer bevölkern Zehntausende von Touristen aus Kanada und den nahen USA Penticton und seine reizvolle Umgebung. Die Stadt liegt eingezwängt zwischen den beiden Gewässern **Lake Okanagan** (im Norden) und **Lake Skaha** am Südende der Stadt. Penticton bietet eine Vielzahl an Freizeitmöglichkeiten: Golfspieler können aus einer Reihe von 18-Loch-Plätzen auswählen, Wassersportler nutzen den Okanagan Lake und den Skaha Lake für ihr Freizeitvergnügen. Hiker und Biker werden mit einer Fülle von Trails bedient, die meist flache Etappen ohne allzu große Schwierigkeiten aufweisen.

Großes Freizeitangebot

Kletterer finden in den **Skaha Bluffs** südlich von Penticton in mehreren kleinen Canyons ideale Bedingungen für ihren Sport. Die Steilwände haben Namen wie *Great White Wall* und *Fortress* und weisen unterschiedliche Schwierigkeitsgrade aus. Weinliebhaber können mehr als 30 **Weingüter** besuchen, die in unmittelbarer Nachbarschaft von Penticton liegen.

Reisepraktische Informationen Penticton

Information
Penticton & Wine Country Visitor Centre, *553 Vees Drive*, ☎ *250-276-2170, www.tourismpenticton.com, Mai–Sept. tgl. 8–19, sonst Mo–Sa 9–18, So 10–17 Uhr.*

Unterkunft
Waterfront Inn $$–$$$, *3688 Parkview St.*, ☎ *250-492-8228, www.waterfrontinn.net, DZ ab $ 120. Kein spektakuläres Haus, aber sauber, adrett, nett, ruhig gelegen.*

Naramata Heritage Inn & Spa $$$$, 3625 First Street, Naramata, ☎ 250-496-6808, www.naramattainn.com, DZ ab $ 120. Etwa 19 km nördlich von Penticton am östlichen Ufer des Sees gelegen, 12 Zimmer, Wine Country Inn von 1908.

Essen und Trinken
Zia's Stone House, 14015 Rosedale Avenue, Summerland, ☎ 250-494-1105, www.ziasstonehouse.com. Romantisches Ambiente und sehr gute italienisch-orientierte Küche in einem historischen Steinhaus. Hauptgericht ab $ 15, tgl. 12–15, 18–22 Uhr.
Granny Bogners, 302 West Eckhardt Avenue, ☎ 250-493-2711. Keine Überraschungen, aber die Standards sind von guter Qualität. Hauptgericht ab $ 18, Di–So 17.30–22.30 Uhr.

Einkaufen
Terwilliger's Gifts & We R Unique, #3 675 Main Street, ☎ 250-493-9221. Glas- und Keramikartikel, Töpferwaren. Tgl. 10–18 Uhr.
The Lloyd Gallery, 18 Front Street, ☎ 250-494-4484, www.lloydgallery.com, Mo–Sa 9.30–17.30, Jan.–Mai Di–Sa 9.30–17.30 Uhr. Lokale Künstler und ihre Motive aus dem Okanagan Valley.

Rafting
Coyote Cruises, 215 Riverside Drive, ☎ 250-492-2115, www.coyotecruises.ca, Tour ab $ 20.

Fahrradfahren
Freedom Bike Shop, 533 Main Street, ☎ 250-493-0686, www.freedombikeshop.com, Räder ab $ 60 pro Tag.

Golf
Twin Lakes Golf & RV Resort, 79 Twin Lakes Road, Kaleden, ☎ 250-497-5359, www.twinlakesgolfresort.com. 12 km südlich von Penticton liegt dieser öffentlich bespielbare 18-Loch-Platz, zu dem auch ein Resorthotel und ein Campground (RV tauglich) zählen. Greenfee $ 29–69 je nach Uhrzeit und Saison.

Flughafen
Penticton Regional Airport, 3000 Airport Road, ☎ 250-770-4422, www.cyyf.ca. **Air Canada Jazz** fliegt dreimal tgl. nach Vancouver.

Bus
Penticton Transit System & Okanagan-Similkameen Transit System, ☎ 250-492-5602. **Greyhound**, www.greyhound.ca

Taxi
Penticton Taxi, ☎ 250-492-5555

Mietwagen
Budget, 188 Westminster Avenue West und Penticton Airport, ☎ 250-493-0212, www.budget.com. **National**, Penticton Airport, ☎ 250-487-3330, www.nationalcar.ca.
Best Choice, 103 351 Westminster Avenue West, ☎ 250-490-9339, www.bestchoicecarrentals.com.

Auf dem Weg zum E.C. Manning Provincial Park

Um zum E.C. Manning Provincial Park zu gelangen, kann man über den Highway 97 auf die US-Grenze zufahren und bei Osoyoos den Highway 3 (Crowsnest Hwy.) durch das **Similkameen Valley** nehmen.

Die Provinzstadt **Osoyoos** liegt am gleichnamigen See, der mit einer Wassertemperatur von 24 °C im Sommer als wärmster in Kanada gilt. Die Region um Osoyoos wiederum gilt als die heißeste Ecke in Kanada: In manchen Sommern steigt das Thermometer auf rekordverdächtige 44 °C, die Niederschlagsmenge liegt deutlich unter 300 mm pro Jahr. Dann ist nicht mehr viel zu sehen von der farbenfrohen Vegetation des Frühlings, wenn die Obstplantagen blühen. Die Gegend um den See wird oft als „Kanadas einzige Wüste" bezeichnet, auch wenn das geografisch nicht korrekt ist und man eher von steppenähnlicher Landschaft sprechen muss.

Wärmster See Kanadas

Der **E.C. Manning Provincial Park** liegt in den Cascade Mountains unmittelbar an der US-Grenze und ist mit rund 700 km² eher klein. Andererseits bildet er mit weiteren Schutzgebieten auf kanadischer und amerikanischer Seite (Cathedral Provincial Park, Skagit Valley PP, Chilliwack Lake PP auf kanadischem Gebiet, North Cascades National Park, Okanogan National Forest, Mt. Baker-Snoqualmie National Forest auf US-Seite) ein riesiges Areal.

Über das **Eastgate** erreicht man den Park. Der Crowsnest Highway (Hwy. 3) führt mitten durch das Schutzgebiet, das aus tief eingeschnittenen Tälern, Seen, subalpinen Wiesen und undurchdringlichem Nadelwald besteht. Zwei Flüsse durchfließen den Park: der **Similkameen River**, der im US-Staat Washington in den Okanagan River mündet, und der **Skagit River**, der im Park entspringt, sich zunächst parallel zum Crowsnest Highway seinen Weg bahnt und nach 240 km in der Nähe des Mount Vernon in den amerikanischen Pazifik mündet.

Den höchsten Punkt der Cascade Mountains überwindet man mit dem Auto am **Allison Pass** auf 1.341 m. Über den Nordost-Eingang verlässt man den E.C. Manning Provincial Park auf dem Crowsnest Highway wieder in Richtung Hope.

 Hinweis

Informationen über Aktivitäten im **E.C. Manning Provincial Park** mit Reisepraktischen Informationen sowie Karte s. S. 485.

7. RUNDREISE DURCH ALBERTA VON CALGARY NACH EDMONTON

Überblick und Streckenvariante

Beginnend in Calgary, der *Stampede City*, führt diese 2.550 km lange Rundfahrt zuerst durch den Süden Albertas und endet schließlich in Edmonton, Kanadas *Festival City*. Die weite Prärie und Farmland, Abenteuer mit Dinosauriern und bizarre Gesteinsformationen bilden den ersten, etwas südlicheren Teil der Reiseroute. Im zweiten Abschnitt, nördlich von Calgary, weicht die Endlosigkeit des *Cowboy Trail* rollenden Hügeln und schließlich den Ausläufern der Rocky Mountains, bevor es durch fruchtbare Anbaugebiete und Weideland nach Edmonton weitergeht.

Von absoluter Stille und Einsamkeit in einem der zahlreichen Provinzparks zum dynamischen Nachtleben der Metropolen Calgary und Edmonton – Alberta ist stolz darauf, die **Provinz der Kontraste** zu sein.

Die Route ist in drei Wochen gut zu bewältigen. Wer die um ca. 170 km längere Route durch das *Kananaskis Country* wählt – die nur in den Sommermonaten geöffnet ist – sollte zwei zusätzliche Tage einplanen, um die Natur der Alternativroute genießen zu können. Selbstverständlich können ohne Weiteres ein oder zwei zusätzliche Tage in Calgary und Edmonton verbracht werden oder durch ein etwas gemütlicheres Tempo die gesamte Route auf vier Wochen ausgeweitet werden.

Ein Programm dieser Route könnte so aussehen

1.–4. Tag: Calgary
5. Tag: Calgary – Cowboy Trail (ca. 120 km mit Abstechern)
6. Tag: Cowboy Trail – Lethbridge (250 km)
7. Tag: Lethbridge – Medicine Hat (170 km)
8. Tag: Medicine Hat – Dinosaur Provincial Park (160 km)
9. Tag: Drumheller – Hoodoo Trail (175 km bis Drumheller, ca. 50 km komplett Hoodoo Trail)
10. Tag: Drumheller – Dinosaur Trail (Trail ca. 50 km)
11. Tag: Drumheller – zurück auf den Cowboy Trail bei Cochrane (155 km)
12. Tag: Cochrane – Rocky Mountain House (160 km)
13. Tag: Rocky Mountain House – Cowboy Trail bis Evansburg und auf dem Yellowhead Highway weiter bis nach Hinton (335 km)
14. Tag: Hinton – Big Horn Highway nach Grande Cache (150 km)
15. Tag: Grande Cache – Big Horn Highway nach Grande Prairie (190 km)
16. Tag: Grande Prairie – Valleyview – High Prairie (200 km)
17. Tag: High Prairie – Swan Hills – Grizzly Trail nach Westlock (280 km)
18. Tag: Westlock – Seenlandschaft außerhalb Edmontons – St. Albert (100 km)
19.–21. Tag: Edmonton

Die Puckjäger: Nationalsport Eishockey

Kanada gilt als das Mutterland des Eishockeys, das in Nordamerika kurz **Hockey** genannt wird. Sowohl Eishockey als auch Feldhockey sind Weiterentwicklungen der keltischen Sportart **Shinty**. Studenten aus Montréal übertrugen im 19. Jh. die schottische Sportart aufs Eis und legten so den Grundstein für den modernen Eishockeysport. So fand das erste Spiel nach den heute gültigen Regeln 1875 in ebendieser Stadt im Victoria Skating Rink statt und wurde von Studenten der McGill University ausgetragen. Zunächst wurde noch mit einem Ball gespielt. Da der aber häufig über die Außenbegrenzung sprang und so zu zahlreichen Spielunterbrechungen führte, schnitt man einfach den oberen und unteren Teil des Balls ab – übrig blieb eine flache Scheibe, der **Puck**.

1917 wurde die **National Hockey League (NHL)** gegründet – der Sport wurde professionell. In der NHL treten amerikanische und kanadische Teams gegeneinander an. Sieben der 30 Teams der NHL kommen aus Kanada: Die *Montreal Canadiens*, *Ottawa Senators*, *Toronto Maple Leafs*, *Winnipeg Jets*, *Calgary Flames*, *Edmonton Oilers* und *Vancouver Canucks*. Die beiden Sieger der **Eastern** und **Western Division** (das entspricht im Wesentlichen einer geografischen Aufteilung Nordamerikas) spielen den Stanley-Cup-Sieger in dem Best-of-Seven-Modus aus, wobei die Mannschaft gewinnt, die als erste vier Siege erreicht.

Die Aufmerksamkeit der Fans und der Medien richtet sich zwar in erster Linie auf die sportlichen Aktivitäten der NHL. Doch um den Nachwuchs für die Profiliga langfristig zu sichern, werden schon auf Schul- und College-Ebene junge Talente gefördert, sodass man von einem Breitensport in Kanada sprechen kann. Kanada ist auch international die erfolgreichste Nation im Eishockey, noch vor Russland bzw. der ehemaligen Sowjetunion. Mit 18 Weltmeistertiteln und acht olympischen Goldmedaillen bei den Männern und neun Weltmeisterschaften und drei Olympiasiegen bei den Frauen dominiert das Land die internationale Konkurrenz.

Heritage Park Historical Village (8)

Nach 15 Minuten Autofahrt südlich von Downtown kann man das Heritage Park Historical Village besuchen. Vor dem Haupteingang des historischen Dorfes, das nur in der Sommersaison geöffnet ist, befinden sich der **Heritage Town Square** mit dem Gasoline Alley Museum. Der Square ist mit für die Gegend typischen Häusern aus den 1940er-, 1950er- und 1960er-Jahren bestanden und ist ganzjährig kostenlos zugänglich. Hier kann man u. a. in den Souvenirläden stöbern oder in einem der Restaurants und Cafés einen saftigen Hamburger nach Cowboy Art genießen. Das Museum hat eine beeindruckende Sammlung an Oldtimern und – wie sollte es für Calgary auch anders sein – etliche Ausstellungsstücke mit Bezug zur Öl- und Gasbranche. Das Museum beherbergt interaktive Stationen und lädt Kinder wie Erwachsene zum Mitmachen ein.

Der Hauptteil des Heritage Park ist das **historische Dorf**. Um sich einen Überblick zu verschaffen und interessante Anlaufpunkte auszukundschaften, kann man zuerst eine Rundfahrt mit der funktionstüchtigen Dampflokomotive machen. Der gesamte

Park umfasst eine Fläche von gut 50 ha und über 180 Exponate – genug um einen ganzen Tag im Flug vergehen zu lassen, während man in die Geschichte des Westens zwischen 1860 und 1910 eintaucht. Wie im Museum kann man auch im Dorf selbst aktiv werden. So kann man etwa im Indianerdorf Bannock, indianisches Brot, backen, mit dem antiken Riesenrad fahren oder sich einfach nur wie ein Goldgräber in der realistisch nachgebauten Westernstadt fühlen.

Geschichte des Westens

Heritage Park Historical Village, 1900 Heritage Drive SW, Calgary, AB T2V 2X3, ☏ 403-268-8500, www.heritagepark.ca, historisches Dorf Ende Mai–Mitte Okt. (Sept./Okt. nur an Wochenenden) 10–17 Uhr, Eintritt Kinder (3–17 Jahre) $ 17,99, Erwachsene/Senioren $ 24,99/$ 19,99. **Gasoline Alley Museum**, tgl. 9.30–17 Uhr (Eintritt inbegriffen).

Sehens- und erlebenswert ist auch das **TELUS Spark – The New Science Centre (9)**, dessen interaktive Ausstellungen rund um die Naturwissenschaften ein Erlebnis für die ganze Familie sind.
TELUS Spark, 220 St. George's Drive NE, Calgary, AB T2E 5T2, ☏ 403-817-6800, www.sparkscience.ca, So–Fr 10–16, Sa 10–17, 2. Do im Monat für Besucher über 18 Jahre zusätzlich 18–22 Uhr, letzter Eintritt 90 Min. vor Schließung, Eintritt Kinder/Jugendliche $12,95/$ 15,95, Erwachsene/Senioren $ 19,95/$ 17,95.

Reisepraktische Informationen Calgary

Information
Calgary verfügt über drei **Touristeninformationen**: **Calgary International Airport**, Ankunftsterminal, 2000 Airport Rd NE, Calgary, ☏ 403-735-1234; **Calgary Tower**, Eingangsbereich, 101-9th Avenue SW, Calgary, ☏ 403-750-2362; **Southcentre Mall**, Einkaufszentrum auf der unteren Ebene, 100 Anderson Road SE, Calgary, ☏ 403-271-7670, www.visitcalgary.com.

Notfall
Notruf: ☏ 911
Polizei: ☏ 403-266-1234; **Ambulanz:** ☏ 403-261-4000
Peter Lougheed General Hospital, 3500-26 Ave NE, ☏ 403-943-4555, 24-Std.-Notruf ☏ 403-943-4999
Alberta Children's Hospital, 2888 Shaganappi Trail NW, ☏ 403-955-7211, 24-Std.-Notruf ☏ 403-229-7070

Unterkunft
Travelodge Hotel Calgary Macleod Trail $$$, 9206 Macleod Trail S, Calgary, AB T2J 0P5, ☏ 403-253-7070, www.thebearcares.com, www.travelodge.ca. Im Süden der Stadt nur wenige Minuten vom Heritage Park gelegen. Zahlreiche Restaurants und Fast-Food-Läden in der Nähe, etwas zurückgesetzt von viel befahrener Straße.
1910 Calgary Historic Bed & Breakfast at Twin Gables $$$ (3), 611-25th Avenue SW, Calgary, AB T2S 0L7, ☏ 403-271-7754, www.twingables.ca. Diese charmante Frühstückspension wurde 1910 erbaut und wird liebevoll gepflegt und erhalten. Mitten in der Stadt gelegen, aber dennoch im Grünen.
Holiday Inn Express Hotel & Suites $$$$ (1), 1020-8th Avenue SW, Calgary, AB T2P 1J2, ☏ 403-269-8262, www.hiexpress.com/calgarydt. Modern eingerichtetes Hotel, nur we-

nige Gehminuten vom Glenbow Museum und nur wenige Schritte vom öffentlichen Verkehrsnetz entfernt. Die Standardzimmer sind komfortabel, aber relativ klein.
Sandman Hotel Calgary City Centre $$$$ (2), 888-7th Avenue SW, Calgary, AB T2P 3J3, ☏ 403-237-8626, www.sandmanhotels.com. 300 komfortable Zimmer, teilweise mit Küchenecke, sauber und im nüchternen Business-Stil. Pool und Fitnessraum. Zentrale Lage in Downtown, kurzer Fußmarsch zu öffentlichen Verkehrsmitteln.
Days Inn – Calgary Airport $$$$, 2799 Sunridge Way NE, Calgary, AB T2E 6Z8, ☏ 403-250-3297, www.daysinn.ca. Schlichtes, aber sauberes Hotel in der Nähe des Flughafens, kostenlose Airport Shuttle für Gäste.
Hotel Blackfoot $$$$$, 5940 Blackfoot Trail SE, Calgary, AB T2H 2B5, ☏ 403-252-2253, www.hotelblackfoot.com. 193 luxuriöse Zimmer mit teilweise spektakulärem Blick auf die Rocky Mountains, südlich von Downtown gelegen.

Camping
Mountain View Camping Ltd., 244024 Range Road 284, Calgary, AB T2M 4L5, ☏ 403-293-6640, www.calgarycamping.com (dt./engl.). Full-Service-Campingplatz für Wohnmobil, Wohnwagen oder Zelt, etwa 15 Min. östlich von Calgary gelegen. Hier wird Deutsch gesprochen.
Calgary West Campground, 221-101 St. SW, Calgary, AB T3B 5T2, ☏ 403-288-0411, www.calgarycampground.com. Etwa 30 Min. außerhalb der Stadt in Richtung Westen gelegen, bietet der Campingplatz (Full Service) einen guten Ausgangspunkt für die Rundreise durch den Süden Albertas.

Essen und Trinken
Calgary hat eine beeindruckende Fülle von Restaurants, Bars und Pubs. Gleich in welchem Stadtteil man sich befindet, kulinarische Erfüllung ist nicht weit entfernt. Hier eine kleine Auswahl des vielfältigen Angebots:
Below Deck Tavern (1), 221-8th Avenue SW, Calgary, AB T2P 1A2, ☏ 403-452-3832, www.belowdeck.ca. Mo–Sa für Mittag- und Abendessen geöffnet, sonntags für Abendessen und bis spät in die Nacht. Entspannte Atmosphäre mit frischen Gerichten und dem Flair der kanadischen Ostküste.
The Living Room (2), 514-17th Avenue SW, Calgary, AB T2P 2Y9, ☏ 403-228-9830, www.livingroomrestaurant.ca. Zugleich hip und elegant, klassische französisch-italienische Küche mit kanadischem Einschlag. Hier kann man Gerichte wie Watermelon Caprese Salad genießen oder das Mahl mit einer Ginger & Lavender Crème Brûlée abrunden; gehobene Preisklasse.
Bottlescrew Bill's Pub (3), 140-10th Avenue SW, Calgary, AB T2R 0A3, ☏ 403-263-7900, www.bottlescrewbill.com. So geschl., Nähe Calgary Tower, gemütliche Atmosphäre (2012 komplett renoviert) und sensationelle Steaks.

Nachtleben
Calgary ist eine junge, lebendige Stadt und bietet all denen, die nach einem Tag Sightseeing noch Kraft haben, eine Reihe von **Nachtclubs** und **Lounges**. Die größte Konzentration dieser Clubs ist in der Innenstadt, auf der 17th Avenue. Hier kann man sich nach Herzenslust austoben. Zu bedenken gilt es aber, dass Kinder und Jugendliche unter 18 Jahren keine Lounges oder Bars betreten dürfen, auch nicht in Begleitung Erwachsener.
Wie in vielen kanadischen Städten gibt es auch in Calgary Kasinos, z. B. das **Elbow River Casino & Entertainment Centre**, 218-18th Avenue SE, Calgary, AB T2G 1L1, ☏ 403-

289-8880, www.elbowrivercasino.com; oder das **Cowboys Casino**, 421-12th Avenue SE, Calgary, AB T2G 1A5, ☏ 403-514-0900, www.cowboyscasino.ca.

Im Zentrum des kulturellen und musikalischen Lebens in Calgary steht das **Epcor Centre for the Performing Arts**, 205-8th Avenue SE, Calgary, AB T2G 0K9, ☏ 403-294-9494, www.epcorcentre.org. Mit über 1.800 Veranstaltungen jährlich von Theater über Sportveranstaltungen bis zum Rockkonzert dürfte es nicht schwer fallen, in die Kulturszene Calgarys einzutauchen.

Feste und Veranstaltungen

Calgary ist weltweit bekannt für die **Calgary Stampede**, 1410 Olympic Way SE, Calgary, AB T2G 2W1, ☏ 403-261-0101, www.calgarystampede.com. Die Stampede nennt sich selbst „Greatest Outdoor Show on Earth" und findet jährlich in der 2. Woche im Juli statt. Das Gelände des größten und wichtigsten Festivals Calgarys liegt in Downtown, nur wenige Minuten vom Calgary

Rodeo während der Calgary Stampede

Tower entfernt und ist ganzjährig geöffnet. Landwirtschaftliche Ausstellungen, Rodeos, Konzerte und Unterhaltung für die ganze Familie werden während des Festivals geboten, wofür in dieser Zeit auch Eintritt bezahlt werden muss (Kinder bis 6 Jahre frei, 7–12 Jahre/Senioren $ 8, Erwachsene $ 16).

Ein weiteres über die Grenzen Calgarys hinaus bekanntes Festival ist das **Calgary International Children's Festival**, www.calgarykidsfest.ca. Es findet jährlich Ende Mai im Epcor Centre statt und bietet den jungen Zuschauern altersgerechtes Theater, Tanzveranstaltungen und Marionettenspiel.

Einkaufen

Die **Stephen Avenue**, 8th Avenue SW zwischen 1st Street SE und 4th Street SW, www.downtowncalgary.com, ist mit über 1.000 Geschäften das Einkaufsmekka der Stadt. Die Fußgängerzone dort hat eine weitere Besonderheit – der **CTrain**, Calgarys öffentliches Verkehrsmittel, hat in der Parallelstraße der Stephen Avenue, 7th Avenue eine sog. **Free Fare Zone**, auf einer Strecke von gut zwölf Blocks kann man den CTrain kostenlos nutzen.
Chinook Centre, 6455 Macleod Trail S, Calgary, AB T2H 0K8, ☏ 403-259-2022, www.chinookcentre.com. Im Süden der Stadt liegt das größte Einkaufszentrum der Region. Über 250 Geschäfte laden zum Einkaufen und Verweilen ein. Kino und IMAX-Kino sind ebenfalls vor Ort.
Southcentre Mall, 142-100 Anderson Road SE, Calgary, AB T2J 3V1, ☏ 403-271-7670, www.southcentremall.com. Ebenfalls im Süden der Stadt bietet das Einkaufszentrum neben 180 Geschäften besondere Veranstaltungen für Kinder und Familien, sowie eine Touristeninformation.

✈ Verkehrsmittel: Flughafen

Calgary International Airport (YYC), 2000 Airport Road NE, Calgary, AB, T2E 6W5, ☎ 403-735-1200, www.yyc.com. Der internationale Flughafen liegt im Nordosten der Stadt und wird von allen größeren und vielen kleinen Fluggesellschaften angeflogen. Auf drei Ebenen verteilt ist der Flughafen dennoch übersichtlich – Ankunftshallen befinden sich auf Ebene 1, Abflüge auf Ebene 2 und Ebene 3 ist hauptsächlich für Einkaufsmöglichkeiten und Restaurants reserviert.

Wie in den meisten großen Flughäfen sind auch in Calgary eine Reihe von **Autovermietungen** vertreten, sowie **Shuttle-Busse zur Innenstadt** und zu verschiedenen Hotels. Der Flughafen wird außerdem von zwei verschiedenen **Buslinien** des Nahverkehrs angefahren, Haltestellen für beide Busse befinden sich auf Ebene 1 in der Nähe der Ankunftshalle.

Springbank Airport (YBW), 175 MacLaurin Drive, Calgary, AB T3Z 3S4, ☎ 403-286-1494, www.ybw.ca. Dieser Flughafen befindet sich am Trans-Canada Highway 1, ca. 40 km vom internationalen Flughafen entfernt. Springbank Airport gilt als Ausweichflughafen für Calgary International, bietet aber auch Flüge zu den umliegenden Nationalparks und Sehenswürdigkeiten.

🚆 Zug

Royal Canadian Pacific, 201-9th Avenue SW, Calgary, AB T2P 1K3, ☎ 403-508-1400, www.royalcanadianpacific.com. Luxus-Eisenbahntouren zwischen Calgary und Vancouver sowie durch die kanadischen Rocky Mountains – nur für Passagiere über 18 Jahre, Übernachtung im Zug.

Rocky Mountaineer, 131-9th Avenue SW, Calgary, AB T2P 1K3, ☎ 604-606-7425 (Zentrale in Vancouver, BC), www.rockymountaineer.com. Eisenbahntouren durch die Rocky Mountains als ein- oder mehrtägige Tour. Während der Fahrt bieten sich spektakuläre Aussichten durch Panoramafenster!

🚌 Bus (Fernverkehr)

Greyhound, Calgary Terminal, 850-16th Street SW, Calgary, AB T3C 3V7, ☎ 403-263-1234, www.greyhound.ca. Das Streckennetz der Greyhound-Busse umfasst ganz Kanada. Die Busse verkehren fast rund um die Uhr.

🚌 Nahverkehr

Calgary Transit, Customer Service Centre, 224-7th Avenue SW, Calgary, AB T2P 1K3, ☎ 403-262-1000, www.calgarytransit.com. Calgary verfügt über ein gut ausgebautes Netz an **öffentlichen Bussen**. Wichtiger Teil des Nahverkehrsnetzes ist der **CTrain** (eine Art S-Bahn). Ein Teil des CTrain in der Innenstadt ist kostenlos nutzbar, für alle anderen Routen gibt es Einzelfahrscheine oder Tageskarten. Für viele Veranstaltungen und Touristenattraktionen werden in der Hauptsaison zusätzliche Buslinien oder CTrains eingerichtet.

Fahrkarten können in den Niederlassungen der Rexall Drug Stores und Shopper's Drug Mart gekauft werden, sowie im Customer Service Centre (s.o.) und online auf der Internetseite von Calgary Transit (www.calgarytransit.com). Kinder bis 6 Jahre fahren in Begleitung eines Erwachsenen kostenlos, Einzelfahrkarten für Kinder und Jugendliche $ 2, Erwachsene und Senioren $ 3; Tageskarten für Kinder und Jugendliche $ 6,25, für Erwachsene und Senioren $ 9.

Von Calgary nach Lethbridge
Cowboy Trail

Um Calgary zu verlassen, orientiert man sich am besten am **Highway 1**, auch bekannt als **Trans-Canada Highway**. Der verläuft quer durch die Stadt von Ost nach West, etwas nördlich von Downtown. Alle größeren Avenues, die Richtung Nord-West verlaufen, haben Anschluss zum Highway 1, das erleichtert die Orientierung. Die Ausfahrt zum Cowboy Trail liegt ca. 15 km nach dem Canada Olympic Park, Richtung Osten. Der **Cowboy Trail**, auch als Highway 22 bekannt, schlängelt sich entlang der Ausläufer der Rocky Mountains durch fruchtbares Weideland. In der spärlich mit kleinen Dörfern und großen Ranches besiedelten Gegend fühlt man sich nach dem pulsierenden Großstadtleben von Calgary richtig frei und grenzenlos. Der Trail erhielt seinen Namen wegen der zahlreichen Ranches und den Cowboys, die sich hier ihren Lebensunterhalt verdienen.

Ranches und Weideland

Elbow Falls

Nach 21 km ist die Kreuzung des Highway 66 erreicht. Hier besteht die Möglichkeit, einen Abstecher zu den **Elbow Falls** zu machen, indem man nach rechts abbiegt und dem Highway 66 für 18 km nach Westen folgt. Linker Hand ist der Abzweig zu den Wasserfällen, hier kann man ein mitgebrachtes Picknick genießen. Direkt am Fuße der Rocky Mountains gelegen, sind die Elbow Falls Sommer wie Winter zugänglich. Weiter auf dem Highway geht es nach den Wasserfällen im Winter aber nicht, die Straße ist in den Wintermonaten vom 1. Dezember bis 15. Mai gesperrt. Im Juni, wenn der Wasserstand durch die Schneeschmelze am höchsten ist, sind die Fälle ca. 3 m hoch,

Horse Round Up, Dry Island Buffalo Jump Provincial Park

Wasserfälle in den Wintermonaten mit niedrigem Wasserstand ca. 6 m. Die Elbow Falls haben zwar nicht ganz die Dimensionen der Niagara-Fälle, sind aber auf jeden Fall einen Besuch wert, schon alleine der atemberaubenden Umgebung wegen.

Turner Valley

Nach dem Abstecher zu den Wasserfällen des Elbow River geht es auf der gleichen Strecke wieder 18 km zurück zur Kreuzung mit dem Cowboy Trail. An der Kreuzung angekommen, fährt man geradeaus auf den Highway 22. Nach wenigen Kilometern verlässt man die dicht bewaldete Gegend des bergigen Vorlandes und fährt durch saftig grüne Ranchlands. Vorbei an **Priddis**, einer unscheinbaren aber sehr freundlichen Gemeinde, zweigt der Trail nach rechts ab Richtung **Turner Valley**, das nach weiteren 27 km erreicht ist.

Reisepraktische Informationen Turner Valley

Information
Visitor Information Centre, neben dem Freibad an der Main Street direkt in Turner Valley gelegen, ☎ 403-933-4944, www.turnervalley.ca, im Sommer Sa/So 13–17 Uhr.

Unterkunft
Turner Valley Lodge $$, 112 Kennedy Drive SE, Turner Valley, AB T0L 2A0, ☎ 403-933-7714, http://turnervalleyhotel.ca. 24 einfache, aber komfortable klimatisierte Zimmer.

Camping
Hell's Half Acre Campground, Main Street neben dem Freibad in Turner Valley, für Buchungen und Fragen an die Managerin Debbie (Platz Nr. 11) wenden, ☎ 403-993-8538. Plätze mit Strom und Wasser-/Abwasseranschluss.

Essen und Trinken
Chuckwagon Cafe, 105 Sunset Blvd. SW, Turner Valley, ☎ 403-933-0003, www.chuckwagoncafe.ca. Direkt am Highway 22 gelegen, in einem leuchtend roten Haus, das einer Scheune ähnelt. Berühmt (zu Recht) für ausgezeichnetes Frühstück, das täglich ab 8 Uhr – bis das Cafe um 16 Uhr schließt – serviert wird. 2011 zum Restaurant mit dem besten Burger im Großraum Calgary gewählt.
Granny's Pizza, 118 Main Street, Turner Valley, ☎ 403-933-4000, www.grannyspizza.ca.

Reiten mit Cowboys
Im Cowboy Country entlang des Trail gibt es viele Möglichkeiten, selbst in den Sattel zu steigen. In Turner Valley folgt man dem Sunset Blvd. Richtung Westen. Die Straße mündet in den Highway 546, dem folgt man für 15 km bis zum Veranstalter Anchor D Guiding & Outfitting Ltd., rechter Hand gelegen. Hier kann man in die Welt der Cowboys eintauchen, von zweistündigen geführten Ausritten, bis zu achttägigen Abenteuerreisen mit dem Planwagen. **Anchor D Guiding & Outfitting Ltd.**, Box 656, Black Diamond, AB T0L 0H0 (Postadresse), ☎ 403-933-2867, www.anchord.com.

Bar U Ranch National Historic Site

Ab Turner Valley geht es weiter in Richtung Longview. Vorbei an der Gemeinde Black Diamond zweigt der Cowboy Trail nochmals rechts ab, nach weiteren 17 km ist man bereits in **Longview**, der Heimat der **Bar U Ranch National Historic Site**. Von den Einheimischen kurz *Bar U* genannt, war die Ranch mit einer Fläche von fast 65.000 ha Weideland und 30.000 Rindern eine der größten in Kanada. 1881 gegründet, war sie auch eine der ersten und wird nun seit 1995 von den *Friends of the Bar U* betreut. Von Longview aus folgt man dem Highway 22 knapp 14 km und biegt an der Kreuzung des Highway 540 rechts ab.

Bar U Ranch National Historic Site – Heimat der Cowboys

Bar U Ranch National Historic Site, *Longview, AB T0L 1H0, ☏ 403-395-2212, www.friendsofthebaru.com, Ende Mai–Sept. tgl. 9–17 Uhr, Eintritt Kinder bis 6 Jahre frei, Kinder/Jugendliche $ 3,90, Senioren $ 6,55, Erwachsene $ 7,80, Familien $ 19,60.*

Chain Lakes Provincial Park

Knapp 30 km südlich der historischen Ranch liegt der Chain Lakes Provincial Park, der sich hervorragend zu einem Picknick nach Besichtigung der *Bar U* eignet. Der Abzweig zum Parkplatz befindet sich auf der rechten Seite des Highway und ist beschildert. Hier kann man am Ufer des Sees einen letzten Blick auf die rollenden Hügel genießen, bevor man die letzten 72 km des südlichen Cowboy Trail durch fruchtbares, grünes Weideland fährt.

Fort Macleod und Fort Museum

Der Cowboy Trail mündet in den Crowsnest Highway, Highway 3, auf den man links Richtung Osten einbiegt. Man gelangt schließlich nach 67 km nach **Fort Macleod**. Der Highway führt direkt in die historische Innenstadt, in der sich die berühmteste Sehenswürdigkeit des Städtchens befindet – **The Fort Museum**. Das Museum wurde in den 1950er-Jahren errichtet und ist eine exakte Nachbildung des 1874 erbauten Forts der Mounties. Angeboten werden verschiedene Thementouren.

Fort-Nachbildung

The Fort Museum, *219 Jerry Potts Blvd., Fort Macleod, AB T0L 0Z0, ☏ 403-553-4703, www.nwmpmuseum.com, Mai–Juni Mo–Fr 9–17, Juli bis Anfang Sept. tgl. 9–18, Sept. bis*

Thanksgiving Mi–So 10–16 Uhr, Eintritt Kinder bis 6 Jahre frei, bis 11 Jahre $ 5, Jugendliche bis 17 Jahre $ 6, Senioren/Erwachsene $ 8/$ 10, Familien $ 26,50.

Head-Smashed-In Buffalo Jump

Die Gegend um Fort Macleod ist Heimat des UNESCO-Weltkulturerbes **Head-Smashed-In Buffalo Jump**. Man fährt man den Highway 3 ein Stück zurück nach Westen, biegt nach knapp 3 km rechts auf den Highway 2 ab und nach weiteren 2 km links auf den Highway 785. Diesem Highway folgt man für 10 km, bis man in die unscheinbare (und an dieser Stelle nicht beschilderte) Range Road 273 einbiegt. Nach weiteren 3,5 km ist man am Ziel. Ein *Buffalo Jump* ist ein Gebiet, das von den Ureinwohnern Kanadas, in diesem Fall den Blackfoot Indians, zur Büffeljagd genutzt wurde. Die Büffel wurden auf eine Klippe zugetrieben und stürzten schließlich in den Abgrund, wobei sie sich die Beine brachen und erlegt werden konnten. 1981 wurde das Gebiet zum Weltkulturerbe erklärt. Im Informationszentrum kann man an der Geschichte teilhaben.

Einstiges Gelände zur Büffeljagd

Head-Smashed-In Buffalo Jump, *18 km nordwestlich von Fort Macleod, ☎ 403-553-2731, www.history.alberta.ca/headsmashedin/, tgl. 10–17 Uhr, Weihnachten, Neujahr und Ostern geschl., Kinder bis 7 Jahre frei, 7–17 Jahre $ 5, Senioren/Erwachsene $ 8/$ 10, Familien $ 22.*

Um schließlich zum Ende der Etappe, nach Lethbridge zu kommen, fährt man vom Buffalo Jump zurück zum Highway 3, auf den man nach links Richtung Westen abbiegt. Lethbridge erreicht man nach etwa 50 km.

Die Blackfoot Indians nutzten den Head-Smashed-In Buffalo Jump zur Büffeljagd

Lethbridge

Mit 89.000 Einwohnern ist Lethbridge die viertgrößte Stadt in Alberta. In den 1870er-Jahren war Lethbridge als *Coalbanks* bekannt und nur eine lose Ansiedlung von Bergarbeitern, die Kohle abbauten. Die Kumpel setzen sich dafür ein, dass die Siedlung in Lethbridge umbenannt wird, nach dem Vorsitzenden der *North West Coal and Navigation Company*, William Lethbridge. Dies geschah im Jahr 1885, zur gleichen Zeit als eine Eisenbahnstrecke zwischen Lethbridge und Medicine Hat gebaut wurde. Die Bahn brachte eine Flut von neuen Siedlern und Ranchern mit sich und Lethbridge stieg von einer kleinen Kohlegrube zu einem Zentrum der Viehwirtschaft auf. Heute präsentiert sich die Stadt als moderne Gemeinde, die ein umfangreiches Bildungs- und Freizeitangebot für ihre Einwohner bietet.

Fort Whoop-Up (1)

1869 wurde das Fort Whoop-Up als einer der ersten von Amerikanern errichteten Stützpunkten auf kanadischem Boden erbaut. Es diente als Handelslager, vorrangig um mit den Ureinwohnern Alkohol gegen Felle zu tauschen. Schnell wurde es als eines der sog. *Whiskey Forts* mehr berüchtigt als berühmt und dient heute als Denkmal für die **NWMP** *(North West Mounted Police)*, die Ureinwohner der Gegend und die furchtlosen Siedler. Beim Betreten des Forts fühlt man sich sofort von der authentischen Wild-West-Atmosphäre angezogen. Reges Treiben und Handeln bestimmt das Straßenbild und man fragt sich unwillkürlich, ob man in einem Freiluftmuseum oder tatsächlich im Wilden Westen ist. Zum Fort folgt man der 3rd Avenue, die parallel zum Crowsnest Highway verläuft, ca. 1 km nach Osten; zum Parkplatz geht es nach links ab.

Denkmal für die Mounties

Fort Whoop-Up National Historic Site, *Lethbridge, AB T1J 4A2,* ☎ *403-329-0444, www.fortwhoopup.com. Juni–Sept. Mi–Mo 10–17, April, Mai, Okt. Mi–So 12–16, Nov.–März Sa/So 12–16 Uhr, Eintritt Kinder unter 5 Jahre frei, 5–18 Jahre $ 6,50, Senioren/Erwachsene $ 7,50/$ 9, Familien $ 24,50.*

Helen Schuler Nature Centre (2)

Biegt man kurz vor dem Fort Whoop-Up von der 3rd Avenue nach rechts auf die Indian Battle Road ab, ist nach weniger als 1 km das Helen Schuler Nature Centre erreicht. Das rund 80 ha große Naturschutzgebiet bietet eine Vielzahl von informativen Rundwanderwegen sowie ein Naturkundehaus mit interaktiven Exponaten. Das Nature Centre ist direkt am Fuße der höchsten und längsten Eisenbahn-Jochbrücke Nordamerikas gelegen. Die Brücke ist auch als **High Level Bridge** bekannt und wurde 1909, nachdem sie aus über 12.000 Tonnen Stahl erbaut wurde, für den Eisenbahnverkehr freigegeben. Die Brücke ist aber keinesfalls ein überdimensioniertes Ausstellungsstück, sondern wird nach wie vor von Güter- und Personenzügen befahren. Ein absolutes Erlebnis, wenn man am Fuße der 1.603 m langen und 93 m hohen Brücke steht!

Eisenbahn-Jochbrücke

Helen Schuler Nature Centre, *Indian Battle Park, Lethbridge, AB T1J 4A2,* ☎ *403-320-3064, www.lethbridge.ca/hsnc, tgl. 10–17 Uhr, Eintritt frei.*

> ### Klapperschlangen
>
> Klapperschlangen, *Rattlers* sind zwar in weiten Teilen Nordamerikas verbreitet, das Tal westlich von Lethbridge gilt aber im Besonderen als *Rattlesnake Country*. Eine Art der Prärieklapperschlange ist hier heimisch. Zwar ist eine Klapperschlange unter normalen Umständen selten giftig genug, um einen gesunden Erwachsenen zu töten, jedoch kann ein Biss dem Urlaub schon einen Dämpfer verpassen. Die Schlangen sind normalerweise nicht aggressiv und meiden den Kontakt mit Menschen, doch wenn Wanderer in ihren natürlichen Lebensraum eindringen, kann es zu Begegnungen kommen. Hört man das charakteristische Rasseln, sollte man stehen bleiben und sich orientieren. Auf jeden Fall sollte man sich von der Schlange wegbewegen und nicht nach ihr zu treten. Im Fall eines Bisses ist es nicht ratsam, die Wunde weiter zu öffnen und zu versuchen, das Gift auszusaugen. Man sollte so ruhig wie möglich bleiben und sich ins nächste Krankenhaus begeben.

Nikka Yuko Japanese Gardens (3)

Japanische Gärten

Ein Kleinod inmitten der Stadt sind die Nikka Yuko Japanese Gardens, die 1967 anlässlich des hundertjährigen Bestehen Kanadas angelegt wurden. Der direkt am Henderson Lake gelegene Park zeigt die typischen Landschaften Albertas im japanischen Stil, der traditionell die Natur durch abstrakte und künstlerische Symbole interpretiert. Die Planung der Gärten erfolgte in Japan, wo auch viele der Bauteile und künstlerischen Details gefertigt wurden. Die Bäume und Pflanzen der Gärten, die mittlerweile herrlich eingewachsen sind, bieten innerhalb der Stadt einen Ort der Stille.
Nikka Yuko Japanese Gardens, *Mayor Magrath Drive/9th Avenue South, Lethbridge, AB T1J 3Z6, ☎ 403-328-3511, www.nikkayuko.com. Gärten Mai–Mitte Okt. tgl. 9–17 Uhr, Eintritt Kinder bis 5 Jahre frei, 6–17 Jahre $ 4, Senioren/Erwachsene $ 5,50/$ 8.*

Reisepraktische Informationen Lethbridge

Information
Chinook Country Tourist Association, *2805 Scenic Drive, Lethbridge, AB T1K 5B7, ☎ 403-320-1222, www.exploresouthwestalberta.ca.*

Unterkunft
Econolodge & Suites $$ (3), *1124 Mayor Magrath Drive S, Lethbridge, AB T1K 2P8, ☎ 403-328-5591, www.econolodge-lethbridge.com.* Schlicht, aber sauber, ganz nahe bei den Nikka Yuko Japanese Gardens, fast alle Zimmer sind mit Kochecken ausgestattet.
Lethbridge Lodge $$$ (1), *320 Scenic Drive, Lethbridge, AB T1J 4B4, ☎ 403-328-1123, www.lethbridgelodge.com.* Günstig gelegen Nähe Ausfahrt Highway 3 mit Blick auf die High Level Bridge. 190 komfortable Zimmer, tropischer Innenhof (überdacht) mit Pool.
Holiday Inn Express Hotel & Suites $$$$ (2), *120 Stafford Drive, Lethbridge, AB T1J 4W4, ☎ 403-394-9292, www.hiexpress.com.* Günstig gelegen in der Nähe des Highway 3, etwas weiter in der Stadtmitte. Das Hotel ist erst wenige Jahre alt, sehr gepflegt und bietet 102 Zimmer, teilweise mit Küchenzeile.

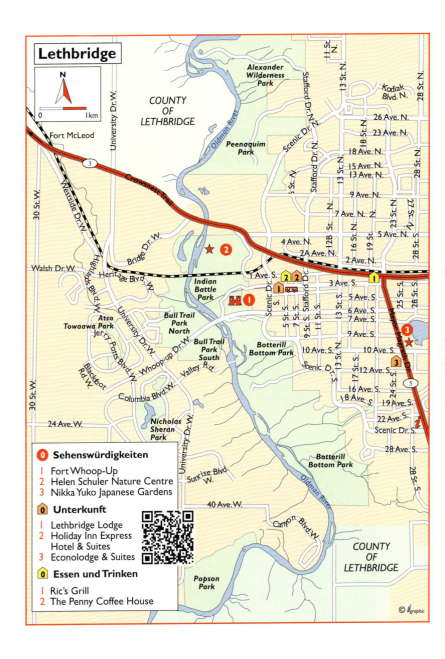

Camping

Bridgeview RV Resort, 2nd Ave. West, Lethbridge, AB T1J 4S5, ☏ 403-381-2357, www.holidaytrailsresorts.com/lethbridge-rv-campground/. Zentrale Lage, 218 Plätze, meist mit Strom und Wasser/Abwasser. In der Hauptsaison von Mai bis Sept. sind auch Zeltplätze erhältlich.

Essen und Trinken

Ric's Grill (1), 103 Mayor Magrath Drive S, Lethbridge, AB T1K 2P8, ☏ 403-317-7427, www.ricsgrill.com. Außergewöhnliches Restaurant auf 50 m Höhe in einem speziell erbauten Wasserturm mit tollem Ausblick und vorzüglicher Küche. Familien willkommen, das Ambiente ist jedoch eindeutig auf Erwachsene ausgerichtet.

The Penny Coffee House (2), 331-5th Street S, Lethbridge, AB, ☏ 403-320-5282, www.pennycoffeehouse.com. Solides Frühstück, günstige Preise, tgl. geöffnet. Schlichtes Ambiente, aber sehr freundlich.

Lethbridge bietet außerdem eine Reihe an nationalen Fast-Food-Restaurants wie **Pizza Hut**, **Burger King** und **Boston Pizza**.

Einkaufen

Downtown: die Innenstadt von Lethbridge wartet mit etliche einzigartigen Geschäften auf. Südlich der Park Place Mall kann man Downtown ohne Weiteres zu Fuß erkundigen, zwischen Scenic Drive und Stafford Drive.

Park Place Shopping Centre, 501-1st Avenue S, Lethbridge, AB T1J 4L9, ☏ 403-320-0008, www.parkplacemall.ca. Direkt am Highway 3 gelegen, über 100 Geschäfte, größtes Einkaufszentrum in Lethbridge und Umgebung.

High Level Bridge – es lohnt sich, auf den nächsten Zug zu warten!

Alternativroute zwischen Calgary und Longview

Kananaskis Country, von den Einheimischen liebevoll **K-Country** genannt, ist der Abenteuerspielplatz Calgarys. Die Route verläuft entlang des Highway 40, der nach Süden vom Highway 1 abzweigt. Nachdem man Calgary auf dem Highway 1 in Richtung Westen verlassen hat, folgt man diesem nach dem Abzweig zum Cowboy Trail (wie beschrieben, s. o.) noch weitere 42 km bis zur Ausfahrt 118.

Der **Kananaskis Trail** schlängelt sich durch die Rocky Mountains nach Süden und schließlich durch die Foothills wieder aus den Bergen hinaus in Richtung Osten nach Longview, wo man nach 170 lohnenden Kilometern eintrifft: Spektakuläre Aussichten und unberührte Natur – allerdings nur im Sommer, da die Straße im Winter teilweise geschlossen ist.

Es gibt viel zu erkunden im Kananaskis Country, man sollte aber unbedingt die entsprechende Ausrüstung haben und für Begegnungen mit wilden Tieren vorbereitet sein, wenn man in die Wildnis vordringen möchte.

Wer nicht ganz so Abenteuerliches vorhat, kann auch nur die Fahrt genießen und zumindest am Upper Kananaskis Lake im **Peter Lougheed Provincial Park** eine Picknickpause einlegen.

Wer die Natur einen Tag länger genießen möchte, hat hier eine besondere Übernachtungsmöglichkeit. Nur 22 km nach der Auffahrt auf den Kananaskis Trail liegen die **Sundance Lodges**, wo man im Tipi oder im Trapper-Zelt nächtigen kann.

 Camping
Sundance Lodges $$, *Kananaskis Country, AB, ☎ 403-591-7122, www.sundancelodges.com. Tipis, Trapper-Zelte und Wohnmobilplätze, jedoch kein Strom-, Wasser-, Abwasseranschluss vorhanden. Es gibt eine Trading Post mit fließend Wasser, Strom, WC und kleinem Supermarkt am Eingang des Campingplatzes.*

Von Lethbridge zu den Dinosauriern in Drumheller

Der Highway 3 verbindet Lethbridge mit Medicine Hat. Die gesamte Strecke von 170 km bis Medicine Hat fährt man durch flaches Prärieland, scheinbar endlos. Nach einem gemütlichen Frühstück in Lethbridge ist die Strecke leicht in etwas über zwei Stunden zu bewältigen, so dass man den restlichen Tag damit verbringen kann, Medicine Hat zu erkunden.

Medicine Hat

Mit etwas über 70.000 Einwohnern hat Medicine Hat, von den Einheimischen **The Hat** genannt, eine recht überschaubare Größe. Die Stadt bietet Besuchern aber dennoch ein buntes Programm an Sehenswürdigkeiten und Unterhaltung. Der Name *Medicine Hat* stammt vom indianischen Wort „Saamis" ab, was „Hut des Medizinmannes" bedeutet. Die Legende der Blackfoot Indians besagt, dass ein junges Stammesmitglied den *Saamis* in einem besonders kalten und harten Winter auffand und mit seiner Hilfe das Volk vor dem sicheren Hungertod rettete. Der Fundort des *Saamis*, den die Wassergeister preisgegeben hatten, liegt im heutigen Police Point Park, direkt am South Saskatchewan River.

„Hut des Medizinmannes"

Wie viele andere Gemeinden und Städte im südlichen Alberta hat Medicine Hat seine Entstehung der Eisenbahn und der **NWMP** *(North West Mounted Police)* zu verdanken. Nachdem 1883 eine Eisenbahnbrücke über den South Saskatchewan River gebaut worden war, dauerte es nicht lange, bis kleine Ansiedlungen und ein Stützpunkt der NWMP entstanden. Während der Bauarbeiten stieß die Eisenbahngesellschaft zufällig auf Erdgas. Wie sich später herausstellte, sollte es sich hierbei um eines der größten Vorkommen in Nordamerika handeln. Sogleich adoptierte Medicine Hat den Namenszusatz „The Gas City", der bis heute in Gebrauch ist. 1906 wurde Medicine Hat zur Stadt erklärt und ist heute eine blühende Gemeinde, die sich damit brüstet, die meisten jährlichen Sonnenstunden in Kanada zu haben.

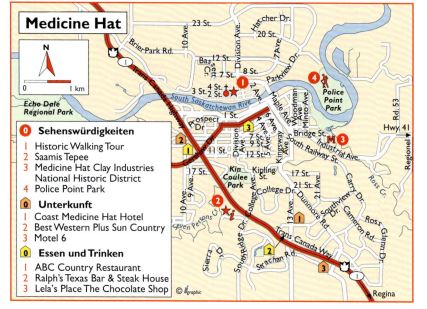

Historic Walking Tour (1)

Entspannend und informativ zugleich ist die **Historic Walking Tour**. Die Karte ist entweder auf der Internetseite des Touristikverbandes herunterzuladen oder sie ist direkt bei der Touristeninformation in Medicine Hat erhältlich. Die beschriebene Tour beginnt bei der St. Patrick's Roman Catholic Church in der Innenstadt und führt weiter an den interessantesten historischen Gebäuden in der Stadt vorbei. Dabei werden Bedeutung und Geschichte der Bauten erläutert. Während der Tour erhält man auch einen guten Eindruck, warum Medicine Hat die „Gas City" ist – entlang der Walking Tour sieht man immer wieder die historischen Gaslaternen, die bis heute mit dem Erdgas aus der Gegend betrieben werden.
Historic Walking Tour, beginnend bei 238-2nd Avenue NE, Medicine Hat, AB, www.tourismmedicinehat.com.

Stadttour

Saamis Tepee (2)

Das prominenteste Wahrzeichen in Medicine Hat ist das **Saamis Tepee**, das größte Tipi der Welt. Es ist direkt am Highway 1, dem Trans-Canada Highway gelegen. Gebaut wurde es 1988 für die Olympischen Winterspiele in Calgary, wo es auch zunächst seinen Standort hatte. 1991 trat das Tipi seine Reise nach Medicine Hat an, wo es seitdem als Attraktion schon von Weitem zu erblicken ist.

Beeindruckendes Tipi

Die beeindruckende Stahlkonstruktion hat am Boden einen Durchmesser von 50 m und ist über 20 Stockwerke hoch. Als Tribut an die Ureinwohner steht das Tipi an der Stelle des Buffalo Jump der Blackfoot Indians.

Saamis Teepee, das größte Tipi der Welt

Medicine Hat Clay Industries (3)

Ein weiteres Highlight in der sonnigsten Stadt Kanadas ist der **Medicine Hat Clay Industries National Historic District**. Reichhaltige Tonablagerungen an den Ufern des South Saskatchewan River wurden bereits Ende des 19. Jh. entdeckt und auf ihre Qualität getestet und waren nach Entdeckung des Erdgases der Grundstein für einen überaus erfolgreichen Industriezweig. Die Qualität des Tons war gut genug, um Bausteine herzustellen. Die scheinbar endlose und günstige Versorgung mit Erdgas machte das Brennen der Tonprodukte zu einem lukrativen Vorhaben. Von den zahlreichen Tonfabriken der Stadt blieb die Fabrik **Medalta Potteries** übrig und dient heute auf einem Gebiet von rund 60 ha als National Historic Site. Die Medalta-Fabrik vereint heute als Museum, Atelier und Galerie traditionelle und zeitgemäße Töpferkunst und bietet die Gelegenheit, in die industrielle Geschichte des frühen 20. Jh. einzutauchen.
Medicine Hat Clay Industries National Historic District, 713 Medalta Avenue SE, Medicine Hat, AB T1A 3K9, ☎ 403-529-1070, www.medalta.org, Mitte Mai–Aug. tgl. 9.30–17, Sept.–Mitte Mai Di–Sa 10–16 Uhr (lange Wochenenden Sa–Mo geschl.), Eintritt Kinder bis 5 Jahre frei, 6–17 Jahre/Senioren $ 10, Erwachsene $ 12, Familien $ 30.

Töpferkunst

Police Point Park (4)

Police Point Park ist mit über 120 ha Fläche der größte Park der Stadt. Er war ursprünglich der Standort des ersten NWMP Fort, daher auch die Namensgebung. Heute ist der Police Point Park beliebt für seine zahlreichen Wanderpfade und Radwege. Ornithologen sind von der einzigartigen Vielfalt der hier vorkommenden Vogelarten begeistert. In den Park, den an drei Seiten der South Saskatchewan River umgibt, gelangt man über den Parkview Drive nördlich der Innenstadt, der zum Police Point Drive und direkt in den Park führt.
Police Point Park, Police Point Drive, Medicine Hat, AB, ☎ 403-529-6225, www.natureline.info.

Rad- und Wanderwege

Reisepraktische Informationen Medicine Hat

Information
Tourism Medicine Hat Visitor Centre, #8 Gehring Road SW, Medicine Hat, AB T1B 4W1, ☎ 403-527-6422 und 1-800-481-2822, www.tourismmedicinehat.com, Mitte Mai–Mitte Sept. tgl. 8–19, Mitte Sept.–Mitte Mai tgl. 8.30–16 Uhr.

Unterkunft
Motel 6 $$ (3), 20 Strachan Court SE, Medicine Hat, AB T1B 4R7, ☎ 403-527-1749, www.motel6mh.ca. Eines der neuesten Motels, mehrfach ausgezeichnet. 79 komfortable Zimmer und eine günstige Lage in der Nähe des Trans-Canada Highway im Süden der Stadt.
Coast Medicine Hat Hotel $$$ (1), 3216-13th Avenue SE, Medicine Hat, AB T1B 1H8, ☎ 403-526-7487, www.coasthotels.com. Das Hotel ist zentral gelegen und nur wenige Minuten vom Saamis Tepee entfernt. Geboten werden 42 schmucke Zimmer mit ausgezeichnetem Service.

Best Western Plus Sun Country $$$ (2), 722 Redcliff Drive SW, Medicine Hat, AB T1A 5E3, ☏ 403-527-3700, www.bestwestern.com. Günstig direkt am Trans-Canada Highway gelegen. Schlichte, nüchterne Einrichtung, aber sehr sauber. Zur Verfügung stehen ein Fitnessraum und zwei Pools.

Camping
Gas City Campground, 402-11th Avenue SW, Medicine Hat, AB, ☏ 403-529-8158 (Mai–Mitte Sept.), ☏ 403-529-8333 (Mitte Sept.–April). Der Campground wird von der Stadtverwaltung betrieben und verfügt über Zelt- sowie Wohnmobilplätze mit oder ohne Serviceanschluss, westlich der Stadt gelegen.

Essen und Trinken
ABC Country Restaurant (1), 910 Redcliff Drive SW, Medicine Hat, AB T1A 5E3, ☏ 403-504-4111, www.abccountry.ca. Das Restaurant direkt neben dem Best Western Hotel ist tgl. bereits ab 6 Uhr geöffnet. Familienfreundlich, solide und günstige Gerichte; Teil einer Restaurantkette.

Ralph's Texas Bar & Steak House (2), 1249 Trans Canada Way SE, Medicine Hat, AB T1B 1H9, ☏ 403-527-6262, http://ralphsbar.com. Rustikal und Western-Atmosphäre, ausgezeichnetes Steak.

Lela's Place The Chocolate Shop (3), 515A 4th Ave. SE, Medicine Hat, AB, ☏ 403-526-3311. Super leckeres Essen, täglich für Frühstück und Mittagessen geöffnet. Über die Stadtgrenzen hinaus bekannt für die köstlichen Milchshakes.

Zum Dinosaur Provincial Park

Die 154 km lange Fahrt von Medicine Hat zum Dinosaur Provincial Park geht auf den ersten 110 km über den Highway 1, Trans-Canada Highway, Richtung Westen. Auch hier führt der Weg durch die flache Prärie, entlang kleinerer Ansiedlungen. Den Highway verlässt man schließlich bei Brooks, an der Ausfahrt AB-873 und fährt in nördlicher Richtung weiter. Nach ca. 11 km biegt man nach rechts auf den Highway 544 ab und fährt weitere 16 km Richtung Osten, bis man schließlich nach links in die Township Road 204 einbiegt. Dieser Straße folgt man bis zur Abzweigung der Range Road 125 nach links. Der Range Road 125 folgt man, bis schließlich die Township Road 210A nach rechts abzweigt. Wenn man schon fast das Gefühl hat, sich verfahren zu haben, sieht man endlich die bizarren Formationen der Badlands.

Im Maul des T-Rex in Drumheller

Das Royal Tyrrell Museum organisiert garantiert spannende Touren zur Fossilsuche

Der **Dinosaur Provincial Park** liegt im **Red Deer River Valley**, umgeben von den kanadischen Badlands mit den charakteristischen Hoodoos, Gesteinssäulen (s. S. 302). Die ersten Fossilien von Dinosauriern, die vor über 65 Millionen Jahren die Gegend beherrschten, fand 1884 Joseph B. Tyrrell im Bereich des heutigen Parks. 1955 wurde der Park ins Leben gerufen und schließlich 1959 der Öffentlichkeit zugänglich gemacht. Seit 1980 ist der Park UNESCO-Weltkulturerbe, vor allem aufgrund der inzwischen über 300 vollständigen Dinosaurier-Skelette, die bei Ausgrabungen geborgen werden konnten, aber auch wegen der einzigartigen Landschaft der Badlands und der außergewöhnlichen Flora und Fauna.

Dinosaurier-Fossilien

1987 wurde ein Außenposten des **Royal Tyrrell Museum of Palaeontology** eröffnet, dessen Hauptsitz in Drumheller ist. Die Ausgrabungen dauern bis zum heutigen Tag an. In der Sommersaison können sich an Wochenenden auch Touristen unter Anleitung von Paläontologen auf Fossiliensuche begeben. Die geführten Touren sind heiß begehrt (s. u.). Kann man keinen Platz ergattern, ist eine Erkundung zu Fuß über einen der ausgewiesenen Lehrpfade oder mit dem Auto über die Ringstraße möglich.

Reisepraktische Informationen Dinosaur Provincial Park

Information
Visitor Centre, am Eingang des Parks, ☎ 403-378-4342 ext. 235, www.alberta parks.ca/dinosaur, in der Hauptsaison Fr–Sa 8.30–19, So–Do 8.30–17, Sept.–Mai Mo–Fr 9–16 Uhr, in der Hauptsaison Eintritt Kinder bis 7 Jahre frei, 7–17 Jahre $ 2, Senioren/Erwachsene $ 2,50/$ 3, Familien $ 8, sonst Eintritt frei. Dem Visitor Centre sind ein kleines Museum und ein Kino angeschlossen.

Reisepraktische Informationen Dinosaur Provincial Park

Führungen: *Durch den Park werden unterschiedliche Führungen angeboten, die je nach Länge, Dauer und Schwierigkeitsgrad variieren (z. B. für Kinder und Familien). Es wird u. a. eine zweistündige Bustour (Badlands Bus Tour) angeboten. Eine rechtzeitige Online-Reservierung ist notwendig (www.albertaparks.ca/dinosaur). Am Tag selbst gibt es nur noch einige Restkarten (Rush Tickets).*

Hinweis
Die **Temperaturen** *im Park können während der Sommermonate bis zu 35 °C erreichen. Die Pfade, die durch die Badlands führen, bieten so gut wie keinen Schatten – deshalb ist es sehr wichtig, sowohl ausreichend Sonnencreme aufzutragen als auch entsprechende Bekleidung und Kopfbedeckung zu tragen. Außerdem sollte natürlich genügend Wasser mitgeführt werden. Die Parkverwaltung weist alle Besucher darauf hin, dass die Gegend Heimat für Klapperschlangen, Schwarze Witwen (Spinnen) und Skorpione ist. Es ist auf jeden Fall ratsam – auch wegen des unwegsamen und teilweise rutschigen Geländes –* **festes Schuhwerk** *zu tragen.*

Camping
Dinosaur Provincial Park North & South Campground, *Registrierung am Park Concession Building, der Campground liegt dann rechter Hand,* ☏ *877-537-2757, online reservieren unter www.reserve.albertaparks.ca. 126 Plätze, teilweise mit Strom. Duschen und Waschmaschinen sind im Concession Building zugänglich. Die Reservierung ist ein Muss, vor allem im Juli/Aug. – man kann drei Monate im Voraus reservieren.*
Comfort Camping, *etwas abseits vom Hauptplatz,* ☏ *877-537-2757, Reservierung notwendig. 7 Plätze für bis zu 4 Personen, jeder Platz ist mit einem stationären Zelt ausgestattet sowie einem Doppelbett und Schlafsofa; eigene Terrasse, Gasgrill, Kühlschrank, ausgestattete Miniküche. $ 95–120 pro Nacht (für bis zu 4 Personen), $ 12 Reservierungsgebühr.*

Essen und Trinken
Park Concession Building, *am Eingang des Campground, Mitte Mai–Anfang Sept. tgl. (variable Zeiten). Kleiner Supermarkt und einfache Gerichte.*

Drumheller

Nach dem Besuch des Dinosaur Provincial Parks geht es weiter in Richtung Drumheller. Vom Park aus geht es zurück auf den *Township Roads and Range Roads* bis zum Highway 544, diesem folgt man, bis er in den Highway 36 mündet und biegt dort nach links ab, in südliche Richtung. Nach knapp 6 km trifft man auf den Highway 1, auf den man nach rechts in Richtung Westen auffährt. Nach knapp 60 km nimmt man die Ausfahrt zum Highway 56 und folgt diesem für fast 65 km nach Norden (nach 52 km muss man nach links abbiegen, um auf dem Highway 56 zu bleiben). Highway 56 mündet in den Highway 10, dem man nach links folgt. Sobald man den Highway 10 erreicht, fällt die flache Prärie wieder in die Formationen der Badlands ab. Entlang dieser faszinierenden Landschaft fährt man die letzten 6 km bis nach Drumheller.

Drumheller, ein beschauliches kleines Städtchen mit etwas über 8.000 Einwohnern, wurde nach einem der ersten Siedler der Gegend, Samuel Drumheller, benannt. Zwar gehen die ersten Ansiedlungen bis ins ausgehende 19. Jh. zurück. Als Dorf wurde es jedoch erst 1913 eingemeindet und wuchs bis 1930 zur Stadt heran. Während die Gegend um Calgary aufgrund der Öl- und Erdgasvorkommen in den 1950er-Jahren einen wirtschaftlichen Boom erlebte, gab es bereits seit den 1890er-Jahren eine bedeutende Kohleindustrie, die Drumheller in den 1920er- und 1930er-Jahren zu „*the fastest growing town in Canada*" machte. Mittlerweile stellen der Tourismus und auch die Landwirtschaft die bedeutendsten Wirtschaftszweige dar. Durch die Eröffnung des Royal Tyrrell Museum of Palaeontology 1985 wurde die Bedeutung der Gegend als einer der weltweit größten Fundorte für Dinosaurierfossilien bestätigt. Tausende von Besuchern kommen nun jährlich in die **Dinosaur Capital of the World**, um an der Geschichte der Dinosaurier teilzunehmen, die vor über 70 Millionen Jahren in der Prärie Albertas begann.

Dinosaur Trail

Das Visitor Information Centre in Drumheller ist der Ausgangspunkt für den **Dinosaur Trail** und den **Hoodoo Trail**, an denen alle wichtigen Sehenswürdigkeiten der Gegend gelegen sind.

Im Maul des T-Rex

Der 48 km lange Rundweg beginnt beim größten Dinosaurier der Welt, der auch gleich die erste Sehenswürdigkeit darstellt. Direkt vor dem Visitor Information Centre wacht der 26 m hohe und über 65 Tonnen schwere **Tyrannosaurus Rex**. Gegen eine geringe Eintrittsgebühr kann man den T-Rex über eine Innentreppe erklimmen. Oben angekommen befindet man sich im Maul des Ungetüms und hat einen atemberaubenden Blick über die Stadt und die Badlands.

The World's Largest Dinosaur, 60-1 Avenue W, Drumheller, AB T0J 0Y0, ☏ 403-823-1331, tgl. Juli/Aug. 9–21, sonst 10–17.30 Uhr, Eintritt Kinder bis 5 Jahre frei, sonst $ 3. Der Dinosaurier ist für Rollstuhlfahrer nicht zugänglich.

Nach dem man den Panoramablick über die Badlands fährt man Richtung Westen und biegt nach wenigen Metern nach rechts auf den Highway 56 ab. Kurze Zeit später geht es nach links auf den Highway 838, den **Dinosaur Trail North**. Nach nur 3 km trifft man auf den **Midland Provincial Park**. Der Park, auf dessen Gebiet ehemals Kohle abgebaut wurde, wurde 1979 eröffnet und ist nun einer der beliebtesten und meistbesuchten Parks in der Gegend um Drumheller.

Obwohl man im Midland Park so gut wie nie alleine ist, hat man dennoch die Möglichkeit, die Natur zu genießen. Es gibt verschiedene Wanderpfade sowie idyllische Picknickmöglichkeiten direkt am Fluss. Innerhalb des Parkgebiets, rechts des Highways, liegt das **Royal Tyrrell Museum of Palaeontology**. Das Museum war ursprünglich nur als Forschungsstätte gedacht, öffnete jedoch aufgrund des großen öffentlichen Interesses unmittelbar nach Fertigstellung 1985 seine Türen für die Öffentlichkeit. Die erwarteten Besucherzahlen von 150.000 wurden im ersten Jahr bei Weitem übertroffen – über 500.000 Einheimische und Touristen wollten die Dinosaurier bestaunen. Mittlerweile beherbergt das Museum über 130.000 Präparate, wobei jedes Jahr etwa 2.000 „neue" hinzukommen. Zahlreiche Programme vor und hinter den Kulissen für jede Altersgruppe machen es schwierig, ein bestimmtes Highlight zu nennen – bei Kindern ist jedoch sicherlich das **Fossil Casting Programm**, bei dem mittels Gips der Abdruck eines Fossils hergestellt wird, der absolute Renner.

Paläontologisches Museum

Gipsabdrücke

Royal Tyrrell Museum of Palaeontology, Drumheller, AB, ☏ 403-823-7707, www.tyrrellmuseum.com, Mitte Mai–Aug. tgl. 9–21, Sept.–Mitte Mai Di–So 10–17, Eintritt Kinder bis 6 Jahre frei, 7–17 Jahre $ 6, Senioren/Erwachsene $ 8/$ 11, Familien $ 30.

Weiter auf dem Dinosaur Trail trifft man nach weiteren 10 km auf den **Horsethief Canyon**, zu dessen Aussichtspunkt man nach links abbiegt. Auch hier kann man die spektakuläre Landschaft der Badlands bewundern, wobei an diesem Punkt die vielen Farbschichten des Canyon besonders gut zu sehen sind. Ein kleines Stück weiter auf dem Highway 838, ca. 24 km vom Ausgangspunkt entfernt, hat man die Hälfte des Dinosaur Trail bereits hinter sich. Hier überquert man den **Red Deer River** auf der **Bleriot Ferry**. Die Fähre ist eine der letzten funktionstüchtigen Kabelfähren in Alberta; sie verkehrt in der Saison kostenlos zwischen 8 und 23 Uhr.

Der Highway 838 mündet am anderen Ufer in den Highway 837, auf den man nach links abbiegt. Entlang des Red Deer River schlängelt sich der **Dinosaur Trail South** nun zurück nach Drumheller, in dessen Verlauf es einige Aussichtspunkte gibt, die lohnende Urlaubsfotos versprechen.

Hoodoo Trail

Als Ausgangspunkt des **Hoodoo Trail** kann zur leichteren Orientierung ebenfalls das **Visitor Information Centre** in Drumheller dienen. Der Trail verläuft in östliche Richtung entlang des Highway 10 und ist kein Rundweg wie der Dinosaur Trail. Wenn der Trail nach 24 km endet, fährt man auf dem Highway 10 in westliche Richtung wieder zurück nach Drumheller – und stellt fest, dass die Hoodoos und Badlands von jeder Richtung aus ganz verschieden aussehen.

Nach etwa 8 km sieht man linker Hand die **Hängebrücke in Rosedale**. Die 117 m lange Brücke über den Red Deer River wurde in den 1930er-Jahren erbaut und kann nach wie vor von Fußgängern überquert werden. Ein etwas wackliger Spaß, geeignet für Jung und Alt. Weitere 8 km in Richtung Osten stößt man auf die Sehenswürdigkeit, die dem Trail seinen Namen verliehen hat – die *Hoodoos*.

Bizarre Gebilde

Hoodoos sind Gesteinsformationen, die sich im Laufe von Millionen von Jahren gebildet haben. Sie gleichen einer Säule und haben immer einen größeren Steinbrocken als oberen Abschluss. Dies verleiht den Hoodoos teilweise das Aussehen eines Pilzes, manche gleichen aber eher einer Art Totempfahl. Der untere Teil eines Hoodoo besteht aus Sandstein, was zur Folge hat, dass die Formation komplett der Erosion zum Opfer fallen kann, wenn der schützende obere Stein zerstört wird oder abfällt. Aus diesem Grund – und natürlich auch aufgrund der Zerbrechlichkeit des Sandsteins an sich – ist das Klettern an den Hoodoos verboten.

Die Hoodoos, seltsame Gesteinsformationen bei Drumheller

Kurz nach dem kleinen Ort **Cambria**, ca. 16 km nach der Abfahrt am Visitor Information Centre, erspäht man links des Highway 10 die Hoodoos. Nachdem unter der Regie des Royal Tyrrell Museums 2010 ein Pfad um die Hoodoos gebaut wurde, der das Kulturerbe sowohl schützt als auch zugänglich macht, können die Formationen nun aus nächster Nähe bewundert werden.

Nochmals 8 km weiter endet der Hoodoo Trail, in der kleinen Gemeinde **East Coulee**, mit einer weiteren Sehenswürdigkeit – der **Atlas Coal Mine National Historic Site**. Zur Mine geht es über den Highway 10 durch East Coulee; kurz nach der Ortschaft folgt man dem Highway nach links über den Fluss. Nachdem man noch einmal an der nächsten Abzweigung nach links abgebogen ist, kann man die Mine bereits sehen.

Kohle ist im Red Deer Valley bereits Ende des 18. Jh. entdeckt worden, die erste Mine eröffnete jedoch erst 1911. Die Atlas Coal Mine ist die letzte von 139 Minen, in denen

in der Gegend um Drumheller Kohle abgebaut wurde. Nach Schließung auch dieser Mine im Jahr 1979 war somit auch das Ende der Kohle-Ära offiziell. Heute bietet die Mine eine Vielzahl von Touren an sowie die erzählten Erlebnisse von ehemaligen Kumpels, die die glorreichen Tage wieder zum Leben erwecken.
Atlas Coal Mine National Historic Site, 110 Century Drive, East Coulee, AB T0J 1B0, ☏ 403-822-2220, www.atlascoalmine.ab.ca, Mai–Juni tgl. 9.30–18, Juli/Aug. 9.30–20.30, Sept.–Anfang Okt. 9.30–17 Uhr. Öffnungszeiten an manchen Wochenenden etwas verkürzt (Termine im Internet). Eintritt $ 7 pro Person bzw. $ 21 für Familien; zusätzliche Gebühr für eine Reihe an geführten Touren.

Hinweis
Für den Besuch der Kohlemine an **festes Schuhwerk** und **wetterfeste Kleidung** denken, die auch für Führungen unter Tage geeignet sind.

Reisepraktische Informationen Drumheller

Information
Visitor Information Centre, 60-1st Avenue W, Drumheller, AB T0J 0Y0, ☏ 403-823-1331, www.traveldrumheller.com, Juli/Aug. 9–21, Sept.–Juni tgl. 10–17.30 Uhr.

Unterkunft
Drumheller Travelodge $$, 101 Grove Place, Drumheller, AB T0J 0Y0, ☏ 403-823-5302, www.travelodge.com. Etwas außerhalb der Stadt gelegen. Manche Zimmer verfügen über eine Küchenzeile. Einfach, aber sauber und zweckmäßig.
Super 8 Drumheller $$$$, 600–680 2nd Street SE, Drumheller, AB T0J 0Y0, ☏ 403-823-8887, www.super8.com. Zentrale Lage, gehobene Ausstattung, nette Atmosphäre.

Camping
Dinosaur RV Park, 500 North Dinosaur Trail, Drumheller, AB T0J 0Y0, ☏ 403-823-3291, www.dinosaurrvpark.ca. 200 Zelt- und Stellplätze, mit Strom und Wasser/Abwasser. Duschen mit Warm- und Kaltwasser, Internetzugang im Verwaltungsgebäude. Nur wenige Minuten vom Visitor Information Centre entfernt.
The Hoodoo RV Resort & Campground, 13,4 km östlich von Drumheller auf dem Highway 10, rechts der Straße gelegen, ☏ 403-823-2790, www.hoodooresort.com. 139 Stellplätze mit Vollservice, sowie etliche Zeltplätze ohne Service, Internet an fast allen Stellplätzen zugänglich.

Essen und Trinken
Sublime Food & Wine, 109 Centre Street, Drumheller, AB T0J 0Y0, ☏ 403-823-2344, www.sublimefoodandwine.com. Zentrale Lage, frische, ständig wechselnde Gerichte. Mo–Fr für Mittag- und Abendessen geöffnet.
Bernie & the Boys Bistro, 305-4th Street W, Drumheller, AB T0J 0Y0, ☏ 403-823-3318. Zentral in der Mitte der Stadt gelegen, regional bekannt für die besten Hamburger der Gegend.
Sizzling House Szechuan Peking & Thai Cuisine, 160 Centre Street, Drumheller, AB T0J 0Y4, ☏ 403-823-8098. In der Nähe des Visitor Information Centre gelegen. Die Speisen sind frisch und lecker.

Von Drumheller zurück auf den Cowboy Trail

Die zweistündige, 155 km lange Fahrt von Drumheller nach Cochrane führt durch die flache, schier endlose Prärie. Nur wenige Kilometer nach Drumheller lässt man die Landschaft der Badlands hinter sich. Man folgt dem Highway 9 für knapp 90 km, wobei man die ersten 60 km durch praktisch unbesiedeltes Farmland fährt, nur ab und zu sieht man vereinzelte Häuser entlang des Highway. 62 km nach Drumheller gelangt man schließlich zum kleinen Örtchen Beiseker, wo man nach links abbiegt, um weitere 30 km auf dem Highway 9 Richtung Calgary zu bleiben. Der Highway 9 trifft dann auf den Highway 566, dem man nach rechts in Richtung Westen folgt. Nach 23 km gelangt man zum Highway 2, auf den man nach links in südliche Richtung einfährt und nach nur 3 km in Richtung Westen wieder verlässt, um auf dem Highway 201 weiterzufahren.

Hier wird die Besiedlung wieder dichter und man fährt für 18 km an den nördlichen Vororten Calgarys entlang. Die Ausfahrt Rocky Ridge/Royal Oak führt schließlich auf den Crowchild Trail NW (Highway 1A), dem man die restlichen 20 km bis nach Cochrane folgt – und endlich wieder im **Cowboy Country** ist!

Cochrane

Der Slogan der Stadt ist „How the West is now" und für die 15.000 Einwohner von Cochrane bedeutet das *Western hospitality*, die Gastfreundschaft der Cowboys. Den schönsten Blick über die Stadt, die an der Kreuzung der Highways 1A und 22 gelegen ist, erhascht man vom Cochrane Hill aus, von den Einheimischen **Big Hill** genannt, bei der Einfahrt in die Stadt via Highway 1A. Hier überblickt man die ganze Ansiedlung mit umliegendem Weideland, die majestätischen Rocky Mountains im Hintergrund.

Gastfreundschaft der Cowboys

Wie auch Drumheller wurde Cochrane nach einem der ersten Einwohner benannt – Senator Matthew Henry Cochrane. Der Senator siedelte hier 1881 die Cochrane Ranche an. Cochrane blieb noch eine ganze Zeit lang eine kleine Gemeinde und zählte nach dem Ersten Weltkrieg nur 300 Einwohner. Erst der Wirtschaftsboom der 1970er-Jahre brachte das erhoffte Wachstum. Mittlerweile fühlen sich über 15.000 Menschen in Cochrane zu Hause. Die Stadt am Cowboy Trail ist eine moderne, offene Gemeinde, die durch eine Vielzahl von Einrichtungen ein idealer Ort für junge Familien ist und gleichzeitig das Kulturerbe der Cowboys bewahrt.

Die bedeutendste historische Sehenswürdigkeit ist die **Cochrane Ranche**, die zum Provincial Park erklärt wurde. Den Parkplatz und Eingang findet man rechter Hand des Highway 1A W, kurz vor Auffahrt auf den Highway 22. In der Nähe liegt ein Infozentrum, das saisonal geöffnet ist. Hier bekommt man eine Karte des Gebiets und kann auf kilometerlangen Pfaden die Geschichte der Cochrane Ranche erkunden. Der rund 55 ha große Park bietet die Möglichkeit, einen Ruhetag einzulegen und die Seele etwas baumeln zu lassen. Spektakuläre Blicke auf die Rocky Mountains lassen den nächsten Abschnitt der Rundreise nach Norden entlang der Bergketten erahnen.

Reisepraktische Informationen Cochrane

Information
Downtown Cochrane Info Centre, 209-2nd Avenue W, Cochrane, AB, ☎ 403-851-2285, www.cochrane-tourism.ca, Mo–Fr 8–18, Sa 9–17, im Winter Mo–Fr 8–17 Uhr.
Cochrane Ranche Info Centre, Hwy. 1A, Nähe Hwy. 22, Cochrane, AB, ☎ 403-932-4705, www.cochrane-tourism.ca, Mitte Mai–Anfang Sept. tgl. 9–17 Uhr.

Unterkunft
Bow River Inn $$, 3 Westside Drive, Cochrane, AB, ☎ 403-932-7900, www.bowriverinn.com. Im Zentrum der Stadt, nur wenige Meter vom Highway 22 entfernt. Sehr schlichte Zimmer, aber sauber und zweckmäßig eingerichtet.
Days Inn & Suites $$$, 5 Westside Drive, Cochrane, AB, T4C 1M1, ☎ 403-932-5588, www.daysinn.ca. Etwas gehobenerer Standard, ist zusammen mit weiteren Hotels – wie dem Bow River Inn – zentral gelegen. Frühstück im Preis inklusive.

Camping
Bow RiversEdge Campground, 900 Griffin Road E, Cochrane, AB T4C 2B8, ☎ 403-932-4675, www.bowriversedge.com. Direkt am Bow River gelegen, 143 Plätze mit Strom/Wasseranschluss, WiFi an allen Plätzen; kleiner Supermarkt vor Ort.

Essen und Trinken
Schooners on First, 416-1st Street West, Cochrane, AB T4C 2B8, ☎ 403-851-0393, www.schoonersonfirst.com. Hier gibt es leckere Fischgerichte und Meeresfrüchte – gutes Essen zu ordentlichen Preisen. Di–Sa für Mittag- und Abendessen geöffnet, familienfreundlich.
Guy's Cafe & Bakery, 6-201st Grande Blvd., Cochrane, AB T4C 2B8, ☎ 403-851-9955, www.guyscafe.ca. Absolut empfehlenswert für hausgemachte Suppen und Sandwiches sowie hausgebackenes Brot. Sehr freundlich und auf Kinder eingestellt; Mo–Fr 6–18, Sa 7–17 Uhr.
Sowohl in der **Innenstadt** als auch am **Westside Drive** gibt es eine Vielzahl von Restaurantketten und auch gemütlichen kleinen Cafés!

Cowboy Trail North und Yellowhead Highway bis Hinton

Cochrane verlässt man auf dem Cowboy Trail nach Norden, dem Highway 22. Die Rocky Mountains kann man in der Ferne gen Westen nur erahnen, wenn man durch das fruchtbare Weideland des **Cowboy Country** fährt. Der Weg führt weiter durch die flache Prärie, bis man etwa 120 km nach Cochrane am 500-Seelen-Ort **Caroline** vorbeikommt – hier beginnen die rollenden Hügel der **Foothills** der Rockies. 8 km nach Caroline folgt man dem Cowboy Trail nach rechts, um auf dem Highway 22 zu bleiben und fährt dann für 25 km schnurgerade durch teilweise dicht bewaldetes *Cowboy Country*, bis man auf den Highway 11 (ebenfalls Highway 22) nach links abbiegt und weitere 8 km später in Rocky Mountain House ankommt.

Cowboy Country

Rocky Mountain House

„Where Adventure Begins", das ist das Motto der 6.933 Einwohner starken Kleinstadt Rocky Mountain House. Das Abenteuer begann hier bereits Ende des 18. Jh., als in der Gegend zwei Handelsposten für den Pelzhandel mit den Ureinwohnern errichtet wurde. Die Konkurrenz war groß und die Unternehmen *Hudson's Bay Company* und *North West Company* kämpften um den größten Marktanteil. Dieser Kampf endete schließlich 1821, als sich beide Unternehmen zusammenschlossen. Der übrig gebliebene Handelsposten, der nach einem Brand 1861 wieder aufgebaut wurde, diente noch bis 1875 dem Pelzhandel und wird heute als *National Historic Site* erhalten.

Die Gemeinde an den Ausläufern der Rocky Mountains ist vor allem für ihr vielfältiges Freizeitangebot bekannt. So kann man neben Ausflügen mit dem Mountainbike oder dem Quad Wanderungen unternehmen, Golf spielen, Reiten, Kanu fahren und Angeln – die Möglichkeiten sind endlos.

Geschichte der ersten Siedler

Neben dem großen Freizeitangebot ist die **Rocky Mountain House National Historic Site** die wichtigste Attraktion der Stadt. Dort kann man in den Alltag der Pelzhändler eintauchen und auf einem ca. 4 km langen beschilderten Pfad die Geschichte der ersten Siedler der Gegend nachempfinden. Und man sollte natürlich nicht vergessen, Proviant für ein Picknick mitzubringen, das man hier sogar in einem der Tipis veranstalten kann!

In jedem Fall ist das **Visitor Centre** am Eingang des Parks eine gute Anlaufstelle, um sich über alle (wechselnden) Aktivitäten zu erkundigen und keines der Angebote des Parks zu versäumen. Die Rocky Mountain House National Historic Site befindet sich 6 km westlich der Stadt. Man folgt dem Highway 11A, dort ist die Historic Site gut beschildert, der Park liegt sich linker Hand.
Rocky Mountain House National Historic Site, *Site 127 Comp 6, RR4, Rocky Mountain House, AB T4T 2A4,* ☏ *403-845-2412, www.pc.gc.ca (Parks Canada), tgl. Ende Mai–Anfang Sept. tgl. 10–17, Sept. Mo–Fr 10–17 Uhr, Eintritt Kinder bis 5 Jahre frei, 6–16 Jahre $ 1,90, Senioren/Erwachsene $ 3,40/$ 3,90, Familien $ 9,80.*

Reisepraktische Informationen Rocky Mountain House

Information
Visitor Information Centre, *5116-53th Avenue, direkt am Highway 11, Rocky Mountain House, AB,* ☏ *403-845-5450, www.rockymtnhouse.com, Mitte Mai–Aug. tgl. 10–17, Sept. Do–So 10–17 Uhr.*

Unterkunft
Alpine Motel $$, *4435-47th Avenue, Rocky Mountain House, AB T4T 1C7* ☏ *403-845-3325, www.rockyalpinemotel.com. Günstig am Highway 22 gelegen, schlichte, rustikale Zimmer, sauber und zweckmäßig.*
Best Western Rocky Mountain House Inn & Suites $$$, *4407-41st Avenue, Rocky Mountain House, AB T4T 1A5,* ☏ *403-844-3100, www.bestwestern.com. Am südlichen Ende der Stadt gelegen, gepflegt und sauber, schöner Pool mit Wasserrutsche.*

Camping

New Old Town Campground, 4302-62nd Street, Rocky Mountain House, AB T4T 1B3, ☏ 403-844-4442, www.newoldtowncottages.com. Zelt- und Wohnmobilplätze April–Okt. belegbar, es sind außerdem neun Blockhütten auf dem Gelände, die das ganze Jahr über vermietet werden ($ 115 pro Nacht) – die Hütten sind voll ausgestattet und sehr gemütlich. Campingplatz in schöner Lage im Süden der Stadt, in Flussnähe.

Essen und Trinken

Rocky Mountain House bietet in der Nähe der Hotels sowie in der Innenstadt eine Reihe von **Restaurantketten**, die man in ganz Kanada finden kann, wie z. B. Boston Pizza.

Weiterfahrt auf dem Yellowhead Highway

Auf dem Weg Richtung Hinton, der nächsten Etappe der Rundreise, führt der Cowboy Trail durch mittlerweile fast altbekanntes Terrain – fruchtbares, flaches Weideland und teilweise dichte Wälder und rollende Hügel.

Man verlässt Rocky Mountain House auf dem Highway 22 Richtung Norden. 150 km nördlich verabschiedet man sich bei Entwistle vom Cowboy Trail und fährt die letzten 185 km nach Hinton auf dem **Highway 16**, bekannt als **Yellowhead Highway**. Der Yellowhead ist ein gut instandgehaltener vierspuriger Highway, der durch die Foothills zu den Rocky Mountains führt. Man fährt auf dem Highway Richtung Westen, während die Vorfreude auf den Anblick des majestätischen Gebirges steigt. Unterwegs gibt es mehrere Möglichkeiten, bei einem Picknick die Natur zu genießen, etwa am **Chip Lake**, rechts des Highway bei der gleichnamigen Gemeinde gelegen, oder etwas näher an Hinton in **Marlboro**, 125 km von Entwistle entfernt.

Hinton

Die Einwohnerzahl von Hinton, 1911 als Dorf eingemeindet, hat in seinem 100-jährigen Bestehen so einige Höhen und Tiefen erlebt. Durch den Bau der Eisenbahnstrecke in der Gegend gab es einen schnellen und stetigen Zuwachs kurz nach der Orts-

Endlich wieder Berge: die Rocky Mountains bei Hinton

gründung. Jedoch ging die Bevölkerungszahl nach Schließung der Strecke innerhalb von kurzer Zeit fast gegen null. Ende der 1920er-Jahre und in den 1930er-Jahren bescherten Kohleminen in der Umgebung dem Ort einen Wachstumsschub, der sich in den 1950er-Jahren wiederholte, diesmal bedingt durch eine Hackschnitzelmühle, die in der Nähe gebaut wurde. Auch die erst vor wenigen Jahren entdeckten Öl- und Gasvorkommen sowie wieder eröffnete Kohleminen trugen zum weiteren Wachstum der Stadt bei. Mittlerweile liegt die Einwohnerzahl bei fast 10.000.

In Hinton geht es aber keineswegs nur um Industrie und Wirtschaft – die Stadt am Fuße der Rocky Mountains ist umgeben von atemberaubender Natur. Wer etwas extra Zeit hat, kann hier ohne Weiteres einen zusätzlichen Tag verbringen. Hinton bietet zahlreiche Übernachtungsmöglichkeiten und ebenso eine große Auswahl an Restaurants und Einkaufsadressen.

Ausflug zum See

In puncto Freizeitgestaltung wird voll und ganz auf „the great outdoors" gesetzt – das Leben findet draußen statt! Das Freizeitangebot ist entsprechend groß. Ein absolutes Muss ist der **Maxwell Lake** im Süden der Stadt, an dem man den Tag nach der langen Tagesstrecke ausklingen lassen kann. Der Parkplatz zur dieser kleinen Oase befindet sich am Ende der Sutherland Avenue. Man fährt hier in die zentral gelegene Mountain Street und biegt dann in die Collinge Road ab, von der die Sutherland Avenue abzweigt. Die beste Zeit für einen Besuch sind die Abendstunden oder der frühe Morgen, da man dann die besten Chancen hat, die berühmtesten Anwohner des Maxwell Lake zu beobachten – eine Familie von Bibern.

Der Maxwell Lake hat die längste aus Holz gebaute Uferpromenade Kanadas. Zwei Aussichtstürme und mehrere Rastplätze laden außerdem zum Erkunden der Landschaft ein. Ornithologen kommen in dieser Gegend ganz sicher auf ihre Kosten.

Reisepraktische Informationen Hinton

Information
Hinton Visitor's Information Centre, *309 Gregg Avenue, Hinton, AB T7V 2A7,* ☎ *780-865-2777, www.hintonchamber.com. tgl. 9–17 Uhr.*

Unterkunft
Hinton Lodge $$$, *752 Carmichael Lane, Hinton, AB T7V 1Z1,* ☎ *780-817-5050, www.hintonlodge.ca. In der Nähe von Golfplatz und Highway am westlichen Ende der Stadt gelegen. 86 komfortable Zimmer, sauber und geräumig, teilweise mit Küchenzeile ausgestattet.*
Lakeview Inn & Suites $$$, *500 Smith Street, Hinton, AB T7V 2A1,* ☎ *780-865-2575, www.lakeviewhotels.com. Sehr schönes Ambiente, geschmackvoll eingerichtete Zimmer. Am östlichen Ende der Stadt direkt am Highway 16.*
Entrance Ranch $$, *Highway 40 N, Hinton, AB T7V 1X5,* ☎ *780-865-7549, www.entranceranch.com. Etwa 5 Min. außerhalb der Stadt gelegen, am Highway 40 Richtung Norden auf der rechten Seite (beschildert). Es sind nur zwei Blockhütten, die vermietet werden, also sollte man rechtzeitig reservieren – eine tolle Atmosphäre, man fühlt sich wie im Wilden Westen.*

Camping

Hinton / Jasper KOA, 50409B Highway 16, Hinton, AB T7V 1X3, ☎ 780-865-5061, www.koa.com. Vollservice-Wohnmobilplätze sowie Zeltplätze, WiFi-Internetzugang kostenlos, Fahrradverleih, geöffnet Mai–Okt.

Gregg Lake, William A. Switzer Provincial Park, Highway 40, 30 km nördlich von Hinton, ☎ 780-865-5600, www.albertaparks.ca/william-a-switzer. 163 Plätze, davon 39 mit Stromversorgung, maximale Länge für Wohnmobile 13,7 m.

Essen und Trinken

Gus' Pizza, 346 Hardisty Avenue, Hinton, AB T7V 2A1, ☎ 780-865-4232, tgl. ab 17 Uhr bis spät in die Nacht, ausgezeichnete Pizza, mit extrem viel Käse.

The Old Grind, 175 Pembina Ave, Hinton, AB T7V 2B2, ☎ 780-865-1934, Mo–Sa 8–18, So 11–17 Uhr. Von deftig bis süß, hier schmeckt alles lecker. Mit originellem Küchenladen.

Der Bighorn Highway von Hinton nach Grande Prairie

Nach knapp 7 km nach Hinton Richtung Westen auf dem Yellowhead Highway zweigt der **Big Horn Highway** (Highway 40) nach rechts ab. Auf der Strecke zwischen Hinton und Grande Cache gibt es keine Tankstelle, also sollte man vorher den Benzinstand überprüfen. Der AB-40 Big Horn Highway schlängelt sich an den Foothills der Rocky Mountains entlang bis Grande Cache.

Am **William A. Switzer Provincial Park** (s. S. 310) sollte man unbedingt einen Zwischenstopp einlegen. Der Park befindet sich etwa 30 km von Hinton entfernt und bietet Übernachtungsmöglichkeiten auf verschiedenen Campgrounds (s. Reisepraktische Informationen Hinton), falls man etwas länger verweilen möchte. Der Highway 40 führt durch den Provincial Park hindurch. Auf der restlichen Strecke nach Grande Cache kann man die einmaligen Ausblicke und die Natur der Rocky Mountains genießen – und dabei nicht vergessen, die Eindrücke in Bildern festzuhalten …

Sonnenuntergang am Jarvis Lake, William A. Switzer Provincial Park

William A. Switzer Provincial Park

Die Gegend des William A. Switzer Provincial Park nördlich von Hinton war im frühen 19. Jh. eine **sehr beliebte Reiseroute** für Pioniere, Geologen und Landvermesser. In dieser Zeit wurde ein großer Teil des Landes, vor allem des damals noch Wilden Westens, vermessen und in Karten eingetragen. Durch die natürliche Lage war die Route günstig für Reisen im Sommer wie im Winter. Zwischen 1880 und 1920 wurde am Ufer des Gregg Lake sogar ein kleiner Laden unterhalten, der die Reisenden mit allem Nötigen versorgte.

1946–1948 wurde in der Gegend des Jarvis Creek und Graveyard Lake eine **Biberzucht** betrieben – zumindest versuchsweise. Die Biber sollten in eigens erbauten, großen Betonbecken gehalten werden, um sie wegen ihrer Felle zu züchten. Das Unterfangen endete innerhalb kurzer Zeit im finanziellen Desaster, da die Biber sich in der Gefangenschaft nicht fortpflanzten. Noch heute kann man die Ruinen der Betonbecken in der Nähe des Picknickplatzes bei Beaver Ranch sehen.

Ende der 1950er-Jahre erklärte man etwa 2.500 ha der Gegend zum Provincial Park unter dem Namen *Entrance Provincial Park*. Die Umbenennung in **William A. Switzer Provincial Park** erfolgte bereits kurze Zeit später, zu Ehren von **William A. Switzer**, dem ersten Bürgermeister der Stadt Hinton. Heutzutage ist der Park ein beliebtes Freizeitziel der Einheimischen und wird von vielen Touristen für die außergewöhnliche Flora und Fauna geschätzt. Wanderwege von 1–10 km Länge sind angelegt und deutlich beschildert. Zahlreiche Rastplätze, Picknickbereiche und Campingplätze laden zum Verweilen ein.

Der Park befindet sich in der **Foothills Natural Region**, einer Übergangszone zwischen der Ostseite der Rocky Mountains und der Prärie. Durch die höhere Lage sind die Sommer etwas kühler als im Flachland, doch die rollenden Hügel der Landschaft sorgen dafür, dass die arktischen Luftmassen im Winter fernbleiben. Auch wenn es für deutsche Verhältnisse hier empfindlich kalt werden kann, so ist das Klima speziell in dieser Gegend deutlich milder als in vielen anderen Teilen Albertas, wo minus 40 °C im Winter keine Seltenheit sind.

Zur lokalen Flora gehören seltene und bedrohte Pflanzenarten. So wachsen hier z. B. der zur Familie der Orchideen zählende Frauenschuh und andere Pflanzen, die in ganz Kanada nur selten zu finden sind. Auch die Fauna ist beeindruckend. Über 150 Vogelarten sind hier zu Hause, u. a. Weißkopfseeadler und Fischadler. Zu den heimischen Säugetieren zählen Bären, Wölfe, Otter, Elche und Kojoten.

Den Parkbesuch beginnt man am besten am Visitor Centre, das als **Kelley's Bathtub** bekannt ist und von Mitte Mai bis Anfang Sept. geöffnet ist. Dort erhält man nicht nur von den Park Rangern Auskunft, sondern kann sich auch mit allen erforderlichen Karten und Informationsbroschüren über den Park und die Rundwanderwege eindecken.

William A. Switzer Provincial Park, *Highway 40, 30 km nördlich von Hinton,* ☏ *780-865-5600, www.albertaparks.ca/william-a-switzer.*

Grande Cache

Erst seit 1969 eingemeindet und offiziell zur Stadt erklärt, steckt Grande Cache mit seinen knapp 4.400 Einwohnern sozusagen noch in den Kinderschuhen. In der Gegend siedelten seit dem 19. Jh. neben den Ureinwohnern immer wieder auch Goldgräber und Jäger, doch erst mit der Entdeckung von Kohle entstanden daraus dauerhafte Ansiedlungen und schließlich die Kleinstadt. Im Umkreis von über 150 km ist Grande Cache praktisch die einzige Anlaufstelle für Benzin und so einige andere Annehmlichkeiten und Notwendigkeiten der Zivilisation.

Grande Cache ist zwar vorrangig ein Stützpunkt für die Kohle-, Öl- und Gasindustrie, doch im Laufe der letzten Jahre entwickelte sich die Stadt auch zur Touristenregion, was sicher auf die schier endlosen Freizeitmöglichkeiten und die unberührte Natur zurückzuführen ist.

Reisepraktische Informationen Grande Cache

Information
Grande Cache Tourism & Interpretive Centre, Highway 40 (direkt am Ortseingang rechts, von Hinton kommend), Grande Cache, AB T0E 0Y0, ☏ 780-827-3300, www.grandecache.ca, Mitte Mai–Sept. tgl. 8.30–17.30 Uhr, Sept.–Mitte Mai Di–So 10.30–17 Uhr.

Unterkunft
The Grande Cache Hotel $$, 1701 Pine Plaza, Grande Cache, AB T0E 0Y0, ☏ 780-827-3377, www.grandecachehotel.com. Das in der Innenstadt gelegene Hotel wurde 1969 erbaut und ist somit so alt wie die Stadt selbst. Das Haus wird liebevoll betreut und gepflegt.
Best Western Grande Mountain Getaways & Hotel $$$, 9901-100 Street, Grande Cache, AB T0E 0Y0, ☏ 780-827-3303, www.bestwestern.com. 145 Zimmer im üblichen nüchternen Business-Stil der Best Western Hotels, sehr komfortabel.

Camping
Grande Cache Municipal Campground, Grande Cache, AB T0E 0Y0, ☏ 780-827-2404, www.grandecache.ca. Von Hinton auf dem Highway 40 kommend biegt man nach rechts in die Shand Avenue ab und dann in die zweite Straße links (98 Street), der Campground ist beschildert. 77 Plätze teils mit Strom/Wasser, geöffnet von Mitte Mai bis Mitte Okt.

Essen und Trinken
Milos Steak House & Pizza, 9901-100 Street, Grande Cache, AB T0E 0Y0, ☏ 780-827-2585. Restaurant im Best Western Hotel, geöffnet für Frühstück, Mittag- und Abendessen. Sehr gutes italienisches und auch griechisches Essen.
Subway, 205 Pine Plaza, Grande Cache, AB T0E 0Y0, ☏ 780-827-2722. In der Nähe des Grande Cache Hotel gelegen, gehört zu einer Restaurantkette und sollte eigentlich so wie in jedem Subway Restaurant schmecken, hier in Grande Cache sind die Sandwiches aber besonders gut!

Ganz wie bei der Route zwischen Hinton und Grande Cache, fährt man auch auf der Strecke von Grande Cache nach Grande Prairie durch die schier endlose Einsamkeit. Weder Tankstellen noch Ansiedlungen säumen den Weg, wenn man sich auf dem **Big Horn Highway**, AB-40, durch die Foothills der Rocky Mountains zurück in die flache, fruchtbare Prärie arbeitet. Anfänglich dichter Wald und rollende Hügel weichen ca. 50 km vor dem Ziel offenen Weiden und Feldern. Nachdem man die Tage zuvor hauptsächlich in spärlich besiedelten, fast einsamen Gebieten verbracht hat, fühlt man sich in Grande Prairie schon fast wie in der Großstadt.

Grande Prairie

Grande Prairie ist die größte und wichtigste Stadt der Region um den Peace River und zählt mittlerweile etwas über 55.000 Einwohner. Bereits Ende des 18. Jh. ließen sich hier Siedler nieder, die vor allem wegen des Pelzhandels in die Gegend gekommen waren. Ein offizieller Handelsposten der *Hudson's Bay Company* wurde aber erst 1881 gegründet. Anfang 1914 wurde aus dem Handelsposten ein Dorf, das bereits 1919 zur Kleinstadt angewachsen war. Den größten Zufluss an Siedlern erlebte Grande Prairie in den 1930er-Jahren, als viele europäische Einwanderer kamen, die in den trockenen, südlicheren Regionen der Prärie kein Glück mit der Landwirtschaft und Viehzucht hatten.

Fruchtbares Ackerland

Die **Peace Region** ist bekannt für fruchtbares Ackerland. So spielt vor allem die Landwirtschaft auch heutzutage eine große Rolle – neben der Öl- und Gasindustrie (für Alberta scheinbar Standard). Grande Prairie, seit 1958 offiziell als Stadt anerkannt, ist inzwischen das größte Handelszentrum im Umkreis von 300 km.

Millennium Sundial

Eine ziemlich außergewöhnliche Sehenswürdigkeit kann man bereits von Weitem erkennen – das **Millennium Sundial**. Zur Würdigung des Jahrtausendwechsels wurde diese 12 m hohe und akkurate Sonnenuhr erbaut und das Millennium-Projekt ins Leben gerufen. Auf dem Gelände der Sonnenuhr, die sich vor der Touristeninformation befindet, sind außerdem zehn Zeitkapseln untergebracht. In den Kapseln, die Zeitzeugen für das Jahr 2000 sein sollen, sind Mementos des Stadtlebens versiegelt.
Millenium Sundial, 11330-106 Street, Grande Prairie, AB T8V 7X9, ☏ 780-539-7688, www.gptourism.ca. Die Sonnenuhr kann jederzeit besichtigt werden, da sie sich frei zugänglich am Parkplatz der Touristeninformation befindet.

Heritage Discovery Centre

Ganz in der Nähe der Sonnenuhr, auf der unteren Ebene des Centre 2000, der Touristeninformation, befindet sich das Heritage Discovery Centre, ein Außenposten des Museums in Grande Prairie. In dieser familienfreundlichen, interaktiven Ausstellung kann man die Geschichte der Peace Region in den letzten 10.000 Jahren seit der jüngs-

ten Eiszeit erkunden. Interessant für die ganze Familie, mit einem besonderen Unterhaltungswert für Kinder!
Heritage Discovery Centre, 11330-106 Street, Grande Prairie, AB T8V 7X9, ☎ 780-532-5790, www.cityofgp.com, Mo–Fr 8.30–16.30, Sa/So 10–16.30 Uhr, Eintritt Kinder bis 6 Jahre frei, 6–17 Jahre $ 3, Senioren/Erwachsene $ 4/$ 5, Familien $ 12.

Grande Prairie Museum

Das **Grande Prairie Museum**, auf dessen Gelände auch das historische Pionierdorf angesiedelt ist, befindet sich nur ein kurzes Stück weg von seinem Außenposten im Infozentrum. Es ist es idyllisch inmitten der Stadt am Eingang des **Muskoseepi Park** gelegen. Hier wird gezeigt, was der Stadt am Herzen liegt: die Geschichte und Kultur der ersten Siedler und die Anfänge von Grande Prairie. Das historische Dorf, **Heritage Village**, beherbergt eine Poststelle, eine Schule, eine

Blick auf den Muskoseepi Park in Grande Prairie

Feuerwehrstation, einen Laden und andere Gebäude sowie Ausstellungstücke aus der Gründerzeit. Auf dem Museumsgelände haben diese Zeitzeugen, denen der Abbruch an ihrem ursprünglichen Standort drohte, eine neue Heimat gefunden.
Grande Prairie Museum & Heritage Village, 102 Street/102 Avenue, Grande Prairie, AB T8V 7X9, ☎ 780-532-5482, www.cityofgp.com, Mo–Fr 8.30–16.30, Sa 10–16.30, So 12–16.30 Uhr, Eintritt Kinder bis 6 Jahre frei, 6–17 Jahre $ 3, Senioren/Erwachsene $ 4/$ 5, Familien $ 12.

Reisepraktische Informationen Grande Prairie

Information
Visitor Information Centre – Centre 2000, 11330-106 Street, Grande Prairie, AB T8V 7X9, ☎ 780-539-7688, www.gptourism.ca, Mo–Fr 8.30–16.30, Sa/So ab 10 Uhr.

Unterkunft
Gateway Motor Inn $$, 10923-100 Avenue, Grande Prairie, AB T8V 0S4, ☎ 780-532-8819, www.gatewaymotorinngp.com. Schlichte Unterkunft, 44 Zimmer, davon 15 mit Küchenzeile; zentrale Lage.
Pomeroy Inn & Suites $$$, 11710-102 Street, Grande Prairie, AB T8V 7S7, ☎ 780-831-2999, www.pomeroygrandeprairie.com. Im Zentrum der Stadt direkt am Highway nahe dem Einkaufszentrum gelegen. 152 sehr schöne Zimmer, guter Service.

Camping

Happy Trails Campground & Cabins, Township Road 722/Range Road 64, Grande Prairie, AB T8V 3A8, ☏ 780-814-6919, www.happytrailscampground.ca. 160 Plätze mit Strom/Wasser, Plätze sind auf offenen Feld (ohne Schatten) gelegen, Picknickmöglichkeiten im Schatten gegeben. Zum Campingplatz kommt man über den Highway 43 nach Norden, dem man aus der Stadt heraus bis zur Township Road 722 folgt, in die man nach links abbiegt; nach dem Abzweig zur Range Road 64 sieht man den Platz auf der linken Seite. Etwa 10 Min. außerhalb der Stadt.

Rotary Campground, 10747-108 Street, Grande Prairie, AB T8V 7T8, ☏ 780-532-1137, www.rotarycampground.com, Mai–Sept. geöffnet, direkt in der Stadt am Muskoseepi Park gelegen, 57 Plätze mit Strom/Wasser, kostenloses WiFi, Duschen.

Essen und Trinken

In Grande Prairie gibt es eine Vielzahl von Restaurants, etliche davon sind Filialen von **Restaurantketten**, die durch die Rundreise schon fast alte Bekannte sind. Auch einzigartige **Familienrestaurants** und Bars gibt es genügend, sowohl entlang des Highway 40 oder 43 als auch in der Innenstadt.

Grande Prairie Keg, 10532-100 Avenue, Grande Prairie, AB T8V 0V9, ☏ 780-539-6699, www.kegsteakhouse.com, tgl. 15–23 Uhr, Reservierungen nur So–Do möglich. Schönes Ambiente und köstliche Steaks.

Original Joe's, 10704-78 Avenue, Grande Prairie, AB T8W 0G9, ☏ 780-830-3775, www.originaljoes.ca. Kein Zutritt für Kinder unter 18 Jahren, ausgezeichnete Burger und Steaks. Sehr entspannte Atmosphäre.

Von Grande Prairie entlang der Northern Woods and Water Route und über den Grizzly Trail

Dieser Abschnitt der Rundreise führt zuerst nach High Prairie und dann entlang des Lesser Slave Lake an der **Northern Woods and Water Route** und schließlich auf dem Grizzly Trail nach Süden.

Man verlässt Grande Prairie auf dem Highway 43 Richtung Osten (AB-43 E) und folgt diesem für 110 km bis nach Valleyview. Etwa 95 km nach Grande Prairie hat man die Möglichkeit, am **Sturgeon Lake** eine Rast einzulegen. Hierzu biegt man vom Highway 43 nach links in Richtung Sturgeon Lake und Calais (beschildert) ab und folgt der Straße bis zum See. Hier befindet sich der **Williamson Provincial Park**, in dem man ein entspanntes Picknick direkt am See genießen kann.

Nur 15 km weiter kommt man bereits in **Valleyview** an, wo man ebenfalls zahlreiche Möglichkeiten zum Auftanken hat – nicht nur fürs Auto! Die Kleinstadt mit knapp 2.000 Einwohnern liegt an der Kreuzung der Highways 43 und 49. Der Highway 43 verläuft weiter in südliche Richtung, die Rundreise folgt dem Highway 49 nach Norden in Richtung High Prairie. Highway 49, auch **Spirit River Highway** genannt, führt

Von Grande Prairie entlang der Northern Woods and Water Route und über den Grizzly Trail

40 km durch die flache Prärie, danach für etwa 7 km durch bewaldete Hügel, wo der Highway den Little Smokey River überquert.

Insgesamt 47 km nach Valleyview zweigt Highway 2 Alt E nach rechts ab und führt als **Northern Woods and Water Route** nach **High Prairie**, das mit fast 3.000 Einwohnern ein merkliches Stück größer ist als Valleyview. High Prairie liegt am Rande des Big Lake Country, dem Gebiet um den Lesser Slave Lake; der See ist der größte in Alberta, mit einer Länge von 108 km und einer Breite von bis zu 19 km. Die Bevölkerung der unscheinbaren Kleinstadt lebt hauptsächlich von der Forst- und Landwirtschaft. Obwohl High Prairie nicht mit bekannten Sehenswürdigkeiten aufwartet, ist das Städtchen doch ein beliebter Ort für Touristen. Die ruhige Lage und die Nähe zum Freizeitziel Lesser Slave Lake in Kombination mit einer ausreichenden Auswahl an Unterkünften und Restaurants machen High Prairie zum attraktiven Stützpunkt.

High Prairie

Reisepraktische Informationen High Prairie

Information
Visitor Booth, *4828-53rd Avenue, High Prairie, AB T0G 1E0, Mai–Sept. Mo–Fr 10–16 Uhr.*

Unterkunft
Days Inn High Prairie $$, *4125-52nd Avenue, High Prairie, AB T0G 1E0, 780-523-3050, www.daysinn.com. Direkt am Highway 2 gelegen, schlichte aber saubere Zimmer, Personal sehr freundlich.*

Camping
High Prairie Elks Campground, *Highway 2, High Prairie, AB T0G 1E0, 780-523-3724. Mitte Mai–Sept. geöffnet, 37 Plätze mit Strom und Wasser, Duschen und kostenloses Feuerholz für Lagerfeuer. Am Ortsausgang Richtung Kinuso links des Highway.*

Essen und Trinken
The Boondocks Grill, *5023-53rd Avenue, High Prairie, AB T0G 1E0, 780-523-5544. Leckeres Essen zu günstigen Preisen, Restaurant direkt am Highway 2, sehr freundliches Personal, geöffnet für Mittag- und Abendessen.*
Entlang des **Highway 2 an der 53rd Avenue** *und etwas zurückversetzt an der* **52nd Avenue** *gibt es am Ortseingang eine große Auswahl von Restaurants und Bars.*

Weiterfahrt nach Westlock

Der erste Teil der Tagesetappe führt entlang der **Northern Woods and Water Route** von High Prairie nach Osten vorbei am beliebten **Lesser Slave Lake**. Etwa 35 km nach High Prairie weist zuerst ein blaues Schild am Straßenrand darauf hin, dass man sich in der Nähe des Sees befindet („Lakeshore"), kurz darauf zeigt ein grünes Schild an, dass man nach links in Richtung **Joussard** abbiegen kann. Man folgt der Range Road 134 für 3 km nach Joussard, zum sandigen Strand des Lesser Slave Lake.

Von Grande Prairie entlang der Northern Woods and Water Route und über den Grizzly Trail

Grizzly Trail bei Swan Hills

Nachdem man auf den Highway 2 zurückgekehrt ist, fährt man noch 40 km Richtung Osten und biegt dann nach rechts auf den **Highway 33** in südliche Richtung ab. Dieser Highway ist auch als **Grizzly Trail** bekannt und verläuft für 74 km bis **Swan Hills** durch die Einsamkeit des ehemaligen *Klondike Trail*.

Dichter Wald und rollende Hügel verschaffen Respekt für die Pioniere des Gold Rush, die sich damals auf Pferden oder zu Fuß den Weg durch dieses Gebiet in den Yukon bahnten. Nach Swan Hills fährt man noch weitere 75 km durch das Land der Grizzlys, bis man bei **Camp Creek** die Wälder hinter sich lässt und bis **Westlock** durch die weitgehend flache Prärie reist. Zu beachten ist, dass man ca. 97 km nach Swan Hills, wenn der Grizzly Trail (Highway 33) nach rechts Richtung Süden abbiegt, geradeaus auf dem **Highway 18 E** nach Osten weiterfährt, bis man Westlock erreicht.

Westlock

Die 5.000-Seelen-Stadt 85 km nördlich von Edmonton wurde wie viele Gemeinden auf der Route zu den Rocky Mountains erstmals Ende des 18. Jh. dokumentiert, als Forscher und Landvermesser die Gegend passierten. Erst über 100 Jahre später entstand eine Ansiedlung. Die Bevölkerungszahl lag bis in die 1950er-Jahre weit unter 1.000 Einwohnern, bis schließlich der Öl- und Gasboom in der Provinz auch Westlock ein rasches Wachstum bescherte.

Westlock Pioneer Museum

Heute wartet Westlock mit einer Mischung aus traditionsreicher Pioniergeschichte und moderner Gemeinde auf. Das Pionier Museum ist eine der Attraktionen, die sich auf die Tradition und Geschichte der Stadt konzentrieren. So erfährt man anhand historischer Gegenstände und Einrichtungen Interessantes über die ersten Siedler und das Leben der Einwohner. Das Museum ist direkt am Highway 18 gelegen, kurz vor der Kreuzung mit dem Highway 44.
Westlock Pioneer Museum, 10216-100 Street, Westlock, AB T7P 2P6, ☎ 780-349-4849, www.westlockmuseum.com, Ende Mai–Anfang Sept. tgl. 10–17 Uhr, Eintritt Kinder bis 5 Jahre frei, 6–17 Jahre $ 2, Erwachsene $ 5, Familien $ 10.

Canadian Tractor Museum

Eine weitere Sehenswürdigkeit, die sowohl die Vergangenheit als auch die Gegenwart würdigt, ist das Canadian Tractor Museum. Traktoren spielen durch den starken Einfluss der Landwirtschaft in der Gegend auch heutzutage eine große Rolle. Im Traktor-Museum sind über 200 restaurierte Traktoren zu sehen, so kann man etwa auch dampfbetriebene Traktoren bewundern. Am meisten beeindruckt aber das Ausstellungsstück, das man schon von Weitem erblickt: eine überdimensionierte 16 m hohe Wetterfahne, auf deren Spitze nicht etwa ein Hahn, sondern ein Traktor thront.

Traktormuseum

Canadian Tractor Museum, 9704-96th Avenue, Westlock, AB T7P 2P5, ☎ 780-349-3353, www.canadiantractormuseum.ca, Mitte Mai–Anfang Sept. tgl. 10–17 Uhr, Eintritt Kinder bis 6 Jahre frei, bis 12 Jahre $ 3, Erwachsene $ 6.

Reisepraktische Informationen Westlock

Information
Westlock Visitor Information Centre, im Museumsgebäude, 10216-100 Street, Westlock, AB T7P 2P6, ☎ 780-349-4849, www.westlock.ca, Ende Mai–Anfang Sept. tgl. 10–17 Uhr.

Unterkunft
Westlock Inn & Conference Centre $$$, 10411-100 Street, Westlock, AB T7P 2G7, ☎ 780-349-4483, www.westlockinn.com. Zentral am Highway gelegen, 62 Zimmer, sauber und komfortabel.
Ramada Westlock $$$, 11311-100 Street, Westlock, AB T7P 2R8, ☎ 780-349-2245, www.ramada.com. Am östlichen Ortsausgang direkt am Highway 18 gelegen. Sehr freundliches Personal, saubere Zimmer.

Camping
Mountie Park Campground, 96th Avenue, direkt gegenüber des Traktor-Museums, Westlock, AB. Hier ist keine Reservierung möglich. Zur Verfügung stehen 21 Plätze, fast alle haben Strom- und Wasseranschluss. Es gibt Gemeinschaftsduschen. Man registriert sich hier selbst, der Campingplatz ist nicht betreut, Ende Mai–Anfang Okt. geöffnet.

Essen und Trinken

Cattle N'Company Restaurant, 10520-100 Street, Westlock, AB, T7P 2C6, ☎ 780-349-4102, Restaurant im Best Western Hotel, tgl. ab 6.30 Uhr geöffnet, es gibt Frühstück, Mittag- und Abendessen.

Im **Hotel Westlock Inn & Conference Centre** (s. o.) ist ebenfalls ein Restaurant, in das man einkehren kann. Direkt neben dem Ramada Hotel findet man eine Filiale von Boston Pizza.

Von Westlock zum Strand am Sandy Lake und weiter nach Edmonton

Der Highway 44 S führt aus Westlock heraus nach Süden. Nach 40 km scheinbar unendlicher Prärie auf einem schnurgeraden Highway biegt man nach rechts auf den Highway AB-642 W. Nach etwa 13 km überquert man den **Sandy Lake**. Kurz bevor man auf den Damm fährt, kann man nach rechts in den Lakeshore Drive abbiegen – und einen Tag am kanadischen Strand verbringen! Der öffentliche Sandstrand bietet Picknickbänke (teils überdacht), Toiletten und einen Bootssteg. Mit dem Picknickproviant sollte man sich bereits vor der Abfahrt in Westlock eindecken, da die Einkaufsmöglichkeiten begrenzt sind. Der Strand ist bei den Einheimischen sehr beliebt und ist auf der Rundreise sicher eine fantastische Gelegenheit für einen Ruhetag, bevor man sich in das Großstadtleben von Edmonton stürzt.

See mit Sandstrand

Hinweis

275 km nördlich vom Sandy Lake gibt es einen gleichnamigen See in den Pelican Mountains, an dessen Ufer eine kleine Gemeinde liegt, die ebenfalls Sandy Lake heißt. Wer die Route in das Navigationssystem des Mietwagens eingibt, sollte überprüfen, ob der Strand in der Nähe von Edmonton als „Sandy Beach" oder „Sandy Lake" gelistet ist.

Vom Strand aus biegt man nach rechts auf den AB-642 W und nach weiteren 3 km nach links auf die Range Road 13. Nachdem diese Nebenstraße nach nur 2 km unterbrochen ist, folgt man dem Verlauf nach links auf die Township Road 554A, die nach weniger als 1 km nach rechts in die Range Road 12 übergeht. Nach knapp 4 km ist man zurück auf der Range Road 13, der man folgt, bis sie auf den Highway 37 trifft, auf den man nach links auffährt. Dem Highway 37 folgt man für etwa 30 km nach Osten, bis zur Kreuzung mit dem Highway 2, der Richtung Süden direkt nach St. Albert führt.

St. Albert

Die 60.000-Einwohner-Stadt, die weniger als 20 km vom Zentrum Edmontons entfernt liegt, ist Heimat des ältesten Gebäudes in Alberta. Die **Father Lacombe Chapel** ist als *Provincial Heritage Site* anerkannt und wurde komplett restauriert. Wer sich nicht in den Rummel Edmontons stürzen will, kann St. Alberta zum Ausgangspunkt der Erkundungen machen und auch mit öffentlichen Verkehrsmitteln nach Edmonton gelangen.

Reisepraktische Informationen St. Albert

Information
Visitor Centre, 71 St. Albert Trail (Hwy. 2), St. Albert, AB T8N 6L5, ☎ 780-459-1631, www.visitstalbert.com, Mo–Fr 8–17 Uhr.

Father Lacombe Chapel, St. Albert

Unterkunft
Best Western Plus $$$, 460 St. Albert Trail, St. Albert, AB T8N 5J9, ☎ 780-470-3800, www.bestwestern.com. 90 Zimmer, ebenfalls am Highway 2 gelegen, in der Nähe des Sturgeon River. Hier trifft man auf das gewohnte Business-Ambiente der Best-Western-Hotels.
St. Albert Inn & Suites $$$$, 156 St. Albert Trail, St. Albert, AB T8N 6L5, ☎ 780-459-5551, www.stalbertinn.com. Gediegen und komfortabel, absolut sauber; zentral am Highway 2 gelegen.

Camping
St. Albert Kinsmen RV Park, 47 Riel Drive, St. Albert, AB T8N 3Z2, ☎ 888-459-1724, www.stalbertkinsmen.ca. Etwa 5 km außerhalb der Stadt, Richtung Westen auf dem Highway 16, dann weiter westlich auf dem Riel Drive. Vorhanden sind 93 Stellplätze, Strom, Wasser und Abwasseranschlüsse, Duschen und WiFi.

Essen und Trinken
St. Albert hat über 80 Restaurants, man ist hier bestens versorgt. Die vorgestellten **Hotels** (s. o.) verfügen über angeschlossene Restaurants. Und auch sonst muss man nicht lange fahren oder laufen, um fündig zu werden. Von den bekannten Ketten wie Boston Pizza bis zu Bars und Nachtclubs ist für jeden Geschmack etwas dabei.

Verkehrsmittel
Informationen zu den **öffentlichen Verkehrsmitteln,** auch mit Anbindung nach Edmonton, unter www.stalbert.ca/transit.

Hinweis

Wer nicht mit öffentlichen Verkehrsmitteln nach **Edmonton** fahren will, folgt dem Highway 2 für 10 km bis in die Innenstadt. Edmonton ist die letzte Station der Rundreise. Beschreibungen der Sehenswürdigkeiten sowie Reisepraktische Informationen ab S. 321.

8. VON EDMONTON AUF DEM MACKENZIE HIGHWAY IN DIE NORTHWEST TERRITORIES BIS YELLOWKNIFE

Von Edmonton nach Yellowknife – Überblick und Streckenvariante

Überblick und Streckenvariante

Edmonton ist der Ausgangspunkt dieser Rundreise, die in großen Teilen durch atemberaubende Natur und totale Einsamkeit bis nach Yellowknife führt. Vor allem in den Northwest Territories ist der Highway, auf dem man fährt, oft die einzige Straße – und noch dazu meist nicht geteert. Die Route kann man in drei Wochen gut abfahren und es empfiehlt sich, dies mit einem Wohnmobil zu tun. Durch die teilweise extrem spärliche Besiedlung der nördlichsten Teile Albertas und der Northwest Territories sind Hotels und Restaurants oft rar. Ein Wohnmobil bietet in diesem Fall die Flexibilität, die den Urlaub zum unvergesslichen Erlebnis machen kann.

Edmonton

Edmonton, als Kanadas *Festival City* bekannt, ist die Hauptstadt der Provinz Alberta. Zwar wurde Edmonton erst 1892, acht Jahre später als Calgary, als Stadt eingemeindet, die Anfänge der Ansiedlung gehen jedoch bis ins ausgehende 18. Jh. zurück. Wie viele Orte im Westen Kanadas fand auch Edmonton seinen Anfang als Handelsposten der *Hudson's Bay Company*. 1795 gegründet, entwickelte sich der Posten durch die zentrale Lage schnell zum Handelszentrum und Ausgangspunkt für den Handel mit den nördlichen Regionen. Als Edmonton 1892 offiziell Geburtstag feierte, lag die Einwohnerzahl bei 700, durch den Gold Rush des späten 19. Jh. war diese bis 1904 bereits auf 8.350 angewachsen. 1905 wurde Alberta zur Provinz und Edmonton zur Hauptstadt erklärt.

 Ein Programm dieser Route könnte so aussehen

1.–4. Tag: Edmonton
5. Tag: Edmonton – Mayerthorpe – Whitecourt – Fox Creek(265km)
6. Tag: Fox Creek – Valleyview – Peace River (230 km)
7. Tag: Peace River und Umgebung
8. Tag: Peace River – Manning(100 km)
9. Tag: Manning – High Level (200 km)
10. Tag: High Level – Enterprise (280 km)
11. Tag: Enterprise – Hay River (40 km)
12. Tag: Hay River – Fort Smith (260 km)
13. Tag: Fort Smith
14.–15. Tag: Wood Buffalo National Park
16. Tag: Fort Smith – Enterprise (300 km)
17. Tag: Enterprise – Fort Providence (130 km)
18. Tag: Fort Providence – Yellowknife (330 km)
19.–21. Tag: Yellowknife

Redaktionstipps

▶ Im **Elk Island National Park** den Sternenhimmel der Dark Sky Preserve bewundern (S. 327).
▶ Einkaufen in der **West Edmonton Mall** (S. 329).
▶ Im Visitor Centre des **Sixtieth Parallel Territorial Park** eine Urkunde ausstellen lassen, dass man den 60. Breitengrad Nord überquert hat (S. 342).
▶ Entlang des Hay River Canyon zwischen **Alexandra Falls** und **Louise Falls** wandern (S. 342).
▶ Büffel im **Wood Buffalo National Park** beobachten (S. 350).

Dank reger Zuwanderung und trotz gelegentlicher Abwanderung ist Edmonton mittlerweile auf rund 812.000 Einwohner angewachsen. Im Einzugsgebiet der Stadt leben sogar knapp 1.160.000 Menschen, was Edmonton zur **nördlichsten Millionenmetropole** in Nordamerika macht.

Obwohl die Metropole seit der Entdeckung von beträchtlichen Erdölvorkommen (1947) die Ölhauptstadt Kanadas ist – **Oil Capital of Canada** – lässt sich Edmonton jedoch nicht auf diesen Wirtschaftszweig reduzieren. Sport, Landwirtschaft, Handel und Forschung gehören ebenfalls zur Mischung. So ist Edmonton etwa seit den 1970er-Jahren Heimat der Hockeymannschaft *Edmonton Oilers* und auch die University of Alberta mit einem international bekannten Forschungszentrum ist hier beheimatet. Die sprichwörtliche kanadische Bescheidenheit verhindert normalerweise allzu große Demonstrationen der eigenen Errungenschaften, die Stadt Edmonton rühmt sich aber zu Recht damit, in einigen Dingen Vorreiter – bisweilen sogar für Nordamerika – zu sein. Die erste Stadt in Nordamerika mit einem Telefonnetz ohne Vermittlung; der erste kommerzielle Flug in Alberta; die erste Polizistin Kanadas; die erste Provinz, die den Ureinwohnern das Wahlrecht zugestand; die erste Luftpostzustellung Kanadas und die erste Moschee in Kanada – dies ist nur eine Auswahl der außergewöhnlichen Errungenschaften.

Als Tor zum Norden Kanadas ist Edmonton ein idealer Ausgangspunkt für diese Rundreise. Trotz Großstadtatmosphäre ist der Pioniergeist deutlich zu spüren und die großzügig angelegten Parks der Stadt lassen an manchen Stellen bereits die Einsamkeit und Freiheit erahnen, von denen die Reiseroute geprägt ist.

Sehenswürdigkeiten

Alberta Aviation Museum (1)

Bedeutung der Luftfahrt

Das Alberta Aviation Museum liegt nicht nur im Herzen der Innenstadt, sondern ist für die Einwohner auch eine Herzensangelegenheit. Die Luftfahrt spielt in Edmonton bereits seit den 1930er-Jahren eine große Rolle, als sich die Stadt zum Transportzentrum für den Norden entwickelte. Durch die großen Entfernungen und das bis zum heutigen Tage spärliche Straßennetz in den nördlichen Teilen Albertas und in den Northwest Territories setzte sich das Flugzeug als vorrangiges Transportmittel durch, um Versorgung und Verpflegung sicherzustellen. Im Jahr 1943 wurde der Flughafen in der Innenstadt sogar zum nordamerikanischen Rekordhalter – innerhalb eines einzigen Tages starteten und landeten 860 Flugzeuge auf **Blatchford Field** (dem heutigen City Centre Airport), wo das Museum heute seinen Platz in einem Hangar gefunden hat. Es sind über 30 Flugzeuge ausgestellt, vom abenteuerlich anmutenden Propeller-

Edmonton – Sehenswürdigkeiten

flugzeug von 1918 bis zu modernen Jets. Für den Museumsbesuch sollte man mindestens drei Stunden einplanen.
Alberta Aviation Museum, 11410 Kingsway Avenue, Edmonton, AB T5G 0X4, ☏ 780-451-1175, www.albertaaviationmuseum.com, Mo–Fr 10–17, Sa/So bis 16 Uhr, Eintritt Kinder bis 5 Jahre frei, 6–12 Jahre $ 6, Jugendliche $ 7, Erwachsene/Sen. $ 10/$ 8, Familien $ 25.

Royal Alberta Museum (2)

Nur wenige Minuten vom Aviation Museum entfernt liegt das Royal Alberta Museum. Das im Dezember 1967 eröffnete Haus ist als eines der bedeutendsten Museen in Kanada bekannt. Mit über zehn Millionen Ausstellungsstücken ist es außerdem eines der größten Museen des Landes, das etwa mit den Fossilien eines kompletten Rudels von Präriehunden aufwartet.

Insektenausstellung

Bis 1990 war der Eintritt ins Museum kostenlos und die Erhaltung der Ausstellungen nur durch Spenden möglich. Nach der Einführung von Eintrittsgebühren setzte die Museumsstiftung mit Erfolg auf Sonderausstellungen, um die Besucherzahl zu steigern. So wurde z. B. im Sommer 1993 der **Bug Room** eröffnet, die erste Ausstellung ihrer Art im Westen Kanadas. In dieser Insektenausstellung sind nicht nur präparierte Exemplare zu sehen, sondern auch mehrere hundert lebende Insekten, die man aus nächster Nähe beobachten kann. Terrarien sind die Heimat der stetig wachsenden Bewohnerschaft, die u. a. Skorpione, Spinnen und exotische Kakerlaken umfasst. Ein Besuch kombiniert mit den Aviation Museum ist abwechslungsreich und tagesfüllend.

Royal Alberta Museum, *12845-102 Avenue, Edmonton, AB T5N 0M6, ☏ 780-453-9100, www.royalalbertamuseum.ca, tgl. 9–17 Uhr, 24., 25. Dez. geschl., Eintritt Kinder bis 6 Jahre frei, 7–17 Jahre $ 5, Erwachsene/Senioren $ 11/$ 8, Familien $ 28.*

Fort Edmonton Park (3)

Fort Edmonton – zurück zu den Anfängen der Stadt

Fort Edmonton Park, südöstlich der Innenstadt gelegen, bietet die Möglichkeit, hautnah in die frühe Geschichte der Stadt einzutauchen – im größten *Living History Museum* des Landes. Auf über 64 ha kann man das Stadtleben von Edmonton in vier verschiedenen Zeitepochen erleben. In die Ära von 1914 bis 1929 taucht man ein, sobald man den Park betritt. Die Zeit nach der Prohibition in den 1920er-Jahren war eine Phase des rasanten Wachstums und Wandels. Frauen erhielten das Wahlrecht, Autos wurden Teil des Straßenbilds und der erste kommunale Flughafen Kanadas – Blatchford Field – wurde eröffnet.

Zeitreise

Die „Zeitzone" **1905 Street** stellt die Epoche von 1892 bis 1914 dar. Anfang des 20. Jh. wuchs Edmonton durch den Bau der Eisenbahnstrecke Calgary–Edmonton auf über 72.000 Einwohner an. Straßen wurden gepflastert, Häuser konnten mit Strom versorgt werden und die Bauindustrie boomte, bis die große Depression 1913 dem bunten Treiben ein jähes Ende setzte.

Noch einen Schritt weiter zurück in der Geschichte Edmontons geht die *Settlement Era*, die auf der **1885 Street** dargestellt wird. Hier werden Besucher zurückversetzt in die Zeit der Planwagen und Saloons, als Edmonton aus wenigen Gebäuden bestand und der Prärewind die *Tumbleweeds* durch die staubigen Straßen blies.

Mit der historischen Dampflok oder als Teil des Rundgangs erreicht man letztendlich das Fort, den ursprünglichen Handelsposten, der die Zeit von 1795 bis 1870 repräsentiert. Hier erlebt man die Anfänge der Siedlung, spürt den Pioniergeist und sieht die sog. *York Boats*, mit denen die Handelswaren und Pelze auf dem North Saskatchewan River transportiert wurden. Ein einmaliges Erlebnis, für das man ohne Weiteres einen ganzen Tag einplanen kann.

Fort Edmonton Park, *Fox Drive & Whitemud Drive, Edmonton, AB T5J 2R7, ☏ 780-496-7381, www.fortedmontonpark.ca, Ende Mai–Juni Mo–Fr 10–16, Sa/So 10–18, Ende Juni–Aug. tgl. 10–18, Sept. Sa/So 11–17 Uhr, Eintritt Kinder/Senioren $ 13,55, Erwachsene $ 18,15, Familien $ 63,55.*

John Janzen Nature Centre (4)

In direkter Nachbarschaft des Fort Edmonton Park liegt das John Janzen Nature Centre. Der große Parkplatz vor dem Fort ist für die Besucher beider Sehenswürdigkeiten gedacht. Der Eingang zum Nature Centre befindet sich linker Hand vor dem Eingang zum Park. Die Flora und Fauna der Gegend um und in Edmonton kann hier von Jung und Alt erforscht und erlebt werden. Ob bei Spaziergängen auf den angelegten Pfaden oder beim Erkunden des frisch renovierten Naturkundehauses – ein Besuch des Nature Centres lässt zwei Stunden im Nu verfliegen und ist eine gute Ergänzung zum Besuch des Fort Edmonton Parks.

Lokale Flora und Fauna

John Janzen Nature Centre, *Fox Drive & Whitemud Drive, Edmonton, AB T5J 2R7, ☏ 780-442-5311, www.edmonton.ca/johnjanzen, tgl. 10–17 Uhr, Fei und in der Weihnachtswoche 11–16 Uhr (z. T. wechselnde Zeiten, aktuelle Details im Internet), Eintritt $ 6,50, Familien $ 13.*

Muttart Conservatory (5)

Im östlichen Teil der Innenstadt, direkt am North Saskatchewan River, befindet sich das Muttart Conservatory. Die vier Glaspyramiden, von denen drei unterschiedliche Klimazonen repräsentieren und eine wechselnde Ausstellungen zeigt, prägen seit 1976 die Skyline von Edmonton. Dschungel, Wüste und Regenwald bieten eine ganzjährige Oase der Stille mitten in der Stadt. Die sog. **Feature Pyramid**, die Besucher bis zu siebenmal im Jahr mit wechselnder Blütenpracht erfreut, bietet botanische Ausstellungen zu jahreszeitlichen Themen. Die Tour durch die Gärten in den Glaspyramiden dauert etwa zwei Stunden und ist besonders im Licht der Vormittagssonne zu empfehlen.

Vier Glaspyramiden

Muttart Conservatory, *9626-96A Street, Edmonton, AB T6C 4L8, ☏ 780-442-5311, www.muttartconservatory.ca, Mo–Mi, Fr 10–17, Do 10–21, Sa/So 10–17 Uhr, Fei geschl., Eintritt Kinder 2–12 Jahre $ 6,50, 13–17 Jahre/Sen. $ 10,60, Erwachsene $ 12, Familien $ 36,50.*

Rutherford House Provincial Historic Site (6)

Auf dem Gelände der University of Alberta, ebenfalls am North Saskatchewan River gelegen, befindet sich die Rutherford House Provincial Historic Site. 1911 wurde das aus Ziegelstein erbaute Anwesen das Zuhause des ersten Premierministers der Pro-

Downtown Edmonton mit den Glaspyramiden des Muttart Conservatory

vinz Alberta, Mr. Alexander Rutherford. Mr. Rutherford residierte im Anwesen auf dem Campus bis 1939 und war nach seiner Amtszeit als Premierminister auch Rektor der Universität von 1927 bis zu seinem Tod im Jahr 1941. Die Uni lag ihm sehr am Herzen und er machte seine umfangreiche Bibliothek im Rutherford House auch seinen Studenten zugänglich.

1939 wurde das Haus an eine der Studentenverbindungen verkauft und als Wohnheim für deren Mitglieder genutzt. Als die Universität über die Jahre immer weiter wuchs und der Campus erweitert wurde, fiel das Anwesen fast der Abbruchbirne zum Opfer. Gerettet durch den Einsatz des *University Women's Club* wurde das Rutherford House schließlich 1974 als *Provincial Historic Site* eröffnet. Heute kann man das restaurierte Haus in Eigenregie oder im Rahmen einer geführten Tour erkunden und sich von den Anekdoten über die Geschichte des Hauses unterhalten lassen.

Rutherford House Provincial Historic Site, *11153 Saskatchewan Drive, Edmonton, AB T6G 2S1, ☎ 780-427-3995, www.rutherfordhousehistoricsite.org, Ende Mai–Anfang Sept. tgl. 10–17, Sept.–Mitte Mai Di–So 12–17 Uhr, Eintritt Kinder bis 6 Jahre frei, 7–17 Jahre/Senioren $ 3, Erwachsene $ 4, Familien $ 12.*

Elk Island National Park (7)

Wildschutzgebiet

Etwa 35 km außerhalb von Edmonton gelegen und sicher einen Tagesausflug wert ist der Elk Island National Park. Die beste Zeit für einen Besuch des Parks ist zwischen Mitte Mai und Anfang Sept., wenn das Visitor Information Centre geöffnet ist. Der Park, der 1906 zum Wildschutzgebiet erklärt wurde, war der erste seiner Art in Kanada. Noch heute kann man hier Herden von wilden Büffeln und Wapitis beobachten. Das Gebiet ist außerdem Heimat des größten und kleinsten Säugetiers in Kanada: dem Büffel und der Zwergspitzmaus.

Beaver Hills Dark Sky Preserve

Das Gebiet des Elk Island National Park ist Teil der **Beaver Hills Dark Sky Preserve**. In Kanada gibt es sieben dieser Schutzgebiete, die keine Lichtverschmutzung erlauben und somit spektakuläre Blicke auf den Sternenhimmel ermöglichen. Ohne den Einfluss von künstlich erzeugtem Licht kann man hier in absoluter Dunkelheit Sternbilder und die Milchstraße mit bloßem Auge deutlich erkennen. Den Sternenhimmel der Dark Sky Preserves im Schein eines Lagerfeuers sehen – ein unvergessliches Erlebnis!

Der Highway 16 Richtung Osten, der durch Edmonton verläuft, führt durch den Park und der **Elk Island Parkway** zweigt ca. 7 km, nachdem man die Grenzen des Nationalparks überquert hat, in Richtung Norden ab.

Am **Visitor Information Centre**, das ca. 1 km nördlich des Highways liegt, kann man sich mit detaillierten Karten und Broschüren über die Freizeitmöglichkeiten des Parks eindecken. Verschiedene **Rundwanderwege** (3–16 km Länge) laden zum Erkunden ein. Die **Bison Loop Road** bietet die beste Gelegenheit, einen Blick auf die Büffelherden zu erhaschen.
Elk Island National Park, *Site, 4 RR 1, Fort Saskatchewan, AB T8L 2N7, ☎ 780-922-5790, www.pc.gc.ca/elkisland, Park ganzjährig geöffnet, Visitor Information Centre Mitte Mai–Anfang Sept. Do–Mo 10–17 Uhr, Parkeintritt Kinder bis 5 Jahre frei, 6–16 Jahre $ 3,90, Senioren $ 6,80, Erwachsene $ 7,80, Familien $ 19,60.*

Reisepraktische Informationen Edmonton

Information
Visitor Information Downtown, *West Shaw Building, 9797 Jasper Avenue NW, Edmonton, AB T5J 1P7, ☎ 780-401-7696, www.edmonton.com, Mo–Fr 9–17, Juli/Aug. auch Sa 9–17 Uhr.*
Visitor Information Gateway Park, *Queen Elizabeth II Highway, 2404 Gateway Boulevard SW, Edmonton, AB T6W 1A1, ☎ 780-496-8400, www.edmonton.com, Mitte Mai–Anfang Sept. Mo–Fr 8.30–16.30, Sa/So 9–17 Uhr, Sept.–Mitte Mai So geschl., 24.–26., 31. Dez., 1. Jan., Ostersonntag geschl.*

Notfall
Notruf: ☎ 911
Polizei: ☎ 780-423-4567
Ambulanz/Feuerwehr: ☎ 780-496-3800

Unterkunft
Travelodge Edmonton South $$$, *10320-45 Ave. S, Edmonton, AB T6H 5K3, ☎ 780-436-9770, www.travelodge.ca. Schlicht, aber sauber, im Süden der Stadt gelegen, Nähe Fort Edmonton Park. Frühstück inklusive.*
Alberta Place Suite Hotel $$$ (1), *10049-103 Street, Edmonton, AB T5J 2W7, ☎ 780-423-1565, www.albertaplace.com. Im Herzen der Innenstadt gelegen, zwischen dem*

Rathaus und Parlamentsgebäude. Geboten werden saubere Zimmer mit Küche. Freundliches Personal.
West Edmonton Mall Inn $$$ (3), 17504-90 Avenue, Edmonton, AB T5T 6L6, ☎ 780-444-9378, www.weminn.com. *Etwa 15 Min. außerhalb der Innenstadt Richtung Westen, direkt an der berühmten West Edmonton Mall. Die Standardzimmer sind sauber und zweckmäßig eingerichtet.*
Chateau Lacombe $$$$ (2), 10111 Bellamy Hill, Edmonton, AB T5J 1N7, ☎ 780-428-6611, www.chateaulacombe.com. *Sehr gediegenes Hotel der gehobenen Klasse, zentral in der Innenstadt gelegen. Ausgezeichneter Service.*

Camping

Rainbow Valley Campground, 119th Street, Ecke Whitemud Drive, Edmonton, AB T6R 2V4, ☎ 780-434-5531, www.rainbow-valley.com, *41 Plätze mit Stromanschluss, 44 Plätze ohne Service; kein Anschluss an fließendes Wasser, aber einmalig schön in der Stadt gelegen, viele schattige Stellplätze.*
Shakers Acres RV Campground, 21530-103 Avenue, Edmonton, AB T5S 2C4, ☎ 780-447-3564, www.shakersacresrvpark.com. *Am westlichen Stadtrand gelegen, 160 Stellplätze mit Strom-, Wasser- und Abwasseranschluss.*

Essen und Trinken

Restaurants mit Küchen aus aller Welt sind in Edmonton vertreten, hier eine Auswahl an typisch kanadischen Restaurants und Steakhäusern:
Hardware Grill (2), 9698 Jasper Avenue, Edmonton, AB T5H 3V5, ☎ 780-423-0969, www.hardwaregrill.com. *Etwas gehobene Preise, aber sehr leckere und ausgefallene Gerichte. Mittagstisch Mo–Fr 11.30–14 Uhr, Abendessen Mo–Fr 17–21.30, Sa 17–22 Uhr, So geschl.*
Highlevel Diner (3), 10912-88 Avenue, Edmonton, AB T6G 0Z1, ☎ 780-433-1317, www.highleveldiner.com. *Ganz in der Nähe der Universität gelegen. Das Diner bietet deftige und leckere Kost zu ordentlichen Preisen; sehr beliebt, deshalb meist Wartezeiten! Geöffnet Mo–Do 7.30–22, Fr 7.30–23, Sa 8.30–23, So 8.30–21 Uhr.*
Blue Plate Diner (1), 10145-104 Street, Edmonton, AB T5J 1A7, ☎ 780-429-0740, www.blueplatediner.ca. *Frisch, innovativ und originell – kanadische Küche vom feinsten. Tgl. für Mittag- und Abendessen; zentral in der Innenstadt gelegen.*

Nachtleben

Wie in Calgary gibt es in Edmonton eine Reihe von **Casinos**, *in denen man das Nachtleben genießen kann. Eines der bekanntesten Casinos der Stadt ist direkt in der West Edmonton Mall zu finden. Sowohl in der Innenstadt als auch im Bereich der Universität muss man auch nicht lange suchen, um die eine oder andere gemütliche Kneipe zu entdecken.*
Palace Casino at West Edmonton Mall, 8882-170 Street, Edmonton, AB T5T 4J2, ☎ 780-444-2112, www.palacecasino.com, *tgl. 9–3 Uhr. Zutritt ab 18 Jahren.*

Feste und Veranstaltungen

Edmonton ist die Festival City Kanadas, also muss man nicht lange auf das nächste Festival warten. Zwölf Monate im Jahr werden Feste der Spitzenklasse veranstaltet, hier eine Auswahl der Festivals, die in den Sommermonaten stattfinden:
The Works Art & Design Festival – www.theworks.ab.ca, *Ende Juni/Anfang Juli verwandelt dieses Fest die Innenstadt Edmontons in die größte Kunstgalerie Kanadas – im Freien!*

Edmonton & Northern Alberta Historic Festival – www.historicedmonton.ca. Das Festival im Juli feiert die Geschichte und Pioniere Edmontons. Eine Besonderheit des Festivals ist „Doors Open Edmonton", dabei werden architektonisch besondere Gebäude in und um Edmonton der Bevölkerung zugänglich gemacht und kostenlose geführte Touren angeboten.
Edmonton International Street Performers Festival – www.edmontonstreetfest.com. Jedes Jahr im Juli findet dieses Straßenfest statt, das der Theaterkunst gewidmet ist. Das Festival ist Kanadas ältestes Fest dieser Art.
Taste of Edmonton – www.eventsedmonton.ca. Ein kulinarisches Highlight! Die besten Restaurants in Edmonton öffnen alljährlich im Juli ihre Türen zum Probieren. Besondere Speisekarten mit Minigerichten geben den Besuchern die Möglichkeit, die Speisekarte tatsächlich „rauf und runter" zu bestellen.
Edmonton Dragon Boat Festival – www.edbfa.com. Im August wird die chinesische Bevölkerung gefeiert, u. a. mit Drachenbootrennen auf dem North Saskatchewan River.
Symphony under the Sky – www.edmontonsymphony.com. Anfang September findet dieser Ohrenschmaus statt. Das Symphonieorchester der Stadt gibt Konzerte im Freien und verwöhnt die Zuhörer mit Klassik, Filmmusik und Country!

Einkaufen

Einkaufsmöglichkeiten gibt es in Edmonton genug, eine ganz besondere ist aber die **West Edmonton Mall.** Das Einkaufszentrum der Superlative ist das größte in Nordamerika und man könnte dort sicher eine ganze Woche verbringen. Die Mall umfasst eine Fläche von fast 600.000 m² und beherbergt über 800 Ladengeschäfte, zwei Hotels, einen Vergnügungspark und das weltweit größte überdachte Wellenbad.
Wer nur einen Tag Zeit hat, sollte sich vor Besuch des Einkaufszentrums auf der Internetseite das „Store Directory & Maps" genau ansehen. Die Mall ist so riesig, dass man an einem Tag nur einen Bruchteil ansehen kann und sich außerdem leicht verlaufen kann.
West Edmonton Mall, 1755, 8882-170 Street, Edmonton, AB T5T 4J2, ☎ 780-444-5321, www.wem.ca, Mo–Fr 10–21, So 11–18 Uhr, Vergnügungspark und einzelne Attraktionen in der Mall haben separate Öffnungszeiten, einzusehen auf der Internetseite.

Bootstour auf dem North Saskatchewan River, Edmonton

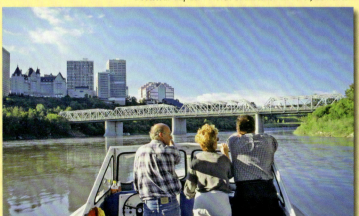

✈ Verkehrsmittel: Flughafen

Edmonton International Airport (YEG), 1-1000 Airport Road, Edmonton, AB T9E 0V3, ☏ 780-890-8900, www.flyeia.com. Südlich der Stadt direkt am Queen Elizabeth II Highway. Zwei verschiedene Ebenen trennen Abflug- und Ankunftshalle, auf Ebene 2 (Abflug) steht eine ausreichende Auswahl an Einkaufsmöglichkeiten und Restaurants zur Verfügung.

Autovermietungen, Shuttle-Busse und **Taxis** finden sich an den Ausgängen der Ankunftshalle.

City Centre Airport (YXD), 121-Street NW, Edmonton, AB T5G 0X4, ☏ 780-890-8900. Flughafen im östlichen Teil der Stadt. Er wird aufgrund von Lärmschutz nur von kleineren Charterflugzeugen und Privatflugzeugen genutzt.

🚆 Zug

Via Rail, Edmonton Train Station, 12360-121 Street NW, Edmonton, AB T5L 5C3, ☏ 888-842-7245, www.viarail.ca. Service von Edmonton nach Toronto oder Vancouver, ein- bis mehrtägige Fahrten; Schlafwagen oder auch nur 2. Klasse mit Sitzplatz möglich.

🚌 Bus (Fernverkehr)

Greyhound, Edmonton Bus Depot 1, 10324-103rd Street, Edmonton, AB T5Y 0Y9, ☏ 780-420-2400, www.greyhound.ca. Streckennetz umfasst ganz Kanada, Busse verkehren fast rund um die Uhr.

🚌 Nahverkehr

Edmonton hat ein gut ausgebautes Netz an öffentlichen Verkehrsmitteln, das bis über die Stadtgrenzen hinausreicht. **Busse** und die **LRT (Light Rail Transit)**, eine Art S-Bahn, transportieren täglich über 90.000 Fahrgäste in einem Verbundnetz, das 700 km² umfasst.

Edmonton Transit System, Customer Service Office, Churchill LRT Station, 99th Street & 102A Avenue, Edmonton, AB, ☏ 780-496-1600, www.takeets.com.

Fahrkarten gibt es an insgesamt 230 Verkaufsstellen sowie online auf der Internetseite des Edmonton Transit System. Es befinden sich außerdem Fahrkartenautomaten in jeder LRT-Haltestelle; Kinder bis 5 Jahre fahren in Begleitung eines Erwachsenen kostenlos, Einzelfahrkarten für Kinder/Jugendliche, Erwachsene und Senioren $ 3,20, Tageskarten jeweils $ 9.

Von Edmonton in die Peace River Region

Edmonton lässt man auf dem Highway 16 Richtung Westen hinter sich und taucht sogleich in die Weiten der Prärie ein. Nach etwa 45 km zweigt der Highway AB-43 N nach rechts in Richtung Whitecourt/Grande Prairie/Peace River ab. 25 km weiter hat man die Möglichkeit, am **Lac St. Anne** in idyllischer Umgebung zu picknicken. Entlang des Sees befindet sich eine Reihe von kleinen Sommersiedlungen, wie Gunn, Yellowstone und Ross Haven. Nach **Yellowstone** gelangt man, indem man vom Highway 43 nach links auf die Range Road 33 abbiegt, das Ufer des Sees ist von hier aus weniger als 1 km entfernt.

Zurück auf dem Highway 43 fährt man noch 60 km bis **Mayerthorpe**, das die letzte Ansiedlung entlang des nördlichen Cowboy Trail ist.

Polizistenmord in Mayerthorpe

Die Kleinstadt Mayerthorpe an der Kreuzung des Cowboy Trail mit Highway 43 ist im ganzen Land für die tragischen Ereignisse im März 2005 bekannt. Vier Polizisten der RCMP (*Royal Canadian Mounted Police*, auch *Mounties* genannt) waren zur Ranch von James Roszko gerufen worden, um einem Gerichtsvollzieher bei der Beschlagnahmung eines Fahrzeugs zu assistieren. Nachdem James Roszko mit dem Fahrzeug geflohen war, wurde die Ranch durchsucht und neben Diebesgut auch illegale Drogen gefunden.

Als die Polizisten am folgenden Tag zurückkamen, um die Durchsuchung abzuschließen, wurden sie von Mr. Roszko, der über Nacht zu seinem Anwesen zurückgekehrt war, aus dem Hinterhalt erschossen. Der Tod der vier Polizisten war der größte Verlust, den die RCMP in ihrer hundertjährigen Geschichte zu beklagen hatte.

Das **Fallen Four Memorial**, das zu Ehren der vier Polizisten errichtet wurde, kann heute in Mayerthorpe besichtigt werden.

Der Highway 43 führt weiter in nördliche Richtung nach Whitecourt. Kurz nach Mayerthorpe verlässt man die endlose Prärie und fährt einen Großteil der 43 km nach Whitecourt durch bewaldete, rollende Hügel.

Whitecourt

Die stattliche Kleinstadt geht wie so viele andere Siedlungen auf einen Handelsposten der *Hudson's Bay Company* von Ende des 19. Jh. zurück. Heute zählt Whitecourt fast 10.000 Einwohner. Es liegt am Zusammenfluss des Athabasca River und McLeod River und gilt als Mekka für Angler und Jäger.

Direkt am Ortseingang liegt linker Hand die **Tourist Information Booth**, die ganzjährig geöffnet ist. Dort kann man sich von den sehr freundlichen Mitarbeitern nicht nur mit Land- und Wanderkarten der Gegend versorgen lassen. Hier werden in den Sommermonaten auch geführte Touren durch den **Heritage Park** organisiert, wo die Ursprünge der Gemeinde liegen. Dabei erfährt man Interessantes über die Geschichte der ersten Siedler und deren Abenteuer.

Geführte Touren

Tourist Information Booth im Forest Interpretive Centre, 3002-33 Street, Whitecourt, AB T7S 1N6, ☏ 780-778-3433, www.rubored.ca, Mitte Juni–Anfang Sept. Mo–Fr 8.30–18, Sa/So, Fei 11–18, Sept.–Mitte Juni Mo–Fr 8.30–16.30 Uhr.

Von Whitecourt nach Fox Creek, dem Etappenziel des Tages, fährt man etwa eine Stunde (82 km) auf dem gut ausgebauten Highway 43 N. Obwohl Whitecourt geografisch gesehen zum Gebiet der Foothills der Rocky Mountains gehört, so kann man die Berge in der Ferne nur vermuten. Die Strecke bis Fox Creek ist geprägt von teilweise dichter Bewaldung und sanften Hügeln.

Fox Creek

Im Umkreis von 82 km ist Fox Creek, auf den ersten Blick recht unscheinbar, die einzige nennenswerte Ansiedlung. Hotels und Gewerbe des kleinen Städtchens liegen direkt am Highway 43; und wer nicht achtgibt, könnte schnell daran vorbei fahren. Der Ortskern der 2.300-Seelen-Gemeinde liegt etwas abseits des Highways und kann entweder über die 3rd Street oder die Kaybob Street erreicht werden.

Fox Creek wurde erst 1967 eingemeindet und hat seine Wurzeln in der Forstwirtschaft. 1957 wurde in der Gegend Öl entdeckt und bis zum heutigen Tage gefördert. Über 7.000 Autos verkehren täglich in der Gegend um Fox Creek, weshalb die Stadt auch über eine größere Infrastruktur verfügt als für einen Ort dieser Größe üblich.

Als Etappenstopp auf der Rundreise ist Fox Creek bestens geeignet, da sowohl Hotels/Motels als auch Campingplätze in ausreichender Anzahl vorhanden sind. Die Gegend ist bekannt für vielfältige Freizeitmöglichkeiten und unberührte Natur – eine gute Einstimmung auf die Reise nach dem Aufenthalt in der Metropole Edmonton.

Reisepraktische Informationen Fox Creek

Information
Tourist Information Centre, *102 Kaybob Drive, Fox Creek, AB T0H 1P0, ☎ 780-622-3896, www.foxcreek.ca, Mo–Fr 9–16 Uhr, Spielplatz und Picknickmöglichkeit direkt hinter dem Infozentrum.*

Unterkunft
Bedrock Inn Fox Creek $$, *96-1st Avenue, Fox Creek, AB T0H 1P0, ☎ 780-622-2223. Kleines, aber feines Hotel, etwas zurückgesetzt vom Highway.*
Foxwood Inn & Suites $$$, *210 Highway Avenue, Fox Creek, AB T0H 1P0, ☎ 780-622-2280, www.foxwoodinnandsuites.com. Direkt am Highway gelegen, einfache und saubere Zimmer. Die meisten Zimmer haben eine Mikrowelle und einen Kühlschrank.*

Camping
Fox Creek RV Campground, *105 Campground Road, Fox Creek, AB T0H 1P0, ☎ 780-622-2418, www.foxcreek.ca. Der Campground wird von der Stadtverwaltung betrieben, in der Nähe der Touristeninformation im Ort gelegen. 20 Plätze mit Anschluss vorhanden, geöffnet Mai–Sept.*
Smoke Lake Campground, *wenige Kilometer außerhalb der Stadt, Smoke Lake Provincial Recreation Area. Die Straße verläuft knapp 1 km parallel zum Highway 43 (linke Seite) und biegt dann nach links in Richtung See ab. Der Campground wird auch von der Stadtverwaltung betreut (Kontaktinfo s. Fox Creek RV Campground) und hat keinen Strom- oder Wasseranschluss. Sehr rustikal, aber einmalig schöne Lage.*

Essen und Trinken
Auf der Highway Avenue findet man eine Auswahl an Restaurants und auch Fast-Food-Ketten für jeden Geschmack. Pizza, Burger, Sandwiches – hier wird auf prompten Service und reichliche Portionen gesetzt. Der Service ist in Fox Creek generell freundlich.

Weiterfahrt über Valleyview

Der Highway 43 führt weiter Richtung Norden bis Valleyview. Die Strecke von 87 km ist geprägt von Wäldern, Wiesen und Feldern – und einer kleinen Ansiedlung namens **Little Smoky**, etwa 47 km von Fox Creek entfernt. Das Dörfchen besteht nur aus einer Handvoll Häuser am Little Smoky River, verfügt aber über eine Tankstelle und bietet somit auch eine gute Gelegenheit, sich etwas die Füße zu vertreten.

Etwa 2 km vor Valleyview trifft man auf das **Visitor Information Centre**. Hier kann man sich über die besten Einkehrmöglichkeiten erkundigen und auch mit detaillierten Karten der Region eindecken.

> **Information**
> **Visitor Information Centre**, Highway 43, Valleyview, AB; ℡ 780-524-2410, www.valleyview.govoffice.com, Mai–Anfang Sept. tgl. 8–20 Uhr, Sept.–Mai kann man sich Mo–Fr 8–16.30 Uhr an die Gemeindeverwaltung wenden, ℡ 780-524-5150.

Valleyview, eine Kleinstadt mit fast 2.000 Einwohnern, bietet verschiedene Einkehrmöglichkeiten direkt am Highway. Am Ortseingang befindet sich die Kreuzung der Highways 43 und 49. Hält man sich rechts, fährt man auf den Highway 49 N, den Spirit River Highway Richtung Peace River.

Ein reizvoller Abstecher ist ein Ausflug zum 19 km entfernten **Williamson Provincial Park**. Hierzu bleibt man auf dem Highway 43, der in Richtung Westen an der Stadt vorbeiführt. Nach 18 km biegt man nach der kleinen Ortschaft Calais nach rechts auf die Range Road 242A ab und folgt dieser bis zum Park. Direkt am **Sturgeon Lake** bietet sich die Möglichkeit zu einem idyllischen Picknick und für kurze Spaziergänge in diesem kleinen, aber feinen Provincial Park.

Wer bereit ist, die Weiterfahrt nach Peace River anzutreten, folgt dem Highway 49 ab Valleyview in nördliche Richtung. Die anfangs abwechslungsreiche Landschaft weicht nach der Überquerung des Little Smoky River der flachen Prärie. 76 km nach Valleyview zweigt der Highway 49 nach links ab. Hier fährt man geradeaus weiter und kommt somit auf den Highway 2, dem man noch weitere 50 km durch die Prärie folgt, bis sich ca. 10 km vor Peace River die Formationen der **Buffalo Head Hills** aus dem flachen Land erheben.

Insgesamt 140 km nach der Abfahrt in Valleyview ist schließlich der „Mighty Peace River" erreicht, an dessen Ufern die gleichnamige Stadt liegt.

Peace River

Auf einer Entdeckungsreise zum Pazifik gründete der Entdecker und Forscher Alexander Mackenzie 1792 den Handelsposten Fort Fork am südlichen Ende des heutigen Peace River. Wenn auch keine sichtbaren Spuren des Forts verbleiben, waren es doch die Anfänge von Peace River, das sich mit seinen fast 7.400 Einwohnern als moderne, offene Kleinstadt präsentiert.

Peace River am Ufer des Mighty Peace

Mehr als 100 Jahre nach Gründung des Handelspostens vergingen, bis Peace River 1909 erstmals in Landkarten eingetragen wurde. Größere Bedeutung erlangte die Gegend erst, als 1916 die **Peace River Station** erbaut wurde. Die Eisenbahn war bis zum Zeitalter des Flugzeugs das Hauptverkehrsmittel, um in den Norden zu gelangen. Peace River lag nun direkt an der Schlagader der *Northern Alberta Railways Company*.

„12-foot Davis"

Der wohl berühmteste Einwohner der Stadt ist **Henry Fuller Davis**, der in der Zeit des Goldrauschs in British Columbia einen Claim von nur 12 Fuß (ca. 4 m) absteckte und darauf Gold im Wert von über $ 30.000 fand. Seinen Verdienst, der ihm den Spitznamen „12-foot Davis" einbrachte, investierte er in einen Handelsposten im heutigen Peace River und verdiente sich dort einen respektablen Lebensunterhalt bis zu seinem Tode im Jahr 1900.

Die Stadt liegt einmalig schön am Zusammenfluss des Peace River mit dem Smoky River, Hart River und Pat's Creek, nur wenige Kilometer vom Mackenzie Highway, der nach Alaska führt. Hier beginnt die ursprüngliche Natur und hier liegt noch die damalige Aufregung des Gold Rush in der Luft. Eine gute Gelegenheit, einen Tag länger zu verweilen und zu erforschen, was Peace River zu bieten hat.

Peace River Museum

Direkt am Mighty Peace River liegt das Peace River Museum. An der Stelle des Museums befand sich bis 1908 der Anleger der Fähre, die den Fluss überquerte, bis später verschiedene Brücken erbaut wurden. Die Ausstellungen thematisieren u. a. die Stadtgeschichte sowie das Leben und die Forschungsreisen des Entdeckers Alexander Mackenzie. Im Hauptausstellungsraum wechseln die Artefakte und finden

Sonderausstellungen statt, die sich u. a. mit der Geschichte der Ureinwohner befassen.

Peace River Museum, *10302-99th Street, Peace River, AB T8S 1K1,* ☏ *780-624-4261, www.peaceriver.ca, Mo–Sa 10–17 Uhr, Juli und Aug. auch sonntags geöffnet. Eintritt $ 2 pro Person, Kinder unter 2 Jahren frei.*

River Front Park und Peace River Station

Spaziert man am Flussufer entlang Richtung Norden, gelangt man zum **River Front Park**, in dem eine 4 m (12 Fuß) große Statue zum Gedenken an „12-foot Davis" steht. Hier kann man zu einem Picknick verweilen, bevor man dem Fußweg weiter entlang des Flusses folgt und schließlich auf der 94th Street nach rechts abbiegt und direkt auf die alte **Peace River Station** trifft. Der ehemalige Bahnhof der *Northern Alberta Railways Company* wurde 1916 erbaut und hatte zur damaligen Zeit einen separaten Warteraum für allein reisende Frauen. Einige Räume des Gebäudes wurden durch Restaurierung in den Originalzustand der 1930er-Jahre zurückversetzt, in einem anderen Teil des Bahnhofs befinden sich heute die Handelskammer und die Touristeninformation.

N.A.R. Station, *9309-100th Street, Peace River, AB T8S 1S1,* ☏ *780-624-4166, www.peaceriverchamber.com.*

Sagitawa Lookout

Den besten Ausblick auf die Stadt und das Flussdelta hat man vom **Sagitawa Lookout**. Von der N.A.R. Station aus folgt man der 100th Street bis zum Museum und hält sich links, um auf der 101st Street weiterzufahren. Nach wenigen Metern biegt man nach links auf die 104 Avenue ab und folgt dieser bis zum Abzweig des Highway 744. Über den Highway sind es wenige Kilometer bis zum Aussichtspunkt, der nicht nur einen tollen Ausblick auf das Peace River Valley bietet, sondern auch ein perfekter Ort für ein mitgebrachtes Picknick ist.

Ausblick auf Stadt und Flussdelta

The Mighty Peace River

Eine tolle Möglichkeit, den Fluss und die Natur der Gegend aus nächster Nähe kennenzulernen, ist eine Bootstour mit **Peace Island Tours**. Das Boot legt täglich um 13 oder 14 Uhr (je nach Saison) am River Front Park ab und bringt den Teilnehmern die Flora und Fauna entlang des Peace River näher. Es gibt ein reichhaltiges, frühes Abendessen an Bord, was bei einem Zwischenstopp am Ufer wieder „abtrainiert" werden kann. Beim Spaziergang durch die Natur am *Mighty Peace* die Kamera nicht vergessen! Die Tour endet zum Sonnenuntergang wieder am River Front Park und sollte unbedingt im Voraus gebucht werden.

Peace Island Tours, *Box 5070, Peace River, AB T8S 1R7,* ☏ *780-624-4295, www.peaceislandtours.com.*

Reisepraktische Informationen Peace River

ℹ Information
Peace River Tourist Information Centre, 9309-100th Street, Peace River, AB T8S 1S1, ☎ 780-624-4166, www.peaceriverchamber.com, http://peaceriver.ca, Mo–Fr 9–16 Uhr.

🛏 Unterkunft
Peace Valley Inns $$$, 9609-101st Street, Peace River, AB T8S 1S3, ☎ 780-624-2020, www.peacevalleyinns.com. Schlicht und etwas bieder, aber sauber und sehr freundlicher Empfang. Zentral gelegen, nicht weit von der Touristeninformation. Die Zimmer sind teilweise mit Küchenzeilen ausgestattet.

The Sawridge Inn & Conference Centre $$$, 9510-100th Street, Peace River, AB T8S 1S9, ☎ 780-624-3621, www.sawridgepeaceriver.com. Sehr schönes, zentral gelegenes Hotel, Familienzimmer erhältlich.

Wildrose Guest Ranch $$$, Highway 2, Peace River, AB, ☎ 780-617-0078, www.wildroseguestranch.com. Der Aufenthalt ist ein Erlebnis der besonderen Art, wenn auch nur eines der Zimmer ein eigenes Bad hat, jeweils zwei andere Zimmer haben ein Gemeinschaftsbad. Traumhafter Ausblick, authentische Ranch.

Camping im Queen Elizabeth Provincial Park

⚠ Camping
Peace River Lion's Club Park, Shaftsbury Trail, Peace River, AB T8S 1R8, ☎ 780-624-2120. Strom- und Wasseranschlüsse, Reservierung empfehlenswert. Auf dem Highway 2 den Peace River überqueren, dann links auf den Shaftsbury Trail einbiegen, am westlichen Ufer des Flusses gelegen.

Pine Ridge RV Parks & Cabins, 8901-102 Avenue, Peace River, AB T8S 1R9, ☎ 780-624-1931. Ebenfalls am westlichen Ufer des Peace River gelegen, in der Nähe des Lion's Campground; Strom- und Wasseranschluss vorhanden.

🍴 Essen und Trinken
Smitty's, 9609-101st Street, Peace River, AB T8S 1S3, ☎ 780-624-3141, www.smittys.ca. Gehört zum Peace Valley Inn Hotel (s. o.), Teil einer in Alberta beliebten Restaurantkette, tgl. geöffnet für Frühstück, Mittag- und Abendessen.

TJ's Restaurant, 10011-102nd Avenue, Peace River, AB T8S 1K1, ☎ 780-624-3427. In der Nähe des Museums gelegen, bei Einheimischen sehr beliebt. Es gibt chinesisches Essen/Buffet.

The Blue Bridge, 9703-100th Street, Peace River, AB T8S 1J5, ☎ 780-624-0067. Gilt als eines der besten Restaurants in Peace Rive, nahe der Touristeninformation gelegen. Etwas dunkel eingerichtet, aber hervorragendes Essen mit ausgefallenen Gerichten. Geöffnet Mo–Do 11–22, Fr 11–23, Sa 17–23 Uhr.

Auf dem Mackenzie Highway bis in die Northwest Territories

Der Highway 2 führt in Richtung Westen aus Peace River heraus und trifft nach 20 km auf den Highway 35, den **Mackenzie Highway**, auch *Waterfall Highway* genannt. Er ist die Hauptverkehrsader Albertas in die Northwest Territories.

Waterfall Highway

Abstecher in den Queen Elizabeth Provincial Park

Bevor man die ersten 80 km auf der berühmten Straße bis zum nächsten Etappenziel **Manning** fährt, ist ein Abstecher in den **Queen Elizabeth Provincial Park** sehr empfehlenswert. Hierzu fährt man an der Kreuzung der Highways 2 und 35 nicht nach links, sondern nach rechts und folgt dem Highway 2 W für ca. 10 km. Der Abzweig zum Park ist beschildert, man biegt auf die Township Road 834 nach rechts ab und folgt dieser für ca. 5 km bis zum Cardinal Lake, an dem sich der Provincial Park befindet.

Der 80 ha große Queen Elizabeth Provincial Park am **Cardinal Lake** besteht seit 1956 und war zuerst nach dem gleichnamigen See benannt. Den Namen des kanadischen Staatsoberhaupts erhielt der Park 1978 nach dem Besuch von Queen Elizabeth II. Der Park ist wegen der zahlreichen Wassersportmöglichkeiten sehr beliebt. Zudem bietet der See einen großzügigen Sandstrand, der im Sommer gut besucht ist.

Ornithologen erwartet ebenfalls eine Besonderheit – über 141 Vogelarten sind im Park heimisch und können in ihrer natürlichen Umgebung bewundert werden. Zur Beobachtung der örtlichen Fauna wurde eigens eine Plattform eingerichtet. Nach einem Spaziergang entlang der 4,5 km langen Pfade um den See geht es dann entspannt weiter auf den Mackenzie Highway.

Vogelparadies

Zurück auf dem Highway 2 E folgt man diesem für 10 km und gelangt so wieder zum Highway 35. Nun beginnt die Fahrt in Richtung Northwest Territories und man erhält bereits einen Vorgeschmack auf die Weite und Einsamkeit, denn die ersten 80 km des Mackenzie Highway führen durch fast unbesiedelte Prärie, Wälder und rollende Hügel, bis Manning erreicht ist, „the Land of the Mighty Moose".

Manning

Manning liegt knapp über dem 55. Breitengrad und nur 360 km entfernt von der Grenze zu den Northwest Territories, die durch den 60. Breitengrad symbolisiert wird. Die Ansiedlung entstand um die Zeit des Zweiten Weltkriegs und wurde 1947 nach dem damaligen Premierminister der Provinz Alberta, Ernest Charles Manning, benannt. Die Kleinstadt, die bei der letzten Volkszählung 2006 eine Bevölkerung von 1.493 Einwohnern hatte, floriert mithilfe einer Anzahl von Industriezweigen. Auch Öl- und Gasten. Die bisher kälteste aufgezeichnete Temperatur betrug minus 50,6 °C, wobei Temperaturen um minus 28 °C in den Monaten Dezember bis Februar normal sind.

High Level ist die letzte Gemeinde auf dem Weg in die Northwest Territories, die alles Notwendige zur Versorgung bietet. Wer mit dem Wohnmobil unterwegs ist, sollte sich hier nochmals umfassend mit allem Nötigen eindecken.

Unterkünfte der Goldgräber

Inmitten der Stadt, direkt am Highway, liegt das **Mackenzie Crossroads Museum & Visitor Centre**. Das Museum besteht zum größten Teil aus einem authentisch nachgebauten Handelsposten mit Ladengeschäft, wie es Ende des 18. und Anfang des 19. Jh. für die Provinz typisch war. Es werden außerdem typische Unterkünfte der Fellhändler und Goldgräber der damaligen Zeit gezeigt und der Pioniergeist ist noch deutlich zu spüren. Die Angestellten des Museums sind jederzeit gerne bereit, einzelne Artefakte näher zu erklären oder die eine oder andere Anekdote zu erzählen.
Mackenzie Crossroads Museum & Visitor Centre, *10803-96 Street, High Level, AB T0H 1Z0, ☏ 780-926-4811, www.highlevel.ca, Sept.–Mai Di–Sa 9–12, 13–16 Uhr, Mai–Sept. Mo–Fr 9–20, Sa/So 10–20 Uhr, „Admission by Donation" – man bezahlt als Eintritt, was man für angemessen hält.*

Reisepraktische Informationen High Level

Information
Mackenzie Crossroads Museum & Visitor Centre, *Kontaktinfo s. o. Das Infozentrum hat eine sehr große Auswahl an Landkarten und Reiseinfos, die Mitarbeiter sind sehr gut geschult. Hier unbedingt anhalten und mit Karten der Gegend eindecken!*

Unterkunft
Super 8 High Level $$$, *9502-114 Avenue, High Level, AB T0H 1Z0, ☏ 780-841-3448, www.super8highlevel.com. 81 komfortable Zimmer, sehr sauber und ansprechend, im südlichen Teil der Stadt gelegen.*
Best Western Mirage Hotel & Resort $$$$, *9616 Highway 58, High Level, AB T0H 1Z0, ☏ 780-821-1000, www.bestwesternhighlevel.com. Das neueste Hotel in High Level, sehr modern und freundlich eingerichtet, Frühstücksbuffet im Übernachtungspreis inbegriffen. Erstklassiger Poolbereich mit Rutschen, Schwimmbad und Whirlpools.*

Camping
Aspen Ridge Campground, *Highway 35, High Level, AB T0H 1Z0, ☏ 780-926-4540. 3 km südlich von High Level am Mackenzie Highway, Campground in kleinem Birkenwald, Plätze teilweise ohne Service, teilweise mit Strom- und Wasseranschluss.*

Essen und Trinken
Es gibt eine ganze Reihe an altbekannten Restaurantketten und auch Fast-Food-Restaurants in High Level. Die größte Auswahl befindet sich direkt am **Highway 35**, *wobei auch die meisten Hotels über ein eigenes Restaurant verfügen.*
Mirage Restaurant & Lounge, *Highway 58, High Level, AB T0H 1Z0, ☏ 780-821-1000. Direkt im Best Western Hotel (s. o.), tgl. 6–22 Uhr geöffnet; vielfältige Küche, saisonale Gerichte, familienfreundlich.*

Ausflug nach Fort Vermilion

Vor der Weiterfahrt Richtung Northwest Territories lohnt ein Ausflug nach **Fort Vermilion**, das als älteste Ansiedlung von Pionieren in Alberta gilt und 1788 gegründet wurde. Der 700-Seelen-Ort ist 80 km östlich von High Level direkt am Peace River gelegen. Bis heute ist Fort Vermilion nicht eingemeindet und untersteht dem Mackenzie County. Ab High Level folgt man dem Highway 58 für 56 km schnurgerade in Richtung Osten. Anschließend biegt man nach rechts auf den Highway 88 und folgt diesem bis Fort Vermilion. Durch die abgeschiedene Lage findet man in Fort Vermilion so ziemlich alles, was man braucht, nur eben nicht in großer Auswahl. Die Einheimischen sind stolz auf ihren Ort und darauf, eine der nördlichsten Ansiedlungen entlang des Peace River zu sein.

Die Anfänge Albertas in Fort Vermilion

Das **Fort Vermilion Heritage Centre** vereint die Touristeninformation und das Lean-To-Museum unter einem Dach. Hier sind Artefakte aus der Zeit des ersten Handelspostens vom Ende des 18. Jh. zu sehen, einschließlich des Gebäudes des Handelspostens selbst.

Pioniere in Alberta

Fort Vermilion Heritage Centre, Tardiff Avenue & 50th Avenue, Fort Vermilion, AB T0H 1N0, ☎ 780-927-4603, www.fortvermilionheritage.ca, Juni–Aug. Mo–Do 9–21, Fr/Sa 9–17, So 13–21 Uhr, Eintritt frei, Spende willkommen.

Der Ort bietet außerdem die Möglichkeit für kurze Wanderungen (auf der River Road) entlang des Peace River mit spektakulären Ausblicken.

 Hinweis
Wer den Ausflug nach Fort Vermilion einplant, sollte eine zusätzliche Nacht in High Level verbringen, da die nächste Etappe bis nach Enterprise relativ lange ist.

Von High Level nach Enterprise

Die 280 km lange Strecke von High Level, Alberta, nach Enterprise, Northwest Territories, ist geprägt von dichten Nadel- und Birkenwäldern. An zwei Stellen hat man die Möglichkeit, das Auto zu tanken und auch selbst die Energiereserven aufzuladen. 70 km nördlich von High Level liegt **Meander River**, ein Dörfchen mit nur wenigen Häusern, einer Tankstelle und einem kleinen Laden. Eine weitere Ansiedlung der gleichen

Art befindet sich weitere 100 km in Richtung Northwest Territories. **Indian Cabins**, ebenfalls direkt am Mackenzie Highway gelegen, besteht auch nur aus wenigen Gebäuden, verfügt aber zumindest über eine Tankstelle (die nächste Möglichkeit aufzutanken gibt es dann erst wieder in Enterprise).

In den Northwest Territories von Enterprise zum Wood Buffalo National Park

Noch 16 km weiter nach Norden, und es ist geschafft – man überquert den 60. Breitengrad und ist in den Northwest Territories. Kurz nach dem Schild am Highway, das die Überquerung offiziell macht, findet man auf der rechten Seite das Visitor Centre des **Sixtieth Parallel Territorial Park**.

i Information

Überqueren des 60. Breitengrads

Visitor Centre, Sixtieth Parallel Territorial Park, ☎ 867-984-3811, Mitte Mai–Mitte Sept. tgl. 8.30–18 Uhr. Die freundlichen Mitarbeiter beraten gerne über Campingmöglichkeiten, Sehenswürdigkeiten und die örtliche Flora und Fauna. Als besonderes Erinnerungsstück kann man sich eine Urkunde ausstellen lassen, die bezeugt, dass man den 60. Breitengrad Nord überquert hat.

Der **Mackenzie Highway**, in den Northwest Territories offiziell **Highway 1**, führt weiter in Richtung Norden. Kurz vor Enterprise liegen zwei Sehenswürdigkeiten, die man sich auf keinen Fall entgehen lassen sollte: **Alexandra Falls Day Use Area** und **Louise Falls** sind Teil des **Twin Falls Gorge Territorial Park**. Die Abfahrten zu den Wasserfällen rechts des Highways sind klar beschildert. Alexandra Falls liegt etwa 73 km nördlich der Grenze zu den Northwest Territories, Louise Falls nur knapp 2 km weiter.

Ein Wanderpfad verläuft am Rand des Hay River Canyon und verbindet die beiden Teile des Parks. Für die 3 km lange Wanderung sollte man eine Stunde (in jede Richtung) einplanen und festes Schuhwerk anlegen. Der Pfad ist gut ausgebaut und man sollte unbedingt die Absperrungen beachten! Wer diese zusätzlichen Stunden investiert, wird mehr als belohnt mir spektakulären Ausblicken und Fotomöglichkeiten.

⚠ Camping

Louise Falls bietet zudem einen sehr gut ausgestatteten Campingplatz mit Duschen und Stromanschluss, der auch als Übernachtungsmöglichkeit dient, wenn man mit dem Wohnmobil unterwegs ist.
Louise Falls Campground, *online buchbar unter www.campingnwt.ca.*

Wer die Rundreise mit dem Auto bewältigt, fährt noch die restlichen 10 km weiter bis **Enterprise**. Das an der Kreuzung von Highway 1 und 2 gelegene Dörfchen hat nur 90 Einwohner, verfügt aber über alle Notwendigkeiten für Reisende. An der Kreuzung der beiden Highways hält man sich links, um nach Enterprise zu fahren, die Routen sind hier gut beschildert.

Reisepraktische Informationen Enterprise

ℹ Information
Enterprise Hamlet Office, 526 Robin Road, Enterprise, NT X0E 0R1, ☎ 867-984-3491, Öffnungszeiten telefonisch anfragen.

🛏 Unterkunft
Twin Falls Inn $$$, 230 Northern Lights Road, Enterprise, NT X0E 0R1, ☎ 867-984-3711. Nur 10 Zimmer stehen zur Verfügung, deswegen unbedingt reservieren! Eigenes Restaurant zum Hotel zugehörig, hier gibt es gutes Frühstück.

🍴 Essen und Trinken
Winnie's Kitchen & Gift Shop, Highway 1, Enterprise, NT X0E 0R1, ☎ 867-984-3211. Im Sommer tgl. geöffnet. Hier gibt es leckere Hausmannskost, Geschenkartikel und Souvenirs.

☞ Hinweis
Highway 2, auch als **Hay River Highway** bekannt, verbindet Enterprise mit der gleichnamigen Gemeinde am Ufer des Great Slave Lake. Die Strecke ist nur 40 km lang und führt zum größten Teil durch dichte Wälder. Die Straße ist asphaltiert (was in den Northwest Territories keine Selbstverständlichkeit ist), es kann jedoch ohne Weiteres sein, dass der eine oder andere **Büffel** oder **Elch** den Highway überquert. Man sollte also vorsichtig fahren und auf überraschende Begegnungen auf der Straße gefasst sein!

Hay River

Der Ursprung der rund 3.600 Einwohner zählenden Stadt liegt an den Ufern des Great Slave Lake. Ende des 19. Jh. ließen sich dort die Slavey Indians, Angehörige des in den Northwest Territories heimischen Dene-Stammes, nieder. Schon seit vielen Generationen frequentierten die Ureinwohner die Gegend um den See wegen der ausgezeichneten Ausbeute an Fischen; 1892 richteten sie ihre ständige Siedlung ein. Kurze Zeit später folgte eine Mission der Anglikanischen Kirche und die Gegend entwickelte sich im frühen 20. Jh. zum Zentrum des Handels und *Hub of the North* (Knotenpunkt des Nordens).

Bis Ende der 1940er-Jahre war die Gegend hauptsächlich in den Wintermonaten zugänglich, nachdem 1939 eine sog. **Cat Train Road** (s. S. 344) bis nach Grimshaw in Alberta fertiggestellt worden war.

Die Regierung beschloss 1945 den Bau eines Highways, der das ganze Jahr über befahrbar sein sollte. Daraufhin begann noch im gleichen Jahr die kommerzielle Fischerei am Great Slave Lake. Als die Straße 1948 fertiggestellt war, hatten sich bereits etliche Fischer mit ihren Familien am Ufer des Sees niedergelassen, der größte Bevölkerungszuwachs setzte 1949 ein.

> **info**
>
> ### Cat Train Roads
>
> Eine **Cat Train Road** ist eine Straße, die dem Weg des geringsten Widerstands durch die Wildnis folgt. Es werden nur kleine Bäume und Sträucher gestutzt, und zwar ohne deren Wurzeln zu beseitigen.
>
> Durch die extrem kalten Temperaturen des Winters ist der Boden gefroren und kann ohne Weiteres von großen Lastwagen mit schweren Ladungen befahren werden. Die Straßen sind in den Sommermonaten nicht nutzbar, da der Boden dann zu weich ist, um das Gewicht der Fahrzeuge zu tragen.

1963 wurde der größte Teil der Kleinstadt während der Eisschmelze überflutet. Hay River lag zum damaligen Zeitpunkt direkt am Ufer des Great Slave Lake, auf dem sog. **Vale Island**. Die gesamte Ansiedlung wurde daraufhin etwas weiter nach Süden verlegt, zu beiden Seiten des Hay River. Ein Teil der Anwohner verweigerte jedoch die Umsiedlung und blieb auf Vale Island, das heute als Stadtteil **Old Town** bekannt ist und wichtige Einrichtungen der Stadt, wie das Museum, beherbergt.

1964 wurde Hay River schließlich die nördlichste Anlaufstelle der *Mackenzie Northern Railway*, die die Gegend mit der *Canadian National Railway* in Edmonton verband.

Heute wartet Hay River mit den Einrichtungen einer Kleinstadt auf. Bekannt ist die Gegend vor allem für die vorzüglichen Angel- und Jagdmöglichkeiten sowie die Freizeitaktivitäten am Great Slave Lake, die sich das ganze Jahr über bieten.

Vale Island

Auf Vale Island mit dem alten Stadtteil befindet sich das **Hay River Museum Society Heritage Centre**. Im ehemaligen Gebäude der *Hudson's Bay Company*, das bis zur Umsiedlung des Stadtkerns als Handelsposten, Supermarkt und Baumarkt diente, kann man sich nun über die Geschichte und Kultur der Gegend informieren.
Hay River Museum Society Heritage Centre, *101 Street, Ecke 102 Avenue, direkt am Flussufer gelegen, Hay River, NT X0E 0R1,* ☏ *867-874-3872, Juni–Mitte Sept. tgl. 10–16 Uhr.*

Strand am Great Slave Lake

Ganz in der Nähe des Museums, auf der 101 Avenue, befindet sich das **Public Fishing Dock**, die Anlegestelle, an der die Fischer ihren Fang an Land bringen. Bleibt man auf der 101 Avenue in Richtung Südwesten und biegt dann nach rechts auf die 104 Street, kann man dieser bis zum öffentlichen Strand am **Great Slave Lake** folgen. Kaum zu glauben, dass der Strand im Sommer sehr beliebt und frequentiert wird, wenn man bedenkt, dass der See bis zu sieben Monate im Jahr zugefroren ist.

Bei einem Spaziergang entlang des Strandes oder über einen der beschilderten Pfade auf Vale Island lässt erahnen, warum viele der Einwohner eine Umsiedlung in den 1960er-Jahren ablehnten.

Reisepraktische Informationen Hay River

ℹ Information
Hay River Visitor Information Centre, 923 Mackenzie Highway, Hay River, NT X0E 0R1, ☎ 867-874-3180, www.hayriver.com, Mitte Mai–Mitte Sept. tgl. 9–21 Uhr. Auf der rechten Seite des Highways gelegen, am südlichen Ende der Stadt.

🛏 Unterkunft
North Country Inn $$, 912 Mackenzie Highway, Hay River, NT X0E 0R1, ☎ 867-874-6706, www.ncinn.net. 49 Zimmer, teilweise mit Küchenzeile; sauber und nett, sehr schlicht.
Harbour House Bed & Breakfast $$, Lakeshore Drive, Hay River, NT X0E 0R1, ☎ 867-874-2233, www.greenwayaccomodations.ca. Rustikal eingerichtete Frühstückspension direkt am Ufer des Great Slave Lake in der Nähe des öffentlichen Strandes. Auf der Internetseite kann man auch die weiteren Übernachtungsmöglichkeiten von Greenway in Hay River einsehen.

Landung auf dem Great Slave Lake in Hay River

⚠ Camping
Hay River Territorial Campground, 106 Avenue, Hay River, NT X0E 0R1, www.campingnwt.ca. Direkt am Strand des Great Slave Lake auf Vale Island, 36 Stellplätze, zum größten Teil schattig, mit Wasser- und Stromanschluss; Duschen auf dem Campground.

🍴 Essen und Trinken
Keys Dining Room, 10J Gagnier Street, Hay River, NT X0E 0R1, ☎ 867-874-6781, www.ptarmiganinn.com. Wechselnde saisonale Küche, frisch zubereitet. In der Nähe der Touristeninformation gelegen, Mo–Fr 6.30–21, Sa 7.30–21, So 8–20 Uhr.
Back Eddy Cocktail Lounge & Restaurant, 6 Courtoreille Street, Hay River, NT X0E 1G2, ☎ 867-874-6680. Ab Highway 2 nach rechts in den Commercial Drive, dann rechts in die Courtoreille Street. Leckere Burger und Drinks.

---

5 km südlich von Hay River zweigt der Highway 5 in Richtung Osten nach Fort Smith ab. Nach etwa 60 km auf dieser einsamen, aber noch geteerten Straße, biegt man nach rechts ab, um Highway 5 weiterhin zu folgen. Die restlichen 200 km bis **Fort Smith** fährt man hauptsächlich auf einer Schotterstraße durch den nördlichen Teil des **Wood Buffalo National Park**. Die Straße ist erst kurz vor Fort Smith wieder asphaltiert.

☞ Hinweis
Wichtig: Es gibt keine **Tankstelle** zwischen Hay River und Fort Smith, also unbedingt noch tanken und Flüssigkeiten/Reifen prüfen, bevor man losfährt!

Die Mounties: Die legendäre Royal Canadian Mounted Police

Die **Royal Canadian Mounted Police**, kurz **„Mounties"**, ist die legendäre Bundespolizei in Kanada. Sie wurde 1920 gegründet und ist sowohl für übergeordnete polizeiliche Aufgaben als auch im Auftrag der Provinzen und Territorien (mit Ausnahme von Ontario und Québec) tätig. Das Aufgabenspektrum ist breit gefächert. Es reicht von der Grenzsicherung über Bodyguard-Funktionen bei Regierungsmitgliedern und ausländischen Botschaften bis hin zu Terrorismus- und Drogenbekämpfung.

Die meisten Deutschen kennen die **RCMP** aus Hollywood-Filmen. Die breitkrempigen Hüte, die rote Uniform und ein Pferd als Dienstfahrzeug entsprechen so ganz und gar dem romantischen Image der Einheit, die aus der 1873 gegründeten **North West Mounted Police** hervorging. Die war in vielen abgelegenen Gebieten im hohen Norden stationiert, um auch dort die staatliche Gewalt durchzusetzen. Die roten Uniformen sollten zum einen an die koloniale Verbindung zu Großbritannien erinnern; zum anderen wollte man sich deutlich unterscheiden von den blauen Uniformen der „Yankees" im Süden.

Die Bundespolizei hat heute ihren Hauptsitz in Ottawa, die Ausbildungsakademie befindet sich in Regina (Saskatchewan), wo sich auch das Museum zur Geschichte der RCMP befindet. Seit 1974 sind auch Frauen im Dienst zugelassen. Der moderne RCMP-Beamte reitet jedoch nicht mehr hoch zu Ross in einer roten Uniform, sondern trägt eine normale Polizeiuniform und fährt einen Chevi, Ford oder Toyota als Einsatzfahrzeug. Der Fuhrpark der knapp 30.000 Beamten unterscheidet sich dennoch erheblich von dem der deutschen Kollegen: Da das Land riesig und teilweise unwegsam ist, kommen auch Geländefahrzeuge, Flugzeuge und Schneemobile zum Einsatz.

Fort Smith

Die blühende Kleinstadt von 2.400 Einwohnern, die in den Siedlungsanfängen der Northwest Territories einige Zeit lang die Hauptstadt war, ist außerdem bekannt als „Garden Capital of the North". Zwar wächst hier die blühende Pracht hauptsächlich in den Monaten Juni bis August, in der Zeit scheint sich die Stadt aber in einen riesigen Garten zu verwandeln.

Haupttransportweg

Der **Slave River**, der den Great Slave Lake mit Lake Athabasca verbindet, wurde als Haupttransportweg der Missionare und Fellhändler genutzt. Um die Gegend von Fort Smith, das 1872 gegründet wurde, gab und gibt es vier bis zum heutigen Tage unüberwindliche Stromschnellen. Die Ureinwohner und frühen Fellhändler waren gezwungen, ihre Kanus für mehrere Kilometer an Land zu transportieren, um dem sicheren Tod zu entgehen. Als die **Royal Canadian Mounted Police** (RCMP) und die nördliche Diözese der katholischen Kirche kurz nach der Gründung ihre Hauptquartiere in Fort Smith einrichteten, wurde der Ruf nach einem alternativen Transportweg laut. Nachdem der Fluss die sinnvollste Route blieb, wurde ein Kanal- und Schleusensystem ein-

Slave River Rapids

gerichtet, das parallel zum Fluss die Stromschnellen umging. Mit dem Bau des Highways im Jahr 1949 wurde das Kanalsystem überflüssig, Überreste des Systems sind teilweise noch heute sichtbar.

Northern Life Museum & National Exhibition Centre

Im Herzen der Stadt liegt das Northern Life Museum, das sich mit der Geschichte der Stadt und deren Umgebung beschäftigt. Die Kultur der Ureinwohner wird mit zahlreichen Artefakten ebenso gewürdigt wie die neuere Geschichte ab dem 20. Jh., als sich Fort Smith zum Transportknotenpunkt entwickelte. Ein Teil des Museums ist wechselnden Ausstellungen gewidmet, in denen ortsansässige Künstler ihre Werke zeigen. Auch die lokale Flora und Fauna wird vorgestellt. Zum Museum gehört auch ein Außenbereich.

Kultur der Ureinwohner

Northern Life Museum & National Exhibition Centre, *110 King Street, Fort Smith, NT X0E 0P0,* ☎ *867-872-2859, www.nlmcc.ca, www.fortsmith.ca, Juni–Aug. tgl. 10–19, Sept.–Mai Mo–Fr 10–17 Uhr (12–13 Uhr geschl.). Die Öffnungszeiten können variieren, je nach Sonderveranstaltung und Seminaren im zugehörigen Kulturzentrum.*

Fort Smith Mission Historic Park

Vom Museum verwaltet und nur zwei Straßen entfernt ist der Fort Smith Mission Historic Park. Im liebevoll gepflegten Park sieht man die Überreste der katholischen Mission aus dem frühen 20. Jh., einschließlich der Residenz des Bischofs. Der Park enthält auch einen Gemeinschaftsgarten, der im späten 19. Jh. von den Mönchen des Ordens

Angler versuchen ihr Glück

angelegt wurde und noch heute bewirtschaftet wird. Eine Mariengrotte ist ebenfalls Teil des Parks und lädt die Besucher zu stillen Minuten der Besinnung ein.
Fort Smith Mission Historic Park, *Breynat Street/Mercredi Avenue, Fort Smith, NT X0E 0P0, ☏ 867-872-2859, www.fortsmith.ca, nur in den Sommermonaten geöffnet, witterungsbedingt von Ende Mai–Anfang Sept.*

Boardwalk & Slave River Lookout

Fährt man die Breynat Street weiter Richtung Flussufer, gelangt man automatisch zum **Boardwalk & Slave River Lookout**. Dieser Pfad führt entlang des Flusses zu verschiedenen Aussichtspunkten, u. a. auch zu einer der vier Stromschnellen, den **Rapids of the Drowned**. Der Slave River beeindruckt durch seine Größe und die spektakulären Stromschnellen. Ein Blick darauf lässt erahnen, dass hier viele Reisende ihr Ende fanden. Ein Spaziergang ist vor allem am frühen Morgen oder in den Abendstunden sehr reizvoll.

Reisepraktische Informationen Fort Smith

Information
Visitor Information Centre Fort Smith, *King Street neben dem Museum, Fort Smith, NT X0E 0P0, ☏ 867-872-4732 oder 867-872-3065, tgl. 9–21 Uhr, Fei geschl. Das Informationszentrum befindet sich im* **Recreation and Community Centre**, *einem Multiplex für Freizeitaktivitäten mit einem Schwimmbad, Sport- und Fitnesszentrum und Kino.*

Reisepraktische Informationen Fort Smith

Unterkunft
Pelican Rapids Inn $$$, 152 McDougal Road, Fort Smith, NT X0E 0P0, ☎ 867-872-2789. Einziges Vollservice-Hotel in Fort Smith, gegenüber vom Mission Historic Park. Die 31 Zimmer sind gemütlich und sauber.
Whispering Pines Cottages $$$, 8 St. Mary's Street, Fort Smith, NT X0E 0P0, ☎ 867-872-2628, www.whisperingpinescottages.ca. Saubere, kleine und komplett eingerichtete Blockhütten zur Selbstversorgung. Zwischen Museum und Mission Park gelegen.

Camping
Queen Elizabeth Territorial Park Campground, Fort Smith, NT X0E 0P0, www.campingnwt.ca. Im westlichen Teil der Stadt gelegen, direkt am Fluss. Man fährt auf der King Street bis zur McDougal Road, biegt dann links ab und folgt der Straße bis zum Campground. 17 Stellplätze mit Wasser- und Stromanschluss; sehr schöne Lage.
Little Buffalo River Falls Territorial Park Campground, Highway 5, Fort Smith, NT. Etwa 50 km vor Fort Smith (von Hay River kommend) am Highway 5 – Beschilderung beachten. Der Campground ist nicht zu reservieren und besteht aus nur sechs Stellplätzen ohne Service. Er besticht jedoch durch seine einmalig schöne Lage. Wer dort einen der wenigen Plätze ergattern kann, sollte in Erwägung ziehen, dort eine Nacht auf dem Weg nach Fort Smith zu verbringen.

Essen und Trinken
Pelican Rapids Restaurant, 152 McDougal Street, Fort Smith, NT X0E 0P0, ☎ 867-872-2789, im Hotel Pelican Rapids Inn (s. o.), geöffnet für Frühstück, Mittag- und Abendessen; sehr gute regionale Küche.
Berro's Pizzeria, 195 McDougal Street, Fort Smith, NT X0E 0P0, ☎ 867-872-3332. Vis-à-vis dem Museum an der Ecke King Street/McDougal Street; wechselnde Öffnungszeiten, im Sommer tgl. Mittags- und Abendtisch.

Highways in den Northwest Territories

Ein großer Teil der Straßen, die hier als Highway bezeichnet werden, sind nicht geteert. Um sicher ans Ziel zu kommen, werden folgende Verhaltensweisen empfohlen:
– **unübersichtliche Stellen** immer langsam anfahren, um auf eventuellen Gegenverkehr oder Tiere auf der Straße reagieren zu können;
– bei **Gegenverkehr** immer die Geschwindigkeit reduzieren, um Staub gering zu halten;
– es gibt beschilderte Zonen, in denen man staubfrei **überholen** kann. Der Highway ist hier mit einer speziellen Lösung besprüht, es empfiehlt sich zum Überholen auf diese Abschnitte zu warten;
– auch tagsüber immer **mit Licht** fahren;
– immer einen **Reservereifen** parat haben und Spray gegen Insekten (z. B. „Off") nicht vergessen!
– besonders auf dem Highway 5 muss man jederzeit mit **Büffeln** auf der Fahrbahn rechnen.

Wood Buffalo National Park

Die nächsten Tage der Rundreise stehen im Zeichen des Büffels – genauer gesagt des Wood Buffalo National Park. Der größte Nationalpark Kanadas liegt nur wenige Kilometer von Fort Smith entfernt. Man sollte mindestens zwei Tage zum Erkunden einplanen und wer nicht im Wohnmobil unterwegs ist oder nicht auf einen Campingplatz mit Strom- und Wasseranschluss verzichten will, kann Fort Smith zum Stützpunkt machen.

Wild lebende Büffelherde

Kanadas größter Nationalpark umfasst eine Fläche von 44.807 km², was in etwa der Größe der Schweiz entspricht. Obwohl der Park ganzjährig geöffnet ist, sind einige Straßen nur im Sommer passierbar, andere wiederum nur im Winter. Die meistbesuchten Attraktionen des Parks liegen im Umkreis von etwa 120 km um Fort Smith. Das Gebiet wurde 1922 zum Nationalpark erklärt und ist seit 1983 Weltnaturerbe der UNESCO. Es ist Heimat der weltweit größten wild lebenden Büffelherde. Eine geschützte Population des vom Aussterben bedrohten Schreikranichs lebt hier.

Reisepraktische Informationen Wood Buffalo National Park

Information
Fort Smith Visitor Reception Centre, 149 McDougal Road, Fort Smith, NT X0E 0P0, ☎ 867-872-7960, www.pc.gc.ca/buffalo, ganzjährig Mo–Fr 9–12, 13–17, Juni–Aug. tgl. 9–18 Uhr. Das Infozentrum liegt nicht im Park, sondern in der Innenstadt von **Fort Smith** (s. o.) gegenüber dem Hotel Pelican Rapids Inn. Hier sollte man sich mit detaillierten Karten des Parks eindecken und vor allem danach erkundigen, ob alle Straßen geöffnet sind oder wetterbedingte Schließungen vorkommen.

Fort Chipewyan Visitor Reception Centre, Mackenzie Avenue, Fort Chipewyan, AB, ☎ 780-697-3662, www.pc.gc.ca/buffalo, ganzjährig Mo–Fr 9–12, 13–17 Uhr, im Sommer auch an manchen Wochenenden. Das Infozentrum ist von Fort Smith aus nur im Winter über eine Ice Road zu erreichen – die Strecke ist 228 km lang und nicht ungefährlich.

Camping
Pine Lake Campground, entlang der Pine Lake Road etwa 60 km südlich von Fort Smith. Keine Reservierung möglich, kein Strom- oder Wasseranschluss (fließend Wasser erhältlich, muss aber abgekocht werden); Ende Mai–Anfang Sept. geöffnet.

Aktivitäten/Wandern
Salt Plains (Salzebenen): Die teilweise bizarr anmutende Landschaft erstreckt sich westlich der Straße, die von Fort Smith in den Park führt. Zugänglich sind die Plains von Highway 5 aus (ab Fort Smith wieder in Richtung Hay River und nach etwa 30 km links der Beschilderung folgen). An klaren Tagen können sie auch vom **Parson's Tower Viewpoint** aus erspäht werden (diesen erreicht man über die Parson's Lake Road, die ca. 25 km nach Fort Smith von der Pine Lake Road nach rechts abzweigt).

Salt River Day Use Area: 20 km über die Pine Lake Road, der Beschilderung nach links folgen. In der idyllischen Gegend sind kurze und längere Wanderungen (7,5 km) auf ausgewiesenen Wanderpfaden möglich; Picknickmöglichkeiten.

Pine Lake Day Use Area: Nach 60 km auf der Pine Lake Road zweigt man nach links auf die Pine Lake Access Road ab. Wanderpfade und Picknickmöglichkeiten.

Die Salzebenen im Wood Buffalo National Park

Buffalo Crossing

Sicherheit

Bären: Der Wood Buffalo National Park ist wildes, ursprüngliches Land – und vor allem auch **Bear Country**. Man sollte sich niemals einem Bär nähern oder versuchen ihn zu füttern. Wandern ist in Gruppen zu empfehlen, Kinder nicht aus den Augen lassen. Es empfiehlt sich immer etwas „Lärm" zu machen, da Bären erfahrungsgemäß scheu sind und das Weite suchen.

Auch vor den **Büffeln** ist Respekt geboten. Die Tiere sind besonders aggressiv während der Brunftzeit im Juli und August, man sollte sich ihnen aber zu keiner Zeit nähern!

Eine weitere Gefahr kann das **Wetter** darstellen. Das Wetter in der subarktischen Region Kanadas kann unberechenbar sein, man sollte also vor allem für Ausflüge in die Wildnis auf Regenschauer und auch Gewitter – manchmal sogar Schnee – vorbereitet sein.

Moskitos stellen keine Gefahr an sich dar, können jedoch äußerst unangenehm sein. Man sollte in jedem Fall Insektenschutzspray in entsprechender Dosierung dabei haben. Der beste Schutz ist aber entsprechende Kleidung, selbst im Sommer sind lange Ärmel und Hosen zu empfehlen – wer einmal von Hunderten Moskitos angegriffen wurde, weiß warum.

Fort Smith bis Yellowknife

Die letzten Tage der Rundreise führen von Fort Smith zurück nach Enterprise und dann weiter bis Yellowknife. Da es keinen anderen Weg nach Yellowknife gibt, kann man nun **Highway 5** nochmals erleben und vielleicht den einen oder anderen Büffel auf der Strecke sehen. Nach etwa 150 km hat man die Möglichkeit, sich die Beine in der **Angus Sinkhole Day Use Area** zu vertreten. Die Gegend gehört noch zum Wood Buffalo National Park und liegt an dessen nördlicher Grenze.

Bei Hay River endet der Highway 5 und man fährt weiter Richtung Enterprise auf dem Highway 2 in südliche Richtung. Für die 300 km lange Tagesetappe sollte man aufgrund der Straßenverhältnisse mindestens 6 Stunden veranschlagen. In **Enterprise** wird übernachtet *(Reisepraktische Informationen zu Enterprise, s. o.)* und am nächsten Tag geht es weiter bis Fort Providence.

Wer am Campground südlich von Enterprise übernachtet, fährt auf dem Highway 1 Richtung Norden und hält sich an der Kreuzung von Highway 1 und 2 links in Richtung Yellowknife. Wer die Nacht im Hotel verbringt, biegt nach links auf den Highway 1 ab, ebenfalls in Richtung Yellowknife. Auf dem Weg zum Highway 3, der den Mackenzie River überquert, trifft man 84 km hinter Enterprise auf den **Lady Evelyn Falls Territorial Park**. Die Schotterstraße zweigt nach links ab und führt auf teils holprigen 7 km zu den **Lady Evelyn Falls**, die mit schäumenden Wassermassen beeindrucken. Stufen führen zum Fuß der Wasserfälle und etwas weiter flussabwärts gibt es sogar die Möglichkeit, sich im seichten Wasser etwas abzukühlen.

Zurück auf dem Highway geht es noch weitere 16 km bis zum Abzweig des Highway 3 Richtung Norden. Die Straße ist bis Yellowknife asphaltiert, teilweise jedoch etwas reparaturbedürftig. Kurz vor Fort Providence, nach 24 km auf dem Highway 3, trifft man auf den **Mackenzie River**. Der Fluss beeindruckt mit seiner Breite und es ist hier deutlich zu sehen, warum er auch **Mighty Mackenzie** genannt wird.

> **Überquerung des Mackenzie River – Fähren sind jetzt Geschichte**
> *Die Flussüberquerung erfolgte bis November 2012 auf einer kleinen Fähre,* **Merv Hardie Ferry Crossing**, *die tgl. verkehrte. Dieser Service war normalerweise von Mitte Mai bis Januar nutzbar, in den Wintermonaten ist der Fluss zugefroren und die Fähre wurde durch eine* **Ice Road** *ersetzt. Während des sog.* **Break-Up** *(Eisschmelze) und* **Freeze-Up** *(wenn die Eisdecke im Herbst noch nicht dick genug ist, um Autos sicher zu tragen) war es bis Fertigstellung der Deh Cho Bridge nicht möglich, den Fluss zu überqueren. Die Überquerung ist nun ganzjährig möglich und vor allem der Break-Up ist ein faszinierendes Spektakel. Die Eisschollen türmen sich oft meterhoch, weshalb die Brücke auch stolze 27 m über dem Mackenzie sitzt. Wer sich also im (teilweise noch sehr frostigem) Frühjahr in die Northwest Territories wagt, kann dieses Naturschauspiel von der Brücke aus beobachten.*

Break-Up und Freeze-Up

Im November 2012 wurden die Bauarbeiten an der **Deh Cho Bridge**, die den Mackenzie River überspannt, abgeschlossen. Seit der Eröffnung der Brücke sind nun manche Gemeinden – wie Fort Providence – ganzjährig zugänglich. Mit der Einstellung Fährbetriebs ist jedoch gleichzeitig ein Stück Geschichte zu Ende gegangen.

Wieder auf dem Festland angekommen, sind es nur noch wenige Kilometer bis **Fort Providence**, man folgt der Beschilderung Richtung Westen für ca. 5 km. Vor allem entlang Highway 3, aber auch auf der Seitenstraße nach Fort Providence sollte man jederzeit darauf vorbereitet sein, den einen oder anderen Büffel zu sehen. Das **Mackenzie Bison Sanctuary** erstreckt sich östlich des Highways, auf einer Länge von etwa 80 km an den Ufern des Great Slave Lake entlang. Hier sind mehrere Büffelherden beheimatet, die von ihrem „Hausrecht" auch rege Gebrauch machen – hier also **unbedingt langsam und vorsichtig fahren**, es gibt genug atemberaubende Landschaft zu bestaunen!

Büffel queren den Weg

Fort Providence

In dem freundlichen Dörfchen leben fast 800 Einwohner, von denen die Mehrheit Mitglieder des Dene-Stammes sind. Mitte des 19. Jh. errichteten katholische Missionare eine Kirche und begannen die Gegend zu bewirtschaften. Kurz darauf folgte die *Hudson's Bay Company* mit einem Handelsposten und Siedler begannen, sich an den Ufern des Mackenzie River niederzulassen.

Durch den Bau des Mackenzie Highways verlor die Gemeinde ihre Bedeutung als Standort am Transportweg über den Fluss. Heute leben die Einwohner hauptsächlich vom Tourismus und den einzigartigen Kleidungsstücken und Handarbeiten im Stil der Ureinwohner.

Reisepraktische Informationen Fort Providence

Information
In Fort Providence gibt es keine Touristeninformation, die Belegschaft des Hotels und Restaurants geben jedoch jederzeit gerne Auskunft.

Unterkunft
Snowshoe Inn $$$, 1 Mackenzie Drive, Fort Providence, NT X0E 0L0, ☏ 867-699-3511, www.snowshoeinn.ca. 35 Zimmer, teilweise mit Küchenzeile, sauber und schlicht.

Camping
Fort Providence Territorial Park, 3 km vor Fort Providence (beschildert, vom Highway kommend links halten), Fort Providence, NT, geöffnet Mitte Mai–Mitte Sept., keine Reservierung möglich. Trinkwasser und Abwasseranschluss vorhanden, jedoch kein Strom an den Stellplätzen. Am Ufer des Mackenzie River, hervorragende Angelmöglichkeiten.

Essen und Trinken
Snowshoe Inn Restaurant, 1 Mackenzie Drive, Fort Providence, NT X0E 0L0, ☏ 867-699-3511. Gehört zum Snowshoe Inn Hotel (s. o.), tgl. bis 20 Uhr geöffnet. Bekannt für ausgezeichnete Büffel-Burger.

Hinweis
Vor der Weiterfahrt Richtung Yellowknife sollte man sich vergewissern, dass das Auto/Wohnmobil vollgetankt ist – die nächste **Tankstelle** folgt erst 230 km weiter in Rae, einem Dorf 10 km abseits des Highway, oder 330 km weiter in Yellowknife.

Ein lohnender Stopp auf der Strecke kommt nach 195 km – und zu dem Zeitpunkt ist man mit Sicherheit auch bereit für eine Pause – an der **North Arm Territorial Park Day Use Area**. Der Rastplatz mit Picknickbereich direkt am Ufer des Great Slave Lake bietet spektakuläre Aussichten und eine herrliche Landschaft, die man nach einer anstrengenden Fahrt genießen kann.

Auf dem Yellowknife River

Weitere 15 km in Richtung Norden zweigt eine Straße nach links in Richtung **Rae** ab. Die kleine Gemeinde liegt 10 km abseits der Straße nach Yellowknife – wer nicht mehr genug Benzin für die restlichen 100 km bis Yellowknife hat, sollte die Gelegenheit zum Auftanken nutzen.

Yellowknife

Die Siedlungsanfänge der Hauptstadt der Northwest Territories gehen zurück auf das Jahr 1789, als Alexander Mackenzie in der Gegend der Yellowknife Bay einen Handelsposten einrichtete. Zuvor lebten in der Bucht am Great Slave Lake vor allem Angehörige der Chipewyan Nation und der Dogrib Nation.

Der Handel mit Fellen florierte, und als 1896 in der Yellowknife Bay Gold gefunden wurde, strömten Goldsucher und Siedler trotz des rauen Klimas in den Norden. 1939 zählte die Stadt bereits 1.000 Einwohner und wenige Jahre später platzte die Old Town aus allen Nähten.

Einstige Goldfunde

Das rasante Wachstum setzte sich auch in den kommenden Jahren fort. 1967 wurde Yellowknife schließlich offiziell die Hauptstadt der Northwest Territories, als der Regierungssitz von Ottawa in die Stadt am Great Slave Lake verlegt wurde. Damit begann auch verstärkt das kulturelle Wachstum der Stadt – *CBC Television* eröffnete ein Studio, der *Caribou Carnival* wurde eine jährliche Einrichtung und das Magazin „Up Here" wurde herausgegeben.

Das Jahr 1991 bedeutete einen weiteren Meilenstein für die Stadt: In den Barrenlands, ca. 300 km nordöstlich der Stadt, wurden Diamanten entdeckt. 1998 eröffnete die erste Diamantenmine. Yellowknife nennt sich seitdem „Diamond Capital of North America ™". Mittlerweile gibt es zwei aktive Diamantenminen in den Barrenlands und weitere sind in Planung. In Yellowknife leben nach der letzten Volkszählung 2006 rund 19.200 Einwohner.

„Diamond Capital of North America ™"

Prince of Wales Northern Heritage Centre (1)

Am östlichen Ufer des Frame Lake liegt das Prince of Wales Northern Heritage Centre. Das relative junge Museum beherbergt die Artefakte vieler Jahrhunderte. Nachdem Anfang der 1970er-Jahre der Ruf nach einem Museum und historischem Archiv für die Geschichte der Northwest Territories laut geworden war, begannen die Planungen und schließlich der Bau des Gebäudes. Im April 1979 konnte es eröffnet und von Prince Charles eingeweiht werden, dessen Titel das Museum als Namen trägt. Heute sind neben der ständigen Sammlung im Heritage Centre auch wechselnde Ausstellungen sowie eine Reihe von Sonderausstellungen über die Ureinwohner der Gegend und deren Jagdgewohnheiten zu sehen.
Prince of Wales Northern Heritage Centre, *4750-48th Street, Yellowknife, NT X1A 2L9, ☎ 867-873-7551, www.pwnhc.ca, Museum tgl. 10.30–17 Uhr, Fei geschl., Eintritt frei, Café tgl. 11–14 Uhr.*

Legislative Assembly und Ceremonial Circle

Flaggen aller Gemeinden der NWT

Nur einen Katzensprung entfernt, ebenfalls am Frame Lake, liegt die **Legislative Assembly (2)**, das Parlamentsgebäude der Northwest Territories. Das beeindruckende Gebäude ist einem Iglu nachempfunden und in die natürliche Umgebung des Sees eingebettet. Auf dem Verbindungsweg zum Rathaus und dem Prince of Wales Northern Heritage Centre befindet sich der sog. **Ceremonial Circle**. Hier sind die Flaggen aller 33 Gemeinden, die die Northwest Territories bilden, zu sehen. Auf den jeweiligen Fahnenmasten stehen die Namen der Gemeinden zuerst in der traditionellen Sprache der Ureinwohner und danach in der offiziellen Sprache der Territories. Der Ceremonial Circle ist ein spiritueller Ort, der alle Volksgruppen der Northwest Territories einlädt, sich dort zu versammeln und ihre Tradition und Kultur zu feiern.

The Legislative Assembly of the Northwest Territories, *4570-48th Street, Yellowknife, NT X1A 2L9, ☏ 867-873-7500, www.assembly.gov.nt.ca, ganzjährig geführte Touren (1 Std.) Mo–Fr 10.30 Uhr, Juni–Aug. Mo–Fr 10.30, 13.30 und 15.30, So 13.30 Uhr.*

Historic Walking Tour (3)

Trotz des rauen Klimas spielt sich das Leben in Yellowknife hauptsächlich draußen ab. Die Stadt ist stolz auf ihre Herkunft und hat trotz ihrer Größe einen gewissen Kleinstadtcharme bewahrt. Dies wird gerne zur Schau gestellt auf der **Historic Walking Tour**, die von New Town nach Old Town führt und keines der wichtigen historischen Denkmäler und Gebäude auslässt. Die Historic Walking Tour beginnt an der Ecke der

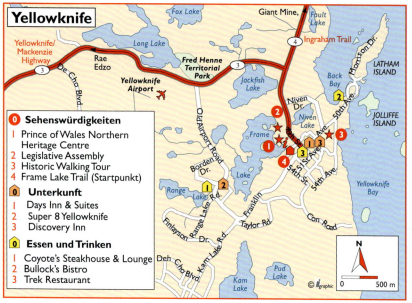

Franklin Avenue und 44th Street **(3)**. Eine Karte der Tour ist in der Touristeninformation erhältlich.

Frame Lake Trail (4)

Am Rathaus (City Hall), direkt hinter der Touristeninformation, beginnt der **Frame Lake Trail**. Dieser 7 km lange Pfad, der größtenteils nicht geteert ist, führt um den inmitten der Stadt gelegenen Frame Lake herum. Die Wanderung ist zu jeder Jahreszeit zu empfehlen, durch die Vielzahl von Laubbäumen wird der Spaziergang aber im Herbst durch die lebhaften Farben zum besonderen Erlebnis. Nach etwas mehr als der halben Strecke hat man den besten Ausblick auf das Parlamentsgebäude und das Museum. Der komplette Rundweg nimmt etwa zwei Stunden in Anspruch.

Schöne Wanderung

Reisepraktische Informationen Yellowknife

Information
Northern Frontier Visitors Association, 4807-49th Street, Yellowknife, NT X1A 3T5, ☎ 867-873-4262, www.visityellowknife.com, Mo–Fr 8.30–17.30, Sa/So und Fei 10–17 Uhr.

Unterkunft
Discovery Inn $$$ (3), 4701-47th Street, Yellowknife, NT X1A 2N6, ☎ 867-873-4151, www.yellowknifehotel.com. 41 schlichte, aber zweckmäßige Zimmer, zentrale Lage in der Innenstadt. Das Red Apple Restaurant gehört dazu, tgl. 7–22 Uhr.
Days Inn & Suites $$$$ (1), 4401-50th Avenue, Yellowknife, NT X1A 2N2, ☎ 867-873-9700, www.daysinn.ca. 80 Zimmer, teilweise mit Küchenzeile; sehr gediegen, freundlich und hell. Zentral gelegen an der Kreuzung von Highway 3 und 4.
Super 8 Yellowknife $$$$ (2), 308 Old Airport Road, Yellowknife, NT X1A 3G3, ☎ 867-669-8888, www.super8yellowknife.com. 66 komfortable Zimmer, am westlichen Ufer des Frame Lake, günstig gelegen.

Camping
Fred Henne Territorial Park Campground, *Highway 3, ca. 3 km vor Yellowknife,* ☎ *867-920-2472, www.campingnwt.ca. Sehr beliebter Park und Campground vor den Toren der Stadt. 64 Stellplätze mit Strom- und Wasseranschluss, Sandstrand, geöffnet Mitte Mai–Mitte Sept., unbedingt reservieren, vor allem im Juli und Aug.*

Tipp
Im **Fred Henne Park** *gibt es einen beschilderten Wanderpfad, den 4 km langen* **Prospector's Trail**. *Der Spaziergang ist absolut empfehlenswert und führt zu Gesteinsformationen, die von Wissenschaftlern für die ältesten jemals entdeckten gehalten werden.*

Prelude Lake Territorial Park Campground, *30 km nordöstlich von Yellowknife entlang des Ingraham Trail (Highway 4), Beschilderung ab Highway nach links folgen. 32 Stellplätze und 12 Zeltplätze, kein Stromanschluss, aber frisches Trinkwasser zentral erhältlich. Sandstrand und Wandermöglichkeiten.*

Essen und Trinken

Coyote's Steakhouse & Lounge (1), 484 Range Lake Road, Yellowknife, NT X1A 2R2, ☎ 867-873-8818, www.ykcoyotes.com. Steak und Fisch, frisch und lecker; Restaurant für die ganze Familie, tgl. Mittag- und Abendessen, im Westen der Stadt am Range Lake.
Bullock's Bistro (2), 3534 Weaver Drive, Yellowknife, NT X1A 2S9, ☎ 867-873-3474. Das Lokal wurde von den Lesern des „Reader's Digest" zum Restaurant mit den besten Fish and Chips gewählt. Im Stadtteil Old Town, Mittags- und Abendküche.
Trek Restaurant (3), 4401-50th Avenue, Yellowknife, NT X1A 3X8, ☎ 867-873-8735, 3. Stock des Days Inn & Suites (s. o.). Tgl. zum Frühstück, Mittag- und Abendessen geöffnet.

Nachtleben

Twist, 4915-50th Street, Yellowknife, NT X1A 1S1, ☎ 867-873-3753, www.twist.diningon50th.com. Mo–Mi 11–24, Do–Sa 11–2 Uhr, Livemusik am Wochenende, entspannte Atmosphäre, leckere Tapas.

Feste und Veranstaltungen

Summer Solstice Festival, www.solsticefestival.ca, jedes Jahr für eine Woche um die Zeit des Sommeranfangs in Juni. Musik, Kunst und Kultur an den längsten Tagen des Jahres, wenn die Sonne praktisch nicht untergeht.
Long John Jamboree, früher als Cariboo Carnival bekannt, findet dieses Fest seit 1955 alljährlich in der letzten Woche im März statt, um den Winter zu verabschieden; Musik, Feuerwerk, Eisbowling und Eistennis, Eisskulpturen.

Einkaufen

Yellowknife hat eine stattliche Anzahl von Geschäften sowie zwei Einkaufszentren (**Centre Square Mall**, 5022-49th Street, und **YK Centre**, 4910 Franklin Avenue). Wer etwas Besonderes sucht, wird in den folgenden Läden fündig:
Arctic Jewellers, 5014-49th Street, in der Centre Square Mall, www.arcticjewellers.com. Goldnuggets und zertifizierte Diamanten aus den Northwest Territories.
Dave Brosha Photography, 5016-53rd Street, ☎ 867-766-2500, www.davebrosha.com. Einmalig schöne Fotografien der Gegend um Yellowknife und der kanadischen Arktis.
Northern Images, 4801 Franklin Street, gegenüber der YK Centre Mall, www.northernimages.ca. Skulpturen, Handarbeiten und Kleidung im Stil der Inuit und Dene.

Verkehrsmittel: Flughafen

Yellowknife Airport, #1 Yellowknife Airport, Yellowknife, NT X1A 3T2, ☎ 867-873-7725, www.dot.gov.nt.ca (unter „Aviation" und „Yellowknife Airport"). Dieser kleine Flughafen am Eingang der Stadt wird nur von wenigen kleineren Fluggesellschaften angeflogen, die meisten Flüge gehen von/nach Edmonton und Calgary und in der Sommersaison auch Vancouver. Vor allem in den Wintermonaten sind die Flüge stark von den Sichtverhältnissen und dem Wetter abhängig.

Bus (Fernverkehr)

Frontier Coachlines, Unit 8 Monkey Tree Mall, Range Lake Road, Yellowknife, NT X1A 3R9, ☎ 867-874-2566, www.frontiercoachlines.yk.tripod.com. Verbindet Yellowknife mit dem Greyhound-Service in Enterprise.
Greyhound, 113 Kamlake Road, Yellowknife, NT X1A 1V6, ☎ 800-661-8747, www.greyhound.ca. In Yellowknife kann man keine Fahrscheine für den Bus kaufen, dies muss man vor

Reisepraktische Informationen Yellowknife **359**

Hausboote in der zugefrorenen Yellowknife Bay

Antritt der geplanten Reise online auf der Internetseite von Greyhound tun. Die Fahrt ab Yellowknife erfolgt mit den Frontier Coachlines (s. o.).

Nahverkehr

Yellowknife Transit, 4807-52nd Street, Yellowknife, NT X1A 2N4, ☏ 867-873-4693, www.yellowknife.ca (unter „Resident" und „Yellowknife Transit"). **Fahrkarten** werden vom Busfahrer verkauft. Fahrpläne sind im Rathaus und in verschiedenen Läden erhältlich. Die Busse fahren Mo–Sa. Kinder bis 5 Jahre fahren in Begleitung eines Erwachsenen kostenlos, Einzelfahrkarten für Kinder/Jugendliche und Senioren $1,50, Erwachsene $ 2,50.

Der Zauber des Nordens

Es ist schwer, sich ein Leben im rauen Klima des Nordens vorzustellen. Temperaturen von minus 40 °C über Monate hinweg, nur wenige Stunden Sonne pro Tag in den Wintermonaten und kurze Sommer ... Für die Menschen, die „North of 60" (nördlich des 60. Breitengrads) leben, ist es schwer, sich ein anderes Leben vorzustellen. Dies gilt nicht nur für jene, die von Geburt an etwa in den Northwest Territories leben, sondern auch für die Newcomer.

Die Ureinwohner sind überzeugt, dass das Land von der Seele Besitz ergreift und sie nicht mehr loslässt. Der Ruf des Nordens bringt die meisten immer wieder zurück. Kann es die Stille sein oder die Weite des Landes? Die Karibu-Herden oder die riesigen Lachse? Die Herzlichkeit der Einwohner oder der Bann der Polarlichter?

Der Reiz des Landes ist für jeden unterschiedlich und viele besuchen die Gegend der Territories nur ein einziges Mal, eines ist jedoch sicher – wer einmal unter dem endlosen Sternenhimmel am Lagerfeuer saß oder die Nordlichter über den Himmel tanzen sah, wird dies sein Leben lang nicht vergessen.

9. DURCH DEN NORDEN BRITISH COLUMBIAS UND DEN YUKON NACH ALASKA

Überblick und Streckenvariante

Für diese Reiseroute sollte man mindestens vier Wochen einplanen. Die Strecke ist fast 3.800 km lang und es gibt viel zu sehen! Der Grenzübergang in die USA auf dem **Top of the World Highway** ist nur in den Sommermonaten befahrbar. Wer die Strecke im Frühjahr oder Herbst abfahren will, sollte sich zuvor unbedingt nach dem Status des Highways erkundigen und eventuell eine Alternativroute wählen.

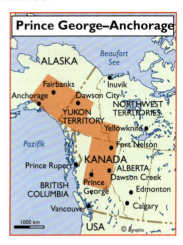

Prince George, British Columbia, der südlichste Ort der Route liegt bereits auf dem 53. Breitengrad Nord. Fairbanks, Alaska, liegt knapp unter dem 65. Breitengrad Nord und somit fast am Polarkreis. Elch, Grizzly und Weißkopfseeadler gehören zum Straßenbild und sind manchmal die einzige Gesellschaft, die man in der Weite des kanadischen Nordens hat.

☞ Ein Programm dieser Route könnte so aussehen

- **1.–2. Tag:** Prince George
- **3. Tag:** Prince George – Chetwynd (300 km)
- **4. Tag:** Chetwynd – Hudson's Hope – Tumbler Ridge (225 km)
- **5. Tag:** Tumbler Ridge
- **6. Tag:** Tumbler Ridge – Dawson Creek (120 km)
- **7. Tag:** Dawson Creek – Fort St. John (75 km)
- **8. Tag:** Fort St. John – Fort Nelson (380 km)
- **9. Tag:** Fort Nelson – Muncho Lake (240 km)
- **10. Tag:** Muncho Lake
- **11. Tag:** Nahanni National Park
- **12. Tag:** Muncho Lake – Liard River (65 km)
- **13. Tag:** Liard River – Watson Lake (210 km)
- **14. Tag:** Watson Lake – Teslin (260 km)
- **15. Tag:** Teslin – Johnsons Crossing – Whitehorse (170 km)
- **16.–17. Tag:** Whitehorse
- **18. Tag:** Whitehorse – Pelly Crossing (285 km)
- **19. Tag:** Pelly Crossing – Dawson City (250 km)
- **20. Tag:** Dawson City
- **21. Tag:** Dawson City – Top of the World Hwy. – Grenzübergang – Tok (300 km)
- **22. Tag:** Tok – Fairbanks (320 km)
- **23. Tag:** Fairbanks
- **24. Tag:** Fairbanks – Denali National Park (200 km)
- **25. Tag:** Denali National Park
- **26. Tag:** Denali National Park – Anchorage (380 km)
- **27.–28. Tag:** Anchorage

Von Prince George über die Rocky Mountains ins Land der Dinosaurier

Redaktionstipps

▶ Mit der Laterne auf Dinosauriersuche in **Tumbler Ridge** (S. 366).
▶ Die **Virginia Falls** im Nahanni National Park aus der Luft sehen (S. 379).
▶ Den Gold Rush des Klondike in **Dawson City**, Yukon erleben (S. 390).
▶ Den **Top of the World Highway** zwischen Dawson City, Yukon und Tetlin Junction, Alaska befahren (S. 394).

Die Tour des Nordens beginnt in **Prince George**, BC, das mit etwa 84.000 Einwohnern die größte Stadt im Norden British Columbias ist. Infos über Geschichte und Sehenswürdigkeiten sowie Reisepraktische Informationen über die lebhafte Stadt s. S. 460.

Der **Highway 97**, zwischen Prince George und Chetwynd auch als **John Hart Highway** bekannt, führt Richtung Norden aus Prince George heraus. Voll getankt geht es los in Richtung Norden (Tankstellen gibt es nur im näheren Umkreis von Prince George und dann erst wieder in Chetwynd!). Die ersten 30 km fährt man durch fruchtbares Weide- und Farmland, bis man schließlich in die rollenden Hügel der Foothills eintaucht. Die nächsten 100 km sind hauptsächlich von dicht bewaldeten Hügeln geprägt. Leider sind hier die durch Borkenkäfer verursachten Schäden teils enorm und an der gesamten Strecke zu sehen.

Knapp 130 km nach Prince George hat man die Möglichkeit, sich im **Whiskers Point Provincial Park** etwas die Füße zu vertreten. Die Ausfahrt zum Park ist durch mehrere Schilder gut gekennzeichnet. Wenn man schließlich nach links vom Highway abbiegt, führt eine schmale Straße zum Ufer des **McLeod Lake**, wo sich der Parkplatz befindet. Whiskers Point bietet einen Picknickbereich, Wanderpfade und einen idyllischen Sandstrand.

 What time is it?

Wer den **Pine Pass** auf dem John Hart Highway überquert, kommt auch von der **Pacific Time Zone** in die **Mountain Time Zone**, dort ist es eine Stunde später. Die Gegend zwischen dem Pine Pass und der Grenze zur Provinz Alberta liegt zwar offiziell in der gleichen Zeitzone wie Alberta selbst, stellt jedoch zwischen März und Oktober nicht auf Sommerzeit um. Da der Rest von British Columbia der Sommerzeit folgt, ist es z. B. in Chetwynd und Dawson Creek genauso spät wie in Vancouver, zumindest von März bis Oktober. In der Zeit von Oktober bis März ist es in Dawson Creek wiederum eine Stunde später als in Vancouver ... Sobald man nach Alberta fährt, ist es im Sommer eine Stunde später als in Dawson Creek, im Winter herrscht die gleiche Zeit.

Die Gegend um **Dawson Creek** widersetzt sich der Zeitumstellung seit der Einführung der DST *(Daylight Saving Time)* im Jahr 1918. Die Bevölkerung stimmt zuletzt 2003 mit „Nein" zur Sommerzeit und die Gegend wird wohl eine Insel mit ihrer ganz eigenen Zeit bleiben.

Auf dem Weg weiter Richtung Chetwynd beginnt wenige Kilometer nach McLeod Lake der Anstieg zu den Hart Mountains der Rockies. **Bijoux Falls** erreicht man nach etwa 45 km, der Parkplatz liegt links des Highways und ein kurzer Spaziergang zu den Fällen ist sehr lohnend!

Nur wenige Kilometer weiter entlang des John Hart Highway überquert man den **Pine Pass Summit**, der auf einer Höhe von 874 m auch die Grenze zwischen den Zeitzonen Pacific Time und Mountain Time darstellt. Insgesamt 300 km nach Abfahrt in Prince George kommt man in Chetwynd an – eine abwechslungsreiche Tagesetappe, gespickt mit landschaftlich reizvollen Fotogelegenheiten!

Zeitzonengrenze

Chetwynd

Chetwynd ist eine gastfreundliche Kleinstadt am Fuße der östlichen Ausläufer der Rocky Mountains. Der relativ junge Ort wurde erst 1962 eingemeindet und zählt mittlerweile rund 3.100 Einwohner.

In den 1950er-Jahren strömte eine Anzahl von Siedlern in Erwartung der Eisenbahn in die Gegend, die bis dahin als *Little Prairie* bekannt war und seit den 1920er-Jahren als Handelsstützpunkt agierte. Der Anschluss an das

Chetwynd, Chainsaw Sculpture Capital of the World

Netz der *Pacific Great Eastern Railway* 1958 und der Bau des John Hart Highway 1952 waren Katalysatoren für die Gründung der Gemeinde, wie sie heute existiert. Um Ralph Chetwynd, der sich für den Bau der Bahnstrecke über die Rocky Mountains eingesetzt hatte, zu ehren, wurde der Ort 1957 von Little Prairie in Chetwynd umbenannt.

Heute ist Chetwynd eine florierende Gemeinde, die als Knotenpunkt für Verkehr und Transport der **Peace River Region** dient. Highway 97 und 29 treffen sich hier, und die *CN Rail (Canadian National Rail)* transportiert Güter an die Westküste und nach Alberta. Industriezweige wie Landwirtschaft, Viehzucht, Öl- und Gasförderung sowie Tourismus tragen ebenfalls zum Erfolg der wachsenden Kleinstadt bei. Für Besucher liegt der Reiz vor allem in den vielfältigen Freizeitmöglichkeiten und der teilweise unberührten, spektakulären Natur.

Peace River Region

Little Prairie Heritage Museum

Wer sich etwas genauer über die Geschichte der Gegend informieren möchte, kann das Little Prairie Heritage Museum erkunden. Etwa 2 km westlich von Chetwynd biegt man in die Westgate Road ein, wo sich das Museum mit seinen fünf historischen Gebäuden und vielen Artefakten aus der Zeit des 19. Jh. befindet.
Little Prairie Heritage Museum, 5633 Westgate Road, Chetwynd, BC V0C 1J0, ☏ 250-788-3358, www.gochetwynd.com, Juni–Aug. Di–Sa 10–17 Uhr, „Admission by Donation" (Spende). Nach umfassender Renovierung Wiedereröffnung im Sommer 2014.

Holzskulpturen-Pfad

Skulpturen-Rundgang

Eine weitere Besonderheit in Chetwynd sind die Holzskulpturen, die bereits am Ortseingang ins Auge fallen. Der Ort nennt sich stolz „**Chainsaw Sculpture Capital of the World**". 1987 begann man erstmals damit, mit Motorsägen Skulpturen aus Holz herzustellen und diese als Teil des Rundgangs durch die Stadt auszustellen. Die Skulpturen zeigen hauptsächlich heimische Flora und Fauna sowie geschichtlich und kulturell wichtige Motive. Seit 2005 findet ein jährlicher Wettbewerb statt *(International Chainsaw Carving Championship)*, der Künstler aus aller Welt in die Gemeinde bringt. Die preisgekrönten Stücke werden in die Sammlung aufgenommen und können an verschiedenen Orten in der Stadt bewundert werden. Eine Karte des Rundgangs gibt es im Visitor Centre, geführte Touren sind ebenfalls buchbar.

Reisepraktische Informationen Chetwynd

Information
Chetwynd Visitor Centre, 5217 North Access Road, Chetwynd, BC V0C 1J0, ☏ 250-788-1943, www.gochetwynd.com, Mitte Mai–Anfang Sept. tgl. 8.30–17.30, Sept.–Mitte Mai Mo–Fr 9–16 Uhr.

Unterkunft
Pine Cone Inn & Suites $$, 5224-53rd Ave., Chetwynd, BC V0C 1J0, ☏ 250-788-3311, www.pineconeinn.ca. Sauberes, komfortables Motel mit 54 Zimmern, in der Nähe des Visitor Centre gelegen. Restaurant vor Ort, tgl. 6–22 Uhr.
Stagecoach Inn $$$, 5413 South Access Road, Chetwynd, BC V0C 1J0, ☏ 250-788-9666, www.stagecoachinnchetwynd.com. Schlichtes, aber sauberes Motel, 2013 komplett renoviert, direkt am Highway 97.

Camping
Westwind RV, 4401-53rd Street, Chetwynd, BC V0C 1J0, ☏ 250-788-2190. Gehört zum Westwind Motel (s. o.), 50 Stellplätze für Wohnmobile mit Strom- und Wasseranschluss; verfügt über Duschgelegenheiten und einen Waschsalon.
Moberly Lake Provincial Park Campground, 25 km nordöstlich von Chetwynd über den Highway 29 Richtung Hudson Hope. 109 Stellplätze, 30 davon sind online zu reservieren unter www.discovercamping.ca. Trinkwasser und Toiletten vorhanden, jedoch keine Anschlüsse direkt ans Wohnmobil.

Essen und Trinken
Red Lion Tavern, 4812 North Access Road, Chetwynd, BC V0C 1J0, ☏ 250-788-2755, www.redlionrestaurant.ca. Steak, Fisch und sehr leckere Salate, zentral gelegen. Di–Fr zum Mittagessen und Di–Sa zum Abendessen geöffnet.
The Stagecoach Restaurant, gehört zum Stagecoach Inn Motel (s. o.). Gutes Frühstück, kanadische und chinesische Gerichte zum Mittag- und Abendessen. Tgl. 6–22 Uhr.

Hudson's Hope

Die Tagesetappe, die in Tumbler Ridge endet, führt zuerst auf dem Highway 29 nach Norden. Vorbei an **Moberly Lake** durch dichte Wälder und fruchtbares Weideland gelangt man nach **Hudson's Hope**. Entlang der Rocky Mountain Foothills kommt man nach etwa 60 km an die Ufer des Peace River, der hier von einer beeindruckenden Hängebrücke überspannt wird.

Hudson's Hope ist bekannt für „**Dinosaurs and Dams**" und einer der beiden Staudämme, der **Peace Canyon Dam**, ist von der Brücke aus zu sehen. Wer Näheres über die Geschichte und den Bau des Staudamms erfahren will, kann wenige Meter nach Überquerung der Brücke der Beschilderung nach links zum Visitor Centre folgen. Der zweite und weitaus größere Staudamm liegt 23 km westlich des Dorfs. In der Mitte der 1.000 Einwohner zählenden Gemeinde zweigt der Canyon Drive nach links ab und führt bis zum **W.A.C. Bennett Dam**, der am Ufer von British Columbias größtem Wasserreservoir liegt.

Sonnenuntergang am Moberly Lake

W.A.C. Bennett Dam

Der W.A.C. Bennett Dam wird von British Columbias Stromversorger *BC Hydro* betrieben. Er ist einer der größten erdgefüllten Staudämme weltweit und liegt am Williston Lake. Der See ist mit einer Fläche von 1.773 km² der größte künstlich angelegte See in BC und produziert in Verbindung mit dem Staudamm fast ein Drittel des Stroms für die ganze Provinz.
W.A.C. Bennett Dam, *23 km westlich von Hudson's Hope, Visitor Centre Ende Mai–Anfang Sept. tgl. 10–18 Uhr, Eintritt für Touren frei für Kinder bis 5 Jahre, 6–17 Jahre $ 5, Erwachsene $ 6, Familien $ 15.*

Hudson's Hope Museum

Dinosaurier-Spuren

Dinosaurier und die Spuren, die sie hinterließen, sind die andere Attraktion der charmanten Gemeinde. Das Hudson's Hope Museum ist der beste Ausgangspunkt für Erkundungen der prähistorischen Fundstücke. Die Fossilien und versteinerten Fußabdrücke der Giganten wurden bei Beginn der Bauarbeiten für den Stausee und Damm gefunden. Ein im Wasser lebender Dinosaurier war bisher nur in dieser Gegend gefunden worden, weshalb er auch *Hudsonelpedia* genannt wurde.

Hudson's Hope Museum, *9510 Beattie Drive, Hudson's Hope, BC V0C 1V0, ☏ 250-783-5735, www.hudsonshopemuseum.com, Mai–Sept. tgl. 9–17 Uhr, Okt.–April Mo–Fr 9–16.30 Uhr, „Admission by Donation"– man bezahlt als Eintritt, was man für angemessen hält.*

ℹ️ Information

Hudson's Hope Visitor Centre, *9555 Beattie Drive, Hudson's Hope, BC V0C 1V0, ☏ 250-783-9154, www.hudsonshope.ca, in der Ortsmitte direkt am Highway gelegen, Mai–Sept. tgl. 8.30–17 Uhr.*

Auf dem Highway 29 S geht es zurück nach **Chetwynd** – eine gute Gelegenheit, sich etwas die Füße zu vertreten, bevor es weiter geht nach **Tumbler Ridge**. In Chetwynd folgt man Highway 97 Richtung Osten, bis zum Abzweig des Highways 29 S, der 95 km weiter zum Etappenziel führt.

Wildtiere auf der Strecke

Der Highway schlängelt sich zum größten Teil entlang des Sukunka River und durch die Foothills der Rocky Mountains. Es ist keine Seltenheit, Elche und Bären am Straßenrand zu sehen. Auf der teilweise unübersichtlichen Strecke sollte man darauf gefasst sein, dass **Tiere auf die Fahrbahn** laufen. Es bieten sich genügend Möglichkeiten zum Fotografieren oder zu einer Picknickpause – wobei man jederzeit auf Begegnungen mit wilden Tieren vorbereitet sein sollte.

Kinuseo Falls bei Tumbler Ridge

Tumbler Ridge

Die ersten Siedler ließen sich in der Gegend erst in den 1920er-Jahren nieder. Die hauptsächlich aus Ranchern bestehende Bevölkerung wuchs nur sehr langsam, bis Ende der 1970er-Jahre Kohle entdeckt wurde. 1981 wurde der Abbau beschlossen und Tumbler Ridge innerhalb von drei Jahren mehr oder weniger aus dem Boden gestampft und an das Highway-Netz angebunden. Zwei Kohlezechen beschäftigten fast 1.000 Arbeiter und die junge Ansiedlung florierte – bis 2000 die erste Zeche schloss und drei Jahre später die zweite. Tumbler Ridge war kurz davor, wieder genauso schnell zu verschwinden, wie es entstanden war.

Dieses Schicksal nahm jedoch eine ganz andere Wendung, als Kinder im Jahr 2000 beim Spielen versteinerte Fußabdrücke eines Dinosauriers fanden. Experten bestätigten 2001 die Funde und in den folgenden Jahren sollten noch etliche weitere Funde von Fossilien und Abdrücken folgen. Diese spektakulären Funde haben Tumbler Ridge einen Neuanfang ermöglicht. 2003 kam mit dem **Peace Region Palaeontology Research Centre** (PRPRC) ein führendes paläontologisches Forschungszentrum in die Stadt und vier Jahre später entwickelte sich die **Dinosaur Discovery Gallery**, das einzige Museum seiner Art in British Columbia, zum Besuchermagneten.

Tumbler Ridge präsentiert sich heute als florierende Gemeinde und die Besucher, die wegen der Dinosaurier kommen, verlängern ihren Aufenthalt aufgrund der spektakulären Natur der Region.

Einzigartige Wasserfälle

Die Gegend um Tumbler Ridge ist bekannt für eine Vielzahl von Wasserfällen, einige davon sind einzigartig in der Provinz. Die **Bergeron Falls** sind mit einer Höhe von 100 m die höchsten Wasserfälle im Norden British Columbias. Wer den Wasserfall nicht nur auf Bildern sehen will, hat allerdings eine insgesamt 10 km lange Wanderung vor sich, für die man einen halben Tag veranschlagen sollte. Etwa 8 km nördlich von Tumbler Ridge zweigt eine Schotterstraße in nordöstliche Richtung ab, der man nochmals für etwa 8 km bis zum Beginn des Wanderwegs folgt. Die Wanderung ist in Teilen anstrengend. Man läuft an steil abfallenden Klippen entlang, die nicht abgesichert sind – hier also vorsichtig sein!

Wanderung zu den Wasserfällen

Ein weiterer Wasserfall der Superlative sind die **Kinuseo Falls**. Die Wasserfälle sind höher und gewaltiger als die Niagarafälle und befinden sich im **Monkman Provincial Park**. Man folgt den Highway 52 E aus der Stadt heraus und biegt nach etwa 14 km nach rechts auf die Murray River FSR *(Forestry Service Road)* ab. Auf der teilweise etwas holprigen Straße geht es noch 50 km weit in den fast 63.000 ha großen Park hinein. Vom Parkplatz aus sind es nur wenige Meter zum Fuß des Wasserfalls. Wer einen etwas besseren Überblick haben möchte, kann den 3 km entfernten Aussichtspunkt erklimmen.

Dinosaur Discovery Gallery

In Tumbler Ridge sind die Dinosaurier los! Die Dinosaur Discovery Gallery ist ein interaktives Museum mitten in der Stadt für die ganze Familie. Es wartet nicht nur mit Fossilien und ganzen Dinoskeletten auf, sondern bietet auch Touren zu den Fußabdrücken am Flatbed Creek an. Es gibt drei verschiedene Touren, die jedes Jahr im Juli und August stattfinden, eine davon ist besonders empfehlenswert: Die einstündige

Touren zu den Dinosaurier-Spuren

Wolverine Lantern Tour startet jede Woche Do–Mo um 22 Uhr und zeigt die Fußabdrücke der Urzeitgiganten im Licht einer Laterne. Ein beeindruckendes Erlebnis!

Dinosaur Discovery Gallery, 255 Murray Drive, Tumbler Ridge, BC V0C 2W0, ☏ 250-242-3466, www.tumblerridgemuseum.com, Mai–Okt. tgl. 9–17 Uhr, Nov.–April Do–Mo 9–17 Uhr, Eintritt Kinder 5–9 $ 3, 10–17 Jahre $ 5, Erwachsene $ 8, Wolverine Lantern Tour für Kinder ab 5 Jahren $ 6, Erwachsene $ 12, Familien $ 27.

Geocaching

Geocaching, eine moderne Schatzsuche mit Hilfe eines GPS, ist in ganz British Columbia sehr beliebt. Die Internetseite www.geocaching.com verrät nach Eingabe der Postleitzahl, wo die Schätze der Gegend versteckt sind. Hat man den Schatz (Behälter) gefunden, trägt man sich ins Logbuch ein und kann die im Behälter gefundene Kostbarkeit (die oft aus normalen Alltagsgegenständen besteht) an sich nehmen und einen neuen Schatz hinterlassen.

Ein spannender Zeitvertreib für die ganze Familie – Koordinaten für die Schatzsuche können bereits vor der Reise im GPS oder im Smartphone gespeichert werden.

Bullmoose Marsh bei Tumbler Ridge

Reisepraktische Informationen Tumbler Ridge

Information
Tumbler Ridge Visitor Centre, 270 Southgate, Tumbler Ridge, BC V0C 2W0, ☎ 250-242-3123, www.visittumblerridge.ca. In der Innenstadt (Highway 29, Monkman Way, Richtung Stadtmitte, dann Southgate nach rechts), Ende Mai–Anfang Sept. tgl. 9–17 Uhr, Fei geschl.

Unterkunft
Tumbler Ridge Inn $$$, 275 Southgate, Tumbler Ridge, BC V0C 2W0, ☎ 250-242-4277, www.tumblerridgeinn.com. In der Nähe des Visitor Centre, 52 schlichte Zimmer, freundliches Personal.
Wilderness Lodge Tumbler Ridge $$$$, 360 Northgate Dr., Tumbler Ridge, BC V0C 2W0, ☎ 250-242-5405, www.wildernesslodgetumblerridge.com. 50 Suiten, mit einem oder zwei Schlafzimmern, sehr komfortabel eingerichtet. Sehr schöne Lage.

Camping
Monkman RV Park, Monkman Way, Tumbler Ridge, BC V0C 2W0, ☎ 250-242-3123. In der Stadt gelegen, wenige Minuten von der Innenstadt entfernt, 22 Stellplätze mit Wasser-, Abwasser- und Stromanschluss. Genaue Informationen über den Campground erhält man im Visitor Centre, ganzjährig geöffnet.
Monkman Provincial Park Kinuseo Falls Campground, 65 km südlich von Tumbler Ridge, in der Nähe der Kinuseo Falls. 42 Stellplätze, ohne Anschlussmöglichkeiten für Strom oder Wasser, sehr rustikal, aber einmalige Lage!

Essen und Trinken
In Tumbler Ridge gibt es eine Reihe von kleineren Cafés und auch Fast-Food-Restaurants wie Subway. Ein Restaurant, in dem man Frühstück, Mittag- oder Abendessen einnehmen kann, befindet sich im oben vorgestellten Hotel Tumbler Ridge Inn. Dort gibt es ein empfehlenswertes Frühstück.
Coal Bin Pub & Grill, 275 Southgate, Tumbler Ridge, BC V0C 2W0, ☎ 250-242-4277. Tgl. ab Mittag geöffnet.
Kinuseo Cafe, 275 Southgate, Tumbler Ridge, BC V0C 2W0, ☎ 250-242-4625. Gehört zum Tumbler Ridge Inn (s. o.).

Hello BC Blogs
Auf der Internetseite des Tourismusverbands für British Columbia kann man Erfahrungsberichte über jeden Ort in British Columbia lesen (und nach der Reise auch selbst teilen). Auf der Seite **www.hellobc.com** gibt es den Menüpunkt „Blog". Dort hat man die Möglichkeit, die Reisegegend oder Aktivität einzugeben und dann die Erfahrungen von anderen Reisenden nachzulesen. Oft eine willkommene Entscheidungshilfe, wenn es die Zeit nicht zulässt, alle Sehenswürdigkeiten anzufahren!

Von Tumbler Ridge zum Alaska Highway und bis Fort Nelson

Der **Highway 52 N** verbindet Tumbler Ridge auf einer Strecke von 95 km mit dem **Highway 97**. Die Straße führt durch die letzten Ausläufer der Foothills, durch fruchtbare Täler und dichte Wälder. Etwa 10 km vor der Auffahrt auf den Highway 97 lichtet sich der dichte Wald etwas und geht dann in die rollenden Hügel des Weidelands über.

Ist man schließlich am Highway 97 angelangt, biegt man nach rechts in Richtung Dawson Creek ab, das nach weiteren 20 km erreicht ist.

Dawson Creek

Mile 0, der Anfang des berühmten **Alaska Highway**, der sich 1.528 Meilen (knapp 2.450 km) weit bis nach Fairbanks, Alaska schlängelt, liegt in Dawson Creek. Bis Anfang der 1940er-Jahre war die damals 600 Seelen zählende Gemeinde nur ein kleines Dorf aus Holzfällern und Ranchern. Dies änderte sich schlagartig, als Anfang 1942 der Bau des Alaska Highway beschlossen wurde.

Im Dezember 1941 hatte der verheerende Angriff der Japaner auf Pearl Harbor den Ruf nach Absicherung des nordamerikanischen Festlands laut werden lassen. Dazu war eine befestigte Straße, die Truppen und Güter nach Alaska bringen konnte, notwendig. In Zusammenarbeit mit dem US-Militär begann im März 1942 der Bau des Highways.

Die Folge war, dass die Bevölkerung von Dawson Creek innerhalb weniger Wochen explodierte. 10.000 Einwohner, viele davon Angehörige der US-Truppen, nannten die Stadt an der Grenze zu Alberta nun ihr Zuhause. Der Highway wurde nach einer Bauzeit von nur acht Monaten im November 1942 fertiggestellt und ist bis heute eine wichtige Verkehrsader in den Norden.

Northern Alberta Railways Park

In Dawson Creek dreht sich natürlich fast alles um den Alaska Highway. Ein guter Start ist der **Northern Alberta Railways Park**, der gleich vier Sehenswürdigkeiten umfasst: Railway Station Museum, Dawson Creek Visitor Centre, Mile 0 Cairn und die **Dawson Creek Art Gallery**.

Nullpunkt des Alaska Highway

Der Northern Alberta Railways Park liegt direkt an der Kreuzung der 8th Street und eben dem Alaska Highway, auf der Alaska Avenue. **Mile 0 Cairn**, das Steinmännchen, das traditionell als Wegweiser oder Markierung gilt, ist der tatsächliche **„Nullpunkt" des Alaska Highway**. Von hier werden auch heute noch alle Entfernungsangaben gemessen.

In den 1930er-Jahren erbaute hier die *Northern Alberta Railways Company* einen Bahnhof, der heute das **Visitor Centre** und das **Railway Station Museum** beherbergt. Die Stadt hatte das 4 ha große Grundstück von der Eisenbahngesellschaft schließlich erworben und begrüßt heute Besucher aus aller Welt. Zu sehen sind u. a. Exponate zur lokalen Eisenbahngeschichte, zur Pionierzeit, zum Alaska Highway und zur heimischen Flora und Fauna.

Railway Station Museum, *900 Alaska Avenue, Dawson Creek, BC V1G 4T6, ☏ 250-782-9595, www.tourismdawsoncreek.com, Mitte Mai–Anfang Sept. tgl. 8–17.30 Uhr, Sept.–Mitte Mai Mo–Fr 10–16.30 Uhr.*

Dawson Creek Art Gallery, *816 Alaska Avenue, Dawson Creek, BC V1G 4T6, ☏ 250-782-260, www.dcartgallery.ca, Juni–Aug. tgl. 9–17 Uhr, Sept.–Mai Di–Fr 10–17, Sa 12–16 Uhr.*

Alaska Highway House

Parallel zum Highway, an der Ecke der 10th Street und 102 Avenue, liegt das Alaska Highway House. Hier wird die Geschichte des Highways, einschließlich der Bauphase, in Bildern und mittels Filmmaterial erzählt. Eine beeindruckende Anzahl an Ausstellungstücken dient zur Veranschaulichung. Direkt vor dem Eingang des Gebäudes befindet sich der **Mile 0 Post**, eine Gedenksäule, die oft mit dem *Mile 0 Cairn* verwechselt wird.

Unterwegs auf dem berühmten Alaska Highway, der von Dawson Creek über 1.528 Meilen bis Fairbanks in Alaska führt

Alaska Highway House, *10201-10th Street, Dawson Creek, BC V1G 4T6, ☏ 250-782-4714, www.tourismdawsoncreek.com, Mai–Sept. tgl. 9–17 Uhr.*

Walter Wright Pioneer Village

Am Meilenstein „1", also knapp 2 km nach dem *Mile 0 Cairn*, befindet sich das Walter Wright Pioneer Village. Hier kann man Dawson Creek erkunden wie es vor dem Bau des Highways zu Zeiten des Wilden Westens war. Am Infozentrum des Parks gibt es einen kostenlosen Führer zu einer Walking Tour. Nach dem kurzen Rundgang kann man ein Picknick am Rotary Lake genießen.

Walter Wright Pioneer Village, *20th Street und Alaska Avenue, Dawson Creek, BC.*

Reisepraktische Informationen Dawson Creek

Information
Dawson Creek Visitor Centre, 900 Alaska Avenue, Dawson Creek, BC V1G 1M5, ☏ 250-782-9595, www.tourismdawsoncreek.com, Mitte Mai–Anfang Sept. tgl. 8–17.30, Sept.–Mitte Mai Mo–Fr 10–16.30 Uhr.

Unterkunft
Super 8 Dawson Creek $$$, 1440 Alaska Avenue, Dawson Creek, BC V1G 1Z5, ☏ 250-782-8899, www.super8.com. Zwischen Meile 0 und 1 gelegen, sehr zentral aber viel Verkehr, 66 saubere Zimmer.
The George Dawson Inn $$$, 11705-8th Street, Dawson Creek, BC V1G 4N9, ☏ 250-782-9151, www.georgedawsoninn.bc.ca. Im südlichen Teil der Stadt gelegen, Nähe Walmart und anderen Einkaufsmöglichkeiten, 80 komfortable Zimmer.

Camping
Northern Lights RV Park, 9636 Friesen Sub, Dawson Creek, BC V1G 4T9, ☏ 250-782-9433, www.nlrv.com. 92 Stellplätze mit Strom- und Wasseranschluss, wenig Schatten, aber sehr schöner Platz, direkt am Highway 97 von Chetwynd kommend, ca. 3 km vor Dawson Creek.
Farmington Fairways Golf & RV Park, 5764 Highway 97, Dawson Creek, BC V0C 1N0, ☏ 250-843-7774, www.farmingtonfairways.com. Meile 10 des Alaska Highway, kurz nach Dawson Creek Richtung Norden, Golfplatz mit Campground, schöne Stellplätze mit Anschlüssen.

Essen und Trinken
Mr. Mikes Steakhouse & Bar, 1501 Alaska Avenue, Dawson Creek, BC V1G 1Z5, ☏ 250-782-1577, www.mrmikes.ca. Tgl. zum Mittag- und Abendessen geöffnet, 11–23, Do–Sa bis 24 Uhr, Franchise-Filiale in BC und Alberta, sehr gute Steaks.
White Spot Dawson Creek, 11300-8th Street, Dawson Creek, BC V1G 4N9, ☏ 250-782-5442, www.whitespot.ca. Kanadische Franchise-Kette, tgl. 7–21 Uhr.

Auf dem Weg von Dawson Creek nach Fort St. John fährt man auf dem **Alaska Highway** nur für wenige Kilometer durch flaches Weideland, bis man wieder in die abwechslungsreiche Landschaft der **Rocky Mountain Foothills** eintaucht. Nach etwa 55 km überquert man kurz vor Taylor den **Mighty Peace River**. Der Highway führt durch die kleine Gemeinde **Taylor** und nur 20 km weiter ist man bereits in Fort St. John, dem nächsten Etappenziel.

Fort St. John

Einer der ersten Europäer in der Gegend um Fort St. John war **Alexander Mackenzie**, der 1793 auf seiner Erkundungsreise zum Pazifik den Peace River entlang reiste. Sowohl der Peace River als auch die Prärie am Fuße der Foothills waren (und sind) ein idealer Handelskorridor. 1794 eröffnete die *North West Company* aufgrund der hervorragenden Lage einen Handelsposten und Fort St. John wurde somit die älteste europäische Ansiedlung in British Columbia.

Seit den 1930er-Jahren war ein stetiger Bevölkerungszuwachs zu verzeichnen. Zuerst waren es Farmer und Rancher, die in die Gegend strömten, als die Landwirtschaft den Fellhandel ersetzte. Im nachfolgenden Jahrzehnt brachte der Alaska Highway einen stetigen Zufluss an Neuankömmlingen. Als schließlich in den 1950er-Jahren Öl gefunden wurde, war der Grundstein für die progressive Gemeinde gelegt, die mit einem Durchschnittsalter von nur 29,6 Jahren eine außerordentlich junge Bevölkerung hat. Heute zählt die Stadt gut 17.000 Einwohner.

Fort St. John North Peace Museum

Nur ein kleines Stück abseits des Alaska Highway, an der Ecke der 100th Street und 93rd Avenue, liegt das Fort St. John North Peace Museum. Erkennen kann man das Museum schon von Weitem an dem Ölbohrturm, der mittlerweile zum Wahrzeichen der Stadt geworden ist. Im Museum werden die Kostbarkeiten und das kulturelle Erbe der Gegend erhalten. Von einem Klassenzimmer aus den 1920er-Jahren bis zu einer wiederaufgebauten Schmiede – der Pioniergeist ist in den verschiedenen Gebäuden und Ausstellungsstücken zu spüren.

Ölbohrturm

Fort St. John North Peace Museum, *9323-100th Street, Fort St. John, V1J 4N4, 250-787-0430, www.fsjmuseum.com, Mo–Sa 9–17 Uhr, Eintritt für Kinder $ 4, Senioren $ 5, Erwachsene $ 6.*

Pioneer Pathway

Bei einem Stopp am Visitor Centre kann man eine Karte für den **Pioneer Pathway** mitnehmen. Der Spaziergang durch die Geschichte Fort St. Johns beginnt am Visitor Centre und führt durch die Innenstadt. Die wichtigsten Pioniere der Gegend werden auf anschaulichen Tafeln vorgestellt und ihre Verdienste erklärt. Ein lohnender Zeitvertreib und eine Möglichkeit, die Geschichte des Wilden Westens inmitten einer modernen Stadt zu erleben.

Auf den Spuren der Pioniere

High on Ice Festival

Seit 2005 findet jedes Jahr im Januar das **High on Ice Festival** in Fort St. John statt. *High on Ice* ist das größte Winterfestival der Provinz und das einzige, das einen internationalen Eisskulpturen-Wettbewerb austrägt. Das sehenswerte Spektakel wird von zahlreichen Veranstaltungen rund um Schnee und Eis begleitet, etwa Curling, Ice Fishing Derby, Schlittenfahrten, Live-Entertainment und einem Kinderprogramm.

Sehen kann man einige Bilder vom beeindruckenden Schauspiel auch auf der Internetseite der Stadt: www.fortstjohn.ca/ice. Das Festival selbst hat leider keine eigene Website.

Reisepraktische Informationen Fort St. John

ℹ Information
City of Fort St. John Visitor Centre, 9324 96th Street, Fort St. John, BC V1J 3X6, ☏ 250-785-3033, www.fortstjohn.ca, Mo–Fr 9–20, Sa/So 11–19 Uhr, Fei geschl.

🛏 Unterkunft
Howard Johnson Hotel $$, 8540 Alaska Road, Fort St. John, BC V1J 5L6, ☏ 250-787-0651, www.hojo.com. Direkt am Highway im südlichen Teil der Stadt, schlicht und sauber, 70 Zimmer.

Fort St. John Motor Inn $$, 10707-102nd Street, Fort St. John, BC V1J 5L3, ☏ 250-787-0411, www.fortstjohnmotorinn.com. 96 Zimmer, im Zentrum der Stadt gelegen, wenige Meter zu Einkaufs- und Unterhaltungsmöglichkeiten.

Lakeview Inns & Suites $$$, 10103-98th Avenue, Fort St. John, BC V1J P8, ☏ 250-787-0779, www.lakeviewhotels.com. 70 saubere, komfortable Zimmer, in der Innenstadt in der Nähe des Visitor Centre.

⚠ Camping
Ross H. Maclean Rotary RV Park, Mile 52 Alaska Highway, Charlie Lake, ☏ 250-785-1700, www.rotaryrvparkfsj.com. Etwa 10 km nordwestlich von Fort St. John am Charlie Lake, 68 Stellplätze, zum größten Teil mit Strom- und Wasseranschluss. Ganzjährig geöffnet.

Corner RV Park, 8428 Alaska Road, Fort St. John, BC V1J 5L6, ☏ 250-785-4218. Ganzjährig geöffnet, am südöstlichen Ende der Stadt, direkt am Highway, nur wenige Minuten zu Fuß in die Stadt. 41 zweckmäßige Stellplätze mit Strom- und Wasseranschluss.

Charlie Lake Provincial Park, an der Kreuzung von Highway 97 und 29, ca. 11 km nordwestlich der Stadt. 57 Stellplätze, Trinkwasser vorhanden, jedoch keine Direktanschlüsse, sehr schöne Lage, schattige Plätze.

🍴 Essen und Trinken
Vom gemütlichen Café über Fast Food bis zum gediegenen Steakhaus und asiatischer Kost – in Fort St. John ist das nächste Restaurant garantiert nicht weit. Sowohl entlang des Highways als auch in der Innenstadt hat man zahlreiche Möglichkeiten, den Gaumen zu erfreuen.

🍸 Nachtleben
Die junge Bevölkerung macht's möglich – Fort St. John ist die „**Music Capital of Northern BC**". Jede Woche gibt es in verschiedenen Bars und Clubs in der Stadt **Livemusik**. Die Veranstaltungen sind stets aktuell unter **www.clubzone.com** abzufragen.

🎁 Einkaufen
In Fort St. John gibt es drei größere **Einkaufszentren**, wobei die **Totem Mall** bei Weitem die größte Mall ist. Hier gibt es ein Kino, Kaufhäuser, Läden und Souvenirs. Die letzte Möglichkeit für einen Einkaufsbummel, bevor man zehn Tage später in Whitehorse ankommt.

Totem Mall, 9600-93rd Avenue, Fort St. John, BC V1J 6J8, ☏ 250-785-3537, www.totemmall.com. An der Kreuzung des Alaska Highway mit der 96a Street gelegen, Parkmöglichkeiten auch für Wohnmobile, Mo–Do, Sa 9.30–18, Fr 9.30–21, So 12–17 Uhr.

Von Fort St. John bis Fort Nelson

Die Etappe von Fort St. John bis Fort Nelson ist 380 km lang und man sollte sechs bis sieben Stunden Fahrtzeit veranschlagen. Die Landschaft bleibt relativ flach am Rande der Foothills und verläuft hauptsächlich durch Wälder und Weideland. Neben den zahlreichen Möglichkeiten, einfach am Straßenrand für ein Picknick oder zum Fotografieren anzuhalten, gibt es zwei Dörfchen, die ein Restaurant und eine Tankstelle bieten.

Etwa 150 km nach Fort St. John liegt **Pink Mountain** an der Seite des Alaska Highway, nochmals 140 km weiter die etwas größere Ansiedlung **Prophet River**. Beide Dörfer haben innerhalb weniger Kilometer der Siedlung einen sog. **Wayside Provincial Park**, eine Art Rastplatz am Rand des Highways, der zum Picknick und Füße vertreten einlädt. Auf der Strecke zwischen Pink Mountain und Prophet River rückt der Alaska Highway den Rocky Mountains immer näher, was oft für eindrucksvolle Fotomöglichkeiten sorgt.

Weitere 90 km nach Prophet River kommt man in Fort Nelson an, der letzten Station mit der nötigen Infrastruktur für Reisende vor Whitehorse.

Fort Nelson

4.500 Einwohner nennen Fort Nelson das ganze Jahr über ihr Zuhause. Weitere 2.000 saisonale Arbeiter verbringen den Winter in der Stadt, wenn die Ice Roads den Transport in den Norden ermöglichen.

Wie Fort St. John nahm auch Fort Nelson seinen Anfang als Handelsposten der *North West Company*. Es wurde 1805 gegründet und nach dem Briten Lord Horatio Nelson, der die historische Schlacht von Trafalgar gewann, benannt. Während und auch nach dem Bau des Alaska Highway bestand die Bevölkerung der Stadt hauptsächlich aus Militärpersonal und deren Familien. Selbst nach der Fertigstellung des Highways blieben über 2.000 Truppen in der Gegend stationiert, die Muskwa Garrison wurde erst in den 1960er-Jahren aufgegeben.

Benannt nach Lord Nelson

Fort Nelson ist Teil der *Northern Rockies Regional Municipality* (Verwaltungsbezirk bzw. Landkreis der nördlichen Rocky Mountains), die fast 10 % der Fläche British Columbias umfasst. Das fast 86.000 km² große Gebiet kann Besuchern unberührte Natur mit faszinierender Flora und Fauna bieten.

Reisepraktische Informationen Fort Nelson

Information
Fort Nelson Visitor Centre, *5500 Alaska Highway, Fort Nelson, BC V0C 1R0, ☎ 250-774-6400, www.tourismnorthernrockies.ca, www.fortnelsonchamber.com. Mitte Mai–Aug. tgl. 8–19, Sept.–Mai Mo–Fr 8.30–16.30 Uhr. Der Internetzugang im Infozentrum*

ist kostenlos nutzbar. Hier sind viele Landkarten und Broschüren für die Attraktionen des gesamten Nordens von British Columbia erhältlich.

Unterkunft

Fort Nelson Hotel $$$, 5110-50th Avenue, Fort Nelson, BC V0C 1R0, ☏ 250-774-6971, www.thefortnelsonhotel.com. 100 Zimmer, teilweise mit Küchenzeilen, sauber und schlicht. Schwimmbad im Hotel, sowie Restaurant.

Fort Nelson Super 8 $$$$, 4503-50th Avenue South, Fort Nelson, BC V0C 1R0, ☏ 250-233-5025, www.super8.com. Modernes Hotel, 142 Zimmer, Pool mit großer Wasserrutsche.

Camping

Blue Bell Inn RV Park, 4203-50th Avenue South, Fort Nelson, BC V0C 1E0, ☏ 250-774-6961, www.bluebellinn.ca. 42 Stellplätze mit Strom-, Wasser- und Abwasseranschluss, direkt in der Stadt am Alaska Highway, keine Schattenplätze.

Triple G Hideaway RV Park, Alaska Highway, Fort Nelson, BC V0C 1R0, ☏ 250-774-2340, www.tripleghideaway.com. Am westlichen Ende der Stadt, in der Nähe des Visitor Centre, teilweise schattige Plätze, 123 Stellplätze, größtenteils mit Anschlüssen. Mit einem sehr guten Restaurant am Platz.

Essen und Trinken

Dan's Neighbourhood Pub, 4204-50th Avenue, Fort Nelson, BC V0C 1R0, ☏ 250-774-3929. Am östlichen Ende der Stadt, direkt am Highway (rechter Hand), tgl. geöffnet zum Mittag- und Abendessen, gemütliche Atmosphäre, gute Burger.

Boston Pizza, 4501-50th Avenue, Fort Nelson, BC V0C 1R0, ☏ 250-774-7477. Teil einer sehr beliebten Kette in British Columbia, bewährte Kost mit Burgern, Pizza und Nudelgerichten, tgl. geöffnet zum Mittag- und Abendessen.

Von Fort Nelson bis in den Yukon – mit Abstecher zur Nahanni National Park Reserve

Der Weg von Fort Nelson nach Muncho Lake bietet spektakuläre Ausblicke auf die Rocky Mountains. Nur wenige Kilometer nach Fort Nelson beginnt langsam der Anstieg in die Rockies und die zunächst bewaldeten Hügel weichen bald kahlen Bergspitzen, die nur im Hochsommer ganz ohne Schnee sind.

Stone Mountain Provincial Park

Nach 140 km entspannter Fahrt entlang des legendären Highways empfiehlt es sich, eine Pause am **Summit Lake** und dem dazugehörigen **Stone Mountain Provincial Park** einzulegen. Summit Lake mit seinem jadegrünen Wasser liegt direkt am Highway. Kurz vor dem See geht es nach links zum Provincial Park, der Abzweig ist gut beschildert. Vom Parkplatz am Campground führt ein ca. 5 km langer **Wanderweg** (*Microwave Tower Trail* – hin und zurück) zu einem Aussichtspunkt, der die etwa zweistündige Wanderung sicher wert ist. Der Ausblick auf den See und die umliegenden Gipfel ist einmalig. Unbedingt festes Schuhwerk tragen und auf wilde Tiere achten!

Direkt am Eingang des Parks ist außerdem eine Anzeigetafel aufgestellt, die sämtliche Wanderpfade des Stone Mountain Provincial Parks zeigt und beschreibt. Wer hier einen halben Tag verbringt, hat noch genügend Zeit, um die restliche Strecke der Etappe nach Muncho Lake zurückzulegen und kann sicher unvergessliche Urlauberinnerungen mit nach Hause nehmen.

Weitere 50 km entlang des Alaska Highway gelangt man nach **Toad River**, eine winzige Siedlung direkt am Highway, die aus wenigen Häusern und einer Tankstelle besteht. Nach Fort Nelson ist dies die erste Möglichkeit zu tanken, eine weitere Tankstelle ist in Muncho Lake zu finden. Die Ansiedlung besteht im Prinzip aus der **Toad River Lodge**, die einen Campground, Motel, Restaurant und Tankstelle umfasst (www.toadriverlodge.com).

Tankgelegenheit

Muncho Lake Provincial Park

Nach weiteren 50 km ist die 240 km lange Tagesetappe bis Muncho Lake geschafft. Muncho Lake Provincial Park, dessen Grenzen bereits 5 km nach Toad River erreicht sind, beeindruckt mit einer Größe von 86.000 ha. Der zugängliche Teil des Parks liegt in der direkten Umgebung des **Muncho Lake**, an dessen Ufern sich der Alaska Highway (teilweise sehr eng) entlangschlängelt. Unübersichtliche Kurven mit Felswänden auf der einen Seite und dem See direkt am Straßenrand auf der anderen Seite

Muncho Lake am Alaska Highway

zwingen den Fahrer zu hoher Konzentration. Es gibt jedoch genügend Möglichkeiten, an einer der Parkbuchten am Straßenrand anzuhalten und den Ausblick zu genießen. Alle Aussichtspunkte, Rastplätze und Wanderpfade entlang des Wegs sind gut beschildert. Es lohnt sich sehr, einen zusätzlichen Tag am Muncho Lake zu verbringen und Wanderwege, Aussichtspunkte und die örtliche Pflanzen- und Tierwelt zu erkunden.

Salt Licks

Salz für das Wild

Etwa 6 km nach Muncho Lake weist ein kleines blaues Schild auf einen Wanderpfad bzw. auf einen Aussichtspunkt hin. Man biegt nach links vom Highway auf eine Schotterstraße und folgt ihr eine kurze Strecke bis zum Parkplatz. Ein 1,5 km langer **Rundwanderweg** führt zu den Ufern des **Trout River**. Von dort hat man den besten Blick auf die sog. **Salt Licks**. Diese salzhaltigen Gesteinsformationen werden bevorzugt von Hirschen und wilden Dickhornschafen aufgesucht (die Kamera nicht im Auto vergessen!).

Reisepraktische Informationen Muncho Lake

Information
Detaillierte Karten vom **Muncho Lake Provincial Park** (und allen anderen Parks in BC) kann man unter www.bcparks.ca abrufen. Auf der Startseite findet man oben rechts die Suchoptionen, hier kann man die Provincial Parks alphabetisch suchen. Hat man den gewünschten Park gefunden, kann man ihn aus der Liste auswählen und hat dann Zugriff auf Landkarten, Campground-Infos und Sehenswürdigkeiten.

Unterkunft
Double G Services $–$$, Mile 456 Alaska Highway, Muncho Lake, BC V0C 1Z0, ☎ 250-776-3411. Am südlichen Ende des Sees, 240 km nach Fort Nelson, Motel oder Campground mit Stellplätzen für Wohnmobile. Zugehöriges Restaurant und Tankstelle, kleines Ladengeschäft.
Northern Rockies Lodge $–$$$, Mile 462, Muncho Lake, BC V0C 1Z0, ☎ 250-776-3481, www.northernrockieslodge.com. Direkt am See gelegen, bietet Blockhütten, Wohnmobil-Stellplätze oder Hotelzimmer; Restaurant und Tankstelle.

Ausflug zur Nahanni National Park Reserve

Nahanni National Park Reserve ist der Nationalpark, zu dem keine Straße führt. Muncho Lake ist jedoch ein guter Ausgangspunkt für den mehrere hundert Kilometer weit entfernten Park – und zwar **per Wasserflugzeug**. Diese Transportart ist die bevorzugte für die Mehrheit aller Parkbesucher. Es gibt Flüge ab Yellowknife und Fort Simpson, und eben ab Muncho Lake.

Ein Tagesausflug in den Park, der 1976 als das erste UNESCO-Weltnaturerbe anerkannt wurde, dauert ca. 6–8 Stunden. Dabei kann man die berühmteste Parkattraktion

Ausflug zur Nahanni National Park Reserve

besuchen – die **Virginia Falls** (Nailicho). Kurz vor dem Zusammenfluss des South Nahanni mit dem Flat River rauschen tosende Wassermassen 96 m in die Tiefe.

Anreise per Charterflug
Liard Air / Northern Rockies Lodge, *Mile 462, Muncho Lake, BC V0C 1Z0, 250-776-3481, www.northern-rockies-lodge.com. Betreiber der Lodge am Muncho Lake bieten auch Charterflüge zum Nahanni National Park. Eine gute Möglichkeit für Reisende, die sich nicht alleine in ein Abenteuer in der Wildnis stürzen wollen.*

Wer abenteuerlustig ist und die richtige Ausrüstung hat (oder mietet), kann auch eine oder zwei Nächte im Park verbringen – und herausfinden, wie es wirklich ist, ganz allein zu sein. Für einen kürzeren Aufenthalt von nur einer Nacht ist die Gegend der Virginia Falls gut geeignet. Der **Zeltplatz** muss im Voraus reserviert werden, da nur eine beschränkte Anzahl an Gästen zugelassen wird – die Flora und Fauna soll so wenig wie möglich gestört werden.

Hinweis
Informationen zur Reservierung der beschränkt zur Verfügung stehenden Zeltplätze unter www.pc.gc.ca/nahanni.

Eine lohnende Wanderung in diesem Bereich des Parks ist der insgesamt 16 km lange **Sunblood Mountain Trail (1)**. Ein anstrengender Weg, der mit einer fantastischen Aussicht belohnt wird.

Berghütte der North Nahanni Naturalist Lodge in den Bergen

Wer zwei Nächte im Park verbringen will, kann z. B. im fast 100 km weiter flussabwärts gelegenen Deadman Valley mehrere Wanderwege erkunden. Vor allem empfehlenswert sind hier der **Ram Creek Trail (3)** mit 30 km Gesamtlänge und der **Dry Canyon Creek Trail (4)**, der insgesamt 20 km lang ist. Weitere 25 km flussabwärts befinden sich Lafferty Creek und der **Lafferty Creek Trail (2)**, der auf einer Gesamtlänge von 20 km durch enge Schluchten und entlang des Flusslaufs führt.

Hinweise

Auf der Internetseite der Nahanni National Park Reserve gibt es detaillierte Karten und Hinweise für alle Besucher des Parks. **www.pc.gc.ca/nahanni** ist ein Quell an Informationen, hier die wichtigsten zusammengefasst:
- Wer im Park übernachten will, muss sich vor Ankunft registrieren und nach Verlassen des Parks wieder abmelden.
- Müll darf nicht im Park verbleiben und muss nach Abreise außerhalb des Parks entsorgt werden.
- Lagerfeuer sind nur in sog. *Fire-Boxes* erlaubt, keine offenen Feuer.
- Wer angeln will, braucht einen Angelschein, der eigens für den Nahanni Park gültig ist.
- Alle Besucher werden ausdrücklich darauf hingewiesen, sich intensiv auf mehrtägige Besuche des Parks vorzubereiten und vor allem die eigenen Fähigkeiten richtig einzuschätzen.
- Das Wetter im Park kann sich jederzeit ändern und auch in den Sommermonaten unter 0 °C sinken.

Von Muncho Lake bis Liard River

Die Tagesetappe von Muncho Lake bis Liard River ist nur 65 km lang und in etwa 90 Minuten leicht zu bewältigen. So hat man genug Zeit, die Gegend zu genießen und in den heißen Quellen zu entspannen.

Liard River Hot Springs Provincial Park ist nur 1.082 ha groß, aber nicht weniger beeindruckend als die größeren Nachbarn Muncho Lake und Stone Mountain. Die heißen Quellen sind die zweitgrößten in Kanada und wurden erstmals 1835 von Fellhändlern entdeckt. Der Bau des Alaska Highway ermöglichte der Allgemeinheit den Zugang zu den Quellen, es wurden hölzerne Stege und Uferbefestigungen errichtet. Zunächst dienten die Hot Springs den Soldaten, die den Highway bauten, als Entspannungsquelle. Das Gebiet hat nicht nur heiße Quellen zu bieten, sondern ist auch ein warmes Sumpfgebiet, das oft von Elchen aufgesucht wird. Der Park erfreut sich seit seiner Gründung 1957 großer Beliebtheit und ist das ganze Jahr über geöffnet.

Heiße Quellen

Reisepraktische Informationen Liard River

Unterkunft
Liard Hotsprings Lodge $$$, *Mile 497 Alaska Highway, British Columbia V1G 4J8, ☎ 250-776-7349, www.liardhotspringslodge.com. 12 gemütliche Zimmer, die Lodge hat außerdem einen Campground mit Stellplätzen für Wohnmobile mit Strom- und Wasseranschluss. Ein Restaurant gehört ebenso zur Lodge, es ist allerdings nur Mai–Sept. geöffnet.*

Camping
Liard River Hot Springs Provincial Park Campground, *Mile 496 Alaska Highway, British Columbia, www.bcparks.ca. 53 Stellplätze, teilweise im Voraus zu reservieren (sehr zu empfehlen!). Keine Anschlüsse; Trinkwasser an zwei Pumpstationen erhältlich.*

Nach Watson Lake

Watson Lake im Yukon ist das Ziel des nächsten Tages. 210 km, die hauptsächlich dem Liard River folgen, durch die Rocky Mountains und entlang der Liard Plains. Tankstellen, die das ganze Jahr geöffnet sind, gibt es in **Coal River**, etwa 60 km nach Liard River, und in Watson Lake, nach weiteren 150 km.

Kurz nach Coal River lässt man die kargen Gipfel der Rocky Mountains hinter sich und taucht ein in die saftig grüne Landschaft der Hochebene der **Liard Plains**, deren rollende Hügel und dichte Wälder die Landschaft bestimmen.

Der Liard River lädt an vielen Stellen der Strecke zum Picknick ein; mit Verpflegung sollte man sich vor der Abfahrt bei den heißen Quellen oder in Coal River eindecken. Nach Überqueren des 60. Breitengrades Nord ist man im **Yukon**. Nur wenige Kilometer, nachdem man von einem Schild am Highway willkommen geheißen wird, ist Watson Lake erreicht.

Watson Lake

Der Ort mit nur 800 Einwohnern liegt nur wenige Kilometer hinter der Grenze zwischen British Columbia und dem Yukon. Seinen Anfang nahm die Ansiedlung zusammen mit dem Alaska Highway. Kurz vor dem Bau des Highways wurde 1941 ein Militärflughafen eingerichtet, um Truppen für einen eventuellen Einsatz auf dem US-Festland in der Nähe zu haben.

Sign Post Forest

Schilder aus aller Welt

Die Gemeinde selbst entstand während des Baus des Highways und bot zunächst nur Verpflegung, Benzin und Unterkunft für Reisende. Im gleichen Jahr, 1942, begann auch eine Tradition, die mittlerweile das Wahrzeichen von Watson Lake ist – der **Sign Post Forest** (Schilderwald). Beim Bau des Highways nagelte ein von Heimweh geplagter Soldat ein Schild seines Heimatorts an einen Pfosten. Mehr als 72.000 Schilder später wächst der Sign Post Forest noch immer und ist eine faszinierende Sehenswürdigkeit, an der man einige Stunden verbringen kann.
Sign Post Forest, *an der Kreuzung des Alaska Highway mit dem Campbell Highway, Watson Lake, YT Y0A 1C0.*

Northern Lights Centre

Nordlichter

Ebenfalls sehenswert ist das Northern Lights Centre, ein Zentrum für die Erforschung der *Aurora Borealis*, der berühmten Nordlichter. Hier können Besucher die Fakten und Geschichten über die Aurora erfahren und während einer einmaligen Multimedia-Vorführung die Lichter auch im Sommer sehen. Das Northern Lights Centre gibt außerdem Auskunft über das kanadische Raumfahrtprogramm, dessen Forschung mit dem der Nordlichter verwoben ist.
Northern Lights Centre, *807 Frank Trail, Watson Lake, YT Y0A 1C0, ☏ 867-536-7827, www.northernlightscentre.ca, tgl. mit Vorführungen (1 Std.) zwischen 13 und 20.30 Uhr.*

Reisepraktische Informationen Watson Lake

Information
Watson Lake Visitor Information Centre, *an der Kreuzung Alaska Highway und Campbell Highway, Watson Lake, YT Y0A 1C0, ☏ 867-536-7469, www.watsonlake.ca, tgl. Mitte Mai–Mitte Sept. 8–20 Uhr.*

Unterkunft
Air Force Lodge $$, *Alaska Highway (kurz vor Watson Lake auf der rechten Seite), Watson Lake, YT Y0A 1C0, ☏ 867-536-2890, www.airforcelodge.com. Saubere Zimmer, vor wenigen Jahren komplett renoviert. Hier wird deutsch gesprochen.*
Big Horn Hotel $$$, *703 Frank Trail, Watson Lake, YT Y0A 1C0, ☏ 867-536-2020, www.bighornhotel.ca. 29 Zimmer, schlicht und sauber, in der Nähe des Northern Lights Centre gelegen.*

Reisepraktische Informationen Watson Lake **383**

Camping
Downtown RV Park, 105-8th Street, Watson Lake, YT Y0A 1C0, ☏ 867-536-2646. Saisonal geöffnet Mitte April–Mitte Okt., 78 Stellplätze mit Strom-, Wasser- und Abwasseranschluss, direkt in der Stadtmitte gelegen.
Baby Nugget RV Park, Mile 627 Alaska Highway, Watson Lake, YT Y0A 1C0, ☏ 867-536-2307, www.nuggetcity.com. Etwa 15 Min. westlich von Watson Lake direkt am Highway, Mitte Mai–Sept. geöffnet, 85 Stellplätze mit kompletten Anschlüssen.

Essen und Trinken
Bee Jay's Cafe, Ecke 8th Street/Alaska Highway, Watson Lake, Y0A 1C0, ☏ 867-536-2335. Etwas renovierungsbedürftige Einrichtung, aber phänomenales Essen (tgl.)!
Wolf It Down Restaurant & Bakery, Mile 627 Alaska Highway, Watson Lake, YT Y0A 1C0, ☏ 867-536-2307, www.nuggetcity.com. Gehört zum Baby Nugget RV Park (s. o.). Sehr gutes Essen mit frisch gebackenem Brot und Büffelsteaks.

Aurora Borealis

Die legendären Nordlichter, auch als Aurora Borealis bekannt, sind im Yukon und in den Northwest Territories besonders gut und oft zu beobachten. Von Oktober bis April sind die tanzenden Lichter am besten zu sehen. Im Sommer, mit fast 24 Stunden Tageslicht, ist das Naturphänomen so gut wie nicht zu entdecken, sobald die Tage Ende August wieder kürzer werden, kann man mit etwas Glück die Lichter in der Nacht bewundern. Im Northern Lights Centre in Watson Lake kann man sich nicht nur über die wissenschaftliche Seite der Aurora informieren. Dort erfährt man auch Interessantes über die Mythen und Legenden der Ureinwohner, die mit diesem Naturphänomen einhergingen. So glaubten manche Inuit etwa, dass die Lichter die Geister der Tiere waren, die sie auf der Jagd erlegt hatten.

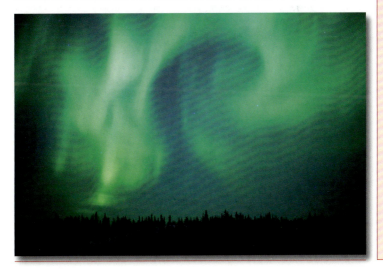

Watson Lake bis Whitehorse und auf dem Klondike Highway nach Alaska

Weite und Einsamkeit

Die Strecke zwischen Watson Lake und Teslin lässt die Weite und Einsamkeit des Yukon erahnen. Dichte Wälder, rollende Hügel und kaum Verkehr ... Der Yukon ist Heimat für 160.000 Karibus, 70.000 Elche, 22.000 Bergschafe, 6.000 Grizzlys und nur 32.000 Menschen! Wenige Kilometer nach Watson Lake überquert man den Liard River und folgt dem Alaska Highway durch dichte Wälder, die später nördlich von Whitehorse der kargen Tundra weichen, nach Teslin.

Hinweis
*Tankstellen zwischen Watson Lake und Teslin sind nicht unbedingt dicht gesät. Die 260 km bis Teslin sind mit einem vollen Tank sicher machbar, wer einen Zwischenstopp zum Tanken oder Essen einlegen möchte, kann dies in **Swift River** nach etwa 145 km tun.*

Teslin

Teslin, eine charmante kleine Ansiedlung mit 450 Einwohnern, liegt direkt am Ufer des Teslin Lake. Kurz vor Teslin überspannt die **Nisutlin Bay Bridge** die gleichnamige Bucht. Mit 584 m Länge ist sie die längste Brücke des Alaska Highway. Das Gebiet war über Jahrhunderte eine Sommerresidenz der Mitglieder des Tlingit-Stammes. Als der legendäre Gold Rush Ende des 19. Jh. einsetzte, ließen sich die ersten Siedler am Ufer

Einweihungszeremonie eines Totempfahls am Teslin Tlingit Heritage Centre

des Sees nieder. Die Gegend war zum beliebten Zwischenstopp auf dem Weg in den Klondike geworden und die *Hudson's Bay Company* eröffnete dort 1898 einen Handelsposten.

Teslin Tlingit Heritage Centre

In Teslin gibt es gleich zwei sehenswerte Museen. Das Teslin Tlingit Heritage Centre liegt etwas außerhalb von Teslin, direkt am Highway. Hier kann man das Leben der Tlingit-Ureinwohner absolut authentisch und unverfälscht erleben. Die Ausstellung im Heritage Centre erzählt anschaulich die Geschichte des Stammes in den letzten 200 Jahren. Die Besucher werden dazu eingeladen, am täglichen Leben der Tlingit teilzunehmen.

Kultur der Tlingit

Teslin Tlingit Heritage Centre, *3 km westlich von Teslin am Alaska Highway, Teslin, YT Y0A 1B0, ☎ 867-390-2532, www.yukonmuseums.ca (unter „First Nations Cultural Centres"), Juni–Aug. tgl. 9–17 Uhr.*

George Johnston Museum

Das zweite Museum des Dorfes liegt links des Highways, ca. 1 km nach der Nisutlin Bay Bridge. Benannt nach einem bedeutenden Einwohner der Gemeinde, konzentriert sich das George Johnston Museum auf die neuere Geschichte der Tlingit. George Johnston war Fallensteller, Fellhändler und auch Fotograf. Einige seiner Bilder sind im Museum ausgestellt und erzählen von den Traditionen der Tlingit.

George Johnston Museum, *Teslin, YZ Y0A 1B0, ☎ 867-390-2550, www.gjmuseum.yk.net, Juni–Aug. tgl. 9–18 Uhr, Eintritt Kinder $ 2,50, Studenten/Senioren $ 4, Erwachsene $ 5, Familien $ 15.*

Reisepraktische Informationen Teslin

Unterkunft

**Yukon Motel $$**, *Mile 804 Alaska Highway, Teslin, YZ Y0A 1B0, ☎ 867-390-2443, www.yukonmotel.com. Direkt am Highway nach der Brücke, 12 schlichte und saubere Zimmer – unbedingt reservieren! Restaurant (Frühstück, Mittag- und Abendessen) im Gebäude. Außerdem gehört ein Campground ($) mit Stellplätzen für Wohnmobile direkt am Ufer des Sees zum Motel.*

**Dawson Peaks Resort & RV Park $$**, *10 km südlich von Teslin Alaska Highway, Teslin, YZ Y0A 1B0, ☎ 867-390-2244, www.dawsonpeaks.ca. Zimmer oder Blockhütten verfügbar. Es gibt auch einen Campground ($) mit Stellplätzen für Wohnmobile mit Strom- und Wasseranschluss. Das Restaurant ist zum Frühstück, Mittag- und Abendessen geöffnet.*

Camping

Timberpoint Campground Services, *km 1278 Alaska Highway, ☎ 867-390-2624, www.timberpointcampground.com. 45 km nach Teslin in Richtung Whitehorse, direkt am Teslin Lake. Einmalige, wunderschöne Lage, jedoch stehen weder Strom noch Wasser zur Verfügung!*

Weiterfahrt Richtung Whitehorse

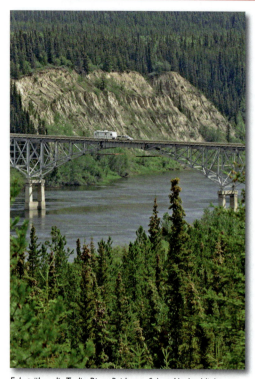
Fahrt über die Teslin River Bridge auf dem Alaska Highway

Die nächste Tagesetappe führt nach Whitehorse, in die Hauptstadt des Yukon. Entlang des **Teslin Lake**, zu dem der Highway parallel verläuft, gelangt man nach 40 km nach **Johnsons Crossing**, wo man an der Mündung des Sees den Teslin River überquert. Hier besteht die Möglichkeit, zu tanken und sich etwas die Beine zu vertreten.

Ab Johnsons Crossing sind es noch 130 km bis Whitehorse. Der Highway verläuft durch die mittlerweile bekannte Landschaft des südlichen Yukon – dichte Wälder und rollende Hügel. Ein lohnender Zwischenstopp liegt etwa 50 km südlich von Whitehorse. **Marsh Lake** ist eine kleine Gemeinde am Ufer des gleichnamigen Sees, die das ganze Jahr über Besucher und Freizeitsportler anlockt. Wer sich nicht an einem der zahlreichen Strände in die (zugegebenermaßen) kalten Fluten stürzen will, kann am Ufer spazieren gehen oder seinen ornithologischen Neigungen frönen – Marsh Lake ist ein guter Standort, um Vögel zu beobachten.

Ca. 23 km vor Whitehorse zweigt der südliche Teil des Klondike Highway nach links ab und der **Alaska Highway** (Highway 1) teilt sich die Straße mit dem **Klondike Highway** (Highway 2) bis Whitehorse. Ab hier erstrecken sich die Vororte der Hauptstadt großzügig entlang des Highways. Kurz vor der Stadt liegt rechts ein Rastplatz, direkt danach verlässt man den Alaska Highway und biegt nach rechts Richtung *City Centre* ab.

> **Hinweis**
> Die Geschichte, Sehenswürdigkeiten und Reisepraktischen Informationen von **Whitehorse** sind ab S. 412 beschrieben.

Kurz nach Whitehorse teilt sich der Highway – hier folgt man dem Klondike Highway, Highway 2 N Richtung **Carmacks**. Die nächsten 165 km bis Carmacks (vorher nochmals tanken!) fährt man entlang tiefblauer Seen und durch dichte Nadelwälder, die kurz vor Carmacks mit mehr und mehr Birken vermischt sind. In der Ferne liegen die Berge der Pelly-Mountain-Kette Richtung Osten. Mount Logan, der höchste Gipfel Kanadas, liegt zu weit im Westen, um ihn auch nur zu erahnen.

Carmacks

Die 500-Seelen-Gemeinde liegt an den Ufern des Yukon River und wurde nach Roberts Carmacks benannt, der den ersten Claim des Gold Rush absteckte. Die Gemeinde war Ende des 19. Jh. und Anfang des 20. Jh. hauptsächlich eine Anlaufstation für Boote, die auf dem Yukon River Richtung Norden unterwegs waren und Vorräte benötigten.

Heute ist Carmacks eine moderne Gemeinde, die Traditionen wahrt und Besucher willkommen heißt. Einige dieser Traditionen kann man im **Tagé Cho Hudän Interpretive Centre** erforschen. Das Museum mit einem Innen- und Außenbereich beherbergt einmalige Ausstellungstücke, die u. a. die Jagd der Ureinwohner auf Mammuts darstellen.
Tagé Cho Hudän Interpretive Centre, *nördlich der Brücke, Carmacks, YT Y0B 1C0, ☏ 867-863-5831, www.yukonmuseums.ca (unter „First Nations Cultural Centres"), tgl. Mitte Mai–Mitte Sept. 9–18 Uhr.*

Der Goldrausch am Klondike

Goldräusche hat es in der Geschichte der Menschheit seit dem 17. Jh. gegeben. Den ersten verzeichnen die Geschichtsbücher 1693–1695 im brasilianischen Minas Gerais. Berühmt wurde der große Goldrausch von 1848 in Kalifornien, als sich Zehntausende aus allen Teilen Nordamerikas und sogar aus Übersee Richtung Kalifornien aufmachten, um ihr goldenes Glück zu finden.

Der **Klondike-Goldrausch von 1896**, benannt nach dem gleichnamigen Fluss, gilt historisch gesehen als bedeutendster, sowohl was die Menge des geförderten Edelmetalls betrifft, als auch was die Nachwirkungen auf die weitere Entwicklung des Landes angeht. Es ist historisch nicht eindeutig geklärt, wer im August 1896 die ersten Nuggets am Klondike entdeckte. Vermutlich war es ein Mann namens Keish, der dem Indianerstamm der Tagish angehörte. Da er kein Weißer war, konnte er keinen Claim anmelden. Das übernahm der weiße Ehemann der indianischen Schwester von Keish: George Washington Carmack.

Die Nachricht vom ersten Goldfund verbreitete sich wie ein Lauffeuer in der Gegend. Dennoch war die Welt damals nachrichtentechnisch noch kein Global Village (eine Wortschöpfung des kanadischen Philosophen und Kommunikationsforschers Marshall McLuhan). In den ersten Monaten waren die Gold-Prospektoren der Gegend noch unter sich. Doch bis zum Sommer des folgenden Jahres hatte die Nachricht die USA erreicht und traf dort auf fruchtbaren Boden. Das Land steckte in einer Wirtschaftskrise.

Als die Zeitungen über die Funde berichteten und einige der Goldsucher in den USA ihre Schätze stolz präsentierten, gab es kein Halten mehr: Zehntausende brachen Richtung Klondike auf, sogar aus Europa und Australien reisten sie an. Die Erfahrungen anderer Goldräusche hatten gelehrt, dass es im hohen Norden keine gesetzesfreien Räume geben dürfte, damit nicht Chaos, Mord und Totschlag zu den alltäglichen Begleitumständen bei der Suche nach dem Edelmetall werden würden.

Also gab es seitens des Staates strenge Auflagen: Die Goldsucher wurden verpflichtet, einen Jahresvorrat an Proviant mitzubringen und sich auch um die passende Ausrüstung zu kümmern. Insgesamt eine Tonne Proviant und Ausrüstung waren vorgeschrieben. Wer das nicht im Gepäck hatte, wurde von der *North West Mounted Police* abgewiesen.

Goldgräberstimmung: auf der Suche nach Gold

Unter teilweise primitiven Bedingungen gruben sich die Glücksritter durchs Erdreich und wuschen das Gestein aus dem Fluss. Bis heute wurden nach Schätzungen 3.000 bis 4.000 Tonnen Gold gefördert.

Der Goldrausch am Klondike beeinflusste die Infrastruktur in den nördlichen Regionen erheblich. Straßen und Eisenbahnen wurden gebaut, Siedlungen gegründet, aus denen später veritable Städte wuchsen wie etwa Dawson, bis in die 1950er-Jahre. Hauptstadt des Yukon Territories, bevor die Regierung nach Whitehorse umzog.

Aber auch in Kunst und Kultur hinterließ der Klondike-Goldrausch seine markanten Spuren. So nahm der Schriftsteller Jack London am Goldrausch teil, seine Erfahrungen schrieb er anschließend in weltberühmten Romanen wie „Lockruf des Goldes" oder „Ruf der Wildnis" nieder. Auch der berühmte Stummfilm mit Charly Chaplin, „The Gold Rush" nahm Bezug auf die Ereignisse am Klondike. Und auch die Disney-Comics über Dagobert Duck nennen als Quelle für den Reichtum des alten Geizkragens die Goldfunde in Kanada.

Essen und Trinken

Gold Panner Restaurant, *am Ortseingang von Carmacks linker Hand, Carmacks, YTY0B 1C0, ☎ 867-863-5221, www.hotelcarmacks.com. Sehr gute Steaks, tgl., Juni–Aug. 6–22, Sept.–Mai 7–21 Uhr.*

Die 105 km lange Strecke von Carmacks bis Pelly Crossing führt zunächst entlang des Yukon River, der von einigen Rastplätzen und Parkbuchten am Rand des Highways aus zu bewundern ist. Ca. 30 km vor dem Etappenziel schlägt der Highway einen Haken und verläuft bis Pelly Crossing in nordwestliche Richtung, am Fuße der Pelly-Mountain-Kette. Pelly Crossing liegt am Ufer des Pelly River, einem Seitenarm des Yukon River.

Pelly Crossing

Das Dorf mit seinen rund 300 Einwohnern liegt ziemlich in der Mitte zwischen Whitehorse und Dawson City und bietet so einen willkommenen Zwischenstopp zur Übernachtung. Die Gegend wurde bereits von den Ureinwohnern als Rastplatz während der sommerlichen Wanderungen genutzt. Anfang des 20. Jh. ließen sich europäische Siedler zum ersten Mal dauerhaft nieder. Vor dem Bau der Brücke wurde eine Fähre eingesetzt, um Fellhändler und Arbeiter, die den Klondike Highway bauten, zu transportieren.

Als der Highway und die Brücke fertiggestellt waren, verließen viele Ureinwohner ihre weit verstreuten Ansiedlungen der Gegend und ließen sich zusammen mit Siedlern europäischen Ursprungs in Pelly Crossing nieder, da die Infrastruktur durch die Anbindung an den Klondike Highway hier wesentlich besser war.

Die Geschichte der Selkirk First Nations kann man im **Big Jonathan House** erforschen. Traditionen, Geschichte und Jagdmethoden werden erklärt und veranschaulicht. Ein informativer Kurzfilm verleiht der Geschichte der First Nations individuelle Stimmen.
Big Jonathan House, *rechter Hand vor der Brücke neben dem Selkirk Grocery Store, Pelly Crossing, YT Y0B 1P0, ☏ 867-537-3150, www.yukonmuseums.ca (unter „First Nations Cultural Centres"), Mitte Mai–Mitte Sept. tgl. 9–19 Uhr.*

Geschichte der Selkirk First Nations

Reisepraktische Informationen Pelly Crossing

Information
Es gibt kein Visitor Centre in Pelly Crossing, aber die Internetseite der Gemeinde hält alle Informationen zur Ansiedlung parat: www.yukoncommunities.yk.ca/pelly-crossing.

Unterkunft
Selkirk Centre $$, *rechts des Highways vor der Brücke, Pelly Crossing YT Y0B 1P0, ☏ 867-537-3031. Das Selkirk Centre ist der* **Supermarkt** *der Stadt, der zugleich sechs Hotelzimmer zur Verfügung hat. Da dies die einzige Übernachtungsmöglichkeit der Gemeinde ist, sollte vorher telefonisch reserviert werden. Ganzjährig geöffnet.*

Camping
Pelly Crossing Campground, *links des Highways direkt vor der Brücke, Pelly Crossing, YT Y0B 1P0. Campground mit Stellplätzen für Wohnmobile direkt am Fluss. Kostenlos, keine Anschlüsse verfügbar, sehr schöne Lage!*

Essen und Trinken
Penny's Place, *Selkirk Centre, Pelly Crossing, YT Y0B 1P0, ☏ 867-537-3115. In den Sommermonaten ist der Imbissstand des Supermarkts geöffnet, hier gibt es Burger und Hot Dogs.*
Gramma's Kitchen, *am Ortseingang von Pelly Crossing rechts, Pelly Crossing, YT Y0B 1P0, ☏ 867-537-3936. Geöffnet Mitte Mai–Mitte Sept. Mo–Do 9–20, Fr/Sa 9–21, So 12–20 Uhr.*

> **Middle of Nowhere**
>
> Umgangssprachlich übersetzt bedeutet „Middle of Nowhere" so etwas wie das Ende der Welt (oder zumindest ein Ort, von dem aus man das Ende der Welt sehen kann ...). Wenn man als Besucher in den Norden Kanadas – oder manchmal auch in abgelegene Dörfer im Süden – kommt, versteht man, was damit gemeint ist.
>
> So ist es beispielsweise normal, nur zwei- oder dreimal pro Woche Post zu bekommen; nur einen kleinen Supermarkt im Umkreis von mehreren Hundert Kilometern zu haben – es gibt eben, was es gibt und das ist manchmal nicht viel; Strom von einem Generator zu erhalten, da es nicht einmal Überlandleitungen gibt.
>
> Vor allem lernt man als Einwohner einer abgelegenen Gegend, mit den Jahreszeiten zu leben – das Leben spielt sich auch bei minus 45 ˚C draußen ab. Es gibt nämlich kein unpassendes Wetter, nur unpassende Kleidung.

Weiterfahrt nach Dawson City

Der Klondike Highway führt weiter Richtung Nordwesten Richtung Dawson City. Nach 70 km erreicht man **Stewart Crossing**, ein kleines Dorf an den Ufern des Stewart River. Hier kann man sich an der **Silver Trail Tourist Information** über einen Ausflug auf dem Silver Trail und die Freizeitmöglichkeiten der Gegend erkundigen. Das interessante kleine Häuschen auf der linken Seite des Highways ist in den Sommermonaten täglich geöffnet. In Stewart Crossing gibt es außerdem die Möglichkeit, zu tanken und einen Imbiss einzunehmen.

Infos über den Silver Trail

Der Highway überquert den Stewart River und verläuft danach eine Zeitlang parallel dazu. Teilweise mehr, manchmal weniger kurvenreich geht es weiter Richtung Dawson City, die bewaldeten Berge stets in der Ferne. Auch hier präsentiert sich die Landschaft wie auf der bisherigen Reise durch den Yukon: rollende Hügel und Wälder, die zum größten Teil aus Birken bestehen.

180 km nach Stewart Crossing kommt man in Dawson City an und spürt sofort den Pioniergeist der Goldgräber, der in der Stadt am Klondike River nach wie vor zu spüren ist.

Dawson City

Obwohl die Kleinstadt nur knapp 1.400 Einwohner zählt, ist es die zweitgrößte Gemeinde des Yukon. Bis 1953 war Dawson City sogar die Hauptstadt des Territoriums, bis der Regierungssitz in das zentraler gelegene (und mittlerweile größere) Whitehorse verlegt wurde.

Weltweit berühmt wurde Dawson City Ende des 19. Jh. während des **Klondike Gold Rush** (s. S. 387). Die Bevölkerung explodierte, als Tausende von Goldsuchern in die Stadt strömten. Der Gold Rush dauerte nur wenige Jahre an, aber die Geschichten und Legenden rund um den Goldrausch existieren bis heute. Dawson City ist eine bezaubernde Kleinstadt, voll mit Geschichte, Traditionen und allen Vorzügen einer modernen Stadt. Die meisten Straßen sind übrigens nicht asphaltiert, um den Charakter der Gemeinde zu erhalten.

> **Tipp**
> *Dawson City ist Heimat von fünf National Historic Sites. Für alle Attraktionen kann man Eintrittskarten zum **Kombipreis** in der Touristeninformation kaufen (Eintrittspreise s. unter Visitor Information).*

SS Keno (1)

Das Dampfschiff „SS Keno"

In der Stadtmitte, direkt am Ufer des Klondike River, liegt die „**SS Keno**" auf dem Trockenen. Das Dampfschiff aus dem Jahr 1922 wurde zum Transport der abgebauten Edelmetalle eingesetzt. Für viele war das Schiff die einzige Verbindung zur Außenwelt – die Gemeinde war vor dem Bau des Highways im Winter vom Rest der Welt abgeschnitten. Man kann das historische Schiff selbst erkunden oder sich von einem Fremdenführer im Epochenkostüm in die Geschichte einweihen lassen.

SS Keno National Historic Site, *Ecke Klondike Highway und Queen Street, Dawson City, YT Y0B 1G0, ☏ 867-993-7200, www.pc.gc.ca/klondike, tgl. geöffnet, Eintrittspreise s. unter Visitor Information.*

Dawson Complex National Historic Site (2)

Etwas südlich der „SS Keno" liegt die Dawson Complex National Historic Site. Dieser Park zeigt die Stadt zur Zeit der Goldgräber und des Wilden Westens. Auf eigene Faust oder im Rahmen einer geführten Tour kann man hier z. B. die **Commissioner's Residence** oder das **Grand Palace Theatre** erforschen und in die Glanzzeit des Gold Rush eintauchen.

Dawson Complex National Historic Site, *Ecke Church Street und 4th Avenue, Dawson City, YT Y0B 1G0, ☏ 867-993-7200, www.pc.gc.ca/klondike, tgl. geöffnet, Eintrittspreise s. unter Visitor Information.*

Jack London Museum (3)

Nur wenige Straßen weiter steht die Blockhütte des Schriftstellers Jack London. Noch bevor er als Autor berühmt wurde, zog auch ihn der Gold Rush nach Dawson City. Wie so viele andere verließ er die Stadt jedoch nach nur einem Jahr, 1899, ohne das große Los gezogen zu haben. Von seinen Erfahrungen im Yukon inspiriert schrieb er etliche bekannte Romane, u. a. „Wolfsblut" und „Der Ruf der Wildnis".
Jack London Museum, *Ecke 8th Avenue/Firth Street, Dawson City,* ☎ *867-993-5575, www.dawsoncity.ca, Mai–Mitte Sept. tgl. 11–18 Uhr, Führungen 12 u. 14.45 Uhr, Eintritt $ 5.*

Dredge No. 4 National Historic Site (4)

Auf dem Weg aus der Stadt heraus biegt man kurz hinter der Brücke nach rechts ab auf die Bonanza Creek Road. Dieser Schotterstraße folgt man für 12 km bis zur

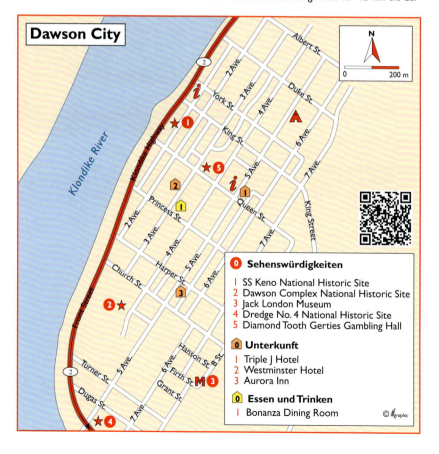

Dredge No. 4 National Historic Site. Dredge No. 4 ist ein riesiger stationärer Bagger, der Gold fördert und zur Weiterverarbeitung auf einem Fließband transportierte. Er wurde 1992 an seinen jetzigen Standort gebracht, 30 Jahre nachdem er zuletzt in Gebrauch war.

Wer noch ein paar Kilometer weiter auf der Bonanza Creek Road fährt, gelangt zum **Discovery Claim**, einem öffentlichen *Gold Claim*, der vom Fremdenverkehrsverband für den Tourismus erhalten wird.
Dredge No. 4 National Historic Site, *Bonanza Creek Road, Dawson City, YT Y0B 1G0*, ☎ *867-993-7200, www.pc.gc.ca/klondike, tgl. geöffnet, Eintrittspreise s. Information.*

Diamond Tooth Gerties Gambling Hall (5)

Beschauliches Treiben auf der Front Street

Zurück in Dawson City kann man in der Diamond Tooth Gerties Gambling Hall einen Abend wie im *Wild West Saloon* verbringen. Glücksspiel ging mit dem Goldfieber Hand in Hand. Zusammen mit Can-Can tanzenden Showgirls ist der unterhaltsame Abend komplett. Diamond Gertie war eine Ikone des Gold Rush. Ihr Wahrzeichen war ein Diamant zwischen ihren Vorderzähnen. Ihr glitzerndes Lächeln bezauberte die müden Goldgräber, die sich für einen Teil ihrer Ausbeute Gerties Zuneigung erkaufen konnten.
Diamond Tooth Gerties Gambling Hall, *Ecke 4th Avenue und Queen Street, Dawson City, YT Y0B 1G0,* ☎ *867-993-5525, Mai–Mitte Sept. Mo–Fr 19–2, Sa/So 14–2 Uhr, Eintritt $ 10.*

Reisepraktische Informationen Dawson City

Information
Klondike Visitors Association, *Ecke 4th Avenue und Queen Street, Dawson City, YT Y0B 1G0,* ☎ *867-993-6029, www.dawsoncity.ca, Mai–Sept. geöffnet.* Hier gibt es die Eintrittskarten zu den National Historic Sites zum Kombipreis: $ 5,80 für Einzelkarten, $ 13 für drei und $ 22 für fünf Sehenswürdigkeiten.
Yukon Visitor Information Centre, *Ecke Front Street und King Street, Dawson Creek, YT Y0B 1G0,* ☎ *867-993-5566, Mitte Mai–Mitte Sept. tgl. 8–20 Uhr.*

Unterkunft
Westminster Hotel $ (2), *975 Third Avenue, Dawson City, YT Y0B 1G0,* ☎ *867-993-6029.* Innenstadt, das älteste Hotel im Yukon, Gemeinschaftsbäder und -Toiletten, aber tolle Atmosphäre.

Triple J Hotel $$$ (1), *5th Street und Queen Street, Dawson City, YT Y0B 1G0,* ☏ *867-993-5323, www.triplejhotel.com. Insgesamt 49 Zimmer (teilweise Blockhütten mit Küchenzeilen), in der Innenstadt bei Diamond Gerties gelegen, geöffnet Mai–Sept.*
Aurora Inn $$$$ (3), *5th Avenue und Harper Street, Dawson City, YT Y0B 1G0,* ☏ *867-993-6860, www.aurorainn.ca. 20 sehr schöne und saubere Zimmer. Das Hotel ist ganzjährig, das Restaurant Mitte Mai–Mitte Sept. geöffnet.*

Camping

Goldrush Campground & RV Park, *Ecke York Street und 4th Avenue, Dawson City, YT Y0B 1G0,* ☏ *867-993-5247, www.goldrushcampground.com. 83 Stellplätze für Wohnmobile mit Strom-, Wasser- und Abwasseranschluss, direkt in der Stadt gelegen.*
Bonanza Gold RV Park, *Klondike Highway und Bonanza Creek Road, Dawson City, YT Y0B 1G0,* ☏ *867-993-6789, www.bonanzagold.ca. 150 Stellplätze mit Strom-, Wasser- und Abwasseranschluss, teilweise schattige Plätze.*

Essen und Trinken

Die oben genannten **Hotels** betreiben auch alle Restaurants, die saisonal geöffnet sind und Frühstück, Mittag- und Abendessen servieren.
Bonanza Dining Room (1), *902 Third Avenue, Dawson City, YT Y0B 1G0,* ☏ *867-993-5451, www.eldoradohotel.ca. Das ausgezeichnete Restaurant gehört zum Eldorado Hotel. Steaks, Büffel-Burger und Lachs, tgl. geöffnet für Frühstück, Mittag- und Abendessen.*

Von Dawson City auf dem Top of the World Highway nach Alaska

Die Tagesetappe von Dawson City auf dem **Top of the World Highway** bis nach Tok, Alaska, bietet auf 300 km spektakuläre Aussichten und ein Gefühl von Abenteuer. Der lediglich teilweise asphaltierte Highway ist nur von Ende Mai bis Anfang September befahrbar und selbst in den Sommermonaten ist das Wetter unberechenbar.

In Dawson City muss man den **Klondike River** mit der (kostenlosen) **Fähre** überqueren, dann beginnt sofort der Anstieg zu einem der nördlichsten Highways des Kontinents. Die Strecke bis zum Grenzübergang nach Alaska, USA, beträgt nur 110 km, man sollte jedoch aufgrund

Top of the World Highway

Von Dawson City auf dem Top of the World Highway nach Alaska

der engen, oft unübersichtlichen Strecke einige Stunden einplanen – und die Pausen zum Fotografieren sollten auch nicht vergessen werden!

Hinweis
Die Grenze zu den USA kann nur während der Öffnungszeiten der **Zollstelle** passiert werden, diese ist tgl. 8–20 Uhr (Alaska-Zeit: 1 Std. früher als Yukon-Zeit) geöffnet. Vor Reiseantritt unbedingt über die aktuell geltenden Bestimmungen zur Einreise in die USA erkundigen.

Die erste Gemeinde hinter der Grenze ist **Boundary**, hier kann getankt werden, bevor es weiter geht Richtung Tok. Der **Top of the World Highway**, dessen amerikanische Strecke **Taylor Highway** heißt, führt über 170 km bis **Tetlin Junction**, wo er sich mit dem Alaska Highway vereinigt. Nach weiteren 20 km auf dem **Alaska Highway** in westliche Richtung ist das Etappenziel Tok erreicht

Tok

Die Kleinstadt, die den unrühmlichen Rekord für manche der kältesten Temperaturen Nordamerikas hat, ist ein Handelszentrum für die umliegenden Dörfer und Stämme der Athabasca-Ureinwohner. Die mittlerweile feste Ansiedlung war ursprünglich nur ein Lager für die Arbeiter des Alaska Highway. Aufgrund der zentralen Lage setzte sie sich jedoch als Handelsstützpunkt für die Athabasca-Stämme durch.

Die großzügig angelegte Gemeinde, deren Straßen (bis auf den Highway) schnurgerade verlaufen, ist sehr übersichtlich. Die ganzjährig geöffnete **Touristeninformation** befindet sich kurz hinter dem Ortseingang direkt am Highway auf der rechten Seite.

Reisepraktische Informationen Tok

Information
Visitor Information Centre, Mile 1314 Alaska Highway, Tok, AK 99780, ☎ 907-883-5667, www.alaskacenters.gov/tok.cfm, Juni–Anfang Sept. Mo–Fr 8–18, Sept.–Mai Mo–Fr 8–16.30 Uhr.

Unterkunft/Essen und Trinken
Young's Motel $$, Mile 1313 Alaska Highway, Tok, AK 99780, ☎ 907-883-4411, www.youngsmotel.com. Am Highway, am Ortseingang rechts, **Fast Eddy's Restaurant** gehört zum Motel und bietet sehr gutes Essen zum Frühstück, Mittag- und Abendessen.

Camping/Essen und Trinken
Tok RV Park Village, Mile 1313 Alaska Highway, Tok, AK 99780, ☎ 907-883-5877. Toller Campingplatz, schattige Stellplätze für Wohnmobile sowie Zeltplätze, teilweise mit Anschlüssen. Es können auch rustikale Blockhütten gemietet werden.
Gateway Salmon Bake befindet sich in der Nähe des Campingplatzes, hier wird Leckeres vom Grill zum Mittag- und Abendessen serviert.

Kleine Alaska-Rundfahrt – Fairbanks, Denali National Park und Anchorage

Die letzten 170 km des **Alaska Highway** fährt man von Tok nach **Delta Junction**, wo der 1942 erbaute Highway offiziell endet. Die Strecke führt durch die scheinbar endlose Landschaft Alaskas. Bis zur Ankunft in Delta Junction schlängelt sich der Highway hauptsächlich durch Täler entlang bewaldeter und schroffer Bergspitzen, die an der Strecke zu bewundern sind.

Delta Junction liegt im Flussdelta des **Tanana River**, einem Seitenarm des Yukon River. Der Tanana River ist ein beeindruckender Fluss, an dessen Ufer der Highway zwischen Delta Junction und North Pole verläuft – oft hat man eher den Eindruck, an einem See entlang zu fahren.

In Delta Junction besteht die Möglichkeit, sich die Füße zu vertreten und dabei eines der Museen aus der Siedlerzeit anzusehen. Der erste Stopp gilt dem **Visitor Centre** *(Mitte Mai–Mitte Sept. tgl. geöffnet)*, das sich linker Hand direkt am Ende des Alaska Highway befindet. Hier wird man mit Broschüren und Karten der Gegend versorgt und kann sich für $ 1 ein **Zertifikat** ausstellen lassen, dass man die Strapazen des Alaska Highway erfolgreich überwunden hat …

Auf dem **Richardson Highway** geht es weiter am Tanana River entlang bis nach **North Pole**. Weitere 130 km durch die Endlosigkeit Alaskas, diesmal geht es durch fruchtbare Sumpfgebiete und entlang rollender Hügel.

Briefe vom Weihnachtsmann

An Weihnachten soll es sich ja eigentlich um die einfachen Dinge drehen, aber so ein Brief vom Weihnachtsmann ist schon etwas Besonderes. Darum kann man beim Santa Claus in North Pole auch Briefe mit persönlicher Note bestellen. Gegen eine geringe Gebühr schreibt der Weihnachtsmann auf besonderem Briefpapier, legt noch einen Aufkleber für brave Kinder bei und der Poststempel bestätigt, dass das Schreiben direkt vom Nordpol kommt.

Santa Claus House, *101 St. Nicholas Dr., North Pole, Alaska 99705,* ☏ *1-907-488-2200 und 1-800-588-4078, www.santaclaushouse.com.*

Moschusochsen in der Alaska Fairbanks Large Animal Research Station in Fairbanks

Die etwa 2.200 Einwohner starke Kleinstadt North Pole bekam ihren Namen ursprünglich durch die extrem kalten Wintertemperaturen. Das Quecksilber fällt hier teilweise bis auf minus 60 °C, was vermuten lässt, das man am Nordpol ist. Als North Pole Anfang der 1950er-Jahre gegründet wurde, war das Postamt eines der ersten Gebäude. Schnell bürgerte sich die Tradition ein, dass der Weihnachtsmann, Santa Claus, von hier aus seine Weihnachtspost verschickte. Heute ist das **Santa Claus House** eines der Wahrzeichen der Stadt mit einem über-lebensgroßen Weihnachtsmann, der schon von Weitem auf der linken Seite des Highways zu sehen ist. Geöffnet ist Santas Haus das ganze Jahr und der Weihnachtsmann ist auch immer da.

Fairbanks

Nur 20 km weiter liegt Fairbanks, mit etwa 32.000 Einwohnern die größte Stadt im Inneren Alaskas. Die lebendige Stadt sieht sich selbst als die letzte Bastion vor der Weite der Arktis.

Die zweitgrößte Stadt Alaskas ist auch als „Golden Heart City" bekannt. 1902 wurde hier erstmals Gold entdeckt, das begehrte Edelmetall wird bis heute abgebaut. Weitere Industriezweige sind um die Vorkommen von Öl, Gas und Kohle entstanden. An Bedeutung gewinnt zunehmend der immer weiter wachsende Tourismus.

Die Stadt präsentiert sich als moderne, offene Gemeinde, die ihren Charme als Pionierstadt bewahrt hat. Die Nähe zu spektakulärer Natur macht es sogar möglich, in der Innenstadt von Zeit zu Zeit einem Elch zu begegnen!

Cushman Street Bridge über dem Chena River in Fairbanks

Gold Dredge 8 (1)

Folgt man dem State Highway 2, auch als **Steese Expressway** bekannt, für 18 km Richtung Norden, gelangt man zu dem kleinen Ort Fox. Dort biegt man zweimal nach links ab: zuerst auf die Goldstream Road und danach gleich auf den Old Steese Highway. Auf der rechten Seite befindet sich dann der Eingang zur **Gold Dredge 8** (früher als El Dorado Goldmine bekannt). Man kann das Camp und die Goldmine auf einer zweistündigen geführten Tour erforschen, beginnend mit einer kurzen Fahrt auf der Tanana Valley Railroad. Die farbenfrohen Erzählungen der Führer bringen die längst vergangenen Tage zum Leben – ein Ausflug, der sich für die ganze Familie lohnt!
Gold Dredge 8, 1803 Old Steese Highway North, Fairbanks, AK 99712, ☏ 907-479-6673, www.golddredge8.com, Mitte Mai–Mitte Sept. Touren tgl. um 10.30 und 13.45 Uhr, Reservierung notwendig (telefonisch, s. o., oder per E-Mail: reservations@golddredge8.com), Touren Kinder 3–12 Jahre $ 24,95, Erwachsene $ 39,95.

Pioneer Park (2)

Freizeitspaß

Auch zurück in Fairbanks kann man in die Vergangenheit Alaskas eintauchen. Auf einer Fläche von 16 ha im Herzen der Stadt bietet der Pioneer Park einen Tag lang Spaß und Unterhaltung für die ganze Familie. Es gibt Kunstgalerien, Museen, Restaurants und Shops – im Pioneer Park (bis 2002 als Alaskaland bekannt) ist der Eintritt kostenlos. Einige der Museen erheben eine kleine Gebühr für den Eintritt, der Zutritt zum Park selbst und zu den meisten Attraktionen ist jedoch kostenlos.
Pioneer Park, Airport Way und Peger Road, Fairbanks, AK 99707, ☏ 907-459-1087, www.co.fairbanks.ak.us/pioneerpark, Ende Mai–Anfang Sept. tgl. 12–20 Uhr.

Ice Museum (3)

Wenn man das Ice Museum in der Innenstadt ansehen will, muss man sich warm anziehen. Hier kann man den Winter Alaskas auch im Sommer erleben und faszinierende Eisskulpturen bewundern. Teilweise ist sogar ein Blick hinter die Kulissen möglich, um den Künstlern bei der eisigen Arbeit zuzusehen.

Eisskulpturen

Ice Museum (3), *500-2nd Avenue, Fairbanks, AK 99701, ☎ 907-451-8222, www.icemuseum.com, Mai–Sept. tgl. 10–20 Uhr, Eintritt Kinder $ 6, Senioren $ 11, Erwachsene $ 12.*

Museum of the North (4)

Im nördlichen Teil der Stadt liegt der beeindruckende Campus der University of Alaska. Am Johansen Expressway biegt man Richtung Norden auf die University Avenue ab, um zum Campus zu gelangen. Die Universität ist Heimat des Museum of the North, dem einzigen Lehr- und Forschungsmuseum in Alaska. Über 1,4 Millionen Ausstellungsstücke sind Zeitzeugen der reichen Geschichte des 49. Staates sowie der jahrtausendealten Kultur der First Nations.

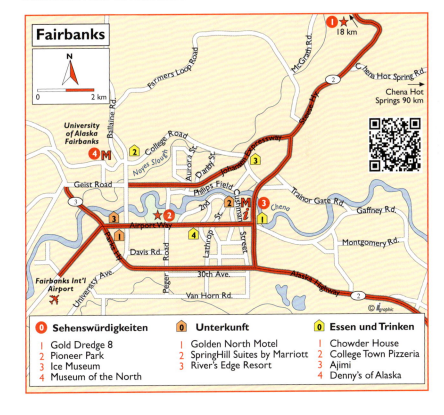

	Sehenswürdigkeiten		**Unterkunft**		**Essen und Trinken**
1	Gold Dredge 8	1	Golden North Motel	1	Chowder House
2	Pioneer Park	2	SpringHill Suites by Marriott	2	College Town Pizzeria
3	Ice Museum	3	River's Edge Resort	3	Ajimi
4	Museum of the North			4	Denny's of Alaska

Museum of the North, 907 Yukon Drive, Fairbanks, AK 99709, ☏ 907-474-7505, www.uaf.edu/museum, Juni–Aug. tgl. 9–19, Sept.–Mai Mo–Fr 9–17, Sa/So 10–17 Uhr, Eintritt Kinder $ 7, Erwachsene $ 12.

Chena Hot Springs

Ein lohnender Tagesausflug führt aus der Stadt heraus Richtung Nordwesten zu den **Chena Hot Springs**. Man fährt den Steese Expressway für etwa 8 km bis zum Abzweig der Chena Hot Springs Road nach rechts. Von dort aus sind es noch 56,5 Meilen, also 90 km bis zu den heißen Quellen. Das **Chena Resort** bietet eine Vielzahl von Aktivitäten, die den Tag wie im Flug vergehen lassen. Abgesehen von einem entspannenden Bad in den heißen Quellen, kann man auch dort ein **Ice Museum** besuchen, das ganzjährig auf einer Temperatur von minus 7 °C gehalten wird. Nach einem Museumsbummel kann man sogar einen Drink an der **Aurora Ice Bar** einnehmen …

Eismuseum und Eisbar

Eine weitere Attraktion sind die **Schlittenhunde**, die im Sommer die Besucher in Wagen und im Winter auf Schlitten ziehen. Wer möchte, kann die Gegend auch bei einer geführten Tour auf dem Pferderücken entdecken. Wem das zu abenteuerlich ist, dem stehen auch Quads zur Verfügung.

Von Hunden gezogen

Chena Hot Springs Resort, Chena Hot Springs Road, Fairbanks, AK 99711, ☏ 907-451-8104, www.chenahotsprings.com, ganzjährig geöffnet, unterschiedliche Preise für die verschiedenen Attraktionen (Details im Internet).

Ein tolles Erlebnis sind Touren mit Schlittenhunden

Reisepraktische Informationen Fairbanks

ℹ️ Information
Morris Thompson Cultural & Visitors Center, 101 Dunkel Street, Fairbanks, AK 99711, ☏ 907-456-5774, www.explorefairbanks.com, Mitte Mai–Mitte Sept. tgl. 8–21 Uhr, in den übrigen Monaten verkürzte Öffnungszeiten. In der Innenstadt direkt am River Walk gelegen.

Notfall
Notruf: ☏ 911
City of Police Department: ☏ 907-450-6507
Alaska Native Tribal Health Consortium: ☏ 907-451-7551
Fairbanks Memorial Hospital: ☏ 907-452-8181

🛏 Unterkunft
Golden North Motel $$ (1), 4888 Old Airport Road, Fairbanks, AK 99709, ☏ 907-479-6201, www.goldennorthmotel.com. Zentral etwas westlich der Innenstadt gelegen, 60 einfache, aber saubere Zimmer.
SpringHill Suites by Marriott $$$ (2), 575-1st Avenue, Fairbanks, AK 99701, ☏ 907-451-6552, www.springhillsuites.com. Direkt in der Innenstadt, in der Nähe des Visitors Center. 140 Zimmer mit Kühlschrank und Mikrowelle.
River's Edge Resort $$$$ (3), 4200 Boat Street, Fairbanks, AK 99709, ☏ 907-474-0286, www.riversedge.net. Hotelzimmer oder individuelle Gästehäuser direkt am Fluss, saisonal geöffnet Ende Mai–Anfang Sept.

⚠️ Camping
River's Edge Resort, Kontaktdaten River's Edge Resort (s. o.). 190 Stellplätze für Wohnmobile sowie Zeltplätze. Anschlüsse für Strom, Wasser und Abwasser möglich, sehr schöner, saisonal geöffneter Park direkt am Chena River.
Chena River Wayside RV Park, 3530 Geraghty Avenue, Fairbanks, AK 99709, ☏ 907-452-7275, www.fairbankscampground.com. 56 Stellplätze, teilweise mit Anschlüssen, schattige Plätze, sehr schöne Lage in der Chena River State Recreation Site.

🍴 Essen und Trinken
Fairbanks hat fast 250 Restaurants, Fast-Food-Ketten, und Pubs – man muss nicht weit gehen, um den Hunger zu stillen!
Chowder House (1), 206 Eagle Avenue, Fairbanks, AK 77901, ☏ 907-452-2882. Beliebter Imbiss in der Innenstadt, leckere Suppen und Sandwiches, tgl. geöffnet zum Mittag- und Abendessen.
College Town Pizzeria (2), 3549 College Road, Fairbanks, AK 99709, ☏ 907-457-2200. Im Universitätsviertel, gute Pizza und phänomenale Eiscreme.
Ajimi (3), 550-3rd Street, Fairbanks, AK 99701, ☏ 907-456-8232. Sushi und japanische Küche in der Innenstadt, geöffnet mittags und abends.
Denny's of Alaska (4), 1929 Airport Way, Fairbanks, AK 99701, ☏ 907-451-8952. Nördlichster Teil der Restaurantkette weltweit, Nähe Innenstadt, rund um die Uhr geöffnet.

Denali National Park

Nach dem bunten, lebendigen Treiben von Fairbanks geht es weiter Richtung Süden, zum Denali National Park. Die 200 km lange Etappe führt entlang des Highways 3, auch als **George Parks Highway** bekannt.

Kurz nach Fairbanks taucht man bereits in rollende Hügel ein, die Ausläufer der Alaska Mountain Range. Danach geht es weiter durch die fruchtbare Tiefebene um den Nenana River, bevor man die riesigen Berge der Alaska Range näherkommen sieht. Nach 200 km auf dem Highway Richtung Anchorage befindet man sich im Herzen der Alaska Range – am Eingang des Denali National Park, Heimat des Mount McKinley, mit 6.194 m der höchste Gipfel Nordamerikas.

Mit Shuttle-Bussen durch den Park

Der fast 2,5 Millionen Hektar große Nationalpark verfügt nur über eine einzige Straße. Deren Gesamtlänge beträgt 92 Meilen, um jedoch den Einfluss auf die Natur so gering wie möglich zu halten, sind nur die ersten 15 Meilen asphaltiert. Private Fahrzeuge sind nach der 15-Meilen-Marke nicht mehr zugelassen, es verkehren Shuttles oder Charterbusse bis zum Ende der Straße. Die **Shuttles** sind günstiger als die Charterbusse, man kann zu jeder Zeit ein- oder aussteigen und so den Park auf eigene Faust erkunden. Die **Charterbusse** bieten geführte mehrstündige bis mehrtägige Touren an.

Der erste Stopp sollte in jedem Fall das **Visitor Center** (s. u.) am Eingang des Parks sein. Hier kann man sich mit detaillierten Karten eindecken und sich von erfahrenen Rangern beraten lassen, damit der Besuch im Park ein unvergessliches positives Erlebnis wird.

Der Nationalpark, der 1980 um 1,5 Millionen auf die jetzigen 2,5 Millionen Hektar erweitert wurde, ist vor allem für die ausgezeichneten Möglichkeiten, die örtliche

☞ Sicherheitshinweise in der Wildnis

Im Denali National Park herrscht zum größten Teil ursprüngliche Wildnis. Mobiltelefone funktionieren nur in einem Radius von 5 km um den Eingang des Parks. Eine sicherlich ernst zu nehmende Gefahr sind **wilde Tiere**. Konfrontationen kann man jedoch leicht vermeiden, indem man sich keinem wilden Tier nähert und in Gruppen unterwegs ist.

Eine Gefahr, die oft nicht ganz ernst genommen wird, aber schnell sehr bedrohlich werden kann, ist das **Wetter**, das im Gebiet nahe der Arktis unberechenbar sein kann. Es ist keine Seltenheit, dass sogar in den Sommermonaten die Temperatur innerhalb einer Stunde um 20 °C fällt. Wer also eine Wanderung im Denali National Park unternimmt, sollte immer wissen, wie lange er unterwegs ist, genügend Wasser dabei haben und angemessene Kleidung tragen.

Wer unsicher ist, kann sich jederzeit an einen Ranger oder an einen der Busfahrer der vielen Shuttles und Charterbusse wenden!

Denali National Park

Elchkuh beim Weiden im Denali National Park

Fauna zu beobachten, bekannt. Der Park ist Heimat von 39 Säugetierarten, darunter Grizzlybären, Elche und Wölfe. Von den 167 Vogelarten, die hier beheimatet sind, dürfte wohl der Weißkopfseeadler am bekanntesten sein.

Die beste Möglichkeit (und wahrscheinlich auch die sicherste), wilde Tiere zu sehen, hat man nach Angaben der Parkverwaltung, wenn man mit einem der Busse auf der **Denali Park Road** unterwegs ist. Vor allem Grizzlybären halten sich meist im flachen Land auf, durch das die Straße verläuft, während die etwas kleineren Schwarzbären eher im bewaldeten Hochland zu finden sind.

Auf vier Rädern oder zu Fuß

Mehrstündige- oder sogar mehrtägige **Wanderungen** können entweder auf eigene Faust oder mit einem erfahrenen Führer bewältigt werden. Und natürlich sollte man stets eine Kamera parat haben.

Reisepraktische Informationen Denali National Park

Information
Denali Visitor Center, Mile 1,5 auf der Denali Park Road, Denali Park, AK 99755, ☎ 907-683-2294, www.nps.gov/denali, Mitte Mai–Mitte Sept. tgl. 8–18 Uhr.
Eielson Visitor Center, Mile 66 auf der Denali Park Road, Denali Park, AK 99755, ☎ 907-683-2294, www.nps.gov/denali, Juni–Mitte Sept. tgl. 9–19 Uhr, WCs rund um die Uhr zugänglich.

Unterkunft
Hotels gibt es im Denali National Park nicht, die hier ausgewählten Übernachtungsmöglichkeiten liegen in der Nähe des Parks.

Mountainbiking auf dem Denali Highway im Denali National Park

Denali Park Hotel $$, 247 George Park Highway, Healy, AK 99743, ☎ 907-683-1800, www.denaliparkhotel.com. 48 Zimmer, etwa 16 km nördlich des Parkeingangs, am Highway 3. Mitte Mai–Mitte Sept. geöffnet.

The Denali Bluffs Hotel $$$, Mile 238 Parks Highway, Denali National Park, AK 99755, ☎ 907-683-7000, www.denalialaska.com. 112 sehr schöne Zimmer, tolle Ausblicke. Das Restaurant serviert Frühstück, Mittag- und Abendessen. Mitte Mai–Mitte Sept. geöffnet.

Camping

Riley Creek Campground, am Eingang des Parks, Stellplätze für Wohnmobile und Zeltplätze, keine Anschlüsse vorhanden. Es ist jedoch ein kleiner Laden in der Nähe, der auch Duschen, WC und auch Trinkwasser hat. Saison Mitte Mai–Mitte Sept. Es wird empfohlen, online zu reservieren unter www.reservedenali.com.

Denali Grizzly Bear Resort, Mile 231 Parks Highway, Denali National Park, AK 99755, ☎ 907-683-2696, www.denaligrizzlybear.com. 10 km südlich des Parkeingangs am Highway 3, außerhalb der Grenzen des Parks, hat Anschlüsse für Strom, Wasser und Abwasser.

Strecke nach Anchorage

Der Denali National Park ist sicher eines der Highlights dieser Rundreise, und mit bleibenden Eindrücken der riesigen Gipfel und ursprünglichen Natur geht es weiter zur letzten Station der Rundreise – Anchorage, die größte Stadt Alaskas.

Fast die Hälfte der 380 km langen Strecke fährt man noch durch die Alaska Range, entlang des riesigen Nationalparks und durch den Denali State Park, der sich am südlichen Ende des Nationalparks befindet. Der Highway verläuft durch den **Denali State Park** von Meile 169 bis 131 Richtung Anchorage, wobei sich die besten Möglichkeiten für ein Picknick oder eine Pause, um sich die Füße zu vertreten, an der Meile 147 und 135 bieten. In der Nähe der Meile 135 ist der südliche Aussichtspunkt des Parks, der einen fantastischen Ausblick auf Mount McKinley bietet.

Die restlichen 200 km bis Anchorage fährt man durch das fruchtbare Tal des Chulitna River und hat die Gelegenheit, an der **Willow Creek State Recreation Area** oder der **Nancy Lake State Recreation Area** eine Pause einzulegen. Beide Parks sind beschildert und über den Willow Creek Parkway bzw. den Nancy Creek Parkway zu erreichen. Besonders der Nancy Creek Park ist das Abschweifen vom Highway in jedem Fall wert.

Picknickpause

Anchorage

Die nördlichste Großstadt Amerikas ist gleichzeitig die größte Stadt Alaskas mit 298.610 Einwohnern. Umgeben von Bergen und nicht weit entfernt vom Cook Inlet, der zum Golf von Alaska gehört, liegt Anchorage in einer etwas günstigeren Klimazone als das Innere Alaskas. Die Sommertemperaturen bewegen sich oft zwischen 25 und 30 °C, im Winter muss man mit Temperaturen um minus 20 °C rechnen – was im Vergleich zu den Temperaturen, die in Tok und North Pole herrschen können, schon beinahe mild ist.

Größte Stadt Alaskas

Die Gegend um Anchorage wurde erstmals Ende des 18. Jh. „aktenkundig", als der englische Forscher James Cook dort unterwegs war. Im 19. Jh. wurde vor allem reger Handel mit Russland betrieben, und Alaska war als *Russian America* bekannt. Als Russland 1867 in finanzielle Bedrängnis kam, wurde das Gebiet für 7,2 Millionen Dollar an die USA verkauft. Alaska ist erst seit 1959 der 49. Staat der Vereinigten Staaten. Doch bereits 1915 unterstützte der damalige Präsident Wilson den Bau einer Eisenbahnstrecke. Der Bau der **Alaska Railroad** brachte innerhalb weniger Monate mehrere Tausend Arbeiter nach Anchorage, das zuerst eine Zeltstadt war. Mit den Bauarbeiten an der Eisenbahn begann auch die Entwicklung zur Stadt. Im November 1920 wurde Anchorage schließlich eingemeindet.

Die Zeit des größten Wachstums erlebte Anchorage in den 1980er-Jahren, als Millionen von Dollar in die Staatskasse flossen, dank der enormen Ölfelder. Das Geld wurde in die Stadt investiert, sodass sich Anchorage heute als moderne Stadt mit solider Infrastruktur und über 400 km an Wanderwegen und Pfaden präsentieren kann.

> **Tipp**
> Anchorage verfügt über 200 km asphaltierte Spazierwege und Wanderpfade innerhalb der Stadt (und nochmals so viele als Wanderwege außerhalb der Stadt). Ein lohnender Spaziergang ist die **Anchorage Historic Walking Tour**, die Karte und Beschreibung dafür sind im Visitor Centre erhältlich!

Anchorage Museum (1)

Im Herzen der Innenstadt liegt das **Anchorage Museum**. Es wurde 1967 gegründet, um das hundertjährige Jubiläum des Kaufes Alaskas von Russland zu feiern. Das Museum öffnete ein Jahr später seine Türen für die Öffentlichkeit und ist mittlerweile eine international anerkannte Institution für die Kultur, Geschichte und Erforschung der Geschichte Alaskas.

Stadtmuseum mit Planetarium

Das **Planetarium** im erweiterten Neubau des Museums bietet faszinierende Vorstellungen, nicht nur über das nächtliche Firmament. Eines der Highlights ist der 41-minütige Film „Alaska: Spirit of the Wild", der die ganze Pracht des Staates in der Arktis zum Besten gibt.
Anchorage Museum, *625 C Street, Anchorage, AK 99501, ☏ 907-929-9201, www.anchoragemuseum.org, Mai–Sept. tgl. 9–18, Okt.–April Di–Sa 10–18, So 12–18 Uhr, Eintritt Kinder 3–12 Jahre $ 7, Jugendliche/Senioren $ 10, Erwachsene $ 15.*

Alaska Native Heritage Center (2)

Etwas außerhalb der Innenstadt Richtung Nordosten liegt das Alaska Native Heritage Center. Das saisonal geöffnete Zentrum für die Kultur und Traditionen der Ureinwohner besteht aus einem Museum und Erlebnisdorf, wo man auch selbst Hand anlegen kann. Ein beeindruckendes Zeugnis einer jahrtausendealten Kultur!
Alaska Native Heritage Center, *8800 Heritage Drive, Anchorage, AK 99504, ☏ 907-330-8000, www.alaskanative.net, Mitte Mai–Anfang Sept. tgl. 9–17 Uhr, Eintritt Kinder bis 6 Jahre frei, 7–16 Jahre $ 16,95, Senioren $ 21,15, Erwachsene $ 24,95, Familien $ 71,50.*

Künstler im Alaska Native Heritage Center in Anchorage

Alaska Zoo (3)

Im südöstlichen Teil der Stadt befindet sich der Alaska Zoo, ein sehr beliebtes Ausflugsziel in Anchorage. Der Zoo bietet eine gute Möglichkeit, sich auf 10 ha die ganze Pracht der heimischen Tierwelt anzusehen. Wer etwas mehr Geld investieren möchte (das dem Zoo zugutekommt), kann an einer privaten Führung hinter den Kulissen teil-

Portage Glacier

nehmen. Gegründet wurde der Zoo in den späten 1960er-Jahren, als ein Geschäftsmann aus Anchorage einem Elefanten, den er in einem Wettbewerb gewonnen hatte, ein artgerechtes Zuhause bieten wollte. Der Tiergarten setzt seit Beginn auf den Schutz bedrohter Tierarten und will die Besucher vor allem über die Besonderheiten der örtlichen Fauna informieren.

Alaska Zoo, *4731 O'Malley Road, Anchorage, AK 99507, ☏ 907-346-2133, www.alaskazoo.org, ganzjährig mit saisonal variierenden Zeiten geöffnet, in der Regel im Winter 10–16/17 Uhr, in den Sommermonaten 9–21 Uhr, Eintritt Kinder 3–17 Jahre $ 7, Senioren $ 10, Erwachsene $ 15.*

Portage Glacier

Etwa 80 km südlich von Anchorage entlang des Highways 1 befindet sich der **Portage Glacier**. Dieser leicht zugängliche Gletscher ist nur einer von vielen Gletschern in Alaska, die insgesamt eine Fläche von 30.000 km² bedecken. Die Fahrt entlang des Cook Inlet ist bereits den Ausflug wert. 65 km südlich von Anchorage biegt man nach rechts auf die Portage Glacier Road ab (die nur im Sommer geöffnet ist) und fährt noch etwa 15 km weiter bis zum **Portage Lake**. Kurz vor dem See ist rechter Hand ein **Visitor Centre**, wo man sich über die besten Möglichkeiten erkundigen kann, den Gletscher zu sehen.

Portage Glacier, *80 km südlich von Anchorage über Highway 1 und Portage Glacier Road, ☏ 907-783-2326, Straße und Visitor Centre nur Mitte Mai–Anfang Sept. (tgl. 9–18 Uhr) geöffnet.*

Reisepraktische Informationen Anchorage

Information
Log Cabin & Downtown Visitor Information Centre, *4th Avenue/F Street, Anchorage, AK 99501, ☏ 907-257-2363, www.anchorage.net, Juni–Aug. tgl. 8–19 Uhr, das restliche Jahr 9–16 Uhr.*
Ted Stevens Anchorage International Airport Visitor Information Centre, *im Terminal Süd bei der Gepäckausgabe, ☏ 907-266-2437, tgl. 9–16 Uhr; im Terminal Nord, ☏ 907-266-2657, Mitte Mai–Mitte Sept. während Stoßzeiten.*

Notfall
Notruf: ☏ *911*

Anchorage Municipality Police Department: ☏ 907-786-8500
Alaska Regional Hospital: 2801 DeBarr Road, ☏ 907-276-1131
Providence Alaska Medical Center: 3200 Providence Drive, ☏ 907-562-2211

Unterkunft

America's Best Value Inn & Suites $$$ (1), 4360 Spenard Road, Anchorage, AK 99517, ☏ 907-243-6366, www.executivesuitehotel.com. 102 Zimmer, teilweise mit Küche, zwischen Flughafen und Innenstadt gelegen.

Westmark Anchorage Hotel $$$$ (2), 720 West 5th Avenue, Anchorage, AK 99501, ☏ 907-339-4347, www.westmarkhotels.com. 200 Zimmer, direkt in der Innenstadt. Gediegene, saubere Zimmer, freundlicher Service.

Creekwood Inn $$$$ (3), 2150 Seward Highway, Anchorage, AK 99503, ☏ 907-258-6006, www.creekwoodinn-alaska.com. Südlich der Innenstadt direkt am Highway, sehr ruhige Lage. RV Campground ebenfalls auf dem Gelände.

Camping

Golden Nugget RV Park, 4100 Debarr Road, Anchorage, AK 99508, ☏ 907-333-5311, www.goldennuggetrvpark.com. Im westlichen Teil der Stadt gelegen. 215 Stellplätze für Wohnmobil, mit Teil- oder Vollanschluss, teilweise schattige Plätze, sehr gut ausgestatteter Park, ganzjährig geöffnet.

Anchorage Ship Creek RV Park, 150 N. Ingra Street, Anchorage, AK 99501, ☏ 907-277-0877, www.bestofalaskatravel.com (unter „RV Parks"). Im nördlichen Teil der Innenstadt, Mai–Sept. geöffnet. Stellplätze mit Teil- oder Vollanschlüssen.

Essen und Trinken

Die Auswahl an Kneipen, Pubs, Cafés und Restaurants in Anchorage ist fast überwältigend. Vor allem im Bereich der Innenstadt ist die Auswahl groß. Die beiden unten genannten Restaurants sind in Anchorage als die Favoriten der Einheimischen bekannt.

Snow City Cafe (1), 10341 West 4th Avenue, Anchorage, AK 99501, ☏ 907-272-2489, www.snowcitycafe.com. Seit vielen Jahren als „bestes Frühstück" bei Einheimischen beliebt, tgl. geöffnet für Frühstück und Mittagessen, Mo–Fr 7–15, Sa/So 7–16 Uhr.

Glacier BrewHouse (2), 737 West 5th Avenue, Anchorage, AK 99501, ☏ 907-274-2739, www.glacierbrewhouse.com. Sehr gute Fischspezialitäten, Steak und Burger, Innenstadt. Mo–Fr 11–23, Sa/So 10–23 Uhr.

Einkaufen

Dimond Center, 800 East Dimond Boulevard, Anchorage, AK 99515, ☏ 907-929-7108, www.dimondcenter.com. Im größten Einkaufszentrum Alaskas sind Kaufhäuser und kleine Läden vertreten, ebenso ein Kino, Bowlingbahn, Eisarena und Restaurants. Tgl. Mo–Sa 10–21, So 12–19 Uhr.

Alaska Fur Exchange, 4417 Old Seward Highway, Anchorage, AK 99503, ☏ 907-563-3877, www.alaskafurexchange.com. Souvenirs im Alaska-Stil, kommerzieller, aber interessanter Souvenirladen.

Alaska Mint, 429 West 4th Avenue, Anchorage, AK 99501, ☏ 907-278-8414, www.alaskamint.com. Im Herzen der Innenstadt, einzigartige Münzen, Goldnuggets und Silbermünzen.

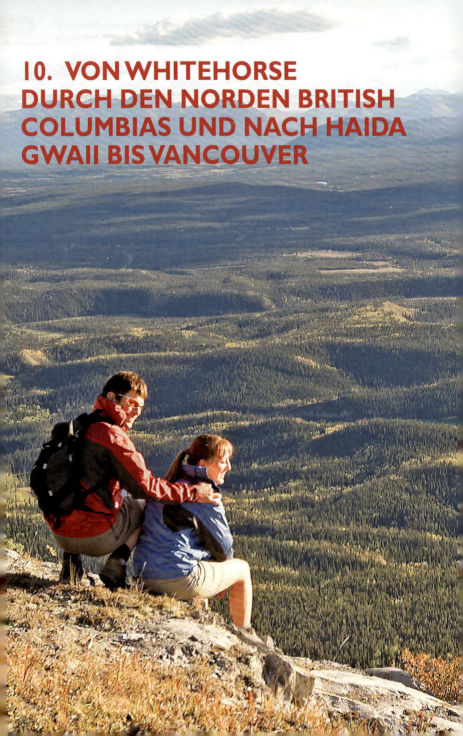

10. VON WHITEHORSE DURCH DEN NORDEN BRITISH COLUMBIAS UND NACH HAIDA GWAII BIS VANCOUVER

Von Whitehorse durch den Norden British Columbias und nach Haida Gwaii bis Vancouver

Überblick und Streckenvariante

Diese Route, für die eine Reisezeit von vier Wochen angemessen ist, beginnt in Whitehorse, der charmanten Hauptstadt des Yukon. Entlang des **Alaska Highway** geht es Richtung Südosten und schließlich weiter Richtung Süden auf dem **Cassiar Highway**. Durch die Cassiar Mountains, Skeena Mountains weiter zu den Hazelton Mountains führt der Cassiar Highway durch die atemberaubende Landschaft von Northern British Columbia. Ein Abstecher zu den faszinierenden **Haida-Gwaii-Inseln** zeigt auch die wilde Seite des kanadischen Regenwalds.

Weiter entlang des **Yellowhead Highway** und schließlich bei Prince George nach Süden durch die Cariboo Mountains gelangt man nach der rund 3.000 km langen Reise nach Vancouver, einer der schönsten Städte weltweit.

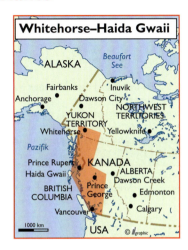

👉 Ein Programm dieser Route könnte so aussehen

1.–2. Tag: Whitehorse
3. Tag: Whitehorse – Watson Lake (440 km)
4. Tag: Watson Lake – Dease Lake (270 km)
5. Tag: Dease Lake – Stewart (390 km)
6. Tag: Stewart – Terrace (310 km)
7. Tag: Terrace – Kitimat – Terrace (120 km)
8. Tag: Terrace – Prince Rupert (140 km)
9. Tag: Prince Rupert
10. Tag: Fähre nach Haida Gwaii
11.–13. Tag: Haida Gwaii
14. Tag: Fähre nach Prince Rupert
15. Tag: Prince Rupert – Smithers (350 km)
16. Tag: Smithers – Vanderhoof (270 km)
17. Tag: Vanderhoof – Fort St. James – Prince George (220 km)
18. Tag: Prince George
19. Tag: Prince George – Williams Lake (240 km)
20. Tag: Williams Lake – Lillooet (270 km)
21. Tag: Lillooet – Pemberton (100 km)
22. Tag: Pemberton – Whistler (35 km)
23. Tag: Whistler
24. Tag: Whistler – Vancouver (130 km)
25.–28. Tag: Vancouver

Whitehorse

Redaktionstipps

▶ Auf der längsten **Fish Ladder** der Welt in **Whitehorse** den Lachsen zusehen (S. 413).
▶ Den kanadischen Grand Canyon auf dem Weg nach **Telegraph Creek** bewundern (S. 417).
▶ **Haida Gwaii** und **Gwaii Haanas National Park Reserve** besuchen und aus dem Staunen nicht herauskommen (S. 430, 432).
▶ In der **Fort St. James National Historic Site** einen Handelsposten aus dem Jahr 1806 erleben (S. 443).

Die Hauptstadt des Yukon, die mit fast 25.000 Einwohnern gleichzeitig die größte kanadische Stadt nördlich des 60. Breitengrads ist, erhielt ihren Namen von den Goldsuchern des *Klondike Gold Rush*. Die Gegend um Whitehorse war ein Knotenpunkt für den Transport zum Klondike in den Norden, hier wurden die Riverboats in Richtung Dawson City bestiegen. Die ersten Siedler und Goldgräber der Gegend waren der Meinung, dass die weißen Kronen der Stromschnellen des Yukon River, an dessen Ufer Whitehorse liegt, aussehen wie Pferdemähnen – und der Name war geboren.

Von Anfang des 20. Jh. bis 1957 wurde der Name der Stadt „White Horse" geschrieben, bis er offiziell die Zusammenziehung in „Whitehorse" erfuhr.

Whitehorse sieht sich heute selbst als charmante Kleinstadt mit allen Annehmlichkeiten einer Großstadt. Umgeben von Bergen, dichten Wäldern und zahlreichen Seen zieht die Stadt jedes Jahr zahlreiche Besucher aus aller Welt an – Tendenz steigend!

Sehenswürdigkeiten

SS Klondike (1)

Schaufelraddampfer

Auf dem Trockenen, direkt am Ufer des Yukon, hat die „**SS Klondike**" festgemacht, ein historischer Schaufelraddampfer, der einst die Goldgräber in den Norden nach Dawson City brachte. Heute ist das Schiff im Ruhestand eine *National Historic Site*, das seine Besucher in die Zeit des Goldrauschs zurückversetzt. Der Dampfer benötigte nur anderthalb Tage von Whitehorse nach Dawson City und war zwischen 1937 und 1955 im Einsatz. Wer möchte, kann die „SS Klondike" auf eigene Faust erkunden oder an einer der regelmäßigen Führungen teilnehmen.
SS Klondike, *2nd Avenue und Robert Service Way, Whitehorse, YT Y1A 3T5, ☏ 867-667-4511, www.pc.gc.ca/klondike (unter „SS Klondike"), Mitte Mai–Mitte Sept. tgl. 9.30–17 Uhr, geführte Touren stündlich 10–16 Uhr, Eintritt Kinder bis 5 Jahre frei, 6–16 Jahre $ 1,90, Erwachsene $ 6,05.*

Yukon Transportation Museum (2)

Direkt am Alaska Highway, auf dem Gelände des Flughafens, liegt das Yukon Transportation Museum. Das Museum präsentiert nicht nur die (teilweise abenteuerlichen) Transportmittel, die in den letzten 100 Jahren im Yukon zum Einsatz kamen, sondern erzählt auch die Geschichten der Menschen, die befördert wurden. Mit manchen der Exponate wurde einst unberührte Wildnis der Zivilisation zugänglich gemacht. Ein durchaus lohnender Besuch, der einem auch die Menschen des Yukon näherbringt. **Yukon Transportation Museum**, *30 Electra Crescent, Whitehorse, YTY1A 6E6,* ☏ *867-668-4792, www.goytm.ca, Mitte Mai–Aug. tgl. 10–18 Uhr, Eintritt Kinder bis 5 Jahre frei, 6–12 Jahre $ 3, 12–17 Jahre $ 4, Senioren $ 5, Erwachsene $ 6, Familien $ 12.*

Fish Ladder (3)

Eine Sehenswürdigkeit, die am besten zwischen Mitte Juli und Mitte August besucht wird, ist die **Fish Ladder**. Diese Fischleiter wurde 1959 vom Energieversorger *Yukon Energy* angelegt. Für die wachsende Stadt war der Bau eines Damms nötig geworden, der die Stromversorgung gewährleisten sollte. Dies behinderte jedoch den jahrtausendealten Zyklus der Lachswanderung, der das Überleben der Chinook-Lachse sicherstellt. Die Lösung war eine Fischleiter, eine Holzkonstruktion, die den Lachsen die sichere Passage des Damms ermöglicht. Auf einer Länge von 366 m überwinden Tausende von Lachsen jedes Jahr einen Höhenunterschied von 15 m, um zurück an ihre Laichplätze zu gelangen.

Fischleiter zur Lachswanderung

Von der Innenstadt folgt man dem Lewes Boulevard über den Fluss und biegt nach rechts in den Nisutlin Drive ein, am Ende dieser Straße befindet sich die Fish Ladder.

Wer sich genauer über die längste hölzerne Fischleiter der Welt informieren möchte, kann dies auf der Internetseite von *Yukon Energy* tun (s. u.). Die Broschüre zum Download enthält auch geschichtliche Hintergrundinformationen. Von Juni bis August gibt es sogar die sog. Fish Cam, eine Webcam zum Beobachten der Lachse.

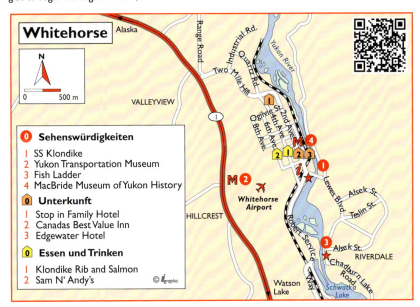

Fish Ladder, Nisutlin Drive, Whitehorse, YT Y1A 1H1, ☏ 867-663-5965, www.yukon energy.ca/in-your-community/multimedia, Juni–Anfang Sept. tgl., Eintritt frei, $ 3 Spende werden vorgeschlagen.

Wandertipp
Wer einen 5 km langen Spaziergang unternehmen will, kann die Fish Ladder auch als Teil des **Millenium Trail** erkunden. Ein möglicher Startpunkt des für Fußgänger und Radfahrer bestimmten asphaltierten Wegs ist die „SS Klondike" oder das Visitor Information Centre, wo auch Karten erhältlich sind.

Tipp
Eine weitere, sehr beliebte Art, sich in Whitehorse fortzubewegen, ist der **Waterfront Trolley**. Der restaurierte Straßenbahnwagen aus dem Jahr 1925 fährt entlang des Yukon River und hält an sämtlichen wichtigen Sehenswürdigkeiten und Einkaufsmöglichkeiten an.

MacBride Museum of Yukon History (4)

Geschichte des Yukon und der Eisenbahn

Einer der Stopps des Waterfront Trolley ist das MacBride Museum of Yukon History. Benannt nach Bill MacBride, der zwischen 1914 und 1961 eine der herausragenden Persönlichkeiten in Whitehorse war. Bis ins kleinste Detail dokumentierte er die Geschichte des Yukon und der Eisenbahn und war federführend in der Gründung der Yukon Historical Society im Jahr 1950, die heute das MacBride Museum leitet. Hier lernt der Besucher alles kennen, was für den Norden Bedeutung hatte und hat – von einem 2 m großen Grizzlybär bis zur Geschichte der North West Mounted Police.
MacBride Museum of Yukon History, 1124 First Avenue, Whitehorse, YT Y1A 1A4, ☏ 867-667-2709, www.macbridemuseum.com, Mitte Mai–Aug. tgl. 9.30–17, Sept.–Mitte Mai Di–Sa 10–16 Uhr (oder nach Vereinbarung), Eintritt bis 18 Jahre $ 5, Erwachsene $ 10, Familien $ 25.

Reisepraktische Informationen Whitehorse

Information
Whitehorse Visitor Information Centre, 100 Hanson Street, Whitehorse, YT Y1A 2C6, ☏ 867-667-3084, www.travelyukon.com. Den Alaska Highway verlässt man nach rechts über die South Access Road und folgt dieser, bis sie endet; dort nach links auf die 2nd Avenue. Visitor Centre und Parkplatz liegen gleich rechts. Mitte Mai–Mitte Sept. tgl. 8–20, Mitte Sept.–Mitte Mai Mo–Fr 8.30–17, Sa 10–14 Uhr.

Unterkunft
Stop in Family Hotel $$ (1), 314 Ray Street, Whitehorse, YT Y1A 5R3, ☏ 867-668-5558, www.stopinfamilyhotel.ca. 44 schlichte Zimmer, im nördlichen Teil der Stadt in der Nähe vieler Einkaufsmöglichkeiten.
Canadas Best Value Inn $$$ (2), 102 Wood Street, Whitehorse, YT Y1A 2E3, ☏ 867-667-7801, www.riverviewhotel.ca. Direkt neben dem MacBride Museum gelegen, sehr zentral; 53 saubere Zimmer.

Edgewater Hotel $$$$ (3), 101 Main Street, Whitehorse, YT Y1A 2A7, ☎ 867-667-2572, www.edgewaterhotelwhitehorse.com. 30 gediegene, saubere Zimmer, direkt in der Innenstadt; sehr freundliches Personal.

Camping

Hi Country RV Park, 91374 Alaska Highway, Whitehorse, YT Y1A 6E4, ☎ 867-667-7445, www.hicountryryvyukon.com. 130 Stellplätze für Wohnmobile mit Strom-, Wasser- und Abwasseranschluss; schattige Plätze verfügbar, Münzwaschmaschinen. Direkt an der Kreuzung des Alaska Highway mit der South Access Road gelegen.

Frische regionale Produkte gibt es auf dem Fireweed Farmers Market

Robert Service Campground, South Access Road, Whitehorse, YT Y1A 6S1, ☎ 867-668-3721, www.robertservicecampground.com, Mitte Mai–Sept. geöffnet. 68 Stellplätze, keine Anschlüsse vorhanden. In der Nähe der Fish Ladder, sehr schön am Ufer des Yukon River gelegen; Reservierung empfohlen.

Essen und Trinken

Die oben genannten Hotels haben alle auch ein Restaurant im Haus. Whitehorse hat eine sehr gute Auswahl an Restaurants für eine Stadt dieser Größe.

Klondike Rib and Salmon (1), 2116-2nd Avenue, Whitehorse, YT Y1A 1B9, ☎ 867-667-7554, www.klondikerib.com. Sehr beliebt bei den Einheimischen, unbedingt reservieren. Spezialitäten der Gegend wie Büffel, Karibu und Lachs.

Sam N' Andy's (2), 506 Main Street, Whitehorse, YT Y1A 2B9, ☎ 867-668-6994. Sehr kleines Restaurant, kann also ziemlich laut werden. Sehr gutes mexikanisches Essen!

Einkaufen

Murdoch's Gem Shop, 207 Main Street, Whitehorse, YT Y1A 2B2, ☎ 867-667-7403, www.murdochs.ca. Der bereits in den 1940er-Jahren eröffnete Souvenirladen bietet kanadische Diamanten, Gold Nuggets; sicher sehenswert!

Wer mit dem Waterfront Trolley fährt, hat die Möglichkeit am **Chilkoot Centre** auszusteigen, dem größten Einkaufszentrum in Whitehorse. Hier findet man eine Reihe von großen und kleineren Geschäften – wer gerne bummelt, kommt hier sicher auf seine Kosten.

Hinweis

Die **Strecke von Whitehorse bis Watson Lake** ist bereits im vorausgehenden Kapitel beschrieben (s. S. 384), nur in umgekehrter Richtung. Für Übernachtungsmöglichkeiten und Sehenswürdigkeiten entlang des Weges bitte dort nachschlagen. Wer die 440 km über den Alaska Highway nicht an einem Tag bewältigen möchte, kann dies in zwei Etappen tun und in **Teslin** einen Übernachtungsstopp einlegen.

Die Fischleiter in Whitehorse ermöglicht die Wanderung der Chinook-Lachse

Von Watson Lake, Yukon auf dem Cassiar Highway bis Terrace, British Columbia

60. Breitengrad

Watson Lake verlässt man in Richtung Westen auf dem Alaska Highway und folgt diesem für etwa 21 km, bis zum Abzweig des Stewart-Cassiar Highway Richtung Süden. Nur wenige Kilometer weiter überquert man den 60. Breitengrad, der auch gleichzeitig die Grenze zu British Columbia ist. Zunächst fährt man durch dicht bewaldete, rollende Hügel. Nach etwa 30 km erheben sich die Cassiar Mountains aus der Liard-Hochebene und der manchmal sehr enge Highway schlängelt sich entlang kahler Gipfel und tiefblauer Seen.

> **Hinweis**
> *Die einzige* **Tankstelle** *auf der 270 km langen Tagesetappe ist in Good Hope Lake, das fast auf halber Strecke, 120 km nach Watson Lake liegt.*

Ab Good Hope Lake sind es noch 150 km bis Dease Lake. Der Cassiar Highway bietet zwar tolle Aussichten, kann jedoch auch eine Herausforderung an Autofahrer sein. Der Highway ist größtenteils asphaltiert, teilweise jedoch nur Schotterpiste und deswegen mit Vorsicht zu befahren. Wer sich etwas mehr Zeit lässt, kommt genauso ans Ziel und hat so noch viel mehr Zeit, die einzigartige Natur zu genießen.

Dease Lake

Die kleine Gemeinde direkt am Highway hat nur etwa 300 Einwohner, ist jedoch der Anlaufpunkt für alle umliegenden Dörfer im Umkreis von mehreren Hundert Kilometern, da diese noch kleiner sind. Dease Lake liegt südlich des gleichnamigen Sees, an dessen Ufer sich der Cassiar Highway für etwa 35 km entlangschlängelt. Es ist ein sehr beliebter Stopp zwischen dem Yukon und Terrace oder Smithers und dementsprechend auf durchreisende Touristen eingerichtet.

Sourdough

Wer im Yukon als *Sourdough* (Sauerteig) bezeichnet wird, darf sich freuen. Der Begriff wird nämlich dort nicht nur für den Teig eines leckeren Brots benutzt, sondern hat sich als Bezeichnung für eingefleischte Einheimische durchgesetzt. Die Neuankömmlinge werden als *Cheechakos* bezeichnet und können den *Sourdough*-Status nur erreichen, wenn sie einen ganzen Winter im Yukon verbracht haben – von *Freeze-Up* bis *Break-Up*.

Reisepraktische Informationen Dease Lake

Unterkunft
Northway Motor Inn $$, *158 Boulder Street, Dease Lake, BC V0C 1L0, ☎ 250-771-5341, www.northwaymotorinn.com. In der Nähe des Highway, aber ruhig gelegen. 44 saubere Zimmer; unbedingt reservieren!*

Arctic Divide Inn $$, *Stewart-Cassiar Highway #37, Dease Lake, BC V0C 1L0, ☎ 250-771-3119, www.arcticdivide.ca. Direkt am Highway und südlichen Ende der Gemeinde. Sehr schöne, rustikale Zimmer; nur 8 Zimmer verfügbar, vorher reservieren.*

Camping
Dease Lake RV Park, *Highway 37, Dease Lake, BC V0C 1L0, ☎ 250-771-4666. Am südlichen Ende der Gemeinde, links des Highway. 34 Stellplätze für Wohnmobile, teilweise mit Strom-, Wasser- und Abwasseranschluss.*

Waters Edge Campground, *Highway 37, Dease Lake, BC V0C 1L0, ☎ 250-771-3392, www.watersedgecampground.ca. 10 km nördlich von Dease Lake, Beschilderung am Highway beachten. 9 Stellplätze ohne Anschluss, sehr schöne Lage am Dease Lake.*

Essen und Trinken
Rumors Cafe and Coffee House, *Highway 37, Lot 1289, Dease Lake, BC V0C 1L0, ☎ 250-771-4011. Ganzjährig geöffnet, Mo–Sa 7–19 Uhr.*

Abstecher zum Telegraph Creek und Stikine River Provincial Park

Wer Lust auf ein Abenteuer hat, sollte sich eine Fahrt nach Telegraph Creek nicht entgehen lassen. **Telegraph Creek** liegt 110 km westlich von Dease Lake und ist nur über eine (teilweise sehr abenteuerliche) Schotterstraße zu erreichen. Die Straße ist eng, verläuft teilweise direkt an sehr steilen Abhängen entlang und ist nicht für große Wohnmobile oder Wohnwagen geeignet.

Rafting für Profis

Wer das richtige Fahrzeug hat und die Reise antritt, wird mit absolut spektakulären Ausblicken auf den Grand Canyon Kanadas belohnt. Die Straße verläuft entlang des **Stikine River Canyon**, der teilweise bis zu 300 m tief und zwischen 2 und 200 m breit ist. Der Stikine River gilt im Bereich zwischen Dease Lake und Telegraph Creek als extrem gefährlich und unpassierbar. Es gibt zwar einige Anbieter von Raftingtouren, die gefährlichen Stellen kann man jedoch nur vom Straßenrand aus bewundern.

Die Gemeinde Telegraph Creek selbst ist einer der abgeschiedensten in British Columbia. Etwa 400 Menschen, hauptsächlich Ureinwohner, leben in dem Dorf, das nach den Telegraphenleitungen, die die Kommunikation zwischen dem Yukon und British Columbia Ende des 19. Jh. aufrechterhielten, benannt wurde.

Von Dease Lake nach Stewart

Dease Lake verlässt man auf dem Stikine Plateau, von dort hat man eine gute Aussicht auf die in der Ferne liegenden **Skeena Mountains**, die einen auf dem Weg nach Stewart begleiten. Der Highway verläuft zwischen den Coast Mountains, die in der Ferne im Westen zu erkennen sind, und den Skeena Mountains im Osten, an deren Ausläufern sich der Highway entlangschlängelt.

Für die Tagesetappe sollte man etwa sieben Stunden Fahrtzeit einplanen – und natürlich reichlich Zeit für Pausen, um die vielen Fotogelegenheiten und Aussichtspunkte nicht auszulassen.

Tankstellen gibt es einige entlang des Weges – in **Iskut**, etwa 84 km nach Dease Lake, bietet sich die erste Möglichkeit zu tanken. Nur 8 km weiter bietet die kleine Ortschaft **Tatogga** außer einer Tankstelle auch ein Restaurant und die Möglichkeit, sich etwas die Füße zu vertreten. Der nächste Stopp mit Verpflegung und Benzin ist in **Bell II**, 145 km nach Tatogga. Die Ansiedlung ist nach der Brücke benannt, die den Bell Irving River überquert, bevor man kurz darauf in Bell II ankommt. „II" deswegen, weil es die zweite Brücke ist, die über den Fluss gebaut wurde. Auch hier kann man sowohl das Auto versorgen als auch den eigenen Hunger stillen und dabei noch das Panorama der Skeena Mountains genießen.

Atemberaubende Aussichten

Die Fahrt Richtung Stewart geht weiter über rollende Hügel und durch dichte Wälder, die teils bewaldeten, teils schroffen Gipfel stets im Blick. Nach etwa 92 km trifft man auf **Meziadin Junction**, dort hält man sich rechts und fährt weiter auf dem Highway 37A, Richtung **Stewart**. Die 62 km lange Strecke zwischen Meziadin Junction und Stewart ist eine der schönsten Strecken der gesamten Rundreise. Die atemberaubenden Aussichten auf die Berge der Coast Mountains bieten eine abwechslungsreiche Fahrt. Die schwierigste Entscheidung während der Fahrt wird sein, wo man überall zum Fotografieren anhalten will!

Einen Fotostopp, den man sich auf keinen Fall entgehen lassen sollte, ist der **Bear Glacier**. Der Gletscher, der nur wenige Meter vom Highway entfernt in den Strohn

Bear Glacier hautnah – jedes Jahr verschwindet ein kleines Stückchen

Lake mündet, ist Teil des **Bear Glacier Provincial Park**. An der Seite des Highways ist eine Parkbucht, die man nutzen sollte, um den Gletscher in Ruhe zu betrachten. Der Gletscher zieht sich jedes Jahr ein kleines Stück weiter zurück und gibt mehr und mehr seiner Eismassen frei – eine Gelegenheit, die sich also vielleicht nicht mehr allzu lange bieten wird!

Der Gletscher schwindet

Stewart

Die kleine Gemeinde an der Grenze zum US-Bundesstaat Alaska hat nur 400 Einwohner und war bis in die 1950er-Jahre nur per Schiff zu erreichen. Stewart liegt am Portland Canal, der die Siedlung auf einer Länge von etwa 114 km mit dem Pazifik verbindet. Auf diesem Weg kamen bereits Ende des 19. Jh. Tausende von Goldgräbern in die Gegend, viele jedoch ohne Glück. Erst im frühen 20. Jh. wurden größere Mengen an Gold gefunden, und von 1920 bis zu ihrer Schließung 1952 war die Premier Mine die größte Goldmine Nordamerikas.

Der Glacier Highway wurde in den 1950er-Jahren gebaut und brachte einen weiteren Industriezweig nach Stewart – die Forstwirtschaft. Sowohl mit Lkws als auch per Schiff werden heutzutage Holz, Kupfer und Gold aus der Gegend transportiert.

Die atemberaubende Landschaft und zu großen Teilen unberührte Natur ziehen natürlich auch viele Touristen an – und wer einmal dort war, kann auch verstehen warum. Die kanadische Gelassenheit ist in Stewart besonders zu spüren und ist außerdem ansteckend!

Stewart, BC – die einzige Verbindung von BC nach Alaska auf dem Festland

Wer die Grenze in die USA überqueren möchte (bitte vorher über die gültigen Bestimmungen informieren), kann **Hyder**, Alaska, das auch als „Friendliest Ghost Town in Alaska" bekannt ist, erkunden. Hyder liegt im **Misty Fjords National Monument** und ist als einzige Gemeinde in Südalaska über eine Straße vom Festland aus zu erreichen. Die Straße endet hier allerdings, und die Fahrt geht zurück nach Stewart in British Columbia.

Grizzlys beim Fischen

Wer zwischen Juli und September nach Hyder kommt, kann am **Fish Creek** (aus sicherer Entfernung) den Grizzlybären beim Fischen zusehen. Das Schauspiel ist ein wahrer Magnet für Touristen. Hier sollte man sich darauf einstellen, dass man nicht alleine ist … Um zum Fish Creek zu gelangen, folgt man der Granduc Road für etwa 5 km zum Parkplatz bei Fish Creek.

Reisepraktische Informationen Stewart

Information
Tourist Info Centre / Chamber of Commerce, 222-5th Street, Stewart, BC V0T 1W0, ☏ 250-636-9224, www.districtofstewart.com, Juni Mo–Fr 9–17, Sa/So 10–15, Juli-Aug. tgl. 9–17, Sept. Mo–Fr 10–16 Uhr.

Unterkunft
King Edward Hotel $$, 405-5th Street, Stewart, BC V0T 1W0, ☏ 250-636-2244, www.kingedwardhotel.com. Insgesamt 50 Zimmer, teilweise mit Küchenzeile. Restaurant und Pub ebenfalls im Gebäude.

Ripley Creek Inn $$$, *306-5th Avenue, Stewart, BC V0T 1W0, ☏ 250-636-2344, www.ripleycreekinn.com. Einzigartige Atmosphäre, insgesamt 40 Zimmer, auf verschiedene, teilweise historische Gebäude verteilt.*

⚠ Camping

Rainey Creek Municipal Campground, *8th Avenue, Stewart, BC V0T 1W0, ☏ 250-636-2537. Von der Gemeinde verwaltet, insgesamt 98 Stell- und Zeltplätze, teilweise mit Stromanschluss; schattige Lage am östlichen Ende der Siedlung, direkt am Fluss.*
Bear River RV Park, *2200 Davis Street, Stewart, BC V0T 1W0, ☏ 250-636-9205, www.stewartbc.com/rvpark. 73 Stellplätze, auch für große Wohnmobile, mit Strom-, Wasser- und Abwasseranschluss.*

🍴 Essen und Trinken

Das einzige ganzjährig geöffnete Restaurant in Stewart ist das Restaurant im **King Edward Hotel** *(s. o.). Nur wenige Meter vom Hotel entfernt befindet sich außerdem das* **Silverado Cafe**, *das jedoch eingeschränkte Öffnungszeiten hat.*

Weiterfahrt nach Terrace

Auf den ersten 60 km der insgesamt 310 km langen Tagesetappe kommt man nochmals in den Genuss, über den **Glacier Highway** (Highway 37A) zwischen Stewart und Meziadin Junction zu fahren. Tankstellen sind auf den ersten 215 km der Strecke sehr rar, man sollte also **in Stewart nochmals volltanken**, um genug Benzin bis zu einer der Tankstellen entlang des Highway 16/Yellowhead Highway zu haben.

Die 150 km lange Strecke zwischen Meziadin Junction und Kitwanga, wo der Highway 37 in den Yellowhead Highway 16 mündet, bietet die mittlerweile schon vertraute Landschaft von rollenden Hügeln und dichten Wäldern. Obwohl man auf der kurvenreichen Strecke oft nicht besonders weit voraussehen kann, stellt sich doch das Gefühl von endloser Weite ein – wahrscheinlich schon allein deswegen, weil man auf einer Strecke von über 100 km kaum Zeichen von Besiedlung sehen kann.

Abstecher zum Gitwangak Battle Hill

Das kleine Dorf **Kitwanga** (Tankstellen und Restaurants direkt am Highway) liegt nur wenige Kilometer von der Kreuzung der Highways 37 und 16 entfernt. Kurz nachdem man das Dorf hinter sich gelassen hat, trifft man auf die Kitwanga North Road, in die man nach rechts abbiegt. Nach weiteren 1,7 km findet man linker Hand den Parkplatz zum **Gitwangak Battle Hill**. Hier kann man einen kurzen Spaziergang unternehmen, wobei auf Infotafeln der geschichtliche Hintergrund dieser kulturell bedeutenden Gegend *(National Historic Site)* erklärt wird.

Zurück auf dem Highway 37, trifft man nach weiteren 4 km auf die beeindruckenden **Totem Poles of Gitwangak**. Die Totempfähle repräsentieren die älteste Sammlung, die innerhalb einer Ansiedlung von Ureinwohnern in British Columbia zu finden ist.

Totem Poles

Selbst im Vorbeifahren beeindruckend – die Seven Sisters Gipfel

Seven Sisters Protected Area

Highway 16 W (Richtung Westen) führt schließlich zum Ziel der Tagesetappe nach Terrace. Während man die letzten 90 km der Etappe fährt, darf man nochmals atemberaubende Aussichten genießen. Die Straße verläuft direkt an der Grenze der Seven Sisters Protected Area, einem Naturschutzgebiet und Provincial Park. Der Park wurde nach den sieben beeindruckenden Gipfeln benannt, die auf der Strecke zwischen Kitwanga und Terrace vom Highway aus zu sehen sind.

Terrace

Die Geschichte der Gegend in und um Terrace reicht über 10.000 Jahre zurück. Damals ließen sich die ersten Ureinwohner des Tsimshian-Stammes an den Ufern des Skeena River nieder, lebten vom Fischfang und nutzen den Fluss als ihren hauptsächlichen Transportweg. Die ersten Fallensteller und Jäger europäischer Abstammung kamen Ende des 19. Jh. in die Gegend. Im Jahr 1905 ließ sich hier George Little nieder, der als Gründer der Stadt gilt. Er begründete auch das erste Sägewerk in Terrace. Die Stadt lebte hauptsächlich von der Forstindustrie, bis in den 1990er-Jahren ein Sägewerk nach dem anderen schließen musste.

Heimat des Spirit Bear

Heute blüht die 11.500 Einwohner zählende Stadt hauptsächlich aufgrund des wachsenden Tourismussektors. Eine neue Generation von naturliebenden Besuchern kommt jährlich nach Terrace, um Lachse zu fischen, den legendären Spirit Bear zu sehen oder die Seven Sisters Peaks zu erklimmen. Ein weiteres Standbein des Tourismus in Terrace ist die Kultur der First Nations, die in einigen National Historic Sites der Gegend gewürdigt und erhalten wird.

George Little House

Mitten in der Innenstadt von Terrace in der Nähe des Skeena River liegt das historische George Little House. Das 1914 erbaute ehemalige Wohnhaus des Gründervaters wird in Terrace kurz GLH genannt und wurde vor einigen Jahren komplett restauriert. Heute kann man das Haus im Rahmen einer geführten Tour erkunden, die sowohl historische Fakten als auch Anekdoten zum Besten gibt. Das GLH fungiert zudem als Bahnhof für die VIA Rail, dessen Schienennetz kanadaweit zu finden ist.
George Little House, *3100 Kalum Street, Terrace, BC V8G 4L1,* ☎ *250-638-8887, www.georgelittlehouse.com, Mo, Do Sa 12–18.30, Mi, Fr 9–16.30, Sa 12–18.30, So 9–14 Uhr, Di geschl.*

Wohnhaus des Gründervaters

Heritage Park Museum

Folgt man der Kalum Street vom GLH aus nach Norden und biegt dann nach links auf die Kerby Avenue, gelangt man zum Heritage Park Museum. In einem Park mit fast 1 ha Fläche kann man acht historische Gebäude erkunden – und sich in die Gründerzeit der Stadt zurückversetzen lassen. Den Park kann man auf eigene Faust besuchen oder an einer Tour teilnehmen, die dreimal täglich angeboten wird. Ein besonderes Highlight im Park ist der **Pioneer Garden**, in dem Pflanzen und Gemüse gedeihen, die schon damals von den ersten Siedlern angebaut wurden.
Heritage Park Museum, *4702 Kerby Avenue, Terrace, BC V8G 4R6,* ☎ *250-635-4546, www.heritageparkmuseum.com, Führungen nur in den Sommermonaten; Mitte bis Ende Mai Mo–Fr 10–18, Juni–Aug. tgl. 10–18, Sept.–Mitte Mai Mo–Fr 9.30–17.30 Uhr, „admission by donation" – man bezahlt als Eintritt, was man für angemessen hält.*

Garten der Pioniere

Der weiße Bär

Terrace ist die Heimat des **Kermode Bear**, auch **Spirit Bear** genannt. Dieser weiße Bär ist ein Braunbär, dessen Fell aufgrund einer genetischen Mutation weiß ist. Die Bären sind selten, werden jedoch am häufigsten in der Gegend um Terrace gesehen. Laut den Einheimischen sind Sichtungen im Monat Mai, kurz nachdem die Bären aus dem Winterschlaf erwacht sind, entlang des Highway 16 am häufigsten.

Die weißen Bären nehmen einen besonderen Platz in der Mythologie der Ureinwohner ein und werden traditionell nicht gejagt. Rein praktisch gesehen sind die Spirit Bears erfolgreichere Fischer als Braunbären, da sie durch ihr helles Fell von den Fischen nicht so leicht erkannt werden können wie ihre dunkleren Artgenossen. Insgesamt soll es in British Columbia zwischen 500 und 900 Exemplare des seltenen Bärs geben.

Reisepraktische Informationen Terrace

ℹ Information
Terrace Visitor Centre, 4511 Keith Avenue, Terrace, BC V8G 1K1, ☏ 250-635-4944, www.visitterrace.com, Ende Mai–Sept. tgl. 9–17, Okt.–Mai Mo–Fr 10–15 Uhr.

🛏 Unterkunft
Wild Duck Motel & RV Park $$, 5504 Highway 16, Terrace, BC V8G 0C6, ☏ 250-638-1511, www.wildduckmotel-rv.com. Direkt am Highway, westlicher Teil der Stadt. Fünf einfache Zimmer, schöne ruhige Lage. Zusätzlich 24 Stellplätze für Wohnmobile mit Anschlüssen.

Bear Country Inn $$$, 4702 Lakelse Avenue, Terrace, BC V8G 1R6, ☏ 250-635-6302, www.bearcountryinn.bc.ca. Innenstadtlage, 54 einfache, saubere Zimmer. Mit Restaurant (tgl. zum Frühstück, Mittag- und Abendessen geöffnet).

Sandman Inn Terrace $$$, 4828 Highway 16, Terrace, BC V8G 1L6, ☏ 250-635-9151, www.sandmanhotels.ca/hotels/terrace. 70 Zimmer, teilweise mit Küchenzeile. Schlichte, aber geschmackvoll eingerichtete Zimmer, direkt am Highway.

⚠ Camping
Golfish Resort, 2158 Grandview Drive, Terrace, BC V8G 0A8, ☏ 250-635-9457, www.golfishresort.com. 20 km östlich von Terrace direkt am Highway rechts (Beschilderung folgen). 18 Stellplätze mit Strom, Wasser- und Abwasseranschluss, sehr schöne Lage direkt am Skeena River.

Kleanza Creek Provincial Park, Highway 16, Terrace, BC V8G 4A1, ☏ 250-638-8490, www.bcparks.ca. 15 km östlich von Terrace links des Highway. 32 Stellplätze, jedoch ohne Anschlüsse. Trinkwasser im Park vorhanden.

🍴 Essen und Trinken
Die beiden Restaurants im **Bear Country Inn** und **Sandman Inn** (s. o.) sind durchaus zu empfehlen und tgl. zum Frühstück, Mittag- und Abendessen geöffnet. Terrace bietet auch eine ganze Reihe an Fast-Food-Ketten wie Dairy Queen und Pizza Hut sowie Familienrestaurants wie Boston Pizza, alle entlang des Highway 16 gelegen.

Abstecher nach Kitimat

Highway 37 zweigt östlich von Terrace in Richtung Süden ab. Entlang der Kitimat Mountain Range führt die malerische Strecke zuerst zum **Lakelse Lake Provincial Park**, der nur 20 km südlich von Terrace auf der rechten Seite des Highways liegt.

Bereits 14 km südlich von Terrace folgt der erste Abzweig zum Park, die sog. **Gruchy's Bay Day Use Area**. Hier können Besucher den Sandstrand und die Picknicktische nutzen und auf kurzen Wanderpfaden die jahrhundertealten Zedernbäume bewundern.

Ab Lakelse Lake Provincial Park führt die Fahrt noch weitere 40 km über den Highway bis **Kitimat**, das durch eine Reihe von Kanälen und Buchten mit dem Pazifik verbunden ist.

Die 8.200 Einwohner zählende Gemeinde wurde in den 1950er-Jahren innerhalb von fünf Jahren mehr oder weniger aus dem Boden gestampft. Die *Aluminum Company of Canada*, kurz *Alcan* genannt, suchte in der Zeit des Wirtschaftsbooms nach dem Zweiten Weltkrieg nach einem geeigneten Standort für eine Schmelze. *Alcan* wurde in der Gegend um Kitimat fündig, da hier sowohl die Anbindung an den Pazifik als auch das Potential für einen Damm/Stausee vorhanden waren. Fast 500 Millionen Dollar wurden investiert und die komplette Infrastruktur sowie sämtliche Wohnhäuser für Angestellte und deren Familien erbaut.

Obwohl die Stadt auch heute noch die weltweit größte Aluminiumschmelze der Welt hat, leben viele Einwohner der Gegend auch vom wachsenden Tourismus. Die Stadt legt großen Wert auf die Erhaltung und den Schutz der Flora und Fauna und ist ein beliebtes Ziel des Ökotourismus.

Aluminiumschmelze

Die **Pacific Inland Coast** besteht zu großen Teilen aus dem sog. **Coastal Rainforest**, dem Regenwald mit fast tausendjährigem Baumbestand. Bevor man nach diesem Tagesausflug nach Terrace zurückkehrt, hat man hier die Möglichkeit, sowohl die faszinierende Natur als auch die Kultur der Haisla Nation zu erkunden.

Kitimat Museum

Im Kitimat Museum kann man sich genau über die Geschichte der Stadt und die Vision von *Alcan* informieren. Das Museum ist ein guter Ausgangspunkt für Erkundigungen (nach dem Besuch im Visitor Centre) und bietet ausreichend Parkmöglichkeiten, auch für größere Wohnmobile. Um zum Museum zu gelangen, bleibt man auf dem Highway 37, bis man nach links auf den Lahakas Boulevard abbiegen kann. Nach wenigen Metern sieht man den Parkplatz des Museums auf der linken Seite.
Kitimat Museum & Archives, *293 City Centre, Kitimat, BC V8C 1T6, ☏ 250-632-8950, www.kitimatmuseum.ca, Juni–Aug. Mo–Sa 10–17, Sept.–Mai Mo–Fr 10–16, Sa 12–16 Uhr.*

Giant Spruce Park

Kitimat ist die Heimat der größten und ältesten Fichte in British Columbia. Der als **Giant Sitka Spruce** bekannte Baum steht im Giant Spruce Park in der Nähe des Kitimat River. Zum Park gelangt man, indem man auf dem Dyke Boulevard in südliche Richtung fährt, bis man rechter Hand auf den Parkplatz trifft (der Dyke Boulevard zweigt am westlichen Ende der Stadt nach Süden ab). Der 500 Jahre alte Riese ist fast 50 m hoch und hat einen Stammumfang von über 11 m!

500 Jahre alter Baum

Kitamaat Village

Ein weiteres Highlight ist das **Kitamaat Village**, ca. 11 km südlich von Kitimat gelegen. Am Ortseingang, kurz nach dem Visitor Centre, zweigt man nach Süden auf die Kitamaat Village Road ab und folgt dieser bis zum Dorf der Ureinwohner.

Haisla Nation

Das Dorf wird von der **Haisla Nation** bewohnt, die sich aus verschiedenen Stämmen der Ureinwohner der Gegend zusammengeschlossen hat. Die beiden Hauptgruppen sind die *Gitamat* („People of the Snow") und die *Gitlope* („People of the Rock"). Das Dorf ist bekannt für traditionelle Totempfähle sowie das ausgezeichnete **Seamasters Restaurant** (s. u.), das Fisch und Meeresfrüchte serviert.

In den Sommermonaten kann man die Kultur und Traditionen der Haisla Nation im Rahmen einer dreistündigen geführten Tour erleben. Die Tour beginnt und endet im Kulturzentrum des Dorfes, das direkt an der Hauptstraße liegt. Festes Schuhwerk und genügend zu Trinken sind hier ein absolutes Muss!
Kitamaat Village, ☏ 250-632-2020, www.tourismkitimat.ca/haisla-first-nation. **Haisla Heritage Trail Tour** in den Sommermonaten, tgl. um 9 und 13 Uhr (Zeiten können sich je nach Teilnehmerzahl ändern oder Touren abgesagt werden), Kinder bis 7 Jahre frei, 8–16 Jahre $ 15, Erwachsene $ 25.

Reisepraktische Informationen Kitimat

Information
Kitimat Visitor Information Centre, 2109 Forest Avenue, Kitimat, BC V8C 2G7, ☏ 250-632-6294, www.tourismkitimat.ca, Juli/Aug. Mo–Fr 8–17, Sa/So 9–17, Sept.–Juni Mo–Fr 8.30–16.30 Uhr.

Essen und Trinken
Mr. Mikes Steakhouse Casual, 525 Mountain View Square, Kitamaat Village, BC V8C 2N1, ☏ 778-631-2391, www.mrmikes.ca. Sehr gute Steaks und Meeresfrüchte – die perfekte Kombination! Tgl. 11–23 Uhr.
In Kitimat gibt es noch über zehn andere Restaurants, die entweder direkt am **Highway 37** oder im Bereich des **City Centre** liegen, wo sich das Museum befindet.

Hinweis

Der **Highway 37** führt schließlich auf gleichem Weg zurück nach Terrace und obwohl man dieselbe Strecke bereits am Morgen Richtung Kitimat gefahren ist, sieht man die **Kitimat Mountain Range** nochmals in einem anderen Licht.

Von Terrace nach Prince Rupert und Haida Gwaii

Man verlässt Terrace auf dem Yellowhead Highway 16 Richtung Westen und tritt somit die etwa 140 km lange Fahrt nach Prince Rupert an. Der Highway verläuft durch die Coast Mountain Range und entlang des **Skeena River**, der an manchen Stellen eher einem See als einem Fluss gleicht. Der Skeena River ist Nordamerikas größter Fluss, der durch keinen einzigen Damm gestaut wird. Mit einer Länge von 570 km ist er au-

Fette Beute aus dem Skeena River – ein 54 Pfund schwerer Chinook-Lachs

ßerdem der zweitlängste Fluss in British Columbia. Eine weitere beeindruckende Statistik: über fünf Millionen Lachse bahnen sich jährlich ihren Weg zur Quelle des Skeena River, um zu laichen!

Durch den üppigen **Coastal Rainforest** gelangt man nach Prince Rupert, dem zweitgrößten Hafen British Columbias und einem der nördlichsten eisfreien Häfen Kanadas.

Prince Rupert

Die Ureinwohner Kanadas lebten bereits seit Jahrtausenden von den überaus zahlreichen Lachsschwärmen der Pazifikküste. Die ersten europäischen Siedler kamen jedoch ursprünglich wegen des Handels mit Otterfellen. Nachdem sich die *Hudson's Bay Trading Company* Ende des 19. Jh. in der Gegend von Prince Rupert niedergelassen hatte, wurde schnell klar, dass die Fischerei ein weitaus lukrativerer Wirtschaftszweig als der Fellhandel war. Eine Konservenfabrik nach der anderen spross aus dem Boden und 1905 war der Grundstein der Siedlung Prince Rupert gelegt.

Lachsschwärme

1910 wurde Prince Rupert als Stadt eingemeindet. Mittlerweile ist die Einwohnerzahl auf fast 15.000 angewachsen. Fischzucht und Forstwirtschaft sind die beiden Hauptindustrien, doch der Tourismus trägt momentan am meisten zum rasanten Wachstum der Stadt bei. Viele Kreuzfahrtschiffe legen auf dem Weg nach Alaska in Prince Rupert an und nehmen sowohl Verpflegung als auch Passagiere auf. Dadurch wird nicht nur der örtliche Handel ordentlich angekurbelt, viele der Besucher entdecken die charmante Stadt am Meer sogar als ihr neues Wohndomizil.

Prince Rupert ist sowohl mit der Fähre als auch per Flugzeug, Eisenbahn und Auto zu erreichen. Die Stadt pflegt einen fast kosmopolitischen Lebensstil. Menschen aus allen Himmelsrichtungen kommen hier zusammen, um die Kultur und Tradition, die vielfältigen Angebote an Angel- und Wildnistouren und die dynamische lokale Künstlerszene zu genießen.

Museum of Northern BC

Schnitzkunst

Direkt an der Uferpromenade liegt das international bekannte Museum of Northern BC. Das Gebäude ist einem traditionellen Longhouse nachempfunden und beherbergt nicht nur historische und kulturell bedeutsame Sammlungen, sondern auch einen sog. **Carving Shed**. Dieser ist die Werkstatt der Künstler, die hier im traditionellen Stil der Ureinwohner schnitzen. Ein Teil des Museums ist zudem für wechselnde Sonderausstellungen reserviert. Ein Museumsladen lädt zum Stöbern ein.
Museum of Northern BC, *100 1st Avenue West, Prince Rupert, BC V8J 3S1, ☎ 250-624-3207, www.museumofnorthernbc.com, Juni–Sept. tgl. 9–17, Okt.–Mai Di–Sa 9–17 Uhr, Eintritt Kinder bis 5 Jahre $ 1, 6–12 Jahre $ 2, Jugendliche $ 3, Erwachsene $ 6.*

Tipp: Totem Pole Walking Tour

Totempfähle

Das Museum bietet im Sommer täglich geführte Spaziergänge, die am Eingang gebucht werden können. Einer dieser Spaziergänge ist die **Totem Pole Walking Tour***. Für einen kleinen Kostenbeitrag ($ 1 für Kinder und $ 2 für Erwachsene) erklärt ein Führer die Geschichte der Totempfähle in Prince Rupert im Rahmen einer kurzen interessanten Tour direkt vor Ort.*

Firehall Museum

Direkt neben dem bekannten Museum of Northern BC befindet sich ein Museum von lokaler Bedeutung, das jedoch nicht weniger interessant ist. Das Firehall Museum erzählt die Geschichte der freiwilligen Feuerwehr in Prince Rupert und zeigt eine Reihe von einzigartigen Stücken, etwa ein original restauriertes Feuerwehrauto von 1925. Zu jedem der Exponate gibt es eine Geschichte, die die Mitarbeiter des Museums gerne erzählen.
Firehall Museum, *200 1st Avenue, Prince Rupert, BC V8J 1A8, ☎ 250-624-2211, www.princerupertlibrary.ca/fire, Ende Mai–Anfang Sept. Di–So 9–12, 13–17 Uhr.*

Cow Bay und historische Innenstadt

Ebenfalls in der Innenstadt, direkt an der Uferpromenade, liegt der Stadtteil **Cow Bay**. Wenn man am Visitor Centre mit Blick zum Meer steht, befindet sich die **historische Innenstadt** und mittlerweile Einkaufsmeile auf der linken Seite, Cow Bay liegt rechter Hand. Sowohl die Innenstadt als auch Cow Bay haben eine Reihe von Souvenirlä-

North Pacific Cannery National Historic Site

Etwa 20 km südlich von Prince Rupert liegt die North Pacific Cannery National Historic Site. Von den einst Hunderten Konservenfabriken, die es an der Pazifikküste in British Columbia gab, sind nur wenige erhalten. Die sehr gut erhaltene North Pacific Cannery ist eine der ältesten.

Wer die Cannery auf eigene Faust erkunden will, folgt dem Highway 16 aus Prince Rupert heraus und biegt nach wenigen Kilometern nach rechts Richtung Port Edward ab. In Port Edward angekommen, folgt man dem Skeena Drive bis zur Konservenfabrik. Als Alternative kann man in der Zeit von Ende Mai bis Anfang Sept. mit dem Bus fahren, der zwischen dem Museum of Northern BC und der Cannery dreimal täglich verkehrt (Abfahrtszeiten auf der Internetseite).
North Pacific Cannery National Historic Site, 1889 Skeena Drive, Port Edward, BC V0V 1G0, ☎ 250-628-3538, www.cannery.ca, Mai/Juni, Anfang–Mitte Sept. Di–So 9.30–17 Uhr, Juli/Aug. tgl., Eintritt Kinder bis 4 Jahre frei, 5–18 Jahre $ 6, Erwachsene $ 12.

Reisepraktische Informationen Prince Rupert

Information
Prince Rupert Visitor Centre, 100 1st Avenue, Prince Rupert, BC V8J 1A8, ☎ 250-624-8687, www.visitprincerupert.com. Im Eingangsbereich des Museum of Northern BC, Juni–Sept. tgl. 9–17, Okt.–Mitte Mai Di–Sa 9–17 Uhr.

Unterkunft
Totem Pole Lodge $$, 1335 Park Avenue, Prince Rupert, BC V8J 1K3, ☎ 250-624-6761, www.totemlodge.com. Sehr schlichte Zimmer, in der Nähe des Fährterminals.
Prince Rupert Hotel $$$, 118 6th Street, Prince Rupert, BC V8J 3L7, ☎ 250-624-6711, www.princeruperthotel.com. 88 neue Zimmer, fast alle mit Meerblick, zentral gelegen in der Innenstadt, in der Nähe des Museum of Northern BC.
Inn on the Harbour $$$, 720 1st Avenue, Prince Rupert, BC V8J 3V6, ☎ 250-624-9107, www.innontheharbour.com. 49 kürzlich renovierte Zimmer, sehr schöne Lage in der Innenstadt an der Uferpromenade.

Camping
Prince Rupert RV Campground, 1750 Park Avenue, Prince Rupert, BC V8J 3R5, ☎ 250-627-1000, www.princerupertrv.com. Mai–Okt. geöffnet, 77 Stellplätze für Wohnmobile mit Anschlüssen, Reservierungen dringend empfohlen, in der Nähe des Fährterminals.
Kinnikinnick Campground & RV Park, 333 Skeena Drive, Port Edward, BC V0V 1G0, ☎ 250-628-9449, www.kinnikcamp.com. Etwa 15 km von Prince Rupert in Port Edward (auf dem Weg zur Cannery) gelegen, Stellplätze mit Strom-, Wasser- und Abwasseranschlüssen, sehr schöne Lage.

Essen und Trinken

Die historische Innenstadt und Cow Bay sind ein wahres kulinarisches Mekka. Etliche Cafés und Restaurants bieten nicht nur gutes Essen, sondern als Zugabe einzigartige Ausblicke aufs Meer und die Uferpromenade.

Dolly's Fish Market, 7 Cow Bay Road, Prince Rupert, BC V8J 1A8, ☎ 250-624-6090, www.dollysfishmarket.com. Die besten Fischgerichte und Meeresfrüchte in der Stadt, tgl. für Mittags- und Abendtisch geöffnet.

Galaxy Gardens, 844 3rd Avenue, Prince Rupert, BC V8J 1A8, ☎ 250-624-3122. Tgl. mittags und abends chinesische Küche.

Cowpuccino's Coffee House, 25 Cow Bay Road, Prince Rupert, BC V8J 1A8, ☎ 250-624-1395. Tgl. geöffnet zum Frühstück, Mittag- und Abendessen. Schöne Atmosphäre, sehr gutes Frühstück.

Haida Gwaii

Haida Gwaii (Queen Charlotte Islands)

Die Inselgruppe war bis vor wenigen Jahren als **Queen Charlotte Islands** bekannt. Aufgrund der reichen Kultur und Präsenz der Haida-Ureinwohner wurde sie schließlich in **Haida Gwaii** umbenannt, was in der Haida-Sprache „Insel der Menschen" bedeutet.

Mehr als 150 Inseln und „Inselchen" bilden die Gruppe, wobei **Graham** und **Moresby Island** die größten sind und die meisten der insgesamt 5.000 Einwohner hier zu Hause sind. Der Yellowhead Highway führt als Fährroute auf die Insel und bildet dort die einzige geteerte Straße. Nur 125 km asphaltierter Highway, der in etwa zwei Stunden leicht bewältigt werden kann und eine kleine Anzahl an Schotterstraßen, die teilweise mit Vorsicht zu genießen sind – Haida Gwaii bietet seinen Besuchern ein unvergessliches Erlebnis an ursprünglicher Natur. Die Einwohner legen großen Wert darauf, dass alle Besucher das sog. **Leave no Trace** praktizieren.

Die Fähre von Prince Rupert läuft nur den Hafen von **Skidegate** auf Graham

Fähre nach Haida Gwaii

Die Fahrt nach Haida Gwaii erfolgt meist mit der Fähre und man nimmt das Wohnmobil oder Auto, mit dem man unterwegs ist, einfach mit. Die ganze Angelegenheit ist kein billiger Spaß, also sollte man die Fahrt mit der Fähre genauestens planen, damit man die atemberaubende Landschaft in Ruhe genießen kann.

Die beste Planungsbasis ist die Webseite von BC Ferries, **www.bcferries.com**, die sämtliche Fahrpläne auflistet und auch Online-Reservierung ermöglicht. Eine **Reservierung** ist ein absolutes **Muss**, in den Sommermonaten kann man sonst fast davon ausgehen, **keinen** Platz auf der Fähre zu bekommen.

Die Überfahrt von Prince Rupert nach Skidegate dauert zwischen sieben und acht Stunden. BC Ferries bietet sowohl Tages- als auch Nachtfahrten an. Wenn auch die Nachtfahrt gewisse Vorteile hat (obwohl es fraglich ist, wie gut man bei der teilweise rauen See schlafen kann), so bietet doch die Überfahrt tagsüber spektakuläre Aussichten und die Chance (je nach Jahreszeit) einen Grauwal oder Orca zu sehen!

Wer online reserviert hat, sollte sich genau an die Instruktionen auf der Internetseite halten, wenn es um Ankunftszeit/Ladezeit der Fähre geht. Die Fähren warten auch nicht, wenn jemand mit Reservierung nicht rechtzeitig am Terminal ankommt.

Fähre nach Haida Gwaii oder Kreuzfahrtschiff nach Alaska – der Hafen von Prince Rupert

> **Leave no Trace**
>
> Die Menschen, die Haida Gwaii ihr Zuhause nennen, leben im Einklang mit der Natur. Nur wenige Straßen machen die Insel befahrbar und die Umwelt soll so unberührt wie möglich bleiben. Etwa die Hälfte der Inselbewohner sind Zugehörige des Haida-Stammes, der seit 12.000 Jahren auf der Insel heimisch ist. Viele Haida leben auch heute noch vom Jagen und Sammeln und sind auf intakte Ökosysteme angewiesen. Das Prinzip „**Leave no Trace**" bedeutet „**keine Spuren hinterlassen**", alle Besucher werden gebeten, keinen Müll zu hinterlassen und die Natur mit Respekt zu behandeln.

Island an. Der Vorschlag für die Rundreise beinhaltet alle größeren Ansiedlungen dieser Insel sowie die Gwaii Haanas National Park Reserve, die nur mit dem Boot oder Wasserflugzeug zu erreichen ist. Man kann ohne Weiteres einen Campground oder ein Hotel zum Stützpunkt machen und von dort aus die täglichen Erkundungen starten (s. Reisepraktische Informationen Haida Gwaii).

Tag 1 – Gwaii Haanas National Park Reserve

> **Hinweis**
> *Bei den Urlaubsvorbereitungen und Planungen sollte dieser Ausflug der besonderen Art als Erstes eingeplant werden – durch das oft wechselnde Wetter mit relativ viel Regen kann es sein, dass Charterausflüge zum Nationalpark Gwaii Haanas verschoben werden müssen; hat man den Besuch des Parks am Anfang eingeplant, so ist man flexibler und kommt hoffentlich doch noch in den Genuss eines Besuchs, bevor es zurück aufs Festland geht.*

„Schöne Insel"

2005 wurde **Gwaii Haanas National Park Reserve** (*Gwaii Haanas* bedeutet „schöne Insel") vom „National Geographic Traveler Magazine" zum schönsten Park Nordamerikas erklärt. Der Park, der auf den südlichen Inseln der Haida-Gwaii-Gruppe liegt, ist ein wilder, ursprünglicher Ort. Er ist Heimat von riesigen Zedern und kanadischen Hemlocktannen, die im kanadischen Regenwald größer werden als im restlichen British Columbia. Es gibt keine Straßen in Gwaii Haanas und Wanderpfade unterliegen dem Wechsel der Jahreszeiten.

Sowohl *Parks Canada* als auch der Haida-Stamm, der die Gegend seit Jahrtausenden bewohnt, sind sich einig, dass dieses einmalige Naturgebiet geschützt und erhalten werden muss. So wurde das Gebiet 1988 zum Nationalpark erklärt und ist nicht nur eine Naturoase, sondern auch ein Zeugnis der Kultur der Haida.

Mit dem Kajak unterwegs

Der Park kann zwar auf eigene Faust erforscht werden. Wer keine Erfahrung mit dem Kajak hat (welches das bevorzugte Transportmittel im Verkehr zwischen den Inseln ist), sollte jedoch die Tour unbedingt mit einem sog. Outfitter angehen. Wer mit dem Kajak losziehen möchte, sollte dafür mindestens 6–8 Tage einplanen und muss vorher einen Orientierungskurs durchlaufen.

Bei einem Tagesausflug, den leider nur wenige der lizensierten Outfitter anbieten (meist sind es Touren von mindestens viertägiger Dauer), kann man einen Blick auf die ursprüngliche und wilde Natur der südlichen Insel, Moresby Island, werfen.
Ein komplettes Besucherhandbuch kann man auf der Internetseite von Parks Canada einsehen und herunterladen: www.pc.gc.ca/gwaiihaanas.

Tagesausflug nach Gwaii Haanas
Eine Möglichkeit, einen Teil des Parks kennenzulernen, bietet die Hotsprings Day Tour, die etwa 8 Stunden dauert. Mit dem Boot geht es zum Hotspring Island, wo einer der traditionellen „Watchmen" des Haida-Stammes über die kulturelle Stätte wacht.
Queen Charlotte Adventures, Queen Charlotte, BC V0T 1S0, ☏ 250-559-8990, www.queencharlotteadventures.com. Tagestouren zu den Totem Poles in Skedans Village oder zum Hotspring Island, ab $ 180 pro Person (Preise ändern sich saisonal, aktuelle Preise im Internet).

Tag 2 und 3 – Graham Island

Queen Charlotte

Das kleine Städtchen mit etwa 1.000 Einwohnern erklärte sich erst 2005 (nach vielen Jahren heftiger Diskussionen) bereit, als Dorf eingemeindet zu werden. Dies geschah somit fast 100 Jahre nach der ersten Ansiedlung im Jahr 1907. Damals war die Gemeinde als Queen Charlotte City bekannt. Auch der Name wurde heiß diskutiert, bis man sich schließlich für Queen Charlotte entschied.

Queen Charlotte – Hafenidylle auf Haida Gwaii

Am südlichen Punkt von Graham Island gelegen, ist Queen Charlotte nur wenige Minuten von Skidegate entfernt, wo die Fähren anlegen, und erstreckt sich auf mehreren Kilometern Länge entlang der Küste.

Hier endet der Highway und führt als Schotterstraße weiter entlang der schroffen Westküste von Graham Island.

Das **Visitor Centre** (s. u.) ist ein guter Ausgangspunkt für Erkundungen, dort erhält man auch eine Karte für die selbst geführte **Heritage Walking Tour** und kann sich von den sehr engagierten Mitarbeitern einige Tipps für die besten Strandplätze geben lassen.

> **Die Gezeiten in Haida Gwaii**
>
> Ebbe und Flut in Haida Gwaii entscheiden darüber, ob man sich erfolgreich fortbewegen kann oder einfach auf dem Trockenen sitzt. Der Wasserstand ändert sich zwischen den Gezeiten um 10 m!
>
> Wer also einen Spaziergang im Watt plant oder einige Buchten mit dem Kajak erforschen möchte, sollte sich vorher genau über die örtlichen Gegebenheiten erkunden. Auskunft über die aktuellen Zeiten von Ebbe und Flut gibt beispielsweise die Internetseite www.waterlevels.gc.ca.

Skidegate

Geschichte der Haida

Die Gemeinde auf dem Weg in den Norden der Insel hat in etwa die gleiche Größe wie Queen Charlotte und bietet ebenfalls atemberaubende Blicke auf den Pazifik. Skidegate ist zudem Heimat des **Haida Heritage Centre** und des **Haida Gwaii Museum**. Das Kulturzentrum, ein Muss für alle Besucher, die etwas über die jahrtausendealte Geschichte der Haida erfahren möchten, befindet sich in mehreren, traditionellen Longhouses nachempfundenen Gebäuden.

Der erste Stopp ist das **Greeting House**, und nach einem traditionellen Gruß hat man die Qual der Wahl – welches der anderen Gebäude besucht man als nächstes? Im **Performing House** finden Haida-Tanzvorführungen statt. Das **Eating House** beherbergt ein kleines Restaurant und bietet auch oft die Gelegenheit, typische Haida-Gerichte wie Fischgulasch zu probieren. Weitere Gebäude sind der **Carving Shed**, das **Canoe House** und **Trading House**. Ebenfalls ein beeindruckendes Highlight sind die vielfältigen **Totem Poles**, die nicht nur im Heritage Centre, sondern auch in ganz Skidegate zu sehen sind.
Haida Heritage Centre at Kaay Llnagaay & Haida Gwaii Museum, *2nd Beach Road, Skidegate, BC V0T 1S1, ☎ 250-559-7885, www.haidaheritagecentre.com, Juni Mo–Sa 10–17, Juli/Aug. So–Mi 10–18, Do–Sa 10–21, Sept.–Mai Di–Sa 10–17 Uhr, Eintritt Kinder bis 5 Jahre frei, 6–12 Jahre $ 5, Schüler $ 10, Erwachsene $ 15. Es gibt außerdem geführte Touren, z. B. zu den Totempfählen, die je nach Tour eine zusätzliche Gebühr kosten.*

Kurz nach Skidegate weist ein unscheinbares Schild auf den **Balance Rock** hin. Ein kurzer Pfad führt hinunter zum Strand, wo seit Tausenden von Jahren ein von den Gezeiten geformter Felsbrocken scheinbar auf einem einzigen Punkt sein Gleichgewicht hält.

Tlell

Etwa 40 km nördlich von Skidegate liegt das Dörfchen Tlell, das mit 200 Einwohnern an der Ostküste von Graham Island die Stellung hält. Nur wenige Gebäude sind vom Highway aus sichtbar, es könnte also passieren, dass man an der kleinen Siedlung vorbeifährt. Feuerwehr, Post, Supermarkt, Souvenirladen und einige Wohnhäuser – das ist Tlell.

Warum trotzdem anhalten? Um den längsten Strand in British Columbia zu sehen, den Weißkopfseeadlern beim Fischen zuzusehen oder – etwas zeitintensiver – den drei- bis vierstündigen Spaziergang zu unternehmen, um die Überreste der „Pesuta" zu entdecken, ein ehemals 60 m langes Schiff, das hier 1928 auf Grund lief.

Schiffswrack

Die Pesuta-Wanderung
Nachdem man Tlell durchquert hat, fährt man über die Tlell River Bridge. Direkt nach der Brücke findet man auf der rechten Seite einen Rastplatz, der auch Sitzgelegenheiten für ein Picknick bietet. Dort steht auch eine Infotafel, auf der ein etwa drei- bis vierstündiger Spaziergang zur Wrack der „Pesuta" detailliert beschrieben wird. Die Wanderung, die auch für Kinder geeignet ist, führt durch den Regenwald und am Strand entlang und gibt faszinierende Einblicke in die örtliche Flora und Fauna.

Port Clements

Ab Tlell fährt man etwa 20 km durch den dichten Regenwald in nordwestliche Richtung, um nach Port Clements zu gelangen. Die 1907 gegründete Gemeinde war zuerst als Queenstown bekannt und wurde 1914 in Port Clements umbenannt.

Wie die anderen Gemeinden der Insel besticht auch Port Clements mit natürlicher Schönheit und freundlichen Menschen. 440 Einwohner nennen die Gemeinde am Masset Inlet ihr Zuhause. Es sind genügend Campgrounds und Unterkünfte vorhanden, um das Dorf zum Standort für den dreitägigen Ausflug nach Haida Gwaii zu machen.

Das **Port Clements Museum** gibt einen Einblick in die Geschichte der Gegend, vor allem in die Forstwirtschaft, die über Jahrzehnte hinweg einen Großteil der Bevölkerung beschäftigte. Es informiert zudem über die **Golden Spruce**, einen heiligen Baum der Haida, der 1997 einem heimtückischen Sabotageakt zum Opfer fiel. Kurz vor Port Clements zweigt der Highway nach rechts ab, hier fährt man geradeaus weiter in den Ort und sieht nach etwa 800 m das Museum auf der rechten Seite. Nur wenige Meter weiter befindet sich das **Graham Centre**, ein Informationszentrum für Touristen (Mo–Fr 9–13 Uhr).

Heiliger Baum der Haida

Masset – der Regenwald von Haida Gwaii

Masset

Die Gemeinde im Norden von Graham Island wurde 1961 eingemeindet und hat somit die älteste Gemeindeverwaltung der Insel. Etwa 1.000 Einwohner leben in der Kleinstadt, die in etwa die gleiche Größe wie Queen Charlotte hat. 40 km entlang des Highway 16 führen zwischen Port Clements und Masset durch Regenwald und entlang den Ausläufern des Masset Inlet.

Fischfang und Tourismus

Masset war seit seiner Gründung ein Fischerdorf und die Fischerei ist noch immer der Lebensunterhalt vieler Familien in der Kleinstadt. Heilbutt, Lachs und Krabben sind hier nach wie vor im Überfluss vorhanden. Der Tourismus gewinnt jedoch immer mehr an Bedeutung. Erst vor wenigen Jahren wurde ein neues **Visitor Information Centre** (s. u.) direkt am Highway gebaut, in dem man sich ausgiebig über alle Sehenswürdigkeiten erkundigen kann.

Ein sehenswerter Zeitvertreib ist der Besuch des **Museums**, das sich auf die örtliche Geschichte, vor allem die Fischerei, konzentriert.
Dixon Entrance Maritime Museum, *2183 Collision Avenue, Masset, BC V0T 1M0, ☏ 250-626-6066, April/Mai Sa/So 14–16, Juni–Anfang Sept. tgl. 13–17 Uhr, Eintritt Kinder/Jugendliche bis 16 Jahre frei, Erwachsene $ 2.*

Town of the Totems

Die Harrison Avenue, die direkt am Masset Inlet entlangführt, geht in die Raven Road über und führt nach **Old Masset**, das auch als **Town of the Totems** bekannt ist. Die 700 Einwohner von Old Masset sind hauptsächlich Haida und sehr stolz auf ihre

Sammlung von Totempfählen. Es wird einstündige geführte Tour der Totem Poles angeboten, organisiert von der Jugendgruppe Old Masset.
Um eine Tour zu buchen wendet man sich an die **Old Masset Youth**, ☏ 250-626-3337, Durchwahl 29.

Hinweis
Bitte beachten: Man sollte vor dem Fotografieren der Totems um Erlaubnis fragen!

Reisepraktische Informationen Haida Gwaii

Information
Queen Charlotte Visitor Centre, *3220 Wharf Street, Queen Charlotte, BC V0T 1S0*, ☏ *250-559-8316, www.qcinfo.ca, Juli/Aug. tgl. 8.30–21 Uhr, das restliche Jahr verkürzte Öffnungszeiten sowie Do und So geschl.*
Masset Visitor Centre, *Highway 16, Masset, BC V0T 1M0*, ☏ *250-626-3982, www.massetbc.com, Mai–Aug. tgl. 9–17, Sept.–April nur Mo 9–17 Uhr.*

Unterkunft
Premier Creek Lodging $$, *3101 Oceanview Drive, Queen Charlotte, BC V0T 1S0*, ☏ *250-559-8415, www.qcislands.net/premier. 12 Zimmer im historischen Anwesen, schlicht aber sauber, Zimmer teilweise mit Küchenzeile.*
Golden Spruce Motel $$, *2 Grouse Street, Port Clements, BC V0T 1R0*, ☏ *250-559-4325, www.goldenspruce.ca. 12 gemütliche Zimmer, teilweise mit Küchenzeile. Hier wird (Schweizer-) Deutsch gesprochen.*
Sea Raven Motel $$$, *3301 Oceanview Drive, Queen Charlotte, BC V0T 1S0*, ☏ *250-559-4423, www.searaven.com. 31 Zimmer, in der Nähe des Visitor Centre, einfache Zimmer, schöner Blick aufs Meer. Restaurant im Haus.*
Engelhard's Oceanview Lodge $$$, *1970 Harrison Avenue, Masset, BC V0T 1M0*, ☏ *250-626-3388, www.engelhardsoceanviewlodge.ca. 18 großzügige Zimmer, tolle Aussichten auf Masset Inlet.*
Masset Waterfront Inn $$$, *1504 Old Beach Road, Masset, BC V0T 1M0*, ☏ *250-626-3361, www.massetwaterfront.com. 25 Zimmer, teilweise mit Küchenzeilen, sehr schöne Lage, Restaurant im Haus, tgl. geöffnet für Frühstück, Mittag- und Abendessen.*

Camping
The Bunkhouse Campground Resort, *921 3rd Avenue, Queen Charlotte, BC V0T 1S0*, ☏ *206-259-6013, www.islandsretreat.com. 12 Stellplätze für Wohnmobile, teilweise mit Anschlüssen, zentral in Queen Charlotte gelegen.*
Naikoon Provincial Park, *Hwy. 16, Tlell, BC V0T 1Y0*, ☏ *250-626-5115, www.bcparks.ca. Kurz nach dem Ort Tlell auf der rechten Seite des Highways, 30 Stellplätze für Wohnmobile, keine Anschlüsse, aber Trinkwasser vorhanden. Der Campground in der Nähe von Tlell heißt* **Misty Meadows**, *es gibt einen weiteren Campground im Park, der etwa 15 km östlich von Masset liegt (***Agate Beach***) und 42 Stellplätze hat.*
Hidden Island RV & Resort, *1044 Tow Hill Road, Masset, BC V0T 1M0*, ☏ *250-626-5268. Etwas außerhalb von Masset, Highway 16 geht in die Tow Hill Road über, von dort zweigt der Campground nach links ab. 16 Stellplätze für Wohnmobile, teilweise mit vollen Anschlüssen.*

Essen und Trinken

Viele der oben genannten **Hotels** und auch **Campgrounds** haben entweder ein Restaurant oder Imbiss auf dem Gelände. Die größte Auswahl an Restaurant findet man in **Masset** entlang der Strandpromenade; viele Restaurants sind nur in den Sommermonaten geöffnet und servieren während dieser Zeit frischen Fisch und Meeresfrüchte.

Kajaktouren

Ecosummer Expeditions, ☏ 250-674-0102, www.ecosummer.com. Kajaktouren in den Gwaii Haanas National Park im Süden des Archipels. Dieser Park ist auf eigene Faust nur schwer erreichbar. Achttägige Touren (all inclusive) ab $ 3.000, Termine nur im Juni/Juli.

Angeltouren

Die meisten Anbieter sitzen in Queen Charlotte City, Masset und Skidegate (Infos im Queen Charlotte Islands Visitor Centre, www.qcinfo.ca).
Langara Fishing Adventures, ☏ 604-232-5532, www.langara.com, betreiben zwei Lodges (die eine einfach, die andere luxuriös) auf der nördlichen kleinen Insel Langara, die den Haida Gwaii vorgelagert ist. Von dort aus werden Angelausflüge gestartet.

Hinweis

Für die Überfahrt von Skidegate nach Prince Rupert sollte man (wie auf der Fahrt nach Haida Gwaii) einen **Platz auf der Fähre reserviert** haben, Informationen dazu s. S. 431.

Von Prince Rupert nach Prince George

Die Strecke von Prince Rupert nach Kitwanga kennt man bereits von der Hinfahrt wenige Tage vorher. Wer die eine oder andere Gelegenheit zum Fotografieren verpasst hat oder eventuell nicht so viel Glück mit dem Wetter hatte, hat nun nochmals die Chance, die Seven-Sisters-Gipfel zu sehen oder mit sehr viel Glück sogar einen **Spirit Bear** vor die Linse zu bekommen. Die Kermodebären sind eine Unterart der Black Bears. Sie weisen sehr häufig ein weißes Fell auf. Dabei handelt es sich nicht um Albinos, sondern um eine Genmutation des Fells, die etwa bei jedem zehnten Tier auftritt. In der Mythologie der Tsimshian-Indianer heißt es, dass der Schöpfer jeden zehnten Bären weiß erschuf, um die Gletscher in Erinnerung zu rufen, die einst das Land bedeckten. So wird der Kermodebär *Moksgm'ol,* Spirit Bear, genannt.

Weiße Bären

Nach 240 km gelangt man an den Abzweig des Highway 37 und bleibt auf dem Highway 16 in Richtung Prince George. Die restlichen 110 km bis Smithers fährt man zwischen den Hazelton Mountains und den Babine Mountains. Wer nicht bereits in Terrace aufgetankt hat, kann dies z. B. in **New Hazelton** oder **Moricetown** tun. Beide Gemeinden liegen direkt am Highway und bieten sowohl **Tankstellen** als auch Restaurants.

Ein Indianer-Dorf der Gitxsan

Ein Besucher-Highlight ist das **Ksan Indian Historic Village** bei Hazelton, ca. 70 km von Smithers entfernt. **Hazelton** ist ein Dorf, das am Zusammenfluss des Bulkley in den **Skeena River** liegt. Der Ort verdankt den dort zahlreich vorkommenden Haselnussbäumen seinen Namen. Das Gebiet war rund 7.000 Jahre Siedlungsraum für die Indianer vom Stamm der Gitxsan. In der Übersetzung bedeutet der Name in etwa „das Volk vom Nebelfluss". Damit war der Skeena River gemeint, der unter Anglern international bekannt ist, da hier fünf Millionen Rotlachse alljährlich zum Laichen den Fluss hinaufziehen.

Die Anlage des Ksan Indian Historic Village ist eine historische Rekonstruktion eines Gitxsan-Dorfs. Zu sehen ist u. a. das **Frog House**, ein Langhaus für bis zu 60 Bewohner. In solchen Häusern wohnten ein oder mehrere Großfamilien im Winter, während sie in der wärmeren Jahreszeit in den Wäldern lebten und jagten.

Besichtigt werden kann das **Wolf House**, das Haus der traditionellen und zeremoniellen Feste. Im **Fireweed House** wurden wertvolle und wichtige Kleidungsstücke, Masken, Musikinstrumente aufbewahrt. Im **Eagle House** kann man Speisen nach Originalrezepten der Gitskan kennenlernen. Daneben gibt es ein Museum, diverse Studios für Workshops und Seminare. Vor den Häusern sind gewaltige Totempfähle aufgestellt. Sie sind mit Menschen und Tieren aus der Geschichte dieses First-Nations-Volks verziert.

Ksan Indian Historic Village, *P.O. Box 326, Hazelton BC V0J 1Y0, ☎ 250-842-5544, www.ksan.org, April–Sept. 9–17, Okt.–März 9.30–16.30 Uhr, Eintritt Museum $ 2, die anderen Häuser besichtigt man im Rahmen einer Führung Senioren/Studenten $ 8,50, Erwachsene $ 10.*

Der Skeena River bei Smithers

Smithers – auf halbem Weg zwischen Prince Rupert und Prince George

Smithers

Naturverbundene Stadt

Die naturverbundene Stadt mit 5.400 Einwohnern im Bulkley Valley wurde 1913 gegründet, als die *Grand Trunk Pacific Railway (GTPR)* in der Gegend einen Rangierbahnhof einrichtete. Das Tal war zuvor jedoch nicht unbesiedelt – die Wet'suwet'en bewohnten das Bulkley Valley am Fuße des Harvey Mountain schon seit Jahrtausenden.

Die blühende Gemeinde hat diverse Wirtschaftszweige, die zum Wachstum beitragen, etwa die Forst- und Landwirtschaft, sowie Tagebau und Tourismus.

Wer etwas mehr über das historische Smithers erfahren will, ist im **Bulkley Valley Museum** an der richtigen Adresse. Die Ausstellungen des 1976 eröffneten Museums berichten über die Geschichte der Eisenbahn und des Tagebaus sowie den Absturz eines amerikanischen B-36 Bombers, der zum ersten „Broken Arrow" wurde.
Bulkley Valley Museum, *1425 Main Street, Smithers, BC V0J 2N0,* ☎ *250-847-5322, www.bvmuseum.com, ganzjährig Mo–Fr 9–17 Uhr.*

Abstecher in den Babine Mountains Provincial Park

Kleine Glescherseen

In der Umgebung von Smithers wartet ein lohnender Abstecher: Etwa 14 km nordöstlich ist der Babine Mountains Provincial Park gelegen. Das Terrain ist hügelig, Hochplateaus und schroffe Berge wechseln einander ab. Mittendrin gibt es immer wieder kleine namenlose Gletscherseen. Die tiefer liegenden Regionen sind bewaldet – hier herrschen Tannen, Fichten und Kiefern vor. Den Park erreicht man über die Babine Lake Road.

Reisepraktische Informationen Smithers

Information
Smithers Visitor Centre, 1411 Court Street, Smithers, BC V0J 2N0, ☎ 250-847-5072, www.tourismsmithers.com, Juni–Aug. tgl. 9–18, Sept.–Mai Mo–Fr 9–17 Uhr.

Unterkunft
Aspen Inn & Suites $$, 4268 Highway 16, Smithers, BC V0J 2N0, ☎ 250-847-4551, www.aspeninnsmithers.com. Direkt am Highway am Ortseingang gelegen, 60 sehr komfortable Zimmer. Das Riverhouse Restaurant im Haus bietet Frühstück, Mittag- und Abendessen.
Sandman Inn $$$, 3932 Highway 16, Smithers, BC V0J 2N0, ☎ 250-847-2637, www.sandmanhotels.com. 35 schöne Zimmer, zentrale Lage. Einige Zimmer auch mit Küchenzeile erhältlich.

Camping
Glacier View RV Park, 9028 Nouch Frontage Road, Smithers, BC V0J 2N0, ☎ 250-847-3961, www.glacierviewrvpark.com. 8 km westlich von Smithers, Abzweig nach links (von Terrace kommend). 18 Stellplätze für Wohnmobile mit vollen Anschlüssen, teilweise schattige Plätze, sehr schöne Lage, tolle Aussichten.
Riverside Municipal Campground, 3843 19th Avenue, Smithers, BC V0J 2N0, ☎ 250-847-1600, www.smithers.ca. 40 Stellplätze für Wohnmobile mit Anschlüssen, von der Gemeinde Smithers betrieben. Im nordöstlichen Teil der Stadt direkt am Fluss gelegen.
Tyhee Lake Provincial Park, Highway 16, Telkwa, BC V0J 2X0, ☎ 250-846-9535, www.bcparks.ca. 59 Stell- und Zeltplätze, Trinkwasser vorhanden, jedoch keine Anschlüsse für Wohnmobile. Etwa 12 km östlich von Smithers gelegen, in Telkwa weist ein Schild auf den Abzweig nach links hin, von dort sind es noch ca. 4 km bis zum Park. Sehr schöne Lage!

Essen und Trinken
Steakhouse on Main, 1314 Main Street, Smithers, BC V0J 2N0, ☎ 250-847-2828, im Sommer tgl. geöffnet, in der Nähe des Museums.
Schimmel's Bakery, 1172 Main Street, Smithers, BC V0J 2N0, ☎ 250-847-9044. Gutes Frühstück mit Zimtschnecken und leckerem Brot.

Von Smithers nach Vanderhoof

Die 270 km lange Tagesetappe von Smithers nach Vanderhoof ist geprägt von rollenden Hügeln und der Weite des Interior Plateau, einer Hochebene im Inneren British Columbias.

Nur 65 km südöstlich von Smithers trifft man auf die kleine Gemeinde **Houston**, die als das „*Steelhead Fishing Capital of the World*" bekannt ist und am Ende des Bulkley Valley liegt, bevor es auf das Interior Plateau weitergeht.

Steelheads sind eine Forellenart, die ganz wie die Lachse nach zwei bis drei Jahren im Ozean wieder ins Frischwasser zurückkommen, um dort zu laichen. Die Fische

Forellen

können bis zu 60 cm lang werden und bis zu 20 kg wiegen. Sie gelten zudem als schwer zu fangen, weshalb sie unter Anglern eine besonders begehrte Trophäe sind.

Besucherzentrum

Das **Visitor Centre** in Houston liegt direkt am Highway, im Stadtzentrum auf der linken Seite. Der Park direkt am Visitor Centre steht ebenso ganz im Zeichen des Fischens. Die größte *Flyrod* (Angelrute zum Fliegenfischen) der Welt ist hier zu bestaunen, und im Visitor Centre kann man sogar die Eigentümerschaft eines Zentimeters dieser Rute erstehen. Ebenfalls sehenswert ist der fast 1.000 Pfund schwere *Grizzly Bear*, der (ausgestopft) im Visitor Centre aufgestellt ist. Grizzlys sind im **Bulkley Valley** zahlreich vorhanden. Das Visitor Centre ist eine gute Anlaufstelle, um sich über diese beeindruckenden Tiere zu informieren.
Houston Visitor Centre, *3289 Highway 16, Houston, BC V0J 1Z0, ☏ 250-845-7640, www.houstonchamber.ca, Juli/Aug. tgl. 9–17, Sept.–Juni Mo–Fr 9–17 Uhr.*

Direkt am Highway befinden sich außerdem Tankstellen und Restaurants sowie ein Supermarkt gegenüber dem Visitor Centre.

Weitere 205 km entlang des Highway 16 führen nach Vanderhoof. Unterwegs gibt es mehrere kleine Gemeinden am Straßenrand, die Tankstellen und alles Notwendige für Durchreisende bieten.

Vanderhoof

Geografisches Zentrum von BC

Das geografische Zentrum British Columbias ist Heimat von etwa 4.500 Einwohnern, mit weiteren 3.500 in der näheren Umgebung. Der Stein, der das offizielle Zentrum British Columbias symbolisiert, befindet sich direkt am Highway, ca. 5 km außerhalb der Stadt Richtung Osten.

Die Geschichte und Kultur der Kleinstadt in der Mitte British Columbias dreht sich hauptsächlich um die harte Arbeit und die Errungenschaften der ersten Rancher sowie die kulturellen Beiträge der Saik'uz, der Ureinwohner dieser Gegend. Das **Vanderhoof Community Museum** befasst sich mit der Geschichte der Ureinwohner und der Landwirtschaft und stellt zudem wichtige Bürger und Bürgerinnen der Stadt vor.
Vanderhoof Community Museum, *478 1st Street, Vanderhoof, BC V0J 3A0, ☏ 250-567-2991, www.vanderhoofmuseum.ca, Mitte Mai–Sept. tgl. 9.30–17.30 Uhr.*

Sehr schön für einen Spaziergang oder ein Picknick eignet sich der **Riverside Park**. Er ist ein Schutzgebiet für Zugvögel und bietet Wanderpfade, Picknicktische und einen Campground. Man folgt der Burrard Avenue Richtung Norden und biegt kurz vor der Brücke nach links in den Park ab.

Schutz für den weißen Stör

Vanderhoof besitzt nicht nur ein Schutzgebiet für Zugvögel, sondern ist auch Heimat des vom Aussterben bedrohten **weißen Störs**. Diese besondere Fischart ist im Nechako River heimisch und kann bis zu 100 Jahre alt werden. Ausgewachsene Tiere werden bis zu 2,5 m lang und können bis zu 140 kg wiegen! Mehr Informationen zum weißen Stör findet man unter www.nechakowhitesturgeon.org.

Reisepraktische Informationen Vanderhoof

ℹ Information
Vanderhoof Visitor Centre, 2353 Burrard Avenue, Vanderhoof, BC V0J 3A0, ☎ 250-567-2124, www.vanderhoofchamber.com, Mitte Juni–Aug. Mo–Fr 9–19, Sa/So 9–17, Sept.–Mitte Juni Mo–Fr 9–17 Uhr.

🛏 Unterkunft
North Country Inn $$, 2645 Burrard Avenue, Vanderhoof, BC V0J 3A0, ☎ 250-567-3047, www.northcountryinnmotel.com. 37 saubere, gemütliche Zimmer, beste Lage in der Innenstadt. Mit zugehörigem Restaurant (Frühstück, Mittag- und Abendessen, tgl. 6–22 Uhr).

Hillview Motel $$, 1533 Highway 16, Vanderhoof, BC V0J 3A0, ☎ 250-567-4468, www.hillviewmotel.com. 40 Zimmer, schlicht, aber sauber. Am Ortsausgang direkt am Highway 16 (rechts) mit tollem Blick über die Stadt. Restaurant im Gebäude.

⚠ Camping
Riverside RV Park & Campground, 3100 Burrard Avenue, Vanderhoof, BC V0J 3A0, ☎ 250-567-4710, www.vanderhoof.ca. (Infos über den Campground auf der District Website) 38 Stell- und Zeltplätze, teilweise mit Anschlüssen. Trinkwasser vorhanden, geöffnet Juni–Sept.

Tachick Lake Resort, 15112 Tachick Lake Road, Vanderhoof, BC V0J 3A0, ☎ 250-567-4929, www.tachicklakeresort.com. 38 Stellplätze mit Strom- und Wasseranschluss, geöffnet Mai–Sept., sehr schöne Lage am Tachick Lake, etwas außerhalb der Stadt. Am Highway 16 biegt man Richtung Süden auf die Nechako Avenue ab, die in die Kenny Dam Road übergeht. Dieser Straße folgt man für 24 km zum östlichen Ende des Sees, der Campground ist beschildert.

🍴 Essen und Trinken
Die beiden oben vorgestellten **Hotels** haben jeweils ein Restaurant im Haus, das tgl. Frühstück, Mittag- und Abendessen serviert.

Ricky's Restaurant, 2351 Church Street, Vanderhoof, BC V0J 3A0, ☎ 250-567-6080, tgl. 7–21 Uhr. Familienfreundliches Restaurant, in der Nähe des Riverside Parks.

Fort St. James

Teil der nächsten Tagesetappe ist ein Abstecher nach Fort St. James. Dazu verlässt man Vanderhoof in westliche Richtung auf dem Highway 16 (Richtung Smithers) und biegt nach 7 km nach rechts auf den Highway 27 Richtung Norden ab. Die 60 km lange Fahrt nach Fort St. James dauert nur etwa eine Stunde. Der Highway 27 ist die einzige gut ausgebaute Straße, über die die Gemeinde ganzjährig zu erreichen ist.

Fort St. James ist zunächst einmal ein Dorf mit rund 1.600 Bewohnern (4.800 Einwohner zusammen mit den umliegenden Ansiedlungen und den Reservaten der First Nations) – und dann ein Freilichtmuseum. Während der heutige Ort keine besondere Bedeutung mehr hat, galt das nicht für den ehemaligen Handelsposten im 19. Jh. 1806 gründete der Pelzhändler der *North West Company*, Simon Fraser, den Außenposten. 1821 wurde er von der *Hudson's Bay Company* übernommen, nachdem diese mit der Konkurrenz der *North West Company* fusioniert war. Der Handelsposten, der zu den ältesten permanenten Siedlungen der Europäer in British Columbia zählt, blieb bis 1952 in Betrieb. Seine wirtschaftliche Bedeutung war stark von der nationalen und internationalen Nachfrage nach den Ressourcen des hohen Nordens geprägt.

In den 1860er- und 1870er- Jahren wurde auch die Gegend um das Fort für einige Jahre vom Goldrausch erfasst. 20 Jahre später sank die Nachfrage nach Pelzen in Europa und man musste sich nach zusätzlichen Einnahmequellen umsehen. Die Holzindustrie erlebte eine kurze Blüte. Im 20. Jh. war der einstige Geldbringer, der Pelzhandel, weiter rückläufig – das Fort St. James spielte in den Überlegungen der *Hudson's Bay Company* keine große Rolle mehr. Die *Hudson's Bay Company* ist das älteste noch bestehende Unternehmen Kanadas und eines der ältesten der Welt. Heute ist die Gesellschaft im Immobiliensektor und als Handelskonzern tätig. Zu ihrem Imperium gehört u. a. die Kaufhauskette „The Bay".

Hudson's Bay Company

Fort St. James liegt auf dem Interior Plateau, der Hochebene British Columbias zwischen den Rocky Mountains und der Coast Mountain Range, und bietet neben ursprünglicher Natur noch endlose Freizeitmöglichkeiten für eine aktive Bevölkerung.

Fort St. James National Historic Site

Inzwischen wurde die ehemalige Handelsstation in den Rang einer *National Historic Site* erhoben und quasi unter Denkmalschutz gestellt. Dieses **Freilichtmuseum**, in dem während der Sommermonate Freiwillige in die historischen Kostüme der Händler, Handwerker und Indianer von einst schlüpfen, macht das harte Leben auf einem Außenposten am Rande der Zivilisation wieder lebendig.

Lebendige Geschichte

Vor dem Besuch sollte man sich im Informationszentrum über die Ausgangslage der Erschließung des Wilden Westens, die Entwicklung des Pelzhandels und das oftmals fragile Verhältnis der Beziehungen zwischen den Indianerstämmen und den weißen (europäischen) Pelzhändlern und Trappern gründlich informieren. Der Besucher kann dann in die Anlage hineingehen und verschiedene Holzhäuser, die im Originalzustand erhalten sind, besichtigen, daneben den Bootsanleger und die Loren-Eisenbahn am Stuart Lake. Hier wurden die Waren, die mit Lastkähnen über den See kamen, auf Loren umgeladen und ins Lagerhaus weitertransportiert. Die im Originalzustand kultivierten **Gärten** zeugen davon, dass die Pioniere Kartoffeln, Gemüse und Kräuter als wertvolle Nahrungsergänzung anbauten.

Im restaurierten Originalzustand präsentieren sich heute die folgenden Gebäude des Forts:

Das **General Warehouse & Fur Storage**. Hier hingen die Pelze und lagerten die Waren, die eingetauscht wurden. Die Palette der Pelze war damals breit: Nerz und Silberfuchs zählten zu den begehrtesten, daneben gab es Biber, Bär, Luchs, Wolf, Fuchs, Marder, Hermelin und Vielfraß.

Das **Men's House** diente den Angestellten, die oft zeitlich befristet arbeiteten, und auch Gästen auf der Durchreise als einfache Unterkunft. Im Laufe der Zeit wohnten immer häufiger Angehörige des lokalen Stammes der Carrier dort. Waren sie zuvor meist als Trapper im Fellhandel unterwegs, so arbeiteten sie später als Handwerker und Tagelöhner im Fort.

Das Fisch-Depot, **Fish Cache**, ist architektonisch auffällig, da das Holzgebäude einen Mix zwischen europäischen und indianischen Baustilen darstellt. Um den Fisch, vor allem Lachs, der dort geräuchert und getrocknet wurde, vor gefräßigen Tieren zu schützen, stellte man das hölzerne Blockhaus einfach auf Stelzen.

Trade Store & Office: Das Handelsgebäude wurde bei einem Brand 1919 zerstört und nach Originalplänen wieder aufgebaut. Hier tauschten die Indianer vom Stamm der Carrier ihren Fisch und ihre Pelze gegen begehrte Waren der Europäer wie Blechtöpfe und Wolldecken ein. Da die Indianer mit der Zeit mehr und mehr Fische und zunehmend weniger Felle (und nur an denen verdienten die Europäer etwas beim Weiterverkauf in den Süden) gegen Haushaltsgegenstände eintauschten, schoben die Europäer dem einen Riegel vor: Die begehrten europäischen Waren gab es nur noch gegen Pelze.

Einstige Tauschbörse

The Officer's House: Hier logierte der Verwalter des Handelspostens. Das Haus, wie es heute zugänglich ist, entspricht dem Wohnhaus des Verwalters A.C. Murray und seiner Familie aus dem Jahr 1896. Es ist etwas komfortabler als die anderen Häuser und verfügt über eine Veranda, einen Garten, einen Stall und ein kleines Kühl- und Lagerhaus. Seit 2010 können Besucher auch eine Übernachtung im **B&B** in Fort St. James buchen (Infos s. u.).

Bed & Breakfast

Fort St. James National Historic Site

In einem der Gebäude kann man einen 45-minütigen Film (auch auf Deutsch) zur Einführung in die Geschichte des Forts ansehen und dann das Gelände auf eigene Faust oder im Rahmen einer Führung erkunden.
Fort St. James National Historic Site, *280 Kwah Road, Fort St. James, BC V0J 1P0, ☎ 250-996-7191, www.pc.gc.ca/stjames, Juni–Anfang Sept. tgl. 9–17 Uhr, Eintritt Kinder bis 5 Jahre frei, 6–16 Jahre $ 3,90, Erwachsene $ 7,80, Familien $ 19,60.*

Mount Dickinson Trail

Wer sich einen Überblick über die Stadt und die Gegend verschaffen möchte, kann den zweistündigen Spaziergang auf dem **Mount Dickinson Trail** in Angriff nehmen. Vom Handelsposten aus fährt man auf der Kwah Road zurück zum Highway 27 und biegt dort nach links ab. Dann folgt man dem Stuart Drive nach rechts, bis man nach links in den Pineridge Way abbiegt, an dessen Ende der Wanderweg beginnt. Die insgesamt zweistündige Tour ist teilweise recht steil und führt auf einem Schotterweg auf den Mount Dickinson. Der Ausblick auf Fort St. James und den Stuart Lake ist die Anstrengung in jedem Fall wert.

Reisepraktische Informationen Fort St. James

Information
Fort St. James Visitor Centre, *115 Douglas Avenue, Fort St. James, BC V0J 1P0, ☎ 250-996-7023, www.fortstjameschamber.ca, Juli/Aug. tgl. 9–17, Sept.–Juni Mo–Fr 9–17 Uhr.*

Unterkunft
Officer's House Bed & Breakfast $$$, *Fort St. James National Historic Site, PO Box 494, Fort St. James, BC V0J 1P0, 250-996-7191 (ext. 25), stjames@pc.gc.ca, www.pc.gc.ca/stjames. Stilechte Übernachtung mit Frühstück mitten im Fort St. James im Officer's House von 1896, wo einst der Verwalter wohnte.*

Essen und Trinken
Little Jimmy Fry's, *118 Kwah Road, Fort St. James, BC V0J 1P0, ☎ 250-996-7575. Tgl. Mittag- und Abendessen sowie Burger und Hotdogs, Pommes frites zum Mitnehmen.*
Mom's Kitchen, *140 Stuart Drive, Fort St. James, BC V0J 1P0, ☎ 250-996-6900, tgl. geöffnet, leckere Sandwiches und deftiges Essen.*
Timberman Steakhouse Restaurant, *449 Stuart Drive, Fort St. James, BC V0J 1P0, ☎ 250-996-8630, tgl. 11–21 Uhr, sehr gute Steaks, etwas teuer.*

Prince George

Die Fahrt nach Prince George führt zunächst zurück nach Vanderhoof und dann nochmals weitere 100 km entlang des Highway 16 bis Prince George. Die gesamte Fahrtzeit von Fort St. James bis Prince George dauert knapp drei Stunden, die man nach einem langen Tag in Fort St. James wahrscheinlich nur ungern in Angriff nimmt. Die Strapazen lohnen sich aber, da man dann am nächsten Tag ausgeruht die inoffizielle Hauptstadt von Northern British Columbia erkunden kann – und dort gibt es viel zu sehen!

 Hinweis
Alles zur Geschichte der fast 88.000 Einwohner zählenden Stadt sowie zu den Sehenswürdigkeiten und Reisepraktischen Informationen s. S. 460.

Von Prince George über die Coast Mountains nach Vancouver

Prince George, und somit auch Northern British Columbia, verlässt man Richtung Süden auf dem Cariboo Highway (Highway 97). Die Strecke der Tagesetappe von Prince George nach Williams Lake gilt als **Ranch Country**. Highway 97 verläuft zwischen den Cariboo Mountains und der Chilcotin Mountain Range in einem fruchtbaren, breiten Tal, das mit zahlreichen großen und kleinen Ranches besiedelt ist. Hier sind noch richtige Cowboys zu Hause.

Cowboyland

Nach 120 km durch fruchtbares Ranchland und über rollende Hügel (die leider schwer vom Borkenkäfer gezeichnet sind), gelangt man nach Quesnel, auf halbem Weg zwischen Prince George und Williams Lake gelegen.

Quesnel

Die Stadt am Gold Rush Trail hat heute etwa 25.000 Einwohner; als der Gold Rush in den 1860er-Jahren in vollem Gange war, waren es weitaus mehr. Tausende strömten auf der Suche nach Reichtum in die Gegend, die sich bald zum Verkehrsknotenpunkt für die Versorgung der Goldgräber in der gesamten Umgebung entwickelte.

Obwohl der Gold Rush nur eine vorübergehende Erscheinung war, ist die Stadt noch heute voll mit Erinnerungen an diese aufregende Zeit und hat außerdem eines der zehn besten Gemeindemuseen in British Columbia zu bieten. **Billy Barker** war der berühmteste Goldgräber des *Cariboo Gold Rush*. Er fand die größte Goldader in dieser Zeit, in der Gegend des heutigen Barkerville, etwas östlich von Quesnel. Er förderte über eine Tonne Gold und starb dennoch 1894 völlig verarmt in einem Pflegeheim in Victoria – ein weiteres Opfer des *Illusion Gold Rush*.

Berühmter Goldgräber

Quesnel & District Museum and Archives

Quesnel & District Museum and Archives ist eines der Highlights der Stadt am Quesnel River. Das Museum ist vor allem für seine umfangreichen chinesischen Artefakte und die verwunschene Puppe „Mandy" bekannt; bei „Mandy" ist Vorsicht geboten, denn es heißt, dass man ihr man unter keinen Umständen in die Augen sehen soll … Das Museum liegt direkt am Highway 97 neben dem Visitor Centre im Lebourdias Park und ist auf jeden Fall einen Besuch wert.

Quesnel & District Museum and Archives, *705 Carson Avenue, Quesnel, BC V2J 2B6, ☎ 250-992-9580, www.quesnelmuseum.ca, Ende Mai–Anfang Sept. tgl. 9–18, Sept.–Mai Mi–Sa 9.30–16 Uhr, Eintritt Kinder bis 12 Jahre frei, 13–18 Jahre $ 2, Erwachsene $ 4.*

Reisepraktische Informationen Quesnel

Information
Quesnel Visitor Centre, *703 Carson Avenue, Quesnel, BC V2J 2B6, ☎ 250-992-8716, www.quesnelchamber.com, Mitte Mai–Anfang Sept. tgl. 9–18, Sept.–Mitte Mai Di–Sa 9–16 Uhr.*

Essen und Trinken
Entlang des **Highway 97** *ist eine Vielzahl an Fast-Food-Ketten und Restaurants zu finden. Ein Favorit unter den Einheimischen ist* **Mr. Mikes**.
Mr. Mikes Restaurant & Bar, *450 Reid Street, Quesnel, BC V2J 2B6, ☎ 250-992-7742, www.mrmikes.ca. Tgl. geöffnet zum Mittag- und Abendessen, geboten werden sehr gute Steaks und Vorspeisen.*

Quesnel – die Hochburg des Cariboo Gold Rush

Die restliche Strecke der Tagesetappe führt wieder durch Weideland, dichte Wälder und rollende Hügel. Wie auch in der Gegend um Prince George sind die Forstschäden, die durch den Borkenkäfer verursacht wurden, teilweise enorm. Seit Jahren werden verschiedene Methoden ausprobiert, um dem Problem Herr zu werden. In großen Teilen hat bereits eine Aufforstung begonnen, so dass sich das Landschaftsbild von Jahr zu Jahr ändert.

Williams Lake

Ziel der Tagesetappe ist Williams Lake, 120 km südlich von Quesnel, das auch Heimat der „Kleinen Zeitung mit Herz" ist, einer deutschsprachigen Zeitung, die in ganz British Columbia vertrieben wird.

Die etwa 12.000 Einwohner zählende Stadt direkt am gleichnamigen **See** hat ihre Wurzeln seit den Tagen des Gold Rush in der Viehzucht. Bis zum heutigen Tage finden im Herbst wöchentliche Viehauktionen statt. Die **Williams Lake Stampede** Anfang Juli ist das größte Festival des Jahres.

Es gibt in der Gegend aber nicht nur Cowboys, auch die Forstwirtschaft und der Bergbau sind wichtige Wirtschaftszweige, die für viele Arbeitsplätze in der Region sorgen. Auch der Tourismus gewann in den letzten Jahren immer mehr an Bedeutung, vor allem punktet Williams Lake als Ziel für Outdoor-Aktivitäten. Es sieht sich selbst als die Mountainbike-Hauptstadt British Columbias mit einem sehr gut gepflegten Netz an Pfaden, die man mit dem Mountainbike gut befahren kann.

Outdoor-Aktivitäten

Museum of the Cariboo Chilcotin

Wer Genaueres über die Geschichte des Rodeos und der Cowboys erfahren möchte, ist mit einem Besuch des **Museum of the Cariboo Chilcotin** bestens bedient. Das Museum ist das einzige seiner Art in British Columbia und außerdem Heimat der **BC Cowboy Hall of Fame**. Hier werden die Pioniere der Gegend und ihre Geschichte gewürdigt. Jedes Jahr im April werden zusätzlich die wichtigsten Cowboys in British Columbia in die Hall of Fame eingeführt, eingeteilt in verschiedene Kategorien wie Rodeo-Cowboy, Rancharbeit, Viehzucht etc.
Museum of the Cariboo Chilcotin, 113 North 4th Avenue, Williams Lake, BC V2G 2C8, ℡ 250-392-7404, www.cowboy-museum.com, Juni–Aug. Mo–Sa 10–16, Sept.–Mai Di–Sa 11–16 Uhr, Eintritt Kinder bis 12 Jahre frei, ab 13 Jahre/Erwachsene $ 2.

Berühmte Cowboys und Pioniere

Scout Island Nature Centre

Eine kleine Oase innerhalb der Stadt ist das **Scout Island Nature Centre**. Die Halbinsel im Williams Lake bietet insgesamt 2,5 km anlegte Wanderpfade, die der ganzen Familie die Möglichkeit zur Erkundung der lokalen Flora und Fauna geben. Füchse, Biber, Otter und Hirsche sind nur einige der Bewohner, die man dort antreffen kann.

In den Sommermonaten hat man außerdem die Gelegenheit, das **Nature House** zu besuchen, in dem die Natur der Insel etwas näher erklärt wird. Um zum Scout Island zu gelangen, folgt man dem Highway 97 bis zum östlichen Ende der Stadt und biegt von dort auf die MacKenzie Avenue nach rechts ab. Kurz darauf zweigt die Borland Road nach links ab und führt zur Scout Island Road rechter Hand.
Scout Island Nature Centre, 1305A Borland Road, Williams Lake, BC V2G 5K5, ☏ 250-398-8532, www.scoutislandnaturecentre.ca. Park tgl. von 8 Uhr bis zur Dämmerung geöffnet. Nature House Ende Mai–Aug.

Reisepraktische Informationen Williams Lake

Information

Williams Lake Visitor Centre/Tourism Discovery Centre, 1660 South Broadway, Williams Lake, BC V2G 2W4, ☏ 250-392-5025, http://tourismwilliamslake.com, Mitte Mai–Mitte Okt. tgl. 8–18, Mitte Okt.–Mitte Mai Mo–Fr 9–17 Uhr. Das Visitor Centre liegt direkt am Highway 97 und ist die beste Wahl für den ersten Stopp in der Stadt. Zugehörig ist das Tourism Discovery Centre, das ein Museum mit einem Überblick der Geschichte von Williams Lake beinhaltet und über die Freizeitmöglichkeiten der Gegend informiert.

Unterkunft

Drummond Lodge $$, 1405 Highway 97, Williams Lake, BC V2G 2W3, ☏ 250-392-5334, www.drummondlodge.com. In der Nähe von Scout Island, schöner Ausblick auf den See, 24 einfache, saubere Zimmer.
Sandman Inn Williams Lake $$$, 664 Oliver Street, Williams Lake, BC V2G 1M6, ☏ 250-392-6557, sandmanhotels.ca/hotels/williams-lake. Zentrale Lage, 105 Zimmer, z. T. mit Küchenzeile, Restaurant im Haus.
The Coast Fraser Inn $$$$, 285 Donald Road, Williams Lake, BC V2G 4K4, ☏ 250-398-7055, www.coasthotels.com. Highway 97, nur wenige Minuten zur Innenstadt, sehr schönes, komfortables Hotel, schönes Ambiente, Restaurant (Boston Pizza) neben dem Hotel.

Camping

Wildwood Campsite, 5-4195 Wildwood Road, Williams Lake, BC V2G 4Z8, ☏ 250-989-4711, www.wildwoodcampsite.com. 13 km nördlich von Williams Lake, auf der östlichen Seite des Highway 97. 36 teilweise schattige Plätze für Wohnmobile, vorhanden sind Anschlüsse für Strom, Wasser und Abwasser.
Williams Lake Stampede Campground, 850 South Mackenzie Avenue, Williams Lake, BC V2G 2V8, ☏ 250-398-6718, www.williamslakestampede.com (unter „Campground"), geöffnet Mai–Mitte Okt. 80 Zelt- und Stellplätze mit Anschlüssen. Wer Rodeo-Luft schnuppern will, ist hier richtig!

Essen und Trinken

Red Tomato Pies, 370 Proctor Street, Williams Lake, BC V2G 1M0, ☏ 250-305-5555, www.redtomatopies.com. Zentral in der Innenstadt, tgl. ab 15 Uhr geöffnet. Leckere Pizza, Salate und Chicken Wings.
Gecko Tree, 54 Mackenzie Avenue North, Williams Lake, BC V2G 1M0, ☏ 250-398-8983. Im östlichen Teil der Innenstadt gelegen, geöffnet Mo–Fr zum Frühstück und Mittagessen. Wartezeiten etwas lang, aber gutes Essen.

Blick auf den Williams Lake

Von Williams Lake nach Lillooet

66 km durch das Weideland des Fraser Plateau auf dem Highway 97 führen nach **Lac La Hache**, das sich selbst als die längste Gemeinde in British Columbia bezeichnet. Die Ansiedlung ist über die gesamte Länge des gleichnamigen Sees gestreckt. „Hache" bedeutet Axt oder Hackebeil; der See bekam seinen Namen angeblich, als einer der ersten Pioniere seine Axt im See verlor, weil er ein Loch zum Eisfischen schlagen wollte.

Weitere 26 km nach Lac La Hache gelangt man nach **100 Mile House**. Die kleine Gemeinde, 100 Meilen von Lillooet entfernt, war der Ausgangspunkt des legendären *Cariboo Gold Rush* in den 1860er-Jahren. 100 Mile House erstreckt sich entlang des Highway und bietet sowohl Tankstellen als auch Restaurants und Fast-Food-Ketten. Ab 100 Mile House fährt man noch 70 km durch die Ranchlands des Fraser Plateau, bevor man kurz vor dem Cowboydorf **Clinton** die Berge der Coast Mountain Range in der Ferne sieht.

Ausgangspunkt des Cariboo Gold Rush

Hier kann man einen ganz besonderen Stopp einlegen – etwa 35 km von Clinton entfernt, versteckt in den Marble Mountains, liegt **Echo Valley Ranch & Spa**. Beim Aufenthalt auf dieser luxuriösen kanadischen Ranch mit östlichem Flair fühlt man sich wie im Paradies. Natur pur, köstliches Essen und himmlische Wellness. Mehr Informationen zur Ranch unter www.echovalleyranch.de.

30 km nach Clinton biegt man schließlich auf den Highway 99 Richtung Lillooet nach rechts ab. Die 80 km lange Fahrt nach Lillooet ist sicher eines der Highlights dieser

Miyazaki House

Das Miyazaki House ist ein Tribut an die japanisch-kanadischen Einwohner Lillooets. Dr. Masajiro Miyazaki, der das historische Haus von 1880 in den 1940er-Jahren bezog, war einer der prominentesten Sprecher der japanischen Einwanderer in der Gegend. Ein Rundgang gibt einen Einblick in das Leben der frühen Siedler und der Familie Miyazaki. Das Büro von Dr. Miyazaki wurde z. B. völlig unverändert belassen.
Miyazaki House, 643 Russell Lane, Lillooet, BC V0K 1V0, www.miyazakihouse.com, Besucher sind während der Sommermonate tagsüber willkommen.

Reisepraktische Informationen Lillooet

Information
Lillooet Visitor Centre, 790 Main Street, Lillooet, BC, V0K 1V0, ☏ 250-256-4308, www.lillooetbc.ca, Mai–Juni, Sept./Okt. Di–Sa 10–16, Juli/Aug. tgl. 9–17 Uhr. Das Visitor Centre hält eine Broschüre für die „Golden Mile of History" bereit, ein netter Spaziergang, der insgesamt 14 historisch interessante Punkte ansteuert.

Unterkunft
Hotel De Oro $$, 639 Main Street, Lillooet, BC V0K 1V0, ☏ 250-256-2355, www.hoteldeoro.com. 22 saubere, einfache Zimmer, direkt im Zentrum der Stadt gelegen, neustes Hotel in Lillooet.
Mile-0-Motel $$, 616 Main Street, Lillooet, BC, V0K 1V0, ☏ 250-256-7511, www.mileomotel.com. 37 sehr schlichte Zimmer, zentrale Lage.
The Reynolds Hotel $$$, 1237 Main Street, Lillooet, BC V0K 1V0, ☏ 250-256-4202, www.reynoldshotel.com. 10 gemütliche Zimmer, teilweise im Western Style, teilweise im asiatischen Stil. Eines der ältesten Hotels in Lillooet, sehr gut instand gehalten.

Camping
Retasket Lodge & RV Park, 1264 Bouvette Road, Lillooet, BC V0K 1V0, ☏ 250-256-2090, www.retasketlodge.com. 8 Stellplätze für Wohnmobile mit kompletten Anschlüssen, im westlichen Teil der Stadt, schöne Lage. Hotelzimmer ebenfalls verfügbar.
Cayoosh Creek Campground, 100 Cayoosh Park Road, Lillooet, BC V0K 1V0, ☏ 250-256-4180, www.cayooshcampground.com. 42 Stellplätze für Wohnmobile, teilweise mit Anschlüssen. Sehr schöne Lage am Fluss, in der Nähe der Bridge of the 23 Camels.

Essen und Trinken
Lillooet besitzt eine angemessene Auswahl an Restaurants und einige Fast-Food-Ketten. Die meisten Restaurants befinden sich entlang der Main Street und sind ganzjährig geöffnet.

Die Strecke der Tagesetappe von Lillooet nach Pemberton ist 100 km lang und führt durch die atemberaubende Landschaft der Coast Mountains. Eine Reihe von Provincial Parks lädt zum Verweilen oder Spaziergehen ein. Beginnend mit dem **Duffey Lake Provincial Park** etwa auf halbem Weg nach Pemberton über den **Joffre Lakes Provincial Park** bis zum **Lillooet Lake** kurz vor Pemberton – dies ist ein Tag, um die

Natur zu bestaunen, Flora und Fauna zu genießen und vor allem langsam zu fahren! Der Highway ist in vielen Stellen eng und nicht immer in bestem Zustand.

Pemberton

Pemberton wurde in der Zeit des Gold Rush erstmals von Pionieren europäischer Abstammung besiedelt. Obwohl die Massen auf der Suche nach Gold in Richtung Lillooet und weiter über die Cariboo Road strömten, blieben doch einige weniger risikofreudige im fruchtbaren Pemberton Valley „hängen" und ließen sich als Farmer nieder. Die Landwirtschaft machte die Gemeinde letztendlich auch bekannt – hier wurde 1967 eine Kartoffelsorte gezüchtet, deren Samen keinerlei Viren enthielten und die fortan zum kommerziellen Anbau von Kartoffeln genutzt wurde.

Fruchtbares Tal

Die Geschichte des Pemberton Valley und des berühmten Kartoffelsamens kann man im **Pemberton Museum** erleben. Das Museum würdigt auch die Lil'wat, die Ureinwohner der Gegend. Pioniere, Ureinwohner, Goldgräber und die Eisenbahn – das Museum behandelt die unterschiedlichen Themenbereiche in verschiedenen historischen Gebäuden, die teilweise in den Originalzustand zurückversetzt wurden. Ein lohnender Stopp, um die kleine Stadt kennenzulernen!
Pemberton Museum, *7455 Prospect Street, Pemberton, BC V0N 2L0, ☏ 604-894-5504, www.pembertonmuseum.org, Mai–Sept., ab Juni tgl. 10–17 Uhr.*

Pemberton Valley mit Mount Currie

Spaziergänge in Pemberton und Umgebung

One Mile Lake
Auf der linken Seite des Highways, kurz nach dem Visitor Centre, beginnt der Wanderpfad, der um den One Mile Lake führt. Der etwa einstündige Spaziergang ist besonders schön in den frühen Morgenstunden oder in der Abenddämmerung.

Nairn Falls
2 km außerhalb von Pemberton in Richtung Whistler weist ein Schild den Weg zum **Nairn Falls Provincial Park**. Die Straße zum Parkplatz zweigt nach links ab. Von dort aus kann man einen 1,5 km langen Spaziergang zu den Nairn Falls in Angriff nehmen.

Der Park verfügt auch über einen **Campingplatz** mit 94 Stellplätzen (teilweise zu reservieren). Von Stellplatz 92 aus führt ein Pfad zum **One Mile Lake**. Wer also im Park übernachtet, könnte den One Mile Lake in den frühen Morgenstunden erkunden.

Reisepraktische Informationen Pemberton

Information
Pemberton Visitor Centre, *Highway 99 und Pemberton Portage Road, Pemberton, BC V0N 2L0, ☎ 604-894-6175, www.tourismpembertonbc.com, Mai–Sept. tgl. 9–17 Uhr.*

Unterkunft
The Old Vineyard & Inn $$$$, *1427 Collins Road, Pemberton, BC V0N 2L0, ☎ 604-894-5857, www.whistlerwine.com. Im westlichen Teil der Gemeinde gelegen, 5 sehr komfortable Zimmer. Weinanbau auf dem Gelände.*
Pemberton Valley Lodge $$$$$, *1490 Sea to Sky Highway, Pemberton, BC V0N 2L0, ☎ 604-894-2000, www.pembertonvalleylodge.com. 85 Suiten, teilweise mit Küchen, sehr schöne Lage und tolle Zimmer.*

Camping
Nairn Falls Provincial Park, *Highway 99, Pemberton, BC V0N 2L0, ☎ 604-986-9371, www.seatoskyparks.com. 94 Stellplätze für Wohnmobile ohne Anschlüsse, Trinkwasser vorhanden, geöffnet Mitte Mai–Anfang Sept.*
Birken Lakeside Resort, *9179 Pemberton Portage Road, Pemberton, BC V0N 2L0, ☎ 604-452-3255, www.blrproperties.net. 25 Stellplätze für kleinere Wohnmobile (wer ein großes Wohnmobil hat, muss dies vorher anmelden). Einige Anschlüsse, Gemeinschaftsdusche vorhanden. Etwa 30 km nördlich von Pemberton, Highway 99 Richtung Lillooet, dann links in Richtung Birken. Alle Stellplätze mit Ausblick auf den See.*

Essen und Trinken
The Pony Espresso, *1392 Portage Road, Pemberton, BC V0N 2L0, ☎ 604-894-5700, www.thepony.ca. Tgl. geöffnet zum Frühstück, Mittag- und Abendessen. Leckeres Frühstück, alle Gerichte werden – soweit möglich – mit frischen Zutaten aus der Region zubereitet.*

Reisepraktische Informationen Pemberton

Solfeggio, 109-1433 Frontier Street, Pemberton, BC V0N 2L0, ☏ 604-384-5556, www.solfeggiofoods.com. Sehr leckeres Essen, das frisch von der Farm/Ranch direkt auf den Tisch kommt. Innovative Küche und etwas ausgefallene Gerichte. Tgl. 10–16.30 und 17.30–21.30 Uhr geöffnet.

Mile One Eating House, 7330 Arbutus Street, Pemberton, BC V0N 2L0, ☏ 250-384-3842, www.mileoneeatinghouse.com, Mi–Mo 10.30–21 Uhr, Frühstück, Mittag- und Abendessen. Wer den Tag etwas später startet, kann hier lecker frühstücken, tgl. wechselnde, frische Gerichte.

Der Highway 99, auch als **Sea to Sky Highway** bekannt, verbindet Pemberton auf kurzen 32 km mit **Whistler**, einem der berühmten Austragungsorte der Olympischen Winterspiele 2010. Die Gegend ist bekannt für ihre atemberaubende Natur und scheinbar grenzenlose Freizeitmöglichkeiten. Hier kann man ohne Weiteres zwei Tage verbringen, bevor es an der Sunshine Coast entlang nach Vancouver weitergeht.

Hinweis

Routeninformationen, Sehenswürdigkeiten und Reisepraktische Informationen zu Whistler s. S. 145.

Jersey Cream Chair on Blackcomb gehört zum Wintersportparadies Whistler

11. DURCH DEN SÜDEN BRITISH COLUMBIAS ZWISCHEN PRINCE GEORGE UND VANCOUVER

Durch den Süden British Columbias zwischen Prince George und Vancouver

Überblick und Streckenvariante

Die Route ist in drei Wochen zu bewältigen und für Wohnmobile besonders gut geeignet. Die Strecke ist mit knapp 1.500 km für kanadische Verhältnisse eher kurz und hat ihre Schwerpunkte in den faszinierenden Provincial Parks des südlichen British Columbia, wie Wells Gray, Monck Park und E.C. Manning.

Beginnend in **Prince George**, dem Tor zum Norden British Columbias, führt die Reise auf der Cariboo Road nach Süden bis in die Shuswap Highlands, in denen der **Wells Gray Provincial Park** liegt. **Kamloops**, eine lebendige Stadt mit fast 90.000 Einwohnern, liegt ebenfalls auf der Strecke, bevor es weitergeht ins Nicola Valley zum **Monck Park** und in die Cascade Mountains zum **Kentucky Lake Provincial Park**. Nach einem Zwischenstopp in **Princeton**, einer charmanten kleinen Goldgräberstadt, geht es weiter zum **E.C. Manning Provincial** Park,

Redaktionstipps

▶ Im jahrtausendealten **Ancient Forest** die Zedern riechen (S. 462).
▶ Auf den Spuren der Goldgräber in **Barkerville** wandeln (S. 465).
▶ **Helmcken Falls** im Wells Gray Provincial Park bestaunen (S. 471).
▶ Die türkisblauen Wasser des **Kentucky Lake** sehen (S. 481).
▶ Durch die **Othello Tunnels** bei Hope laufen (S. 492).

Ein Programm dieser Route könnte so aussehen

1.–2. Tag: Prince George
3. Tag: Prince George – Barkerville (190 km)
4. Tag: Barkerville – Williams Lake (200 km)
5. Tag: Williams Lake – Clearwater (220 km)
6.–8. Tag: Wells Gray Provincial Park
9. Tag: Clearwater – Kamloops (125 km)
10. Tag: Kamloops
11. Tag: Kamloops – Nicola Lake – Merritt (120 km)
12. Tag: Abstecher nach Hell's Gate (310 km komplett)
13. Tag: Merritt – Kentucky Lake (40 km)
14. Tag: Kentucky Lake – Princeton (60 km)
15. Tag: Princeton – E.C. Manning Provincial Park (70 km)
16.–17. Tag: E.C. Manning Provincial Park
18. Tag: E.C. Manning Provincial Park – Hope (70 km)
19. Tag: Hope – Vancouver (150 km)
20.–21. Tag: Vancouver

einem der beliebtesten Parks in British Columbia. Die Rundreise klingt in Vancouver aus, der Millionenstadt am Pazifik, die sowohl mit Großstadtflair als auch mit atemberaubender Natur besticht.

Prince George

Größte Stadt im Norden von BC

Prince George ist die inoffizielle Hauptstadt und zudem die größte Stadt im Norden British Columbias. Mit fast 85.000 Einwohnern und weiteren 300.000 Menschen in der näheren Umgebung gilt die Stadt am Zusammenfluss des Nechako und Fraser River als Verkehrsknotenpunkt für die gesamte nördliche Region.

Wie viele Ansiedlungen in der westlichen Provinz hatte auch Prince George seinen (europäischen) Anfang als Handelsposten der *North West Company*. Die Indianer des Lheidli T'enneh-Stammes (übersetzt „die Menschen am Zusammenfluss der zwei Flüsse") waren aufgrund der ausgezeichneten Versorgung mit Lachsen bereits seit Jahrtausenden in der Gegend heimisch. Der Handelsposten wurde 1807 erbaut und von Simon Fraser, einem der bedeutendsten Forscher und Händler in British Columbia, zunächst Fort George benannt. Fort George blieb vorerst eine kleine Ansiedlung von wenigen Hundert Menschen. Dies änderte sich jedoch, als 1903 die *Grand Trunk Pacific Railway* die kleine Gemeinde in ihr Schienennetz aufnahm.

1915 war Prince George auf mehrere Tausend Einwohner angewachsen und wurde als Stadt eingemeindet. Es hatten sich mehrere „Stadtteile" gebildet. Der Name des Stadtteils, wo sich der Bahnhof der *Grand Trunk Pacific Railway* befand, wurde als Name für die Stadt übernommen.

Während die Landwirtschaft bereits seit den Tagen der ersten europäischen Siedler eine Rolle spielte, kam in den 1960er-Jahren auch verstärkt die Forstwirtschaft als bedeutender Industriezweig hinzu. Sägewerke und Papierfabriken wurden gebaut und brachten Tausende von Arbeitern und deren Familien in die Stadt. Die Infrastruktur und Bildungseinrichtungen wurden erweitert und der wachsenden Bevölkerung angepasst.

Two Rivers Art Gallery – ein Kunstwerk an sich

Mit dem zunehmenden Borkenkäfer-Problem, das in der gesamten Gegend erschreckend sichtbar ist, kam auch eine Zeit des wirtschaftlichen Abschwungs für Prince George. Sägewerke mussten schließen, die Arbeitslosigkeit erreichte in den späten 1990er-Jahren einen Höhepunkt. Durch die Erschließung von neuen Märkten und Produkten, die aus dem vom Borkenkäfer geschädigten Holz gefertigt werden, konnte sich die Forstwirtschaft jedoch wieder einigermaßen erholen und ist heutzutage nach wie vor eine der wichtigsten Industriezweige in der Stadt.

Borkenkäfer-Plage

Sehenswürdigkeiten

The Exploration Place (1)

Im Fort George Park, direkt am Fraser River gelegen, befindet sich das Museum und Erforschungszentrum „The Exploration Place". In diesem – für die ganze Familie geeigneten –„Hands on"-Museum kann man genau das tun: selbst Hand anlegen und die Geschichte und Besonderheiten der Gegend aus nächster Nähe erleben.

Interaktives Museum

Das 2001 erbaute Museum hat verschiedene permanente und wechselnde Ausstellungen. Die paläontologische Galerie beherbergt mehrere lebensgroße Dinosaurierskelette und stellt die Verbindung zu den Dinosauriern, die das westliche Kanada beherrschten, her. Weitere Ausstellungen behandeln u. a. die Geschichte der First Nations und der Pioniere sowie die lokale Flora und Fauna und zeigen z. B. den vom Aussterben bedrohten weißen Stör des Nechako River.
The Exploration Place, *333 Becott Place, Prince George, BC V2L 4V7, ☎ 250-562-1612, www.theexplorationplace.com, tgl. 9–17 Uhr, Weihnachten und Neujahr geschl., Eintritt Kinder bis 2 Jahre frei, 3–12 Jahre $ 6,95, Schüler/Senioren $ 7,95, Erwachsene $ 9,95, Familien $ 22,95.*

Prince George Exhibition (2)

Eine Sehenswürdigkeit, die nur wenige Tage im Jahr geöffnet ist, aber keinesfalls vergessen werden sollte, ist die Prince George Exhibition. Jedes Jahr Anfang August öffnet die landwirtschaftliche Ausstellung mit Vergnügungspark und Rodeo für einige Tage ihre Pforten und ist ein Magnet für Einheimische und Besucher.
Prince George Exhibition, *4199 – 18th Avenue, Prince George, BC V2N 4T5, ☎ 250-563-4096, www.bcne.ca, jährlich Anfang Aug. seit 1912.*

Two Rivers Art Gallery (3)

Eine Kunstgalerie der besonderen Art ist die Two Rivers Art Gallery. Das Gebäude an sich ist bereits ein Kunstwerk, inspiriert von der heimischen Geografie und Wirtschaft. Baumaterialien wie das Holz der Douglasfichte, die in Prince George wächst, sowie durchweg umweltfreundliche Baustoffe wurden zum Bau des im Jahr 2000 fertiggestellten Gebäudes verwendet. Ständig wechselnde Ausstellungen von einheimischen

Kunstgalerie

Künstlern sowie eine kleine permanente Ausstellung sorgen für einen kurzweiligen Besuch, der anschließend auf einen Bummel durch die Innenstadt ausgeweitet werden kann.
Two Rivers Art Gallery, *725 Civic Plaza, Prince George, BC V2N 5T1, ☏ 250-614-7800, www.tworiversartgallery.com, Mo–Mi, Fr/Sa 10–17, Do 10–21, So 12–17 Uhr, Eintritt Kinder bis 4 Jahre frei, 5–12 Jahre $ 3, Schüler/Senioren $ 6, Erwachsene $ 7,50, Familien $ 15.*

Railway & Forestry Museum (4)

Eisenbahn und Forstwirtschaft

Im nördlichen Teil der Stadt befindet sich das Railway & Forestry Museum. Hier dreht sich alles um die beiden Wirtschaftszweige, die Prince George zu seiner heutigen Größe verholfen haben – die Eisenbahn und die Forstwirtschaft. Ausgestellt sind u. a. Lokomotiven, darunter eine alte Dampflok, Waggons, Draisinen, aber auch Traktoren und Forstmaschinen aller Art. Zu sehen sind auch historische Gebäude. Das Museum besteht aus einem Innen- und Außenbereich und wurde 1986 zum 150-jährigen Bestehen des Eisenbahnverkehrs in Kanada eröffnet. Für den Besuch sollte man etwa 2–3 Stunden einrechnen.
Railway & Forestry Museum, *850 River Road, Prince George, BC V2L 5S8, ☏ 250-563-7351, www.pgrfm.bc.ca, Mitte Mai–Anfang Sept. tgl. 10–17, Sept.–Mitte Mai Di–Sa 11–16 Uhr, Eintritt Kinder bis 2 Jahre frei, 3–12 Jahre $ 3, Schüler/Studenten $ 5, Erwachsene $ 6.*

Huble Homestead Historic Site (5)

Post und General Store wie anno dazumal

Etwa 40 km außerhalb von Prince George liegt die **Huble Homestead Historic Site**. Man folgt dem Highway 97 nach Norden aus Prince George heraus und biegt nach rechts in die Mitchell Road ab. Dieser gut ausgebauten Schotterstraße folgt man für weitere 6 km bis zum Homestead. Das 1912 von Albert Huble erbaute Haus ist der Mittelpunkt des Parks, in dem noch einige andere Gebäude liebevoll erhalten und gepflegt werden – die Post, der kleine General Store, in dem man noch einkaufen kann, und die Schmiede. Die kleine Siedlung besteht aus den ältesten Häusern im Bezirk Fraser–Fort George und beherbergt zudem ein neu errichtetes **Fish Camp** des Lheidli T'enneh-Stammes, das über die Geschichte der Ureinwohner und deren Jagdgewohnheiten aufklären möchte.
Huble Homestead Historic Site, *Mitchell Road – Büro der Gesellschaft in der Stadt 202 – 1685 3rd Avenue, Prince George, BC V2L 3G5, ☏ 250-564-7033, www.hublehomestead.ca, Mitte Mai–Anfang Sept. tgl. 10–17 Uhr, Eintritt Kinder $ 3, Erwachsene $ 5, Familien $ 10.*

Ausflug zum Ancient Forest

Ein Ausflug der besonderen Art führt knapp 110 km östlich von Prince George in den **Ancient Forest**. Über den Highway 16 geht es Richtung Osten aus der Stadt heraus und nach wenigen Kilometern zweigt der Old Cariboo Highway nach rechts Richtung

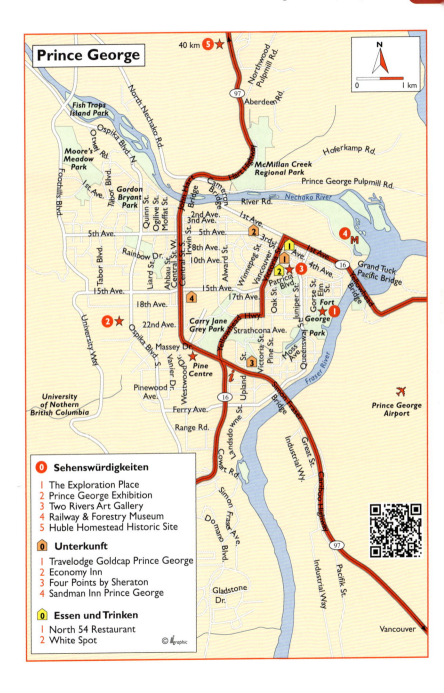

Jahrtausendealter Wald

Süden ab. Man bleibt hier auf dem Highway 16 und ab diesem Abzweig sind es noch genau 107 km. Nur ein unscheinbares Schild am Straßenrand weist auf den jahrtausendealten Wald hin, der den Abstecher absolut wert ist. Der größte Baum in diesem Wald ist eine 2.000 Jahre alte Zeder mit einem Stamm-Durchmesser von 5 m! Es gibt etliche Bäume mit 3–4 m Durchmesser.

Für den Rundgang, der etwa 90 Minuten dauert, ist festes Schuhwerk unbedingt erforderlich. Der 2,3 km lange Spaziergang durch den Ancient Forest wird sicher eines der Highlights dieser Rundreise. Mehr Informationen unter www.ancientcedar.ca.

Reisepraktische Informationen Prince George

Information
Prince George Visitor Centre, 1300 First Avenue, Prince George, BC V2L 2Y3, ☎ 250-562-3700, www.tourismpg.com, Mitte Mai–Sept. tgl. 8–20 Uhr, das restliche Jahr verkürzte Öffnungszeiten.

Unterkunft
Economy Inn $$ (2), 1915 3rd Avenue, Prince George, BC V2M 1G6, ☎ 250-563-7106, www.economyinn.ca. 30 sehr schlichte Zimmer, gute Lage in der Innenstadt, in der Nähe des Visitor Centre.
Travelodge Goldcap Prince George $$$ (1), 1458 7th Avenue, Prince George, BC V2L 3P3, ☎ 250-563-0666, www.travelodgeprincegeorge.com. 100 Zimmer, in der Nähe des Railway und Forestry Museum gelegen. Restaurant im Hotel, tgl. geöffnet zum Frühstück, Mittag- und Abendessen.
Sandman Inn Prince George $$$ (4), 1650 Central Street, Prince George, BC V2M 3C2, ☎ 250-563-8131, www.sandmanhotels.ca/hotels/prince-george. 144 schöne Zimmer, nicht besonders groß, aber angemessen. Im Zentrum der Stadt in der Nähe des Highway gelegen, etwas abseits der Downtown.
Four Points by Sheraton $$$$ (3), 1790 Highway 97 South, Prince George, BC V2L 5L3, ☎ 250-564-7100, www.fourpointsprincegeorge.com. 74 großzügige, komfortable Zimmer, direkt am Highway am südlichen Ende der Stadt gelegen. Restaurant im Haus (tgl. 6–21 Uhr).

Camping
Southpark RV Park, 9180 Highway 97 South, Prince George, BC V2N 6E2, ☎ 250-963-7577, www.southparkrv.com. 73 Stellplätze für Wohnmobile, teilweise mit vollen Anschlüssen. Am südlichen Ende von Prince George in der Nähe des Highway gelegen, schattige Plätze.
Blue Cedars Campground, 4433 Kimball Road, Prince George, BC V2N 4Z8, ☎ 250-964-7272, www.bluecedarsrvpark.com. 100 Stell- und Zeltplätze, zum größten Teil mit Anschlüssen für Wasser, Strom und teilweise Abwasser. Sehr schöne Lage westlich von Prince George am Highway 16.

Essen und Trinken
North 54 Restaurant (1), 1493 3rd Avenue, Prince George, BC V2L 3G1, ☎ 250-564-5400, www.north54restaurant.com. Gehobene Klasse, sehr schöne Atmosphäre

und leckeres, frisch zubereitetes Essen; im Innenstadtbereich gelegen. Tgl. 17–21, Mo–Fr auch mittags 11.30–14 Uhr.
White Spot (2), 820 Victoria Street, Prince George, BC V2L 2C2, ☎ 250-563-5550, www.whitespot.com. Familienfreundlich, gutes Essen, sehr gutes Frühstück. Im südlichen Bereich der Innenstadt gelegen, tgl. 6.30–22 Uhr.
Besonders auf der **3rd Avenue** in der Innenstadt sowie entlang des Highway 97, der von Norden nach Süden durch Prince George verläuft, findet man eine Vielzahl von Fast-Food- und Restaurantketten, die jeden Geschmack zufriedenstellen.

Einkaufen
Kathy's Quilt Shop, 1260 4th Avenue, Prince George, BC V2L 3J4, ☎ 250-960-1021, www.kathysquiltshop.com. Einzigartiger kleiner Laden, der sich ganz dem sehr beliebten „Quilting" (besondere Steppdecken) widmet. Sehr interessant zum Schauen!
Pine Centre Mall, 3055 Massey Drive, Prince George, BC V2N 2S9, ☎ 250-563-3681, www.pinecentremall.com. An der Kreuzung von Highway 16 und 97 gelegen. Über 100 Kaufhäuser und Geschäfte, Mo–Mi und Sa 9.30–18, Do/Fr 9.30–21, So 12–17 Uhr.

Von Prince George zum Wells Gray Provincial Park

Die Tagesetappe nach Barkerville führt zunächst auf dem Highway 97 nach **Quesnel**. Die Strecke sowie die Sehenswürdigkeiten in Quesnel sind im vorherigen Kapitel, ab S. 447 beschrieben.

Wer Quesnel erst auf der Weiterfahrt nach Williams Lake besichtigen will, der biegt bereits nördlich der Stadt nach links auf den Highway 26 ab, der nach Barkerville führt. Die anfangs relativ flache Landschaft weicht bald den Ausläufern der Cariboo Mountains. Für die knapp 90 km lange, teilweise sehr kurvenreiche Strecke sollte man etwa zwei Stunden veranschlagen. Es gibt genügend Fotogelegenheiten entlang der Strecke, die auch als der historische **Cariboo Gold Rush Trail** bekannt ist. Die geteerte Straße endet in Barkerville.

Historischer Cariboo Gold Rush Trail

Barkerville

Die historische Goldgräberstadt in den Cariboo Mountains ist heute das größte *Living History Museum* Kanadas und seit 1958 kanadisches Kulturerbe. Zu Zeiten des Gold Rush war Barkerville eine Stadt mit mehreren Tausend Einwohnern. Die gesamte Stadt brannte 1868 nieder, wurde jedoch sogleich wieder aufgebaut und war bis in die 1920er-Jahre der Stützpunkt der Goldgräber.

Goldgräberstadt

Mittlerweile ist die kleine Siedlung seit Jahrzehnten nicht mehr bewohnt und dient als Touristenattraktion. Über 100 historische Häuser sind bis ins Detail restauriert und „in Betrieb". Man fühlt sich in Barkerville unmittelbar in die Zeit der ersten Sied-

Postkutschenfahrt in Barkerville, BC

ler zurückversetzt und wird sogar ein bisschen vom Goldrausch erfasst. Veranstaltet werden u. a. eine Reihe von geführten Touren, Minenbesichtigungen, Shows und Theateraufführungen. Wer es gerne holprig mag, kann sogar mit der Postkutsche fahren.

Sämtliche Mitarbeiter in Barkerville tragen als Siedler und Goldgräber historische Kostüme und geben gerne Auskunft über die Besichtigungsmöglichkeiten. Mit etwas Glück kann man sogar erfahren, wo man vielleicht bei der Goldsuche fündig werden könnte …

Reisepraktische Informationen Barkerville

Information
Am Eingang zur Museumsstadt befindet sich ein **Infostand**, an man sich mit einer Übersichtskarte von Barkerville ausstatten lassen kann und die Vorführungszeiten der diversen Veranstaltungen erfragen kann.
Historic Town of Barkerville, ☎ 250-994-3332, www.barkerville.ca, ganzjährig geöffnet, jedoch nur saisonal in Betrieb, Mai–Sept. tgl. 7–20 Uhr, Eintritt Kinder bis 5 Jahre frei, 6–12 Jahre $ 4,75, 13–18 Jahre $ 9,50, Erwachsene $ 14,50, Familien $ 34,95.

Unterkunft
Hubs Motel $$, 12438 Barkerville Highway, Wells, BC V0K 2R0, ☎ 250-994-3313, www.hubsmotel.ca. 20 saubere Zimmer, etwa 8 km außerhalb von Barkerville.
St. George Hotel $$$, 4 Main Street, Barkerville, BC V0K 1B0, ☎ 1-888-246-7690, www.stgeorgehotel.bc.ca. 7 Zimmer – unbedingt vorbestellen, authentisch und gepflegt – ein tolles Erlebnis.

Reisepraktische Informationen Barkerville 467

⚠ Camping

Barkerville Campgrounds, Barkerville, BC V0K 1B0, ☏ 250-994-3297, www.barkervillecampgrounds.ca. Insgesamt 168 Stell- und Zeltplätze, verteilt auf drei Campgrounds in Barkerville, am Eingang der Stadt. Keine Anschlüsse, aber sehr schöne Plätze, außerdem Trinkwasser/Toiletten vorhanden. Reservierung empfohlen!

Cariboo Joy RV Park, 12566 Barkerville Highway, Wells, BC V0K 2R0, ☏ 250-994-3463, www.cariboojoy.com. 15 Stellplätze mit Anschlüssen, etwas außerhalb von Barkerville in Wells.

🍴 Essen und Trinken

Barkerville hat drei Restaurants und eine Bäckerei, die allesamt an der **Main Street** liegen und dieselben Öffnungszeiten wie die Goldgräberstadt haben. Vor allem die Bäckerei ist einen Besuch wert!

Eine weitere Auswahl an Restaurants befindet sich im 8 km entfernten **Wells**.

Die einzige Straße, die nach Barkerville führt, ist der Highway 26, auf dem man nach dem Ausflug in die Vergangenheit auch wieder in die Gegenwart zurückkehrt. In Quesnel angekommen, folgt man dem Highway 97 Richtung Süden bis nach **Williams Lake**, dem Ziel der 200 km langen Tagesetappe.

☞ Hinweis

Sehenswürdigkeiten und Reisepraktische Informationen zu **Williams Lake** bitte im vorhergehenden Kapitel ab S. 449 nachschlagen.

Der erste Teil der nächsten Etappe ist ebenfalls im vorhergehenden Kapitel beschrieben (s. S. 451), ab Williams Lake geht es weiter auf dem Highway 97, vorbei an **Lac La Hache** und **100 Mile House**.

Etwa 9 km südlich von 100 Mile House zweigt der Highway 24 nach links ab Richtung Little Fort. Die knapp 100 km lange Strecke bis Little Fort führt durch teilweise dichte Wälder, die leider ziemlich vom Borkenkäfer gezeichnet sind, zu den rollenden Hügeln der Columbia Mountains.

Etwa 25 km vor Little Fort befindet sich der **Emar Lakes Provincial Park** auf der rechten Seite des Highways. Etwa 74 km nachdem man auf den Highway 24 abgebogen ist, zweigt eine unscheinbare Schotterstraße nach rechts ab, das Schild des Provincial Park ist von der Straße aus nicht zu sehen. Der Park ist hauptsächlich für die ausgezeichneten Kanustrecken bekannt, hat je-

Lac La Hache – ein lohnender Zwischenstopp

Von Prince George zum Wells Gray Provincial Park

Zwischen Williams Lake und 100 Mile House ist man im Land der Cowboys

doch auch einige schöne Wanderpfade für Spaziergänger zu bieten, die entlang der zahlreichen Seen führen.

Little Fort liegt an der Kreuzung der Highways 24 und 5. An der Kreuzung biegt man nach links Richtung Clearwater ab, die restlichen 30 km der 220 km langen Etappe führen am Thompson River entlang zum Ziel.

Clearwater

Tor zum Wells Gray Provincial Park

Die 4.000 Einwohner zählende Kleinstadt gilt als Tor zum **Wells Gray Provincial Park**. Obwohl die Ansiedlung erst 2007 offiziell eingemeindet wurde, waren die ersten Ureinwohner bereits vor über 10.000 Jahren in der Gegend ansässig. Abhängig von den Wanderzyklen der Karibus und Lachse waren die Ufer des North Thompson River zu verschiedenen Jahreszeiten bewohnt, bis im beginnenden 20. Jh. europäische Pioniere als die ersten ständigen Siedler dort eintrafen.

Heute leben die Anwohner von Clearwater hauptsächlich von der Forstwirtschaft und dem Tourismus, wobei die Anzahl der Touristen von Jahr zu Jahr zunimmt. Denn der Wells Gray Provincial Park gilt als ursprüngliche Wildnis mit zahlreichen Freizeit-

und Wandermöglichkeiten sowie ausgezeichneten Bedingungen, um die einheimische Tierwelt hautnah erleben zu können. Die Kleinstadt ist bestens für Parkbesucher eingerichtet und bietet alles Notwendige für einen Parkbesuch. Wer etwa mit dem Wohnmobil reist, kann sich in der Stadt mit allen Vorräten für den Besuch des Parks eindecken. Clearwater kann aber auch für Reisende, die nicht mit dem Wohnmobil unterwegs sind, ohne Weiteres Stützpunkt für den Aufenthalt im Wells Gray Park sein.

Reisepraktische Informationen Clearwater

Information
Clearwater Visitor Centre, 416 Eden Road, Clearwater, BC V0E 1N0, ☎ 250-674-2646, www.clearwaterbcchamber.com, www.wellsgraypark.info. Direkt am Highway am Abzweig zum Wells Gray Park gelegen. Saisonal geöffnet, Mitte Mai–Mitte Okt. tgl. 9–19 Uhr.

Unterkunft
Clearwater Lodge $$$, 331 Eden Road, Clearwater, BC V0E 1N0, ☎ 250-674-3080, www.clearwaterlodge.ca. In der Nähe des Visitor Centre an der Straße zum Park gelegen, 63 saubere, moderne Zimmer.
Wells Gray Inn $$$, 228 East Yellowhead Highway, Clearwater, BC V0E 1N0, ☎ 250-674-2214, www.wellsgrayinn.ca. Im Zentrum von Clearwater, 35 einfache, aber saubere Zimmer.
Jasper Way Inn $$$, 57 East Old North Thompson Highway, Clearwater, BC V0E 1N0, ☎ 250-674-3345, www.jasperwayinn.com. 15 schlichte, aber gemütliche Zimmer mit tollem Blick direkt auf den Dutch Lake, im westlichen Teil von Clearwater.

Camping
Clearwater Country Inn & RV Park, 449 East Yellowhead Highway, Clearwater, BC V0E 1N0, ☎ 250-674-3121, www.clearwatercountryinnandrvpark.com. Zentral gelegen, 50 Stellplätze für Wohnmobile mit Anschlüssen für Strom, Wasser und Abwasser, Schöne, schattige Stellplätze.
Dutch Lake Resort & RV Park, 361 Ridge Drive, Clearwater, BC V0E 1N0, ☎ 250-674-3351, www.dutchlake.com. Sehr schöne Lage direkt am Dutch Lake, 65 Stellplätze, teilweise mit vollen Anschlüssen. Restaurant vor Ort, tgl. 8.30–21 Uhr. Restaurant und Campground beide saisonal Mai–Sept. geöffnet.
Clearwater KOA, 373 Clearwater Valley Road, Clearwater, BC V0E 1N0, ☎ 250-674-3909, www.clearwaterbckoa.com. 80 Stellplätze für Wohnmobile mit Anschlüssen, komplett eingezäunte Anlage, sehr gepflegt. Restaurant auf dem Gelände, tgl. zum Frühstück und Abendessen geöffnet.

Essen und Trinken
Die oben aufgeführten Hotels/Motels und auch Campgrounds haben fast alle ein Restaurant vor Ort. Dabei ist das **Painted Turtle Restaurant** am Dutch Lake (zum Dutch Lake Resort & RV Park gehörig, s. o.) besonders zu empfehlen.

Außerdem sind einige Restaurants und auch Fast-Food-Ketten im Bereich des Visitor Centre zu finden.

Wells Gray Provincial Park

Mit 5.400 km² ist Wells Gray einer der größten Parks in British Columbia. Der Provincial Park wurde 1939, nur 26 Jahre nach seiner (europäischen) Entdeckung, gegründet. Den Ureinwohnern der Gegend war der Park freilich seit Jahrtausenden bekannt, er war ein bevorzugtes Jagdgebiet der Shuswap Nation.

Weltnaturerbe

Die Landschaft und die Ökosysteme des Parks sind so vielfältig und einzigartig, dass Anstrengungen unternommen werden, den Wells Gray Provincial Park zum UNESCO-Weltnaturerbe zu erklären. Einige der Gipfel im Park sind bis zu 3.000 m hohe Gletscher. Sie speisen die zahlreichen Seen und Flüsse, für die Wells Gray unter Kanufans bekannt ist. Etliche Vulkane waren während der letzten Eiszeit aktiv, was der Hauptgrund für die Vielzahl an interessanten landschaftlichen Formationen ist.

Als das Eis durch die heiße Lava in großen Blöcken ins Tal geschoben wurde, formten sich die vielen Seen, Schluchten und Täler. Sie waren zunächst mit porösem Lavastein gefüllt, bis sich daraus in relativ kurzer Zeit Flussläufe bildeten, die durch tiefe Schluchten führen. Dort, wo das Wasser auf härteres Gestein traf, entstanden Wasserfälle. Die Anzahl der Fälle ist so groß, das Wells Gray auch den Spitznamen „Waterfall Park" hat.

Jagdgründe vor 10.000 Jahren

Wells Gray hat aber nicht nur geologisch gesehen eine interessante Geschichte, auch die Kultur der Ureinwohner und europäischen Siedler hat ihre Spuren hinterlassen. Die Angehörigen der **Shuswap Nation** begannen bereits vor 10.000 Jahren die Gegend des Wells Gray Park als Jagdgründe zu nutzen, jagten Karibu und fingen Lachse, im Einklang mit den Jahreszeiten. Im Park gibt es über 50 Ausgrabungsstätten, die Zeugen der Vergangenheit sind. Die Shuswap Nation selbst ist aber keineswegs Vergangenheit, die Mitglieder des Stammes sind nach wie vor ein wichtiger Bestandteil des Lebens in Wells Gray Country.

Aktivitäten im Wells Gray Provincial Park

Der mit dem Auto oder Wohnmobil zugängliche Teil von Wells Gray ist die sog. *Corridor Area*. Die Straße führt vom Visitor Centre nach Norden in den Park hinein. Alle Entfernungsangaben sind ab dem Visitor Centre angegeben.

> **Hinweis**
> *Für alle Aktivitäten in der Wildnis des Wells Gray Provincial Park ist ein gutes* **Insektenschutzmittel** *(z. B. „Off!") zu empfehlen – Moskitos können einem dort das Leben von Mai bis September schwer machen!*

Bereits 10 km nach dem Visitor Centre, kurz nach dem offiziellen Eingang zum Park, befindet sich **Spahats Creek**. Ein kurzer Spaziergang führt zu einem Aussichtspunkt, der einen Blick auf die Corridor Area und Spahats Falls bietet. Die Schlucht, durch die sich Spahats Creek schlängelt, ist ein Beispiel für die Gesteinsformationen, die durch die vulkanische Aktivität in der letzten Eiszeit entstanden sind.

Aktivitäten im Wells Gray Provincial Park

37,2 km nach dem Visitor Centre trifft man auf das **Park Information Board**. Hier befand sich vor Erweiterung des Parks der ursprüngliche Eingang. Nur 500 m weiter zweigt die Green Mountain Road nach links ab. Diese steile, holprige Straße führt auf knapp 4 km Länge zum **Green Mountain Viewing Tower**, der einen spektakulären Ausblick auf den südlichen Teil des Parks bietet.

Ein Highlight im Park sind die Wasserfälle **Dawson Falls** und **Helmcken Falls**. Dawson Falls kann man vom Aussichtspunkt aus sehen, der gleich in der Nähe der Straße liegt (42 km ab Visitor Centre). Dieser Wasserfall, über den die Massen des Murtle River strömen, gilt als Highlight für Fotografen.

Pittoreske Wasserfälle

Nur wenige Hundert Meter weiter beginnt der **Helmcken Falls Rim Trail**, ein insgesamt 8 km (hin und zurück) langer Pfad, der am Rand des Canyon entlangführt. Eine tolle Wanderung, bei der unbedingt auf festes Schuhwerk zu achten ist. Es befinden sich außerdem keine Absperrungen am Rand des Canyon, hier ist ebenfalls Vorsicht geboten!

Eine weitere Möglichkeit, Helmcken Falls zu bewundern, bietet sich von einer Aussichtsplattform weiter nördlich, die mit dem Auto zugänglich ist. Bei Kilometer 47,3

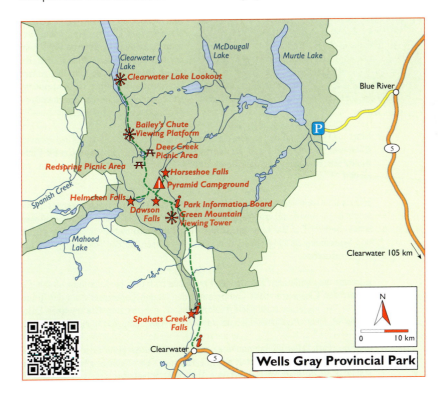

Helmcken Falls

zweigt die Straße nach links ab und führt zur **Helmcken Falls Viewing Platform**. Ein kleiner Picknickplatz lädt zum Verweilen ein und man hat die Möglichkeit, einen kurzen Spaziergang am Rand der Schlucht zu unternehmen.

Kurz vor dem Abzweig zur Helmcken Falls Viewing Platform kann man nach rechts zum Pyramid Campground abbiegen, wo man das Auto oder Wohnmobil parken kann. Von hier bieten sich drei verschiedene Wanderungen an (auf dem gleichen Wanderweg): Eine 5,5 km lange, einfache Strecke führt zum **Pyramid Mountain**, wo man einen fantastischen Ausblick genießen kann. Schafft man es noch 1,5 km weiter, gelangt man zum **Pyramid Lake**, der unter Anglern sehr beliebt ist. Wer richtig fit ist (und ein Zelt zum Übernachten dabei hat), kann bis zu den **Horseshoe Falls** wandern. Diese Wanderung, die ab dem Pyramid Lake nochmals 9 km bis zu den Horseshoe Falls führt, belohnt mit ursprünglicher Wildnis und spektakulären Ausblicken.

Fährt man weiter auf der Straße, die durch die Corridor Area führt, gelangt man bei Kilometer 51,3 und 54,1 zum **Redspring Picknickplatz** und **Deer Creek Picknickplatz**. Hier kann man den Clearwater River und die örtliche Flora und Fauna genießen.

Beobachten von Lachsen

5 km weiter kann man auf einem 4 km langen Rundweg die Stromschnellen des Clearwater River sehen und am West Lake Lachsforellen angeln (wenn man einen Angelschein besitzt). Die **Bailey's Chute Viewing Platform** bietet vor allem im August und September die Möglichkeit, den Chinook-Lachsen bei der Wanderung flussaufwärts zuzusehen.

Kurz vor dem Ende der 71 km langen Parkstraße trifft man bei Kilometer 68 schließlich auf den Clearwater Lake Campground, den letzten Campground auf der Route, der für Wohnmobile zugänglich ist. Von hier aus geht es zum **Clearwater Lake Lookout**, einem Aussichtspunkt, der etwa 6 km vom Campground entfernt ist.

Wer den Park lieber im Rahmen einer geführten Abenteuertour oder mit dem Kanu genießen möchte, sollte dies mit einem erfahrenen Führer tun. Es gibt verschiedene Anbieter, die Ausflüge oder mehrtägige Abenteuer anbieten.

> **Angelschein in British Columbia**

Wer als Tourist in British Columbia angeln möchte, benötigt einen Angelschein, die sog. **Fishing License**. Kinder bis 16 Jahre dürfen ohne Schein fischen, müssen aber von einem Erwachsenen begleitet werden, der einen entsprechenden Schein besitzt. Im Allgemeinen handelt es sich um eine **Freshwater License**, die für Binnengewässer gilt.

Wer als Tourist nach British Columbia reist, gilt (zumindest für den Angelschein) als „non-resident alien". Man kann einen Tages- oder Wochenschein sowie einen Schein, der für ein Jahr gilt, erstehen. Dies kann man entweder online tun (unter www.fishing.gov.bc.ca) oder in fast jedem Walmart oder Sportgeschäft. Die Kosten liegen für einen Wochenschein bei etwa $ 50 und eine einfache Angelausrüstung bekommt man in der gleichen Preisklasse. Mit dem Angelschein erhält man (oder druckt man sich bei Online-Kauf aus) eine sog. **Fishing Regulation Synopsis**, in der alle Regeln, die man befolgen muss, genau aufgelistet sind.

Wer einmal eine 5-Pfund-Lachsforelle gefangen und über dem Lagerfeuer gegrillt hat, hängt selbst am Haken und kann sich einen Urlaub ohne Angeln nicht mehr vorstellen!

Dies ist z. B. eine Möglichkeit, den **Murtle Lake** – der als größter Kanu-See Nordamerikas gilt – zu erleben. Murtle Lake erreicht man, indem man dem Highway 5 ab Clearwater für 105 km Richtung Norden folgt und in Blue River einer Schotterstraße für 27 km in den Park folgt. Auf dieser Seite des Parks gibt es keine Campgrounds, die mit dem Wohnmobil zugänglich sind. Wer diesen Teil des Park erleben möchte, aber nicht die entsprechende Ausrüstung hat, kann dies mit einem sog. Outfitter tun.

 Hinweis
Informationen zu den möglichen Aktivitäten im Park und Tourenanbietern unter www.discoverwellsgray.com, www.wellsgrayrafting.ca oder www.bcbackcountryadventures.com.

Reisepraktische Informationen Wells Gray

Information
Clearwater Visitor Centre, *416 Eden Road, Clearwater, BC V0E 1N0,* ☏ *250-674-2646, www.wellsgraypark.info. Direkt am Highway am Abzweig zum Wells Gray Park gelegen. Saisonal geöffnet, Mitte Mai–Mitte Okt. tgl. 9–19 Uhr.*

Camping
Pyramid Campground, *46 km nach dem Visitor Centre, 50 Stellplätze für Wohnmobile, ohne Anschlüsse. Trinkwasser vorhanden. Mai–Sept., online zu reservieren.*
Clearwater Campground, *68 km nach dem Visitor Centre, 80 Stellplätze für Wohnmobile, jedoch ohne Anschlüsse. Trinkwasser vorhanden. Mitte Mai–Sept. geöffnet, Reservierungen online möglich.*

Von Clearwater bis Merritt – mit einen Abstecher zum Hell's Gate

Zwischen Clearwater und Kamloops, in der Nähe von Barriere

Nach einigen Tagen in der Idylle der kanadischen Wildnis geht es zurück in die Zivilisation. Highway 5 führt in Richtung Süden entlang des North Thompson River bis nach Kamloops. Die 125 km lange Strecke ist in etwa zwei Stunden zu bewältigen, es laden jedoch zwischendurch einige Aussichtspunkte und Picknickplätze am Wegesrand zum Verweilen ein. Der Highway schlängelt sich durch das Tal, das der North Thompson River in die Shuswap Highlands geschnitten hat – eine der schönsten Strecken dieser Route.

 Hinweis
Beschreibungen der Sehenswürdigkeiten und Reisepraktische Informationen zu Kamloops s. S. 261.

Um auf den richtigen Highway Richtung Merritt zu gelangen, orientiert man sich am **Trans-Canada Highway**, dem Highway 1. Ausfahrt 368 zweigt nahe des Einkaufszentrums Aberdeen Mall ab und führt auf den alten Highway 5A, Richtung Merritt. Der alte Highway wurde Mitte der 1980er-Jahre durch den neueren **Coquihalla Highway** ersetzt, der fast parallel ein Stück weiter westlich verläuft. Landschaftlich gesehen ist die Strecke entlang der alten Straße jedoch wesentlich reizvoller. Die Straße wird gut instand gehalten, ist jedoch teilweise eng und kurvenreich – für die 70 km lange Strecke zwischen Kamloops und Quilchena sollte man mindestens eine Stunde einplanen.

Quilchena

Der Weg führt durch Ranchland vorbei am Stump Lake und schließlich weiter zum **Nicola Lake** und zum historischen Ort Quilchena. Das kleine Örtchen am Ufer des Sees besteht hauptsächlich aus der **Quilchena Ranch**, die seit 2013 zur benachbarten **Douglas Lake Ranch** gehört und nun auch deren Namen trägt; diese wurde durch den Erwerb zur größten Viehzucht Kanadas. Beide Ranches wurden Ende des 19. Jh. zur Zeit des Goldrausches gegründet. Das 1908 erbaute **Quilchena Hotel** liegt auf der linken Seite des Highways und ist in den Sommermonaten geöffnet. Ein kleiner **General Store**, der sich direkt neben dem Hotel befindet, bietet eine urige Atmosphäre und originelle Geschenkideen im Country & Western Style und ist ganzjährig geöffnet. Zum Hotel gehört außerdem ein Campground mit Stellplätzen für Wohnmobile. Quilchena ist durchaus eine attraktive Alternative zu Merritt, für alle, die es etwas ruhiger mögen.

Reisepraktische Informationen Quilchena

Unterkunft
Quilchena Hotel $$$, Merritt-Kamloops Highway 5A, Quilchena, BC V0E 2R0, 250-378-2611, www.quilchena.com. 15 Zimmer, nicht alle mit eigenem Bad, sauber und gemütlich. Restaurant und uriger Saloon im Hotel.

Camping
Quilchena on the Lake, Merritt-Kamloops Highway 5A, Quilchena, BC V0E 2R0, 250-378-2923, www.quilchenaonthelake.com. 25 Stellplätze für Wohnmobile mit Strom- und Wasseranschluss. Sehr schöner, sauberer Park mit Golfplatz – Buchung fürs Camping auf der Internetseite des Golfplatzes!

Monck Provincial Park

Der Monck Provincial Park liegt genau gegenüber dem Ort Quilchena, auf der anderen Seite des Nicola Lake. Um zum Park zu gelangen, der als einer der beliebtesten in British Columbia gilt, muss man jedoch der Straße um den See folgen – knapp 30 km mit vielen Kurven und fantastischen Aussichten, wobei man 14 km nach Quilchena den Abzweig zum Monck Park nach rechts nicht verpassen darf.

Der Nicola Lake ist ein bekannter Brutplatz der Weißkopfseeadler und Fischadler. *Brutplatz*
Man muss meist nicht lange warten, bis man diesen beeindruckenden Vögeln beim Fischen zusehen kann. Im See sind zudem 26 verschiedene Fischarten heimisch. Hier lohnt es sich also auch, einen Angelschein und eine Rute dabei zu haben.

Der Monck Park ist mit 92 ha zwar nicht besonders groß, er bietet jedoch eine Menge an Freizeitmöglichkeiten, mit denen man mehr als nur einen Tag füllen kann. Der Aufenthalt kann hier ohne Weiteres auf zwei oder sogar drei Tage ausgeweitet werden, während man das sonnige Strandleben am Nicola Lake genießt. Ein Sandstrand zieht *Sonniges*
in den Sommermonaten nicht nur Camper sondern auch zahlreiche Einheimische an, *Strandleben*
und an den Wochenenden ist der Park meist sehr gut besucht. Im Park und am See gibt es außerdem zahlreiche Stellen, wo man auch vom Ufer aus angeln kann. Das meiste Anglerglück hat man in den frühen Morgenstunden oder während der Abenddämmerung.

Wer die Gegend etwas erkunden will, kann einem 5 km langen **Rundwanderweg** folgen, der über die Parkgrenzen hinaus auf eine kleine Anhöhe führt. Der etwas an-

Nicola Lake zwischen Monck Park und Merritt

strengende Anstieg wird mit einem fantastischen Ausblick über den See und das gegenüberliegende Quilchena belohnt.

Rundwanderweg
Ein Teil des Rundwanderwegs führt an historisch bedeutsamen Stellen der First Nations vorbei. Archäologische Ausgrabungen haben u. a. Felszeichnungen zu Tage gebracht, die auf die Zeit um 1500 v. Chr. datiert wurden. Der Park ist seitdem offiziell eine heilige Stätte der Ureinwohner und jedes Jahr zur Sonnenwende im Juni wird hier der **National Aboriginal Day** gefeiert.

Camping
Monck Provincial Park, *Monck Park Road am Kamloops-Merritt Highway, 250-315-0253, www.env.gov.bc.ca. 120 Stellplätze, teils schattig, teils direkt am See. Kein Strom- oder Wasseranschluss für Wohnmobile, Trinkwasser aber vorhanden. Reservierung empfehlenswert, vor allem an den Wochenenden.*
Wer einen Campground mit Anschlüssen für Wohnmobile bevorzugt, kann im 20 km entfernten **Merritt** *(s. S. 477) übernachten und im Monck Park auch nur den Strand und Picknickbereich nutzen. Entlang der kurvigen Monck Park Road geht es zurück auf den Highway 5A und weiter nach Merritt.*

Nicola Ranch

Direkt am Highway zwischen Nicola Lake und Merritt liegt die **Nicola Ranch**, eine der größten Ranches/Viehzuchten in Kanada und in British Columbia nur übertroffen von der Douglas Lake Ranch auf der anderen Seite des Nicola Lake. Auf der linken Seite des Highways befindet sich ein kleiner Laden mit Rastplatz, der zur Ranch gehört.

Es gibt zwar keine offiziellen Führungen, Besucher können jedoch auf eigene Faust die historischen Gebäude der Ranch erkunden. Ein besonderes Highlight ist die **Murray Church**, eine der ältesten und meistfotografierten Kirchen in British Columbia.

Ranchbesuch

Einige der Gebäude können auch als Übernachtungsquartier gebucht werden, Informationen hierzu auf der Internetseite der Ranch: www.nicolaranch.com.

Merritt

Die Stadt mit etwa 8.000 Einwohnern im Nicola Valley ist weit über ihre Grenzen hinaus für ihr tolles Klima, vielfältige Freizeitmöglichkeiten und hilfsbereite Einwohner bekannt. Heiße Sommer und relativ milde Winter machen die Gegend das ganze Jahr über zu einem attraktiven Reiseziel. Die günstige Lage direkt am Coquihalla Highway hat zur Folge, dass Merritt das Wochenend- und Sommerdomizil der von Regen geplagten Vancouverites ist.

Günstiges Klima

Die Wurzeln der Stadt liegen in der Viehzucht. Als einer der ersten Pioniere und Rancher der 1911 entstandenen Gemeinde gilt der Einwanderer Jesus Garcia. Forstwirtschaft und Viehzucht sind nach wie vor die Standbeine der Wirtschaft in der Umgebung, wobei in den letzten Jahren der Tourismus immer mehr an Bedeutung gewonnen hat. Merritt ist vor allem wegen der ausgezeichneten Angel- und Jagdmöglichkeiten bekannt und auch unter den Einheimischen sehr beliebt. Im Umkreis von 100 km gibt es über 200 Seen und Flüsse, die jedes Anglerherz höherschlagen lassen.

Nicola Valley Archives & Museum

Im Herzen der Stadt liegen die Nicola Valley Archives & Museum. Das kleine, aber feine Museum beherbergt Artefakte der First Nations und zeigt u. a. die Nachbildung einer Schmiedewerkstatt und eines kleinen General Stores aus der Pionierzeit. Die Geschichte des Krankenhauses und Schwesternheims wird mit einigen Ausstellungsstücken untermalt, die den Besucher die moderne Medizin von heute schätzen lassen. Ein weiterer traditioneller Wirtschaftszweig in der Umgebung von Merritt ist der Bergbau, der ebenfalls mit einer kleinen Ausstellung gewürdigt wird.
Nicola Valley Archives & Museum, *1675 Tutill Court, Merritt, BC V1K 1B8, ☏ 250-378-4145, www.nicolavalleymuseum.org, Juni–Aug. Mo 10–15, Di–Sa 9–17, Sept.–Mai Mo, Di, Fr 10–15, Mi/Do 10–16 Uhr, Eintritt Kinder $ 1, Erwachsene $ 2.*

Countrymusic, Murals und Stars

Merritt ist die Heimat der **Canadian Country Music Hall of Honour**; die Countrymusic ist tief in der Stadt verwurzelt. Diese Wurzeln zeigen sich an vielen Orten, wie etwa den **Murals**, großen Wandgemälden mit Porträts von Countrysängern an Gebäuden in der Innenstadt. Die **Stars** sind sternförmige Plaketten, auf denen die Elite der Countrysänger ihren Handabdruck hinterlassen hat und die nun hauptsäch-

Wandgemälde

lich im Bereich der Innenstadt zu sehen sind. Namhafte Musiker wie Billy Ray Cyrus, Brooks & Dunn und Tim McGraw haben sich hier bereits verewigt.
Canadian Country Music Hall of Honour, *2025 Quilchena Avenue, Merritt, BC V1K 1B8,* ☏ *250-378-2267, in den Sommermonaten Sa/So mit wechselnden Zeiten geöffnet sowie zu besonderen Anlässen und nach Vereinbarung das ganze Jahr über.*
Walk of Stars, *an unterschiedlichen Stellen in Merritt, Karte und Informationen unter www.merrittwalkofstars.com.*

Merritt Lookout

Ein lohnender Spaziergang ist der (etwas anstrengende) Aufstieg zum Merritt Lookout. Diesen erreicht man auf einer breiten Schotterstraße, die am Friedhof am Juniper Drive beginnt. Von der Aussichtsplattform kann man die gesamte Stadt und einen großen Teil des Nicola Valley überblicken.

Merritts Nachtleben

Als Cowboy- und Holzfällerstadt führt Merritt nicht unbedingt ein aufregendes Nachtleben ... Es geht hier auch nicht um Nachtclubs und Kultur, sondern vielmehr um den Nachthimmel. Merritt ist unter Astronomen als ausgezeichneter Ort zur Beobachtung des nächtlichen Himmels bekannt. Durch die geringe Ansiedlungsdichte im Umkreis der Stadt gibt es hier besonders wenig Lichtverschmutzung, sodass sich ein fantastischer Blick auf den nächtlichen Sternenhimmel, vor allem auf die Milchstraße, bietet. Näheres hierzu kann man auf der Internetseite www.merrittastronomical.com erfahren.

Reisepraktische Informationen Merritt

Information
Visitor Information Booth, *2250 Voght Street, Merritt, BC V1K 1B8,* ☏ *250-378-0349, www.bailliehouse.com, Mai–Sept. tgl. 10–18, Okt.–April Di–Sa 10–16 Uhr. In den Sommermonaten werden auch Touren durch das historische Baillie House angeboten, auf dessen Grundstück sich das Infozentrum befindet – fragen Sie doch bei der Führung nach den Geistergeschichten, die sich um das Haus ranken!*
British Columbia Visitor Centre @ Merritt, *Exit 286 Highway 5, Merritt, BC V1K 1B8,* ☏ *250-315-1342, BCVCMerritt@gov.bc.ca, www.hellobc.com, tgl. 9–16, in den Sommermonaten 9–19 Uhr (s. S. 480).*

Unterkunft
Intown Inn & Suites $$, *2201 Voght Street, Merritt, BC V1K 1B8,* ☏ *250-378-4291, www.intowninnandsuites.com. 44 Zimmer, sehr schlicht, aber sauber. Günstige Lage in der Innenstadt, gegenüber der Visitor Information Booth.*
Quality Inn $$$, *4025 Walters Street, Merritt, BC, V1K 1B8,* ☏ *250-378-4253, www.qualityinn.com. 56 Zimmer, sehr gepflegt und sauber, Restaurant vor Ort. Im östlichen Teil der Stadt, etwas abseits der Innenstadt.*

Merritt und das Nicola Valley

Ramada Inn $$$, 3571 Voght Street, Merritt, BC V1K 1B8, ☎ 250-378-3567, www.ramada.com. Das Ramada Inn mit 50 Zimmern liegt zusammen mit zwei weiteren Hotels direkt an der Hauptstraße im östlichen Teil der Stadt. Restaurants in der Nähe.

Camping

Claybanks RV Park, 1302 Voght Street, Merritt, BC V1K 1B8, ☎ 250-378-6441, www.claybanksrv.com. 54 Stellplätze für Wohnmobile mit Strom, Wasser- und Abwasseranschluss. In der Nähe der Innenstadt, direkt am Fluss. Wenig schattige Plätze.

Moonshadows RV Park & Campground, 1145 Neilson Street, Merritt, BC V1K 1B8, ☎ 250-315-2267, www.moonshadows.ca. 57 Stell- und Zeltplätze, teilweise mit Anschlüssen für Wohnmobile. Sehr schöne Lage direkt am Coldwater River, etwas außerhalb der Stadt auf dem Gelände des Merritt Mountain Music Festivals.

Essen und Trinken

Home Restaurant, 3561 Voght Street, Merritt, BC V1K 1B8, ☎ 250-378-9112, www.homerestaurants.ca. Leckere Hausmannskost, toller Service, tgl. 7–20 Uhr.

Mongos Mongolian Grill, 2102 Nicola Ave., Merritt, BC V1K 1B8. Tolle Atmosphäre und leckeres, frisches Essen. Man bedient sich selbst an der Theke und kann dann zusehen, wie die Auswahl zubereitet wird. Mo–Fr 11–20.30, Sa 16–20.30 Uhr.

Garden Sushi, 2701 Nicola Ave., Merritt, BC V1K 1B8, w 250-378-5504. Sehr gutes Sushi und auch andere japanische Gerichte, tgl. geöffnet, Mo–Sa für Mittag- und Abendessen, sonntags ab 16 Uhr.

Festival

Bass Coast Festival, www.basscoast.ca. Jedes Jahr im August über mehrere Tage stattfindendes Künstler-Festival mit Musik, Händlern und Workshops.

Abstecher zum Hell's Gate

Von Merritt aus kann man einen Abstecher nach **Hell's Gate**, einer spektakulären Schlucht mit Seilbahnfahrt (s. S. 260) unternehmen. Hierzu verlässt man Merritt in Richtung Westen auf dem Highway 8, in Richtung Spences Bridge. Der Highway 8 führt zunächst durch das **Sunshine Valley** bis nach Spences Bridge, durch sonnige Täler und kurvige Canyons. Je mehr man sich **Spences Bridge** nähert, desto mehr gleicht die Landschaft einer Wüste. Die Gegend gilt als Halbwüste und ist in den Sommermonaten extrem trocken und heiß. Sie ist auch eines der wenigen Gebiete in British Columbia, in denen Klapperschlangen heimisch sind (neben der Gegend um Kamloops und dem südlichen Okanagan Valley).

Wüstengleiche Landschaft

Kurz nach Spences Bridge, nach etwa 100 km Strecke, mündet der Highway 8 bei Lytton, einer kleinen Gemeinde, in der hauptsächlich Mitglieder der First Nations leben, in den Highway 1 (Trans-Canada Highway). Ab Lytton sind es noch weitere 55 km Richtung Süden bis Hell's Gate. Der Highway 1 verläuft durch den Fraser Canyon, parallel zum Fraser River. Je weiter man nach Süden kommt, desto grüner wird die Landschaft. In dieser Gegend regnet es auch im Sommer des Öfteren, wer Hell's Gate besucht, sollte immer eine Regenjacke dabei haben!

Von Merritt nach Vancouver

Merritt ist nochmals Stützpunkt für eine weitere Nacht der Rundreise, bevor es am nächsten Tag weitergeht in Richtung Kentucky Lake – diesmal in Richtung Südosten.

Man folgt der Nicola Avenue aus der Stadt heraus in Richtung Highway 97C, auf den man in der Nähe des Visitor Centre auffährt. Merritt hat neben dem Infozentrum in der Innenstadt noch eine zweite Touristeninformation direkt am Highway.

Besucherzentrum

Das **British Columbia Visitor Centre @ Merritt**, das sich in einem beeindruckenden Blockhaus befindet, ist an sich schon einen Besuch wert. Von hier führt außerdem ein kurzer Wanderpfad auf eine kleine Anhöhe hinter dem Visitor Centre. Hier bietet sich ein fantastischer Ausblick auf die Stadt. In den Monaten Mai/Juni und September/Oktober hat man durchaus Chancen, einem Bären zu begegnen. In diesem Fall bitte unbedingt die Verhaltensregeln im Umgang mit Bären befolgen und dem Tier genügend Raum lassen (s. S. 47).

> **Information**
> **British Columbia Visitor Centre @ Merritt**, Exit 286 Highway 5, Merritt, BC V1K 1B8, ☎ 250-315-1342, BCVCMerritt@gov.bc.ca, www.hellobc.com, tgl. 9–16, in den Sommermonaten 8–18 Uhr.

Die Weiterfahrt ab Merritt führt auf dem Highway 97C Richtung Kelowna vorbei an **Corbett Lake**, einem Paradies für Angler. Der See ist in ganz Nordamerika für riesige Lachsforellen bekannt und auch weniger Angelbegeisterte kommen in der idyllischen Gegend auf ihre Kosten. Mai und Juni ist Hochsaison für Angler, in dieser Zeit unbedingt reservieren! Wer nur angeln und nicht übernachten möchte, kann dies in Corbett Lake ebenfalls tun. Mehr Informationen findet man unter www.corbettlake.ca.

Knapp 30 km nach dem Visitor Centre zweigt Highway 5A nach rechts ab in Richtung Princeton und zum **Kentucky Alleyne Provincial Park**. Die Strecke führt durch die kleine Ansiedlung **Aspen Grove**. Ein Schild kündigt kurz darauf den Abzweig zum Provincial Park nach links an. Nach dem Abzweig fährt man noch 6 km auf einer relativ gut instand gehaltenen Straße bis zum Park.

Kentucky Alleyne Provincial Park

Der 144 ha große Provincial Park ist einer der schönsten Parks von British Columbia. Längst nicht mehr nur ein Geheimtipp für die Erholungssuchenden aus Vancouver, ist der Park in den Sommermonaten immer sehr gut besucht und an den Wochenenden oft ausgebucht.

Auch wenn der Campground voll belegt ist, hat man hier genügend Platz und kann die Natur in Ruhe genießen – der Campingplatz ist äußerst großzügig angelegt und die Stellplätze erstrecken sich an den Ufern von Kentucky und Alleyne Lake.

Die türkisblauen Wasser des Kentucky Lake

Der Park bietet ausgezeichnete Angelmöglichkeiten und hat sogar einen kleineren Tümpel zwischen den beiden größeren Seen, der ausschließlich für Kinder reserviert ist und mit Lachsforellen bestückt wird.

Ein sehr lohnender Spaziergang ist der 4 km lange **Rundweg um den Kentucky Lake**, der etwa 90 Minuten dauert. Ein breiter Trampelpfad führt um den See, der für sein türkisblaues Wasser bekannt ist. Die leichte Wanderung belohnt mit fantastischen Ausblicken.

Schöner Spaziergang

Kentucky Lake ist der natürliche Lebensraum des **Haubentauchers**. Und selbst wenn diese Wasservögel nicht besonders beeindruckend aussehen, ihr Ruf ist alles andere als gewöhnlich. Besonders in der Nacht geht der intensive Schrei durch Mark und

Haubentaucher Bein … genau die richtige Atmosphäre für eine Nacht am Lagerfeuer! Das englische Wort für Haubentaucher ist übrigens **Loon**. Und genau dieser *Loon* ist auf dem kanadischen Dollarstück zu finden – daher der Spitzname *Loonie*.

Camping
Kentucky Alleyne Provincial Park, Merritt-Princeton Highway 5A, www.env.gov.bc.ca. Campground Mitte Mai–Sept. geöffnet. 58 Stellplätze für Wohnmobile, keine Anschlüsse, aber Trinkwasser vorhanden.

Hinweis
Da (außer für den Gruppenzeltplatz) keine Reservierungen möglich sind, sollte man dort bereits am Vormittag zwischen 11 und 12 Uhr eintreffen, dann hat man ausgezeichnete Chancen, einen Stellplatz zu ergattern.

Zurück auf dem Highway 5A, biegt man nach links in Richtung Princeton ab. Die kurvige Strecke der nächsten Tagesetappe ist nur 70 km lang. Es bleibt daher genügend Zeit für ein Picknick im **Allison Lake Provincial Park**, der etwa auf halbem Weg liegt. Der Picknickplatz des Parks befindet sich auf der rechten Seite des Highways und liegt direkt am See. Leider gibt es dort keine Restaurants oder Läden, also sollte man sich bereits in Merritt mit Vorräten eingedeckt haben.

Picknick am See

Princeton

Princeton liegt im **Similkameen Valley**, umgeben von den Cascade Mountains. John Allison, nach dem der Allison Lake und zugehörige Park benannt ist, war einer der ersten Pioniere in der Gegend. Der Standort seines Hauses hat sogar noch heute Bedeutung – einige der Entfernungen werden ab diesem Punkt gemessen. So gibt es in der Gegend Flüsse, die One Mile, Five Mile und Twenty Mile heißen, da dies die Entfernung zum Allison Haus ist.

John Allison kam ursprünglich ins Similkameen Valley auf der Suche nach Gold – und wurde in Tulameen, einer kleinen Siedlung zwischen Princeton und Allison Lake, fündig. Bis zum

Innenstadt von Princeton, BC

heutigen Tag wird dort auf dem sog. *Treasure Mountain* Gold und Kupfer abgebaut. Weitere Industriezweige der heute 2.600 Einwohner zählenden Stadt sind Land- und Forstwirtschaft.

Fred Leard, ein aus Vancouver stammender Einwohner von Princeton, fasste seine Meinung über seine neue Heimatstadt in Worte, mit denen die Stadt Princeton gerne wirbt: „*The Similkameen is about as close to heaven as one can get in their lifetime.*" Heute ist das kleine Stück Himmel eine charmante kleine Stadt, die sehr stolz auf ihre Cowboy-Tradition und Herkunft ist – und dies auch zeigt. Die Innenstadt von Princeton besitzt Western-Flair und das Infozentrum ist ebenfalls im rustikalen Stil gebaut.

Princeton Museum

Neben einem Bummel durch die Innenstadt sollte ein Besuch des Princeton Museums unbedingt auf dem Programm stehen. Das im Jahr 2011 vollständig neu renovierte Museum besitzt eine der umfangreichsten Fossilien-Sammlungen in ganz Kanada. Die fast 30.000 Ausstellungsstücke umfassende Sammlung wurde dem Museum von Joe Pollard, einem der Einwohner Princetons, nach seinem Tod hinterlassen. Obwohl zahlreiche renommierte Museen an der Sammlung Interesse zeigten, befolgte Joe Pollards Witwe dessen Willen und übergab alle Stücke dem Museum in Princeton.

Fossilien-Sammlung

Weitere Highlights des Museums sind eine originale Blockhütte, die in den Pionierzeiten von einer achtköpfigen Familie bewohnt wurde, sowie Objekte aus den frühen Cowboy-Tagen und den Kohlezechen, die mittlerweile auch der Vergangenheit angehören. Artefakte der Ureinwohner vervollständigen die Sammlungen des Museums.
Princeton Museum, *167 Vermilion Avenue, Princeton, BC V0X 1W0, ☎ 250-293-6776, www.princetonmuseum.org, Ende Mai–Aug. tgl. Mo–Sa 10–17, So 11–15, Sept./Okt. Fr–So 12–16 Uhr.*

Der Gentleman-Bandit Bill Miner

Princeton war eine Zeit lang Heimat des in den USA und Kanada berüchtigten Banditen Bill Miner. Der aus den Südstaaten stammende Gentleman ließ sich 1904 in Princeton nieder und wurde in der Stadt schnell für seine Großzügigkeit und Freundlichkeit bekannt.

Während sich die Einwohner über einen Wohltäter in ihrer Mitte freuten, plante Bill Miner seinen nächsten Überfall auf die Eisenbahn in der Nähe von Kamloops. Obwohl er mit seinen Komplizen gefasst wurde, gelang es ihm, aus dem Gefängnis auszubrechen. Er kehrte Princeton den Rücken zu und schlug sich durch bis in die USA, wo er jedoch einige Jahre später ebenfalls gefasst wurde und 1913 in einem Gefängnis in Georgia starb.

Reisepraktische Informationen Princeton

Information
Princeton Visitor Centre, 105 Highway 3 East, Princeton, BC V0X 1W0, ☎ 250-295-3103, www.princeton.ca, Juli/Aug. tgl. 9–17, Sept.–Juni Mo–Fr 9–17 Uhr.

Unterkunft
Sandman Inn Princeton $$$, 102 Frontage Road/Highway 3, Princeton, BC V0X 1W0, ☎ 250-295-6923, www.sandmanhotels.ca/hotels/princeton. Am Rand der Innenstadt direkt am Highway gelegen. 52 schöne, saubere Zimmer.
Canada's Best Value Princeton Inn & Suites $$$, 169 Highway 3, Princeton, BC V0X 1W0, ☎ 250-295-3537, www.canadasbestvalueinn.com. 44 schlichte, saubere Zimmer, teilweise mit Küchenzeilen. nur wenige Gehminuten von der Innenstadt.

Camping
Princeton Golf & RV Park, 365 Dracy Mountain Road, Princeton, BC V0X 1W0, ☎ 250-295-6123, www.princetongolfclub.com. 32 Stellplätze, teilweise mit vollen Anschlüssen. Schattige Plätze, ca. 3 km außerhalb von Princeton über den Highway 3 Richtung Osten.
Princeton RV Park, 365 Highway 3 East, Princeton, BC V0X 1W0, ☎ 250-295-7355, www.princetonrvpark.com. 73 Stellplätze für Wohnmobile mit Anschlüssen, mit über 40 Stellplätzen direkt am Fluss. Sehr schöne Lage und angenehm, schattige Plätze. Reservierung empfohlen.

Essen und Trinken
Billy's Family Restaurant, 301 Vermilion Avenue, Princeton, BC V0X 1W0, ☎ 250-295-3939, www.billysrestaurant.ca. Tgl. zum Frühstück, Mittag- und Abendessen geöffnet. Unter den Einheimischen im Besonderen für das gute Frühstück geschätzt. Rustikal, aber gut.
Santo's Steak and Greek Taverna, 117 Bridge Street, Princeton, BC V0X 1W0, ☎ 250-295-6644. Griechisches Essen und tolle Steaks. Mo–Fr 16–22.30, Sa/So 11–21 Uhr.
Es gibt noch eine Reihe von Fast-Food- und Familien-Restaurants entlang des **Highway 3** und der **Vermilion Avenue**.

Hinweis zur Route

75 kurvenreiche Kilometer führen von Princeton auf dem Highway 3 zum **E.C. Manning Provincial Park**. Der Highway ist auch als **Crowsnest Highway** bekannt. Die erste Hälfte der Strecke fährt man auch scheinbar in luftigen Höhen, auf den Ausläufern der Okanagan Highlands. Danach geht es auf der landschaftlich reizvollen Strecke wieder hinunter ins Tal und durch die Cascade Mountains bis nach Manning Park, dem Tor zum E.C. Manning Provincial Park.

Blick auf die Cascade Mountains vom Heather Trail im E. C. Manning Provincial Park

E.C. Manning Provincial Park

Die zentrale Lage zwischen dem Einzugsgebiet Vancouvers und dem Okanagan Valley machen den E.C. Manning Park zu einer sehr beliebten Destination, die das ganze Jahr über zugänglich ist.

Auf einer Gesamtfläche von 70.844 ha kann man hier nach Herzenslust wandern, schwimmen, Kanu fahren oder einfach nur die Natur genießen. Die Gegend des Parks wurde bereits vor 10.000 Jahren von den Ureinwohnern als Jagdgebiet genutzt, permanente Siedlungen gab es aufgrund des schroffen und bergigen Terrains nicht. In der Zeit des Gold Rush wurde von den Pionieren bereits über die natürliche Schönheit der Landschaft in den Cascade Mountains berichtet, 1941 wurde das Gebiet schließlich zum Provincial Park erklärt und nach Ernest C. Manning benannt. Der Namenspatron des Parks ist der damalige Chef der Forstverwaltung in British Columbia, der der Behörde 1936–1941 vorstand und bei einem Flugzeugabsturz ums Leben kam.

Wander- und Naturparadies

Bei der Einfahrt in den Park, von Hope kommend, passiert man ein Gebiet, das **Rhododendron Flats** genannt wird. Im Frühsommer bewundern die Besucher den rosaroten Blütenteppich, der ein tolles Fotomotiv abgibt. Die Pflanze ist eine von nur dreien, die in der Provinz B. C. unter Naturschutz stehen. Sie kommt selten so weit nördlich vor. Viele weitere Pflanzen- (mehr als 200) und Tierarten (63 Säugetierarten), darunter sehr seltene, geben diesem Park ein besonderes Flair. Vor allem Dachse, Viel-

Blütenteppich

fraße und Stummelschwanzhörnchen bilden bedeutende Kolonien. Und auch der seltene Fleckenkauz ist hier anzutreffen. Der Highway 3 verläuft auf einer Länge von 58 km durch den Park und bietet Besuchern Zugang zu Tagesaktivitäten und Picknickbereichen.

> **Hinweis**
> Wer mit dem Rucksack losziehen will und sich ins sog. **Backcountry** in die Wildnis begeben möchte, muss sich vorher **unbedingt registrieren** und seine genauen Pläne bekannt geben. Die Wanderwege des Backcountry werden von den Park Rangern nicht pa-

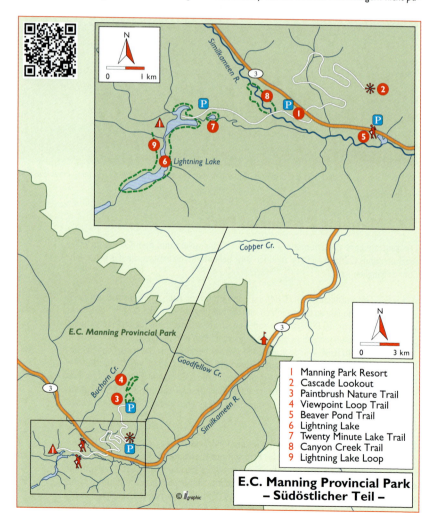

E.C. Manning Provincial Park – Südöstlicher Teil –

1 Manning Park Resort
2 Cascade Lookout
3 Paintbrush Nature Trail
4 Viewpoint Loop Trail
5 Beaver Pond Trail
6 Lightning Lake
7 Twenty Minute Lake Trail
8 Canyon Creek Trail
9 Lightning Lake Loop

trouilliert, es sollten sich also nur erfahrene Wanderer eine derartige Tour zumuten. Die Aktivitäten und Wanderungen, die in diesem Kapitel beschrieben werden, sind alle als Tagesausflug zu bewältigen.

Aktivitäten im E.C. Manning Provincial Park

Ein guter Ausgangspunkt für Aktivitäten im Park ist das **Manning Park Resort (1)**, das direkt am Highway liegt, etwa 17 km nachdem man von Princeton kommend in den Park fährt. Das Resort bietet drei verschiedene Restaurants/Cafés und Übernachtungsmöglichkeiten für Reisende, die nicht ohne Anschlüsse für ihr Wohnmobil auskommen möchten.

Gegenüber dem Resort führt eine Schotterstraße nach Norden zum **Cascade Lookout (2)**. Die holprige Straße ist etwas abenteuerlich, der Ausblick von der Aussichtsplattform entschädigt aber dafür. Wer noch für weitere 4 km auf der Straße weiterfährt, kommt zum nächsten Parkplatz mit Zugang zum **Paintbrush Nature Trail (3)** und **Viewpoint Loop Trail (4)**. Beide Rundwege sind kurz (1,5 bzw. 3,5 km lang) und leicht zu bewältigen.

Verschiedene Trails

Wandern im Schnee

E.C. Manning Provincial Park, genauer gesagt **Manning Park Resort**, liegt auf einer Höhe von 1200 m. Der höchste Gipfel, Mount Frosty, bringt es immerhin auf stolze 2408 m. Die Wanderwege, Seen und Flüsse des Parks liegen also zwischen 1200 und 2400 m und unterliegen somit verschiedenen Wetterbedingungen.

Während man auf den **Wanderwegen** in der Nähe des Resorts zum größten Teil bereits Ende Mai schneefrei wandern kann, dauert das für die höheren Lagen, wie den Cascade Lookout, meist bis Mitte Juli. Die beste Zeit für den Manning Provincial Park, um alle Wanderungen genießen zu können, ist Ende Juli bis Ende August.

Weniger als 2 km vom Resort Richtung Osten ist der Parkplatz zum **Beaver Pond Trail (5)**. Mit etwas Glück kann man auf dem 1,5 langen Pfad Biber und Wasservögel beobachten – es ist allerdings Ruhe geboten, da Biber sehr lärmempfindlich sind!

Zurück am Resort, führt die Gibson Pass Road zum **Lightning Lake (6)**, der eine Vielzahl an Rundwegen und Aktivitäten bietet. Angefangen mit dem Twenty Minute **Lake Trail (7)**, der in kurzen 20 Minuten um einen kleinen Ableger des Lightning Lake führt, über den 1,5 Stunden dauernden **Canyon Creek Trail (8)**, bis zum 9 km langen **Lightning Lake Loop (9)** – es gibt etwa sieben bis acht kurze Wanderungen in der Umgebung des Sees. Zur Abkühlung kann man sich in die (zugegeben frostigen) Fluten des Lightning Lake stürzen, oder zumindest die heiß gelaufenen Füße

Schöne Wanderziele

kühlen … Am Lightning Lake besteht außerdem die Möglichkeit, Boote oder Kanus zu mieten und den See im Trockenen zu erkunden. Eine weitere Attraktion im Picknickbereich des Sees sind tägliche Infoveranstaltungen im Sommer über die Flora und Fauna des Manning Park.

Reisepraktische Informationen Manning Park

Information
Visitor Centre, 1 km westlich vom Manning Park Resort, Manning Park, BC, ☎ 604-668-5953, www.env.gov.bc.ca. Visitor Centre nur im Sommer (Juni–Aug.) geöffnet, das restliche Jahr erhält man in der Manning Park Lodge Auskunft.

Unterkunft
Manning Park Lodge $$$, 7500 Highway 3, Manning Park, BC V0X 1R0, ☎ 604-668-5922, www.manningpark.com. Zimmer, Suiten, Blockhütten und Gruppenunterkünfte sind verfügbar.

Camping
Die Campgrounds im Park gehören nicht zum Resort, sondern zum Provincial Park. Reservierungen können nur über die Internetseite www.env.gov.bc.ca oder www.discovercamping.ca vorgenommen werden!
Lightning Lake, Gibson Pass Road, Manning Park, BC. 153 Stellplätze, Übernachtung nur mit Reservierung möglich! Keine Anschlüsse für Wohnmobile, aber WCs und Trinkwasser vor Ort. Sehr beliebter Campground, idealer Ausgangspunkt für viele Aktivitäten.
Cold Spring, Highway 3, Manning Park, BC. Wenige Kilometer westlich vom Resort, 66 Stellplätze, teilweise Reservierung möglich, direkt am Fluss.

Am Lightning Lake

Vom E.C. Manning Provincial Park nach Hope

Auf der Strecke von Manning Park nach Hope darf man den kurvigen Highway 3 noch weitere 70 km genießen. Die Fahrt geht durch und über die Cascade Mountains, teilweise ist der Highway ziemlich eng. Etwa 15 km vor dem Ziel passiert man das idyllisch gelegene **Sunshine Valley**, eine kleine Freizeitgemeinde, die in den Zeiten des Zweiten Weltkriegs als Lager für japanisch-kanadische Einwanderer galt.

3 km nach Sunshine Valley erreicht man ein beeindruckendes Naturschauspiel – die **Hope Slide**. Ein Parkplatz auf der rechten Seite des Highways bietet die Möglichkeit, den Erdrutsch, der als einer der größten in Kanada gilt, aus der Nähe zu betrachten. Holzbänke laden zum Verweilen ein und eine Informationstafel erklärt die Zusammenhänge.

Übersetzung der Infotafel „Hope Slide"

Am frühen Morgen des Samstag, 9. Januar 1965, donnerte ein Erdrutsch von enormen Ausmaßen ins Tal des Nicolum Creek und begrub 3 km des Hope Princeton Highway unter sich.

Innerhalb von Sekunden waren 46 Millionen Kubikmeter Erde, Steine und Schnee im Tal angekommen – der Erdrutsch war von einem kleinen Erdbeben ausgelöst worden. Der 2000 m hohe Berg, der die nördliche Seite des Tals eingrenzte, brach förmlich zusammen und begrub den Outram Lake am Fuße des Berges in einer 70 m hohen Schicht aus Geröll.

Das Wasser sowie die weichen Gesteinsschichten des Seebetts wurden durch die Wucht des Aufpralls bis an die gegenüberliegende Seite des Tals katapultiert und verteilten sich in südöstliche Richtung, wobei sie eine Höhe zwischen 30 und 60 m erreichten. Die Reichweite der Zerstörung ist bis heute am südlichen Ende des Tals zu sehen, wo Teile des Waldes weggeschwemmt wurden und der Schlamm nur einen kahlen Streifen hinterließ. Vier Personen in drei verschiedenen Fahrzeugen hatten in der Nähe kurz zuvor angehalten, um die Ausmaße einer kleinen Lawine anzusehen, als sie von der Schlammlawine erfasst wurden, die in Richtung Süden durch das Tal schwemmte. Zwei Opfer wurden bis heute nicht gefunden.

Seismografische Aufzeichnungen zeigen, dass an diesem Morgen zwei Erdbeben in der Gegend des Nicolum Valley registriert wurden. Das zweite Erdbeben geschah um 6.58 Uhr, in etwa zur selben Zeit wie der Erdrutsch. Der neue Highway und dieser Aussichtspunkt wurden auf dem Geröll des Erdrutsches gebaut, etwa 55 m höher als der ursprüngliche Highway.

Am Ende dieser kurzen Etappe erreicht man **Hope**, das an der Kreuzung von Highway 3 und dem Trans-Canada Highway, direkt am Fraser River liegt.

Hope

Die kleine Stadt am Fraser River ist Heimat für fast 7.000 Menschen. Sie liegt an der Kreuzung des Trans-Canada Highway mit dem Coquihalla Highway. Millionen von Besucher passieren die Stadt jedes Jahr auf dem Weg in den Fraser Canyon oder über den Coquihalla. Hope ist jedoch viel mehr als nur ein Zwischenstopp. Es bietet einige ungewöhnliche Sehenswürdigkeiten und schier endlose Freizeitmöglichkeiten.

Lachswanderung

Der **Fraser River**, auch als *Mighty Fraser* bekannt, ist ein absoluter Hotspot für die jährliche Lachswanderung. Millionen von Lachsen bahnen sich ihren Weg stromaufwärts zum Laichen. Wenn man die Lachse auch etwas besser im Bereich von Hell's Gate sehen kann, so hat man in Hope doch die Möglichkeit, den einen oder anderen Blick auf die Lachse zu erhaschen. Die beste Zeit dafür ist Ende September bis Ende Oktober.

Die Stadt Hope liegt am Südende des Fraser Canyon und war jahrtausendelang Siedlungsgebiet des Indianerstamms der Stó:lō, die von den reichen Fischgründen der Gegend angelockt worden waren. Die europäische Siedlungsgeschichte begann 1808, als Simon Fraser mit einer Expedition die Gegend erkundete. Doch erst 1848 wurde der schwer begehbare **Hope Trail** eröffnet. 1849 wurde **Fort Hope** als Posten der *Hudson's Bay Company* aufgebaut. Die Handelsgesellschaft hoffte (deshalb der Name „Hope"), dass durch den Auf- und Ausbau verschiedener Handelsrouten die Verbindungen zwischen Küste und Hinterland verbessert würden.

Der Ruf des Goldes

Der **Fraser-Canyon-Goldrausch** von 1858 sorgte für eine massenhafte Einwanderung vor allem kalifornischer Goldsucher, die meist über den Fraser River kamen. Zwar wurde in bescheidenem Maße bereits in den Jahren zuvor von Einheimischen am Fraser River und seinen Zuflüssen Gold gefunden. Doch brachte erst die Tatsache, dass Gold aus der Fraser-Gegend in die Münzanstalt San Francisco geliefert wurde, den Beweis in die Vereinigten Staaten und löste dann den Run auf das begehrte Edelmetall aus.

Zehntausende machten sich auf, um ihr Glück zu versuchen. Offiziell erlaubt war nur der Zugang zum Fraser River über das Einfallstor Victoria. So wollten die staatlichen Stellen in Kanada den Zustrom vor allem aus den USA kanalisieren. Doch immer mehr Glückssucher kamen auf verbotenen Wegen ins Land, etwa über den Okanagan Trail und den Whatcom Trail. Obwohl die Amerikaner den Großteil der Goldsucher ausmachten, strömten die Menschen aus aller Welt ins Land. Der gewaltige Zustrom an Glücksrittern brachte die über Jahre hinweg austarierte Balance zwischen Pelzhändlern und Indianern durcheinander. Soziale Unruhen waren die Folge.

Der Handelsposten Hope spielte jedoch während des Goldrauschs eher eine Nebenrolle, zogen die meisten Goldsucher doch weiter nördlich nach Yale, Boston Bar und ins Caribou-Gebiet. Ende des 19. und Anfang des 20. Jh. setzte ein bescheidener Entwicklungsschub in Hope ein, als Sägewerke errichtet wurden und mit der Kettle

Valley Railway eine neue Eisenbahngesellschaft entstand, für die eine neue Strecke und umfangreiche Tunnelbauten erforderlich waren.

Hope Museum

Die Ausfahrt 171 ist die beste Wahl, um einen Besuch in Hope zu starten. Die Straße führt zur Water Avenue, an der das **Visitor Centre** auf der rechten Seite liegt. Es beherbergt zugleich das **Hope Museum**. Hier erhält man einen Überblick über die Geschichte der Stadt, angefangen mit den Ureinwohnern, den Stó:lō, und dem Gold Rush. Es werden Kunstwerke der lokalen Indianerstämme, Werkzeuge und Equipment der Holzfäller präsentiert sowie Einblicke in das Leben und Arbeiten der ortsansässigen Bevölkerung gegeben. Ein weiteres Highlight des Museums ist eine Sammlung von Memorabilien des ersten „Rambo"-Films mit Silvester Stallone, der 1981 in Hope und im Coquihalla Canyon gedreht wurde.

Geschichte der Stadt und des Goldrauschs

Hope Museum, *919 Water Avenue, Hope, BC V0X 1L0, ☏ 604-869-7322, www.hopebc.ca, Mitte Mai–Sept. tgl. 9–17 Uhr, „Admission by Donation" – man bezahlt als Eintritt, was man für angemessen hält.*

Christ Church National Historic Site

Parallel zur Water Avenue verläuft die Fraser Avenue, an der sich die Christ Church National Historic Site befindet. Die unscheinbare Holzkirche ist das älteste Gotteshaus auf dem Festland in British Columbia und außerdem bis heute als Kirche „in Betrieb", was ebenfalls einen Rekord darstellt. Im Juli 1861 wurde der Grundstein gelegt und im November desselben Jahres bereits eingeweiht. Der Bau der Kirche ging auf den unermüdlichen Einsatz von Reverend Alexander Pringle zurück, der die Kongregation bis 1864 leitete.

Ältestes Gotteshaus

Die Kirche ist ganzjährig für Gottesdienste geöffnet. In den Sommermonaten bieten Mitglieder der Kirchengemeinde geführte Touren an – die Führer tragen dabei Kostüme aus der Zeit des Gold Rush.

Christ Church National Historic Site, *681 Fraser Street, Hope, BC V0X 1L0, ☏ 604-869-5402, www.anglican-hope.ca. Geführte Touren Mitte Juni–Mitte Sept.*

Thacker Regional Park

Ein ausgezeichneter Beobachtungsplatz für Lachse und Biber ist der Thacker Regional Park. Eigens errichtete Aussichtsplattformen garantieren einen Logenplatz für dieses Naturschauspiel. Der Park bietet aber auch Wanderpfade und Infotafeln, die den Lebenszyklus der Lachse erläutern. Die ersten Lachse sind Ende September zu sehen, die leuchtend roten Coho-Lachse kommen meist erst Ende Oktober. Zum Thacker Regional Park gelangt man über die 6th Avenue, die parallel zur Water Avenue in der Innenstadt verläuft. Von der 6th Avenue biegt man in Richtung Osten auf die Kawkawa Lake Road und überquert den Coquihalla River. Direkt nach der Brücke führt eine Straße nach links zum Parkplatz des Parks.

Othello Tunnels in der Nähe von Hope

Coquihalla Canyon Provincial Park

Die Kawkawa Lake Road führt weiter nach Osten und schließlich zur Othello Road, die im Coquihalla Canyon Provincial Park mündet. Dieser kleine Provincial Park ist Heimat der berühmten **Othello Tunnels**. Die *Quintette Tunnels* genannten Tunnel der *Kettle Valley Railway* wurden 1914 erbaut. Sie gelten als Meisterwerk der damaligen Zeit und flößen noch heute Respekt ein. Wer die Tunnel und die Schlucht, durch die die Eisenbahnschienen führten, gesehen hat, kann verstehen, warum dies die teuerste Eisenbahnstrecke aller Zeiten war. Im Jahr 1914 kostete der Bau der Strecke $ 300.000 pro Meile und wurde fast ausschließlich von Hand gebaut! Wenn auch die Tunnel bis heute zugänglich sind und keine Schäden zeigen, so war die Strecke selbst im Bereich des Coquihalla von ständigen Steinbrüchen und anderen Naturkatastrophen geplagt. Nach nur wenigen Jahren in Betrieb wurde die Strecke 1959 eingestellt.

Die Othello Tunnels sind auch ein Teil der **Rambo Walking Tour**, die durch die Stadt und in den Provincial Park zu den bekanntesten Drehorten des Films führen. Eine Karte der Tour mit Beschreibung der Drehorte und Filmszenen ist im Visitor Centre erhältlich.

Reisepraktische Informationen Hope

Information
Hope Visitor Centre, 919 Water Avenue, Hope, BC V0X 1L0, ☎ 604-869-2021, www.hopebc.ca, Juli/Aug. tgl. 9–17, Sept.–Juni tgl. 11–16 Uhr.

Unterkunft
Park Motel $$, 832 4th Avenue, Hope, BC V0X 1L0, ☎ 250-869-5891, www.parkmotel.ca. Günstige Lage zwischen Visitor Centre und Innenstadt, 19 sehr einfache Zimmer. Hier wird deutsch gesprochen!
Travelodge Hope $$$, 350 Old Hope Princeton Highway, Hope, BC V0X 1L0, ☎ 604-869-9951, www.travelodge.ca. Ausfahrt 173 von Highway 3/5. 25 schlichte, saubere Zimmer. in der Nähe des Visitor Centre gelegen.
Slumber Lodge Hope $$$, 250 Fort Street, Hope, BC V0X 1L0, ☎ 250-869-5666, www.slumberlodgehopebc.com. Zentrale und ruhige Lage in der Innenstadt. 34 Zimmer, einfach, aber sauber.

Camping
Coquihalla Campground, 800 Kawkawa Lake Road, Hope, BC V0X 1L0, ☎ 250-869-7119, www.coquihallacampground.ca. 117 Stellplätze für Wohnmobile, teilweise mit vollen Anschlüssen ausgestattet. Einige Plätze liegen direkt am Fluss, jedoch ohne Strom und Wasseranschluss.
Othello Tunnels Campground & RV Park, 67851 Othello Road, Hope, BC V0X 1L1, ☎ 604-869-9448, www.othellotunnels.com. Etwa 8 km außerhalb von Hope, am Eingang des Coquihalla Canyon Provincial Park. 42 Stellplätze, teilweise mit vollen Anschlüssen, schattige Plätze.

Essen und Trinken
Blue Moose Coffee House, 322 Wallace Street, Hope, BC V0X 1L0, ☎ 604-869-0729, www.bluemoosecafe.com. Zentrale Lage in der Innenstadt, leckere Sandwiches und leichte Gerichte. Tgl. 7.30–21 Uhr.
Home Restaurant, 665 Old Hope Princeton Highway, Hope, BC V0X 1L4, ☎ 604-869-5558, www.homerestaurants.ca. Sehr leckeres Frühstück, deftige Hausmannskost. Tgl. 7–20 Uhr.

Hinweis
Die Sehenswürdigkeiten und Reisepraktischen Informationen zu **Vancouver** sind ab S. 121 beschrieben.

12. ANHANG

Weiterführende Literatur

Die nachfolgende Liste stelle eine kleine Auswahl an weiterführenden Informationen über das Reisen, Leben und die Geschichte Westkanadas dar.

Reiseführer/Karten (englisch)
- **Backroads Mapbooks**, www.backroadmapbooks.com – umfangreiche, detaillierte Karten mit GPS-Angaben und Nebenstraßen
- **diverse**, The Milepost Travel Planner 2014: Alaska, Yukon Territory, British Columbia, Alberta, Northwest Territories.
- John **Lee** u. a., British Columbia & Canadian Rockies, Lonley Planet Travel Guide.

Sachbücher (deutsch)
- Kerstin **Auer**, 101 Kanada-Westen, Geheimtipps und Top-Ziele – dieses Reisehandbuch, ebenfalls im Iwanowski's Reisebuchverlag erschienen, bietet einen Blick hinter die Kulissen der bekannten und weniger bekannten Reiseziele Westkanadas.
- Oliver **Bolch**, Andreas **Srenk**, Nicola **Förg**, Traumstraßen Kanada – die acht schönsten Routen durch Kanada mit Routenbeschreibungen und Specials.
- Matthias **Breiter**, Tier- und Pflanzenführer Westkanada/Alaska – ausführliche Bild- und Textdarstellungen der Flora und Fauna in Westkanada.
- Anke C. **Burger**, Reise nach Kanada: Geschichten fürs Handgepäck – aus dem Englischen übersetzte Geschichten von verschiedenen Autoren wie M. Atwood und A. Cameron.
- Bernadette **Calonego**, Oh, wie schön ist Kanada! – Berichte einer in Vancouver lebenden Auslandskorrespondentin.
- Joy **Fraser**, Kanada von innen: Der Westen und Yukon Territory – Erlebnisse einer Auswanderin, die mittlerweile wieder nach Deutschland zurückgekehrt ist.
- Arved **Fuchs**, South Nahanni: Kanu-Abenteuer im Norden Kanadas – Reisebericht über die einzigartige Natur des Nahanni National Park.
- Karsta und Dirk **Neuhaus**, Bewerben und Arbeiten in den USA und Kanada – interessantes Buch über Arbeitsmöglichkeiten und Regeln im globalen Markt.
- Udo **Sautter**, Geschichte Kanadas – Überblick über die kanadische Geschichte in Ost und West sowie kulturelle und politische Hintergründe.
- Alexander **Schwarz**, Kauderwelsch, Canadian Slang, das Englisch Kanadas – ein Einblick in die alltägliche Umgangssprache Kanadas.
- Andreas **Srenk**, Neueste Tendenzen der Außenpolitik Kanadas: Zur Außenpolitik der Regierung Mulroney – Kontinentalismus oder transatlantische Verschiebungen (1987, Diplomarbeit).
- Heinz **Weigelt**, Jagen abseits aller Wege: In Kanadas Wildnis mit Wasserflugzeug und Zelt – Abenteuer auf der Jagd nach Grizzly und Elch.

Sachbücher (englisch)
- Peter **Bentley**, One Family's Journey: CANFOR and the transformation of B.C.'s forest industry – die Lebens- und Erfolgsgeschichte eines der einflussreichsten Geschäftsmänner in British Columbia.
- Stevie **Cameron**, On the Take – Crime, Corruption and Greed in the Mulroney Years – Blick hinter die Kulissen der kanadischen Politik der 1980er- und frühen 1990er Jahre.

- Kerry **Colburn**, So you want to be Canadian – humorvoller Einblick in den kanadischen Alltag und was die Kanadier so kanadisch macht.
- J.C. **Finlay**, A bird-finding guide to Canada – Bilder, Landkarten und genaue Beschreibungen der bekannten Vogelarten Kanadas.
- Paul **Henderson**, How Hockey explains Canada – keine andere Nation definiert sich so sehr durch Eishockey wie Kanada; dieses Buch erläutert Zusammenhänge und Hintergründe des Nationalsports.
- Marshall **McLuhan**, War and Peace in the Global Village – Der in Edmonton geborene „Vater" des Begriffs „Global Village" war einer der einflussreichsten Geisteswissenschaftler und Medientheoretiker des 20. Jh.
- Adrienne **Mason**, Long Beach Wild: A celebration of people and place on Canada's rugged western shore – die auf Vancouver Island lebende Autorin schreibt über die Menschen, Kulturen und auch Touristen, die die Westküste von Vancouver Island beeinflussen und definieren.
- Christopher **Moore**, 1867: How the Fathers made a deal – spannend erzählte Entstehungsgeschichte des kanadischen Staates.
- **Panache Partners** (Herausgeber), Spectacular Golf Western Canada: The most scenic and challenging golf holes in British Columbia and Alberta – Bildband mit Beschreibung der besten Golfplätze vom Pazifik zu den Rocky Mountains.
- Gregory **Roberts**, S is for Spirit Bear – familiengerechtes ABC von British Columbia mit tollen Illustrationen.
- Brock **Silversides**, Fort de Prairies: The story of Fort Edmonton – die Geschichte und Bedeutung von Fort Edmonton, dem Ursprung des Handelszentrums Edmonton.
- Rodger D. **Touchie**, Edward S. Curtis Above the Medicine Line: Portraits of Aboriginal Life in the Canadian West – der Autor porträtiert den Fotografen Edward S. Curtis, der das Leben der Natives im kanadischen Westen durch Aufzeichnungen und Fotografien festhielt.

Belletristik (deutsch)

- Margaret **Atwood**, Das Jahr der Flut – die kanadische Schriftstellerin beschreibt ein apokalyptisches Zukunftsszenario in diesem Roman, der an ihr früheres Werk „Oryx und Crake" anknüpft.
- Wolfgang **Bittner**, Flucht nach Kanada – ein junger Mann flüchtet zu seinem Großvater, der als Goldgräber und Trapper in der kanadischen Wildnis lebt.
- Joseph **Boyden**, Der lange Weg – zwei junge Cree-Indianer ziehen in den Ersten Weltkrieg und erleben die Kluft zwischen ihrer Kultur und der Welt der Weißen.
- Bernadette **Calonego**, Unter dunklen Wassern – die in Vancouver lebende Auslandskorrespondentin der *Süddeutschen Zeitung* erzählt die spannende Geschichte einer gefährlichen Abenteuerreise durch British Columbia.
- Douglas **Coupland**, Generation X – der Kultroman über die Generation der in den 1960er- und 1970er-Jahren geborenen Konsumverweigerer.
- Michael **Eisele**, Rufe in der Nacht – Erzählungen von den Indianerstämmen unter der Mitternachtssonne (ein Großteil der Geschichten handeln von Kanada).
- Jack **London**, Lockruf des Goldes – der Autor schildert die autobiografisch gefärbten abenteuerlichen Erlebnisse eines Goldsuchers am Klondike.
- Jack **London**, Der Ruf der Wildnis – der Autor beschreibt das harte Leben zur Zeit des Goldrausches aus der Sicht eines Hundes.

- Meta **Regehr-Mirau**, Legenden der kanadischen Indianer – uralte Legenden und Bräuche der kanadischen Indianer, authentisch nacherzählt.
- Sanna **Seven Deers**, Feuerblume – ein Roman über eine Selbstfindung und den Neuanfang in Kanada.
- Helge **Sobik**, Lesereise Kanada: Der Mann hinter dem Regenbogen – amüsant und spannend, der Mann hinter dem Regenbogen stellt sich als Wunderheiler der Cree-Indianer heraus.

Belletristik (englisch)
- **Coteau Books**, Due West – 30 Geschichten aus den Provinzen Alberta, Saskatchewan und Manitoba.
- Jo-Anne **Christensen**, Ghost Stories of British Columbia – in British Columbia gibt es viele Geistergeschichten, die Provinz ist bekannt als „Canada's most haunted province"; die Autorin präsentiert eine Auswahl der bekanntesten Geistergeschichten.
- Martin **Grainger**, Woodsmen of the West – 1908 erschienener Roman über das Leben im Holzfällercamp in British Columbia.
- Jack **London**, The Call of the Wild – 1903 erschienen, war dieser Roman von den Erfahrungen des Autoren im Yukon inspiriert.
- Richard **Proenneke**, One Man's Wilderness – Roman aus den 1970er-Jahren über einen Aussteiger, der in der Einsamkeit und Wildnis Alaskas lebt.
- **Raincoast Books**, Vancouver Stories: West Coast Fiction from Canada's best writers – 15 Geschichten von und über berühmte kanadische Persönlichkeiten und Autoren, die eine Zeitspanne von 80 Jahren umfassen.
- Robert **Stead**, The Homesteaders: A novel of the Canadian West – der kanadische Autor veröffentlichte dieses Porträt des Lebens in der Prärie im Jahr 1916.
- Robert **Service**, The Best of Robert Service – eine Zusammenstellung der beliebtesten Werke des kanadischen Poeten, der über die Goldgräber des Klondike Gold Rush schrieb.

Bildnachweis

ATIA: S. 48
ATIA/Frank Flavin: S. 101, 404, 408
ATIA/Kristen Kemmerling: S. 396
ATIA/Matt Hage: S. 12, 397, 400, 403, 407
ATIA/Michael DeYoung: S. 398
Kerstin Auer: S. 260, 476, 479, 481, 482, 492
Horst-Günter Bode: S. 144
Julie Bruns: S. 467
Chetwynd Chamber of Commerce: S. 363, 365
Mike Crane/Tourism Whistler: S. 147, 150, 457
Dea Dutton: S. 422, 427
Thomas Drasdauskis: S. 466
Ian Gould: S. 436
Government of Yukon: S. 19, 29, 35, 43, 70, 116, 371, 384, 386, 391, 393, 394, 410, 416, 460

Government of Yukon/Cathie Archbould S. 60, 415
Government of Yukon/J Bergeron: S. 41, 388
Government of Yukon/Marten Berkman: S. 88
Government of Yukon/Fritz Mueller S. 30
Government of Yukon/Wayne Towriss: S. 69, 104
Northern Rockies Lodge: S. 377
Northwest Territories Tourism: S. 16, 20, 320, 347, 360, 380
Chris Harris: S. 468
Dexter Hodder: S. 445
istockphoto.com: brytta: S. 42; Ryerson Clark: S. 345, 348, 354, 359; Catharina van den Dikkenberg. S. 472; Michael Ericsson: S. 383; Jaleen Grove: S. 73; Frank Leung: S. 54, 458, 488; lilly3: S. 68; Cat London: S. 254; Karen Massier: S. 258; kevin miller: S. 264, 269; Emily Norton: S. 452; Steve Rosset: S. 241; Matthew Singer: S. 352; Mark Skerbinek: S. 485; Bruce Smith: S. 451; Tupungato: S. 36; Jason Verschoor: S. 439
Ryan Jensen: S. 440
Ellen Krause: S. 474
Ricardo Alberto Lieva: S. 460
Randy Lincks: S. 455
Bob Michek: S. 448
Jason Shafto: S. 433
Andreas Srenk: S. 51, 52, 58, 67, 77, 79, 92, 109, 110, 120, 124, 128, 130, 132, 141, 143, 203, 231, 232, 235, 236, 262
Christina Stünkel: S. 26, 33, 38, 44, 45, 46, 173, 194, 197, 207, 210, 212, 222
Deddeda Stemler/Tourism Victoria: S. 157
Tourism Calgary: S. 80, 272, 283
Tourism Saskatchewan/Douglas E. Walker: S. 57
Tourism Saskatchewan/Greg Huszar Photography: S. 74, 83, 96
Tourism Victoria: S. 154, 162, 164, 178, 183, 184, 188, 191
Travel Alberta: S. 200, 205, 209, 219, 220, 221, 223, 225, 244, 247, 249, 250, 274, 279, 285, 287, 288, 292, 295, 297, 298, 302, 307, 309, 313, 316, 319, 324, 326, 329, 334, 336, 341, 351
Tumbler Ridge Tourism: S. 366, 368
Mike Weeber: S. 419, 420
Lonnie Wishart: S. 431

Alle Karten zum Gratis-Download – So funktioniert's

In diesem Reisehandbuch sind alle Detailpläne mit einem sog. QR-Code versehen. Bei jeder Innenkarte findet man diese schwarz-gepunkteten Quadrate, die per Smartphone oder Tablet-PC gescannt werden können. Bei einer bestehenden Internet-Verbindung können die Dateien dann auf das eigene Gerät geladen werden. Alle Karten sind im PDF-Format angelegt, das nahezu jedes Gerät darstellen und ausdrucken kann. Für den Stadtbummel oder die Besichtigung unterwegs hat man so die Karte mit besuchenswerten Zielen und Restaurants elektronisch auf dem Telefon, Tablet-PC, Reader oder als praktischen DIN-A4-Ausdruck dabei. Mit anderen Worten – der „gewichtige" Reiseführer kann im Auto oder im Hotel bleiben, und die Basis-Infos sind immer und überall ohne Roaming-Gebühren abrufbar.

Kartenverzeichnis

Die Provinzen Kanadas	15
Vancouver & Vancouver Island	122
Vancouver	127
Vancouver Island	153
Victoria	158
Rocky Mountains National Parks	195
Banff National Park	196
Banff	199
Lake Louise	206
Jasper National Park	215
Jasper	217
Kootenay National Park	228
Yoho National Park	234
Waterton Lakes National Park	246
Glacier & Mount Revelstoke National Park	253
Calgary	277
Lethbridge	291
Medicine Hat	294
Dinosaur Trail / Hoodoo Trail	300
Edmonton	323
Wood Buffalo National Park	350
Yellowknife	356
Nahanni National Park Reserve	379
Dawson City	392
Fairbanks	399
Anchorage	406
Whitehorse	413
Haida Gwaii	430
Prince George	463
Wells Gray Provincial Park	471
E.C. Manning Provincial Park	486

Vordere Umschlagklappe:
Kanada-Westen mit Südalaska

Hintere Umschlagklappe
Großraum Vancouver

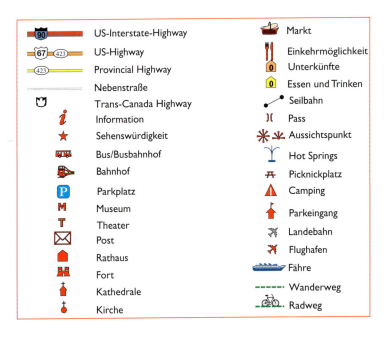

Stichwortverzeichnis

100 Mile House 451

A
Abbotsford 256
- Reisepraktische Informationen 256

Abkürzungen 82
ADAC 87, 103
Air Canada 93
Akamina Parkway 246
Alaska 394, 396ff
Alaska Highway 370, 372, 375, 377, 386, 395, 396, 411
Alert Bay 191f
- U'mista Cultural Centre 192
- Reisepraktische Informationen 192

Alkohol 82
An- und Einreise 84
Ancient Forest 462
Anchorage 405ff
- Alaska Native Heritage Center 407
- Anchorage Museum 407
- Portage Glacier 408
- Reisepraktische Informationen 408
- Zoo 407

Angeln 83
Anglo-Französischer Konflikt 21ff
Anglokanadier 25, 59
Appalachen 39
Architektur 77ff
Arktis 42, 46
Arktische Kordillere 42
Athabasca Falls 214
Athabasca Glacier 213
Atlas Coal Mine National Historic Site 302
Aufenthaltskosten 114, 115
Aurora Borealis 383
Auskunft 84
Auslandskrankenversicherung 95, 99
Autofahren 85
Automobilclubs 87

B
Babine Mountains Provincial Park 440
Badlands 301
Bamfield 171
Banff (Stadt) 196, 197ff
- Banff Park Museum 198
- Banff Skywalk 201
- Banff Upper Hot Springs Pool 198
- Buffalo Nations Luxton Museum 198
- Gondola am Sulphur Mountain 201
- Reisepraktische Informationen 201f
- Whyte Museum of the Canadian Rockies 198

Banff National Park 196ff
Bar U Ranch National Historic Site 287
Bären 47f
Barkerville 465f
- Reisepraktische Informationen 466

Basketball 75
Battle River Pioneer Museum 337
Bear Glacier 418
Beaver Hills Dark Sky Preserve 327
Beförderungskosten 111–113
Behinderte 87
Bell II 418
Benzinpreise 100, 114
Bergbau 51f
Berg Lake 226
Bergeron Falls 367
Bergwandern und Bergsteigen 103
Besiedlung 17
Bevölkerungsgruppen 59ff
Big Beehive 206
Big Horn Highway 309, 312
Bijoux Falls 363
Bildungswesen 60
Blackcomb Peak 147
Blakiston Valley 247
Boreales Klima 43
Botschaften 89

Boundary 395
Bow Lake 211
Bowen Island 145
Bow Valley Parkway 205
Braunbär 47
Bridal Falls 257
Britannia Mine Museum 145
Britisch-Amerikanischer Krieg 17, 25ff
Broken Group Islands 170
Burgess-Schiefer 238
Busfahrpreise 113
Busse 108

C

Caboto, Giovanni 21
Calgary 274ff
- Calgary Tower 275
- Canada Olympic Park 279
- Chinatown 278
- Fort Calgary 278
- Gasoline Alley Museum 280
- Glenbow Museum 276
- Heritage Park Historical Village 280
- Lougheed House 276
- Reisepraktische Informationen 281
- Skywalk 278
- St. George Island 279
- Zoo 279
Calgary Stampede 274, 283
Cambria 302
Cameron Lake 176, 246f
Campbell River 186ff
- Maritime Heritage Centre 186
- Museum at Campbell River 186
- Quinsam River Hatchery 187
- Reisepraktische Informationen 187
Camper und Motorhomes 100
Camping 88
Campingplatzpreise 114
Canadian Automobile Association 87, 103
Canadian Football 75

Canadian Pacific Railway 18, 28, 36, 196, 197, 205, 211, 244, 251, 261
Cape Scott Provincial Park 192
Capilano Suspension Bridge 143
Cardinal Lake 337
Cariboo Gold Rush 447, 451, 452, 465
Carmacks 387f
Caroline 305
Carr, Emily 66, 162
Cartier, Jacques 21
Cascade Mountains 257, 271, 480, 485
Cassiar Mountains 411, 416
Cat Train Road 344
Chain Lakes Provincial Park 287
Chemainus 155
Chena Hot Springs 400
Chetwynd 363f
- Reisepraktische Informationen 364
Chief Mountain Highway 248
Chilliwack 257
- Reisepraktische Informationen 257
Clayoquot Plateau Provincial Park 178
Clayoquot Sound 180
Clearwater 468f
- Reisepraktische Informationen 469
Cliffwalk 144
Clinton 451
Coal River 381
Coast Mountains 41, 121, 418, 447, 452, 454
Coastal Rainforest 425, 427
Cochrane 304
- Reisepraktische Informationen 305
Columbia Icefield 213
Columbia Mountains 252
Columbia River 45
Commonwealth of Nations 30
Comox 184
- Comox Airforce Museum 184
- Reisepraktische Informationen 185
Connaught-Tunnel 252
Conservative Party of Canada 65

Constitution Act 28, 27
Coombs 176
Coquihalla Canyon Provincial Park 492
Corbett Lake 480
Cormorant Island 191
Courtenay 184
Cowboy Trail 273, 285, 287, 304, 305, 307, 330
Cowichan Lake 155
Cranbrook 243
- Reisepraktische Informationen 243
Cree 18, 28, 234
Crowfoot-Gletscher 210
Crowsnest Pass 244
Cultus Lake Park 257
Cumberland 184
Cypress Mountain Ski Area 145
Cypress Provincial Park 145

D
Dawson Creek 370ff
- Alaska Highway House 371
- Northern Alberta Railways Park 370
- Reisepraktische Informationen 372
- Walter Wright Pioneer Village 371
Dawson City 390ff
- Dawson Complex National Historic Site 391
- Diamond Tooth Gerties Gambling Hall 393
- Dredge No. 4 National Historic Site 392
- Jack London Museum 392
- Reisepraktische Informationen 393
- SS Keno National Historic Site 391
Dease Lake 416f
- Reisepraktische Informationen 417
Deer Lake 259
Delta Junction 396
Denali National Park 402f
- Reisepraktische Informationen 403
Diamond 287
Dinosaur Provincial Park 297

Diplomatische Vertretungen 89
Dominion of Canada 18, 27, 28
Drumheller 299ff
- Dinosaur Trail 300
- Hoodoo Trail 301
- Midland Provincial Park 301
- Reisepraktische Informationen 303
- Royal Tyrrell Museum of Palaeontology 301
Duncan 155

E
E.C. Manning Provincial Park 271, 485ff
- Reisepraktische Informationen 488
East Coulee 302
Edmonton 321ff
- Alberta Aviation Museum 322
- Elk Island National Park 326
- Fort Edmonton Park 324
- John Janzen Nature Centre 325
- Muttart Conservatory 325
- Reisepraktische Informationen 337
- Royal Alberta Museum 323
- Rutherford House Provincial Historic Site 325
Einkaufen 90
Eintrittspreise 114, 115
Einwanderer 56ff
Eisbär 46, 47
Eisenbahn 109
Eisenbahnfahrpreise 113
Eishockey 74, 280
Elbow Falls 285
Elektrizität 91
Elk Valley 243
Emar Lakes Provincial Park 467
Emerald Lake 238
- Reisepraktische Informationen 238
Enderby 263
Engländer 21, 22, 23
Entdeckung 20
Enterprise 342
- Reisepraktische Informationen 341

Eriksson, Leif 20
Erster Weltkrieg 29
Essen und Trinken 91

F
Fähren 109
Fahrrad fahren 92
Fairbanks 397ff
- Gold Dredge 8 398
- Ice Museum 399
- Museum of the North 399
- Pioneer Park 398
- Reisepraktische Informationen 401
Fairmont Springs Hotels 197
Fairview Mountain 206
Feiertage 93
Field 237
Film 71
First Nations 17, 18, 30, 59, 60, 61, 123, 130, 152, 155, 159, 179, 191, 261, 443, 476, 477
Fischerei 53f
Flüge 93
Flugkosten 111, 112
Fort Macleod 287
Fort Providence 353f
- Reisepraktische Informationen 354
Fort Smith 346ff
- Reisepraktische Informationen 348
Fort St. James 443ff
- Fort St. James National Historic Site 444f
- Reisepraktische Informationen 446
Fort St. John 372ff
- Pioneer Pathway 373
- Reisepraktische Informationen 374
- St. John North Peace Museum 373
Fort Nelson 375
- Reisepraktische Informationen 375
Fort Steele 243
Fort Vermilion 341
Fox Creek 332
- Reisepraktische Informationen 332
Fox, Terry 76

Frankokanadier 59
Franzosen 21, 22, 23, 34
Fraser River 29, 41, 45, 225, 257, 260, 453, 490
Fraser Valley 257, 265
Fraser-Canyon-Goldrausch 123, 153, 490
Fremdenverkehrsämter 84, 85
Führerschein 86

G
Gabriola 154
Galiano Island 154
Geld / Zahlungsmittel 94
Geocaching 368
Geografischer Überblick 39ff
Gesamtkostenplanung 115
Gesellschaft 56ff
Gesundheit 95
Giant Sitka Spruce Park 425
Gitwangak Battle Hill 421
Gitxsan 439
Glacier Highway 419, 421
Glacier National Park 248, 252f
- Reisepraktische Informationen 253
Golden 251
- Reisepraktische Informationen 251
Gold Rush 29, 321, 334, 387f, 391, 412, 447, 453, 455, 465, 485
Gold Rush Trail 447
Golf 75, 96
Graham Island 430, 433ff
Grande Cache 311
- Reisepraktische Informationen 311
Grande Prairie 312ff
- Grande Prairie Museum 313
- Heritage Discovery Centre 312
- Millennium Sundial 312
- Muskoseepi Park 313
- Reisepraktische Informationen 313
Great Bear Rainforest 152
Great Central Lake 178
Great Slave Lake 344
Greenpeace 142f

Greyhound 108
Grizzly Trail 314, 316
Group of Seven 68
Grouse Mountain 144
Gwaii Haanas National Park Reserve 432

H
Haida Gwaii 430ff
- Reisepraktische Informationen 437
Haisla Nation 426
Hamilton Lake 240
Handel 50
Harper, Stephen 32
Harrison Hot Springs 258
- Reisepraktische Informationen 259
Hay River 343ff
- Reisepraktische Informationen 345
Hazelton 439
Head-Smashed-In Buffalo Jump 288
Helen Lake 210
Hell's Gate 260, 480
Helmet Fall 231
Helmet Mountain 231
He-Tin-Kis-Park 179
Hicks Lake 259
High Level 339f
- Reisepraktische Informationen 340
High Prairie 315
- Reisepraktische Informationen 315
Hinton 307ff
- Reisepraktische Informationen 308
Historischer Überblick 17ff
Hoodoo 302
Hope 259, 490ff
- Christ Church National Historic Site 492
- Reisepraktische Informationen 493
Hope Slide 489
Horsethief Canyon 301
Hot Springs 400
Hotelkategorien 108
Hotelpreise 114
Houston 441

Hudson's Bay Company 17, 28, 34, 123, 152, 155, 161, 172, 216, 226, 228, 232, 261, 306, 312, 321, 331, 353, 385, 444
Hudson's Hope 365
Hyder 420

I
Iceline Trail 237
Icefields Parkway 209ff
- Reisepraktische Informationen 213
Impfungen 95
Indianer 59
Industrie 49f
Inside Passage 141, 192
Inuit 18, 19, 20, 37, 59, 60
Iskut 418

J
Jasper (Stadt) 216
Jasper National Park 213ff
- Reisepraktische Informationen 218
Jasper Tramway 222
Johnstone Strait 190
Joussard 315
Jugendherbergen 107

K
Kajak fahren 104
Kamloops 261
- Reisepraktische Informationen 261
Kanadischer Dollar 94
Kanadischer Schild 40
Kananaskis Country 293
Kane, Paul 67
Kanu fahren 104
Karibus 46
Kartenmaterial 97
Kartensperrung 94
Kelowna 266
- Reisepraktische Informationen 266
Kennedy Lake 178

Kentucky Alleyne Provincial Park 481
Kermode Bear 423
Kettle Valley Railroad 268
Kimberley 240ff
- Reisepraktische Informationen 242
- Sullivan Mine 241
Kinney Lake 226
Kinuseo Falls 367
Kitimat 424ff
- Reisepraktische Informationen 426
Kitwanga 421
Klapperschlange 290
Kleidung 97
Klima 97
Klimatabellen 98, 99
Klimazonen 43
Klondike Gold Rush 387f, 391, 412
Klondike Highway 386
KOA 89
Kolumbus, Christopher 20
Kontinentale Wasserscheide 41, 209, 229, 244
Kootenay National Park 228ff
Kootenay Valley 232
Krankenversicherung 99
Kreditkarten 94
Ksan Indian Historic Village 439
Kultur 66ff
Kunst 67ff
Küstenregenwälder 48, 152, 179
Kyuquot 189

L
Lac La Hache 451
Lacrosse 74
Lady Evelyn Falls Territorial Park 353
Ladysmith 154
Lake Louise 205ff
- Reisepraktische Informationen 208
Lake Minnewanka 204
Lake Peyto 212
Lake Skaha 269
Lakelse Lake Provincial Park 424
Landwirtschaft 52f

Lavrador, João Fernandes 21
Lebensmittelpreise 114
Leitungswasser 95
Lesser Slave Lake 315
Lethbridge 289ff
- Fort Whoop-Up National Historic Site 289
- Helen Schuler Nature Centre 289
- Nikka Yuko Japanese Gardens 290
- Reisepraktische Informationen 290
Liard Plains 381
Liard River Hot Springs Provincial Park 381
Liberal Party of Canada 65
Lillooet 452
- Bridge of the 23 Camels 453
- Lillooet Museum 453
- Mile 0 Cairn 452
- Miyazaki House 454
- Reisepraktische Informationen 454
Lions Gate Bridge 143
Literatur 66
Little Beehive 207
Little Fort 468
Little Qualicum Falls Provincial Park 176
London, Jack 29, 388, 392
Long Beach 170
Lytton 260

M
Mackenzie County 339
Mackenzie Highway 337, 342
Mackenzie King, William Lyon 66
Mackenzie Mountains 42
Mackenzie River 353
Mackenzie, Alexander 35, 333, 334, 355, 372
MacMillan Provincial Park 176
Maligne Canyon Trail 223
Maligne Lake 224
Manning 337f
- Reisepraktische Informationen 339
Marble Canyon 230

Marsh Lake 386
Marysville Falls 241
Maße und Gewichte 99
Masset 436
Maxwell Lake 308
Mayerthorpe 331
Mcdonald, John 28
McLeod Lake 362
Meander River 341
Medicine Hat 294ff
- Medicine Hat Clay Industries National Historic District 296
- Police Point Park 296
- Reisepraktische Informationen 296
- Saamis Tepee 295
Medicine Lake 224
Medien 99
Medikamente 95, 99
Mehrwertsteuer 91
Merritt 264, 477ff
- Nicola Valley Archives & Museum 477
- Reisepraktische Informationen 478
Métis 18, 28, 59
Metrisches System 99
Meziadin Junction 418
Mietwagen 100
Mietwagenpreise 112
Miller Lake 254
Milner Gardens & Woodland 174
Minter Gardens 258
Misty Fjords National Monument 420
Moberly Lake 365
Mobil telefonieren 106
Mohawk 18
Monck Provincial Park 475f
Monkman Provincial Park 367
Moraine Lake 208
Moresby Island 430
Moschusochsen 46
Motorsport 75
Mount Asgard 42
Mount Columbia 214
Mount Edith Cavell 216
Mount Logan 41
Mount McKinley 402
Mount Revelstoke National Park 254f
- Reisepraktische Informationen 255
Mount Robson 222
Mount Robson Provincial Park 226
- Reisepraktische Informationen 227
Mount Thor 42
Mount Waddington 41
Mountain Time Zone 362
Mounties
  s. Royal Canadian Mounted Police
Mount Victoria 206
Mount Whistler 222
Muncho Lake Provincial Park 377
Munro, Alice 67
Musik 69ff

N
NAFTA 32, 50
Nahanni National Park Reserve 378
Nanaimo 154, 172f
- Reisepraktische Informationen 173
National Hockey League 280
National Pass 102
Nationalparks 44, 101, 194ff
Natives 59
Newcastle Island Marine Provincial Park 173
Nicola Ranch 476
Nootka Sound 189
Nordlicht 383
North Coast Trail 193
North Pole 397
North West Company 17, 375
North West Mounted Police (NWMP) 278, 289, 294, 346
Northern Woods & Water Route 315
Northwest Territories 342ff
Notruf 103
Nunavut 19, 37, 42, 60, 85

O
Ochre Creek Trail 231
Öffnungszeiten 103

P

Okanagan Valley 264, 265
Ökonomischer Überblick 49ff
Olive Lake 232
Olympische Winterspiele 146, 148f, 274
Oregon Treaty 18
Oregon-Kompromiss 35, 152
Osoyoos 264, 271
Outdoor-Aktivitäten 103

P

Pacific Rim National Park 170
Pacific Time Zone 362
Paint Pots 230
Palliser Expedition 211, 245
Panne 87
Parks Canada Discovery Pass 102
Parksville 174
- Reisepraktische Informationen 175
Patricia Lake 222
Peace Park 245
Peace River 333ff
- Peace River Museum 334
- Reisepraktische Informationen 336
- River Front Park 335
- Sagitawa Lookout 335
Pelly Crossing 389
- Reisepraktische Informationen 389
Pelzhandel 17
Pemberton 455f
- Reisepraktische Informationen 456
Penticton 268f
- Reisepraktische Informationen 269
Peter Lougheed Provincial Park 293
Pflanzenwelt 48ff
Pine Pass 362, 363
Port Alberni 176
- Alberni Pacific Railway 177
- Maritime Discovery Centre 177
- Reisepraktische Informationen 177
Port Clements 435
Port Edward 429
Port Hardy 192f
- Reisepraktische Informationen 193

Port McNeill 190
- Reisepraktische Informationen 190
Port Renfrew 170, 171
- Reisepraktische Informationen 171
Porto 105
Post 105
Powwow 261
Prärie 40
Preisbeispiele 111–114
Priddis 286
Prince George 362, 446, 460ff
- Exploration Place 461
- Huble Homestead Historic Site 462
- Prince George Exhibition 461
- Railway & Forestry Museum 462
- Reisepraktische Informationen 464
- Two Rivers Art Gallery 461
Prince Rupert 427ff
- Cow Bay 428
- Firehall Museum 428
- Museum of Northern BC 428
- North Pacific Cannery National Historic Site 429
- Reisepraktische Informationen 429
Princeton 482ff
- Reisepraktische Informationen 484
Provincial Parks 45
Provinzen 15
Pyramid Lake 222

Q

Qualicum Beach 174
- Reisepraktische Informationen 175
Queen Charlotte 433
Queen Charlotte Islands 430ff
Queen Elizabeth Provincial Park 337
Quesnel 447ff
- Reisepraktische Informationen 448
Quilchena 474

R

Radium City Hot Springs 232
- Reisepraktische Informationen 233

Rafting 103
Rattlers 290
Rattlesnake Country 290
Rauchen 105
Rechtssystem 63
Red Deer River Valley 298
- Reisepraktische Informationen 298
Red Rock Canyon 247
Red-River-Rebellion 28
Reisekosten 111–114
Reisepass 84
Reisezeit 97
Reserves 45
Residential Schools 62
Riel, Louis 28, 29
River Rafting 103
Rocky Mountaineer 110, 204, 221, 261
Rocky Mountains 41f, 194ff
Rocky Mountain House 306
- Reisepraktische Informationen 307
Rogers Pass 252
Routenvorschläge 117
Royal Canadian Mounted Police (RCMP) 39, 133, 221, 346

S

Salmon Arm 263
Salt Licks 378
Sandy Lake 318
Sasquatch Provincial Park 259
Schwarzbär 47
Selkirk First Nations 389
Seven Sisters Protected Area 422
Shannon Falls Provincial Park 146
Sicherheit 105
Similkameen Valley 271
Sinclair Canyon 232
Skaha Bluffs 269
Skidegate 430, 434
Skyride Gondola 144
Smithers 440
- Reisepraktische Informationen 441
Soccer 75

Sooke 169
- Reisepraktische Informationen 169
Sparwook 243
Spences Bridge 480
Sperr-Notruf 94
Spiral Falls 235
Spirit Bear 423
Spirit Island 224
Spirit River Highway 314
Sport 74ff
Sproat Lake 178
Squamish 146
St. Alberta 318f
- Reisepraktische Informationen 319
Staatsgründung 25
Stawamus Chief Provincial Park 146
Stewart 419f
- Reisepraktische Informationen 420
Stewart Crossing 390
Strait of George 121, 145, 155
Stikine River Canyon 418
Stone Mountain Provincial Park 376
Straßennetz 85, 86
Strathcona Provincial Park 188f
Sturgeon Lake 314, 333
Sulphur Mountain 201
Summit Lake 376
Sunwapta Waterfalls 214
Sushwap Lake Marine Provincial Park 263

T

Takakkaw Falls 236
Tanken 87
Tatogga 418
Taylor Highway 395
Telefonieren 106
Telegraph Cove 190f
- Reisepraktische Informationen 191
Telegraph Creek 417, 418
Terex-Titan 243
Terrace 422ff
- Reisepraktische Informationen 424

Territorien 15
Teslin 384f
- George Johnston Museum 385
- Reisepraktische Informationen 385
- Teslin Tlingit Heritage Centre 385
Thacker Regional Park 491
Theater 71, 73
Third Option 32
Tierwelt 45ff
Tlell 435
Toad River 377
Tofino 180f
- Reisepraktische Informationen 181
Tok 395
- Reisepraktische Informationen 395
Top of the World Highway 361, 394ff, 395
Toronto Pearson International Airport 93
Tourismus 55f
Trans Canada Trail 92
Trans-Canada Highway 37, 205, 225, 235, 251, 256, 260, 285,
Traveller's Checks 95
Treetops Adventures 144
Trinkgeld 107
Trudeau, Pierre 65
Tumbler Ridge 366ff
- Reisepraktische Informationen 369
Tundra 42
Turner Valley 286
- Reisepraktische Informationen 286
Twin Falls Gorge Territorial Park 342

U
Ucluelet 179
- Reisepraktische Informationen 179
Überlandbusse 108
Übernachtungskosten 114
Umgangsregeln 107
Umweltschutz 142, 152,
Unabhängigkeitserklärung 25
Unterkunft 107
Ureinwohner 18

V
Vale Island 344
Valleyview 314, 333
Vancouver 121ff
- Aquarium 129
- Arts Club Theatre Company 133
- BC Place Stadium 132
- BC Sports Hall of Fame 132
- Brockton Point 130
- Canada Place 130
- Carousel Theatre 133
- Chinatown 126
- Chinese Cultural Centre 126
- Dominion Building
- Dr. Sun Yat-Sen Classical Chinese Garden 126
- Emily Carr University of Art and Design 133
- Gastown 125f
- Geschichte 123
- Granville Island 132
- Granville Island Brewing Company 132
- Granville Island Public Market 133
- Harbour Centre 125
- Harbour Centre Tower 131
- Hotel Vancouver 131
- Kitsilano 134
- Living Shangri-La 132
- Marine Building 131
- Museum of Anthropology 135
- Reisepraktische Informationen 135ff
- Robson Square 126
- Science World 132
- Stanley Park 128
- Stanley Park Shuttle 130
- Steam Clock 125
- Vancouver Convention & Exhibition Centre 131
- Vancouver Maritime Museum 134
- Vancouver Museum & HR McMillan Space Centre 133
- Vancouver Art Gallery 126ff

- Vanier Park 133
- Yaletown 132
Vancouver, George 123, 152, 157, 159, 186
Vancouver Island 151ff
Vancouver Island Ranges 151
Vanderhoof 442f
Verkehrsmittel 108
Verkehrsregeln 86
Vermilion Pass 229
Victoria 155ff
- Altstadt 160
- Art Gallery of Greater Victoria 162
- Bastion Square 161
- Butchart Gardens 163
- Chinatown 161
- Christ Church Cathedral 162
- Craigdarroch Castle 162
- Emily Carr House 161
- Fairmont Empress Hotel 160
- Fort Rodd Hill National Historic Site 163
- Hatley Park National Historic Site/Hatley Castle 163
- Helmcken House 159
- Laurel Point 161
- Maritime Museum of British Columbia 161
- Parliament Buildings 156
- Reisepraktische Informationen 165
- Royal British Columbia Museum 157
- Royal London Wax Museum 160
- Thunderbird Park 160
- Victoria Butterfly Gardens 165
Victoria Glacier 206
Vorwahlen 106

W
W.A.C. Bennett Dam 365
Wal 46, 180, 183ff
Walbeobachtung 105
Wall, Jeff 69
Wandern 103, 170f, 203, 351, 487
Wapta Falls 240
Wapta Icefield 211
Waputik Icefield 211
Waterfowl Lake 212
Waterton Lakes National Park 245
- Reisepraktische Informationen 248
Waterton Lakeshore Trail 246
Watson Lake 382f, 416
- Reisepraktische Informationen 382
Wechselkurs 94, 111
Wein 265, 269
Wells Gray Provincial Park 470ff
- Reisepraktische Informationen 473
West Coast Trail 170f
Westlock 316f
- Canadian Tractor Museum 317
- Reisepraktische Informationen 317
Westnil-Virus 95
Whale Watching 105, 180, 182, 183f, 192
Whiskers Point Provincial Park 362
Whistler 146ff
- Squamish Lil'wat Cultural Centre 148
- The Whistler Museum 148
- Reisepraktische Informationen 150
Whistler Mountain 147
Whitecourt 331
Whitehorse 386, 412ff
- Fish Ladder 413
- MacBride Museum of Yukon History 414
- Reisepraktische Informationen 414
- SS Klondike 412
- Yukon Transportation Museum 413
Wild Pacific Trail 179
William A. Switzer Provincial Park 309, 310
Williams Lake 467, 449ff

- Museum of the Cariboo Chilcotin 449
- Reisepraktische Informationen 450
- Scout Island Nature Centre 449
Williamson Provincial Park 314, 333
Wirtschaft 49ff
Wohnmobile 100, 101
Wohnmobilpreise 112, 113
Wood Buffalo National Park 350
- Reisepraktische Informationen 351

- Frame Lake Trail 357
- Legislative Assembly 356
- Prince of Wales Northern Heritage Centre 355
- Reisepraktische Informationen 357
Yoho National Park 234ff
- Reisepraktische Informationen 237
Yukon River 45
Yukon Territory 34, 36, 376, 381, 382, 384
Yuquot 189

Y
Yale 260
Yellowhead Highway 307
Yellowhead Pass 226
Yellowknife 355ff

Z
Zeitzonen 15, 110
Zoll 110
Zweiter Weltkrieg 31

So geht's

Im Kapitel **Land und Leute** erhalten Sie einen Einblick in Geschichte und Kultur sowie andere Aspekte des Reiseziels. Die Gelben Seiten geben **Allgemeine Tipps von A–Z** zur Planung und Ausführung einer Reise nach Kanada (ab S. 81). Was das Reisen in den Westen Kanadas kostet, lesen Sie auf den **Grünen Seiten** (ab S. 111). Im Anschluss folgt der **Reiseteil** (ab S. 116), in dem auf alle wichtigen und wesentlichen Sehenswürdigkeiten eingegangen wird. Reisepraktische Informationen zu Unterkünften, Essen und Trinken, Einkaufen, Aktivitäten und Verkehrsverbindungen finden Sie jeweils im Anschluss an die Ortsbeschreibung. Ein ausführliches Register im **Anhang** (ab S. 500) gibt Ihnen die Möglichkeit, schnell den gesuchten Begriff zu finden.

Über Kritik, Anregungen und Verbesserungsvorschläge freuen wir uns: per E-Mail unter info@iwanowski.de

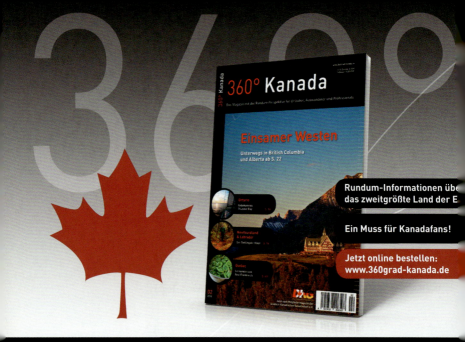

Die beste Perspektive aus und über Kanada im Abo!

Ja, ich möchte 360° Kanada im Abonnement bestellen!

Sie erhalten das alle drei Monate erscheinende Magazin **360° Kanada**…

☐ …im Abonnement **für 1 Jahr** (4 Ausgaben) zum Vorzugspreis von nur 24 € (innerhalb Deutschlands. Außerhalb Deutschlands gelten folgende Preise: Ausland/Europa: 32 €, Ausland/restliche Welt: 40 €; Schweiz: 50 CHF. Alle Preise inkl. Versand und – soweit erforderlich – inkl. MwSt.).

☐ …im Abonnement **für 2 Jahre** (8 Ausgaben) zum Vorzugspreis von nur 43,20 € (innerhalb Deutschlands. Außerhalb Deutschlands gelten folgende Preise: Ausland/Europa: 48 €, Ausland/restliche Welt: 61,20 €; Schweiz: 93,60 CHF. Alle Preise inkl. Versand und – soweit erforderlich – inkl. MwSt.).

Das Abonnement verlängert sich automatisch um ein Jahr, wenn es nicht sechs Wochen vor Ablauf gekündigt wird.

Einfach ausfüllen und zusenden:

Ich zahle per: ☐ Rechnung ☐ Bankeinzug

_____
Firma

_____
Konto-Nr.

_____
Name, Vorname

_____
BLZ/Geldinstitut

_____
Straße, Nr.

_____
Datum ✗ Unterschrift

_____
PLZ, Ort, Land

Widerrufsrecht: Die Bestellung kann innerhalb von zwei Wochen rechtzeitige Absendung genügt) bei 360° medien gbr mettmann, Nachtigallenweg 1, 40822 Mettmann, E-Mail: info@360grad-medien.de) widerrufen werden.

_____
E-Mail

_____
Telefon, Telefax

_____
Datum ✗ 2. Unterschrift

 +49 (0) 2104/49325640   +49 (0) 2104/49325649   info@360grad-medien.de    360° medien gbr mettma Nachtigallenweg 1 40822 Mettmann

Kanada individuell

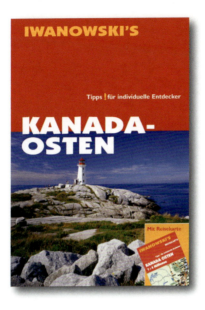

„Interessant, und deshalb kommt ein Individualreisende kaum an diesem Buch vorbei, sind vor allem die ausführlichen Routenbeschreibungen für zwei- bis vierwöchige Rundreisen. Dadurch kann sich der Urlauber aufs Wesentliche konzentrieren: das Reisen – und nicht auf die aufwändige Recherche, wo gibt es was zu sehen? Der Reiseführer liefert tolle Vorschläge zur Erkundung auf eigene Faust, beantwortet aber auch die Frage: ‚Was kostet mich ein solcher Urlaub?' Eine Übersichtskarte im Maßstab 1:4 Millionen, in der die vier Reiserouten eingezeichnet sind, liefert zudem einen wichtigen Überblick." **Fränkische Nachrichten**

„Leonie Senne bringt uns die Region um die Millionenstädte Toronto, Montreal und Ottawa näher, beschreibt das Multikulti des Landes und in aller Ausführlichkeit die zahlreichen Möglichkeiten, die die Natur bietet. Die Fotos unterstreichen das Geschriebene eindrucksvoll und so reift die Idee, dass es nicht immer nur der berühmte Westen Nordamerikas sein muss, wenn man auf der Suche nach Freiheit und Abenteuer ist." **Badische Zeitung**

**Das komplette Verlagsprogramm unter:
www.iwanowski.de**

Kanada individuell

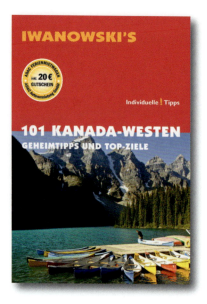

Der traumhaft schöne Westen Kanadas ist ein Sehnsuchtsziel vieler Reisender. Die Faszination dieses erst 150 Jahre alten Staates mit jahrtausendalten Kulturen beschreibt die in Kanada wohnhafte Autorin in sieben übersichtlichen Kapiteln:

Auf je einer Doppelseite mit Farbfotos und praktischen Tipps werden die Themen „Vancouver", „Orte & Städte", „Natur, Landschaft & Tiere", „Outdoor, Sport & Aktivitäten", „Menschen, Kultur & Geschichte", „Essen, Trinken & Übernachten" und „Die schönsten Routen" vorgestellt. Darunter sind so spannende Themen wie eine Fahrt im Kanu der Ureinwohner in Vancouver, Walbeobachtung vor der Küste, der Herdentrieb und Branding auf einer echten Ranch, eine Fahrt auf der Ice Road der Northwest Territories bis nach Tuktoyaktuk oder Kayaking auf Albertas Flüssen und Seen.

Nützlich für Individualreisende sind die Vorschläge zu den schönsten Reiserouten per Wohnmobil, Eisenbahn oder Mietwagen.

Das komplette Verlagsprogramm unter:
w w w . i w a n o w s k i . d e

Amerika individuell

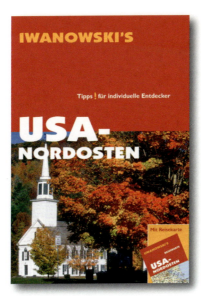

Der Nordosten der USA ist Amerikas „Kulturland": In den Gründerkolonien begegnet einem auf Schritt und Tritt die Historie des ersten demokratischen Staates. Vielleicht ist der Nordosten der USA daher traditionell ein bei europäischen Besuchern besonders beliebtes Reiseziel, vor allem während des Indian Summer im Herbst. Das Reisehandbuch USA-Nordosten beschreibt auf über 600 Seiten alles Wissenswerte über die Staaten New York, Maine, Vermont, New Hampshire, Rhode Island, Connecticut, Massachusetts.

„Der ‚Nordosten' befasst sich mit den Großstädten Baltimore, Philadelphia, Washington, und natürlich New York, mitsamt allen Gebieten nördlich davon. Man merkt schnell, dass hier ein normaler Dreiwochenurlaub völlig unzureichend ist, um diese Menge an Sehenswürdigkeiten abzuarbeiten. Die Niagarafälle – sowohl kanadische, als auch US-amerikanische Seite – samt dem hier dankenswerterweise empfohlenen Trip ins nahe Toronto, stellen den westlichen Fixpunkt des Buches dar, Maine im äußersten Norden den östlichen. Dazwischen liegen St. Lorenz-Strom, Indian Summer, Neu-England, und alles, was diese Gegend irgendwie europäischer wirken lässt, als andere Staaten. Die hier vorgeschlagenen Routen dürften für jeden erdenklichen touristischen Wunsch die passende Lösung bereithalten." **Western Mail**

Das komplette Verlagsprogramm unter:
www.iwanowski.de

Amerika individuell

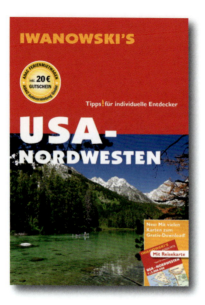

Die nordwestlichen Staaten der USA faszinieren durch ihre landschaftliche Ursprünglichkeit: Die Regenwälder der Pazifikküste, die endlose Weite der Great Plains, die mächtigen Rocky Mountains und spektakuläre Nationalparks wie der Yellowstone ziehen alljährlich viele Urlauber an. Beliebte Ausgangspunkte sind die kalifornischen Großstädte San Francisco oder Los Angeles.

In der neunten Auflage liefert das bewährte Standardwerk „USA-Nordwesten" detaillierte und topaktuelle Reiseinfos für mehrwöchige Rundreisen entlang der Pazifikküste. Bei den unzähligen praktischen Tipps zu Unterkünften und Restaurants haben die Autoren den Schwerpunkt auf ungewöhnliche Plätze gelegt.

Erstmals können alle Detailkarten kostenlos per QR-Code auf das eigene Smartphone oder Tablet geladen werden.

„100 Seiten Einführung über Land und Leute von den ersten Amerikanern bis zur Country-Musik, 227 gelbe Seiten mit allgemeinen Reisetipps, acht grüne über das nicht unwichtige Thema Kosten und dann auf 430 Seiten wirklich alles, was man über den US-Nordwesten wissen muss." **Badische Zeitung**

Das komplette Verlagsprogramm unter:
w w w . i w a n o w s k i . d e

Amerika individuell

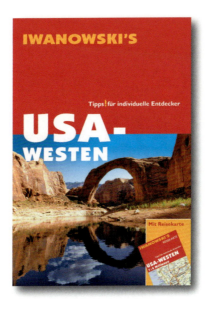

Das Reisehandbuch USA-Westen, jetzt in der 18. (!) aktualisierten und komplett farbig bebilderten Neuauflage, liefert alle notwendigen Informationen für eine Selbstfahrertour. Die Rundreisevorschläge gehen auf alle denkbaren Zeitbudgets und Reisearten ein – von der ein- bis zur sechswöchigen Rundreise. Eine große Übersichtskarte zum Herausnehmen sowie 54 Detailkarten und Grafiken erleichtern die Reiseplanung. Sämtliche Sehenswürdigkeiten sind in den farbigen Karten eingezeichnet und nummeriert, sodass die dazugehörigen Infos im Text leicht zu finden sind. Mehr als 50 gelbe Seiten mit allgemeinen Reisetipps geben nützliche Infos für unterwegs, die zum Verständnis des Reiselandes beitragen.

„Es ist ein Buch, das dreierlei leistet: Der neu aufgelegte Reiseführer ‚USA-Westen' des Reisebuchverlags Iwanowski's ist Travelguide, Nachschlagewerk und Lesefutter zum Schmökern vor und während des Urlaubs in einem. Der kompetente Begleiter für die Eroberung des ‚Wilden Westens' versammelt auf 729 Seiten Informationen über Sehenswürdigkeiten und Naturwunder in den Bundesstaaten Kalifornien, Arizona, Utah, Nevada, Wyoming, Oregon, Washington, Montana und Idaho. ... Eine herausnehmbare Übersichtskarte rundet das prallvolle Buch ab." **Fränkische Nachrichten**

Das komplette Verlagsprogramm unter:
w w w . i w a n o w s k i . d e

Amerika individuell

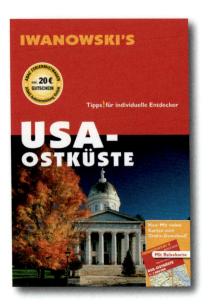

Die Ostküste von Maine bis Florida zählt zu den beliebtesten Urlaubsregionen der USA: Vor allem New York ist das Lieblingsziel der Deutschen mit rund 608.000 Gästen 2013 – das sind mehr als in Los Angeles und Miami zusammen! Rund 70 Seiten des 608 Seiten starken Standardwerks „USA-Ostküste" befassen sich daher mit dem „Big Apple". Detaillierte Tourenvorschläge mit vielen praktischen Infos führen durch die Staaten Connecticut, Delaware, Washington D.C., Florida, Georgia, Maine, Maryland, Massachusetts, New Hampshire, New Jersey, New York, North & South Carolina, Pennsylvania, Rhode Island, Tennessee, Virginia und Vermont.
Praktisch für den City-Trip: Erstmals können die 38 Stadtpläne und Detailkarten als PDF-Datei per QR-Code auf das Handy oder den Tablet-PC geladen werden, sodass der gewichtige Reiseführer auch einmal im Hotel bleiben kann.

„Wir sind auf unseren Reisen in den letzten beiden Jahrzehnten stets mit den Reiseführern Ihres Verlags unterwegs gewesen und waren immer mehr als zufrieden. Ob Neuseeland, Kanada, USA, etc., die Iwanowski-Reiseführer haben uns immer begleitet und viele nützliche und interessante Tipps gegeben." **Eine Leserin**

Das komplette Verlagsprogramm unter:
www.iwanowski.de

Reisen individuell

"Die Reisejournalistinnen Daniela Kebel und Andrea Lammert machen in „101 Reisen für die Seele" Lust auf die ganze Welt. Besser gesagt, auf die Orte, die man als Oasen der Ruhe bezeichnen kann. In der Wüste Namibias entdecken sie eine Stille, die beinahe ohrenbetäubend laut ist. In der Arktis ist es das Gefühl einer fast unbesiegbaren Natur, die Ehrfurcht weckt. Aber die Orte liegen oft auch ganz nah: zum Beispiel in einem Kloster in Deutschland, das Menschen, die dem Alltagsstress entfliehen wollen, für einige Tage Ruhe und Einkehr bietet. Die Autorinnen stellen 101 Orte und Touren auf der ganzen Welt vor, die sie selbst als ganz besonders erlebten, und haben damit einen Reiseführer der etwas anderen Art verfasst. Das Buch verzichtet bewusst auf allzu viel Service. Auf je einer Doppelseite wird im Stil einer emotionalen Reisegeschichte je eine Destination vorgestellt."

Westdeutsche Zeitung

"Was als Buchtitel sehr esoterisch angehaucht klingt, erweist sich aber als handfester Ratgeber mit ungewöhnlichen Orten und Reiseideen in aller Welt, wobei der Schwerpunkt auf Europa gelegt wurde."

Badische Zeitung

Das komplette Verlagsprogramm unter:
w w w . i w a n o w s k i . d e

Reisen individuell

Reisen mit der Eisenbahn werden immer beliebter, die Nachfrage steigt stetig, zahlreiche Veranstalter sind auf Eisenbahnreisen spezialisiert. Die Zielgruppe 50 + entdeckt das bequeme Reisen mit der Bahn als reizvolle Alternative zur Kreuzfahrt. Der Reiseführer „101 Reisen mit der Eisenbahn" gibt zahlreiche Inspirationen für Genießer, für Entdecker und technisch Interessierte, für Bahnfans und solche, die es werden wollen.

Der Autor Armin E. Moeller kennt sich aus, er ist die Strecken fast alle selbst mitgefahren, hat sich mit den Hintergründen der Entstehung einer Strecke, den baulichen Gegeben- und Besonderheiten, den Zügen selbst und den Gegenden, durch die sie fahren wird, ausgiebig befasst.

101 ausgewählte Strecken weltweit werden anschaulich vorgestellt: ganz kurze oder auch lange Strecken; Strecken, die durch malerische Landschaft führen, legendäre Strecken oder solche, die aus meist technischen Gründen skurril und daher einzigartig sind…

Das komplette Verlagsprogramm unter:
www.iwanowski.de

IWANOWSKI'S REISEBUCHVERLAG

FÜR INDIVIDUELLE ENTDECKER

| REISEHANDBÜCHER | REISEGAST IN... |

Europa
Barcelona und Umgebung 📖
Berlin* 📖
Dänemark*
Finnland* 📖
Irland* 📖
Island*
Liparische Inseln *
Lissabon*
Madeira mit Porto Santo*
Malta, Gozo & Comino* 📖📂
Norwegen* 📖
Paris und Umgebung*
Piemont & Aostatal*
Polens Ostseeküste & Masuren*
Rom* 📖
Schweden* 📖
Tal der Loire mit Chartres*

Asien
Oman*
Peking
Rajasthan mit Delhi & Agra*
Shanghai*
Singapur* 📖
Sri Lanka/Malediven*
Thailand*
Tokio mit Kyoto
Vietnam*

Afrika
Äthiopien* 📖📂
Botswana* 📖
Kapstadt & Garden Route*
Kenia/Nordtanzania*
Mauritius mit Rodrigues* 📖
Namibia* 📖
Südafrikas Norden & Ostküste*
Südafrika* 📖
Uganda/Ruanda*

Australien / Neuseeland
Australien* 📖
Neuseeland*

Amerika
Bahamas 📖📂
Chile mit Osterinsel*

Amerika
Costa Rica* 📖📂
Florida* 📖
Guadeloupe und seine Inseln
Hawaii*
Kalifornien* 📖📂
Kanada/Osten*
Kanada/Westen*
Karibik/Kleine Antillen*
New York
USA/Große Seen|Chicago* 📂
USA/Nordosten*
USA/Nordwesten* 📖📂
USA/Ostküste*
USA/Süden*
USA/Südwesten*
USA/Texas & Mittl. Westen*
USA/Westen* 📖

101... - Serie: Geheimtipps und Top-Ziele
101 Berlin* 📖
101 Bodensee 📖
101 China
101 Deutsche Ostseeküste 📖
101 Florida
101 Hamburg 📖
101 Indien
101 Inseln
101 Kanada-Westen
101 London 📖
101 Mallorca 📖
101 Namibia – Die schönsten Reiseziele, Lodges & Gästefarmen
101 Reisen für die Seele – Relaxen & Genießen in aller Welt
101 Reisen mit der Eisenbahn – Die schönsten Strecken weltweit 📖
101 Safaris
101 Skandinavien 📖
101 Südafrika – Die schönsten Reiseziele & Lodges
101 Südengland 📖
101 USA

Ägypten
China
England
Indien
Japan
Korea
Polen
Russland
Südafrika
Thailand

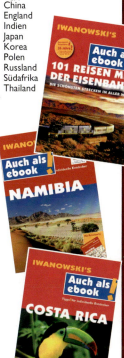

Neu: Karten per QR-Code gratis downloaden!

* mit Extra-Reisekarte
📖 auch als ebook (epub)
📂 Karten gratis downloaden

Iwanowski's Reisebuchverlag GmbH • Salm-Reifferscheidt-Allee 37 • D- 41540 Dormagen
Tel: 02133/260311 • Fax: 02133/260334 • E-mail: info@iwanowski.de
www.iwanowski.de • www.facebook.com/Iwanowski.Reisebuchverlag
www.iwanowski.de/blog • www.twitter.com/Iwanowskireisen

IWANOWSKI'S
KANADA-WESTEN – Autorentipps

Kerstin Auer wanderte 2008 mit ihrer Familie nach Kanada aus und hat im südlichen British Columbia eine neue Heimat gefunden. Ihre Begeisterung für den Westen Kanadas teilt sie gerne mit Reisenden und Lesern.

Andreas Srenk absolvierte nach dem Studium der Politikwissenschaft die zweijährige Axel-Springer-Journalistenschule und war anschließend Redakteur bei der Zeitung „Die Welt". Heute schreibt er für zahlreiche Publikationen.

Unsere Autoren geben Ihnen **nützliche Tipps** und individuelle Empfehlungen:

1. TIPP
Ein Tag in Vancouvers **Stanley Park**. Eine kleine Welt für sich, die viele Teile des großen Kanada-Kaleidoskops bietet: Outdoor-Aktivitäten (Jogging, Fahrrad fahren) First-Nations-Kultur (Totempfähle), Kulinarik (Restaurants), Natur (Aquarium und Park) und unvergessliche Blicke auf die Stadt, die Berge und den Pazifik, **S. 128**

2. TIPP
Eine Wanderung auf dem **West Coast Trail** (Vancouver Island), eine der aufregendsten (und anspruchsvollsten) Routen überhaupt, die sich im **Pacific Rim National Park** befindet, **S. 170**

TOP-TIPP
Abenteuer, Einsamkeit und beeindruckende Landschaft zeigen sich von ihrer besten Seite auf dem Weg nach **Yellowknife**, der Hauptstadt der Northwest Territories, **S. 337–355**